*In unserem Job bekommt man eine Menge Tote zu sehen. Das Bild aber, das sich uns hinter der Tür im Fleurs du Mal bot, wird mich bis an das Ende meines Lebens begleiten.*

*Viele unserer Leichen sehen so aus, als würden sie schlafen.*

*Das war hier nicht der Fall.*

Ein in jeder Hinsicht verstörender Mord führt die Ermittler Jörg Albrecht und Hannah Friedrichs ins Hamburger Rotlichtviertel: Das Opfer war ein Kollege, und es wird nicht das letzte sein. Die Taten nehmen an Grausamkeit zu. Und alle haben sie mit den dunkelsten Geheimnissen der Opfer zu tun, ihrer größten Angst.

Irgendwann keimt in Albrecht eine Erinnerung: Der Traumfänger-Fall. Seit dreißig Jahren schlummert er in den Akten. Seit dreißig Jahren sitzt der Täter in der Psychiatrie. Doch wie es scheint, hat der Albtraum gerade erst begonnen ...

# Stephan M. Rother

ICH BIN DER HERR DEINER ANGST

Thriller

Rowohlt Taschenbuch Verlag

Originalausgabe
Veröffentlicht im Rowohlt Taschenbuch Verlag,
Reinbek bei Hamburg, April 2012
Copyright © 2012 by Rowohlt Verlag GmbH,
Reinbek bei Hamburg
Umschlaggestaltung Büro Überland, München
Foto des Autors Katja Rother
Satz aus der Quadraat (PageOne)
bei Dörlemann Satz, Lemförde
Druck und Bindung CPI – Clausen & Bosse, Leck
Printed in Germany
ISBN 978 3 499 25869 5

Das für dieses Buch verwendete FSC®-zertifizierte Papier
*Lux Cream* liefert Stora Enso, Finnland.

# vorspiel

Die Augen sind unsichtbar, Schatten inmitten von Schatten.
Seit Stunden sind sie reglos auf die Szenerie gerichtet.

Flutlichter färben den Horizont über dem Hafenviertel in den Tönen eines düsteren Regenbogens. Die Umrisse von Industrieanlagen ragen schwarz in den Himmel.

Aber das ist weit entfernt.

Auf dem verlassenen Gelände zwischen einer heruntergekommenen Schrebergartensiedlung und den Verladerampen des Raffineriehafens herrscht Dunkelheit.

Es ist ein Ort wie geschaffen für einen Menschen, der von der Welt vergessen werden will. Ein Ort, an dem sich niemand freiwillig aufhält, ausgenommen die allgegenwärtigen Ratten.

Hier, am Rande einer Ablaufrinne und fast unsichtbar zwischen den Skeletten abgestorbener Bäume, steht das Wohnmobil. Es ist fahrbereit. Der spärliche Grasbewuchs der Zufahrt wird kurz gehalten, die TÜV-Plakette am rostigen Heck ist noch gültig. Die Flucht aus dem stinkenden Winkel am Rande des Nirgendwo scheint jede Minute möglich.

Doch der Mann wird nicht fliehen. Es gibt keinen Ort, an den er verschwinden könnte. Und selbst wenn, so wäre es ein Ort, der diesem hier zum Verwechseln ähnlich sähe: vernichtet, zerstört, verpestet von Chemiegestank wie das Innere seiner Seele.

Die Augen befinden sich mehr als hundert Meter Luftlinie entfernt. Sie blicken durch einen Feldstecher mit Restlichtverstärker.

Seit zwei Stunden hat sich am Wohnmobil nichts gerührt. Die Schatten sind tiefer geworden, und durch eine ausgeblichene orangefarbene Gardine dringt eine Ahnung von Helligkeit.

Jetzt sind hinter dem Vorhang undeutliche Bewegungen zu erahnen. Er ist wach. Man könnte die Uhr nach ihm stellen. Wenn der letzte Schimmer Tageslicht vom Himmel verschwunden ist, wird er lebendig.

Die Metalltür des Wohnmobils öffnet sich ohne das geringste Geräusch. So verrostet der Kasten nach außen hin auch wirkt: Alles ist auf dieses eine Ziel ausgerichtet – unsichtbar zu sein, unhörbar. Vergessen von der Welt.

Geduckt schiebt sich der Mann ins Freie. Für das bloße Auge ist alles grau an ihm, sein Haar, seine Kleidung, das unrasierte Gesicht. Doch der Infrarotsensor fängt die blasse Wärme seines Körpers ein, flackernd, als könnte sie jeden Moment verlöschen.

Die Augen hinter dem Feldstecher blinzeln kein einziges Mal. Sie verfolgen den Weg des grauen Mannes: Humpelnd bewegt er sich auf die Baumreihe zu, nutzt jede Deckung, bis er nach wenigen Schritten schwer gegen einen der Stämme sinkt. Heftig atmend hält er inne. Ziellos schweift sein Blick in sämtliche Richtungen. Er wittert. Er spürt die Bedrohung.

Sie ist ein Teil von ihm, hat ihn niemals verlassen. Dreiundzwanzig Jahre lang. Und doch ahnt er nicht, wie nahe sie ihm seit einigen Wochen ist.

Er ahnt nichts von ihrer Natur, weil er glaubt, sich all die Jahre bereits in der Hölle zu befinden. Doch da irrt er, wie ein Mensch nur irren kann.

Mit einem Keuchen löst sich der graue Mann aus dem Schutz der Bäume, hastet voran. Durch die Okulare des Nachtsichtgeräts sind die Augen ganz nah bei ihm, doch da ist noch mehr: eine Verbindung, die über die bloße Beobachtung mit den Augen eines Fremden hinausgeht, Gedanken und Gefühle einbezieht.

Der panische Rhythmus seines Atems nimmt noch zu, als der graue Mann ächzend der Vorortsiedlung entgegenstolpert. Der Kiosk liegt achthundert Meter entfernt, die eine Hetzjagd auf Leben und Tod sind, jeden Abend wieder.

Die Weite der offenen Fläche will ihn auseinanderreißen, die Enge zwischen den Bäumen ihn ersticken.

Die Bilder sind überall, doch hier draußen scheinen sie zu leuchten, zwingen sich mit greller Härte auf die Innenseite seiner Lider. Er ist unfähig, die Erinnerungen auszulöschen. Er versucht zu fliehen, doch es gibt keinen Ort, an den er fliehen könnte vor den Bildern, die in ihm sind.

Er lebt. Die Augen hinter dem Feldstecher weiten sich triumphierend. Er lebt, und jeder Tag, jede Nacht ist die Hölle.

Alles ist ganz genauso, wie es sein sollte. Und längst noch nicht genug.

Er kann nicht ahnen, dass es gerade erst begonnen hat.

# eins

Sie wundern sich, warum gerade ich Ihnen diese Geschichte erzähle?

Klingt seltsam, ich weiß. Wenn man bedenkt, wie Jörg Albrecht in die ganze Sache hineingeschlittert ist – und warum –, sollte ich so ziemlich der letzte Mensch sein, der sich ein Urteil erlauben könnte, was die ganze Zeit in seinem Kopf vorgegangen ist.

Um ganz ehrlich zu sein: Mit absoluter Sicherheit kann ich das natürlich auch nicht immer sagen. Doch es ist nun mal eine Tatsache, dass ich ihn sehr viel besser kannte, als er jemals für möglich gehalten hätte.

Das war es, was die ganze Sache so schwierig machte – und zwar nicht so sehr für ihn, sondern vor allem für mich.

Ihm hat es immer ausgereicht, sich im Designeranzug vor die Leute hinzustellen und seine cleveren Schlussfolgerungen zu ziehen. Den Leuten in die Köpfe gucken, das konnte er gut – nur von den Dingen, auf die es wirklich ankam, hat er nie viel mitgekriegt. Von dem nämlich, was in seinem eigenen Kopf vorging.

Und das gilt nicht nur für die Jagd nach dem Traumfänger, sondern für all die Jahre unserer Zusammenarbeit.

Aber um das zu verstehen, müssen wir dort anfangen, wo alle diese Albträume zu Hause sind, in Jörg Albrechts Kopf nämlich.

Und das ist kein besonders erfreulicher Ort.

Sie werden schon sehen.

• • •

Drei Uhr fünfundvierzig.

Der Radiowecker projizierte die digitalen Ziffern an die Wand des Schlafzimmers. Ein Geschenk seiner Tochter, und Hauptkommissar Jörg Albrecht fragte sich bis heute, was sie sich dabei gedacht hatte.

Eine von tausend Fragen, über die sich ganz herrlich nachgrübeln ließ, wenn der Schlaf sich nicht für mehr als dreißig Minuten am Stück einstellen wollte.

Es war noch eine der erfreulichsten.

Albrecht warf sich auf die linke Seite und widerstand dem Impuls, den Wecker mitsamt der vorwurfsvoll glimmenden Leuchtschrift vom Nachttisch zu fegen. Er würde es morgen früh bereuen, wenn er das tat. In exakt zwei Stunden, genauer gesagt.

Nadelspitzer Nieselregen peitschte gegen die Fenster seiner Etagenwohnung in Hamburg-Altona. Es war ein stürmischer Regen, doch nicht mal ihm gelang es, die Verkehrsgeräusche der zwei Häuserblocks entfernten Max-Brauer-Allee zu übertönen. Und das machte es für Albrecht unmöglich, sich vorzustellen, er läge jetzt in dem gemütlichen weichen Bett, in der Stille des historischen Bauernhauses in Ohlstedt, das sie mit dem Geld ausgebaut hatten, das eigentlich in seinen Rentenfonds hatte fließen sollen.

Andererseits wäre selbst in diesem Bett nicht genug Platz gewesen für ihn und Joanna – und für ihren Dentisten Dr. Hannes Jork, der ga-ran-tiert nicht ständig Arbeit mit nach Hause brachte und nicht ansprechbar war, weil er einen dermaßen ekelhaften Fall am Wickel hatte, dass es ihm die Kehle zuschnürte. Nein, ganz gewiss nicht! Dieses Geschenk an die weibliche Hälfte der Schöpfung hatte ja einen ganzen Stall voller Vorzimmerhühner für alle unangenehmen Sachen. Und zu Hause – in dem mit dem Geld aus Albrechts Rentenfonds sanierten Bauernhaus in Ohlstedt – musste er sich dann auch nicht anhören, er sei ja nicht mal richtig *da*, wenn er *hier* sei, in dem Bauernhaus in …

Mit einem Knurren wälzte Albrecht sich nach rechts, sodass er einen Blick durch die widerliche Plastikjalousie auf den widerlichen Regen und das Doppelglasfenster hatte, das beim Öffnen regelmäßig ein Geräusch von sich gab wie ein schlecht geölter Sargdeckel.

Öffnen, ha! Joannas Wunderdentist hatte ga-ran-tiert keine Probleme mit dem Öffnen. Mit dem Von-der-Seele-Reden-was-dich-so-bedrückt. Mit dem Vertrauen, das man nach jahrelanger Ehe doch einfach haben musste. Dr. Hannes Jork hielt Albrechts Exfrau sicher en detail auf dem Laufenden, welcher seiner Patienten an der Mundhygiene sparte und wem die Keramikfüllungen für den dritten Backenzahn von hinten zu teuer waren. Kein bleiernes Schweigen. Keine Leichen, die er im Kopf mit sich rumtrug.

Und keine schlaflosen Nächte.

Nein, immer ein strahlendes Zahnklempnerlächeln, wenn er nach Hause kam, zu Joanna und den Mädchen.

Zu Clara und Swantje.

Zu Jörg Albrechts Töchtern.

Du wirst jetzt nicht an die Kinder denken!

Die Ziffern an der Wand sprangen auf drei Uhr siebenundfünfzig.

Im selben Moment meldete sich Albrechts Handy.

Er nahm den Anruf an, bevor es ein zweites Mal klingelte. Die Rufnummer hätte er im Schlaf hersagen können.

«Hannah?»

«Hauptkommissar?» Hannah Friedrichs Stimme klang irritiert. Im nächsten Moment fand sie zu ihrem gewohnten Tonfall zurück, in dem sich Ich schicke Ihnen die Akte in Kopie anhören konnte wie Leck mich am Arsch. «Sie sind schneller am Handy, als ich an den Wecker komme.»

Kunststück, dachte Albrecht, wenn man schon wach ist.

«Ich höre», murmelte er.

Kriminalkommissarin Hannah Friedrichs war eine von drei Beamten auf dem Revier, die sich in der Leitung der Nachtschicht abwechselten, wenn keine dringende Ermittlung anstand. Er war sich nicht ganz sicher, aber möglicherweise traute er ihr eine Spur mehr zu als dem Rest der Mannschaft. Vielleicht weil sie keine überflüssigen Worte machte. Die wenigsten Menschen konnten gleichzeitig denken und reden. Vor die Wahl gestellt, entschieden sich die meisten für das Reden.

«Wir haben einen Toten.» Für einen Moment glaubte er in ihrer Stimme einen Ton zu hören, den er nicht einordnen konnte. Doch er konnte sich täuschen. Es war Nacht, und Stimmen veränderten sich mit der Dunkelheit.

«Ich bin in zehn Minuten da.» Mit dem Handy am Ohr ging er ins Badezimmer. Der Spiegelschrank war halb blind, das Gesicht, das ihm entgegenblickte, verschwommen und fahl. Lange her, doch irgendwann musste er diesen Typen mal gekannt haben.

«Kommen Sie direkt zur Bernhard-Nocht-Straße», sagte Friedrichs. «Den Peterwagen sehen Sie schon.»

«Gut.» Albrecht kniff die Augen zusammen. «Wir sehen uns ... dort.»

Doch die Leitung war bereits tot.

• • •

Zehn Minuten, hatte Albrecht gesagt. Wenn er sich das bis zum Revier zutraute, sollte es auch bis zur Bernhard-Nocht-Straße zu schaffen sein.

Ich würde für jede Sekunde dankbar sein, die er früher kam.

Das *Fleurs du Mal* schimpfte sich ‹Club›. Das taten diese Kaschemmen fast alle, schon weil sie wussten, dass wir wegen des Jugendschutzes ein Auge auf sie hatten. In den letzten Jahren war noch das Rauchverbot dazugekommen, um das sie auf diese Weise herumkamen.

Was das *Fleurs du Mal* anbetraf, hatte es tatsächlich was Exklusives verglichen mit den üblichen versifften Läden abseits der Reeperbahn. Ich hatte kurz mit einigen der Mädchen gesprochen und festgestellt, dass sie nicht nur keine offensichtlichen Spuren von Misshandlungen aufwiesen, sondern obendrein tatsächlich sprechen konnten – unsere Sprache, und mehr als ein paar Brocken davon.

Doch das war wohl auch notwendig. Das *Fleurs du Mal* war auf besondere Wünsche eingerichtet.

In der Eingangshalle ahnte man noch nichts davon. Da war nichts als der übliche Plüsch zu sehen. Ich fragte mich seit Jahren, wo solche Möbel eigentlich herkamen: vom Antiquitätenhändler? Oder gab es irgendwo in der Stadt eine ganze Branche, die davon lebte, Omas Sperrmüllsofa für die Puffs von St. Pauli aufzuarbeiten?

Worauf es in diesem Schuppen ankam, war mir erst klar geworden, als ich mir die Gemälde an den Wänden genauer angesehen hatte: Jede Menge Spitzentutus, Seide und Samtroben, so weit nichts Ungewöhnliches – aber hier war außerdem eine eindrucksvolle Auswahl von Peitschen, Knebeln und Handfesseln zu sehen. Und auf der ersten Etage gab's dann was für jeden Geschmack: Zwei der Türen standen offen, und hinter einer davon hatte ich einen Pranger entdeckt, Direktimport aus dem Mittelalter. Die zweite führte geradewegs ins Himmelreich der Latexfreunde.

Und dann war da natürlich die Tür, die jetzt verschlossen war und an der Lehmann auf meine Anweisung ein Siegel angebracht hatte, bis der Chef eintraf oder das Team von der Spurensicherung. Je nachdem, wer schneller da war. Ich schüttelte mich innerlich. Ich hatte nur einen knappen Blick in dieses Zimmer geworfen, doch das war schon ein Blick zu viel gewesen.

Ich war wie betäubt, aber auf der Stelle war mir klar, dass das ein Fall für Albrecht war.

Bis dahin allerdings musste ich die Gesellschaft von Madame Beatrice ertragen, der «Geschäftsführerin», während die Kollegen die Personalien der Mädels und ihrer Kunden aufnahmen.

Die Puffmutter war eine imposante Erscheinung, dazu hätte sie nicht mal die messerlangen High Heels gebraucht. Ich schätzte die Frau ungefähr auf mein Alter, Mitte dreißig. Genau ließ sich das nicht sagen bei ihrem Frank 'n' Furter-Look, der gleichzeitig dafür sorgte, dass ich aus ihren Reaktionen nicht richtig klug wurde.

«Können Sie nicht wenigstens jetzt diesen Blaulichtwagen abziehen?»

Sie sprach mit einem merkwürdigen Akzent: *ßie, dießen*. Irgendwas Osteuropäisches, oder versuchte sie den Hamburger Slang nachzumachen? Dann suchte sie sich die falschen Stellen aus.

«Es gibt unser Haus seit mehr als drei Jahren, und wir haben einen Ruf …»

«In Ihrem Haus ist heute ein Mensch zu Tode gekommen», erinnerte ich sie. «Mit Sicherheit haben Sie Verständnis dafür, dass unsere Ermittlungen in diesem Fall Vorrang haben. Wir werden alles so schnell wie möglich freigeben, sobald die Spuren gesichert sind und mein Vorgesetzter sich einen Überblick verschafft hat. Ich bin mir sicher, dass auch Ihre Gäste dafür Verständnis haben.»

In meinem Hinterkopf meldete sich ein kleines Teufelchen: Vielleicht war die Kundschaft des *Fleurs du Mal* ja pervers genug, dass sie einen echten Mord richtig zu schätzen wusste? Mit ordentlich viel Blut anstatt ein bisschen Aua-aua mit der Lederpeitsche.

Ich drängte den Gedanken beiseite. Ich war nicht ganz bei mir, seitdem ich hinter die Tür geschaut hatte, die jetzt verschlossen war.

Und ich mochte mir nicht vorstellen, wie Albrecht reagieren würde, wenn er sie öffnete.

• • •

Der Regen hatte sich in ein Nieseln verwandelt, das, falls überhaupt möglich, noch eine Spur widerlicher war. Vielleicht war es auch Nebel, der von der Außenalster zwischen die Häuser trieb und auf dem Asphalt einen Film aus schmieriger Nässe bildete.

Jörg Albrecht begegnete keinem Menschen, während er mit raschen Schritten in Richtung Reeperbahn ging.

Er erinnerte sich, wie er sich vorgestellt hatte, dass er den Weg zum Revier zu Fuß nehmen konnte, wenn er sich für die Wohnanlage in Altona entschied. Dass er unterwegs Abstand gewinnen, eine Mauer errichten konnte zwischen den beiden Feldern seines Lebens: der Leiter der Dienststelle auf der einen Seite, und auf der anderen ...

Auf der anderen Seite gab es nichts mehr. Selbst die Zimmerpflanzen hatte er Joanna und ihrem Dentisten überlassen. Er hatte sie nicht zum Tode verurteilen wollen.

Er schüttelte sich, kurz aber heftig.

Im nächsten Moment waren die Grübeleien verschwunden. Er war Ermittler im Dienst, und die Vergangenheit war so tot wie die Straßen von Altona in dieser Nacht.

Erst hinter der Friedenskirche änderte sich das Bild.

Hier waren Menschen unterwegs. Nachtschwärmer, deren Geschäfte ihn heute nicht interessierten. Keiner kam ihm nahe. Albrecht hatte früher oft gerätselt, ob es eine bestimmte Art zu gehen war, aus der man ihn schon aus fünfzig Schritt Entfernung als Kriminalbeamten identifizieren konnte. Manchmal konnte das ganz hilfreich sein, verdammt selten allerdings.

Es war, wie Friedrichs versprochen hatte. Als er in die Bernhard-Nocht-Straße einbog, sah er das Blaulicht des Einsatzfahrzeugs. Irgendwo in der Nähe zerriss die Sirene eines Krankenwagens die Nacht. Unwahrscheinlich, dass sie mit dem Fall zu tun hatte – die Hafenambulanz befand sich nur einen Steinwurf entfernt.

Albrecht wurde langsamer, während er sich dem Tatort näherte, und nahm sich ein paar Sekunden, um das Bild auf sich wirken zu lassen. Immer wieder hatte er erlebt, wie wichtig dieser erste Eindruck war: vom Schauplatz des Verbrechens selbst, aber auch von der Umgebung. Das Bild mit den Augen eines Menschen wahrzunehmen, der vielleicht zum ersten Mal hier war, in den Straßen abseits der Reeperbahn, wo sich Dunkelheit und schreiend bunte Leuchtreklamen zu einem unerfüllbaren Versprechen auf Erlösung mischten.

Die abweisenden Häuserfassaden waren übersät mit Graffiti. Bauten aus der Gründerzeit und neue, hässlichere Gebäude. Ein Trupp dunkelhäutiger Männer drängte sich vor dem Eingang eines billigen Hotels und unterhielt sich in einer unbekannten Sprache. Eine Frau in hohen Stiefeln passierte die Gruppe – ihr Blick ging durch Albrecht hindurch, als wäre er Luft.

Der Peterwagen war jetzt noch zwei Häuser entfernt. Keine Spur von Gaffern, die sich in einer zivilisierteren Gegend am Schauplatz eines Verbrechens eingefunden hätten, ganz gleich zu welcher Tages- oder Nachtzeit. Falls sich das Niveau einer Zivilisation an der Anwesenheit von Gaffern messen ließ.

Über dem Eingang des Etablissements leuchtete in düster rotem Neon der Schriftzug *Les Fleurs du Mal*. Ein greller Kontrast zum Blaulicht des Polizeifahrzeugs.

Ein einzelner uniformierter Beamter lehnte kaugummikauend am Heck des Einsatzwagens, die Augen auf den Eingang des Clubs gerichtet. Albrecht war auf ein halbes Dutzend Schritte an ihn herangetreten, als sein Blick sich hob.

«Halt! Sie können hier nicht ...» Im selben Moment erkannte der Mann seinen Vorgesetzten. «Sie sind alle schon drin», sagte

er eilig und tastete über seine Uniform nach Handy oder Funkgerät. «Ich kann Sie ...»

«Wenn sie alle schon drin sind», unterbrach ihn Albrecht,
«dürfte das Innere des Objekts ja ausreichend gesichert sein.
Und Sie behalten die Straße im Auge?»

Urplötzlich musste sich eine Reflexion des Rotlichts auf das
Gesicht des Mannes verirrt haben. «Ich ... Natürlich.»

Albrecht sah, wie sich sein Adamsapfel bewegte, doch nur für
einen Moment, bevor der Beamte sich eilig umdrehte, um angestrengt die Straße hinabzuspähen.

Kopfschüttelnd wandte sich der Hauptkommissar dem Eingang zu. «Danke für die Hilfe», murmelte er. «Ich finde den
Weg.»

Albrecht folgte einem persönlichen Ritual: Er wollte das gesamte Bild sehen, alle möglichen Wege. Nicht allein denjenigen,
auf dem ihn die Beamten schnurstracks zum Schauplatz des Verbrechens führen würden, der erst im Augenblick der Tat zum
Schauplatz geworden war. Der Weg dorthin sagte ebenso viel
über das Geschehen aus wie der Tatort selbst.

Die Tür öffnete sich ohne Laut. Ein menschenleerer Emp-
fangsraum voller plüschiger Sitzgelegenheiten lag vor ihm.
Albrecht durchquerte ihn mit langsamen Schritten, angezogen
von einem dramatischen Treppenaufgang, den ein Geländer aus
Marmor und Messing flankierte. Die Stufen waren mit dunklem
Samt bezogen. Elektrische Kandelaber sorgten für eine schum-
merige Beleuchtung, an den Wänden Kunstdrucke mit lasziven
Motiven der viktorianischen Epoche. Die üblichen Kunstgriffe.
Das Einzige, was fehlte, waren die Menschen, war die Geräusch-
kulisse.

Doch Albrecht ging davon aus, dass das *Fleurs du Mal* auch das
synthetisch liefern konnte: Laute der Lust vom Tonband, unter-
legt mit Streicherklängen.

Hurenhäuser dieser Preisklasse waren ein Freizeitpark für

Erwachsene, und wie in jedem Freizeitpark spielten die Requisiten eine besondere Rolle. Dieses Haus wollte offenbar in der obersten Liga mitspielen. Jedenfalls hatten sie die Zutaten nicht dem Zufall überlassen.

*Les Fleurs du Mal.* Die Blumen des Bösen. – Albrecht war im Begriff, den Fuß auf die Treppe zu setzen, da kam wie ein Blitz die Erinnerung.

«Verdammt!» Seine Stimme war ein lautloses Zischen.

Doch im selben Moment …

«… kann und wird mein Vorgesetzter entscheiden, nachdem Sie seine Fragen beantwortet haben.»

Hannah Friedrichs Stimme. Auf der oberen Etage fiel ein Lichtschimmer aus einer halb geöffneten Tür. Albrecht schüttelte sich.

Jetzt war die Erinnerung da, jedes Detail an seinem Platz, doch was auch immer diese Vorgänge bedeuten mochten für das, was heute Abend hier geschehen war … Ob es einen Zusammenhang gab …

Verschaff dir einen Einblick, dachte er.

Dann kannst du die Verbindungslinien ziehen.

Wenn sie existieren.

Er fing ein letztes Mal die Atmosphäre ein. Schweres Parfüm, der dunkle Duft wilder Träume – und etwas anderes, ein klinischer Geruch, den er automatisch mit polizeilicher Ermittlungsarbeit in Verbindung brachte. Das jähe Erwachen aus dem Traum in die Wirklichkeit.

Auf dem oberen Treppenabsatz angekommen, klopfte er mit dem Handrücken leicht gegen die Tür und schob sie in derselben Bewegung auf.

Hannah Friedrichs hatte ihre dunklen Haare zu einem praktischen Pferdeschwanz gebunden, der bis auf ihre Wetterjacke fiel. Sie trug ihre randlose Brille, also hatte sie sich bereits Notizen gemacht.

Die andere Frau mochte auf den ersten Blick etwa in Friedrichs' Alter sein. Ein Übermaß an Mascara und ihre Kostümierung im Kurtisanenchic des neunzehnten Jahrhunderts machte die Einordnung schwierig.

«Hauptkommissar.» Die Kommissarin nickte ihrem Vorgesetzten zu.

Die fremde Dame drehte den Kopf kurz in seine Richtung, lange genug für eine erste Einschätzung, dann ließ sie sich mit dem Rücken gegen die Wand sinken.

Eine Geste der Erleichterung? Oder wollte sie genau das vermitteln? Albrecht schob beide Möglichkeiten auf Wiedervorlage.

Er warf einen knappen Blick durch den Raum. Von der Leiche keine Spur. Sie befanden sich in einer Art Vorzimmer, das einem Pariser Boudoir alle Ehre gemacht hätte. Durch eine weitere, angelehnte Tür drangen leise Stimmen. Die Spurensicherung war bereits vor Ort.

«Wir haben die Personalien sämtlicher im Haus anwesender Personen aufgenommen.» Friedrichs hob einen Spiralblock. «Einer der Kunden konnte sich nicht ausweisen. Lehmann hat ihn zur Wache begleitet. Die Mädchen ...»

«Jede einzelne meiner Mitarbeiterinnen ist in Deutschland gemeldet.» Die Fremde unterbrach sie leise, aber bestimmt.

«Natürlich.» Albrecht nickte ihr zu, ließ die Augen einen Moment länger auf ihr ruhen, als es höflich gewesen wäre, und korrigierte ihr Alter um zehn Jahre nach oben, bevor er den Blick zur Tür wandern ließ.

Der Tote. Auf der anderen Seite der Tür lag der Tote. Warum hatte Friedrichs hier auf ihn gewartet – in Gegenwart dieser Frau?

Fragend sah er die Kommissarin an.

«Madame Beatrice ist die Geschäftsführerin hier. Sie gibt an, dass der Getötete sich nicht mit einer ihrer Mitarbeiterinnen hier aufgehalten hat.»

Albrechts Augenbraue bewegte sich eine Winzigkeit in die Höhe. «Nicht? – Ist es üblich, Madame, dass die Gäste Ihres Etablissements sich ihre Gesellschaft selbst mitbringen?»

«Ich weiß nicht, wofür Sie das *Fleurs du Mal* halten, Herr Hauptkommissar.» Madame löste sich von der Wand. «Dieses Haus ist weder ein Bordell noch ein Stundenhotel. Wir sind ein exklusiver Club, und unser Angebot umfasst ein Ambiente, das in dieser Stadt einzigartig sein dürfte.»

Stumm betrachtete Albrecht die Reitpeitsche, die zwischen zwei Rokokogemälden an der Wand hing. Eine Spielwiese für den exquisiteren Geschmack also – Bordell und Stundenhotel zugleich. Und ein gewisses Extra.

«Der Tote ...»

«War zum ersten Mal hier.» Kein Zittern in der Stimme der Geschäftsführerin. «Jacqueline hat die beiden eingelassen. Beide zum ersten Mal.»

Jacqueline ... Albrecht korrigierte das Niveau der Exklusivität ein Stück nach unten.

«Und wer hat sie wieder rausgelassen?», erkundigte er sich. «Die Begleiterin? Es war doch eine Frau?»

«Unser oberstes Gebot lautet Diskretion.»

«Und unser oberstes Gebot lautet, Straftaten aufzuklären.» Er ließ sie nicht aus den Augen. «*Intentio vera nostra est manifestare ea, quae sunt, sicut sunt.* – Ich darf das für Sie übersetzen? Unsere Absicht besteht darin, die Tatbestände so darzustellen, wie sie sich in Wahrheit verhalten. Ein quälender und schrecklich langwieriger Prozess.»

«Kann Wochen dauern», bestätigte Friedrichs.

«Monate», seufzte Albrecht. «Ich würde es bedauern, wenn Sie so lange schließen müssten.» Plötzlich, die Stimme eine Winzigkeit gehoben: «Mann oder Frau?»

Zwei Sekunden hielt Madame seinem Blick stand.

«Eine Frau», sagte sie schließlich. «Jünger als er. Niemand

vom Gewerbe und wohl auch keine Freischaffende. Jacqueline hat die Namen natürlich notiert ...» Ihr Tonfall machte deutlich, wie gering sie die Wahrscheinlichkeit einschätzte, dass es sich um die echten Namen handelte.

Albrecht hob fragend die Augenbrauen.

«Hester Prynne», erklärte die Geschäftsführerin. «Und Arthur Dimmesdale.»

«Die Hauptfiguren aus *Der scharlachrote Buchstabe*», murmelte der Hauptkommissar.

«Im Laufe der Zeit hatten wir schon ein halbes Dutzend unterschiedliche Hesters hier zu Gast.» Madame nickte. «Aber vielleicht kann Jacqueline Ihnen ...»

«Mit Sicherheit wird Jacqueline das tun», unterbrach er sie verbindlich. «Bei Ihnen melden wir uns, wenn wir an Sie noch Fragen haben.»

Sein Instinkt sagte ihm, dass die Frau nichts mit dem Vorfall zu tun hatte, und heute Nacht war ihm weder nach Höflichkeit noch nach Spielereien.

Er entließ sie mit einer wortlosen Geste.

Madame Beatrice gehorchte auf der Stelle. Sie wusste sehr genau, wer von ihnen am längeren Hebel saß.

• • •

«Gut gemacht», murmelte Albrecht, als sich die Tür zum Treppenhaus hinter der Chefin des *Fleurs du Mal* geschlossen hatte. «Das war eine große Hilfe.»

Friedrichs hob die Schultern. «Ich habe kaum etwas gesagt.»

Er nickte stumm.

Wenn die Mitarbeiter seine Eigenheiten akzeptierten, war ihm schon mehr als geholfen.

Ein Toter. Die Leiche war männlich, und offenbar war von Fremdverschulden auszugehen – sonst hätte die Kommissarin ihn kaum angerufen. Über alles andere hatte Friedrichs geschwiegen und gab ihm damit die Möglichkeit, ohne Vorwissen an den Fall heranzugehen.

Ohne Vorwissen.

Doch nicht ohne Vorahnung.

Hannah Friedrichs hatte ein Pokerface aufgesetzt, aber schon am Telefon hatte Jörg Albrecht den Ton in ihrer Stimme gehört. Und während des Gesprächs mit Madame hatte er beobachtet, wie sie ihren Blick nur mit Mühe von der angelehnten Tür hatte lösen können, hinter der sich die Spurensicherung mit der Leiche beschäftigte.

Da gab es etwas, wovon er noch nichts wusste. Etwas, das Friedrichs nervös machte. Mehr als das vielleicht. Schmal sah sie aus. Zäh und sehnig wie immer, durchaus hübsch auf ihre Weise, doch er registrierte auch ihre Blässe. Die vierte oder fünfte Nachtschicht hintereinander – war das der einzige Grund?

Albrecht nickte ihr noch einmal zu, dann klopfte er und schob die Tür zu dem Zimmer auf, in dem die Tat begangen worden war.

Und begriff, dass er die Pforte zu seinem schlimmsten Albtraum aufgestoßen hatte.

• • •

Es ist eine seltsame Sache mit den Kollegen.

Du verbringst mehr Zeit mit ihnen als mit deiner eigenen Familie, glaubst sie mindestens so gut zu kennen wie deine Eltern und Geschwister, deine Kinder, deinen Ehepartner. Du hast dich mit den Macken jedes einzelnen abgefunden – oder auch nicht –, kriegst in den ersten paar Minuten nach Dienstbeginn mit, wenn jemand nicht gut drauf ist, und gehst automatisch ein bisschen auf Zehenspitzen.

Als es damals mit Nils Lehmann und seiner Freundin auseinanderging, ist das ganze Revier wochenlang so rumgelaufen, und als der Vater von Irmtraud, unserer Sekretärin, einen Herzinfarkt hatte, haben wir alle eine verdammt schwere Zeit durchgemacht.

Du glaubst diese Leute zu kennen. Gewissermaßen sind sie deine Familie. Denn das macht eine Familie ja aus: dass man sich nicht verstellen muss, sondern sich drauf verlassen kann, dass die anderen einen schon irgendwie verstehen.

Um einen Bullen wirklich zu verstehen, muss man selbst Bulle sein – früher oder später kriegt das in unserem Job jeder mit.

Aber alles verstehen und alles voneinander wissen sind zwei völlig unterschiedliche Paar Schuhe. In jeder Familie gibt es Geheimnisse.

Auch auf dem Revier.

Daran musste ich denken, als Albrecht die Tür zum Tatzimmer öffnete.

Im letzten Moment hatte er eine halbe Sekunde gezögert, als ob er etwas geahnt hätte. Aber wie hätte das möglich sein sollen?

Doch was war schon unmöglich bei Jörg Albrecht?

Ich stand zwei Schritte hinter ihm. An seinem Rücken vorbei konnte ich einen Teil des Raumes erkennen. Die Spurensicherung – Martin Euler und sein Team – war noch bei der Arbeit. Euler war gerade dabei, am Boden irgendwelche Partikel zu sichern. Als er den Chef sah, kam er langsam aus der Hocke hoch und strich sich eine Strähne seines aschblonden Haares aus der Stirn. Sein Gesicht hatte heute Nacht beinahe dieselbe Farbe – und ein paar Falten, die dort sonst nicht zu sehen waren.

In unserem Job bekommt man eine Menge Leichen zu sehen. In den ersten Jahren beim Kommissariat habe ich sie gezählt. Ich denke, das passiert ganz automatisch. Irgendwann habe ich damit aufgehört, ohne dass ich genau sagen könnte, wann und aus welchem Anlass.

Aber ich muss nur die Augen zumachen, und ich kann mir jede einzelne von ihnen wieder ins Gedächtnis rufen.

Sie verfolgen mich nicht im Traum, zumindest die allermeisten nicht, aber wirklich vergessen kann ich keine von ihnen.

Das Bild aber, das sich uns hinter der Tür im *Fleurs du Mal* bot, wird mich bis zum Tag meines Todes begleiten.

Albrechts Gestalt war im Türrahmen zu einer Salzsäule erstarrt. Ich war mir nicht sicher: Sollte ich froh sein, dass ich in diesem Moment sein Gesicht nicht sehen konnte? Seine allererste Reaktion, das Begreifen, was er vor sich hatte: Vielleicht hätte ich das noch weniger ertragen können als den Anblick des Zimmers.

Manche unserer Leichen sehen tatsächlich so aus, als würde da jemand einfach nur schlafen. Eine Kugel in den Kopf oder der berühmte stumpfe Gegenstand. Manchmal hat das Opfer gar keine Zeit mehr, Angst zu empfinden oder Schmerzen. Ich kann mich an eine ganze Reihe von Toten erinnern, die vor allem grenzenlos überrascht wirkten. Sie hatten überhaupt nicht begriffen, was da gerade passierte.

Das war hier nicht der Fall.

Ich hatte Ole Hartung gekannt. Neun Jahre lang, so lange ich auf dem Kommissariat arbeitete. Kriminaloberkommissar Hartung war ein echtes Fossil auf der Dienststelle, länger dabei als Albrecht selbst. Sein Büro befand sich ein paar Türen von meinem entfernt, und ab und an hatten wir einen Einsatz zusammen gehabt, doch für mich gehörte er nicht zum engeren Kreis der Familie.

Doch ich kannte ihn, mein Gott! Ich hatte diesen Mann in den letzten neun Jahren fast jeden Tag gesehen. Tausend winzige Erinnerungssplitter schossen mir durch den Kopf: der Betriebsausflug auf der Bille, als er einen über den Durst getrunken hatte. Seine Tochter, die sich beim Girls' Day das Kommissariat angesehen hatte. Der Stromausfall, bei dem er zwei Stunden lang mit einem Zeugen im Aufzug festgesteckt hatte.

Ole Hartung, Glatze, mehr als ein paar Pfunde zu viel und zwei Jahre vor der Pensionierung. Ein Mann, den ich kannte – und doch kaum wiedererkannte.

Die Apparatur, die den größten Teil des Tatzimmers einnahm, erinnerte an einen Gynäkologenstuhl. Möglicherweise war es sogar ein ausrangiertes Möbel aus einer Arztpraxis, von denselben Leuten aufgemotzt, die auch für die Sofas in der Eingangshalle zuständig waren. Die Ketten und Lederfesseln, mit denen der Körper auf dem Gerät fixiert war, gehörten jedenfalls nicht zur Originalausstattung.

Die toten Augen waren weit aufgerissen. Sie schienen mich anzustarren. Es kam mir vor, als ob Hartung noch immer darum kämpfte, ein Wort hervorzubringen. Doch das war natürlich unmöglich. Zum einen, weil er ganz eindeutig tot war und die schwarze Nylonstrumpfhose, mit der er offenbar erdrosselt worden war, noch um seinen Hals lag, zum anderen, weil in seinem Mund etwas steckte, was ich bei meinem ersten, sekundenkurzen Besuch in dem Raum für einen Knebel gehalten hatte.

Erst jetzt fiel mein Blick auf die Blutlache, die sich zwischen seinen gespreizten Beinen auf dem Boden gebildet hatte.

Natürlich war überall Blut, Hartung war nicht schnell gestorben. Doch nirgends an seinem Körper konzentrierte sich die Farbe von schimmerndem Rost so stark wie an der Stelle, an dem seine Genitalien gewesen waren.

Nun steckten sie in seinem Mund, ein unförmiger, blutiger Klumpen. Daher, und nicht etwa von einer Schlagverletzung, stammte auch das Blut, das über sein Gesicht und den Hals gelaufen war.

Hartung war nackt, ausgenommen die Beine, die in halterlosen Strümpfen steckten. Der Rest war fahles Fleisch, übersät mit einem Muster dunkler Striemen. Aus seinem Anus ragte ein ...

Ich will es nicht sehen! Ich will es nicht wissen!

Ein greller Blitz flammte auf. Einer von Eulers Mitarbeitern hatte ein Foto gemacht. Jedes Detail der Auffindungssituation musste dokumentiert werden, bevor irgendwas verändert wurde.

Dokumentiert, für alle Zeit festgehalten. Diese Aufnahmen würden unter Verschluss bleiben, doch das änderte nichts: Dies würden die letzten Bilder sein, die an Kriminaloberkommissar Ole Hartung, einundsechzig, verheiratet, zwei Kinder, erinnerten.

Die dunkelsten Geheimnisse eines Menschen, die er selbst vor denen hütet, die ihm nahestehen, vor seiner Familie – gerade vor ihr. Und wir, seine Familie vom Kommissariat, durften uns ihnen nicht verweigern. Wann immer ich mich an Hartung erinnerte, würden diese Bilder zu mir kommen.

«Sagen Sie mir Bescheid, wenn Sie hier fertig sind.»

Jörg Albrechts Stimme kam aus einer anderen Welt. Er machte auf dem Absatz kehrt. Ich stolperte zurück ins Vorzimmer und beobachtete, wie er die Tür hinter sich schloss, bevor er sich zu mir umwandte.

Keine Chance mehr, seinem Blick auszuweichen.

• • •

Die wenigsten Menschen konnten gleichzeitig denken und reden.

Jörg Albrecht verfluchte sich, dass er zu ihnen gehörte.

In Endlosschleife lief die Erinnerung vor seinem geistigen Auge ab, während er zuhörte, ein oder zwei Mal eine Zwischenfrage einwarf. Hannah Friedrichs schilderte ihm die Details, den Anruf auf dem Revier, der um drei Uhr zweiundzwanzig eingegangen war, den Bericht der Streifenbeamten, die als Erste vor Ort gewesen waren.

Albrecht hörte zu, er sprach, doch gleichzeitig befand er sich an einem anderen Ort, in seinem Büro auf dem Kommissariat, ein paar hundert Meter Luftlinie vom *Fleurs du Mal* entfernt und mehrere Monate in der Vergangenheit.

«Seltsam, dass du immer als Erstes an mich denkst, wenn's um die Sitte geht.» Ole Hartung stieß ein glucksendes Lachen aus, das sein Doppelkinn zum Schwabbeln brachte.

Albrecht biss die Zähne zusammen. Natürlich hatte Hartung einen Spiegel zu Hause, und natürlich wusste er sehr genau, warum ausgerechnet er für diese Sorte Aufträge ausgewählt wurde: Es gab einfach keinen anderen Beamten auf der Dienststelle, dem man den schmierigen Puffbesucher so bereitwillig abnahm.

Jörg Albrecht gönnte dem Mann seine Heiterkeit. Er hatte eine Weile gezögert, bevor er Hartung schon wieder auf so einen Fall ansetzte.

Selbstverständlich gab sich das Kommissariat alle Mühe, jede einzelne Kaschemme rund um die Reeperbahn im Blick zu behalten, doch angesichts der Personalsituation war das schlicht unmöglich. Was allerdings das *Fleurs du Mal* anbetraf, hatte es in den letzten Wochen ein paar Gerüchte gegeben: Videoaufnahmen der betuchten Kundschaft in voller Aktion, mit denen sich jemand etwas dazuverdienen wollte. Womöglich sogar der Betreiber selbst.

Von Gefahr im Verzug konnte nicht die Rede sein, doch wenn an der Geschichte etwas dran war, betraf sie gesellschaftliche Kreise, die in der Politik nicht ohne Einfluss waren. Und der Polizeietat für das laufende Jahr war noch immer nicht bewilligt.

Irgendjemand musste in diesem Schuppen nach dem Rechten sehen. Ein Mann mit Routine, dem Albrecht nicht jeden zweiten Tag auf die Finger schauen musste. Jemand, der sich erst dann wieder melden würde, wenn er Licht in die Sache gebracht hatte.

Wie die Dinge lagen, kam niemand anders als Hartung in Frage.

«Dieses eine Mal noch. Du würdest mir einen persönlichen Gefallen tun», sagte Albrecht und betonte jedes Wort.

Er war mehr als zurückhaltend mit solchen eigenverantwortlichen Aufträgen, und der dicke Beamte wusste das so gut wie jeder andere auf dem Kommissariat.

An seiner Reaktion, seinem knappen Nicken, erkannte Albrecht, dass der Mann verstand. Es war eine Auszeichnung, ein Vertrauensbeweis.

Albrecht entspannte sich. Bis Hartung sich wieder meldete, konnte er die Existenz eines Clubs namens *Fleurs du Mal* vergessen.

Und genau das war auch geschehen.

«... was diese Videoaufzeichnungen betrifft, von denen damals die Rede war», beendete Hannah Friedrichs ihren Bericht. «Falls es tatsächlich irgendwelche Vorrichtungen gibt, haben wir bisher nichts gefunden. Aber streng genommen sind wir heute ja nicht deswegen hier.»

«Nein.» Albrecht nickte. Er hatte Friedrichs aufmerksam zugehört. Die Kommissarin hatte sich streng an die Vorschriften gehalten. Kein Fehler, keine Nachlässigkeit.

Wenn jemand einen Fehler begangen hatte, dann war er selbst es, Kriminalhauptkommissar Jörg Albrecht.

Wie auch immer Ole Hartung auf diesen Stuhl gekommen war, entwürdigt, gedemütigt, seiner Männlichkeit beraubt: Er, Jörg Albrecht, trug die Verantwortung.

Einer seiner Beamten war tot. Ergebnis eines Einsatzes, auf den Jörg Albrecht ihn geschickt hatte. Es war keine Frage, wer Sabine Hartung die Nachricht überbringen würde.

«Absolute Nachrichtensperre», sagte er knapp. «Geben Sie das ans Revier durch! Kein Wort nach außen. Die Presse wird noch früh genug ...»

Er schüttelte den Kopf. Die widerwärtigen Details unter dem Deckel zu halten, das war das Letzte, was er für Ole Hartung tun konnte.

•••

«Er ist verblutet.» Martin Eulers Hand streckte Albrecht das vorläufige Protokoll entgegen. Sie war so blass, als ob sie selbst zu einem Toten gehörte. «Wir werden noch einige detaillierte Untersuchungen vornehmen, den Sauerstoffgehalt des Blutes prüfen, doch echten Zweifel kann es nicht geben.»

Der Hauptkommissar nahm das ausgefüllte Protokoll entgegen. Gemeinsam mit Hannah Friedrichs hatte er im Vorraum des Tatzimmers auf die ersten Ergebnisse gewartet, während draußen vor den Fenstern eine fahle Dämmerung in die Nacht einsickerte. Jetzt saßen sie rund um einen niedrigen Tisch.

Albrecht gönnte dem Papier nur einen kurzen Blick. Die Spurensicherung war eine Wissenschaft für sich, und Euler gehörte zu den besten Leuten in der Stadt. Wenn er sagte, dass Hartung verblutet war, dann war er verblutet.

«Die Verletzung im Genitalbereich also?»

Euler nickte und strich sich das widerspenstige Haar aus der Stirn. «Wir haben darüber hinaus mehr als zwei Dutzend weiterer Wunden festgestellt. Verletzungen un...» Er räusperte sich. «Unterschiedlicher Art. Oberflächliche Schnittwunden, punktuelle Verbrennungen, die vermutlich von einer brennenden Zigarette stammen, Striemen wie von einer Peitsche. Wir untersuchen diesbezüglich noch die einzelnen ... Instrumente, die im Raum zurückgeblieben sind. Jedenfalls war keine dieser Verletzungen irgendwie lebensbedrohlich oder auch nur ernsthaft gefährlich. Die Schlussfolgerungen sind natürlich Ihre Sache, doch ich denke, wir sollten einkalkulieren, dass sie zum ... zum ...»

«Dass sie zum Arrangement gehörten.» Albrecht neigte knapp den Kopf, faltete das Protokoll zwei Mal zusammen und ließ es in seine Manteltasche gleiten. «Und demnach einvernehmlich zugefügt wurden. – Können Sie feststellen, ob diese Wunden der Genitalverstümmelung vorausgingen?»

Er sah, wie sich der Adamsapfel in Eulers Kehle bewegte. Selbst dieser Mann, bei dem der Umgang mit Toten zum alltäglichen Geschäft gehörte, war sichtbar erschüttert.

Wie wir alle, dachte Albrecht. Doch gerade deswegen durften sie sich keinen Fehler erlauben. Das waren sie Ole Hartung schuldig, ganz gleich, wie er in diese Situation gekommen war. Sie standen in Hartungs Schuld.

Und Jörg Albrechts Schuld war die größte.

«Einige der leichteren Wunden hatten bereits begonnen, sich wieder zu schließen», sagte Euler leise. «Die Kastration ...» Er holte Luft. «Das war der Schlusspunkt, und sie ist von ganz anderer Natur als der Rest. Streng genommen war es natürlich keine Kastration, bei der ja lediglich die Hoden ...»

«Da gab es historisch gesehen unterschiedliche Methoden», unterbrach ihn Albrecht. «Wobei in der Regel tatsächlich nur das Skrotum entfernt wurde. Hier allerdings nicht.»

Hannah Friedrichs räusperte sich. «Könnte das irgendeine Rolle spielen?»

Albrecht antwortete nicht. Sein Blick gab die Frage an Euler weiter.

Die Finger des blonden Mannes trommelten kurz auf die Tischfläche. Er sog die Unterlippe zwischen die Zähne. «Möglicherweise», sagte er zögernd. «Bereits die Entfernung des Hodensacks hat einen beträchtlichen Blutverlust zur Folge, wenn die Wunde nicht sofort geschlossen wird. In historischen Zeiten geschah das mit Pech oder durch starke Hitzeeinwirkung. Ausbrennen.»

Die Kommissarin strich sich über die Unterarme. Albrecht sah ihre Gänsehaut.

«Ein Blutverlust, der zum Tode führt?», fragte er nach.

«Nicht zwangsläufig», gestand Euler ein. «Aber doch mit einiger Wahrscheinlichkeit.»

Albrecht nickte langsam, sah zu Hannah Friedrichs. «Da haben Sie Ihre Antwort. Oder ...» Er zögerte. «Im Grunde haben wir zwei Antworten. Zum einen kam es nicht allein auf die Kastration an, ganz gleich, aus welchem Grunde sie erfolgt ist. Eine Demonstration möglicherweise, eine Art Ritual. Doch es ging um mehr: Hartung sollte getötet werden.»

«Also Vorsatz.» Friedrichs nickte.

«Exakt. Aber dieser Vorsatz setzt etwas Zweites voraus.»

Die Pupillen der Kommissarin zogen sich irritiert zusammen, weiteten sich dann überrascht. «Sie muss das gewusst haben!», murmelte sie. «Die Täterin. Sie muss gewusst haben, dass sie sich nicht darauf verlassen kann, dass er stirbt, wenn sie ihm nur die Hoden abschneidet!»

«So sieht es aus», sagte Albrecht nachdenklich. «Bemerkenswert.»

«Und die Strumpfhose?», fragte Friedrichs. «Die Nylons um seinen Hals? Auch eine Demonstration?»

Euler blickte auf die Tischplatte, als hätte er das Protokoll noch vor sich. Er schüttelte den Kopf.

«Eine Demonstration vielleicht insofern, als sie nach der Tat an Ort und Stelle belassen wurde. Doch auf jeden Fall ist diese Strumpfhose eingesetzt worden. Erotische Asphyxie, Atemkontrolle. Eine erotische Spielart, die mit Sicherheit zum Spektrum dieses ...» Eine ausholende Handbewegung, die das gesamte *Fleurs du Mal* umschreiben sollte. «Durch die Drosselung der Atmung kommt es zu einer Unterversorgung des Blutes mit Sauerstoff, was einen euphorischen Bewusstseinszustand auslösen kann. Vermehrte Ausschüttung von Adrenalin. Der besondere ... Kick.»

Eulers Finger fuhren unter seinen Hemdkragen. In seinem Fall keine Demonstration, vermutete Albrecht.

Er verbot sich den Gedanken, worin vielleicht Martin Eulers persönlicher Kick bestehen mochte, oder Hannah Friedrichs Kick. Schon der Gedanke verletzte genau jene besondere persönliche Würde, die Ole Hartung genommen worden war.

«Diese Strangulation war ... spielerisch?», fragte er. «Kein Versuch, ihn zu töten?»

«Mit Sicherheit lässt sich das nicht sagen», schränkte Euler ein. «Die Würgemale sind deutlich sichtbar, doch ich denke, wenn sie gewollt hätte, hätte sie noch mehr Kraft aufwenden können.»

«Könnte eine Frau einen Mann auf diese Weise töten?», erkundigte sich Friedrichs. «Ole Hartung ist ...» Sie schluckte. «Er war nicht gerade ein Strich in der Landschaft.»

Euler hob die Schultern. «Kommt auf die Frau an, würde ich sagen, nicht wahr?»

Jörg Albrecht nickte. «Sie sagen es. Ich denke, es ist an der Zeit, dass wir ein Gespräch mit Jacqueline führen.»

• • •

«Wie krank müssen solche Menschen eigentlich sein?», brummte Albrecht. Im Vorübergehen hatte er einen Blick in das Latexzimmer geworfen und sprach eigentlich nur aus, was mir selbst durch den Kopf ging, seitdem ich das *Fleurs du Mal* betreten hatte.

Doch dann musste ich an die gepolsterten Handschellen denken, die Dennis vor ein paar Jahren angeschleppt hatte, pünktlich zum Valentinstag. Es war eine Weile her, dass wir die im Schlafzimmer eingesetzt hatten, und mit ziemlicher Sicherheit bewegte sich das auch noch auf einer mehr oder weniger gesunden Ebene, aber trotzdem: Irgendwie konnte ich das so nicht stehen lassen.

«Na ja.» Ich hob möglichst beiläufig die Schultern. «Jeder nach seiner Fasson, oder?»

Abrupt blieb er stehen. «Vorsätzliche Körperverletzung ist keine Frage der Fasson!» Seine Augen verengten sich.

Ich biss die Zähne zusammen. Super hingekriegt.

Seine Maske hatte auf der Stelle wieder perfekt gesessen, kaum dass er die Tür des Tatzimmers hinter sich geschlossen hatte. Das gesamte Gespräch mit Euler hindurch. Doch ich hatte eine ziemlich genaue Vorstellung von dem, was in seinem Kopf vorging. Jörg Albrecht war nicht der Einzige, der seine Leichen abends mit nach Hause nahm, und es war verdammt noch mal nicht meine Schuld, dass seine Ehe daran kaputt gegangen war, während meine eigene ... Dennis und ich kamen jedenfalls zurecht, mal mehr, mal weniger. Im Moment eher weniger, aber das ging Jörg Albrecht einen feuchten Kehricht an.

Ich wich seinem Blick nicht aus.

«Wahrscheinlich suchen die Leute einfach was, das ihnen im richtigen Leben fehlt. Einen Ausgleich.» Noch einmal hob ich die Schultern. «Jeder hat seine eigene Art, mit dem Stress umzugehen, der sich im Job und im Alltag so aufbaut.»

Sein Blick wurde noch stechender, doch dann wandte er sich wortlos ab und stapfte die Treppe zum zweiten Stock hoch, wo Jacquelines Zimmer lag, wie Madame Beatrice mir verraten hatte.

Die Tür wurde geöffnet, bevor er den Finger von der Klingel genommen hatte.

Ich war mir nicht sicher, was ich erwartet hatte. Wahrscheinlich eine Art Nuttenchic, dabei hatte mir die Geschäftsführerin schon erzählt, dass ihre Mitarbeiterinnen die Gäste des Hauses niemals in ihren Privatzimmern empfingen.

Jacqueline trug einen ausgewaschenen Trainingsanzug. Ihre Haare waren im Nacken zu einem Pferdeschwanz gebunden – nicht anders als bei mir im Moment. Sie war keine eins sechzig groß, schlank, beinahe zerbrechlich. Vielleicht ließ sich das mit High Heels ein Stück weit kaschieren, aber möglicherweise spielte es für den Kick ihrer Kunden auch gerade eine Rolle, so einem zarten Persönchen ausgeliefert zu sein.

Ganz automatisch schaute ich auf die Finger der Frau. Sie zitterten, ebenso ihre Lippen. Konnten diese Hände einen Menschen erdrosseln? Was Hartungs übrige Verletzungen betraf, spielten die Instrumente die entscheidende Rolle.

«Bitte.» Die Stimme war leise. Jacqueline trat zur Seite, eine Aufforderung, reinzukommen.

Ich sah mich kurz um. Ein Schlafsofa, ein Schreibtisch mit Stuhl, eine Kochnische. Hinter einer Schiebetür verbarg sich vermutlich die Nasszelle. An der Wand ein Kunstdruck von Magritte, auf dem Schreibtisch ein paar Familienfotos. Ein Singleappartement, wie es sie in der Stadt zu Hunderten gab. Warum nicht im *Fleurs du Mal*?

«Ich danke Ihnen, dass Sie so rasch für uns Zeit haben.» Albrecht hatte seine Stimmung längst wieder unter Kontrolle. Wir ließen uns auf dem Sofa nieder, während Jacqueline sich den Schreibtischstuhl heranzog.

«Normalerweise schlafe ich um diese Zeit.» Ihre Stimme schwankte. Ich hörte einen Akzent, doch er war schwächer als bei ihrer Chefin. «Aber heute ...»

«Ich kann mir vorstellen, dass das für Sie alle nicht ganz einfach ist.» Albrecht nickte und warf mir einen Blick zu. Die Andeutung einer Entschuldigung? Ich war vor allem froh, dass er das Mädchen anders anfasste, als er das bei Madame Beatrice getan hatte. Und ich war mir ausnahmsweise sicher, dass das keine seiner Maskeraden war.

Jacqueline antwortete nicht. Sie hatte ihre Hände ineinandergelegt und wartete auf unsere Fragen.

Der Hauptkommissar räusperte sich. «Ihre Personalien haben ja bereits unsere Kollegen aufgenommen. Sie sind hier im *Fleurs du Mal* beschäftigt?»

«Von Anfang an beinahe.» Das Mädchen neigte den Kopf und

betrachtete kurz den Notizblock, den ich vor mir auf den Couchtisch legte. «Seit zweieinhalb Jahren.»

Ich machte einen kurzen Vermerk. Die meisten Details würden für die Ermittlung unwichtig sein, doch in der Regel tat es den Zeugen gut, wenn sie den Eindruck bekamen, dass wir ihre Aussagen ernst nahmen.

«Gestern Abend hatten Sie Türdienst?», fragte Albrecht. «Können Sie uns kurz beschreiben, wie wir uns das vorstellen müssen?»

Ich war ihm dankbar, dass er das Mädchen nicht zwang, ihm die Details ihrer Hurenkarriere offenzulegen. Doch so war Albrecht auch nicht.

Jacqueline hob die Schultern. «Wir wechseln uns ab. Vier Abende in der Gastronomie, einen an der Tür, zwei Abende frei. Der Türdienst begrüßt die Gäste. Er kann ihnen gleich beantworten, ob eine bestimmte Suite frei ist oder ob eine bestimmte Mitarbeiterin gerade Dienst hat. Aber meistens ist das schon im Voraus vereinbart.»

«Und wenn es sich um Gäste handelt, die zum ersten Mal hier sind?»

Ich sah, wie sie den Druck, mit dem sie ihre Finger umklammerte, etwas verstärkte. «Das kommt darauf an», sagte sie ausweichend. «Die meisten Gäste kommen auf Empfehlung von Stammkunden. Und da wir keine Übernachtungen anbieten ...»

Albrecht hob beruhigend die Hand. «Sie sind nicht verpflichtet, die Ausweise zu prüfen. Allerdings handelt es sich beim *Fleurs du Mal* ja um einen Club, der ...»

«Sie waren volljährig», sagte das Mädchen eilig. «Er sowieso, und die Frau auch. Das war deutlich, trotz der Augenmaske.»

«Maske?»

Albrecht klang nicht halb so baff, wie ich mich plötzlich fühlte, aber immer noch baff genug für seine Verhältnisse. Ich biss die Zähne zusammen und verfluchte lautlos die Puffmutter, die völlig vergessen haben musste, dieses Detail zu erwähnen.

«Catwoman.» Jacqueline lächelte müde. «Der Klassiker.»

Natürlich. Die Accessoires für das dunkle Abenteuer. Beim *Club de Sade* und dem *Endless Pain* um die Ecke sorgte das kaum für besonderes Aufsehen. Nicht mitten in der Nacht.

Auch Albrecht nickte verstehend. «Aber Sie konnten doch immerhin so viel erkennen ...»

«Um die dreißig vielleicht.» Wieder ließ sie ihn nicht ausreden. Ich konnte ihr kaum übelnehmen, dass sie diese Unterhaltung möglichst schnell hinter sich bringen wollte. Und schließlich ging es uns nicht viel anders, obwohl sich in meinem Bauch ein schwarzer Knoten schnürte, wenn ich daran dachte, dass wir mit Sabine Hartung reden mussten, sobald dieses Gespräch vorbei war.

«Ein paar Jahre drüber oder drunter», schränkte das Mädchen ein. «Sie war natürlich geschminkt. Schwarze Haare, doch ich denke, das war eine Perücke. Aber sie war groß – größer als ich», präzisierte sie.

Ich erlaubte mir die Andeutung eines Lächelns, das sie scheu erwiderte.

«Auch ohne die Pumps», fügte sie noch hinzu.

«Aber Sie sind sich ganz sicher, dass es eine Frau war?», hakte Albrecht nach.

Zum ersten Mal zögerte sie mit der Antwort. Staunend sah ich den Chef an. War das ein Schuss ins Blaue gewesen, oder war selbst die entspannte Haltung, in der er sich bei diesem Gespräch befand, nur eine seiner Fassaden? Er betrachtete das Mädchen geduldig, aufmerksam.

«Sie sah aus wie eine Frau», sagte Jacqueline schließlich. «Aber ich habe schon Transen gesehen, die ...»

Sie vollendete den Satz nicht. Mein Magen zog sich zusammen, als ich gegen meinen Willen an die Auffindungssituation denken musste, an das Objekt, das in Hartungs Anus eingeführt worden war. Euler hatte nichts darüber gesagt, ob dabei Gewalt im Spiel gewesen war oder, genauer gesagt: welches Maß an Gewalt. Ein weiterer Akt der Demütigung? Vermutlich. Doch ergab dieses Detail nicht einen deutlicheren Sinn, wenn die Frau, nach der wir suchten, gar keine Frau ...

Ein schriller Laut ließ mich zusammenzucken. Ich spürte, dass Albrecht genauso überrascht wurde, doch schon tastete er mit einem unwilligen Murmeln über sein Jackett. Den Mantel hatte er neben sich auf der Couch abgelegt.

«Ja.» Noch einsilbiger als vor ein paar Stunden, als ich ihn am Handy gehabt hatte.

Doch diesmal war es anders. Er lauschte. Ich sah, wie sich sein Gesichtsausdruck veränderte: Verblüffung, dann etwas anderes, Stärkeres. Bestürzung. Er ließ das Telefon sinken, sagte kein Wort, zwei Sekunden lang.

Als er sprach, an Jacqueline gewandt, war seine Stimme heiser. «Haben Sie einen Fernseher?»

• • •

«... gebe ich ab zu meiner Kollegin Margit Stahmke live vor Ort in Hamburg-St. Pauli.»

Überblendung. Das Gesicht des Studiomoderators verschwand und machte einer morgendlichen Straßenszene Platz. Graue Häuserfassaden, übersät mit Graffiti. Im Hintergrund Passanten, die versuchten, sich in den Aufnahmewinkel der Kamera zu drängen, und im Vordergrund eine Frau mittleren Alters, schmale Lippen, das blonde Haar streng aus der Stirn gekämmt.

«Deutschlands traditionsreichstes Rotlichtviertel befindet sich im Schockzustand», verkündete Margit Stahmke in ein Mikrophon mit dem Kanal-Neun-Logo. «In diesem Gebäude wenige Meter hinter mir, das den Nachtclub *Fleurs du Mal* beherbergt, ist vor wenigen Stunden eine grausam entstellte Leiche gefunden worden. Was diesen schrecklichen Fund allerdings ganz besonders brisant macht, ist die Tatsache, dass es sich bei dem Ermordeten um einen Polizeibeamten handelt.»

Überblendung.

Albrecht hörte ein Keuchen. Sein eigenes oder kam es von Hannah Friedrichs?

Das Foto Ole Hartungs war mehrere Jahre alt, schwarz-weiß, und über seinen Augen klebte wie ein virtuelles Feigenblatt ein schwarzer Balken. Doch wer den Oberkommissar kannte, würde ihn auf der Stelle wiedererkennen.

«Ole H. stand kurz vor der Pensionierung.» Stahmke kam wieder ins Bild und fuhr sich mit der Zunge über die Lippen. «Wie zu erfahren ist, hat H. den Club im Rahmen eines Einsatzes ...»

Plötzlich Bewegung auf der Szene. Eine Gestalt, die sich durch die Reihen der Schaulustigen schob. Die Frau mit dem Mikrophon fuhr herum. «Herr Wachtmeister!»

Die Kamera ruckte hin und her und brauchte einen Moment, um mit Stahmke Schritt zu halten, die auf den Eingang des *Fleurs du Mal* zuging. «Herr Wachtmeister!»

«Das ist Lehmann!», knurrte Jörg Albrecht.

Nils Lehmann war der jüngste Beamte im Kommissariat. Gehetzt sah er zwischen den Stufen, die zum Eingang des Clubs führten, und der Frau, die mit dem Mikrophon auf ihn zukam, hin und her.

«Herr Wacht...»

«Kein Kommentar!» Lehmann hatte die Zähne so fest aufeinandergebissen, dass seine Wangenknochen spitz hervortraten.

«Herr Wachtmeister, würden Sie mir ...»

«Kein Kommentar!» Der junge Beamte hob die Hand in Richtung Kamera.

«Verdammt!», knurrte Albrecht. «Der Junge soll keine Dummheiten machen!»

Hannah Friedrichs war bereits am Fenster und machte sich am Griff zu schaffen. Im nächsten Moment kamen die Geräusche wie in Stereo – aus Jacquelines Fernseher und live von draußen auf der Straße.

«Herr Wachtmeister, ist es richtig ...» Stahmke trat dem Beamten in den Weg, Lehmann versuchte sie zur Seite zu schieben. Wieder Geruckel der Kamera. Ein lautes «He!», vielleicht vom Kameramann. Noch mehr Geruckel, dann die leere Treppe und die Tür des Clubs, die sich hinter Lehmann schloss.

«Wie wir sehen, ist die Situation gegenwärtig äußerst angespannt.» Margit Stahmkes Gesicht war gerötet. «Doch nicht allein die Hamburger Kriminalpolizei, sondern die gesamte Stadt ist heute Morgen erschüttert über den Tod eines Mannes, der seinen Einsatz im Rotlichtviertel in der vergangenen Nacht mit dem Leben bezahlen musste. Aber wir alle ...» Die Kamera fuhr noch etwas näher an die Frau heran, bis ihr Gesicht den gesamten Bildschirm füllte. «... stellen heute Morgen auch die Frage nach den Hintergründen, wie ein Hamburger Kriminalbeamter in eine solche Situation kommen konnte.»

Ein knappes Nicken, eine neue Überblendung.

Das Sofa kippte unter Jörg Albrecht weg.

Dem Blickwinkel nach war das Foto von der Tür her aufgenommen worden, die vom Vorraum in das Tatzimmer führte. Ole Hartungs geschundener Körper hing in seinen Fesseln wie ein grotesk aufgequollener, blasser Froschleib. Schwarze Balken verbargen das Gesicht und die Stelle, an der die Genitalien gesessen hatten.

Sie nahmen dem Anblick nichts von seiner Wirkung.

• • •

Albrecht sagte kein Wort, während er den Dienstwagen am Ohlsdorfer Friedhof entlang Richtung Norden lenkte. Seine Finger umklammerten das Steuer, als wollte er ein Stück herausbrechen.

Ich zog es vor, ebenfalls den Mund zu halten. Das Foto des Morgenmagazins hatte nicht mehr und nichts anderes gezeigt, als wir wenige Stunden zuvor live und mit eigenen Augen gesehen hatten, anstatt auf dem 36-Zentimeter-Flachbildschirm in Jacquelines Appartement – im Grunde sogar weniger, weil die Balken die entscheidenden Stellen verdeckten.

Und doch war dieser Anblick anders gewesen.

Ein Blick wie durch ein Facettenauge aus Tausenden und Abertausenden von Bildschirmen und Flatscreenmonitoren in der Stadt und im gesamten Land. Ole Hartungs geschändeter Körper zwischen Dolly Dobrinzkys x-ter Busenvergrößerung und der Wettervorhersage.

Albrecht hatte kein Wort gesagt. Wir hatten das Verhör mit Jacqueline auf der Stelle abgebrochen, und ich hatte nur mit halbem Ohr mitgekriegt, wie er sich Martin Euler vorgeknöpft hatte. Euler verwahrte sich dagegen, dass er oder einer seiner Männer irgendwelche Aufnahmen weitergegeben hätten, und ich glaubte ihm. Nils Lehmann versuchte gerade, bei Kanal Neun jemanden an den Hörer zu bekommen.

Wir sahen die Aufnahmewagen, sobald wir in die Reihenhaussiedlung abseits der Wellingsbütteler Landstraße einbogen. Eines unserer Einsatzfahrzeuge parkte vor dem anderthalbgeschossigen Klinkerbau. Zwei uniformierte Kollegen hielten die Presseleute auf Abstand, so gut das möglich war.

Albrecht schlug die Autotür zu, stürmte an ihnen vorbei und überließ es mir, mit ein paar gemurmelten Worten den Dienstausweis vorzuzeigen.

Es war Jahre her, dass ich zuletzt hier gewesen war. Die Buchsbaumhecke war niedrig, die helle Fassade frei einsehbar.

Die Garage stand offen; ich sah das Heck des BMW, den ich vom Parkplatz des Reviers gut kannte. Keine Geheimnisse. Auf dem sorgfältig gestutzten Rasen ein Schaukelgestell, auf dem irgendwann mal das Mädchen gesessen hatte, das ich am Girls' Day kennengelernt hatte.

Zwei Schritte hinter Jörg Albrecht kam ich die Treppe hoch, als die Haustür eben geöffnet wurde.

Sabine Hartung trug einen Hosenanzug. Wahrscheinlich hatte sie weggehen wollen. Vielleicht war sie sogar unterwegs zum Revier gewesen, nachdem ihr Mann am Abend nicht heimgekommen war.

Irgendwann vor den Fernsehbildern und vor hundert Jahren. Ihr Gesicht hatte dieselbe Farbe wie der Kalkstein der Eingangstreppe.

«Sabine, ich ...» Albrechts Stimme war kaum hörbar. Er hob die Hand, nur ein winziges Stück, der Ansatz zu einer hilflosen Geste.

Ihre Finger trafen ihn auf der rechten Wange, mit allem Schock, aller Verzweiflung, allem Hass, der an diesem Morgen frei geworden war, als das Leben dieser Frau in sich zusammengebrochen war.

Der Schlag war heftig, doch Albrecht rührte sich nicht. Er blieb reglos stehen, auch als die Tür ins Schloss fiel.

Drei Sekunden später drehte er sich um und stieg die Treppe hinab, als wäre nichts geschehen.

Ein Blutfaden rann über seine Wange, wo Sabine Hartungs Ehering ihn getroffen hatte.

• • •

# zwei

Sie sind ein Goldstück, Irmtraud», murmelte Jörg Albrecht müde.

Die Sekretärin trat zwei Schritte zurück, musterte ihn kritisch und tupfte noch einmal mit dem lippenstiftartigen Gegenstand über seinen Hemdkragen. Ich staunte. Die Blutflecken, die Sabine Hartungs Attacke dort hinterlassen hatte, waren verschwunden.

«Danke», brummte Albrecht.

Irmtraud Wegner neigte den Kopf, zögerte dann.

«Seit dem Fernsehbericht kriegen wir einen Anruf nach dem anderen rein. Sie wissen schon: unsere üblichen Augenzeugen.»

«Hmpf.» Ein unartikulierter Laut. Albrecht kramte in seinen Schreibtischschubladen, vermutlich auf der Suche nach Taschentüchern.

«Ich notiere die Nummern, dann können wir später zurückrufen», schlug Irmtraud vor. «Oh, und Ihre Schwester ...»

«Die Nummer hab ich!», knurrte der Hauptkommissar, tauchte mit einer Packung Kleenex wieder auf. «Besprechungszimmer», sagte er knapp. «In fünfzehn Minuten.»

Wir gingen wortlos. Wenn der Chef in dieser Stimmung war, kämpfte man gegen den Impuls, sich unter wiederholten Verneigungen rückwärts aus seinem Büro zu entfernen.

«Sie waren bei den Hartungs?», fragte Irmtraud leise, als wir auf dem Flur standen. Die kugelrunde Sekretärin sah selbst müde aus. Ich fragte mich, ob jemand sie aus dem Bett geholt hatte, wie ich das bei Albrecht gemacht hatte. Wenn ich zur Tagesschicht auf dem Revier eintraf, saß sie regelmäßig schon auf ihrem Platz am Ende des langen Korridors – dem einsamen, windstillen Auge des Sturms, wenn sich die Dienststelle während eines komplizierten Falls in ein Chaos verwandelte. Irmtraud Wegner in ihren zeltartigen Kostümen in immer exakt demselben Schnitt, aber unterschiedlichsten geschmacksfernen Mustern.

Ich schwieg. Das war die deutlichste Antwort. Ich sehnte mich nach einem Kaffee.

Irmtraud bewies ihre Gabe als Gedankenleserin, schob sich hinter die Empfangstheke und goss mir wortlos einen Becher von ihrem einzigartigen, magenzerfetzenden Gebräu ein. Ich führte den Becher an die Lippen, spürte, wie sich mein Körper auf der Stelle mit ein paar Herzschlägen außer der Reihe bedankte, und nickte ihr lächelnd zu.

Doch ihr Blick blieb ernst. «Das wird eine ganz üble Sache», sagte sie leise.

Wieder neigte ich nur schweigend den Kopf. War es das nicht schon? Sie musste Ole Hartung besser gekannt haben als jeder andere von uns. Ich warf einen Blick auf unsere Ahnengalerie, die Gruppenfotos der jeweils aktuellen Mannschaft, die alle fünf Jahre aufgenommen wurden. Die beiden waren schon seit Wolframs Zeiten auf dem Revier.

Auf dem Revier *gewesen*, korrigierte ich in Gedanken. Was Hartung anbetraf.

Wir sahen uns an. Ich spürte, dass Irmtraud etwas sagen wollte. Ja, sie hatte Ole Hartung gekannt, und was in den nächsten Tagen auf uns zukam, war wirklich eine perverse Situation. Wir, die wir normalerweise die Ermittlungen führten, würden gleichzeitig Zeugen sein. Ich war mir nicht sicher, ob Vorschriften existierten, dass Jörg Albrecht den Fall unter diesen Umständen abgeben müsste. Er würde mit Klauen und Zähnen darum kämpfen, ihn zu behalten.

«Man hat wenig von Ole Hartung gesehen in letzter Zeit», sagte ich schließlich, als mir klar wurde, dass sie von sich aus nicht sprechen würde. «Irgendwo habe ich gehört, dass er zu einem Auftrag abgestellt war, aber dass das dieser Schuppen war ...»

Ein Stück den Flur runter wurde eine Tür geöffnet, schloss sich aber sofort wieder. Ich hörte halblaute Stimmen. Und noch immer hatte ich das Gefühl, dass Irmtraud etwas sagen wollte. Doch der Moment würde jeden Augenblick vorbei sein. Die ersten Mitarbeiter kamen von der Bernhard-Nocht-Straße zurück, es waren nur noch ein paar Minuten bis zum Meeting im Besprechungszimmer.

Die Sekretärin sah mich an, zögerte einen Moment und schüttelte dann den Kopf. «Ein reiner Routineauftrag und von oben abgesegnet», sagte sie. «Alles protokolliert. Da muss sich der Chef keine Sorgen machen, dass ihm jemand einen Strick draus dreht.»

Nein, dachte ich. Das ist auch unnötig. Das macht er schon ganz alleine.

Doch warum war ich mir so sicher, dass ihr etwas völlig anderes auf der Zunge gelegen hatte?

Ich öffnete den Mund, doch im letzten Moment überlegte ich es mir anders. Und fünf Sekunden später ging am Ende des Flurs die Tür auf, Lehmann und Faber kamen herein, und der Augenblick war vorbei. Zeit für das Meeting.

Jeder von uns trägt in seinem Kopf seine Leichen mit sich herum. Bei Jörg Albrecht ist es Ole Hartung und die halbe Welt, bei mir sind es diese fünf Sekunden.

Diese fünf Sekunden Schweigen, die ich mir nicht verzeihen werde, so lange ich lebe.

•  •  •

Sieben der vierzehn Stühle im Besprechungszimmer waren besetzt. Kerstin Ebert befand sich im Mutterschutz, und der alte

Hansen war seit sechs Wochen krankgeschrieben. Wir rechneten nicht mehr damit, dass er wieder zurückkommen würde. Die übrigen Kollegen hielten entweder die Stellung im *Fleurs du Mal* oder waren bei ihren aktuellen Einsätzen nicht zu entbehren.

Und Ole Hartung war tot.

«Sie alle arbeiten von nun an bis auf Weiteres am *Fleurs du Mal*-Fall.» Eine typische Jörg-Albrecht-Begrüßung.

Der Chef sah nicht viel besser aus als vor einer Viertelstunde, aber er hatte wenigstens die Blutspuren aus seinem Gesicht entfernt. Die Wunde war natürlich trotzdem sichtbar, doch niemand am Tisch schien sie zur Kenntnis zu nehmen. Geschichten wie die von seiner Begegnung mit Sabine Hartung machten auf überlichtschnelle Weise die Runde auf dem Revier.

«Faber?»

Der glatzköpfige Beamte neben Nils Lehmann blickte auf.

«Sie waren zuletzt an der Cornelsen-Sache?»

Faber nickte. «Sie hatten eine Rund-um-die-Uhr-Beschattung angeordnet, doch bisher ...»

«Wenn in zwei Wochen nichts dabei herausgekommen ist, wird das auch nicht mehr passieren. Ist etwas herausgekommen?»

«Nicht ...» Faber räusperte sich. «Nicht direkt.»

«Gut. Dann ist das erledigt.»

Ich sah, wie der Glatzkopf die Schultern sinken ließ. Wir waren alle mitgenommen an diesem Morgen. Keiner von uns hatte das, was mit Ole Hartung geschehen war, auch nur ansatzweise verdaut. Doch bei Faber kam vermutlich noch ein zweites Element hinzu: Beschattungen gehörten zwar zu den langweiligsten Jobs überhaupt. Wenn das Zielobjekt allerdings zu den oberen Zehntausend gehörte und in den feinsten Restaurants verkehrte, gab es sicher unangenehmere Methoden, seine Dienststunden rumzukriegen.

«Lehmann?»

Unser Jüngster sah blinzelnd auf. Irgendwie hatte man bei ihm jedes Mal das Gefühl, er wäre kurz eingenickt.

«Von Ihnen bekomme ich noch die Dokumentation über diese ...»

«Die Antonioni-Brüder?»

«... diese Schweden.»

«Die auch.» Lehmann nickte eifrig.

«Stellen Sie das zurück! Wir arbeiten jetzt am *Fleurs du Mal*-Fall. Dem Ole-Hartung-Fall.»

Er fuhr sich durchs Haar. Albrechts Schopf war grauer geworden, seitdem wir uns kannten, und heute Nacht schienen mehrere helle Strähnen dazugekommen zu sein.

Doch er hatte jede einzelne Ermittlung, an der jeder einzelne Beamte arbeitete, auf dem Schirm, konnte sie jederzeit abrufen. Ausgenommen, dachte ich, Ole Hartungs Untersuchungen in der Bernhard-Nocht-Straße.

Jörg Albrecht trat an das Whiteboard, das fast die gesamte Stirnseite des Besprechungszimmers einnahm, griff sich einen Edding und schrieb in die Mitte der freien Fläche den Namen *Ole Hartung*.

«Ein Beamter wurde getötet», begann er. «Ob dies in Ausübung seines dienstlichen Auftrags geschehen ist, gehört zu den Fragen, die wir uns vornehmen müssen. Doch es ist nicht die vorrangige Frage. Ein Mensch ist durch Fremdverschulden ums Leben gekommen, und damit stellen sich wie bei jedem Tötungsdelikt zwei Fragen, die wichtiger sind als alle anderen: Wer?» Er notierte das Fragewort oben links in der Ecke. «Und: Warum?» Unmittelbar darunter. «Alle anderen Fragen – Wann genau? Wie, auf welche Weise? – bilden lediglich Schritte auf dem Wege dorthin. Wichtige Schritte allerdings.» Er schloss kurz die Augen. «Die Frage nach dem Wo können wir bereits mit großer Sicherheit beantworten. Nach Eulers Analyse ist der Auffindungsort ohne Zweifel auch der Tatort.»

Sofort kam das Bild von Hartungs fixiertem Leib zu mir zurück. Die Pfütze aus geronnenem Blut, die sich unter seinem Schritt ausgebreitet hatte. Ich nickte. Nein, da gab es nicht die Spur eines Zweifels.

«Wir alle wissen, in was für einer Gegend sich unser Tatort befindet.» Albrecht sah in die Runde. «Und wir alle wissen, dass wir noch vor ein, zwei Jahren zu diesem Zeitpunkt mit an Sicherheit grenzender Wahrscheinlichkeit ein Bild unserer tatverdächtigen Person auf dem Tisch gehabt hätten. Etwas undeutlich und verschwommen, aber immerhin. Ebenso, wie wir alle wissen, dass die stationären Überwachungskameras auf der Reeperbahn am 15. Juli 2011 nach einem Gerichtsbeschluss abgeschaltet werden mussten.»

Ich räusperte mich. «Soviel ich weiß, war das eine freiwillige Entscheidung des Innensenators, oder? Mit ein paar Einschränkungen hätten die Kameras weiterlaufen dürfen.»

«Exakt», knurrte der Chef. «Mit verpixelten Haus- und Kneipeneingängen! Den Geranien im Planten un Blomen hätten wir weiter beim Wachsen zusehen dürfen. Vergessen Sie's! – Lehmann?»

Ein Blinzeln.

«Sie haben die Fernsehmenschen erreicht?»

Nils Lehmann nickte. «Sie behaupten, sie hätten das Bildmaterial von einem Informanten, dessen Identität sie nicht aufdecken wollen. Anscheinend haben sie einfach ein Team zur Bernhard-Nocht-Straße geschickt, und als sie unsere Fahrzeuge gesehen haben, wussten sie, dass an der Sache was dran sein muss.»

«Der Täter – die Täterin – schickt Ihnen ein Beweisfoto als Trophäe?», meldete sich Faber. «Und sie weigern sich, uns Informationen zu geben? Dürfen die das?»

Ich drehte mich zu ihm um. «Wir haben keinen Beweis, dass die Fotos vom Täter stammen. Um drei Uhr zweiundzwanzig ist der Anruf auf der Dienststelle eingegangen. Danach hat es fast zehn Minuten gedauert, bis die erste Streife vor Ort war. Und wir wissen nicht, wer alles Zugang zu dem Zimmer hatte, bevor sie uns alarmiert haben.»

«Euler wird die Fingerabdrücke sichten», brummte Albrecht. «Wir können sie dann mit denen der Mädchen abgleichen. Doch dann kommen noch die Kunden dazu, vielleicht sogar welche, die wir nicht erfassen konnten, weil sie den Schuppen bereits verlassen hatten. Und irgendwo dazwischen unsere Verdachtsperson.»

Ich schüttelte den Kopf. «Unwahrscheinlich.»

Fragend sah er mich an.

«Catwoman», sagte ich. «Die Maske. Das war eindeutig die Latex-Variante. Jemand sollte noch mal mit Jacqueline reden deswegen, aber wenn sie so eine Montur anhatte, gehörten mit ziemlicher Sicherheit auch Handschuhe dazu.»

Albrecht fluchte unterdrückt und brummte etwas, das ich nicht verstand. Und ich glaubte auch zu wissen, warum.

«Sie dürfen das für uns übersetzen», sagte ich müde.

Sein Lächeln war nicht mehr als ein Schatten, aus dem Erschöpfung sprach. «Altgriechisch», murmelte er. «Sokrates. Wenn wir wissen, dass wir nichts wissen – dann ist schon das beachtlich.»

Was für Aussichten. Mein Gedanke spiegelte sich auf sämtlichen Gesichtern rund um den Tisch.

Wir standen ganz am Anfang.

Und konnten doch nicht ahnen, dass das in *jeder* Hinsicht zutraf.

Dass der Albtraum gerade erst begonnen hatte.

• • •

Ole Hartung war tot.

Jörg Albrecht saß an seinem Schreibtisch, den Kugelschreiber in der Hand. *Ole Hartung ist tot.* Er stand kurz davor, den Satz niederzuschreiben. Als wenn er einen zusätzlichen Beweis brauchte. Einen Beweis, der noch deutlicher war als der entstellte Leib, den er mit eigenen Augen gesehen hatte, oder das dumpfe Pochen in seiner Wange.

Das menschliche Hirn war eine sonderbare Angelegenheit. Es konnte Dinge in Sekundenschnelle erfassen – und gleichzeitig ein halbes Leben brauchen, um sie wirklich zu begreifen.

Warum sonst wachte er noch immer jeden Morgen in dem Bauernhaus in Ohlstedt auf, das Joanna und er mit dem Geld ...

Der Kugelschreiber knallte ein paar Zentimeter neben der Tür gegen die Wand und zersplitterte in seine Einzelteile.

«Scheiß auf das Geld!», knurrte Albrecht.

Er wollte einfach nur sein Leben zurück. Joanna, die beiden Mädchen. Diesmal würde er es besser machen, würde seine Toten dort lassen, wo sie hingehörten, würde nicht mehr ...

Aber so etwas wie eine zweite Chance gab es nicht. Jörg Albrecht hatte auf ganzer Linie versagt, als Ehemann wie als Leiter des Kommissariats.

«Ich war nie da», murmelte er. «Selbst wenn ich dort war.» In Ohlstedt genauso wie hier auf der Dienststelle. Er hatte nichts, aber auch gar nichts von dem gewusst, was im *Fleurs du Mal* vorging, nicht einmal, ob es überhaupt einen Fall gab. Er hatte Ole Hartung die Sache aufgedrückt und sie einfach vergessen. Hatte er nur ein einziges Mal nachgefragt, was sich dort entwickelte? Albrecht zermarterte sich das Hirn, versuchte sich an eine einzige Gelegenheit zu erinnern. Ein einziges Wort zwischen Tür und Angel, das die Schuld auf seinen Schultern erträglicher machen würde. Doch da war nichts.

Versagt.

Nein, er hatte Hartung keine Anweisung gegeben, sich an diesen Stuhl fesseln und zu Tode foltern zu lassen.

Doch genau das musste geschehen sein. Die ersten Verletzungen, die er auf dem Stuhl erlitten hatte, die spielerisch zugefügten Verletzungen: Allem Anschein nach hatte Ole Hartung die Kaschemme freiwillig betreten. Was sprach dagegen, dass er sich auch freiwillig auf diesen Stuhl gesetzt hatte?

Was sprach dagegen – mit Ausnahme des Bildes, das die Kollegen auf der Dienststelle bis zur vergangenen Nacht von Ole Hartung gehabt hatten?

Wenn dieses Bild nicht all die Jahre hindurch ein falsches Bild gewesen war, gab es nur eine Möglichkeit: Ole Hartung selbst hatte sich im Laufe der vergangenen Monate verändert.

Und genau das wäre nicht eingetreten, wenn Jörg Albrecht den Mann nicht mit einem völlig ungeklärten Auftrag in diesen Schuppen geschickt hätte. Ole Hartung wäre niemals mit diesem Dreck und dieser Dunkelheit in Berührung gekommen. Er hatte sich im Dunstkreis des *Fleurs du Mal* umgesehen, und irgendetwas dort musste eine verborgene Ader in seinem Innern angesprochen und ihn auf den Geschmack gebracht haben.

Die dunkle Seite. Sie hätte niemals die Chance bekommen, einen Ehemann, einen Vater zweier Kinder, einen Kriminalbeamten kurz vor der Pensionierung von innen her zu vergiften.

Doch Jörg Albrecht hatte ihm den Schierlingsbecher gereicht.

Er stützte den Kopf in die Hände. Das Pochen in seiner Wange verwandelte sich in einen spitzen Schmerz.

Denken. Versuch nachzudenken!

Hatte Ole Hartung sich in den letzten Wochen ungewöhnlich verhalten?

Hatte er vielleicht beiläufig etwas erwähnt, dem keiner der Kollegen eine besondere Bedeutung beigemessen hatte?

Hatte er abwesend gewirkt?

Der Hauptkommissar konnte es nicht sagen.

Im Anschluss an das Meeting hatte Albrecht die Aufgaben neu verteilt. Hannah Friedrichs war noch einmal auf dem Weg zu Hartungs Witwe. Inzwischen verfluchte sich Albrecht dafür, dass er die Kommissarin heute Morgen mitgenommen hatte. Sabine Hartung würde sofort wieder an die Begegnung erinnert werden. Doch was blieb ihm übrig? Kerstin Ebert befand sich im Mutterschutz und Friedrichs war die einzige Frau im Team. Den Besuch durch einen männlichen Beamten wollte er in Anbetracht der Umstände weder der Witwe noch einem seiner Kollegen zumuten.

Und sie hatten keinen anderen Ansatz, ausgenommen Jacqueline, mit der sich in diesem Moment der junge Lehmann unterhielt. Der Junge hatte eine bestimmte Art, mit Frauen umzugehen, auch wenn Albrecht Zweifel hatte, dass sie bei *solchen* Frauen unbedingt funktionieren würde.

Sie mussten irgendwo anfangen. Sie mussten ...

Das Telefon. Albrecht starrte auf den Apparat, packte den Hörer.

«Was ist los?»

«Sie haben einen Anruf.» Irmtraud Wegner. Er hatte die Durchwahl blockiert. Alle Gespräche liefen über die Sekretärin.

«Ich habe Ihnen doch gesagt, dass ich nicht gestört werden will! Wenn das meine Schwester ist ...»

«Aus Winterhude.»

Albrecht verstummte. Das Präsidium.

Er spürte, wie an seinen Schläfen ein Schraubstock ansetzte. Das Opfer war ein Beamter aus seinem Team. Albrecht selbst hatte ihm den Ermittlungsauftrag für das *Fleur du Mal* erteilt. Ein dienstliches Fehlverhalten würden sie selbst mit bösem Willen nicht konstruieren können. Doch es gab andere Möglichkeiten.

*Befangen.* Wenn sie es darauf anlegten, konnten sie ihm den Fall und jede Chance irgendetwas wiedergutzumachen, mit drei Worten aus der Hand nehmen.

«Stellen Sie durch!»

Ein kurzes Knacken.

«Lorentz hier.»

Die Polizeipräsidentin selbst. Der Schraubstock zog sich zusammen.

«Ich höre», murmelte Albrecht.

«Verfolgen Sie die Berichterstattung der Medien?»

Der Hauptkommissar holte Luft, doch sie ließ ihm keine Zeit zu einer Antwort.

«Ich verfolge sie. Und mit mir die halbe Stadt. Das halbe *Land*. Der *Innensenator*.»

Was vermutlich das Wichtigste ist, dachte Albrecht. Der Innensenator und der Bürgermeister dazu. Doch er biss die Zähne zusammen.

«Ich muss Ihnen wohl kaum mitteilen, dass diese Angelegenheit oberste Priorität hat», sagte die Polizeipräsidentin. «Wie sehen Ihre ersten Ergebnisse aus?»

Albrecht schluckte. Kein Wort davon, ihm die Sache abzunehmen. Doch diese Frau konnte mehr tun, wenn sie wollte. Ihn die Ermittlung vor die Wand fahren lassen und ihn dann öffentlich ans Kreuz schlagen.

Wieder blitzte das Bild von Hartungs Körper vor seinen Augen auf.

«Gegenwärtig sind wir noch dabei, uns einen Überblick über die Sachlage zu verschaffen», sagte er mit sehr viel mehr Ruhe, als er verspürte. «Der Getötete befand sich in Begleitung einer maskierten Person, die offenbar nach der Tat entkommen konnte. Wir vermuten, dass es sich um eine Frau handelt, doch ohne Zweifel lässt sich das nicht sagen. Überdies trug sie wahrscheinlich Handschuhe.»

Keine Antwort.

«Noch wissen wir nicht mit Sicherheit ...»

«Sagen Sie mir, *was* Sie wissen!»

Albrechts linke Faust ballte sich. Er kannte weder den Innensenator noch den Bürgermeister persönlich, die Millionen von Gaffern vor der Glotze sowieso nicht, doch Isolde Lorentz kam aus dem Polizeidienst. Die Frau am anderen Ende der Leitung wusste, was Ermittlungsarbeit bedeutete.

Er zwang seine Stimme zur Ruhe. «Sokrates sagt ...»

«Sokrates' Tod müssen Sie nicht aufklären!» Die Stimme klirrte. Stahl auf Eis.

«Er wurde hingerichtet», murmelte Albrecht. Noch leiser: «Man reichte ihm den Schierlingsbecher.»

Lorentz schwieg für einen Moment. Vielleicht drang sekundenlang etwas von dem, was er fühlte, zu ihr durch. Doch es waren nicht mehr als zwei, drei Atemzüge.

«Wir sind im Liveticker auf Kanal Neun. Es besteht ein erhöhtes öffentliches Interesse an diesem Fall, und die Menschen haben ein Recht auf Informationen und Ergebnisse. – Ich habe Ihnen für sechzehn Uhr den Mediensaal reserviert. Wir geben eine Pressekonferenz!»

«Ich ...»

Ein Knacksen. Das Gespräch war beendet.

• • •

Diesmal stellte ich den Wagen zwei Straßen vom Haus der Hartungs entfernt ab. Näher dran war alles zugeparkt mit den Fahrzeugen der Presseleute und unseren Einsatzwagen. Die Anwohner würden sich bedanken.

Von hier aus waren es nicht mehr als ein, zwei Kilometer bis zum Präsidium in Winterhude. Entsprechend gehörte die Siedlung an der Wellingsbütteler Landstraße zu den Stadtteilen mit erhöhter Bullendichte, was die Wohnbevölkerung anbetraf. Trotzdem sah man selten so viele Kollegen in Uniform auf der Straße wie heute.

Einer der Beamten vor dem Hartung-Haus erkannte mich wieder und ließ mich mit einem Nicken passieren. In meinem Rücken hörte ich die Fotoapparate klicken. Die Journalisten riefen mir etwas nach, doch ich war bereits durch den Kordon der Einsatzkräfte hindurch.

Mit einem mulmigen Gefühl im Bauch drückte ich die Klingel. Ich konnte nachvollziehen, warum unser Herr und Meister gerade mich geschickt hatte, war mir aber unsicher, ob es für Sabine Hartung einen Unterschied machte, ob Männlein oder Weiblein an ihrer Tür klingelte, solange die Gestalt auf der Fußmatte eine Polizeimarke trug.

Jedenfalls war ich darauf gefasst, ganz schnell den Rückzug anzutreten, falls sie Anstalten machte, wieder zum Schlag auszuholen.

Die Tür öffnete sich einen winzigen Spalt. Es war nicht Sabine Hartung. Es war das Mädchen vom Girls' Day, ein paar Zentimeter größer inzwischen und käseweiß im Gesicht.

«Hi ... Melanie.» Es überraschte mich selbst, dass mir der Name einfiel. «Erinnerst du dich an mich? Ich würde gerne mit deiner ... Mutter sprechen.» Das Wort *Mama* vermied ich im letzten Moment. In diesem Alter war *Mama* ziemlich uncool.

Der Spalt wurde eine Idee weiter geöffnet. Im selben Moment hörte ich Schritte im Flur, und eine größere Gestalt schob sich an dem Mädchen vorbei.

«Hannah.» Mein Name war eine Feststellung. Gleichzeitig fiel mir ein, dass Dennis und ich uns seit dem letzten Betriebsausflug mit beiden Hartungs duzten.

Sabine war nach wie vor blass, doch auf ihren Wangen brannten rote Flecken. Als mir ihr Atem in die Nase stieg, wusste ich, dass sie Trost bei Freund Jägermeister gesucht hatte. Wer konnte es der Frau verübeln?

Doch sie wirkte nicht abweisend, sondern vor allem weit, weit weg.

«Darf ich reinkommen?», fragte ich vorsichtig.

Sie sah mich wortlos an, rührte sich aber nicht. Ihre Tochter war schon geräuschlos verschwunden.

Plötzlich ging ein Ruck durch die Frau. Die Tür wurde vollständig geöffnet, und im nächsten Moment presste Sabine Hartung sich gegen mich, von Weinkrämpfen geschüttelt. Das Unheimlichste war, dass sie dabei keinen Laut von sich gab.

Hinter mir hörte ich wieder das Klicken der Fotoapparate, in gesteigerter Frequenz jetzt. Ich verfluchte die Pressemeute, schob Sabine Hartung zurück in den Flur und drückte die Tür hinter uns zu.

«Es ... es tut mir leid», stammelte Sabine. Die Worte waren kaum zu verstehen. Sie löste sich von mir, musste aber auf der Stelle Halt an einer Anrichte suchen. «Das ... mit Albrecht. Das wollte ich nicht.»

Ich schüttelte nur den Kopf und legte ihr die Hand auf die Schulter. Nicht schlimm. Sie konnte nicht wissen, wie gut ich unseren Chef kannte. Ich war mir verdammt sicher, dass er für diesen Schlag fast dankbar war.

Ich schaute mich im schummerigen Eingangsflur um. Dunkle Möbel, ein bisschen Nippes, aber nicht übermäßig. Ungefähr so, wie ich mir das Haus der Hartungs vorgestellt hätte.

«Bist du ganz allein hier mit den Kindern?», fragte ich überrascht.

Natürlich gab es ein festes Prozedere, wenn wir Todesnachrichten zu überbringen hatten. Ein Anruf beim Präsidium genügte, und zwanzig Minuten später stand ein Psychologe oder wahlweise ein Seelsorger vor der Tür. Doch jede Regelung war flexibel. Wenn wir damit rechnen mussten, dass der amtliche Beistand mit einer Backpfeife empfangen wurde, ließen wir den Anruf bleiben.

«Allein? – Nein.» Sabine schüttelte den Kopf. «Ich meine: Ja, mit den Kindern. Kerstin wollte kommen, Kerstin Ebert, aber sie hat wohl ...»

Ich nickte. Bullenghetto Ohlsdorf. Die Eberts wohnten fast um die Ecke. Doch so leid mir Sabine Hartung tat, war ich doch froh, dass Kerstin es sich anders überlegt hatte. Wir hatten am Wochenende zum letzten Mal telefoniert, und sie hatte mir ganz aufgekratzt erzählt, der Arzt habe gemeint, wie es aussähe, würde das Baby wohl ein, zwei Wochen vor dem errechneten Termin kommen, womöglich schon in den allernächsten Tagen.

Wer weiß, was schon der Schock über Ole Hartungs Tod mit Kerstin angestellt hatte. Sie musste es übers Fernsehen erfahren haben. Ich konnte mir nicht vorstellen, dass jemand vom Revier sie informiert hatte. Jedenfalls war es gut, dass sie jetzt nicht hier war.

«Komm, Sabine!», sagte ich leise. «Wollen wir uns irgendwo hinsetzen?»

Sie nickte und deutete fahrig zu einer halb offenen Glastür. Aus dem oberen Stock hörte ich Geräusche. Melanie und ihr Bruder, ein paar Jahre jünger als das Mädchen. Die Kinder der Hartungs waren sehr spät gekommen, genau wie bei Kerstin, die das zweite jetzt mit dreiundvierzig bekam.

Das Wohnzimmer musste unter normalen Umständen ein freundlicher Raum sein, doch heute wirkte es trostlos. Es ging auf den Garten hinaus, aber die Jalousien waren zur Hälfte geschlossen, obwohl sich die Sonne den ganzen Tag nicht hatte blicken lassen. Zwei Sofakissen lagen am Boden, auf dem Couchtisch ein zersplitterter Bilderrahmen. Das Foto, das er enthalten haben musste, war verschwunden.

Ich ahnte, wer darauf zu sehen gewesen war.

Sabine sank schwer auf das Sofa. Die Likörflasche stand in Griffweite, zu drei Vierteln leer.

Irgendetwas hielt mich zurück, mich zu ihr auf die Couch zu

setzen. Ich war nicht hier, um sie zu trösten, musste ich mir in Erinnerung rufen.

Doch spielte es eine Rolle, warum ich ursprünglich gekommen war? Seit heute Morgen hatte die Frau diesen fürchterlichen Tag ganz alleine durchgestanden. Hatte sie keine Eltern, Geschwister, keine anderen Freunde als Kerstin Ebert? Einen Moment lang spürte ich Unruhe. Es sah Kerstin gar nicht ähnlich, erst zu versprechen, dass sie vorbeikommen würde, und dann nicht abzusagen, wenn sie es doch nicht schaffte. Ob es plötzlich losgegangen war mit dem Baby?

Doch ich drängte den Gedanken beiseite und setzte mich auf einen Sessel, so nahe bei Sabine, dass ich ihr zur Not die Hand auf den Arm legen konnte.

Allerdings schien sie im Moment ganz vergessen zu haben, dass ich überhaupt da war. Mit leerem Blick starrte sie gegen die Schrankwand.

Ich suchte nach Worten. Das erste Gespräch mit den Angehörigen ist schlimm genug, selbst wenn man ihnen gerade zum ersten Mal begegnet.

Aber Sabine kam mir zuvor.

«Warum hat er das nur gemacht?» Sie sah mich nicht an. «Kannst du mir sagen, was er sich dabei gedacht hat?»

Ich holte Luft. Was sollte ich nur sagen? Was hatte der Chef sich vorgestellt? *Ach, gut dass du von selbst drauf kommst, Sabine. Weißt du zufällig, ob Ole schon länger auf diese Hardcore-Fesselspielchen stand? Habt ihr das auch mal zusammen ausgelebt, oder hat er sich da Nutten suchen müssen? Weil: Das könnte uns eine Hilfe sein, wenn wir herausfinden wollen, ob's mit dem Job zu tun hatte oder ob es was Persönliches war, warum sie ihm den Schwanz und die Eier abgeschnitten haben.*

«Wir ...» Ich fuhr mir mit der Zunge über die Lippen und stellte fest, wie rau sie waren. Plötzlich hatte ich fürchterlichen Durst. «Wir wissen noch gar nichts, Sabine. Wir sind noch ganz am Anfang. Es kann tausend Erklärungen geben, wie er ...»

«Ach ja?» Ihre Augen waren wie tot gewesen, doch plötzlich glomm dort ein Funke auf. «Du meinst, jemand hat ihn mit vorgehaltener Waffe gezwungen, sich auf diesen Stuhl ...»

Mit einem keuchenden Laut brach sie ab und begann wieder zu weinen, diesmal von einem hohen Winseln begleitet, das sich nicht menschlich anhörte. Ich drückte meine Hände auf die Sessellehnen, um mir nicht die Ohren zuzuhalten.

«Es ist *alles* möglich», sagte ich und glaubte mir selbst nicht. «Ich ... Wir hatten gehofft, dass ... du uns vielleicht ...»

Ich konnte den Satz nicht zu Ende sprechen. Es ging einfach nicht.

Ganz langsam veränderte sich ihr Gesichtsausdruck noch einmal. Ganz allmählich wurde ihr klar, wer ich eigentlich war und warum ich wirklich gekommen war.

Ich kam mir vor wie eine Verräterin.

«Wir ...» Ich schluckte, schüttelte den Kopf.

Wir müssen herausfinden, was passiert ist, dachte ich. Das ist unsere Aufgabe. Das ist alles, was wir noch für ihn tun können – und für dich.

Ich spürte, wie sich der Knoten in meinem Magen enger und enger schnürte.

Sorry und nichts für ungut, aber das ist halt unser Job.

Sabine Hartung versuchte aufzustehen. Sie schaffte es erst beim zweiten Versuch. Automatisch stand ich ebenfalls auf.

*Jetzt schmeißt sie dich raus.*

Im selben Moment klingelte das Telefon.

Sabine erstarrte mitten in der Bewegung und sackte aufs Sofa zurück, als habe jede Energie sie verlassen.

«Das geht seit heute Morgen so», murmelte sie. «Das Fernsehen und ... Irgendwelche Leute, die ich seit Monaten nicht gesehen habe, und die sich auf einmal ...» Sie schüttelte den Kopf, wieder und wieder.

Der Apparat stand auf dem Couchtisch, von ihr genauso weit

entfernt wie von mir. Bei ihr war außerdem die Likörflasche im Weg.

Mein Blick fiel eher zufällig auf das Display, und ich brauchte zwei Sekunden, bis ich begriff, dass ich die Nummer kannte.

«Das ist Kerstin», murmelte ich.

Fragend sah ich Sabine an, die Hand schon nach dem Hörer ausgestreckt.

Ihr Blick wies mich zurück. Umständlich beugte sie sich vor und griff nach dem Mobilteil. «Ja ... Ja?» Zwei Silben, aus denen die Erschöpfung der ganzen Welt sprach.

Dann Schweigen. Ich glaubte das Flüstern am anderen Ende der Leitung zu hören, spürte, wie mein Herz schneller schlug. Das Baby? War schon alles durchgestanden? Eine gute Nachricht an diesem schwarzen Tag?

Sabines Stirn legte sich in Falten. «Was?»

Nur ein einziges Wort diesmal, doch wie auch immer das sein kann: Ob ich etwas ahnte und was auch immer das war – denn die Wahrheit kann es unmöglich gewesen sein ... Mein Herz setzte aus, machte dann plötzlich zwei, drei schmerzhafte Schläge. Die Wände des Zimmers schienen auf mich zuzukommen. Ich starrte auf Sabine Hartungs kalkweißes Gesicht, auf ihre Lippen, die sich bewegten, ohne ein Wort zu sagen.

«Was?» Sie schüttelte den Kopf. «Nein. Nein, sie hat angerufen und gesagt, dass sie ... Nein. Hast du versucht, sie ...?» Schweigen. Sie lauschte. «Nein», murmelte sie. «Nein, ich habe keine Ahnung, aber ich rufe dich an, sobald sie ...»

Sie ließ den Hörer sinken und sah mich an, mit einem Gesichtsausdruck, aus dem Verwirrung sprach, aber auch noch etwas anderes. Unruhe. Eine Kälte, die tief von innen kam.

«Das war Oliver», sagte sie leise. «Kerstins Mann. Er hat gefragt, ob wir irgendwas brauchen, Kerstin und ich, oder ob er sie ...» Für einen Moment ließ ihre Stimme sie im Stich. Als sie zurückkam, war sie nicht mehr als ein heiseres Raspeln. «Ob er sie abholen soll. Sie wollte zu mir. Sie ist losgegangen, kurz nachdem sie bei mir angerufen hatte. Vor mehr als drei Stunden. Aber sie ist ...»

Ich konnte nicht mehr atmen.

«Sie ist nicht angekommen», flüsterte ich.

• • •

*Du bist unter Feinden.*

Tunnelblick. Der Saal der Polizeipressekonferenz war bis auf den letzten Platz gefüllt, doch noch immer quetschten sich Medienvertreter durch die Flügeltüren. Kein natürliches Licht. Die Fenster befanden sich in Albrechts Rücken, unsichtbar für den Hauptkommissar. Der Saal summte in einer unangenehmen Frequenz wie ein gigantischer Wespenstock.

Jörg Albrechts Blick glitt über die Gesichter in den vordersten Reihen. Hin und wieder zuckten erste Kamerablitze auf, doch noch hatte die Veranstaltung nicht begonnen. Die Hyänen nahmen noch kaum Notiz von ihm, sondern plauderten untereinander. In Reihe zwei verdrückte ein junger Schnösel hektisch eine Banane, während er darauf wartete, Details über den Tod Ole Hartungs zu erfahren, den man grausam verstümmelt und verblutet auf einem Gynäkologenstuhl gefunden hatte.

Albrecht war nicht zum ersten Mal hier. Er wusste, wie die Technik funktionierte. Wie zufällig streifte seine Hand einen der Knöpfe vor dem Mikrophon.

«Guten Appetit!»

Wenn die Worte nicht dafür sorgten, dass dem Kerl die Banane im Hals stecken blieb, erledigte das die monströse Rückkopplung.

Mit einem Seufzen lehnte Albrecht sich zurück. Die Augen der Polizeipräsidentin richteten sich auf ihn wie winzige bösartige Stecknadelköpfe.

*Du bist unter Feinden.*

Mit einer Ausnahme, dachte der Hauptkommissar. Er hatte Martin Euler mitgebracht. Zu seiner eigenen moralischen Unterstützung, vor allem aber, weil Euler die Gabe besaß, seine gerichtsmedizinischen Details in derart komplizierte Formulierungen zu verpacken, dass man am Ende vergessen hatte, wie der Satz eigentlich angefangen hatte. Warum der Meute noch einen Gefallen tun?

Knacken und Pfeifen in den Lautsprechereinheiten. Irgendjemand machte die Anlage bereit.

«Meine Damen und Herren ...» Ein letzter, durchdringender Pfeifton, dann drang die Stimme von Isolde Lorentz' Pressesprecher dumpf, aber deutlich bis in den letzten Winkel des Saals. «Ich begrüße Sie zu unserer Pressekonferenz mit Frau Dr. Lorentz und den ermittelnden Beamten. Ich übergebe das Wort an die Frau Präsidentin, danach sind die Ermittler an der Reihe. Am Ende werden Sie dann Gelegenheit zu Fragen haben.»

Was nicht bedeutet, dass sie auch Antworten kriegen, dachte Albrecht. Unruhig wippte er mit dem Fuß. Er wollte hier raus, noch einmal mit Jacqueline sprechen. Lehmann hatte nichts Neues aus ihr rausbekommen, abgesehen davon, dass die etwa dreißigjährige maskierte Unbekannte ebenso gut eine zwanzig- oder vierzigjährige maskierte Unbekannte gewesen sein konnte. Wenn sie nicht ein Kerl war.

Und selbstredend hatte die Person Handschuhe getragen.

Hannah Friedrichs hatte sich dagegen noch nicht gemeldet, jedenfalls vor zwanzig Minuten noch nicht, als Albrecht beim Betreten des Saals sein Handy abgestellt hatte. Doch so oder so: Er wollte raus, wollte etwas für die Ermittlung und für Ole Hartung tun, anstatt sich hier den Hintern platt zu sitzen und der Journaille ...

«Hauptkommissar?», flötete Lorentz.

Ruckartig zog er das Mikrophon zu sich heran.

«Danke», murmelte er und griff sich das Blatt mit der Erklärung, die er mit der Polizeipräsidentin abgestimmt hatte. Sie verriet nichts, was die Presseleute nicht schon wussten. Genauer gesagt verriet sie weniger. Hartung hieß immer noch Ole H., und wenn die Aufnahmewagen tausend Mal das Wohnviertel zwischen Wellingsbütteler Landstraße und Ohlsdorfer Friedhof verstopften. Und über die Verdächtige – offiziell nach wie vor ‹wichtige Zeugin› – konnte er nichts mitteilen, weil es nichts gab, das sie mit Sicherheit wussten. Mit monotoner Stimme begann Albrecht vorzulesen.

Als er zur Hälfte durch war, bekam er aus dem Augenwinkel mit, wie Isolde Lorentz aufstand und im Hintergrund mit einem Beamten tuschelte. Sie setzte sich wieder, bevor der Hauptkommissar fertig war.

«So weit unser Kommuniqué», übernahm der Pressesprecher. «Danke, Hauptkommissar Albers.»

Jörg Albrecht erlaubte sich die stille Hoffnung, dass einige der Journalisten diese Version seines Namens übernehmen würden.

«Sie haben nun die Gelegenheit, Fragen zu stellen.» Der Pressesprecher sah in die Runde.

Dutzende von Armen hoben sich. Der Mann am Mikrophon nickte in die erste Reihe.

«Maren Steinert, Morgenpost.» Eine adrette junge Dame stand auf. «Ich hätte eine Frage an Hauptkommissar Albers. – Ist es richtig, dass Sie verstärkt im persönlichen Umfeld von Kommissar Hartung nach der Täterin suchen?»

Albrecht zögerte. Streng genommen würde er nicht bestätigen, dass der Ermordete Ole Hartung hieß, wenn er den Satz beantwortete. Er schüttelte den Kopf. «Wir ermitteln in alle Richtungen.» Ein Standardsatz.

«Und ist es richtig ...»

«Bitte nur eine Frage.» Der Pressesprecher schnitt ihr das Wort ab. «Danke. – Dort vorne in der zweiten Reihe?»

«Marc Hoffmann vom Abendblatt. Ich hätte eine Frage an die Frau Präsidentin.»

Die Frage war ein Klassiker, stellte Albrecht fest: Warum wurden sofort sämtliche Hebel in Bewegung gesetzt, sobald ein Polizeibeamter das Opfer war? War das nicht eine Ungleichbehandlung? Schließlich wurde die Polizei doch aus Steuergeldern finanziert, also müsste man da nicht ...

Albrecht hörte nach der Hälfte des Lamentos weg. Exakt dieselben sensationsgeilen Pressegeier, die jetzt solche Fragen stellten, waren es, die Fälle wie den Tod Ole Hartungs zu einer Mediennummer aufpusteten und die Ermittler *zwangen*, Sonderschichten einzulegen. Natürlich würde der Tod eines Kollegen immer Vorrang haben – das war bei jeder Polizei der Welt so. Aber dem *erhöhten öffentlichen Interesse*, das die Leute hier in diesem Raum angefacht hatten, verdankte es Irmtraud Wegner, dass sie nicht den Hörer aus der Hand legen konnte. Als Albrecht das Revier verlassen hatte, hatten sich exakt einhundertsiebenundsiebzig Zeugen gemeldet, die gesehen haben wollten, wie ganze Rudel satanistischer Fetischhuren auf Ole Hartungs Rücken über die Reeperbahn geritten waren oder ihn am Nasenring durch die Straßen der Hansestadt geführt hatten.

Das war der Grund, aus dem die Kollegen vom Kommissariat jetzt dutzendweise sinnlosen Spuren nachgehen mussten, anstatt sich auf die wirklich erfolgversprechenden Ermittlungsansätze zu konzentrieren.

Sobald es erfolgversprechende Ansätze gab.

Ermittlungsarbeit war ein ständiges Puzzlespiel, ein Wühlen in Details. Mitunter war sie lebensgefährlich, doch gleichzeitig geprägt von unendlichen Phasen trostloser, ermüdender Analyse. Dazu kam der erstickende Zeitdruck, der notorische Personalmangel.

Und die Dunkelheit in den Seelen der Menschen. Jeder Fall eine Tragödie, der Tod allgegenwärtig, manches Opfer nicht viel besser als der Täter. Es färbte ab. Wie ein Schleier, der sich über die Seele legte, wenn man eine zu lange Zeit seines Lebens damit verbrachte, die Tatbestände so darzustellen, wie sie sich in Wahrheit verhielten: dunkel und hässlich, doch selten so grell und spektakulär, wie die Privatsender und die blutigen Blättchen es ihren Lesern und Zuschauern verkaufen wollten.

Und das Schlimmste war, dass das den Männern und Frauen in den Stuhlreihen klar war. Die Polizeireporter wussten sehr gut, was wirklich Sache war, und es war nicht zu übersehen, dass die meisten von ihnen gar nicht richtig hinhörten, während Isolde Lorentz eine ihrer weitschweifenden Erklärungen abgab. Die meisten waren mit ihren Handys beschäftigt, verschickten SMS oder lasen eingehende Nachrichten.

Wozu überhaupt noch Zeitungen und Fernsehen, dachte Albrecht. Wir sind überall und immer auf Empfang, erfahren tausend Dinge, von denen irgendjemand beschlossen hat, dass sie uns zu interessieren haben. Den Täter, bevor er ermittelt ist, den Mord, bevor er geschieht.

«Vielen Dank, Frau Präsidentin.» Der Pressesprecher nickte der Lorentz zu. «Ich denke, das beantwortet die Frage. Und nun ... ah, Frau Stahmke.»

Albrechts Blick schoss nach rechts.

Wie hatte er die Frau übersehen können? Die Kanal-Neun-Journalistin saß in der vordersten Reihe, beinahe am Rand allerdings. Allzeit bereit, im Fall der Fälle zum Schauplatz des nächsten schmutzigen Verbrechens zu eilen, mit dem sie ihre Zuschauer beglücken konnte. Dieselben messerklingenschmalen Lippen, dasselbe blonde Walle-Walle-Haar – aber ein anderes affektiertes Kostüm als am Morgen.

Als der Pressesprecher ihr das Wort erteilte, legte sie in aller Seelenruhe ihr Handy beiseite und stand auf. Weniger aus Höflichkeit, dachte Albrecht, sondern damit der Kameramann sie von der Schokoladenseite einfangen konnte.

«Hauptkommissar Albrecht.» Wenn sie sich lieb Kind machen wollte, indem sie ihn mit dem richtigen Namen ansprach, hatte sie sich geschnitten. «Was mich interessieren würde, wäre, ob Sie eine Verbindung zwischen dem Fall Hartung und Ihrer vermissten Beamtin sehen.»

Albrecht kniff die Augen zusammen, wechselte einen Blick mit Martin Euler rechts neben ihm. Euler erwiderte ihn verständnislos.

«Meine Kollegin wird nicht vermisst», wandte Albrecht sich betont freundlich an die Reporterin. «Mein gesamtes Team arbeitet mit Hochdruck an den Ermittlungen, so auch Kommissarin Friedrichs. Und auch ich selbst muss mich jetzt ...»

«Ich *fürchte* ...» Drei Silben, drei Peitschenhiebe. «Ich fürchte, wir verstehen uns hier nicht ganz richtig, Herr Hauptkommissar.»

Mit einem Mal war es totenstill im Saal. Albrecht hörte, wie sich jemand räusperte, vielleicht Isolde Lorentz. Alle Augen waren auf Margit Stahmke gerichtet. Es war nicht das erste Mal, dass Albrecht mit der Frau zu tun hatte. Seitdem er seinen Posten innehatte, kreiste sie wie ein Aasgeier über seinen Fällen. Oder nein, kein Aasgeier: ein Leitwolf, ein Trüffelschwein. Unter ihren Kollegen war die Stahmke eine Legende. Wo Margit Stahmke ihre Nase reinsteckte, fing auch der Rest an zu graben.

Und jetzt hatte sie Witterung aufgenommen. Albrecht sah es an den angespannten Gesichtern.

Aber er begriff nicht. Natürlich, Hannah Friedrichs hatte sich noch nicht gemeldet, doch sie war schließlich nur ein paar Minuten vor ihm aufgebrochen und hatte den weiteren Weg zur Wellingsbütteler Landstraße – und das mitten im Berufsverkehr. Aber *vermisst* ...

«Kerstin Ebert ist eine Beamtin aus Ihrem Team, das ist doch richtig?»

Albrecht starrte die Stahmke an. «Ja ...» Er schüttelte den Kopf. «Aber Kommissarin Ebert ist ...»

Wieder das Räuspern. Es war tatsächlich die Polizeipräsidentin, die links neben ihm saß und ihm jetzt unauffällig einen Zettel zuschob. Ihre Zähne waren zusammengebissen, und aus ihrer Miene sprach ... Albrecht konnte den Ausdruck nicht einordnen, sah auf den Zettel – und erstarrte.

Hastig hingekritzelte Worte. *Anruf von Friedrichs: Ebert seit dreizehn Uhr vermisst.*

Er las, begriff den Sinn und war doch unfähig, ihn zu erfassen. Seine volle Bedeutung.

«Herr Hauptkommissar?» Stahmke lächelte freundlich wie eine Guillotine. «Können Sie mir sagen, ob Sie eine Verbindung ...»

Ein durchdringendes Quietschen, als er ruckartig seinen Stuhl zurückschob. An Euler ein hastiges «Mitkommen!».

«Albrecht, verdammt!» Isolde Lorentz zischte eher, als dass sie sprach. Das Mikrophon übertrug die Worte trotzdem.

Albrecht und Euler waren schon halb an der Tür, die zurück in die Diensträume des Präsidiums führte. Raus hier, dachte der Hauptkommissar. Zum Wagen. Weiter ging sein Denken nicht in diesem Moment.

Die angespannte Stille im Pressesaal hatte ein abruptes Ende gefunden. Tuscheln, Murmeln, laute Fragen, die ersten Journalisten sprangen auf.

«Vielleicht kann ich Ihre Frage beantworten», hörte er, wie die Polizeipräsidentin versuchte, die Initiative zurückzugewinnen.

Von der Tür ein letzter Blick zurück. Margit Stahmke sah in seine Richtung, und mit ihr die Kameras.

«Nein danke.» Stahmkes Geste war beinahe eine Verbeugung. «Ich denke, das ist gar nicht mehr nötig.»

• • •

Eine Karriere bei der Kripo sucht man sich nicht eigentlich aus. Ich meine, klar, die weiterführenden Schulen sind voll mit pickeligen Nachwuchsermittlern, die mehr *C.S.I.* und *Bones* gesehen und Serienkillerkrimis gelesen haben, als gut für sie ist, doch das ist nur einer von mehreren Wegen. Das Studium an der Polizeifachhochschule ist inzwischen vielleicht der gängige Weg in den gehobenen Dienst, doch bei mir war es anders losgegangen, nämlich mit dem kreuzbraven Dienst in Uniform: Betrunkene von der Straße holen, Senioren zur Ruhe bringen, die Zeter und Mordio schreien, weil irgendwo um fünf nach zehn der Ghettoblaster noch nicht auf Zimmerlautstärke läuft.

So was kann man bis an sein Lebensende machen, oder man bekommt mit etwas Glück die Chance, sich zu spezialisieren. Wobei gerade Glück vielleicht am wenigsten damit zu tun hat. Vor allem muss man Wörter wie *Freizeit* oder *Wochenende* in ganz, ganz kleinen Buchstaben schreiben, wenn man mit Mitte zwanzig noch immer auf eine Kripo-Laufbahn scharf ist.

Bei mir ist das wohl mehr oder weniger der Fall gewesen. Dennis kannte ich damals noch nicht, und in einer Millionenstadt wie Hamburg läuft es anders als irgendwo in Bad Beelzebub, wo nur alle Jubeljahre mal ein Kapitalverbrechen zu klären ist. Hier bei uns hat man die großen Fälle ständig vor der Nase – und wenn man entsprechend strukturiert ist, wird's einem irgendwann einfach zu blöd, dass man da nicht richtig mitspielen darf. Es sei denn ... Ganz genau.

Man steigt selbst mit ein.

Meinen ersten Tag auf unserem Polizeikommissariat, dem PK Königstraße, dem – quasi als permanenter Sonderkommission – regelmäßig die kniffligsten Fälle im gesamten Stadtgebiet zugeschoben wurden, werde ich wohl nie vergessen. Wahrscheinlich geht das jedem Neuling so. Wir haben alle diese gigantischen Vorstellungen, diesen mörderischen Respekt vor der echten Sherlock-Holmes-mäßigen Detektivarbeit, die bei den großen Jungs und Mädels so abgeht. Es dauert eine ganze Weile, bis einem klar wird, dass bei der Kripo mit demselben Wasser gekocht wird wie in jeder anderen Bullenküche auch. Und die Kollegen, die sich ihre Stühle schon ein paar Jahre warm gesessen haben, sorgen natürlich dafür, dass das möglichst lange so bleibt.

Kerstin Ebert war da anders.

Als ich zu Jörg Albrechts Team stieß, hat sie aufgeatmet, endlich nicht mehr allein zu sein unter den Kerlen, das hat sie mir später mehr als einmal erzählt. Wirklich, es macht einen Unterschied, ob nur eine einzige oder aber zwei Frauen zur Mannschaft gehören. Kerle bleiben Kerle. Das ändert sich nicht, wenn sie eine Marke tragen.

Kerstin selbst war jünger gewesen als ich, als sie auf dem Kommissariat anheuerte. Außerdem muss das zu diesem Zeitpunkt eine ziemliche Ausnahmesituation gewesen sein auf dem Revier: Die ganze Stadt auf der Jagd nach dem Traumfänger, und das PK mittendrin. Heftiger kann man wohl nicht lernen, was es heißt, bei der Kripo zu arbeiten. Kerstin meinte mal, hinterher sei ihr die Arbeit vorgekommen wie der reinste Schulausflug. Hinterher, als Freiligrath endlich in Haft saß und Horst Wolfram im Sanatorium und Albrecht den Laden übernommen hatte.

Wobei auch Schulausflüge ganz schön hart sein können. Ich zumindest musste am Anfang ganz schön die Zähne zusammenbeißen – und ich frage mich bis heute, ob ich nicht ganz schnell das Handtuch geworfen hätte, wäre Kerstin Ebert nicht gewesen.

Kerstin Ebert, die nun, als sich der verregnete Oktobernachmittag in einen verregneten Oktoberabend verwandelte, seit mehr als vier Stunden verschwunden war.

Als Allererstes hatten wir die Pressemeute weggejagt. Platzverweise, serienmäßig. Irgendjemand würde dafür bluten, das war mir klar, und im Zweifelsfall würde ich das sein. Insbesondere, wenn bei der Aktion am Ende nichts herauskam. Aber wie sollten wir eine Suche durchführen in einem Gebiet, in dem sich Kanal Neun und Kanal Sieben gegenseitig auf die Füße traten?

Mit einem Fluch steckte ich das Handy weg. Nachdem ich zwanzig Minuten lang vergeblich versucht hatte, Albrecht zu erreichen, hatte ich die Sachlage schließlich direkt ans Präsidium durchgegeben. Die Pressekonferenz war mir mehr als egal.

Ich wusste, wie Jörg Albrecht reagieren würde.

Und ich hätte ein, zwei nicht unwesentliche Körperteile gegeben, wäre er in diesem Moment schon hier gewesen.

Oliver Ebert stützte sich bei jedem Schritt an einem Jägerzaun ab, während er auf mich zukam. Ich stand an einer Einmündung ungefähr im Zentrum des labyrinthartigen Wohngebiets, in dem die Eberts und die Hartungs wohnten. Die Uniformierten hatten die Strecke, die Kerstin genommen haben musste, bereits abgesucht. Inzwischen waren sie dabei, an den Haustüren zu klingeln und Fragen zu stellen. Wie ich die Gegend einschätzte, waren die Häuser voll mit Müttern, die in Teilzeit arbeiteten. Irgendjemand *musste* Kerstin gesehen haben, nachdem sie das Haus verlassen hatte.

«Oliver», murmelte ich und ging ihm entgegen.

Oliver Ebert war letztes Jahr vierzig geworden und damit genauso alt wie Dennis. Entsprechend waren Kerstins und mein eigener Göttergatte auch zeitgleich in den zweiten Frühling gekommen und hatten sich zusammen ein in die Jahre gekommenes Segelboot gekauft, das sie seitdem wieder flottzumachen versuchten. Kerstin und ich hatten über die beiden gelächelt – natürlich nur, wenn sie nicht dabei waren. Ansonsten hatten wir andächtig ihren Diskussionen über das Für und Wider unterschiedlicher Flüssigharze gelauscht.

Nach Lächeln war mir jetzt nicht zumute.

Zwei Schritte vor Oliver blieb ich stehen. Er war einen Kopf größer als Kerstin und immer noch ein ganzes Stück größer als ich. Einen Moment lang rechnete ich damit, er würde sich in meine Arme werfen, wie Sabine Hartung das getan hatte, doch er stand einfach da, löste die Hand vom Zaun und starrte mich an.

Die Straßenbeleuchtung sprang an, flackerte drei, vier Mal unschlüssig hin und her und warf tiefe Schatten auf sein Gesicht.

«Oliver?» Die Kälte des Abends kam rasch. Meine Stimme versickerte im Dunst, der sich über dem nassen Asphalt gebildet hatte.

«Ich habe an der Wiege gearbeitet. Alles abgebeizt.» Er sprach langsam, als ob er ein Beruhigungsmittel genommen hätte. Ich hoffte es für ihn. «Raoul hat mir geholfen.»

Raoul war fünf Jahre alt und seit Monaten ganz aus dem Häuschen wegen der bevorstehenden Ankunft eines Brüderchens oder Schwesterchens.

«Die Nachbarin passt jetzt auf ihn auf.»

Ich atmete auf. Offenbar war er fähig, klar zu denken.

«Kerstins Handy liegt auf dem Nachttisch.» Er wischte sich über die Nase. Im Laternenlicht sah ich glitzernde Reflexionen auf seinen Wangen. «Ich habe ihr tausend Mal gesagt, sie soll das Handy mitnehmen, jetzt, wo es fast so weit ist. Und wenn sie nur auf das *beschissene Klo* geht!» Der letzte Satz kam sehr viel lauter als der Rest.

Ich nickte beherrscht. «Bitte mach dir nicht zu viel Sorgen», sagte ich leise. «Wir sind mitten in der Stadt. Wahrscheinlich ist sie einfach zu einer Freundin ...»

«Sie war *unterwegs* zu einer gottverdammten Freundin!» Noch lauter. «Einer Freundin, deren Mann sie heute Nacht die Eier abgeschnitten und ins Maul gestopft haben!»

Ich zuckte zusammen. War auch dieses Detail inzwischen bekannt?

«Mitten in der Stadt!», fauchte er. «Einem Bullen! Von eurem Revier! Genau wie Kerstin!»

«Oliver ...» Ich streckte die Hand nach ihm aus. Er starrte sie an, als wollte er sie beiseiteschlagen, aber meine Augen hielten ihn fest. «Oliver, Kerstin ist meine Freundin. Bitte glaub mir, wir tun, was wir können. Lehmann muss gleich hier sein, und auch der Chef ist schon unterwegs.» Ich betete zu Gott, dass das so war. «Ich habe eine Hundestaffel angefordert.»

Nein, ich würde nicht erwähnen, dass zu einer Hundestaffel selbstverständlich auch Leichensuchhunde gehörten.

Das waren diejenigen, die am häufigsten gebraucht wurden.

• • •

Das Heck des Dienstwagens brach aus, als Albrecht über die Gegenfahrbahn scherte und in das Wohngebiet an der Wellingsbütteler Landstraße einbog.

Euler kauerte auf dem Beifahrersitz. Er hatte kein Wort gesagt, seitdem sie das Präsidium verlassen hatten.

Wahrscheinlich zerbrach er sich gerade den Kopf, wie er in diese Situation gekommen war. Euler war Rechtsmediziner, der Mann für die Leichen, und damit nicht konkret Albrecht zugeordnet. Er wurde von den unterschiedlichen polizeidienstlichen Stellen hinzugezogen, wenn die Ermittlungen das erforderten.

Wenn es Tote gab, dachte Albrecht.

Tote hatten keine Eile. Vermutlich war Euler in seiner gesamten Laufbahn noch nicht gezwungen gewesen, im Rahmen einer Ermittlung die vorgeschriebene Höchstgeschwindigkeit zu brechen.

Ein Schlag traf den Wagen, als der Hauptkommissar mit knapp sechzig Stundenkilometern eine der Bodenwellen überfuhr, die den Verkehrsfluss in der Tempo-dreißig-Zone drosseln sollten.

Geradeaus war Blaulicht zu sehen. Albrecht trat in die Bremsen. Schlingernd kam der Wagen zum Stehen.

Uniformierte Beamte, Anwohner, die im Zwielicht über den Gartenzaun gafften. Verdammt, wenn die Leute was zu erzählen hatten, sollten sie ihre Aussagen machen. Alles andere war eine Behinderung der Ermittlungen.

«Wo ist Friedrichs?», knurrte er den ersten Kollegen an, den er zu fassen kriegte. Nie gesehen den Mann, doch der Beamte machte gar keinen Versuch, nach Albrechts Ausweis zu fragen, sondern deutete wortlos die Straße hinab.

Der Hauptkommissar stapfte los.

«Chef!» Der junge Lehmann löste sich aus dem Schatten einer Gartenpforte und ließ das schmiedeeiserne Gatter dabei offen stehen.

«Bericht!»

«Wir sind selbst erst ein paar Minuten hier. Faber ist im Tabakladen. Der ist direkt um die Ecke.»

«Was zur Hölle ...»

«Der Laden liegt fast auf dem Weg von den Eberts zu den Hartungs», erklärte Lehmann. «Wenn sie einen Abstecher ...»

«Ebert raucht nicht! Ebert ist schwanger!»

Ein Blinzeln. «Ihr Mann vielleicht?»

«Was weiß ich!» Albrecht presste Daumen und Zeigefinger auf die Nasenwurzel. Er hatte Kopfschmerzen seit dem Gesumme im Pressesaal.

Fabers glatzköpfige Gestalt bog um die Straßenecke. Schon von weitem sah der Hauptkommissar sein Kopfschütteln.

«Bisher haben wir niemanden gefunden, der sie gesehen hat», berichtete Lehmann. «Ausgenommen die Oma, die direkt gegenüber wohnt. Offenbar war sie allein. – Also Kerstin Ebert», fügte er hinzu.

Albrecht nickte stumm.

«Das war um dreizehn Uhr sechzehn. Die Oma hat die Zeit notiert.»

Albrecht kniff die Augen zusammen. «Warum ...»

Lehmann hob die Schultern. «Was weiß ich. Sie sagt, das macht sie immer. – Kerstins ... ich meine: Kommissarin Eberts Handy lag zu Hause. Ihr Mann hat sich schon durchgeklickt. Keine Anrufe, die erklären würden, dass sie noch woanders hingegangen wäre. Von den Eberts bis zu den Hartungs sind es auf dem kürzesten Weg ungefähr vierhundert Meter. Allerdings gibt's noch ein paar andere   führen alle durch das Wohngebiet. Einer ist noch etwas länger, aber der geht über einen Teil vom Friedhof.»

«Kenne ich», murmelte Albrecht. Ein Stück entfernt auf der anderen Seite des Friedhofs lag die Siedlung, in der er mit Joanna und den Mädchen gewohnt hatte, bevor sie ein gewisses sanierungsbedürftiges Bauernhaus erworben hatten, an das er in diesem Moment um nichts in der Welt denken wollte.

Nur dass sein Hirn das anders sah.

Was hätte ich getan, wenn das bei Joanna passiert wäre? Was für ein Mensch vergreift sich an einer Schwangeren?

Spielte es überhaupt eine Rolle, dass Kerstin Ebert schwanger war? Für den Täter? Konnten sie davon ausgehen, dass es derselbe Täter war wie bei Ole Hartung – oder dieselbe Täterin? Angenommen, es war so: Wo lag dann der Zusammenhang? In der persönlichen Bekanntschaft der beiden Familien? In der Tatsache, dass beide Opfer Polizisten waren und zum selben Team gehörten?

Albrecht schüttelte den Kopf. Er dachte zu schnell. Noch gab es keinen Beweis, dass überhaupt ein Verbrechen vorlag.

Und doch war er unfähig, an einen Zufall zu glauben.

«Hatte sie ihre Papiere dabei?», fragte er. «Haben Sie die Krankenhäuser in der Umgebung abtelefoniert? Das Alsterdorfer Klinikum ...»

Lehmann nickte. «Da haben sie heute Nachmittag eine unbekannte Frau aufgenommen, bei der plötzlich die Wehen eingesetzt haben.»

«Was ...» Albrechts Herz machte einen Sprung.

Nils Lehmann verzog das Gesicht. «Schwarzafrika. Sie meinen, wahrscheinlich hatte sie keine Papiere, weil sie sich illegal ...»

Der Rufton von Albrechts Mobiltelefon. Die Nummer des Reviers.

«Ja?»

«Chef?»

«Ja, Kriminalhauptmeister Winterfeldt?», brummte der Hauptkommissar.

Winterfeldt war einer ihrer Neuzugänge, hatte kurz vor Lehmann angefangen.

«Chef, wir haben hier nebenbei Kanal Neun laufen, und da kommt eben ein Schriftband durch, dass sie sich gleich zu einer dramatischen Wende in unseren Ermittlungen melden werden.»

Einen Moment lang war Jörg Albrechts Kopf vollständig leer.

«Chef? Haben wir denn neue Entwicklungen?»

«Haben wir nicht. Danke.» Ohne weiteren Kommentar beendete er das Gespräch.

Lehmann und Faber sahen ihn fragend an. Albrecht schüttelte den Kopf.

«Haben Sie jemanden auf den Friedhof geschickt?»

«Haben wir.» Hannah Friedrichs kam langsam auf die Gruppe zu. Albrecht sah, warum sie sich nicht schneller bewegte. Kerstin Eberts Mann war ein Riese, auch als Schattenriss deutlich zu erkennen.

«Die Beamten haben sämtliche Friedhofsbesucher befragt, die sie in der Ecke angetroffen haben», sagte Friedrichs. «Es waren exakt drei. Kein Friedhofswetter heute.»

Albrecht nickte düster. Nein, kein Friedhofswetter, es sei denn, man hat ganz eigene Gründe, die Parkanlagen zwischen den Grabstätten aufzusuchen. Dunkle Gründe.

Aber warum hätte Kerstin Ebert dorthin gehen sollen?

Was, wenn sie einfach Abstand gebraucht hatte, bevor sie Ole Hartungs Witwe gegenübertreten konnte?

«Spekulationen», murmelte er. Der Nieselregen schien mit jeder Sekunde dichter zu werden, das Zwielicht undurchdringlicher.

Eine Wende in den Ermittlungen? Wo, bitte schön?

Sokrates, dachte er. Denk an Sokrates! Wenn du nichts weißt ...

*Standing on a beach with a gun in my hand*

*Staring at the sea, staring at the sand*

Ein blechernes Rumpeln und Scheppern. Friedrichs Handy. Ihr Klingelton: Gruftgesänge einer der Düsterkapellen aus ihrer Jungmädchenzeit.

Sie machte eine entschuldigende Handbewegung, griff in ihre Jacke. «Ja? Habt ihr was?» Sie lauschte. Albrecht glaubte zu erkennen, wie ihre Augen sich weiteten. «Wo?»

Ihre Hand zitterte, als sie das Telefon sinken ließ.

«Ein Aufnahmewagen von Kanal Neun ist gerade auf das Friedhofsgelände eingebogen. Außerhalb des Bereichs, für den wir Platzverweise ausgesprochen haben.» Sie holte Luft. «Der Beamte vor Ort ist sich nicht ganz sicher, doch er glaubt, auf dem Beifahrersitz saß Margit Stahmke.»

• • •

«Wo fahren wir hin?» Unser Herr und Meister klammerte sich an den Haltegriff, als hinge sein Leben davon ab. Er hasste es, wenn ich am Steuer saß, doch in diesem Moment war ich nicht fähig, die Situation zu genießen.

Mit einer hektischen Bewegung hatte ich das Blaulicht auf das Wagendach gesetzt, das Martinshorn machte uns den Weg frei.

Oliver Ebert saß schweigend auf der Rückbank. Lehmann,

Faber und Euler folgten im Fahrzeug hinter uns, im Schlepptau zwei Einsatzwagen mit Uniformierten.

«Cordesallee», murmelte ich zwischen zusammengebissenen Zähnen. «Hauptzufahrt.»

«Was zur Hölle will sie da? Das ist fast das entgegengesetzte Ende des Friedhofs!» Albrechts Worte kamen nur aus weiter Ferne bei mir an. Reflexionen des Verkehrs auf dem nassen Asphalt. Die Schattenseite des Daseins als Großstadtbulle: Die Autofahrer sind eilige Einsätze gewohnt und weichen selbst bei Blaulicht und Martinshorn erst im letzten Moment aus.

Mit überhöhter Geschwindigkeit raste ich über eine rote Ampel, scherte auf die Fuhlsbüttler ein, die Kolonne folgte. Bremsen quietschten. Keine Zeit für den Rückspiegel.

Über uns die Eisenbahnbrücke, dann links der Klotz des neuen Krematoriums, jetzt die Friedhofsverwaltung. Albrecht fluchte, als ich mit sechzig Sachen die Abzweigung nahm und die Hinterräder der Zivilstreife wegrutschten. Um Haaresbreite verfehlte ich die schmiedeeisernen Torpfosten und fuhr auf das Gelände des Friedhofs.

«Sie könnten höchstens auf die Mittelallee biegen», überlegte der Chef. «Dann kommen sie wieder näher ans Wohngebiet.»

Ich hämmerte auf den Fernlichthebel. Die Hauptachse des Ohlsdorfer Friedhofs war wie eine schnurgerade Schneise durch einen dichten Wald. Ein, zwei Fahrzeuge kamen uns entgegen, fuhren eilig rechts ran. Ein Stück vor uns ...

«Der Aufnahmewagen!» Ich ging in die Bremsen.

Das Fahrzeug sah verlassen aus, parkte an einer Art Spukschloss, das urplötzlich zwischen den hohen Bäumen aufragte.

«Der alte Wasserturm an der Cordesallee», hörte ich Albrecht murmeln. Irgendwie klang er überrascht, dann fiel mir ein, dass es von hier aus nicht weit zu der Wohnung sein konnte, in der er mit seiner Ex gewohnt hatte, bevor sie den Kasten in Ohlstedt gekauft hatten.

Ich wendete in einem halsbrecherischen Manöver, setzte den Wagen direkt an die hintere Stoßstange des Kanal-Neun-Busses. Wenn Lehmann an der Vorderseite dasselbe machte, würden Stahmke und ihr Team heute Abend nirgendwo mehr hinfahren – jedenfalls nicht, bevor sie uns nicht haarklein erzählt hatten, was sie hier im Dunkeln zu suchen hatten.

Unser Jüngster war auf Draht. Ich glaubte sogar ein metallisches Schaben zu hören, als er die vordere Stoßstange touchierte.

«Wo sind sie?» Max Faber kam um den Wagen herum, die anderen Männer waren wie Schatten in seinem Rücken.

Es war nicht völlig dunkel. Matte Laternen säumten die Straße, und unmittelbar am Wasserturm gab es eine Bushaltestelle, an der allerdings kein Mensch zu sehen war. Der Friedhof hatte zwar bis neun Uhr abends geöffnet, doch bei diesem Wetter war anscheinend niemandem nach einem Abendspaziergang zumute – die Presseleute ausgenommen.

Der Regen hatte jetzt aufgehört. Im Westen – der Richtung, aus der wir gekommen waren – stand ein blutiges Abendrot. Der Himmel sah aus wie ausgeweidet.

Blut. Wo kam die Gänsehaut auf meinen Armen her?

«Da drüben!» Lehmann wies in Richtung Turm, nein, weiter links. Nach einem Moment sah ich es auch. Lichter zwischen den Bäumen. Lichter, die sich bewegten.

«Das sind sie!» Albrecht stürmte los, doch er kam nur ein paar Schritte weit. Ein Dickicht wie im tiefsten Sachsenwald, die Lichter kaum noch zu erkennen.

Eine Taschenlampe flammte auf. Faber leuchtete einmal in die Runde. Ein Stück rechts von uns gab es einen Weg.

Inzwischen waren auch die beiden Einsatzwagen eingetroffen. Die uniformierten Beamten schlossen sich an, als wir eilig in das dunkle Gelände abseits der Allee vordrangen.

Die Nacht war nicht still. Der letzte Regen tröpfelte von den

Bäumen, überall raschelte es. Vögel, vielleicht auch größere Tiere. Dennis hatte mal behauptet, auf dem Ohlsdorfer Friedhof gäbe es sogar Wildschweine. Ich war mir bis heute nicht sicher, ob er mich nur auf den Arm genommen hatte.

«Das ist unmöglich!», brummte der Chef. «Das sind mehrere Kilometer von hier – zu *beiden* Häusern. Ebert ist schwanger! Was im Leben soll sie hier draußen ...»

Eine gute Frage, dachte ich. Und mir wollte keine Antwort einfallen. Jedenfalls keine, die mir gefiel.

Was hätte eine hochschwangere Frau am entgegengesetzten Ende des Friedhofs verloren gehabt? Ihre Eltern waren auf der Anlage beigesetzt, aber in einer völlig anderen Ecke. Ich war auf der Beerdigung des Vaters gewesen. Und Kerstin war nicht zum Friedhof unterwegs gewesen, sondern zu Sabine Hartung, zwei Häuserblocks von ihrem Haus!

Vor viereinhalb Stunden.

Was, wenn Margit Stahmkes Abendausflug gar nichts mit Kerstin zu tun hatte? Irgendeine andere nachtfinstere Story, die sie vor ihren Zuschauern auspacken wollte?

Doch das schien eher unwahrscheinlich. Wenn unser Herr und Meister in der rechten Stimmung war, hieß die Stahmke bei ihm nur *die Zecke*. Wo diese Frau sich mal festgebissen hatte, ließ sie so schnell nicht wieder los.

Und so oder so: Eine Geschichte, für die ein Team von Kanal Neun nach Einbruch der Dunkelheit den Friedhof heimsuchte, ging mit Sicherheit auch uns was an.

Schließlich waren wir die Kripo.

«Da drüben!»

Wer hatte gesprochen? Oliver jedenfalls nicht. Kerstins Mann hielt sich eng an meiner Seite, sagte kein Wort. Doch ich spürte, dass er meine Nähe suchte, wie ein kleines Kind, das in diesem Moment eine vertraute Person brauchte. Ein kleines Kind – Raoul. Meine Kehle war rau, als ich schlucken musste.

Woher kam diese Ahnung, dass wir im Begriff waren, etwas Schreckliches zu entdecken?

Die Lichter waren nun direkt vor uns. Sie bewegten sich nicht mehr. Ein Spot schnitt einen Streifen Helligkeit aus der Nacht, beleuchtete mehrere Reihen eher durchschnittlicher – und nicht sonderlich gepflegter – Grabsteine. Und Margit Stahmke, die mit ihrem Mikrophon zwischen den Marmormonumenten balancierte. Über ihrem Edelkostüm trug sie einen Trenchcoat.

«Eine schlimme Ahnung ist zur Gewissheit geworden.» Ihre Stimme tönte über die Lichtung. «Hamburg befindet sich heute Abend im Schockzustand.»

Du wiederholst dich, altes Mädchen, dachte ich, doch gleichzeitig wurden meine Schritte schneller. Oliver keuchte plötzlich auf und stolperte vorwärts.

Stahmke sah konzentriert in das Licht. Sie hatte keine Chance: Von uns bekam sie nichts mit.

«Nachdem am Morgen in einem zwielichtigen Club nahe der Reeperbahn bereits der grausam geschändete Körper eines einundsechzigjährigen Kripobeamten aufgefunden wurde, stehen wir heute Abend nun hier, auf dem altehrwürdigen Ohlsdorfer Friedhof...»

Weiter kam sie nicht. Oliver hechtete zwischen den Steinen hindurch, Albrecht versuchte ihm zu folgen. Ich selbst konnte nichts erkennen, sie waren im Weg. Lehmann, Faber ... Irgendjemand stieß gegen den Kameramann. Der Lichtkegel kippte, veränderte sich und fiel auf ein Lumpenbündel, das ein paar Schritte neben Stahmke auf dem Boden ...

Mein Herz blieb stehen. Ich selbst blieb stehen, festgefroren auf einer Lichtung mitten auf dem Ohlsdorfer Friedhof.

Ich stierte auf das Gewirr von Lumpen, das der Scheinwerfer jetzt mitleidlos erhellte. Lumpen und ... rohes, blutiges offenes Fleisch. Der Geruch, der *Gestank*, warum hatte ich ihn bis zu diesem Moment nicht wahrgenommen?

Das kann sie nicht sein! Ein irrsinniger Gedanke. Das kann sie unmöglich sein! Was so stinkt, muss schon seit Tagen tot sein!

Und doch wusste ich, wie auch immer das möglich sein sollte, dass diese Ansammlung unförmig schwärenden, toten Fleisches Kerstin war. Meine Freundin Kerstin. Kripokommissarin Kerstin Ebert.

Um Margit Stahmke war eine Art Ringkampf ausgebrochen. Oliver versuchte zu der Leiche vorzudringen, Lehmann und Faber hielten ihn fest. Albrecht versuchte, der Journalistin das Mikrophon abzunehmen.

Und der Kameramann hatte sich wieder berappelt und das Aufnahmegerät auf seine Schulter gesetzt.

Er schneidet das alles mit. Die Erkenntnis jagte durch meinen Kopf. Und mit Sicherheit sind sie live auf Sendung. Das gibt die Quote des Jahres.

Albrecht musste das im selben Moment erkannt haben. Plötzlich ließ er von der Pressefrau ab, trat einen Schritt zurück.

Und plötzlich war alles anders.

Es gab eine Sache an diesem mittelgroßen Mann mit seinen edlen Anzügen, den eisgrauen Haaren, den tiefen Falten um die Augen, der Nase und dem Kinn, die beide irgendwie eine Nummer zu groß waren ... eine Sache, bei der man einfach sprachlos war, wenn man sie zum ersten Mal erlebte.

Jörg Albrecht konnte zaubern.

Wenn er nur wollte, konnte er für ein paar Sekunden die Welt anhalten. Womöglich war ihm das gar nicht bewusst, aber wenn er sich in einer bestimmten Weise hinstellte, auf eine bestimmte Weise sprach, hatte dieser Mann eine derartige Ausstrahlung, eine natürliche Autorität – man konnte einfach nicht anders. Sekundenlang vergaß man, was man gerade hatte tun wollen. Man stand einfach da und musste ihm zuhören.

«Frau Stahmke, ich fordere Sie auf, diese Übertragung auf der Stelle abzubrechen und uns aufs Revier zu begleiten.»

Auf die Journalistin schien der Zauberbann nur bedingt zu wirken. Sie musterte ihn spöttisch. «Ich bin verhaftet?» Sie sah über die Schulter. «Paul auch?»

«Sie beide sind hiermit vorläufig festgenommen wegen dringenden Tatverdachts des Mordes an Frau Kerstin Ebert.» Er sprach vollkommen ruhig. «Sie sind verpflichtet, mir Ihre Personalien bekanntzugeben. Darüber hinaus haben Sie das Recht, zu schweigen. Wenn Sie dennoch eine Aussage machen, kann diese von nun an gegen Sie verwandt werden. Sie haben das Recht auf einen Anwalt. – Haben Sie das verstanden?»

«Sie machen sich lächerlich!»

Ein wenig lauter, eine Nuance nur: «Haben Sie das verstanden?»

«Ja, ich habe verstanden.» Stahmkes Stimme zitterte, doch ich sah auch das siegesgewisse Blitzen in ihren Augen. «Damit kommen Sie im Leben nicht durch.»

Natürlich hatte sie recht, und Jörg Albrecht musste das wissen. Und wenn Isolde Lorentz persönlich in die Bresche sprang, um ihm den Hintern zu retten – was sie nicht tun würde. Für diese Aktion zur besten Sendezeit würde er sich verantworten müssen.

Doch Albrecht zuckte nur die Schultern, und damit endete der Bann.

Einer der uniformierten Beamten legte die Hand vor das Objektiv der Kamera. Der Mann, der sie bediente – Paul –, ließ sich ohne Gegenwehr festnehmen. Auch Margit Stahmke räumte nun widerstandslos die Stellung, als Jörg Albrecht sie mit einer einladenden Geste aufforderte, das Gräberfeld zu verlassen.

Endlich konnte auch ich mich wieder bewegen – und gegen meinen Willen richteten sich meine Augen auf das Bündel, das Kerstin gewesen war.

Unmöglich zu sagen, an welcher Verletzung sie gestorben war. Sie war ja kaum noch als Mensch zu erkennen. Dass es Kerstin war, wusste ich nur, weil ich es einfach *wusste*.

Rohes Fleisch, übersät mit Wunden, und doch ... Es war völlig anders als bei Ole Hartung. Ihrer Haltung nach war sie zu Füßen eines der Grabsteine zusammengesunken, den Rücken halb gegen den dunklen Marmor gelehnt. Wären nicht diese schrecklichen Entstellungen gewesen, hätte man glauben können, sie würde einfach nur schlafen. Soweit ich erkennen konnte, war sie vollständig bekleidet. Doch diese Wunden: Beulen, Schwären, aufgeplatztes, vereitertes Fleisch. Als hätte ihr Körper von innen her gekocht, Blasen geworfen.

Oliver Ebert wand sich in Lehmanns und Fabers Umklammerung, doch auf mich wirkten seine Bewegungen nur noch wie schwache Reflexe. Er war kaum mehr bei Besinnung. Kerstin ... und sein Kind, sein ungeborenes Kind ...

Jetzt wurden meine Kollegen durch die uniformierten Beamten abgelöst. Schwankend machte ich einen Schritt auf Kerstins Überreste zu. Ich musste vorsichtig sein, wir alle. Im *Fleurs du Mal*, wo alles voll gewesen war mit Finger-, Fuß- und Sonstwas-Abdrücken ungeklärter Herkunft, hatte die Spurensicherung keine Chance gehabt; hier konnte das ganz anders aussehen. Die Auffindungssituation. Deshalb vor allem mussten wir verhindern, dass Oliver zu der Leiche vordrang. Doch ich musste zumindest ...

«Bleibt stehen! Alle!»

Ich zuckte zusammen.

Martin Euler hatte ich fast vergessen. Er hatte sich die ganze Zeit im Hintergrund gehalten, noch ein ganzes Stück hinter mir.

Erst jetzt kam er zögernd näher. «Nils», murmelte er. «Leuchte das mal an!» Der Leichenexperte deutete auf das Bündel, nein – ich kniff die Augen zusammen –, auf den Grabstein, kaum mehr als eine schlichte Tafel, an der die Tote lehnte.

Nils Lehmann ließ den Lichtkegel seiner Lampe über die Inschrift wandern:

Gustav Hertz
Professor der Physik
Nobelpreisträger

Darunter die Lebensdaten.

Für einen Nobelpreisträger sah die gesamte Umgebung ziemlich schäbig aus.

Euler machte noch einen Schritt, dann blieb er stehen und blies sich eine Haarsträhne aus der Stirn. Seine Augen waren auf Kerstins Leichnam gerichtet.

«Das ist kein Zufall.» Er flüsterte; es klang fast andächtig. «Das ist ... unglaublich. – Ole Hartung ist in diesem Fetischclub gestorben – auf genau die Weise, wie man das in so einem Laden erwarten könnte. Oder eher ... befürchten. Wie ein präpariertes Objekt in einer Versuchsanordnung. Und das hier, das ... Es ist genau dasselbe! Es gibt einen Grund, warum sie gerade hier liegt!»

«Sie ist tot, Martin.» Faber strich sich über die Glatze. Seine Stimme kippte. «Verdammt, auf dem Friedhof sind *alle* Leute tot.»

«Nein», murmelte Euler. «Das meine ich nicht. Diese Verletzungen ... Ihr Zustand ... Vor ein paar Stunden war sie noch kerngesund! Es gibt nur eine Handvoll physiologischer Prozesse, die derartige Veränderungen in einer solchen Geschwindigkeit bewirken können. Ein anaphylaktischer Schock oder ... Aber ...» Heftig schüttelte er den Kopf. «Seht ihr nicht, wie alles zusammenpasst? Der Grabstein! Gustav Hertz' Elektronenstoßversuche zählen zu den wichtigsten Grundlagen der Bohr'schen Atomtheorie!»

Noch immer begriff ich nicht, doch Martin Euler verdrehte die Augen.

«Ausschläge, großflächige Läsionen der Haut, und das in so

kurzer Zeit – das sind Symptome der atomaren *Strahlenkrank-heit*! – Hauptkommissar? Bitte, Sie müssen sofort den Zivilschutz informieren! Wir müssen das gesamte Gelände hermetisch abriegeln!»

• • •

Drei Stunden später.

Drei Stunden, die anmuteten wie ein bizarrer Traum.

Mit dem Unterschied, dachte Jörg Albrecht, während er seinen Privatwagen der Reihenhaussiedlung nahe der Landesgrenze zu Schleswig-Holstein entgegenlenkte, mit dem Unterschied, dass Träume vorbei waren, sobald man erwachte, und im schlimmsten Fall einen unangenehmen Geschmack weit hinten auf der Zunge hinterließen, der einen hartnäckig durch den Tag begleitete.

Dieser Traum war nicht vorbei.

Albrecht schüttelte den Kopf, rief sich die Bilder dieses Abends ein letztes Mal ins Gedächtnis zurück. Eine Notwendigkeit, wenn er sie einordnen, sie ablegen wollte bis zum nächsten Morgen.

Der Strahlenschutztrupp in ABC-Kluft, astronautenhafte Wesen, die sich langsam und vorsichtig bewegten, als könnte jeder Fehltritt sie schnurstracks in die unendlichen Weiten des Alls befördern.

*Where no man has gone before.*

Mit bedächtigen Schritten hatten sie die Überreste Kerstin Eberts und ihres ungeborenen Kindes umkreist und mit ihren sciencefictionhaften Instrumenten die Strahlenintensität gemessen. Hätten sie noch kleine weiße Puschelschwänzchen getragen, wäre der surreale Albtraum vollkommen gewesen.

Doch nach einer halben Stunde hatten sie ihre Raumanzüge abgelegt, und der Chef des Kommandos hatte sich bemüht, dem Hauptkommissar die Details zu erklären: Alpha-, Beta- und

Gammastrahlen, Äquivalentdosen, radioaktive Zerfallsprozesse und Halbwertzeiten – und warum vom Leichnam einer Frau, die einer immensen Dosis radioaktiver Strahlung ausgesetzt gewesen war, wenige Stunden später keine Gefahr mehr ausging.

*Einem Menschen, der frisch aus dem Röntgenlabor kommt, gehen Sie ja auch nicht aus dem Weg.*

Dieser eine Satz war Jörg Albrecht gut im Gedachtnis geblieben. Er hatte sich höflich bedankt und beschlossen, den Rest des Gehörten auf der Stelle zu vergessen.

Eine Strahlungstote mitten in Hamburg. Gefährlich oder nicht: Ihm war klar gewesen, dass das ausreichen würde, um in der Stadt eine Hysterie auszulösen.

Die Nachrichten im Autoradio waren Beweis genug, dass dieser Prozess bereits im Gange war.

Und der Umstand, dass seine Schwester in den vergangenen beiden Stunden vier Mal versucht hatte, ihn mobil zu erreichen.

Morgen musst du sie zurückrufen, dachte er und veränderte den Griff ums Lenkrad. Leta war evangelische Pastorin und eine Seele von Mensch, doch seit seiner Scheidung nahmen die beständigen Versuche, ihn fernmündlich zu beglucken, bizarre Formen an.

Wenn aber der Atomtod ins Spiel kam …

Nein, es machte keinen Unterschied, dass die Leute jahrzehntelang mit den Kraftwerken in Krümmel, Brokdorf und Brunsbüttel direkt vor der Tür gelebt hatten.

Nukleare Strahlung.

Der Täter hatte ein Zeichen setzen wollen, so viel stand fest. Klar, präzise und überlegt.

Diese Erkenntnis war wichtig.

Natürlich war Jörg Albrecht erleichtert, dass von Eberts strahlenzerfressenem Leichnam keine Gefahr für die Millionenstadt ausging.

Erleichtert – aber nicht überrascht.

Er war im Begriff, sich ein Bild vom Täter – oder der Täterin – zu machen, und eine großräumige nukleare Verseuchung hätte nicht in das Schema gepasst, das er verschwommen zu erkennen begann.

Eine Taktik der langsamen, klammheimlichen Eskalation. Und dies war erst der zweite Schritt auf dem Wege ... Auf dem Wege, ja, wohin?

Nirgendwohin, dachte Albrecht, als er auf die Langenhorner Chaussee einbog. Nicht mehr heute Abend jedenfalls.

Heute Abend hatte er eine Verabredung.

Alles andere musste Zeit haben bis morgen. Morgen – wenn es weitergehen würde.

Was im *Fleurs du Mal* und auf dem Friedhof geschehen war, war nichts als eine misstönende Ouvertüre gewesen, ein Präludium in Zwölftonmusik, dargeboten von einem tollwütigen Schimpansen.

Warum dachte er in musikalischen Begriffen?

Es musste daran liegen, dass er zu Heiner Schultz unterwegs war.

Der letzte Dienstag im Monat. Eine der wenigen Konstanten, die in Jörg Albrechts sogenanntem Leben noch existierten, die Anrufe seiner Schwester einmal ausgenommen.

Der Abend des letzten Dienstags im Monat war heilig. In einem Vierteljahrhundert waren Heiner Schultz und Jörg Albrecht ganze drei Mal von dieser Gewohnheit abgewichen: zwei Mal war Schultz auf Vortragsreise im Ausland gewesen, und ein Mal hatten Albrechts Mädchen gleichzeitig die Masern bekommen. Ansonsten aber, seit sechsundzwanzig Jahren ...

Es hatte damit begonnen, dass Albrecht ein Bagatelldelikt in der Nachbarschaft untersucht hatte, kurz nachdem Schultz sein Amt als Erster Bürgermeister der Freien und Hansestadt nach nahezu zwei Jahrzehnten aufgegeben hatte. Sie waren ins Gespräch gekommen – und irgendwie hatte es sich ergeben.

Jörg Albrecht war sich bis heute nicht sicher, warum der alte Mann gerade an ihm *einen Narren gefressen* hatte, wie Joanna es einmal ausgedrückt hatte. Sicher war er sich lediglich, dass er selbst es anders ausdrücken würde.

Monat für Monat, dachte er. Und er hätte nicht einmal beantworten können, ob er im eigentlichen Sinne mit dem alten Mann befreundet war.

*Diese Frage stellt sich nicht.* Das würde vermutlich Heiner Schultz anworten.

Jörg Albrecht nickte dem einzelnen Wachmann zu, als er sein Fahrzeug vor dem unscheinbaren Reihenhaus in einer Seitenstraße abstellte.

Die Begrüßung durch die Hausangestellte war freundlich wie immer. Maria stammte aus einem Land im ehemaligen Ostblock und lebte seit dem Tod von Schultz' Ehefrau mit dem ehemaligen Bürgermeister unter einem Dach.

Heiner Schultz selbst saß an seinem Platz in der Bibliothek, an dem er jedes Mal auf Albrecht wartete, im Rollstuhl inzwischen, und zog an einer Zigarette.

«Herr Bürgermeister?»

«Der Name ist Schultz!»

Die Begrüßung war ein Ritual. Sie reichten einander die Hand.

Albrecht hatte den Eindruck, dass die hellwachen Augen unter den schneeweißen Brauen ihn noch eine Spur aufmerksamer betrachteten als gewöhnlich. Ob der alte Mann die Pressekonferenz ...

Doch Heiner Schultz verfolgte keine Fernseh- oder Radionachrichten mehr. Was wirklich wichtig sei, sei schließlich ebenso gut am folgenden Morgen in der Zeitung nachzulesen.

Albrecht zögerte.

Aus einer unsichtbaren Quelle plätscherte ein Klavierkonzert, kaum mehr als ein Hintergrundrauschen. Das Schachspiel stand zwischen ihnen auf dem Tisch, ein Geschenk von Schultz' altem

Freund, dem ehemaligen französischen Präsidenten, die weißen Figuren heute dem Hauptkommissar zugewandt. Monat für Monat wurde es einmal um die eigene Achse gedreht, doch es musste irgendwann im vergangenen Jahrtausend gewesen sein, dass sie zuletzt eine Partie miteinander gespielt hatten.

Sie sprachen über tausend Dinge an diesen Abenden. Fast nie über die konkrete Weltlage – Schultz' Geschäft – oder über konkrete Ermittlungsarbeit – Albrechts Geschäft. Sokrates und Marc Aurel saßen mit am Tisch, wenn sie beisammensaßen. Kant und Thomas von Aquin. Seneca wurde hin und wieder hinzugebeten, Friedrich II. von Hohenstaufen – jeder große Geist, der jemals gefragt hatte: Wie verhalte ich mich richtig? Wie ist es möglich, die wahre Natur der Dinge zu erkennen?

Albrecht nickte, als er sich in seinen Stammsessel sinken ließ. Ja, es kam selten vor, dass er unmittelbar von seiner Arbeit berichtete.

Heute würde er berichten.

Schultz hörte ihm aufmerksam zu, zündete sich hin und wieder eine neue Zigarette an, paffte Rauchkringel in die Luft und klopfte ein oder zwei Mal gegen sein Hörgerät, wenn er einen Satz nicht verstanden hatte, woraufhin Albrecht ihn noch einmal wiederholte.

«Und dort stehen wir am heutigen Abend», schloss Jörg Albrecht seinen Bericht und strich über die Tischfläche, als hätte er die letzte Seite eines Dossiers dort abgelegt. «Dort stehen wir», murmelte er. «Am Rande des Grabes. Weniger als vierundzwanzig Stunden, und zwei meiner Mitarbeiter sind tot, ohne dass ich es verhindern konnte.»

Ein Glas trockenen Rotweins stand vor ihm auf dem Tisch, das Gegenstück vor Heiner Schultz, der es nachdenklich zu betrachten schien.

«Nun», sagte der alte Mann. «Wenn ich um einen Rat gebeten würde ...»

«Ich bitte darum.» Albrecht nickte ihm auffordernd zu und führte sein Glas an die Lippen.

Schultz räusperte sich. «Wie ich das sehe, haben Sie bisher keinen wirklich entscheidenden Fehler gemacht, Jörg. Sie haben nämlich recht, wenn Sie sagen, dass Sie den Tod dieser beiden Menschen nicht verhindern *konnten*. Sie hatten schlicht keine Gelegenheit dazu. – Sie deuten an, dass Sie diese Todesfälle für den Beginn einer Serie halten. Das mag sein oder auch nicht sein, aber auf keinen Fall gab es einen früheren Zeitpunkt, eine solche Vermutung anzustellen, als *diesen*, nun, da es ein zweites Opfer gibt.»

Eine knappe Handbewegung, die die Aussage unterstrich. Ein tiefer Zug, der die Spitze der Zigarette rot aufglimmen ließ.

«Entscheidend ist, dass Sie *jetzt* die richtigen Schlüsse ziehen.»

Albrecht nickte und stellte das Glas zurück auf den Tisch.

«Welche Schlüsse würden Sie …»

Der Blick des alten Mannes verhärtete sich. «Diese Frage stellt sich nicht.»

Der Hauptkommissar biss die Zähne zusammen. Warum kam das nicht überraschend?

«Dabei kann ich Ihnen nicht helfen», erklärte Schultz. «Wenn Ihnen jemand helfen kann, dann ist es Sokrates.»

Jörg Albrecht hob die Augenbrauen.

«Die richtige Frage …» Der alte Mann hob die Stimme, um deutlich zu machen, dass er einen Lehrsatz zitierte. «… trägt die richtige Antwort in sich. – Und hier sind viele Fragen denkbar: Stellen Ihre Morde eine Serie dar? Wenn das der Fall ist, was verbindet sie? Wo befindet sich der Ausgangspunkt?»

«Beide Opfer …», begann Albrecht, doch Schultz hob Einhalt gebietend die Hand – nur Zentimeter über die Tischplatte, doch die bloße Geste genügte, den Hauptkommissar auf der Stelle verstummen zu lassen.

«Das *könnten* Ihre Fragen sein», betonte Schultz. «Doch Sie haben keinerlei Garantie, dass es tatsächlich die richtigen Fragen sind. Ich rate dringend, sie lediglich als Beispiele zu betrachten. Ebenso gut könnten Sie fragen, ob es sich um einen zweiten Täter handelt, der nach dem Muster der ersten Tat ... Wie nennen Sie das?»

«Einen Nachahmungstäter?»

«Genau.» Ein tiefer Zug. «Das wäre ebenfalls eine Möglichkeit. Und mit Sicherheit wären noch eine ganze Reihe weiterer Möglichkeiten denkbar.»

«Aber unwahrscheinlich», murmelte Albrecht.

«Einen regierenden Senat kann man nicht auf der Basis von Wahrscheinlichkeiten führen», bemerkte Schultz. «Ob das bei einer Ermittlung möglich ist, weiß ich nicht.»

Albrecht gab sich Mühe, nicht zusammenzuzucken. Seine Rüffel dosierte Heiner Schultz bedeutend großzügiger als sein sorgsam verklausuliertes Lob.

Der Hauptkommissar biss die Zähne zusammen.

«Beide Opfer waren Polizisten», sagte er. «Beide Opfer waren Angehörige einer Abteilung, die Kapitalverbrechen nachgeht. *Meiner* Abteilung.»

Die Antwort war ein Rauchkringel. Ein verformtes, geheimnisvolles Schriftzeichen.

«*Mene, mene tekel*», murmelte Jörg Albrecht. «Gewogen und für zu leicht befunden.» Sein Blick fixierte den alten Mann. «Diesen Fehler mache ich *nicht*. Die Bilanz unserer Arbeit kann sich sehen lassen. Seitdem ich das Kommissariat leite, haben wir eine dreistellige Zahl schwer krimineller Menschen hinter Schloss und Riegel gebracht.»

Und da hätten die meisten von ihnen noch immer schmachten sollen, wenn es nach ihm gegangen wäre.

Ihm war klar, dass Heiner Schultz hier andere Positionen vertrat, doch Kontroversen dieser Art trugen sie nicht miteinander aus. Albrecht hatte seine Auffassung, der Bürgermeister außer Dienst eine andere, und sie waren erwachsen genug, einander gewähren zu lassen.

Auch wenn es in diesem Fall schwerfiel.

«Sie wissen, wie die Dinge liegen», stellte der Hauptkommissar lediglich fest. «Selbstredend haben alle diese Menschen eine fürchterliche Kindheit hinter sich, und entsprechend befindet sich die Hälfte von ihnen inzwischen wieder in Freiheit. – Die andere Hälfte hat mich noch im Gerichtssaal auf ihre hervorragenden Verbindungen hingewiesen, die sie nach *draußen* besitzt.»

Ein Rauchkringel. Sonst nichts.

Jörg Albrecht schwieg für einige Sekunden. Es gab Dinge, die sich von selbst verstanden. Dinge, die er nicht ausbreiten konnte vor diesem nüchternen alten Mann.

Joanna, die Kinder: Er hatte immer gewusst, dass er in einem zerbrechlichen Glück lebte. Er sollte froh sein, dass es Dr. Hannes Jork gewesen war, der Wunderdentist, der dieses Glück beendet hatte.

Besser als Henrik Mørckel, auf dessen Konto drei zerstückelte Frauen gingen, oder der Assafi-Clan, der ein halbes Jahrzehnt lang das Heroingeschäft in der Stadt kontrolliert hatte.

Nein, Joanna konnte ihm niemand mehr wegnehmen. Trotzdem hatte er bereits veranlasst, dass eine Zivilstreife vor dem restaurierten Bauernhaus nach dem Rechten sehen würde.

Joanna war geschützt, doch …

Albrecht griff nach dem Weinglas, nahm den letzten Schluck und schenkte sich nach, nachdem Schultz auf seinen fragenden Blick hin den Kopf geschüttelt hatte.

«Herr Bürgermeister, Sie wissen, was es heißt, Verantwortung zu tragen», sagte Jörg Albrecht. «Sie haben diese Situation zu Ihrer Zeit im Amt selbst erlebt. Der Bus. Die Kinder.»

Heiner Schultz nickte, und seine Gestalt schien noch ein Stück in sich zusammenzusinken.

«Wir wussten, dass diese Männer den Bus in ihrer Hand hatten.» Seine Stimme war jetzt kaum mehr als ein Nuscheln, die sonst so wachen Augen getrübt. Weit entfernt, dachte Jörg Albrecht. Weit in der Vergangenheit. «Oben, auf der Köhlbrandbrücke, mit siebenunddreißig Kindern an Bord. Ihre Forderung war, dass wir ihre in Fuhlsbüttel inhaftierten Gesinnungsgenossen freigeben sollten. Falls ich mich weigerte, drohten sie damit, das Fahrzeug mitsamt den Insassen in die Tiefe zu stürzen. Wir mussten davon ausgehen, dass sie diese Drohung wahrmachen würden.»

«Sie ...»

«Die Frage, ob ich ein Held bin, ist abwegig!» Die alten Augen funkelten ungehalten.

Die habe ich auch nicht stellen wollen, dachte Jörg Albrecht. Doch er verstand den Reflex des alten Mannes. Schließlich war der ehemalige Bürgermeister oft genug mit ihr konfrontiert worden.

«Ich entschied, den Bus stürmen zu lassen», murmelte Schultz. «Nach Abwägung sämtlicher Möglichkeiten war ich zu der Überzeugung gelangt, dass mir keine andere Wahl blieb. Den Forderungen der Entführer nachzugeben, kam nicht in Frage, und der Zustand wurde unhaltbar.»

«Sie mussten damit rechnen, dass es Opfer geben würde.»

«Die hat es auch gegeben!» Ein Schnauben. «Unter den Entführern! – Doch wäre eines der Kinder getötet worden oder einer der Beamten ...» Eine Handbewegung in den Raum. «Ich wäre am nächsten Tag zurückgetreten.»

Und das sollte etwas heißen, dachte Albrecht. So wichtig wie Schultz sein Amt genommen hatte.

Die Hand voller Altersflecken zitterte, als der ehemalige Bürgermeister sich eine neue Zigarette anzündete und das Feuerzeug neben das Schachbrett legte.

Der Blick des Hauptkommissars fiel auf die in Startposition

aufgereihten Figuren, weiß auf seiner Seite, schwarz bei Schultz. Nächsten Monat würde es umgekehrt sein.

Seine Augen blieben am schwarzen König hängen.

«Sehen Sie diese Figur, Herr Bürgermeister?», fragte er. «Das sind wir. Sie und ich. – Sie damals, ich heute. Wir sind es, die die Entscheidungen treffen, unsere Männer da rausschicken. Wir müssen damit leben, dass es Opfer gibt – und die Verantwortung dafür tragen.»

Aufmerksam betrachtete Schultz die Phalanx der holzgeschnitzten Figuren. Kein Nicken, lediglich ein neuer Rauchkringel.

Dann: «Ihr Vergleich hinkt», murmelte der alte Mann. «Eine Spielfigur ist eine Spielfigur. Nicht sie trifft die Entscheidungen, sondern der Spieler. Andererseits sind Sie und ich dem König des Schachspiels insofern ähnlich, als wir – anders als der Spieler – während der Partie ebenfalls in Gefahr geraten. Wobei die Regeln es streng genommen verbieten, den König zu schlagen. Wenn der Spieler matt gesetzt ist, ergibt sich der König.» Ein tiefer Zug, der die Zigarette bis zum Filter aufglühen ließ. «Mein Senat hatte Anweisung, auf keinen Fall nachzugeben, falls ich selbst diesen Leuten in die Hände fallen sollte.»

Jörg Albrecht hatte zugehört, doch seine Augen waren schon wieder bei der geschnitzten schwarzen Figur.

«Aber genau das ist es», sagte er leise. «Der Gegner schlägt die einzelnen Figuren, schlägt Bauern, schlägt Türme und Läufer, schlägt den Springer, selbst die Dame. Jedes Opfer hat eine Bedeutung: für unseren Gegner, weil sie Mittel zum Zweck sind, aber mehr noch für uns. Denn mit jedem von ihnen ...» Er suchte den Blick des alten Mannes, verschwommen hinter einer Qualmwolke, als Schultz sich übergangslos die nächste Zigarette anzündete. «Mit jedem von ihnen stirbt ein Stück von uns», erklärte Albrecht. «Von mir. Denn das ist das eine, das wahre Ziel, Herr Bürgermeister: der König. Ich bin das Ziel.»

«Dazu kann ich nichts sagen.» Lungenzug.

Doch je länger Albrecht die Aufstellung der Figuren betrachtete, desto deutlicher wurde es.

«Selbst Stahmke passt ins Bild», murmelte der Hauptkommissar. «Seit mehr als zwanzig Jahren rückt die Frau mir nicht von der Pelle. Und ausgerechnet sie ist es, die die entscheidenden Informationen jedes Mal eine Winzigkeit vor mir erhält. Und mit den Informationen die Gelegenheit, die Toten vor ihrer Kamera zur Schau zu stellen. Diese Stahmke ...»

«Kenn ich nicht.» Schultz aschte ab. «Die Presselandschaft hat sich seit meiner Amtszeit verändert. Und nicht zum Guten.»

«Ich habe sie festsetzen lassen.» Jörg Albrecht war seit drei Jahren Nichtraucher. Die Abende mit Schultz waren eine immerwährende Versuchung, dieser Abend mehr denn je. «Vierundzwanzig Stunden kann ich sie festhalten», murmelte der Hauptkommissar. «Sie wird damit gerechnet haben, dass ich jede Sekunde nutzen werde, um sie auszuquetschen. Ein Grund mehr, das exakte Gegenteil zu tun.»

«Ich sage Ihnen nicht, dass Sie unnötige Rücksicht auf die Presse nehmen sollen.» Die Augen des alten Mannes verengten sich. «Das habe ich zu meiner Zeit auch nicht getan. Was in der konkreten Situation geboten erscheint, steht immer an erster Stelle. Doch es führt zu nichts, diese Leute unnötig zu reizen.»

Albrecht schüttelte stumm den Kopf. Stahmke war der einzige Ansatzpunkt, den er im Augenblick hatte, und sein Gefühl sagte ihm, dass er am ehesten Auskünfte erhalten würde, wenn er sie schmoren ließ.

Das ist es, was uns unterscheidet, dachte er, während er beobachtete, wie Schultz den Qualm genießerisch durch die Nasenlöcher ausblies.

Intuition. Heiner Schultz war ein Mensch, der eine Sache sorgfältig von allen Seiten durchdachte, das Für und Wider abwog, bevor er eine Entscheidung traf. Eine Taktik, die seltsamerweise selbst unter Zeitdruck funktionierte.

Und genau hier war Jörg Albrecht anders. Es gab Momente in einer Ermittlung, in denen er die Richtung, in der die Fäden des Falles verliefen, zu spüren glaubte.

Und dies war einer dieser Momente.

Er selbst war das eigentliche Ziel des Täters. Der Gedanke verfestigte sich von Sekunde zu Sekunde, ließ zum ersten Mal Perspektiven deutlich werden, Erklärungsansätze und Möglichkeiten.

Jörg Albrecht als Ziel, seine Mitarbeiter als potenzielle Opfer.

Was sagte das über den Täter aus? Oder die Täterin?

Konnte Albrecht wirklich noch glauben, dass diese Taten auf das Konto einer Frau gingen?

«Wer?», murmelte er. «Und warum?»

Heiner Schultz betrachtete ihn.

Der Hauptkommissar wusste, dass der alte Mann keine Antwort für ihn hatte.

Die Antwort, die sich wie von selbst aus der richtigen Frage ergab.

Jörg Albrecht hatte das Gefühl, dass er ihr einen wichtigen Schritt näher gekommen war.

# Zwischenspiel I

Tiefe Dunkelheit liegt über dem menschenleeren Gelände im Schatten des Raffineriehafens.

Aufmerksam blicken die Augen durch die Okulare des Feldstechers.

Die Stunde, zu der sich die Tür des Wohnmobils allabendlich öffnet und der graue Mann sich aus seiner Zuflucht hinaus ins Zwielicht wagt, ist bereits verstrichen.

Doch der analytische Verstand, der sich an seine Spur geheftet hat, hat sich nicht verrechnet. Wochenlang hat er das Verhalten des grauen Mannes studiert, soweit es aus der Ferne möglich ist. Er hat jeden von Ängsten und Zwängen diktierten Schritt des Mannes akribisch notiert und in ein Schema eingepasst, aus dem am Ende die Einzelheiten seines Plans erwachsen sind.

Bei Lichte betrachtet ist der Ansatz seines Vorgehens lächerlich einfach, geradezu selbstverständlich beinahe. Aber noch ist der Zeitpunkt nicht gekommen, die Dinge bei Licht zu betrachten.

Doch er rückt näher.

Die ersten Schritte sind getan, die Spur gelegt.

Noch bietet sie vielen Deutungen Raum. Diejenigen, die es für ihre Aufgabe halten, der Spur zu folgen, werden Mühe haben, jetzt schon die Antworten zu finden, auf die sie in einem späteren Stadium stoßen sollen.

Dass das geschieht, ist notwendig, ein essenzieller Bestandteil des Versuchsaufbaus.

Doch da besteht kein Risiko. Der *modus operandi* ist variabel, die Möglichkeit, die Dinge zu forcieren, jederzeit gegeben.

Die Augen hinter Feldstecher und Nachtsichtgerät können ihre gesamte Aufmerksamkeit auf das Wohnmobil richten.

Flüsternd dringen die Geräusche eines Fernsehgeräts durch die Dunkelheit. Kanal Neun. Der Sender wird niemals gewechselt. Das – unter anderem – hat den letzten Schritt so simpel gemacht.

Die Tür, von der die Farbe blättert, die Tür mit den sorgfältig geölten Angeln, wird sich erst dann öffnen, wenn Klarheit herrscht über das Schicksal der Frau. Es ist ein Kausalsystem. Die Abfolge von Ursache und Wirkung lässt sich exakt voraussehen: Die Nachricht an den Sender löst die Berichterstattung aus, und die Berichterstattung wird die Reaktion des Zielobjekts provozieren. –

Jetzt.

Die Tür wird geöffnet.

Der graue Mann stolpert ins Freie. Seine angstgeweiteten Augen blicken in die Schwärze. Die Dunkelheit wirbelt um ihn herum, ein Orkan in seinem Kopf. Bilder und Schemen, greller denn je.

Und die Hetzjagd zum Kiosk beginnt von neuem, jeder taumelnde Schritt ein kleiner Tod.

Die Geister sind um ihn, in ihm, ihre Schreie ein gespenstisches Libretto zum peitschenden Rhythmus seines Atems. Er befindet sich im Innern der Hölle, und ihre Pforten sind verschlossen. Es gibt kein Entkommen.

Die Augen in der Dunkelheit hätten es nicht nötig, ihre Position zu verändern.

Sie tun es trotzdem, heften sich an die Fährte des grauen Mannes.

Wie Wind in der Nacht.

# drei

Der Moment, in dem es *richtig* losging, war im Rückblick der Morgen des zweiten Tages.

Hätte ich auf die Dinge vorbereitet sein sollen, die mich an diesem Tag erwarteten?

Dennis hatte in unserem Haus draußen in Seevetal auf mich gewartet. Klar, wir hatten auch einen Fernseher, und Kanal Neun war nicht der einzige Sender, der auf die Story vom unheimlichen Polizistenkiller angesprungen war. Sie liefen Margit Stahmke alle brav hinterher. Und anders als die persönliche Heimsuchung unseres Chefs saßen sie an diesem Abend nicht in einer Untersuchungszelle auf dem Revier. Während wir noch auf die Strahlenschutzexperten gewartet hatten, war der Fundort von Kerstins Leichnam bereits weiträumig abgesperrt worden. Doch draußen auf der Fuhlsbüttler Straße hatten die Kamerateams alle Zeit der Welt gehabt, ihr Equipment aufzubauen. Ein ABC-Kommando, das mit Blaulicht und Martinshorn auf den Ohlsdorfer Friedhof rollte – eindrucksvolle Bilder.

Es drehte mir den Magen um. War den Presseleuten klar, dass sie dem Täter in die Hände arbeiteten? Spielte das eine Rolle für sie? Wer auch immer für Kerstins und Hartungs Tod verantwortlich war: Er hatte genau das gewollt. Aufmerksamkeit.

Die Sache war der große Aufmacher in allen Nachrichtensendungen. Sogar bei der Talkshow hatten sie noch schnell genug geschaltet und einen Autor von Serienmörder-Thrillern sowie die üblichen Atomkritiker eingeladen.

Halb besinnungslos hatte ich neben Dennis auf dem Sofa gelegen, an seine Brust gekuschelt, und schon halb damit gerechnet, dass sie auch noch Wolfram und den Traumfänger-Fall auspacken würden.

Im Nachhinein ist das wohl einer der Momente gewesen, in denen ich hätte schalten sollen. Nur war ich leider Gottes in ebendiesem Moment bereits im Begriff davonzudämmern, eingelullt von den sonoren Stimmen aus der Glotze und dem schwachen Hauch von Dennis' Aftershave.

Die Frage ist, ob es überhaupt einen Unterschied gemacht hätte. Zu diesem Zeitpunkt waren wir uns bereits sicher, dass uns der Täter einen entscheidenden Schritt voraus war.

Hätten wir ahnen können, dass es zwei Schritte waren oder drei?

Irgendwann, als ich mit Hilfe von anderthalb Gläsern Rotwein die notwendige Bettschwere erreicht hatte und Dennis mich mehr oder weniger ins Schlafzimmer trug, mich fragte, ob er noch irgendwas für mich tun konnte …

Klar doch, nimm mich ran, bis ich ohnmächtig werde und alles vergesse.

Nichts davon geschah. Falls doch, ist mir was entgangen.

Ich schlief wie ein Stein.

Und dann dämmerte der zweite Tag.

Wir mussten damit rechnen, dass dies der entscheidende Tag werden würde. Das Verhör mit Stahmke stand an, und Albrecht hatte mir am Abend noch verraten, dass er mich unbedingt dabeihaben wollte. Irgendwie musste ich Eindruck auf ihn gemacht haben, was ich mir nicht recht erklären konnte. Ole Hartung war tot. Kerstin war tot.

Doch ich war mindestens so scharf drauf wie Albrecht selbst, den Täter … die Täterin … die *Kreatur* in die Finger zu kriegen, die diese Morde zu verantworten hatte. Kerstin war meine Freundin gewesen, ihr Kind … Ich mochte nicht daran denken.

Ein düsterer Schleier lag über diesem Morgen.

Der Verkehr über die Neuen Elbbrücken war noch ekelhafter

als üblich. Ich war bereits kurz davor, zu bedauern, dass ich nicht den Tunnel genommen hatte und anschließend die Strecke quer durch Altona. Einen deutlicheren Hinweis auf meinen Geisteszustand hätte es kaum geben können.

Doch wie von Zauberhand: Sobald ich die Brücke hinter mir hatte, war die Strecke auf wundersame Weise frei. Ich musste mich nur noch durch das Labyrinth der Einbahnstraßen schlagen, und schon bog ich zum Revier ab, kaum zehn Minuten später, als ich Max Faber versprochen hatte.

Der Glatzkopf hatte zwar eine natürliche Gabe, überall ein Haar in der Suppe zu finden – bei seiner Frisur erstaunlich –, doch wenn man ihn besser kannte, wurde einem klar, dass er ein Herz aus Gold hatte.

Nachdem ich bereits die vorangegangene Nachtschicht übernommen hatte und die Tagesschicht dazu, hatte Faber mir angeboten, spontan zu tauschen. Obwohl er selbst einigermaßen mitgenommen aussah nach der Sache auf dem Friedhof.

Ich überlegte schon, ob ich ihm noch ein Dankeschön besorgen sollte – doch in diesem Moment kam das Revier in Sicht.

Besser gesagt kam es *nicht* in Sicht. Die Straße war dicht, zugeparkt mit Pressefahrzeugen: die Privaten, die Öffentlich-Rechtlichen und Fahrzeuge, die ich einzelnen Zeitungskorrespondenten zuordnen konnte. Sogar aus dem Ausland war was dabei.

Das Herz rutschte mir in die Hose. Natürlich. Die Atomnummer.

«Jörg Albrecht», murmelte ich. «Ich will nicht in deiner Haut stecken.»

Nachdem ich das Auto auf dem Parkplatz des Reviers abgestellt hatte, gelang es mir mit Mühe, mich durch den Pulk zu schieben. Ich spitzte die Ohren, erfuhr aber lediglich, dass das, worauf all diese Leute warteten, noch nicht begonnen hatte.

Mit zusammengebissenen Zähnen kämpfte ich mich bis zur Tür durch, warf mich dagegen – und stolperte ins Leere.

«Oha! Guten Morgen!»

Schwankend blieb ich auf den Beinen und sah nach oben.

Markante, gebräunte Züge, ein Designeranzug, der eins meiner Monatsgehälter verschlungen hätte. Und die Zähne, die mit einem breiten Lächeln zum Vorschein kamen, als der Mann mich erkannte, hätten noch mal das Doppelte gekostet.

Joachim Merz.

Es ist natürlich überflüssig, viel über Merz zu erzählen. Joachim Merz, der Staranwalt, Joachim Merz, der Stammgast in jeder Talkshow, die auch nur entfernt mit juristischen Themen zu tun hat. Joachim Merz, der diesen Fernsehmenschen rausgepaukt hatte, dem Vergewaltigung seiner Exfrau vorgeworfen worden war, oder den Staatssekretär, dem plötzlich nicht mehr nachgewiesen werden konnte, dass er stockbesoffen gewesen war, als sich das Rentnerehepaar irgendwie unter seinen BMW verirrt hatte.

Joachim Merz eben.

Man kennt ihn.

Was mich nun anbelangt ...

Es war zwei oder drei Jahre her, das Ende eines seiner legendären, spektakulären Prozesse. Ich war mehrfach in den Zeugenstand gerufen worden, und er war hart, aber trotzdem gentlemanlike mit mir umgegangen. Ganz sicher war ich mir nicht gewesen, aber ein paar Mal hatte ich das Gefühl gehabt, als versuchte er, im Angesicht von Richtern und Schöffen mit mir zu flirten.

Jedenfalls hatte ich bei der Urteilsverkündung dabei sein wollen, und im Anschluss hatte er mich mit der Frage überrascht, ob wir den Erfolg nicht mit einem Gläschen Wein feiern wollten. Nun, nach meinem Gefühl war sein Mandant diesmal tatsächlich im Recht gewesen, und irgendwie ...

Eins kam zum anderen. Zwei Stunden später rief ich Dennis an, dass ich leider die Nachtschicht übernehmen müsse. Ich erinnere mich, dass er sehr verständnisvoll klang – überzeugt klang er nicht.

Kleine Geheimnisse. Auch Dennis hatte welche. Das wusste ich, seitdem ich im zweiten Jahr unserer Ehe einmal zufällig an einer Ampel neben einem unbekannten Wagen gehalten hatte, in dem ich zu meiner Überraschung meinen eigenen Ehemann entdeckte – in Gesellschaft einer schon unappetitlich üppigen Blondine.

Und ich hatte beschlossen gleichzuziehen.

Wahrscheinlich sagte es einiges über mich aus, dass Dennis nach wie vor haushoch in Führung lag. Mein einziger Punktgewinn stand mir in genau diesem Moment im Eingang des Kommissariats gegenüber und bedachte mich mit seinem Hollywoodlächeln und einem tiefen Blick seiner braunen Augen.

«Hallo, Hannah.»

Er hatte eine Stimme von dieser Sorte, die eigentlich in die Kategorie «frei ab achtzehn» fällt. Und natürlich war ihm jeder Skrupel fremd, sie auch vor Gericht einzusetzen.

«Hall…» Ich räusperte mich. «Hallo.»

Eine Bewegung in seinem Rücken. «Joachim! Worauf warten Sie noch!»

Ich erstarrte. Diese Stimme kannte ich.

Joachim Merz trat einen halben Schritt zur Seite – ich las das Bedauern in seinen Augen –, und Margit Stahmke schob sich an ihm vorbei. Ihr Blick loderte auf, als sie mich erkannte, doch sie warf nur den Kopf in den Nacken und stolzierte an mir vorbei durch die Tür.

In die Freiheit.

Raus auf die Straße, wo auf der Stelle ein Stimmengewirr losbrach und die Luft sich von den Blitzen der Fotoapparate verfärbte.

«Jo-achim!» Ungeduldig, durch die Tür.

«Was …», murmelte ich.

Mein Sündenfall schenkte mir ein letztes Augenzwinkern. «Bitte entschuldige. Ich habe den Eindruck, wir geben gerade eine Pressekonferenz.» Dann, ganz nah an meinem Ohr: «Ich hoffe, wir sehen uns bald mal wieder.»

Und weg war er.

Ich blieb stehen, wie im Fliesenboden festgewachsen, sekundenlang.

Dann löste ich mich ruckartig und stürmte die Treppe zum Revier hoch. «Albrecht! Was zur Hölle ist hier los?»

• • •

Bis zu diesem Moment war mir nicht klar gewesen, dass selbst die Glatze eines Mannes blass werden kann.

Max Faber saß an Jörg Albrechts Schreibtisch. Das Büro des Chefs war das einzige, das groß genug war, um dort Verhandlungen mit der Staatsanwaltschaft und den Verteidigern zu führen.

In diesem Moment sah es viel zu groß aus mit Faber als dem letzten, einsamen – und offenbar bereits skalpierten – Mohikaner.

Er sah mir entgegen, ein Häuflein Elend.

«Wo ist Albrecht?»

Ich klappte den Mund wieder zu. Das war die Frage, die ich ihm hatte stellen wollen.

Es war neun Uhr durch. In zwanzig Minuten hätte das Verhör mit Margit Stahmke beginnen sollen. Was Jörg Albrecht betraf, machte das kaum einen Unterschied. Seitdem er seine Junggesellenbude in Altona bezogen hatte, hatte ich noch kein einziges Mal erlebt, dass er nicht um Punkt acht an diesem Schreibtisch gesessen hatte, diesem dunklen Ungetüm aus Mahagoni, hinter dem Faber aus einem unerfindlichen Grund beinahe zu verschwinden schien.

«Hast du ihn angerufen?»

Ich kam halb um den Tisch herum und sah, dass die rote Lampe am Telefon hektisch blinkte.

«Das ist er nicht», murmelte Faber. «Das ist Kanal Sieben oder die Zeitung, oder ...» Er stützte den Kopf in die Hände. «Was soll ich ihnen sagen? Mir fällt nichts mehr ein!»

Ich beugte mich vor und drückte zwei Tasten gleichzeitig. Das Blinken erlosch.

«Gar nichts», sagte ich. «Jetzt kommen die Anrufe bei Irmtraud an. Sie wird nicht durchstellen.»

Und zuerst einmal mussten die Presseleute eine freie Leitung kriegen. Unsere Sekretärin hatte mir nur wortlos zugewinkt, als ich durch den Flur gestürmt war. Auch der Zentralanschluss lief heiß.

«Hast du ihn angerufen?», wiederholte ich.

Faber nickte. «Auf dem Festnetz und mobil. Er geht nicht ran.»

Ich biss mir auf die Unterlippe. «Die Nacht vorher hat er mit ziemlicher Sicherheit kein Auge zugekriegt. Er war viel zu schnell am Hörer. Er muss verschlafen haben, zum ersten Mal in seinem Leben.»

Wahrscheinlich hatte er sich die Kante gegeben und war ohnmächtig, dachte ich und beneidete ihn für einen Augenblick. Doch das böse Erwachen würde kommen, ganz schnell.

«Was hat das mit der Stahmke zu bedeuten?»

Max Faber verzog das Gesicht. «Hast du den Lackaffen nicht gesehen? Der Staatsanwalt war hier, aber der ist nach fünf Minuten eingeknickt. Kein dringender Tatverdacht. Der Chef hätte garantiert irgendwas gedreht, aber wie sollte ich ...»

Das Lämpchen begann wieder zu blinken.

Nachdrücklich betätigte ich noch einmal die beiden Wundertasten. Nichts geschah.

Die Tür wurde aufgerissen. Nils Lehmann. Seine Frisur, deren

**104**

Konstruktion ich bis heute nicht durchschaute, hatte sich in ein Vogelnest verwandelt.

«Chef, da draußen ...» Er sah sich um. «Wo ist Albrecht? Da draußen ...»

«Zu Hause», sagte ich knapp. «Du holst ihn ab.»

«Weißt du, wie lange ich gebraucht habe, einen Parkplatz zu finden? Unserer ist völlig überfüllt.»

«Du holst ihn ab!», versetzte ich scharf und warf ihm meinen Autoschlüssel zu. «Nimm meinen Wagen! Brich die Tür auf, wenn's sein muss, aber bring ihn her! – Die Tür von Albrechts Wohnung», fügte ich vorsichtshalber hinzu. Ich sprach mit Lehmann, da war Vorsicht angesagt.

Irmtraud Wegner steckte den Kopf durch den Türrahmen. «Die Polizeipräsidentin ist in der Leitung!»

Ich schluckte und starrte auf das Telefon.

«Und beeil dich!», murmelte ich.

Doch Lehmann war schon verschwunden.

• • •

Sie waren gefürchtet.

Niemand im Dorf legte sich ohne Not mit ihnen an.

Sie nannten sich die *Spinnenbande*, nach *Boris the Spider*, einem Song von *The Who*, einer der Musikgruppen, die Svens älterer Bruder hörte.

Ein *Spider*, das war eine Spinne.

Warum die Spinne in diesem speziellen Song Boris hieß, blieb ungeklärt. Spinnenbande klang eindrucksvoll genug.

Sie waren zu fünft, und sie waren neun Jahre alt. Jörg Albrecht würde zehn werden, noch bevor die großen Ferien zu Ende waren, und damit war er fast selbstverständlich der Boss.

Es war kein leichter Job als Boss. Man musste immer den Durchblick haben, oder zumindest mussten Sven, Uwe, Jens und David das Gefühl haben, dass man den hatte. Doch meistens war das gar nicht so kompliziert. Wenn man keinen Plan hatte, reichte es aus, halb wissend, halb gelangweilt zu nicken und die Rede auf ein anderes Thema zu bringen, das ja nun wirklich *praller* war.

Jörg war sich nicht sicher, wer von ihnen das mit dem *prall* aufgebracht hatte. Als Boss musste er das eigentlich selbst gewesen sein. Prall war jedenfalls alles, was spannend war und möglicherweise gefährlich. Sachen, die einem von den Eltern verboten wurden. Von Davids Eltern sowieso. Aber die waren auch denkbar unprall.

Richtig prall, und da waren sich alle eilig, war hingegen das *Revier*.

Das Gelände hinter dem Teich war mit meterhohen Maschendrahtzäunen gesichert, und überall gab es warnende Schilder: *Vorsicht, Schleusenanlage! Lebensgefahr!*

Die Mitglieder der Spinnenbande waren die Einzigen, die die Lücke in diesem Zaun kannten, unsichtbar hinter einer Reihe mächtiger Kiefern.

Das Revier war ihr Hauptquartier. Hier planten sie ihre Einsätze und Expeditionen. Aus Brettern und Wellblechwänden hatten sie sich eine Höhle gebaut, in der man auch bei Regenwetter im Trockenen sitzen oder Donald-Duck-Hefte tauschen konnte oder was sonst so anstand. Die Höhle war dabei noch mal zusätzlich gesichert, weil man erst mal über den umgestürzten Baumstamm balancieren musste. Der lag quer über dem Bach, wo die Strömung noch nicht so unheimlich war wie direkt an der Schleuse.

Das Revier war der Mittelpunkt ihres Lebens in diesem Sommer, dessen Ende einer von ihnen nicht erleben sollte.

Der Juli war brütend heiß. Die Nachmittage waren nur zu ertragen, wenn man vom Baumstamm aus die Füße ins Wasser baumeln ließ. Ab und zu in den Bach spucken oder Steine reinwerfen, das war schon das Höchste der Gefühle. Abwarten, dass der Sog das Treibgut erfasste, es plötzlich mit sich riss, auf die Staumauer aus Beton zu, wo das Wasser gurgelnd, brüllend in die Tiefe stürzte.

Die Schleuse selbst war nicht schön, eher ziemlich unheimlich. Von der Schleuse hielten sie sich fern.

Dann kam der August. Noch zwei Wochen bis zum Ende der Ferien und elf Tage bis zu Jörgs Geburtstag.

Und mit dem August kam der Sturm.

Er ging mit einem Gewitter los. Jörgs Vater wurde zu einem Einsatz der Feuerwehr gerufen. Der Blitz war in eine der alten Eichen vor Bauer Lambrechts Hof eingeschlagen, und die war in die Scheune gestürzt. Noch tagelang, auch nachdem alles vorbei war und die Spinnenbande nicht mehr existierte, sollte das ganze Dorf nach Rauch und Asche stinken.

Dann kam der Regen. Zwei Tage lang schüttete es, und es schüttete dermaßen heftig, dass niemand von ihnen Lust hatte, raus ins Revier zu gehen. Sie trafen sich bei Jörg zu Hause und lasen Donald-Hefte, versuchten die Stimme von Jörgs großer Schwester auszublenden, die mit ihrer besten Freundin stundenlange Dauertelefonate führte.

Zwei Tage später hatte jeder von ihnen jedes einzelne Heft mindestens drei Mal durch. Doch als Jörg in der dritten Nacht aufs Klo musste, hörte er schon, dass der Regen sich in ein unentschlossenes Tröpfeln verwandelt hatte.

Und als er am nächsten Morgen aufstand und zum Fenster ging, war er einen Moment lang einfach nur baff. Der Himmel war unglaublich blau, wie frisch gewaschen.

«Prall», flüsterte er andächtig.

Eine halbe Stunde später waren die Angehörigen der Spinnenbande vollzählig versammelt. Jörgs Mutter schärfte ihnen ein letztes Mal ein, nicht am Teich zu spielen, was sie im Brustton der Überzeugung versicherten. Am Teich? I wo!

Nicht im Traum wäre irgendwelchen Eltern eingefallen, dass ihre Sprösslinge an der Schleuse unterwegs sein könnten. Nicht mal Svens großer Bruder wusste von ihrer Höhle – und das sollte was heißen.

Aufgeregt machten sie sich auf den Weg. Das Gras unter ihren Sandalen war feucht, und durch den Regen der letzten Tage war es mächtig gewachsen. Und das betraf nicht das Gras allein. Jörg schluckte, als er das Dickicht aus Brennnesseln sah, das sich fast über Nacht unter den Kiefern ausgebreitet hatte. Aber als Boss musste man Opfer bringen. Ohne zu zögern, stapfte er hindurch, schob die Zweige beiseite und schlüpfte durch die Lücke im Zaun. Die Jungs folgten ihm über den entstandenen Trampelpfad, David wie immer als Letzter. Jörg beobachtete, wie die andern sich Arme und Beine rieben. Er selbst biss die Zähne zusammen. Ein Boss ertrug die Juckerei ohne Klagen.

«Hey! Das gibt's doch nicht!»

Mit offenem Mund zeigte Sven in Richtung Höhle. Jörg drehte sich um und spähte in das Halbdunkel unter dem dichten Sommerlaub der Eichen und Erlen.

Die Höhle war noch da, doch ihre Brücke, der Baumstamm: verschwunden.

«Verdammt!», zischte David. Ein Wort, das er mindestens so häufig einsetzte wie sie alle das prall. Bei David zu Hause gehörte verdammt zu den Wörtern, die man nicht aussprechen durfte.

«Ziemlich unprall», murmelte Jörg.

Zögernd bahnten sie sich den Weg zum Bachufer. Der Boden gab schmatzende Geräusche von sich, wo sie die Füße hinsetzten.

Der Bach war breiter, als sie ihn je erlebt hatten. Trüb und bräunlich wälzten sich die Fluten dahin, Mücken summten über dem Wasser.

Ein ganzes Stück bachabwärts, schon fast an der Schleusenmauer, hatte sich der Baumstamm am gegenüberliegenden Ufer zwischen den Wurzeln verkeilt.

Mit einem gut gezielten Sprung hätte man ihn vielleicht erreichen können. Aber eben nur vielleicht. Es gab praktisch keinen Platz für einen Anlauf.

«Ganz ausgesprochen unprall», bestätigte Sven. Er war auf einen vermoderten Baumstumpf geklettert, sodass er Jörg überragte. Sven war nur ein paar Zentimeter kleiner als der Boss – jetzt war er größer. Jörg sah sich rasch nach einem eigenen Baumstumpf um.

«Wenn wir ...»

Beide drehten sich um.

David zog die Schultern ein. Er schien schon zu bereuen, dass er den Mund aufgemacht hatte. Doch jetzt sahen ihn alle an, auch Jens und Uwe.

«Wenn wir's wie Tarzan machen könnten», murmelte er. «Mit den Lianen von Baum zu Baum. Aber geht ja nicht. Verdammt!»

Jörg kniff die Augen zusammen. Das Wurzelgeflecht, in dem sich der Baumstamm verklemmt hatte, gehörte zu einer Erle, und einer ihrer Äste streckte sich weit über das Wasser.

Doch der Baum war keine zehn Meter von der Schleuse entfernt.

Das Brausen und Tosen der stürzenden Flut war viel lauter als gewöhnlich. Schon hier vorn, wo das Wasser sonst noch entschlusslos dahindümpelte, war der Sog deutlich zu erkennen.

Jörg spürte, wie sich die Härchen an seinen Armen ganz langsam aufrichteten. Reflexartig rieb er mit den Handflächen darüber.

Uwe sah ihn fragend an.

«Brennnesseln», murmelte er. «Unprall.»

Ein unbehagliches Gefühl begann sich in seinem Magen auszubreiten, während sie mit vorsichtigen Schritten Richtung Schleuse gingen.

«Hmmm.» Unter der Erle legte Jörg den Kopf in den Nacken.

«Wirklich *richtig* unprall. Zu weit oben. An die untersten Zweige kommt man ran, aber die sind zu dünn.»

«Na ja.» Sven reckte sich und bekam beim zweiten Versuch das Ende eines Zweiges gepackt. «Wenn wir sie ein Stück runterziehen und einer greift sich dann den dickeren da oben ...»

«Könnte klappen.» Uwe klang nicht voll überzeugt, aber so nahe an der Stelle, an der das Wasser gegen die Staumauer traf, mussten sie sowieso fast brüllen.

Wenigstens übertönte es die Geräusche, die Jörgs Magen von sich gab.

Und die wurden stärker: Sven schien bereits die Entfernung abzuschätzen.

In diesem Moment begriff Jörg, dass das seine letzte Chance war. Wenn Sven da rüberkam, dann war es vorbei. In der Höhle lagen jede Menge lose Bretter. Wenn Sven die holte, konnten sie bestimmt eine Art Brücke basteln, sogar ein Stück bachaufwärts, von der gurgelnden Tiefe weg. Aber was das bedeuten würde, war klar: Eine Woche vor seinem zehnten Geburtstag würde Jörgs Karriere an der Spitze der Spinnenbande ein abruptes Ende finden.

«Na gut.» Gelangweilt zuckte er die Schultern. «Spring ich eben rüber.»

«Das schaffst du nie!» Davids Stimme zitterte. «Boss, echt. Lass das!»

Jörg nahm ihn nicht zur Kenntnis.

«Los!», gab er Anweisung. «Zieht die Zweige runter!»

Ihm war schwindlig. Das Brausen des Wassers hatte auf seinen Kopf übergegriffen.

Vielleicht einen Meter vom Ufer entfernt ragte ein Teil des Baumstamms aus dem Wasser. Jörg wusste, dass er so weit springen konnte, auch ohne Anlauf und ohne Tarzan-Lianen. Doch der Stamm sah glitschig aus, und wie fest er zwischen den Wurzeln hing, ließ sich unmöglich sagen.

Das Wasser brüllte.

Aber wenn er sich nach vorn warf, sobald sein Fuß die Rinde berührte? Da gab es den Stumpf eines abgebrochenen Asts. Wenn er den zu packen kriegte ... Er musste es einfach probieren.

Die anderen Jungen streckten sich und zogen die Erlenzweige zentimeterweise nach unten.

Jörg holte Luft. Er sprang. Seine Finger schlossen sich um die Liane.

Der Schwung trug ihn über das Wasser. Weiter, weiter, als er gehofft hatte! Er spürte, wie sein Herz einen Sprung machte. Seine Füße, die Rinde!

Er rutschte weg.

Ein Ruck.

Was genau in den nächsten Sekunden geschah, sollte Jörg sich erst wesentlich später zusammenreimen können. In diesem Moment ging alles zu schnell.

Plötzlich hatte er keinen Boden mehr unter den Füßen. Kälte schloss sich um ihn und nahm ihm den Atem. Er schrie, doch im nächsten Moment füllte das Wasser seinen Mund.

Tatsache war, dass der Stamm sich aus seiner Verankerung gelöst hatte. Das Ende, das unter Wasser gelegen hatte, trieb plötzlich nach oben, wobei der abgestorbene Baum gleichzeitig eine Drehung um die eigene Achse beschrieb. Unmöglich, sich festzuhalten.

«Boss!»

Unsichtbar für Jörg war der Stamm mit dem hinteren Ende zurück gegen das Ufer getrieben, an dem die anderen Mitglieder der Spinnenbande entsetzt ihre Zweige losgelassen hatten.

Jetzt bildete er plötzlich wieder eine Brücke. Doch sie war viel, viel unsicherer als vorher. Und zehn Meter entfernt toste die Flut über die Schleusenmauer.

«Boss!»

In genau diesem Moment geschah, womit niemand hatte rechnen können.

David machte einen großen Schritt nach vorn und schob sich an Sven, Jens, Uwe vorbei. Seine Füße platschten durchs Wasser, erreichten den Stamm.

«Boss!»

Gurgelnde Schwärze in Jörgs Ohren. Etwas drückte ihn unter Wasser. Keine Luft. Ein undeutlicher weißer Schatten griff nach ihm, zog ihn ... zog ihn nach oben ...

«Boss, ich hab dich!»

Keuchend klammerte er sich fest. Nur noch ein winziges Stück.

«Du schaffst es!»

Jörg sollte nie erfahren, was der letzte Auslöser war.

Vielleicht war es neues Treibgut, das gegen den Stamm stieß. Vielleicht kam einer der anderen Jungs zu nah ans Ufer, sodass das Wurzelgeflecht plötzlich nachgab.

Die Hand ließ ihn los. Jörg sackte zurück, packte blindlings zu, ins Nichts, in Zweige, Wurzeln, die zum jenseitigen Ufer gehörten.

Die Hand, die Stimme.

David.

«Verdammt!»

Ein schemenhafter, heller Gegenstand schoss durch Jörgs Blickfeld, auf die Staumauer, die brüllende, schäumende Tiefe zu.

Traf hart gegen die Mauer, konnte sie nicht überwinden.

Und versank in der brodelnden Flut.

Sven, Jens und Uwe riefen Davids Namen. Und Jörgs eigenen. Und ...

«Boss! Boss!»

Die Schwärze griff nach ihm, doch er durfte die Wurzeln nicht loslassen.

Das Tosen und Brüllen, ein Klopfen und Poltern und ein anderes Geräusch. Eine gedämpfte Stimme.

«Chef!»

Jörg Albrecht fuhr in die Höhe.

Die Türklingel.

«Chef, hören Sie mich?»

Lehmann.

Sein Puls jagte.

Auf Hauptkommissar Jörg Albrechts Zunge lag der Geschmack von Tod und braunem Wasser.

Der Traum, die Erinnerung war seit Jahren nicht so deutlich gewesen.

• • •

«Und können Sie noch richtig schlafen?»

Achtung, dachte ich, Fangfrage.

Wir saßen in der Teeküche des Reviers. Faber, ich selbst und ein halbes Dutzend Kollegen, die sich durch die Traube von Journalisten hatten kämpfen können, die das Gebäude nach Margit Stahmkes effektvollem Abgang weiterhin belagerte. Irmtraud Wegner hatte auf meine Anweisung hin den Hörer danebengelegt und lehnte an der Anrichte.

Vor uns flimmerte der altersschwache Fernseher, den wir kurz nach meinem Einstieg beim PK von den Steuermillionen der braven Bürger angeschafft hatten.

Die gestresst wirkende Frau, der das Mikrophon – Kanal Sieben diesmal – unter die Nase gehalten wurde, schüttelte heftig den Kopf. «Als Mutter ist man ja ständig in Sorge.» Sie nickte zu ihrer kleinen Tochter, die versuchte, sich vor der Kamera zu verstecken. «Dschamilia weiß, dass sie nicht mit Fremden mitgehen darf. Aber wenn einer einfach so rumläuft und die Leute mit Atom vergiftet?»

Der Reporter nickte mit ernster Miene. «Wobei sich der Täter bisher auf Polizeibeamte zu konzentrieren scheint», merkte er an. «Aber fragen wir weiter. – Haben Sie sich schon einen Geigerzähler besorgt?»

Mir genügte der Gesichtsausdruck des Rentners, dem das Mikrophon nun vor den Mund gehalten wurde. Ich schaltete den Ton ab.

«Mit Ole Hartung hat er ihren Voyeurismus bedient», sagte ich leise. «Jetzt sät er Panik.»

«Oder sie», murmelte Faber. «Aber du hast schon recht: Erschlag mich, aber diese ganze Planung und Berechnung, das sieht nach einem Mann aus.»

Ich nickte, war selbst aber keineswegs überzeugt. Nach meiner Erfahrung konnten Frauen mindestens ebenso berechnend sein. Seitdem ich auf dem Kommissariat war, hatten wir zwei Fälle von Pflegerinnen gehabt, die über einen langen, langen Zeitraum ihre bettlägerigen Patienten über den Jordan befördert hatten. Aus Geldgier in einem der Fälle, aus schierer Arbeitsüberlastung im zweiten. Ich war mir nicht sicher, welcher von beiden mir unheimlicher war.

Aber ich hätte darauf wetten können, dass wir wie so oft nur die Spitze des Eisbergs kannten.

Und letztendlich: Was brachte es uns, wenn wir das Täterfeld von hundert auf fünfzig Prozent der Bevölkerung eingrenzen konnten?

Was wir brauchten ...

«Bericht!»

Jörg Albrecht rauschte in den Raum. Anzug und Mantel saßen perfekt wie immer, doch seine Augen lagen tief in ihren Höhlen. Der Anblick jagte mir einen Schreck ein.

«Isolde Lorentz hat angerufen.» Irmtraud Wegner hielt ihm einen ihrer tödlichen Koffeincocktails hin. «Sie will Sie dringend sprechen.»

Er griff nach dem Kaffee, während er mit der anderen Hand seine Nasenwurzel massierte.

«Kann mir vorstellen, warum», sagte er, nachdem er einen Schluck genommen hatte. «Bitte erzählen Sie mir etwas Erfreuliches! Irgendwas. Faber?»

Der Glatzkopf wurde bleich. «Ich konnte nichts machen! Merz ist einfach reinmarschiert, und der Staatsanwalt …»

Der Hauptkommissar hob die Hand, nahm noch einen Schluck.

«Das ist ärgerlich.»

Nur dieser eine Satz, und ein winziges Aufflackern in seinen Augen. Mehr nicht.

Wahrscheinlich war ich die Einzige im Raum, die ansatzweise eine Vorstellung davon hatte, wie verärgert und, ja, bestürzt er über das Verschwinden der Frau war, die unsere wichtigste, womöglich sogar einzige Spur dargestellt hatte.

Und es gab niemanden, dem er die Schuld dafür geben konnte als sich selbst. Wieder einmal. Und ich hatte keinen Zweifel, dass er das auch voll perverser Wollust tun würde.

Allerdings war er viel zu klug, das hier und jetzt und obendrein vor dem ganzen Team zum Thema zu machen.

Albrecht winkte ab. «Der Staatsanwalt kann auch nur die Fakten prüfen, und in diesem Fall waren die Fakten gegen uns. Wir mussten die Zecke vom Tatort wegkriegen. Das war das Wichtigste. Es ist schlimm genug, wenn ein Mensch stirbt, und alle stehen drum rum und keiner kann was tun …»

Sein Blick ging an mir vorbei zum Fenster. Was sieht er wirklich, dachte ich. Etwas an ihm war anders heute Morgen. Etwas wie ein Zweifel, ein Selbstzweifel, der vorher nicht da gewesen war.

Oder den er zumindest gut versteckt hatte.

Er schüttelte den Kopf. «Es ist nicht auch noch notwendig, dass jemand mit unseren Toten Geld verdient.»

Unsere Toten. Meine Kehle wurde eng. Unsere Toten, in mehr als einer Beziehung.

Es war so unvorstellbar, dass Ole Hartung und Kerstin jetzt nicht hier mit uns im Raum saßen. Dass sie nie wieder hier sitzen würden. Dass Kerstin nicht in ein paar Monaten von dem neuen Baby schwärmen würde, wie sie das bei Raoul getan hatte.

Dennis war heute zu Hause geblieben und hatte versprochen, zu Oliver Ebert zu fahren, damit er einen Menschen zum Reden hatte. Doch ob Oliver heute an ihr Segelboot ... *Mary*. So hatten sie das Boot getauft. Oliver war für *Sophie* gewesen, doch da hatte sich Kerstin auf die Hinterbeine gestellt. Falls das Baby nämlich ein Mädchen ...

Plötzlich war mir schrecklich übel.

«Wir kriegen dieses Schwein!»

Einen Moment lang konnte ich die Stimme nicht einordnen. Dann begriff ich, dass es meine eigene war.

Albrecht sah mich an. Eine Sekunde lang glomm etwas in seinen Augen auf, ein geheimes Einverständnis. Doch im nächsten Moment wirkte er einfach nur müde.

«Das werden wir», sagte er. «Doch zuerst einmal müssen wir feststellen, an welchem Punkt wir stehen. Stahmke wäre eine vage Hoffnung gewesen, doch wahrscheinlich hätte sie sich auf dieselbe Weise rausgeredet wie beim letzten Mal: anonymer Hinweis, Informantenschutz. Über Eberts Leiche kann jeder gestolpert sein. Das ist nicht zwingend Täterwissen.»

«Aber wenn sie den Mund aufgemacht hätte, hätte sie sich sofort entlasten können», gab ich zu bedenken.

Albrecht verzog das Gesicht. «Hatte sie das nötig, wenn dieser Schnösel für sie arbeitet?»

Ich biss die Zähne zusammen.

«Im Grunde kennen wir sämtliche Antworten.» Er sah zum Fenster. Dasselbe Grau in Grau wie gestern, heute ohne Regen bisher.

«Dann müssen sie mir gerade entfallen sein», murmelte Faber.

Unser Herr und Meister nickte. «Nach Sokrates sind Frage und Antwort untrennbar miteinander verbunden. In dem Moment, in dem wir eine Frage formulieren können, kennen wir auch die Antwort. – Möglich, dass wir sie vergessen haben, aber viel wahrscheinlicher ist, dass wir schlicht die falschen Fragen stellen. Wenn wir lernen, die richtigen Fragen zu stellen, klären wir den Fall. Wer ist der Täter und warum handelt er? Wer und was ist in Wahrheit sein Ziel?»

Er brach ab, als wäre ihm plötzlich klar geworden, dass er mehr gesagt hatte, als er eigentlich hatte sagen wollen.

«Haben wir von Euler einen Bericht über den Friedhof?», fragte er stattdessen.

Faber schüttelte den Kopf. «Er hat sich noch nicht gemeldet.»

Albrecht nickte. «Euler arbeitet sorgfältig.»

So konnte man es auch ausdrücken. Aber Albrechts Zweckoptimismus in allen Ehren: Hatte der Mann keinen Fernseher? Selbst wenn er keinen hatte, konnte ihm der Presseauftrieb unter dem Bürofenster wohl kaum entgangen sein.

«Was machen Sie mit der Polizeipräsidentin?», fragte ich.

«Wegen der Atomgeschichte?» Er winkte ab. «Gehen Sie einem Menschen aus dem Weg, der frisch aus dem Röntgenlabor kommt? Isolde Lorentz ist nicht dumm. Wenn sie ein, zwei Experten auftut, die den Leuten einigermaßen einleuchtend erklären, dass wir zwar mit einem grauenhaften Verbrechen konfrontiert sind, die Strahlung aber für die Allgemeinheit ungefährlich ist, ist die Sache morgen aus den Nachrichten raus.»

Damit sollte er recht behalten, was allerdings zu diesem Zeitpunkt niemand von uns ahnen konnte. Und selbst ein Jörg Albrecht hätte wohl kaum Wert darauf gelegt, unter *solchen* Umständen recht zu behalten.

«Und wegen der Stahmke-Geschichte?», hakte ich nach.

Sein Gesichtsausdruck veränderte sich. «Keine Sorge», brummte er. «Ich bleibe Ihnen erhalten. Zumindest bis dieser Fall abgeschlossen ist. Isolde Lorentz ist wirklich nicht dumm.»

Ich schluckte. Den letzten Gedanken brauchte er nicht auszusprechen. Falls in den kommenden Tagen noch der eine oder andere von uns das Zeitliche segnen sollte, würde unsere verehrte Dienstherrin der Öffentlichkeit einen Schuldigen präsentieren müssen.

Das konnte entweder der Täter sein – oder der Mann, der gerade vor uns stand.

Er sah von einem zum anderen. «Unsere Aufgabe besteht darin, diesen Fall aufzuklären. Alles andere ist unwichtig. *Niemand* wird mich von etwas anderem überzeugen. Und wir werden ...»

«Wir haben was!»

Ich zuckte zusammen. Nils Lehmann stand im Türrahmen. «Ein Anruf, aber nicht von der Presse! Eine Zeugin! Eine Frau, die Kerstin auf dem Friedhof gesehen hat!»

● ● ●

Zeit, dachte Jörg Albrecht. Ich brauche Zeit.

Ein wenig davon hatte er sich erkauft, indem er Faber auf dem Präsidium hatte anrufen lassen. Der Hauptkommissar werde gegen Mittag persönlich vorbeikommen, um Isolde Lorentz über spektakuläre neue Erkenntnisse zu informieren, die sich gerade aus einem Verhör ergeben hätten.

Ein frommer Wunsch.

Die Frau, die ihm und Friedrichs gegenübersaß, trug Schwarz. Sie war Anfang vierzig, ungefähr so alt wie David Martenbergs Mutter gewesen war, als ihr Sohn in der Schleuse ertrank. Frau Martenberg, die Nachbarin von Albrechts Eltern, an die er sich von diesem Tag an nur noch in Schwarz erinnern konnte, bis die Familie weggezogen war.

Die Mitglieder der Spinnenbande tanzten in seinem Kopf Ringelreihen, und in ihrem Zentrum thronte Heiner Schultz und stieß eine unheilverkündende Nikotinwolke aus:

*Die Frage ob Sie ein Held sind, Jörg, ist in der Tat abwegig.*

Der Hauptkommissar biss die Zähne zusammen.

Er durfte nicht zulassen, dass die Vergangenheit in diesem Moment wieder Macht über ihn gewann. Er war der Boss. Schon wieder. Das Revier und seine Menschen: Das war seine Verantwortung.

Und deshalb musste die Vergangenheit ruhen.

«Danke, dass wir sofort kommen durften», sagte er.

Die dunkel gekleidete Frau neigte nur den Kopf. Martha Müller, gebürtige Rumänin mit deutschen Vorfahren. Die Personalien hatten sie bereits aufgenommen.

Hannah Friedrichs Notizblock lag einsatzbereit auf dem Küchentisch der Dreizimmerwohnung in einem Wohnsilo in Eppendorf. Während sie der Frau in die Küche gefolgt waren, hatte Albrecht einen ersten Eindruck gewonnen. Alles sehr aufgeräumt, aber auch eine Menge Kitsch. Eine Spätaussiedlerfamilie, nein, eine Spätaussiedlerwitwe. In jedem Zimmer das Schwarzweißfoto eines Mannes in Albrechts Alter, mit Trauerflor. Selbst über der Spülmaschine.

«Valentin hat im Hafen gearbeitet.» Martha Müller hatte seinen Blick bemerkt. «Am sechzehnten Mai hatte er einen … Unfall. Sie haben ihn noch ins Krankenhaus gebracht, aber in der Nacht ist er dann …» Sie holte Luft.

Albrecht nickte und sah auf die blank geputzte Tischfläche.

Wie oft brechen wir in den Alltag von Menschen ein, dachte er. Wir stehen vor der Tür, und wenn sie uns sehen, verändern sich ihre Gesichter. Manchmal sind nicht einmal unsere Ausweise notwendig. Als wenn sie etwas ahnten. Doch selbst wenn wir es offen aussprechen: Ihr Mann, Ihre Tochter, Ihr Vater, Bruder, bester Freund ist tot. Begreifen können sie es nicht in diesem Moment.

Wir können sie nur ein kleines Stück begleiten, ihnen Genugtuung bieten, indem wir einen unnatürlichen Todesfall aufklären.

Doch von dem, was danach geschieht, wissen wir nichts. Die Trauer müssen sie ein Leben lang tragen, ganz alleine. Wie jeder Mensch. Auch die, die keinen anderen Schuldigen ausmachen können als eine Krankheit oder einen Unfall.

«Ich bin jeden Tag bei ihm», sagte Martha Müller und strich das Synthetikgewebe ihres Rocks glatt. «In Ohlsdorf.»

«Auch gestern also.» Albrechts Worte waren eine Feststellung.

Die Frau steckte mitten in ihrer eigenen Trauerarbeit. Wie er sie einschätzte, legte sie keinen Wert darauf, Dinge zu erklären, die für sie selbstverständlich waren.

«Auch gestern», bestätigte sie. «Ich komme bei jedem Wetter. Gestern war ich die Einzige dort.»

Er kniff die Augen zusammen. «Zu meinem Kollegen sagten Sie ...»

«Die Frau, die sie im Fernsehen gezeigt haben.» Sie unterbrach ihn, ohne die Stimme zu heben. Noch immer derselbe erloschene Blick, doch er konnte sehen, dass dort etwas vorging. «Ihre Kollegin?»

«Kerstin Ebert», erklärte Friedrichs. Nur Albrecht hörte ihre Ungeduld. «Sie wohnte ganz in der Nähe des Friedhofs.»

«Sie war fast jeden Tag dort. Im Sommer hatte sie oft einen kleinen Jungen dabei.»

«Raoul.» Die Kommissarin klang heiser.

«Ihr Sohn», übernahm der Hauptkommissar. «Aber gestern muss sie allein dort gewesen sein.»

Martha Müller schüttelte den Kopf. «Gestern habe ich sie nicht gesehen.»

Albrecht antwortete nicht, sondern sah sie abwartend an. Die Jahre als Ermittler hatten ihre Spuren hinterlassen. Er spürte, ob ein Zeuge noch etwas zu sagen hatte oder ob die Aussage an dieser Stelle beendet war.

Vorausgesetzt, der Zeuge war gewillt zu reden. Manche Menschen warteten trotzdem noch auf ein Stichwort, doch er war sich sicher, dass Müller nicht zu ihnen gehörte.

«Ich weiß nicht, ob das für Sie wichtig ist ...», begann die Frau.

Albrecht merkte, wie Friedrichs an seiner Seite Luft holte, und unterdrückte ein Lächeln. Gerade die wichtigsten Aussagen begannen regelmäßig mit diesen Worten.

Müllers Schultern strafften sich. Sie hatte eine Entscheidung getroffen.

«Ich muss gleich sagen, dass ich mich nie mit einem von den beiden unterhalten habe.» Sie sah zwischen Albrecht und Friedrichs hin und her. «Weder mit Ihrer Kollegin – noch mit dem Mann.»

«Ein Mann?»

Sprach Überraschung aus Friedrichs Tonfall oder genau das Gegenteil?

«Ein alter Mann.» Martha Müller nickte. Wieder der unbewusste Griff nach ihrem faltenlosen Synthetikrock. «Auch einer von denen, die jeden Tag da sind. Ich weiß nicht, ob er zu einem bestimmten Grab gehört ... also, ob er jemanden besucht. Ich hatte immer das Gefühl, er fährt einfach nur spazieren.»

«Er fährt?»

«In einem Rollstuhl. So einem einfachen, ohne Motor.»

Albrecht wechselte einen Blick mit der Kommissarin. Ein alter Mann in einem Rollstuhl.

«Können Sie ihn genauer beschreiben?», fragte er.

Müller legte die Hände im Schoß ineinander. «Ein alter Mann eben. Weiße Haare. Er hatte ein Tuch um den Hals, selbst als es richtig heiß war. Über den Knien eine Decke.» Sie betrachtete ihren Rock.

«Wie alt ungefähr?»

Müller hob die Schultern. «So alt, dass er im Rollstuhl fahren muss. Er hat ... ja, er hat eine Brille. Zumindest beim Lesen. Wenn er ihr vorgelesen hat.»

«Er hat Kerstin *vorgelesen?*»

Der Hauptkommissar warf Friedrichs einen Blick zu. *Das* hätte man als Unglaube interpretieren können. Zur Schau getragener Unglaube machte Zeugen manchmal gesprächiger.

Dabei allerdings nicht zuverlässiger.

Die Frau im schwarzen Kostüm zögerte. «So sah es für mich aus, ja. Nicht jedes Mal natürlich. Manchmal haben sie sich einfach nur unterhalten, oder sie sind spazieren gegangen. Also, sie hat ihn geschoben.»

«Sie hat ihn geschoben», murmelte Friedrichs. Diesmal war der Unglaube unüberhörbar.

«Die beiden kannten sich also?», fragte Albrecht rasch.

Müller nickte. «Ja, auf jeden Fall. Aber sie sind nie zusammen gekommen. Ich bin mir sicher, dass sie sich erst auf dem Friedhof getroffen haben. Ich habe mir immer vorgestellt ...»

«Ja?» Der Hauptkommissar betrachtete sie aufmerksam.

Die Frau seufzte. «Wissen Sie, es ist irgendwie seltsam auf dem Friedhof. Ich meine, wenn das Wetter schön ist, sind eine Menge Leute da. Manche joggen einfach nur oder fahren Fahrrad, weil der Park und alles so schön ist, aber ... Ich meine jetzt diejenigen, die jemanden besuchen. Die sind fast immer allein. Die sind immer einsam.» Ihre Stimme wurde leiser, ihre Hände bewegten sich unruhig. «Manchmal ist es so, dass ich mir Geschichten ausdenke zu den Leuten, die ich immer wieder treffe. Und bei den beiden habe ich mir irgendwie vorgestellt, dass sie sich dort kennengelernt haben. Beide einsam. Seine Familie ist vielleicht tot, und sie ... Vielleicht gibt es keinen Vater mehr zu dem Kind, mit dem sie schwanger war. Das sah man ja deutlich. Also keinen, mit dem sie noch zusammen ist.» Sie schüttelte plötzlich den Kopf. «Zusammen war.»

«Bitte sprechen Sie weiter!»

Albrecht spürte ein Prickeln im Hinterkopf. Ein Warnzeichen, auf das zu achten er gelernt hatte. Er war lange genug in seinem Beruf, um zu wissen, wie wichtig Eingebungen waren. Und eine innere Stimme sagte ihm, dass Martha Müller ein Mensch war, der über ganz außergewöhnliche Instinkte verfügte.

Hannah Friedrichs Blick dagegen sagte ihm, was die Kommissarin von der ganzen Sache hielt.

Nicht sonderlich viel.

Martha Müller breitete die Hände aus. «Ich habe mir vorgestellt, dass sie sich irgendwie *gefunden* haben. Vielleicht hat er sich immer eine Enkeltochter gewünscht, und sie ... Sie brauchte einen Menschen, mit dem sie reden konnte. Jemanden, der so gar nichts mit ihrem Leben zu tun hatte, das sie sonst führte. Dem sie Dinge anvertrauen konnte, weil er die Menschen in ihrem Leben einfach nicht kennt. Und den hat sie gefunden.»

«Das war Ihr Eindruck?»

Müller zögerte und schüttelte dann den Kopf. «Kein Eindruck», sagte sie. «Ein Gefühl.»

«Danke.» Albrecht nickte und sah fragend zu Friedrichs.

Die Kommissarin betrachtete ihren Schreibblock. Unübersehbar, was sie von diesen Notizen hielt.

Doch das hatte keinen Einfluss auf ihr dienstliches Verhalten.

«Wir werden Ihnen jemanden vorbeischicken, der mit Ihrer Hilfe versuchen wird, ein Bild zu gestalten», erklärte sie kühl.

«Ein ... Phantombild?»

«Genau», bestätigte Albrecht. Das war das gängige Prozedere.

Doch zumindest in diesem Punkt war er sich sicher, dass Friedrichs und er die Sache ähnlich sahen. Das Bild des alten

Mannes im Rollstuhl würde genauso wenig erkennbare Konturen annehmen wie die Frau mit der Catwoman-Maske im *Fleurs du Mal*.

Er bedankte sich noch einmal und stand auf. Auf dem Weg zur Tür fiel sein Blick auf ein kleines gerahmtes Bild direkt neben dem Durchgang, das er beim Eintreten nicht hatte sehen können. Eine gezeichnete Gestalt: ein Mann mit einem roten Mantel über den Schultern, der mit der rechten Hand einen Stab in die Höhe streckte. Vor ihm stand ein Kelch, über seinem Kopf schwebte eine liegende Acht.

«Der Magier», sagte die Frau in seinem Rücken leise. «Die Karte eins des Tarot.»

«Tarot.» Der Hauptkommissar betrachtete das Bild.

Außergewöhnliche Instinkte, dachte er. Interessant, wozu sie sich nutzen ließen.

«Ich habe lange nicht ...» Müller schüttelte den Kopf. «Aber ich mag diese Karte. Sie zeigt, dass alle Wege offen sind. *Alles* ist möglich.»

Er nickte langsam. «Ich verstehe. Ja, Sie haben recht. – Vielen Dank, Frau Müller, Sie haben uns sehr geholfen.»

● ● ●

Wer eine Weile mit unserem Herrn und Meister gearbeitet hatte, gewöhnte sich eigentlich recht schnell ab, sich über ihn zu wundern.

Mit ist klar, dass das etwas sonderbar klingt, nachdem ich so viel über ihn erzähle.

Tatsache ist jedenfalls, dass man sich bei Jörg Albrecht felsenfest darauf verlassen konnte, dass man sich bei ihm auf *nichts* verlassen konnte.

Die Begegnung mit der Kartenlegerin hatte mir das wieder gezeigt.

Albrecht war der akribischste, analytischste Mensch, den ich in meinem Leben kennengelernt hatte. Dieser Blick für Details, für winzigste Spuren, die kein normaler Mensch überhaupt als Spuren wahrgenommen hätte, das war schon beinahe unheimlich.

Doch in Wahrheit war dieses Vorgehen eben etwas völlig anderes: Es war eine Wissenschaft. Dimensionen der Kriminalistik, bei denen ich mir im Nachhinein vielleicht manchmal dachte: Hey, da hättest du jetzt auch hintersteigen können, wenn deine kleinen grauen Zellen mal ein bisschen schneller gearbeitet hätten. Aber wenn ich ehrlich zu mir war, musste mir klar sein, dass mein Kommissarinnensachverstand eben einfach seine Grenzen hatte.

Und was soll's: Ein Ermittlergenie pro Abteilung reichte schließlich aus.

Trotzdem war diese Sache mit der Hokuspokus-Tante selbst für Jörg Albrechts Verhältnisse einigermaßen gruselig gewesen.

Während ich neben ihm auf diesem Sofa gesessen hatte, hatte ich mich zeitweise ernsthaft gefragt, ob er da womöglich gerade irgendwelche magischen Schwingungen empfing.

Jedenfalls hatte er in dieser Müller irgendwas gesehen, das ich ganz eindeutig nicht sehen konnte. Und was ihre rührselige Geschichte mit der schwangeren Frau und dem einsamen Opi anbetraf ...

*Standing on a beach with a gun in my hand*

*Staring at the sea, staring at the sand*

Diesmal saß Albrecht am Steuer. Bevor er eine Bemerkung zu meinem Klingelton loslassen konnte, hatte ich die Rufannahme gedrückt.

«Ja?»

«Halten Sie sich fest!» Martin Euler.

Natürlich hielt ich mich fest. Schließlich saß Albrecht auf dem Fahrersitz.

125

«Kerstin Ebert ist nicht am Grab von Gustav Hertz gestorben», kam es aus dem Handy.

Überrascht hob ich die Augenbrauen. Sie hatte grausam entstellt ausgesehen, aber gleichzeitig auf eine schwer zu beschreibende Weise friedlich ... Ich hatte darum gekämpft, mir vorzustellen, wie sie nach all der Angst und Panik, die sie gespürt haben musste, als sie erkannte, was mit ihr und dem Kind passierte, am Ende einfach aufgegeben hatte. Dass sie trotz allem friedlich eingeschlafen war.

«Wir glauben, dass wir die Stelle sogar schon gefunden haben, an der er sie getötet hat.»

Wieder er. Dabei konnte Martin Euler noch gar nichts wissen von dem Opa.

Per Bluetooth war das Handy mit der Freisprechanlage verbunden. Albrecht hatte die Augen geradeaus, doch er hörte sehr genau zu.

«Ein Mausoleum», erklärte Euler. «Gar nicht weit von dem Eingang, durch den man von Kerstin Eberts Wohnviertel aus auf den Friedhof kommt. Die Toten sind in Bleisärgen beigesetzt worden. Blei ist nach wie vor der zuverlässigste Schutz gegen nukleare Strahlung. Wenn wir uns vorstellen, dass der Täter dieses Mausoleum kannte ... Die Schlussfolgerungen sind natürlich Ihre Sache, doch ...»

«Es hat geregnet», murmelte ich. «Er könnte ihr vorgeschlagen haben, sich unterzustellen. Und als er sie genau an dem Punkt hatte, an dem er sie haben wollte, hat er seine Höllenmaschine abgefeuert. Wie auch immer die ausgesehen hat.»

«Da haben die Kollegen vom Strahlenschutz noch unterschiedliche Theorien – aber genau so könnte es gewesen sein.»

Ich nickte. Simpel. Grauenhaft simpel. Doch dann stutzte ich.

«Wie weit ist es von diesem Mausoleum zum Fundort der Leiche?», fragte ich.

«Etwa anderthalb Kilometer.»

Ich schüttelte den Kopf. Wie sollte er Kerstins Körper über eine so weite Strecke ...

«Euler?»

«Hauptkommissar?»

Albrecht sah weiter geradeaus, aber *lächelte* er?

«Euler, sind die Spuren des Rollstuhls deutlich genug, dass Sie das Fabrikat bestimmen können?»

Ein Japsen vom anderen Ende, dann: «Ja. Vermutlich.»

«Danke.» Albrecht setzte den Blinker zum Revier. «Sie haben uns sehr geholfen.»

Für den Moment sah er ausgesprochen zufrieden aus.

•••

*Ole Hartung.*

*Kerstin Ebert.*

Zwei Namen auf dem Whiteboard.

Und darunter eine Menge freier Platz. Mehr als mir lieb war.

Bei allem Verständnis für die rationelle Arbeitsweise unseres Herrn und Meisters: Hätte er nicht einfach *irgendwas* da hinschreiben können?

Solange es nicht gerade Max Faber, Nils Lehmann oder – ich schluckte – oder Hannah Friedrichs war. Oder, oder, oder ...

Bis vorgestern waren wir vierzehn Beamte auf dem Kommissariat gewesen, plus Irmtraud Wegner. Wenn unser Täter in der bisherigen Frequenz weitermachte – zwei Tote am Tag –, würde es im Besprechungsraum bald ziemlich einsam werden.

Und ziemlich voll auf der Tafel.

«Wer?» Jörg Albrecht deutete auf das Wort ganz oben links. Direkt darunter hatte er zwei Begriffe vermerkt:

— *Maskenfrau*

— *Alter Mann*

«Bezüglich des Täters ist es gegenwärtig schwierig, klare Aussagen zu treffen», erklärte er. «Nach Lage der Dinge müssen wir davon ausgehen, dass die beiden Mordfälle zusammenhängen. Doch ergibt sich daraus zwingend, dass beide Taten von derselben Person begangen wurden?»

«Serienmörder arbeiten meistens allein», meldete sich Lehmann.

«Richtig.» Der Hauptkommissar nickte. «Doch wenn wir als Hypothese davon ausgehen, dass die Morde mit einer unserer zurückliegenden Ermittlungen zusammenhängen, dürfen wir die organisierte Kriminalität nicht außer Acht lassen.»

Ich nickte. «Also möglicherweise mehrere Beteiligte.»

«Was ich persönlich für eher unwahrscheinlich halte», fuhr Albrecht fort. «Doch selbstredend können wir eine Ermittlung unmöglich auf der Basis von Wahrscheinlichkeiten führen.»

Seltsam, dachte ich. Der letzte Satz klang irgendwie wie auswendig gelernt.

«Bisher fehlt uns streng genommen sogar ein konkreter Beweis, dass überhaupt ein Zusammenhang mit unserer Arbeit besteht», erklärte er.

«Aber Ole und Kerstin waren Beamte auf diesem Revier.» Das war Max Faber, ganz hinten am Tisch. «Was sollte es sonst sein?»

«Sie waren Polizisten», bestätigte der Chef. «Und sie gehörten zu einer Ermittlungsgruppe, die im Blickpunkt der Öffentlichkeit steht. Wenn wir eines mit Sicherheit sagen können, dann ist es das: Der Täter gibt sich keinerlei Mühe, seine Taten zu verschleiern. Im Gegenteil: Er sucht die Öffentlichkeit. Und die kann er auf diese Weise erreichen. Spektakuläre Morde an Polizisten sind ein sicherer Weg in die Medien. Aufmerksamkeit, das ist im Augenblick sein Ziel.»

«Und dass die Leute durchdrehen», ergänzte Faber.

«Exakt. Eine gesteigerte Form von Aufmerksamkeit. Darüber hinaus können wir angesichts seines technischen und medizinischen Wissens davon ausgehen, dass unser Täter über eine bemerkenswerte Intelligenz, einen bemerkenswerten Bildungsgrad verfügt. Sowohl die Tatsache, dass Kommissar Hartung Skrotum und Penis mit klinischer Präzision entfernt wurden, als auch die ungewöhnliche Methode, mit der Kommissarin Ebert getötet wurde, sprechen für eine sorgfältige, ja, ich möchte sagen: wissenschaftliche Arbeitsweise. – Widerspruch hierzu?»

Kopfschütteln ringsum.

Albrecht nickte und hob den Stift. «Und, schließlich, falls wir der Ein-Täter-Hypothese folgen, versteht er sich außerdem auf Verkleidungen.»

– *sucht die Öffentlichkeit*
– *intelligent*
– *wandlungsfähig (?)*

Drei Notizen neben der Maskenfrau und dem alten Mann.

«Das sind die Dinge, die wir mit mehr oder weniger großer Sicherheit über den Täter wissen. Alles andere fällt in den Bereich der Spekulation. Oder hat noch jemand weitere Vorschläge?»

«Er muss die Sache seit langer Zeit geplant haben», warf ich ein. «Martha Müller hat Kerstin und den Opa seit dem Sommer beobachtet. Und was Ole Hartung betrifft ...» Ich zögerte, sah mich zu den Kollegen um. «Könnt ihr euch vorstellen, dass sie ihn an dem Abend einfach auf der Straße angesprochen hat?»

Max Faber schüttelte den Kopf. «So war Ole nicht. Wie auch immer er auf diesen Stuhl gekommen ist: Er war vorsichtig. Er muss diese Frau gekannt haben. Wenn sie eine Frau ...»

Albrecht winkte ab, nickte und fügte einen vierten Punkt an:

*– plant lange im Voraus*

«Das war es?» Fragend sah er uns an.

Zögernd nickten wir.

«Das», betonte er, «sind die Dinge, die wir über den *Täter* wissen. Doch das *Wer* hat eine zweite Dimension. Wer sind die Opfer? Was verbindet sie?»

«Hatten wir das nicht schon?», fragte ich. «Sie waren unsere Kollegen.»

«Richtig. Deshalb werden wir unsere zurückliegenden Fälle systematisch durchgehen. Faber.» Er zögerte. «Seydlbacher. Matthiesen. Sie drei machen das.»

Ein dreistimmiges, mühsam unterdrücktes Stöhnen. Nein, sonderlich attraktiv klang diese Aufgabe nicht.

Ob sie in Fabers Fall vielleicht doch eine subversive kleine Rache darstellte, dass Stahmke entwischt war? Alois Seydlbacher war unser Quotenbayer, während einen bei Matthiesen das beklemmende Gefühl überfiel, in einem Schwarzweißfilm gefangen zu sein, so farblos war der Mann. Zumindest waren in diesem Team eine Menge unterschiedlicher Ansätze versammelt. Vielleicht war das von Vorteil.

«Diese Aufgabe ist wichtig.» Albrecht hob den Folienschreiber. «Aber wir müssen sie im Zusammenhang mit einer zweiten Frage betrachten: Warum Hartung und Ebert? Warum nicht Sie?» Die Spitze des Eddings stach nach Lehmann. «Oder Sie? Oder Sie?» Ich schluckte. «Oder Sie?»

Ein halbblaues «Joa, hammas denn noch?» aus Richtung Seydlbacher.

«Was zeichnete sowohl Kerstin Ebert als auch Ole Hartung aus, abgesehen davon, dass sie unsere Kollegen waren? Eine Frau von Anfang vierzig, ein Mann kurz vor der Pensionierung. Wo sind die Gemeinsamkeiten?»

«Sie waren verheiratet.» Das war Lehmann.

«Beide hatten Kinder.» Matthiesen.

«Sie waren beide schon ein halbes Leben dabei», meldete sich Faber. «Schon bei Horst Wolfram.»

Albrecht notierte.

— *verheiratet*
— *Kinder*
— *lange Dienstzeit in der Abteilung*

«Was noch?»

«Die Familien waren befreundet», sagte ich zögernd.

Das war ein Gedanke, der mir ganz und gar nicht gefiel. Bis gestern, bis zu meinem Besuch bei Sabine Hartung, war mir nicht klar gewesen, dass die Eberts und die Hartungs so dicke miteinander waren. Aber natürlich wohnten sie nah beieinander, und die Kinder waren sicherlich auch eine Verbindung, obwohl sie altersmäßig ein ganzes Stück auseinander waren.

Doch vor allem war Kerstin *meine* Freundin gewesen! Nicht mit Ole Hartung, sondern mit Dennis hatte Oliver Ebert das Segelboot gekauft.

Unser Chef betrachtete mich. Mit den Albrechts war keiner von uns wirklich befreundet gewesen, auch nicht bevor seine Joanna mit ihrem Zahnarzt durchgebrannt war. Doch ich war mir sicher, dass in diesem Kriminalistenhirn Fächer und Registraturen für so ziemlich *alles* vorhanden waren. Eingeschlossen das Privatleben der Kollegen.

Meine eigensten, finstersten Ahnungen: Ich glaubte förmlich zu spüren, wie er sie mir aus der Nase zog wie lange, haarige Würmer.

— *befreundet (?)*

Albrecht schrieb das Wort an das Whiteboard. Mit einem unübersehbaren Fragezeichen.

Das ließ sich ja auswischen, falls Hannah Friedrichs die Namen im Zentrum der Grafik zu einem Dreigestirn ergänzte.

«Weitere Gemeinsamkeiten?»

Er sah auf die Uhr. Automatisch tat ich dasselbe. Für zwölf Uhr mittags hatte ihm Isolde Lorentz einen Audienztermin zugesichert. Auch Jörg Albrecht kannte seine Grenzen. Er würde sie nicht warten lassen.

«Gut.» Er nickte und betrachtete noch einmal das Schaubild.

Diese Visualisierung gehörte zum Standardwerkzeug der Ermittlungsarbeit und lief anderswo längst über Powerpoint und Excel-Tabellen. Doch irgendwie hatte diese analoge Form etwas Behagliches.

Normalerweise zumindest. Solange man sich nicht zum Kreis der potenziellen Opfer zählen musste.

«Dann verteilen wir die Aufgaben. – Friedrichs?»

Fragend sah ich ihn an.

«Sie waren bei Frau Müller dabei – und Sie kennen die Familie Ebert am besten.» Klar, dass er das gewusst hatte. «Wir haben Martha Müller nicht ausdrücklich danach gefragt, aber sie hat uns berichtet, dass sie Kerstin Ebert sowohl mit ihrem Sohn als auch mit dem alten Mann im Rollstuhl gesehen hat. Falls der Junge den Täter ebenfalls gesehen hat, war er mit Sicherheit sehr viel näher dran. Fahren Sie bitte noch einmal zur Wellingsbütteler Landstraße und schauen Sie, ob Sie mit dem Kind sprechen können.»

«Mit *Raoul?*» Meine Stimme überschlug sich. Alles in mir wehrte sich gegen diesen Gedanken. Der Junge war fünf! Er hatte heute Nacht seine Mutter verloren! Hatte er das überhaupt schon erfahren? Konnte er es *begreifen*, wenn er es erfahren hatte?

«Das Kind ist ein Zeuge.» Ich sah die Entschlossenheit auf

Jörg Albrechts Gesicht. Auch, dass ihm nicht wohl war bei der Sache, sah ich, doch er würde nicht nachgeben. «Wenn Sie wollen, sprechen Sie zuerst mit dem Witwer, doch ich sage Ihnen voraus: Weder hat er diesen alten Mann jemals zu Gesicht bekommen, noch weiß er überhaupt etwas von dessen Existenz. Unser Täter konzentriert sich auf seine Zielperson. Für alle anderen, gerade die Menschen in ihrer Umgebung, bleibt er ein Phantom. Der Junge könnte die eine entscheidende Ausnahme sein. Gerade weil es unwahrscheinlich erscheint, dass wir mit ihm ein Gespräch führen. – Bitte, Hannah! Sie können das. Es ist wichtig.»

Ich nickte, so abgehackt, dass mir der Nacken wehtat.

Der Hauptkommissar holte Luft. «Lehmann?»

«Ja?» Ein Blinzeln. «Ich hab mir gedacht, ich spreche noch mal mit Jacqueline.»

Diesmal blinzelte Albrecht überrascht zurück.

«Was willst du sie fragen?», knurrte Max Faber. «Ob Catwoman auch ein Rentner im Rollstuhl gewesen sein kann?»

«Er saß nicht im Rollstuhl», widersprach Nils Lehmann. «Ich meine: Er saß schon im Rollstuhl, aber das war ein Teil seiner Tarnung. Den Rollstuhl brauchte er für Kerstin.»

Ich nickte. Das stimmte mit Sicherheit.

«Das könnte durchaus noch was bringen mit Jacqueline», erklärte Lehmann. «Vielleicht fallen ihr ja sogar noch Namen von Kunden ein, die an dem Abend da waren, und einer von denen kennt womöglich den Täter. Ich habe das Gefühl, ich bekomme langsam Zugang zu ihr.»

«Aha.» Albrecht musterte ihn. Ein einziges Wort konnte Bände sprechen.

Doch dann sah er auf die Uhr. Jeder von uns wusste, dass die Fahrt nach Winterhude um diese Uhrzeit kein Vergnügen war. Wenn der Anlass eine Besprechung mit Isolde Lorentz war, war sie das eigentlich nie.

«Gut», sagte der Chef. «Dann machen Sie das. Und wenn Sie dort fertig sind ...» Kunstpause, die nächsten Worte besonders betont: «... also spätestens gegen sechzehn Uhr, setzen Sie sich mit Winterfeldt zusammen.»

Ein Nicken in die letzte Reihe. Hinter einem Laptopbildschirm hob sich eine bleiche Hand und winkte in die Runde, als bestände sie komplett aus Gummi. Der Rest der Gestalt blieb verborgen. Marco Winterfeldt war unser Fachmann für die Computerarbeit. Besonderes Kennzeichen: Heavy-Metal-Mähne. Sah man aber nur in dem seltenen Fall, dass er hinter seinem Computer zum Vorschein kam.

«Sie beide werden sich Hartungs Rechner vornehmen», erklärte Albrecht. «Hartung hat den Auftrag für das *Fleurs du Mal* vor mehreren Monaten bekommen. Madame Beatrice und Jacqueline sagen aber übereinstimmend aus, dass er vorgestern Abend zum ersten Mal persönlich dort war. Die Frage ist: Was hat er bis zu diesem Zeitpunkt gemacht? Wenn er die Person, die ihn getötet hat, nicht aus dem Club kannte, woher kannte er sie dann? Ich befürchte zwar, dass diese Person zu vorsichtig ist, nachvollziehbare Spuren zu hinterlassen, doch es ist zumindest eine Chance. Alle übrigen Anwesenden widmen sich bitte den neuen Hinweisen, die seit heute Morgen eingegangen sind. Irmtraud bereitet Ihnen gerade eine Liste vor.»

Ich sah die Begeisterung auf den Gesichtern.

Albrecht war schon an der Tür, blieb aber noch einmal stehen.

«Eins noch, und das gilt für Sie alle, ganz gleich, mit welcher Aufgabe Sie sich befassen: Ich möchte, dass Sie sich überlegen, ob es irgendjemanden gibt, mit dem Sie in der letzten Zeit näher bekannt geworden sind. Auf eine Weise, die eigentlich eher ungewöhnlich ist für Sie persönlich. Jemand, der die Bekanntschaft vielleicht von sich aus gesucht hat und der zum Rest Ihres Lebens keine rechte Beziehung hat. Jemand, von dessen Existenz – aus welchen Gründen auch immer – selbst die Menschen, die Ihnen am nächsten stehen, nichts ahnen. Versuchen Sie einen längeren Zeitraum zu überblicken. Die letzten Monate. Die letzten ein oder zwei Jahre. – Das war's. Danke.»

Und weg war er.

Der Raum leerte sich. Lehmann war gleich hinter dem Chef durch die Tür verschwunden. Faber, Seydlbacher und Matthiesen fanden sich zu einem wenig begeisterten Grüppchen zusammen, gingen dann gemeinsam.

Ich blieb sitzen. Ich musste bei Oliver Ebert anrufen, und mir war jetzt schon schlecht, wenn ich an das Gespräch mit dem kleinen Raoul dachte.

Doch das stand für diesen Moment im Hintergrund.

Es waren Albrechts letzte Worte, sein letzter Arbeitsauftrag.

Jemand, mit dem ich mich auf eine Bekanntschaft eingelassen hatte, auf eine Weise, die untypisch für mich war. Jemand, von dem meine engste Umgebung nichts ahnte – selbst Dennis nicht. Jemand, der von sich aus diese Bekanntschaft gesucht hatte.

Teure Anzüge und noch teurere Schuhe.

Und *noch* teurere Zähne.

*Ich hoffe, wir sehen uns bald mal wieder.*

# vier

Die Polizeipräsidentin schlug die Mappe zu. Der Knall hallte durch ihr Büro, als hätte sie dem Hauptkommissar eine Ohrfeige verpasst.

Wenn sie wütend wurde, sah sie durchaus anziehend aus, stellte Jörg Albrecht nicht zum ersten Mal fest. Die roten Haare waren mit ziemlicher Sicherheit gefärbt, aber der intensive, rosige Teint auf ihren Wangen ...

«Das ist Ihre spektakuläre neue Spur? Eine *Kartenlegerin?*»

Albrecht nickte verbindlich. «Ich habe mich nicht erkundigt, ob sie diese Tätigkeit professionell ausübt, doch das lässt sich nachholen.»

«Und diese Frau hatte also den Eindruck, dass sich Kerstin Ebert und der Täter *gefunden* hätten?»

«Nicht den Eindruck», korrigierte Albrecht. «Das Gefühl.»

«Warum habe *ich* das Gefühl, dass Sie diese Ermittlung nicht ernst nehmen?», giftete Isolde Lorentz. «Wenn ich von einem Beamten geglaubt hätte, dass er begreift, was hier auf dem Spiel steht, dann wären Sie das gewesen! Die Dimensionen einer Ermittlung im Blickpunkt der Öffentlichkeit!»

Er schlug den Blick nicht nieder. «Doch, darüber bin ich mir vollkommen im Klaren.»

Jörg Albrecht hatte gelogen, als er gegenüber Friedrichs betont hatte, sie müsse sich keine Sorgen machen. Die Polizeipräsidentin könne es sich nicht leisten, ihn vorzeitig von dem Fall abzuziehen.

In Wahrheit spürte er eine tiefe innere Unruhe, und er unterschätzte die Instinkte der Frau, die ihm jetzt gegenübersaß, nicht. Doch selbst sie konnte ihm nichts anmerken.

Eine kupferrote Haarsträhne hatte sich aus Isolde Lorentz' Frisur gelöst und fiel ihr in die Stirn. Jörg Albrecht hatte diese Strähne aufmerksam im Blick. Es war ein uralter Trick. Für die Polizeipräsidentin musste es aussehen, als schaue er ihr unentwegt in die Augen.

Die wenigsten Menschen konnten das lange ertragen. Wenn sie gerade dabei waren, ihr Gegenüber fachmännisch zusammenzufalten, galt das verstärkt.

Doch so sehr dieser besondere Teint ihm auch gefiel: Er wusste, dass er es nicht übertreiben durfte.

«Ich könnte mir vorstellen, dass Kerstin Ebert selbst bei ihrer Bekanntschaft mit dem Täter ein ganz ähnliches Gefühl hatte», erklärte er. «Zwei Menschen, die sich gefunden haben. Und Kriminalkommissar Hartung war dreiundzwanzig Jahre lang für mich tätig. Ich denke, ich darf mit Recht behaupten, dass ich diesen Mann einschätzen kann. Er war ein misstrauischer Mensch, wie geschaffen für die verdeckte Ermittlungsarbeit.

Was ansonsten in ihm geschlummert hat, kann ich nicht beurteilen. Die sexuellen Vorlieben meiner Mitarbeiter gehen mich nichts an. Aber eines weiß ich mit Sicherheit: In die Lage, in der er aufgefunden wurde, hat er sich nicht leichtfertig gebracht. Er hatte Gründe, warum er dieser Person sein Vertrauen geschenkt hat. Gründe, die stärker waren als seine Skepsis.»

Lorentz öffnete den Mund, zögerte jedoch. «Sie glauben, er war der Meinung, da hätten sich zwei Menschen gefunden?»

Albrecht hob die Schultern. «Ich glaube nicht, dass er es auf diese Weise ausgedrückt hätte. Doch ich habe keinen Zweifel daran, dass diese Person etwas Besonderes für ihn war. Warum sonst hätte er alle seine Prinzipien über Bord werfen sollen?»

Die Polizeipräsidentin nickte widerwillig, tastete unter ihren Schreibtisch und brachte eine Schachtel Zigaretten zum Vorschein. Sie holte eine heraus, schob sie in einen Zigarettenhalter und nahm einen tiefen Zug.

Ganz anders als Heiner Schultz, dachte Albrecht.

Sündig.

Verboten geradezu.

Wie in allen öffentlichen Gebäuden.

«Und wie stellt diese Person das an?», fragte sie. «Woher ist sie dermaßen gut über Ihre Mitarbeiter informiert, dass sie ihnen die geheimsten Wünsche von den Augen ablesen kann?»

«Sie ist intelligent», erklärte Albrecht. «Sie beobachtet sehr aufmerksam. Und sobald sie zu einem ihrer zukünftigen Opfer ein Vertrauensverhältnis aufgebaut hatte, wird sie ihre Chance genutzt haben, auf diesem Wege an Informationen über die Kollegen zu kommen.»

Lorentz stieß einen Rauchkringel aus.

«Was wir jetzt tun müssen ...», begann Albrecht.

Lorentz hob die Hand und brachte ihn zum Schweigen. Ein neuer, tiefer Zug folgte.

«Können Sie mir garantieren, dass diese Person nicht noch weitere Ihrer Kollegen *gefunden* hat?»

Der Hauptkommissar schüttelte den Kopf. «Nein, das kann ich nicht. Doch ich habe in unserem Meeting heute Vormittag genau dieses Problem angesprochen: eine neue, ungewöhnliche Bekanntschaft aus der letzten Zeit, die nicht recht ins persönliche Lebensmuster passt. Die Kollegen sind gewarnt. Sie machen sich ihre Gedanken.»

«Sie auch?»

Zwei Worte.

Albrecht stutzte. Er hasste es, auf dem falschen Fuß erwischt zu werden, und er wusste, dass er einer Frau gegenübersaß, die die Lücke in seiner Deckung auf der Stelle erkannte.

«Es gibt keine neuen Menschen in meinem Leben», erklärte er schließlich. Doch ihm war klar, dass diese Aussage zwei Sekunden zu spät kam. «Abgesehen von zwei neuen Mitarbeitern in den letzten Monaten, Lehmann und Winterfeldt. Beide unverdächtig. In meinem Leben tauchen keine neuen Menschen auf. Aus meinem Leben verschwinden Menschen.»

Lorentz nickte. «Das mit Ihrer Frau tut mir leid.»

«Sie ist nicht mehr meine Frau.»

Die Polizeipräsidentin holte Luft, zog einen Aschenbecher aus ihrer Schublade und drückte die halb gerauchte Zigarette aus.

«Wir haben es hier mit einer Mordserie zu tun, die zum Beunruhigendsten gehört, was die Stadt in den letzten Jahren erlebt hat», stellte sie in verändertem Tonfall fest. «Dass wir noch keine Massenpanik haben, verdanken wir einzig dem Umstand, dass sich die Opfer auf Angehörige derjenigen Abteilung beschränken, die exakt diese Verbrechen aufklären soll.»

Also doch. Albrecht wahrte seinen neutralen Gesichtsausdruck, doch er spürte, dass er blass wurde. Lorentz würde ihm den Fall abnehmen. Das war von Anfang an ihre Absicht gewesen. Sie hätte es eleganter gemacht, wenn er ihr die Chance gegeben hätte, doch am Ergebnis hatte es nie einen Zweifel gegeben.

«Die Identität des Täters ist noch immer unbekannt», fuhr sie fort. «Und wir müssen jederzeit damit rechnen, dass weitere Taten geschehen.» Sie sah ihn an. «Es tut mir leid. Gut möglich, dass Sie tatsächlich auf der richtigen Spur sind, aber ich kann Sie so nicht weitermachen lassen.»

Ein Griff in ihre unergründliche Schreibtischschublade.

«Hier.»

Ein kleines beschriftetes Kärtchen.

Albrecht blinzelte und streckte die Hand aus. Er stellte fest, dass sie zitterte.

**Prof. Dr. Hartmut Möllhaus**
**Institut für Rechtspsychologie**
**Technische Universität Braunschweig**

Darunter Adresse und Telefonnummer.

Verwirrt sah der Hauptkommissar auf.

«Wie Sie wissen, verfügen wir über eine eigene forensische Psychologie», erklärte Lorentz. «Das gesamte Spektrum. Schuldfähigkeit, Umgang mit Zeugen, Burnout im Polizeidienst.» Eine kleine, strategische Pause, die Albrecht nicht gefiel. «Was Sie nur wollen. Doch kein Betrachter kann einen unvoreingenommenen Blick auf ein Bild werfen, wenn er selbst ein Teil des Dargestellten ist. Und meiner Meinung nach sind in diesem Fall alle unsere Beamten ein Teil des Dargestellten. Professor Möllhaus geht die Sache sozusagen von der anderen, der wissenschaftlichen Seite an. Von der theoretischen Seite, wenn Sie so wollen. Einige Ihrer Kollegen haben bereits erfolgreich mit ihm zusammengearbeitet. Sagen wir: Er wird Sie bei Ihrer Arbeit unterstützen, wenn Sie damit besser klarkommen.»

«Sie nehmen mir den Fall nicht aus der Hand?» Er verfluchte sich, dass seine Erleichterung so deutlich zu hören war.

Die rothaarige Frau fixierte ihn aus schmalen Augenschlitzen. «Sie sind befangen, Albrecht. Daran habe ich nicht die Spur eines Zweifels. Befangener als irgendjemand sonst. Der Mensch, der das getan hat, hat zwei Ihrer Mitarbeiter auf dem Gewissen. Wenn es jemanden gibt, der den Kerl stellen kann, dann sind Sie das.»

Der Hauptkommissar schluckte und betrachtete noch einmal die Karte.

Vor Gericht wäre das wohl ein Schuldspruch, dachte er.

Aber einer auf Bewährung.

«Das ...» Er strich sich über die Hose. «Das war es dann?»

Sie antwortete nicht. Albrecht glaubte das als Zeichen interpretieren zu können, dass das Gespräch beendet war. Er stand auf.

«Sokrates», sagte sie.

Der Hauptkommissar war schon fast an der Tür.

«Ja?»

«Sokrates ist der Meinung, dass wir eine Frage nur dann formulieren können, wenn wir die Antwort schon kennen, richtig?»

Das war außerordentlich verkürzt ausgedrückt, doch Albrecht nickte.

«Noch so ein Zusammenstoß mit der Stahmke: Haben Sie sich schon mal gefragt, was dann mit Ihrem Dienstausweis passiert?»

Ihr Blick ging in die unergründlichen Tiefen ihrer Schreibtischschublade.

• • •

Es war das dritte Mal innerhalb von sechsunddreißig Stunden, dass ich in das Wohngebiet an der Wellingsbütteler Landstraße einbog.

Beim ersten Mal hatte ich einen Knoten im Magen gehabt, und für Sabine Hartung eine Todesnachricht, die sie bereits aus dem Frühstücksfernsehen kannte.

Beim zweiten Mal war mir geradezu übel gewesen. Völlig unvorhersehbar, wie sie reagieren würde, wenn ich schon wieder vor der Tür stand.

Diesmal hätte ich kotzen können.

Ich hatte diese Fahrt so lange wie möglich vor mir hergeschoben, hatte dafür aber auch durchaus meine Gründe gehabt: Eine Besorgung, die sich jetzt in dem aktenkoffergroßen Lederding befand, das regelmäßig für große Augen sorgte, wenn ich es als meine Handtasche vorstellte.

Eine vertretbare Verzögerung? Das würde sich zeigen. Wenn ich ehrlich war: Wirklich verantworten konnte ich nicht eine Minute Verzögerung.

In genau diesem Augenblick konnte im *Fleurs du Mal* ein nachtschwarzer Schatten hinter Nils Lehmann aufwachsen.

Oder Marco Winterfeldt bekam 20 000 Volt verpasst, sobald er einen seiner Rechner hochfuhr. Oder der alte Hansen, noch immer im Krankenhaus, kriegte mit der nächsten Infusion statt Blutplasma Batteriesäure verabreicht.

Jeder von uns war in Gefahr, jede einzelne Sekunde.

Auch ich selbst. Auf der Fahrt hierher hatte ich die Augen mehr im Rückspiegel gehabt als auf der Straße vor mir.

Er hat schon gewonnen, dachte ich. Wir sind eingeschüchtert. Im Rudel fühlen wir uns vielleicht noch sicher, aber sobald wir allein sind, kommt die Angst.

Und wer Angst hat, macht Fehler.

Automatisch bog ich zunächst zwei Straßen früher ab und fuhr langsam am Haus der Hartungs vorbei. Eines unserer Einsatzfahrzeuge parkte mit zwei Reifen auf dem Bürgersteig. Ich nickte den beiden Beamten zu, war mir aber nicht sicher, ob sie mich erkannten.

Die Presse war nirgends zu sehen. Sollte der Medienhype etwa schon vorbei sein?

Kein Stück. Das wurde mir zwei Ecken weiter klar.

Die Logos von sechs, nein, sieben unterschiedlichen Sendeanstalten. Einige von ihnen grüßten nur von ihren Kombis und Sendewagen, doch Kanal Sieben hatte einen halben Jahrmarktstand aufgebaut. Wahrscheinlich verteilten sie auch noch billige Kulis und Luftballons; jedenfalls drängelte sich die Jugend des Viertels vor den Tischen, und einer der Journalisten hatte offenbar keine Skrupel, diese Kinder zu interviewen.

Ich brachte den Wagen zum Stehen und warf die Tür so hart ins Schloss, dass es klang wie ein Pistolenschuss. Die Pressemenschen nahmen nicht mal Notiz davon.

Das taten sie erst, als einer von ihnen mich erkannte, aber da war ich schon außer Reichweite.

Ein halbes Dutzend meiner uniformierten Kollegen hielt die Stellung vor dem Grundstück der Eberts.

«Seit wann sind die wieder hier?», brummte ich und nickte zu den Aufnahmewagen, während ich den Beamten meinen Ausweis hinhielt.

«Seit heute früh.» Der Kollege hob die Schultern. «Was sollen wir machen? Die Leiche ist gefunden. Für Platzverweise gibt's keinen Grund mehr.»

Von dem Gesicht des Mannes war nicht viel zu sehen hinter Uniformmütze, Schnauzbart und Brille. Eine Tarnung, auf die noch nicht mal unser schemenhafter Gegner gekommen war. Oder vielleicht doch? Bei wem konnte ich mir noch wirklich sicher sein?

Luftholen, Friedrichs! Bring das Gespräch in dem Haus da vorne hinter dich und fahr dann ganz locker zum Revier zurück. Mehr verlangt kein Mensch von dir.

Doch das war schon schlimm genug.

Ich schob das Gartentor auf, ging den mit unsymmetrischen Granitsteinen gepflasterten Weg entlang.

*Wamm! – Wamm!*

Ich blieb stehen. Ein warnendes Prickeln lief durch meinen Rücken. Kein Mensch war zu sehen.

«Was ist das für ein Geräusch?», murmelte ich unruhig.

«Oliver macht Holz.»

Ich keuchte und schlug die Hand vor den Mund.

«Liebling?»

Dennis hatte an dem Gartentisch unter der efeuumrankten Laube gesessen, an dem Kerstin und ich immer unseren Kaffee getrunken hatten. Ein schattiges Plätzchen, und man war nahezu unsichtbar, hatte aber fast den ganzen Garten im Blick — was mehr als sinnvoll war mit einem Fünfjährigen im Haus.

Seit heute Morgen war schon wieder dermaßen viel passiert, dass ich schlicht vergessen hatte, wer versprochen hatte, den Tag mit Oliver Ebert zu verbringen.

«Tut ...» Ich stellte fest, dass meine Finger von meinem Mund an mein Herz gewandert waren. «Tut mir leid», murmelte ich. «Ich bin einfach ...»

Dennis kam zu mir, breitete einladend einen Arm aus, und ich ließ mich an seine Brust sinken. Eine Sekunde lang gönnte ich mir dieses Gefühl, das wie ein Stück Zuhause war.

Dennis hatte seine Fehler. Die dralle Blondine war ein verdammt großer Fehler gewesen, und mit ziemlicher Sicherheit nicht der einzige in dieser Richtung.

Doch gleichzeitig war dieser Mann mein persönlicher Fels in der Brandung.

Ich weiß sehr gut, dass die meisten Leute mich für ziemlich tough halten. Man steht es nicht durch bei der Kripo, wenn man nicht zumindest nach außen so rüberkommt. Nicht wenn *man* eine Frau ist.

Dennis hatte gelernt, damit umzugehen. Er kannte meine andere Seite. Er war einer von einer Handvoll Menschen, denen ich sie zeigte. Vielleicht war er deshalb damals auf die Idee mit den Handschellen gekommen.

«Alles okay?», fragte er. Kritisch gehobene Augenbrauen, die unter seiner Piratenfrisur verschwanden. Er war kein durchtrainierter Schönling wie Joachim Merz, hatte sich im Gegenteil in den letzten Jahren das eine oder andere Pfund zu viel angefuttert. Doch ich spürte die Muskeln durch sein offenes Hemd, selbst wenn sie ganz gut gepolstert waren.

Da fiel mein Blick auf den Gartentisch.

«Was ist das?», fragte ich.

Dennis sah über die Schulter. Mit Sicherheit hatte er mitgekriegt, dass mein Ton sich verändert hatte.

«Ich hab mir Arbeit mitgebracht.» Er fuhr sich durch die Haare. «Wir sitzen immer noch auf diesem Objekt in Bergedorf, aber am Wochenende steht ein Termin an, bei dem ...»

«Du wolltest dich um Oliver kümmern!»

«Oliver macht Holz», sagte er ruhig. Seine Augen wurden

eine Winzigkeit schmaler. «Ich habe ihm angeboten, zusammen irgendwas zu unternehmen. Oder zu reden von mir aus. Aber er will nicht. Vielleicht braucht er einfach ...»

«Wo ist Raoul?», fragte ich scharf.

«Im Haus.» Er hob die Schultern. «Die Nachbarin ist da.»

«Das nennst du *kümmern*?»

«Soll ich Olli die Axt aus der Hand reißen?» Jetzt wurde er etwas lauter. «Und mit dem Kind? Was soll ich deiner Meinung nach mit einem Fünfjährigen anstellen, was die Nachbarin nicht besser kann?»

Ich holte Luft. «Kannst du dir wirklich nicht vorstellen, wie sich Oliver gerade fühlt?»

«Beschissen.» Dennis nickte. «Würde ich auch. Aber er weiß, dass ich hier bin. Wenn er will ...»

«Verdammt!», zischte ich und spürte, dass an meiner Schläfe eine Ader zu pochen begann. Diese Ader war ein Warnzeichen, für mich selbst. Komm runter! Das nimmt gerade eine Richtung, die nicht gut ist. «Hättest du dir nicht ein bisschen mehr Mühe geben können, auf ihn einzugehen?», knurrte ich.

Er schloss die Augen. Ich sah, dass er ebenfalls Luft holte.

«Es tut mir leid», sagte er leise – aber nicht auf eine angenehme Weise leise. «Es tut mir leid, dass ich gewagt habe, etwas von *meiner* Arbeit mitzubringen, wo ich dir doch versprochen habe, mich um *deine* Freunde zu kümmern. Es tut mir leid, dass bei meiner Arbeit keine Menschenleben auf dem Spiel stehen und ich nichts Dramatischeres mache, als Altbauten zu verkaufen. Es tut mir leid, wenn ich bis zu diesem Moment der Meinung war, wir könnten das Geld trotzdem ganz gut gebrauchen, um unser eigenes Haus abzuzahlen!»

*Deine Freunde.*

Natürlich hörte ich auch den Rest, doch nach *Deine Freunde* war es eigentlich vorbei. Er hatte zusammen mit Oliver dieses verfluchte Boot gekauft. Kerstin und Oliver waren *unsere* Freunde, selbst wenn ich sie schon gekannt hatte, bevor ich Dennis kennenlernte. Und, ja, verflucht, ich wusste auch, dass er recht hatte mit seinem Job und dem Geld und dem Haus, aber ...

Kerstin war tot. Ole Hartung war tot. Ein unfassbarer Täter war im Begriff, mein Revier auszulöschen! Ich hatte mir gerade fast in die Hosen gemacht, als *mein eigener Mann* mich angesprochen hatte!

Dennis biss sich auf die Unterlippe und streckte die Hand nach mir aus. «Entschuldige», murmelte er. «Das war dumm.»

Ich sah ihn an. «Du zynisches Arschloch!», zischte ich und ließ ihn stehen.

• • •

Ein meckerndes Lachen.

Mir war klar, dass es nur in meinem Kopf existierte, aber dort war es deutlich genug, hallte von meiner Schädeldecke wider.

Ich konnte unmöglich sagen, ob es zu einer maskierten Dame oder zu einem alten Herrn im Rollstuhl gehörte.

Angst, dachte ich. Wer Angst hat, macht Fehler.

Ich spürte, dass Dennis mir hinterhersah. Ich wusste, dass er ein schlechtes Gewissen hatte. Genauer gesagt hatte er das offen ausgesprochen: Er hatte sich entschuldigt.

Ja, er hatte Schwachsinn geredet. Und das wusste er ganz genau. Und ich für meinen Teil wusste ganz genau, dass ich solche Aktionen exakt auf diese Weise zu betrachten hatte: als Schwachsinn. Mehr nicht.

Oder noch kürzer, noch einfacher: Es war einfach eine Aktion von einem *Mann*. Keine weiteren Diskussionen. Unter normalen Umständen hätte ich die Augen verdreht und ihm zu seiner letzten Bemerkung vollumfänglich recht gegeben: Ja, Dennis, das *war* dumm.

Doch die Umstände waren nicht normal.

Ich hatte Angst.

Ich spürte meinen Puls in der Ader an der Schläfe. Er raste. Zumindest hatte ich das Gefühl, dass er raste. Das Entscheidende war, dass ich überhaupt einen Gedanken daran verschwendete. Angst.

Ich fühlte mich wackelig auf den Beinen, als ich um die Hausecke bog. Natürlich war ich gekommen, um mit Raoul zu reden, und der Junge war im Haus, doch ich musste zumindest nach Oliver sehen. Und vielleicht, mit einer Riesenportion Glück, wusste Oliver ja doch etwas und mir und dem Jungen blieb das Gespräch erspart.

Doch daran glaubte ich selbst nicht.

Oliver stand vor dem Schuppen hinter dem Haus, drehte mir den Rücken zu und holte gerade mit einer barbarischen Axt aus. Mit einem Stöhnen ließ er sie niedersausen.

*Wamm!*

Ich hielt vorsichtig Abstand und wartete, bis er sich wieder aufgerichtet hatte.

«Oliver?»

Keine Antwort.

Doch er hatte mich gehört. Er machte nicht weiter, sondern stand mit seinen fast zwei Metern aufrecht da, den Rücken zu mir.

«Willst du nicht …», begann ich und ging zögernd auf ihn zu.

Da erst sah ich, worauf er herumgehackt hatte, wobei vor zertrümmertem, zerstückeltem Holz kaum noch etwas zu erkennen war.

Ich schlug die Hand vor den Mund.

*Ich habe an der Wiege gearbeitet. Alles abgebeizt.*

Die Wiege für das Kleine.

Sie würden sie nicht mehr brauchen. Oliver würde sie nicht mehr brauchen. Kerstin war tot und mit ihr das ungeborene Kind, das sie Sophie genannt hätten, wenn es ein Mädchen geworden wäre.

Plötzlich drehte er sich um, und ich stolperte unwillkürlich zurück.

Er hielt die Axt mit beiden Händen, und in seinen Augen flackerte ein Ausdruck, der nicht zu einem gesunden Menschen passte.

Verdammt, Friedrichs! Reiß dich zusammen!

«Komm, Oliver», sagte ich so ruhig wie möglich. «Mach mal eine Pause.»

Er blinzelte. «Warum?», fragte er. Es klang tatsächlich neugierig.

«Weil ...» Ich biss mir auf die Lippen, doch im nächsten Moment konnte ich nicht anders. Die Tränen kamen ohne Vorwarnung.

Es gibt Frauen, die können auf Bestellung heulen.

Das ist mehr als einfach nur eine Redewendung oder ein billiges Vorurteil. Ich habe solche Krokodilstränen mehr als einmal erlebt, wenn wir die Nachricht von einem Todesfall zu überbringen hatten. Zusammenbrüche, großes Drama – und zwei Tage später stellt sich heraus, dass die Dame des Hauses selbst im Hintergrund die Fäden gezogen hat bei den durchgeschnittenen Bremsschläuchen. Und selbstverständlich gibt es Herren der Schöpfung, die nicht weniger begabt sind bei solchen spontanen Gefühlsäußerungen.

Oliver Ebert war jedenfalls keiner von ihnen.

Er starrte mich nur an. Ich konnte nicht mehr klar sehen, konnte nicht sagen, ob das ungesunde Flackern in seinen Augen erloschen war.

Erst als ihm die Axt aus der Hand fiel, er auf mich zukam und mich in die Arme schloss, um mich zu trösten ...

Erst da fing auch er an zu weinen.

•••

«War das ein Sieg, Albrecht?»

Der Dienstwagen parkte in einer ruhigen, von Rosskastanien gesäumten Straße am Rande von Ohlstedt. Der Hauptkommissar betrachtete sein Gesicht im Rückspiegel.

Du siehst fürchterlich aus.

*But the worst is yet to come.*

«Oder eine Niederlage?»

Er schüttelte den Kopf und lüftete kurz das Revers seiner Anzugjacke. Glück gehabt. Er roch nicht halb so schlimm, wie er aussah.

«Wohl von beidem etwas», murmelte er.

Doch in Wahrheit gab es weder Sieg noch Niederlage, und auch ein Unentschieden war nicht die richtige Kategorie.

Es war kein Spiel gewesen. Eher ein Justizakt. Begnadigung, Bewährung. Wie man das nennen wollte.

Die Lorentz ließ ihn gewähren, warum auch immer sie das tat. Vielleicht weil sie ein Bauernopfer in der Hinterhand behalten wollte?

*Ein Bauernopfer.*

Nur ganz kurz dachte er an Heiner Schultz.

War es möglich, dass Schultz …

Doch im Stillen schüttelte Albrecht den Kopf. An der Loyalität des alten Mannes hegte er keinen Zweifel. Aber diese Loyalität zeigte sich auf andere Weise: in brutalst offener Kritik in der Regel.

Mauscheleien hinter den Kulissen waren nicht die Art und Weise, in der Schultz sich für ihn einsetzen würde.

Und im Übrigen wuchsen Jörg Albrechts Zweifel minütlich, ob er überhaupt Grund zur Freude hatte.

Er hatte aufgeatmet – und doch das Wichtigste übersehen.

Es bleibt mein Fall, dachte er. Und doch nicht meiner.

Professor Doktor Hartmut Möllhaus. Ein *Experte*. Ein Seelenklempner. Kein praktizierender, keiner mit Sprechstundenzeiten und Ruhesofa, dem modernen Nachfolger des mittelalterlichen Beichtstuhls. Doch was änderte das?

Albrecht würde mit dem Mann zusammenarbeiten müssen. Und *das* änderte alles.

Jörg Albrecht wollte niemanden, der ihn *unterstützte*.

Niemanden, der den Erlenast zu ihm runterzog, damit er den Sprung auf den Baumstamm schaffte.

Unberechenbare Dinge konnten geschehen, wenn sich die Liane nicht vollständig unter seiner und ausschließlich seiner Kontrolle befand.

Er brauchte das ganze Bild. Das ganze, klare, leere Bild. Zu wissen, dass er nichts wusste am Anfang. Die Leere, in der er die Umstände und Versatzstücke der Ermittlung hin und her schieben konnte, um zwischen ihnen die Verbindungslinien zu ziehen.

Er war sich nicht sicher, ob er so arbeiten konnte, angeleitet von einem psychologischen Blindenhund. Gerade in diesem Fall, in dem die Fäden von allen Seiten auf ihn zuzulaufen schienen.

Gefangen, dachte er. Gefangen im Netz der Spinne.

Jörg Albrecht hatte nie besondere Angst vor Spinnen gehabt. Doch aus dieser Perspektive hatte er sie noch nie betrachtet.

Ein schriller Klingelton riss ihn aus seinen Gedanken.

Sekunden später flogen die massigen Flügeltüren des Gebäudes auf, und die ersten Schüler stürmten ins Freie, schubsten, drängelten, sprangen umeinander wie mutwillige Jungtiere.

So jung, dachte er. So schrecklich, hilflos, verzweifelt jung.

Sie schien zu leuchten, als sie zwischen zwei Freundinnen aus der Tür kam. Ja, für ihn leuchtete sie.

Und es versetzte ihm einen Stich, wie ähnlich sie Joanna war.

Noch hatte Clara ihn nicht gesehen. Es war eine Weile her, dass er seine Tochter außer der Reihe von der Schule abgeholt hatte.

Jörg Albrecht genoss diese letzten unschuldigen Augenblicke, ehe sie ihn entdeckte.

Er hatte Isolde Lorentz' Angebot akzeptiert. Unberechenbare Dinge konnten geschehen.

Jetzt hob Albrecht die Hand und winkte seiner Tochter zu, sah den überraschten Ausdruck auf ihrem Gesicht, dann das Grinsen, als sie die Stufen zu ihm hinunterstürmte.

«Hey, Paps!»

«Hallo, Prinzessin.»

Es konnte das letzte Mal sein.

• • •

Oliver hielt sich im Hintergrund, als ich mich zu Raoul auf den Teppich setzte.

An die zehn Minuten hatten wir hinter dem Haus gestanden und einfach nur geheult, bevor wir uns die Tränen so gut wie möglich aus den Augen gewischt hatten. Genau wie die alte Nachbarin, die sich nun gerade verabschiedet hatte.

Dennis musste gesehen haben, wie sie das Haus verließ, wenn er immer noch in der Laube saß. Vorausgesetzt, er war nicht zu sehr in die Pläne dieses Objekts in Bergedorf versunken.

Oliver und ich waren durch die Terrassentür reingekommen. Uns hatte er jedenfalls nicht gesehen.

Kerstins Witwer war selbstredend aus allen Wolken gefallen, als ich ihn wegen eines Rentners im Rollstuhl angesprochen hatte.

Blieb nur der Junge.

«Hallo, Raoul!»

Der Kleine sah kurz auf. «Hallo!»

Schon war er wieder bei seiner Holzeisenbahn, ließ sie auf imaginären Gleisen ein Stück nach links fahren, dann auf seinen Vater zu, bremste aber ab, bevor er Olivers Füße erreichte. Er hielt Abstand.

Oliver hatte ihm heute Morgen erzählt, dass seine Mutter

nicht wiederkommen würde. Doch ich konnte mir nicht vorstellen, dass das Kind das wirklich begriffen hatte.

*Tschuck-Tschuck-Tschuck.*

Rückwärtsgang. An die Holzlokomotive waren drei Wagen angehängt. Nicht ganz einfach auf der unebenen Teppichoberfläche. Immer wieder wollten sie sich gegeneinander verkanten.

Mit diesem konzentrierten Gesichtsausdruck war der Junge seiner Mutter so schrecklich ähnlich. Es schnürte mir die Kehle zu.

«Raoul?»

«Jaaa-haa.» Auf den Knien drehte er sich um die eigene Achse und wandte mir jetzt seinen Podex in einer mintgrünen Latzhose zu.

«Raoul, ich ...» Ich besann mich auf meine Handtasche. «Ich hab dir was mitgebracht.» Das kannte er von mir. Ich hatte fast immer eine Kleinigkeit dabei, wenn ich zu Besuch kam.

«Hmm-mmm?»

*Tschuck-Tschuck-Tschuck.*

Die Lokomotive wendete. *«Bing!»* Sie kam zum Stehen.

Warum auch immer sie dabei Bing machte.

Ich stellte die Tasche vor mir ab. Die Idee für meine Besorgung war mir gekommen, während ich noch im Besprechungszimmer auf dem Revier gesessen hatte und ganz langsam aus meinen Phantasien zurück in die Wirklichkeit gedämmert war. Phantasien, in denen mir Joachim Merz mit seinem Hollywood-Gebiss die Kehle zerfetzte.

Mit dramatischer Geste holte ich mein Geschenk hervor.

«Eine Ente!» Raouls Augen leuchteten. Er riss mir das Stofftier aus der Hand und drückte es an sich.

Ich atmete auf. Volltreffer.

Kerstin hatte regelmäßig Ängste ausgestanden, wenn unsere Männer den Jungen mit aufs Boot genommen hatten, doch Oliver war nicht zu bremsen gewesen: Fünfjährige Jungs seien besessen vom Segeln! Das sei ganz einfach genetisch! Sogar eine kleine Matrosenmütze hatte er für Raoul besorgt.

Sie war beim ersten Einsatz über Bord gegangen.

Ein oder zwei Mal hatte ich zusammen mit Kerstin zugeschaut, wie die drei an Bord kletterten. Keine von uns beiden hatte den Eindruck gehabt, dass Raoul sich besonders für das Boot interessierte. Vermutlich lag das nicht mal so sehr daran, dass der Segler noch gar nicht segelte.

Die Enten waren schlicht und einfach spannender.

«Du bist *soooo* eine süße Ente!» Mit ausgestreckten Armen hielt er sie auf Abstand und sah ihr verliebt in die Stofftieraugen.

«Und wie heißt sie?», fragte er plötzlich.

«Ich …» Automatisch sah ich mich zu Oliver um.

Sein Gesichtsausdruck war nicht zu deuten. Er betrachtete die Ente, dann den Jungen, das Einzige, was ihm von Kerstin geblieben war.

«Sie heißt Sophie», sagte er leise.

«Echt?» Staunend beäugte der Kleine seinen Schatz. «Sophie», flüsterte er.

Ich konnte nur nicken. Meine Kehle würde kein Wort zulassen.

Aber ich musste die Gelegenheit nutzen. Ich kam mir vor wie ein Monster, aber ich *musste* ein Verhör mit dem Jungen führen. Etwas, das einem Verhör so nahe kam wie irgend möglich. Vielleicht war das unsere größte Chance, die Person dingfest zu machen, die ihm seine Mutter weggenommen hatte.

Und es gab noch andere Beamte auf dem Revier, die Kinder hatten. Noch andere Kinder, die ihre Eltern verlieren konnten.

Ich holte Luft. Natürlich hätte ich auf dem Präsidium wegen Spezialisten, Kinderpsychologen anfragen können, doch mich kannte der Kleine, und im Moment hatte ich gute Karten. Außerdem war sein Vater dabei.

«Raoul, ich würde dich gerne mal was fragen», sagte ich vorsichtig.

Sofort sah ich, wie die Miene des Jungen sich veränderte. Ich biss mir auf die Lippen. Die dämlichste Eröffnung der Welt, dachte ich. Jedes Kind spürt, dass nach so einer Eröffnung etwas irgendwie Unangenehmes kommen muss.

Auch dieses Kind.

«Also dich und Sophie», korrigierte ich.

«Aber sie muss antworten!», forderte Raoul.

«Okay», sagte ich achselzuckend.

Ich war höchst unsicher, worauf ich mich gerade einließ.

«Sag mal», fing ich an, «weißt du noch, wie du mit deiner Mama immer in den Park gegangen bist? Auf den alten Friedhof?»

Die Augen des Jungen verengten sich, doch im letzten Moment fiel ihm ein, dass es ja Sophie war, die mir antworten sollte. Er drehte das Tier mit dem Schnabel zu mir.

«Kann ja gar nicht sein, quak-quak!», verkündete er mit übertrieben quäkiger Stimme. «Da gibt's gar keine Enten!»

Der Junge kicherte. Es war ein nervöses Kichern.

Ich nickte verstehend. Aus irgendeinem Grund wollte er nicht antworten.

Ich musste an das denken, was die Kartenlegerin Albrecht und mir gesagt hatte: *Sie brauchte einen Menschen, mit dem sie reden konnte. Dem sie Dinge anvertrauen konnte, weil er die Menschen in ihrem Leben einfach nicht kennt.* Und Albrecht selbst: *Jemand, von dessen Existenz – aus welchen Gründen auch immer – selbst die Menschen, die ihnen am nächsten stehen, nichts ahnen.*

Es war ein Geheimnis, begriff ich. Ein Geheimnis zwischen Raoul und seiner Mutter. Entweder hatte Kerstin ihn ausdrücklich darauf eingeschworen, oder der Junge spürte einfach, dass sie nicht gewollt hatte, dass er darüber sprach.

«Hmmm», machte ich. «Sag mal, Sophie: Würdest du dann wohl mal den Raoul fragen? Ich weiß ja, dass der eigentlich niemandem was davon erzählen soll.» Das war ein Schuss ins

Blaue. «Aber an eine *Ente* hat seine Mama da doch bestimmt nicht gedacht.»

Das Misstrauen in den Augen des Jungen verstärkte sich.

Ich zwang mich zu einem falschen Lächeln.

Vergib mir, Kerstin, dachte ich. Das ist auch für dich. *Gerade* für dich.

Langsam drehte Raoul das Stofftier zu sich herum. Der Junge war fünf, doch ich war mir sicher, dass er ziemlich genau durchschaute, was hier gespielt wurde. Die Frage war, ob er mitspielen würde.

Vielleicht – ich wusste zwar nicht, wie das möglich sein sollte, doch vielleicht spürte er trotz allem, dass das ein wichtiger Moment war. Dass etwas auf dem Spiel stand, das er noch nicht verstehen konnte, aber das auch seiner Mutter wichtig gewesen wäre.

Er warf einen ganz kurzen Blick zu seinem Vater, dann beugte er sich über Sophies Ohr – oder den Ort, an dem auch ich die Ohren einer Ente vermutet hätte – und hielt die Hand verschwörerisch vor den Mund, als ob er ihr etwas zuflüsterte.

• • •

Albrecht sah dem Mädchen nach.

Um diese Uhrzeit ging er kein Risiko ein, wenn er an der Auffahrt des reetgedeckten Hofes hielt. Der Wunderdentist erwirtschaftete in seiner Praxis am Niendorfer Gehege gerade seine nächste Jahresmitgliedschaft im Golfclub, und Joanna verbrachte die Nachmittage nach wie vor in der Boutique, bevor sie Swantje aus dem Hort holte.

Eine schreckliche Sekunde lang hatte er befürchtet, Clara würde ihn fragen, ob er nicht mit reinkommen wollte, doch dieser Kelch war an ihm vorübergegangen.

Nein, er würde dieses Haus nie wieder betreten, aber vor

allem ... vor allem wäre es so schrecklich erwachsen gewesen, wenn sie ihn *hereingebeten* hätte.

Er hatte Zweifel, ob er das im Augenblick ertragen konnte.

Jörg Albrecht beobachtete, wie die Tür sich hinter seiner Tochter schloss, dann legte er den Gang ein und machte sich auf den Weg zum Revier.

Der Verkehr war gnädig heute, und das, obwohl schon der Feierabend einsetzte. Zwanzig Minuten später stand der Wagen am vorgesehenen Platz, und Albrecht betrat das Reviergebäude.

Er nahm sich die Zeit, als Erstes bei Winterfeldt reinzuschauen. Sechzehn Uhr sieben. Wie erwartet war der Computermann immer noch allein.

Für Lehmann konnte der Hauptkommissar nur hoffen, dass er wirklich etwas Neues von Jacqueline mitbrachte.

«Und?», fragte Albrecht.

«Aloha!» Eine wedelnde Handbewegung hinter dem Bildschirm. «Sekunde, Chef.»

«Bitte, Kriminalhauptmeister Winterfeldt. Lassen Sie sich nur Zeit.»

«Moment, Moment.» Rasches Tippen. «Hier.»

Der Laptop stand auf einer drehbaren Scheibe, die der Hauptmeister jetzt betätigte, sodass sein Vorgesetzter auf den Bildschirm sehen konnte. Keine dumme Erfindung. Albrecht war sie eher vom kalten Buffet vertraut gewesen, bevor Winterfeldt auf dem Revier angefangen hatte.

«Offenbar hat Oberkommissar Hartung zuerst mit unseren Kontaktleuten gesprochen», erklärte der jüngere Beamte. «Sie sehen hier die Aussageprotokolle.»

Albrecht nickte. «Das übliche Vorgehen. Hat ihn das weitergebracht?»

Hätte er mich ansprechen müssen?, dachte er, verbot sich den Gedanken aber im nächsten Moment.

Wie billig war es, dem Opfer die Mitschuld zu geben? Er hatte

Ole Hartung mit dieser Ermittlung betraut. Er hätte nachfragen müssen.

«Anscheinend haben seine Ermittlungen die Gerüchte bestätigt, um derentwillen Sie ihn auf das *Fleurs du Mal* angesetzt hatten», berichtete Winterfeldt. «Wenn ich das richtig verstanden habe. Es ging doch um, äh, solche, äh, Videos, oder? Ein paar davon hat er hier gespeichert. Also Ausschnitte. Hartung muss wohl vorgegeben haben, er wäre an einem Kauf interessiert.»

«Videos welcher Art?», fragte Albrecht ungeduldig.

Nicht, dass ihm das nicht klar war. Aber es gefiel ihm nicht, dass der Kerl sich aufführte wie eine männliche Jungfrau.

«Also, äh, Videoaufnahmen von Gästen, wie sie ... äh ...»

Der Hauptkommissar kniff die Augen zusammen. Wurde der Mann rot? Ein Kriminalbeamter von sechsundzwanzig Jahren? Fehlte nur noch, dass er eine Haarsträhne nervös zwischen den Fingern zwirbelte.

Unmerklich schüttelte Albrecht den Kopf. Irgendwann würde auch dieser hoffnungsvolle junge Mann ein Mädchen finden. Möglicherweise.

«Auf jeden Fall sind ein paar interessante Namen dabei», sagte Winterfeldt rasch. Er drückte eine Taste, und die Bildschirmansicht veränderte sich, zeigte eine neue Liste, diesmal um Thumbnails ergänzt, hinter denen sich die Filme verbergen mussten. «Einige dieser Namen kennen wir ziemlich gut – andere kennt wohl jeder. Fernsehleute, ein hohes Tier von der Hafenbehörde und, halten Sie sich fest: ein ganz besonderer Freund von Ihnen, der bei der Justiz ...»

«Ist irgendetwas davon strafrechtlich relevant?»

Der jüngere Mann legte die Stirn in Falten. «Na ja, die Aufnahmen an sich natürlich. Die hätten nicht gemacht werden dürfen. Aber was sie in den Filmen, äh, machen, das ist halt vor allem ... peinlich?»

Das letzte Wort klang wie eine Frage.

«Dann haben wir ja keinen Grund, sie uns anzusehen», sagte Albrecht ruhig. «Oder?»

Winterfeldts Gesichtsausdruck veränderte sich. «Äh, nein. Eigentlich nicht.»

«Haben wir Hinweise auf die Maskenfrau?»

Der jüngere Beamte zögerte. «Es werden mehrere Frauen erwähnt. Die meisten hat Hartung wohl nicht persönlich getroffen: die Frauen aus dem *Fleurs du Mal*. Auch diese Jacqueline ist dabei. Aber es gibt auch einige, die nicht dort gearbeitet haben ... Nur welche von denen da jetzt in Frage kommt ...»

«Wir wissen also, dass wir nichts wissen?», stellte Albrecht fest.

Winterfeldt hob die Schultern. «Vielleicht kann ich das ja noch mit Nils abgleichen, wenn er wieder da ist. Falls er was erfahren hat.»

Albrecht nickte. «Machen Sie das.»

Er drehte sich um und verließ das Büro. In diesen Teil der Nachforschungen hatte er von Anfang an wenig Hoffnung gesetzt.

Exakt deshalb hatte er ihn aus der Hand geben können.

Hätten sie allein Ole Hartungs Tod zu klären gehabt, hätte die ursprüngliche Geschichte, die kompromittierenden Videos, der Schlüssel sein können. Doch Kerstin Ebert war in diesem Muster unmöglich unterzubringen. Von Sittlichkeitsdelikten hatte Albrecht die schwangere Beamtin seit Monaten ferngehalten.

Nein, die Erpressungsversuche waren ein vollständig anderer Fall. Und Marco Winterfeldt war der letzte Mensch, von dem er sich sagen lassen musste, wie er seine Fälle anzugehen hatte.

Das würde schon Professor Hartmut Möllhaus erledigen.

«Hauptkommissar?»

Er blickte auf. Irmtraud Wegner stand vor ihrem Arbeitsplatz am Ende des Korridors. Ihr Kleid tat den Augen weh wie immer, und doch hatte Albrecht in den letzten Monaten eine Veränderung bemerkt. Die grellen Farben waren auf eine schwer zu definierende Weise fröhlicher geworden. Er hatte keinen Zweifel: Es gab einen Mann in Wegners Leben. Er gönnte es ihr.

«Was kann ich für Sie tun, Irmtraud?», erkundigte er sich müde.

Die dicke Frau zögerte und nestelte unbehaglich an ihren Trompetenärmeln. «Wir haben eine Menge neuer Anrufe seit heute Morgen. Zeugen, aber vor allem die üblichen Leute diesmal, diejenigen, die jedes Mal anrufen. Und Ihre Schwester natürlich. Aber ... Hätten Sie vielleicht ein paar Minuten Zeit?», fragte sie.

Der Hauptkommissar stutzte. Die Gelegenheiten, bei denen Wegner ihn um irgendwas gebeten hatte, konnte er an einer Hand abzählen. Doch im selben Moment fiel sein Blick auf die Uhr am Ende des Korridors. Sechzehn Uhr zwanzig, immer noch normale Bürozeit.

«Würden Sie zuerst mir einen Gefallen tun?» In seiner Manteltasche fischte er nach der Visitenkarte, die Isolde Lorentz ihm überreicht hatte. «Falls Sie im Büro von Professor Möllhaus noch jemanden erreichen: Ob er mir so schnell wie möglich für einen Termin zur Verfügung stände? Einen *dienstlichen* Termin», schob er nach.

Wegner nahm das Kärtchen entgegen und betrachtete es. «Natürlich.»

«Danke.» Albrecht nickte. «Sie finden mich bei Faber.»

Auf Fabers Gruppe setzte er die größten Erwartungen. Alles andere stand in Frage, doch beide Tote waren Angehörige des Kommissariats gewesen. Wo immer der Schlüssel zu diesem Fall zu finden war: Er lag irgendwo in den Akten der zurückliegenden Fälle.

Albrecht war noch keine drei Schritte den Flur hinunter, als er die Stimmen hörte.

«Das ist doch sinnlos, solange wir nicht wissen, wonach wir suchen müssen!» Eindeutig. Das war Faber.

«Ja, aber sie sind nun mal alle drin in der Registratur, oder?» Matthiesen.

*«Sackl Zement! Des geht fei ned!»*

Wer das war, war keine Frage.

Das Team war offenbar bei der Arbeit.

«Meine Herren.» Albrecht deutete ein Nicken an.

Die drei Beamten hatten sich hinter Max Fabers Schreibtisch versammelt, kaum zu sehen hinter hohen Aktenstapeln. Erst ein paar Jahre nachdem Jörg Albrecht die Leitung des Kommissariats übernommen hatte, war die Verwaltung komplett auf EDV umgestellt worden. Alles was älter war, und damit auch viele der in Frage kommenden Fälle, schlummerte in staubigen Pappschubern – und würde dort noch eine Weile weiterschlummern. Vorgänge, die Tötungsdelikte betrafen, unterlagen keiner Verjährung.

«Und?», fragte der Hauptkommissar. «Wie weit sind Sie gekommen?»

Faber nagte an seiner Unterlippe. «Also, um ehrlich zu sein ...»

Das war exakt die Sorte von Eröffnung, die Jörg Albrecht entschieden nicht schätzte. Um den heißen Brei herumreden. Seine Beamten hatten ehrlich zu sein. Immer. Punkt.

«Ich bitte darum», sagte er kühl.

Faber streckte die Arme aus. «Wir wissen schlicht nicht, wo wir anfangen sollen. Ole Hartung war seit Anfang der Achtziger in der Abteilung, und er war das erste Opfer. Kerstin Ebert ist erst später dazugekommen, Mitte '88 muss das gewesen sein. Doch selbst dann ...»

«Ihr Stichtag ist der erste März 1989», unterbrach ihn Albrecht.

«Was war da?»

«Das war der Tag, an dem ich die Leitung dieses Reviers übernommen habe.»

«Aber wenn die beiden ...»

«Die ich im Übrigen noch immer innehabe.» Jörg Albrecht wusste, wie seine Stimme klingen konnte, wenn er nur wollte. Für gewöhnlich setzte er sie nicht auf diese Weise ein.

Nicht bei Kollegen.

«Und in dieser Eigenschaft gebe ich Ihnen hiermit die *dienstliche Anweisung*, mit Ihren Nachforschungen am 1. März 1989 zu beginnen. Sie werden sich auf Delikte gegen Leib und Leben konzentrieren. Ihr besonderes Augenmerk werden Sie auf Fälle richten, die im Blickpunkt der Öffentlichkeit standen und in die ich persönlich involviert war. Täter, die noch ihre Haftstrafe verbüßen, dürfen Sie nachrangig behandeln. Haben Sie das verstanden?»

Röte überzog Fabers kahlen Schädel. «Ja, Herr Hauptkommissar», knirschte er zwischen den Zähnen hervor.

Matthiesen und Seydlbacher nickten stumm. Ein unterdrücktes Murmeln, das sich anhörte wie *«Bissgurkn!»*, aber so leise, dass Albrecht es ignorieren konnte.

Er holte Luft und schüttelte den Kopf. Mit ziemlicher Sicherheit wäre das der richtige Moment für eine Entschuldigung gewesen – oder zumindest für eine Relativierung.

«Gut», murmelte er. «Dann machen Sie das so.»

«Hauptkommissar?»

Er drehte sich um. «Ja, mein Gott! Was ist denn jetzt schon wieder?» Unfreundlicher als beabsichtigt.

Irmtraud Wegner stand in der Tür, in der Hand die Visitenkarte. Sie wirkte unsicher, ungewöhnlich bei ihr.

«Professor Möllhaus' Büro war noch besetzt», berichtete sie. «Allerdings ... Er fliegt morgen zu einer Konferenz nach Berkeley, Kalifornien, und wird erst in vierzehn Tagen zurück sein.»

Albrecht spürte, wie sich ein Ring um seine Brust löste.

«Er wäre aber bereit, heute Abend noch mit Ihnen zu sprechen», fuhr Wegner fort. «Falls Sie das einrichten könnten. Er hat bis in die Nacht im Institut zu tun. Ich habe ihm klargemacht, wie dringend dieser Fall …»

«Ich soll ihn anrufen?»

Die Sekretärin schüttelte den Kopf. «Er stellt grundsätzlich keine Diagnosen am Telefon. Sie müssten schon hinkommen.»

«Ich soll heute Abend noch nach Braunschweig?»

«Wenn Sie über Lüneburg abkürzen, sparen Sie eine ganze Ecke im Vergleich zur Autobahn», meldete sich Faber. «Wir nehmen die Strecke immer in den Harz.»

Albrecht biss die Zähne zusammen. Er hatte heute Nacht länger geschlafen als in den drei vorangegangenen Nächten zusammen. Trotzdem fühlte er sich wie gerädert. Und wenn er daran dachte, was ihm am Ende der Fahrt bevorstand …

Doch auf Isolde Lorentz würde es einen guten Eindruck machen, wenn er alles getan hatte, was in seiner Macht stand. Und eine innere Stimme sagte ihm, dass er Lorentz noch brauchen würde, bevor diese Sache vorbei war.

Und einen Abend lang konnte er einfach weghören, ganz gleich, was Möllhaus zu sagen hatte.

Der Erlenast würde wieder frei sein.

Jörg Albrecht würde die Fäden im Dickicht der Ermittlung nach seinen Vorstellungen spannen können.

Er nickte. «Bitte rufen Sie in Braunschweig an, Irmtraud! Ich fahre in fünf Minuten los.» Falls er über Nacht bleiben musste: Ein Handkoffer mit allem Notwendigen stand in seinem Büroschrank.

Doch Wegner rührte sich nicht. Natürlich, sie hatte irgendwas von ihm gewollt.

«Wenn Sie vielleicht trotzdem ein paar Minuten …», begann sie.

Albrecht schüttelte den Kopf. «Bitte nicht jetzt, Irmtraud», sagte er entschlossen. «Morgen. Wenn ich zurück bin.»

• • •

Stumm goss Oliver Ebert mir einen Kaffee ein.

Wir schwiegen, auch um Raoul nicht zu wecken, den wir im Nebenzimmer zu Bett gebracht hatten, zwei Stunden früher als üblich, wie mir Oliver leise anvertraut hatte. Der Junge war noch immer weit davon entfernt, zu begreifen, was die Ereignisse der letzten vierundzwanzig Stunden für ihn bedeuteten. Vielleicht war die Bereitwilligkeit, mit der er sich schlafen gelegt hatte, seine Art, mit der Anspannung umzugehen, die er bei uns spüren musste. Er hatte schrecklich zerbrechlich ausgesehen in seinem Bettchen, die Ente Sophie an sich gedrückt.

Zerbrechlich. Hatte ich heute Nachmittag nicht ein weiteres kleines Stück in ihm zerbrochen?

War es das wert gewesen?

Entgegen der landläufigen Meinung ist das eine Frage, die wir uns sehr häufig stellen bei der Kripo. Wie es in der Natur der Sache liegt, leider meistens erst hinterher.

In einer Zeit, in der Margit Stahmke und ihre Kollegen uns die Ermittlungen quasi aus der Hand nehmen, verwandelt sich ein Anfangsverdacht im Kopf der Leute schneller in einen Schuldspruch, als man die Worte *Unschuldsvermutung* oder *Schutz der Persönlichkeitsrechte* aussprechen kann. Ein Verdacht reicht heutzutage vollkommen aus, um Ehen, Karrieren oder das Bild eines Menschen in der Öffentlichkeit zu zerstören.

Entsprechend sind wir vorsichtig, überlegen uns schon im Vorfeld fünf Mal, ob eine Festnahme oder Durchsuchung tatsächlich zwingend angebracht ist.

Wenn man hinterher etwas bereut, ist das zwar ein feiner Zug, aber er kommt eben zu spät.

Beim kleinen Raoul war die Situation natürlich eine ganz andere gewesen.

Der Junge war unverdächtig. Er war unschuldig, wie ein Fünfjähriger nur sein konnte – ausgenommen ein unerklärliches Vorkommnis mit der Mikrowelle seiner Eltern, von dem mir Kerstin ein paar Wochen zuvor erzählt hatte. Doch das war eine andere Geschichte.

Und trotzdem hatte ich nicht anders gekonnt. Ich hatte ihn ins Verhör nehmen, ihn manipulieren müssen, mir zu verraten, was er – zu Recht – als Geheimnis zwischen sich und seiner toten Mutter betrachtete.

War es das wert gewesen?

Wortlos sah Oliver mich über den Tisch hinweg an. Während draußen die Dämmerung hereinbrach, ließen wir das Gespräch in schweigendem Einverständnis Revue passieren.

Raoul konnte sich an den alten Mann erinnern. *Ziemlich* alt sei er gewesen, was bei einem Fünfjährigen alles Mögliche bedeuten konnte. In Raouls Augen war vermutlich auch ich ziemlich alt. Ja, eine Brille hätte der Opa öfter mal aufgehabt, so eine große, dicke.

*Hornbrille?*, hatte ich auf meinem Schreibblock notiert. Doch Brillen konnte man auf- und wieder absetzen, und diese hatte mit ziemlicher Sicherheit zur Verkleidung des Täters gehört.

Bei meinem vorsichtigen Antippen, ob der Opa vielleicht auch eine Oma gewesen sein könnte, war der Junge allerdings ins Grübeln gekommen. Ganz sicher war er sich offenbar nicht. Der Opa hätte immer so leise gesprochen. Auch das ein Bestandteil der Tarnung? Hatte er seine Stimme verstellt? Dinge, die ein Kind nicht beurteilen konnte.

Es war eher ein inneres Gefühl, das mir sagte, dass der alte Mann ihm irgendwie unheimlich gewesen war. Er hätte immer so gestarrt, hatte Raoul – oder genauer: Sophie – erwähnt. In diesem Moment hatte ich einen Blick mit Oliver gewechselt. Ein

Perverser, der hinter kleinen Kindern her war? Das ergab keinen Sinn. Nicht der Junge war ihm zum Opfer gefallen, sondern Kerstin. Doch die hatte er offenbar ganz genau so angestarrt: Er hat nie die Augen zugemacht.

Das waren unter dem Strich meine Erkenntnisse:

– *Hornbrille (?)*
– *Verstellt die Stimme (?)*
– *Blinzelt nicht / Augenkrankheit (?)*

Jede einzelne mit einem dicken Fragezeichen. Und der dritte Punkt war zudem eine äußerst gewagte Interpretation.

War es *das* wert gewesen?

«Jetzt fährt er.» Oliver legte den Kopf auf die Seite.

Ich blinzelte jedenfalls.

Motorengeräusch vor dem Haus, so vertraut, dass ich es gar nicht wahrgenommen hatte. Unser Toyota. Dennis machte sich auf den Weg nach Hause.

Er hatte es nicht mal nötig gehabt, reinzuschauen, um sich von Oliver zu verabschieden.

Ich biss die Zähne zusammen. «Es tut mir so leid», murmelte ich. «Er ist einfach ...»

Kerstins Mann ... nein, Kerstins *Witwer* hob fragend die Augenbrauen und schüttelte dann den Kopf.

«Es war gut, dass Dennis hier war», sagte er. «Dass er einfach nur da gesessen hat. Das hat gutgetan.»

«Er hätte mit dir reden können», murmelte ich. «Ihr seid Freunde.»

Ein knappes Zucken in seinem Mundwinkel. «Das war schon gut so. Erst mal sind wir Männer, denke ich mal. – Und haben wir beide denn geredet, du und ich?»

Ich öffnete den Mund – doch was sollte ich sagen?

Wir hatten zusammen geheult. Dann hatte ich Raoul und

seine Ente verhört. Und jetzt hatten wir zusammen hier am Tisch gesessen – schweigend.

Vielleicht war Reden gar nicht das Entscheidende, dachte ich. Vielleicht war es wirklich wichtiger, einfach nur da zu sein.

In diesem Moment wurde mir klar, dass ich die ganze Zeit auf genau das Geräusch gewartet hatte, das ich nun fast nicht wahrgenommen hätte: den Toyota.

Ich hatte Dennis nicht noch mal begegnen wollen. Nicht hier, im Garten von Kerstins Haus. Nachher, zu Hause in Seevetal, das war etwas anderes, doch ich brauchte ... Abstand, dachte ich. So gut das nur möglich war. Die Arbeit hier – dort das Leben.

Doch ich wusste, wie wenig Sinn das in diesem Fall hatte.

Die tote Kerstin würde ich jeden Abend mit nach Hause nehmen, solange ich lebte.

Ich verabschiedete mich von Oliver, versprach ihm, mich morgen, spätestens übermorgen bei ihm zu melden. Ich solle mir keinen Stress machen, bat er. Wenn ich ihm Nachricht gab, wann wir Kerstins Leiche für die Beerdigung freigeben würden, sei das schon mehr als genug.

Ich hatte einen Kloß im Hals, als ich das Haus verließ.

Das gleiche Abendrot wie gestern um diese Zeit. Der gleiche blutige Himmel.

Was sich verändert hatte, war die Angst. Wir hatten seit vierundzwanzig Stunden keinen Toten gefunden, doch ich spürte, wie sie in mir wucherte wie ein Krebsgeschwür. Wie sie in meinem Magen, meiner Brust, meiner Kehle Wurzeln schlug.

Es war nicht vorbei. Wir waren mittendrin, und die Schatten der Bäume waren mehr als Schatten.

Durch das Oktoberlaub hindurch sah ich die Lichter der Straße, hörte die Geräusche der Übertragungswagen. Mein Verstand wusste sehr genau, dass zwischen den Abendbüschen niemand auf mich lauerte, doch das spielte keine Rolle.

Der Feind war körperlos, nirgendwo fassbar – und damit war er überall.

Die Hand, die sich um meinen Hals geschlossen hatte, würde sich nicht eher lösen, als bis ich unsere Haustür hinter mir ins Schloss werfen und neben Dennis auf dem Sofa niedersinken konnte.

Der Gartenweg mit den unsymmetrischen Trittsteinen, fast unsichtbar im diffusen Licht. Ein Blick zur Laube, wo Dennis gesessen hatte.

Ich blinzelte, blieb stehen und ging dann auf die Sitzecke zu.

Ein heller, rechteckiger Fleck war auf dem Tisch zu erkennen. Ein Blatt Papier, eine DIN-A4-Seite.

Ich zog meinen Autoschlüssel aus der Jackentasche, den Anhänger mit der leuchtstarken Diode.

Dennis' Handschrift:

*Tut mir leid wegen vorhin. Bitte sei mir nicht böse. Männer sind manchmal einfach anders.*
*Leider bin ich immer noch nicht fertig mit der Bergedorf-Sache.*
*Muss noch ins Büro und das mit Gunthermann durchgehen.*
*Kann eine Weile dauern.*

*Liebe Dich*
*D.*

• • •

Iris Gunthermann war zehn Jahre älter als Dennis. Wenn er mit der was hatte, war er selbst schuld. Ich schüttelte mich. Blödsinn, schon der Gedanke.

Aber das machte keinen großen Unterschied im Moment.

Ich starrte auf die A1 vor mir, den kürzesten Weg aus der Stadt. Ein trostloses Band aus Asphalt, auf dem die schmutzig weißen Fahrstreifenmarkierungen dahinrollten, als wäre es meinen Scheinwerfern peinlich, sie für ein paar Augenblicke ins Licht zu tauchen.

Tatsache war, dass Dennis jetzt bei ihr war, bei der Gunthermann im Büro. Dass er nicht zu Hause sein würde, wo ich ihn brauchte.

Natürlich war das egoistisch von mir. Doch hatte ich nicht das Recht dazu?

Höhnisch glommen vor mir Bremslichter auf, genau an der Stelle, an der die Autobahn in einem Tunnel unter dem Rangierbahnhof Moorfleet verschwand. Am Kreuz Süd war immer Stau, und es hatte keinen Sinn, ihn zu umfahren, es sei denn mit fünfzig Kilometer Umweg über Bergedorf und Geesthacht.

Bergedorf mit der verfluchten, frisch sanierten Hütte, die Dennis wichtiger war als unsere Ehe.

Ich war unfair, und das war mir klar.

Doch wenn man auf einen Stau auffährt und plötzlich feststellt, dass da im Hinterkopf ein paar ganz seltsame Gedanken aufsteigen wie Gasblasen in einem trügerischen Tümpel ...

Wenn *er* plötzlich in dem Volvo da vorne sitzt und du anhalten musst, dann kannst du nicht weg.

Nein: Er muss gar nicht hier sein. Du fährst in diesen Stau und tauchst in den Tunnel ein. Er verschlingt dich wie der Rachen eines Untiers und spuckt dich nie wieder aus. Du wirst ganz einfach *verschwinden*.

... dann sucht man sich ganz schnell was anderes, damit der Kopf bloß was zu tun hat.

Meine Finger griffen nach dem Handy. Es war ausgeschaltet.

Ich fluchte. Das Gespräch mit Raoul. Ich hatte auf keinen Fall gestört werden wollen. Unter Garantie hatte unser Herr und Meister schon tausend Mal ...

*Standing on a beach with a gun in my hand*
*Staring at the sea, staring at the sand*

«Ja?» Ich klemmte das Gerät zwischen Schulter und Ohr. Jetzt war der Bahnhof über mir. Gefangen im Beton, inmitten der Blechlawine.

«... verdammt sind Sie die ganze Zeit gewesen? ... sind Sie jetzt ...»

«Am Steuer», antwortete ich, und, was auch immer mir das eingab: «Und selbst?»

«... verfluchte Faber mich langgeschickt ... Landstraße mit dem Verkehrsaufkommen von einer ... Maut sparen!»

Ich kniff die Augen zusammen. Wo steckte der Mann?

Im nächsten Moment ruckte der Verkehr wieder an. Es ging bergauf, vor mir abendgrauer Himmel. Die Last auf meiner Brust wurde leichter.

«Was hat Ihre Befragung ergeben?» Albrecht klang bereits deutlicher.

Entspannter klang er nicht.

«Nicht viel», murmelte ich. «Möglicherweise verstellt er seine Stimme. Eine Brille trägt er offenbar tatsächlich – wohl eine Hornbrille – und vielleicht hat er einen Augenfehler.»

«Könnte erklären, warum er die Brille trägt!», knurrte es aus dem Gerät. «Also unterm Strich ein Schlag ins Wasser.»

Konnte ich widersprechen?

«Wie ist Ihr Termin mit der Lorentz gelaufen?»

«Sie schickt mich zum Psychiater.»

Ein wütendes Hupen hinter mir. Ich war auf die Bremse gegangen, ohne es zu merken.

«Was?»

«Professor Möllhaus, Universität Braunschweig. Externer Sachverstand. Ich hänge hinter einem litauischen Möbeltransporter zwischen Lüneburg und Schlagmichtot. Friedrichs, wie lange brauchen Sie nach St. Georg?»

*«Was?»*

Diesmal trat ich noch etwas heftiger auf die Bremse, setzte

aber gleichzeitig den Blinker nach rechts. Wenige hundert Meter vor dem Kreuz Süd gab es eine letzte Ausfahrt: die IKEA-Ausfahrt, offiziell Hamburg-Moorfleet.

«Das ist mitten in der Stadt!», sprach ich ins Handy. «Ich habe fünf Nachtschichten hinter mir.»

«Gestern Nacht hatten Sie frei.»

Und heute habe ich dafür gearbeitet, dachte ich. Ich war tot. Bis zu diesem Augenblick war mir nicht klar gewesen, wie erschöpft ich tatsächlich war.

Ich wollte einfach nur nach Hause und würde gar nicht merken, dass Dennis nicht da war, weil ich auf der Stelle besinnungslos ins Bett kippen würde.

«Haben Sie Margit Stahmke heute gesehen?», erkundigte sich Albrecht unvermittelt.

«Mar...» Inzwischen befand ich mich auf der Ausfädelspur.

Margit Stahmke. Ja, ich hatte Stahmke gesehen: Heute Morgen, auf dem Revier, als ich mit Joachim Merz zusammengestoßen war. Aber vor dem Haus der Eberts: Übertragungsfahrzeuge sämtlicher großer Stationen, der Jahrmarktstand von Kanal Sieben – doch kein Kanal Neun. Keine Margit Stahmke.

«Sie hat den größten Teil des Tages im Studio verbracht, um schlecht über uns zu reden», kam es aus dem Handy. «Offenbar gab es keine neuen Nachrichten von ihrem Informanten. Bis vor einer halben Stunde. Jetzt ist sie in St. Georg unterwegs. Die genaue Adresse bekommen Sie, sobald sie anhält.»

Ich stellte fest, dass ich mich auf dem rechten Fahrstreifen eingeordnet hatte: Richtung Billwerder Ausschlag, Rothenburgsort – und St. Georg.

Doch ich begriff nicht. St. Georg? Woher wollte Albrecht das wissen, wenn er auf dem platten Land unterwegs war? Lehmann und Winterfeldt hatten sich Ole Hartungs Rechner vornehmen sollen, Faber, Matthiesen, Seydlbacher die zurückliegenden Fälle. Der Rest prüfte Hinweise aus der Bevölkerung, die mit an Sicherheit grenzender Wahrscheinlichkeit ins Nichts führen würden.

«Woher wissen Sie das?», fragte ich misstrauisch.

«Wenn ich einen unserer Beamten abgestellt hätte, um die Zecke beschatten zu lassen, hätte die Lorentz jetzt meinen Dienstausweis. Doch es gibt andere, weniger offizielle Wege.»

Mir stand der Mund offen.

Deshalb war er so ruhig geblieben, als Max Faber gezwungen gewesen war, Stahmke gehen zu lassen. Kripohauptkommissar Jörg Albrecht hatte einen unserer Kontaktleute vom Kiez auf eine Journalistin angesetzt! Wenn Isolde Lorentz *das* erfuhr oder wenn gar die Presse davon Wind kriegte, war der Dienstausweis sein kleinstes Problem.

«Doch sie führen nur bis hier», sagte Albrecht.

Die Ampel sprang auf Grün.

«Ich muss wissen, mit wem sie sich trifft, und dann müssen Sie sehen, wie Sie verfahren. *Ihre* Aussage können wir vor Gericht verwerten. Solange keine Gefahr im Verzug ist, bleiben Sie im Hintergrund. Sie darf Sie auf keinen Fall sehen, es sei denn, es geht um Leben und Tod. Vor allem aber gehen Sie kein Risiko ein, hören Sie? Ihre Sicherheit steht an allererster Stelle. Ich bin mir nicht sicher, wie vielversprechend diese Spur ist …»

Der Motor seines Dienstwagens heulte auf, als er ansetzte, den Möbeltransporter zu überholen.

«Aber es ist die einzige, die wir haben.»

# Zwischenspiel II

Die Kälte des Abends kommt rasch. Wie eine greifbare Substanz füllt Nebel den unwirtlichen Winkel am Rande des Containerhafens. Er trägt den Atem von Furcht mit sich.

Die gedämpfte Helligkeit hinter den fadenscheinigen Vorhängen des Wohnmobils ist ein Irrlicht, das sich im Dunst verliert. Die Entfernungen scheinen zu schwanken wie die graue Gestalt, die sich durch die Tür mit den sorgfältig geölten Angeln schiebt, aus hohlen Augen ins Zwielicht starrt.

Die anderen Augen, die Augen hinter dem Feldstecher, sind näher gekommen.

Der graue Mann kann sie nicht sehen. Die grellen, schmerzerfüllten Bilder in seinem Kopf sind um so vieles deutlicher als die schattenhaft verschwommene Wirklichkeit.

Sie flüstern und schreien, treiben ihn vorwärts, zwingen ihn dem unratübersäten Boden entgegen. Reißen ihn auseinander.

Mit torkelnden Schritten tritt er die Hetzjagd an, deren Sinn und Zweck für einen Fremden kaum durchschaubar wäre. Seine Zuflucht bietet ausreichend Raum für Vorräte, für Lebensmittel, den klaren hochprozentigen Alkohol, der den Bildern für Stunden eine Spur ihrer Schärfe nimmt. Und alle paar Tage kommt *sie* vorbei. Sie hat ihn noch nie enttäuscht und wird ihn niemals enttäuschen.

Und doch ist es stärker als er, zwingt ihn ins Freie, weil er weiß, dass er die Blechwände, die er in ein Grab verwandelt hat, sonst nie mehr verlassen wird.

Der Kiosk. Er kann ihn erreichen. Er muss wissen, dass er ihn erreichen kann. Abend für Abend aufs Neue.

Und er stirbt bei jedem Schritt auf dem Weg.

Die Augen, die niemals blinzeln, sind nahe. Wenn er jetzt die Hand ausstreckte, könnte er die vom Dunst nur notdürftig verhüllte Gestalt berühren.

Doch er taumelt blind vorüber, und die Augen bleiben zurück.

Sie werden ihm heute nicht folgen.

Die Besuche im Reich des grauen Mannes sind wichtig für den analytischen Geist, der das gesamte Experiment geplant, vorbereitet, ersonnen hat. Sie sind die Skala, auf der er den Fortgang des Experiments ablesen kann. Er kann zufrieden sein bisher.

Ein großer Vorteil seiner Versuchsordnung ist die Flexibilität. Nahezu jedes der einzelnen notwendigen Ereignisse kann zu einem früheren oder auch späteren Zeitpunkt eintreten.

Und doch wird niemand die wahren Zusammenhänge erkennen.

Niemand als der graue Mann.

Bis die Stunde gekommen ist.

Aber selbst dieser akribische Plan besitzt Schwachstellen. Sie sind gut verborgen, unmöglich auszumachen, es sei denn durch den größten Feind einer jeden exakten Wissenschaft: den Zufall, der die Dinge unpräzise macht, sie ihrer Perfektion und damit ihres Wertes beraubt.

Und genau das, so scheint es, ist geschehen.

Aus Gründen, die in der Gesamtkonzeption seines Planes liegen, sind dem nimmermüden Verstand hinter Okularen und Nachtsichtgerät nur begrenzte Eingriffe in das Handeln derjenigen gestattet, die glauben, der Fährte zu folgen.

Doch er weiß, was sie tun. Zu jedem Zeitpunkt. Er schlussfolgert aus ihren Aktionen, erkennt die Richtung ihres Denkens, sieht ihre Handlungen voraus.

Und selbstverständlich hört er ihre Telefonate ab.

Eine umgehende Entscheidung ist notwendig, und in Bruchteilen von Sekunden ist sie getroffen.

Die Verkehrslage ist bereits überprüft. Viel Zeit bleibt nicht, doch er kann zur rechten Zeit am rechten Ort sein.

Das aber wird zu einer Veränderung im Ablauf der Kausalkette führen, einen im Plan durchaus angelegten zentralen Todesfall früher eintreten lassen als ursprünglich beabsichtigt.

Das ist eine Schwäche.

Doch sie lässt sich beheben.

Sie glauben, der Fährte zu folgen?

Es könnte sinnvoll sein, sich an ihre Fährte zu heften.

Aus nächster Nähe.

# fünf

Irgendwie sind wir schon ein eigenes Völkchen in Hamburg.
In welcher anderen Stadt der Welt sind sogar die Bullen stolz auf das Puffviertel?

St. Pauli ist eine Institution. Selbst die Busladungen von Rentnertouristen lassen eher die Mönckebergstraße aus als die Reeperbahn. Sie gehören zum Alltagsbild mit ihren billigen Digitalkameras und ihren roten Ohren, wenn die Türsteher versuchen, sie in die Clubs zu locken.

Natürlich ist St. Pauli auch gefährlich. Nirgendwo sonst kann man sein Geld so schnell loswerden – in der Regel allerdings auf durchaus gesetzmäßigem Weg. Verbrechen wie der Mord an Ole Hartung sind die absolute Ausnahme. Die wirklich schweren Jungs machen sich vor allem gegenseitig kalt. Alles andere wäre wirklich tödlich – fürs Geschäft nämlich. Und da sind unsere Ganoven eigen, wie alle echten Hanseaten.

St. Georg ist anders.

Einerseits gelten Teile des Viertels mittlerweile als schick und aufregend. Die *Lange Reihe* ist von der Schwulencommunity erobert worden, die die Mieten in astronomische Höhen getrieben hat. Andererseits gibt es direkt nebenan nach wie vor die billigen Sexshops, und zwei Ecken weiter kann man immer noch auf offener Straße an seinen Stoff kommen. Und die Geschichte mit dem jahrelang leerstehenden «Horrorhaus», in dem ein Obdachloser Feuer gelegt hatte, woraufhin die herbeigeeilten Einsatzkräfte rein zufällig auf eine frisch erdrosselte Prostituierte stießen, ist auch noch nicht lange her.

Jörg Albrecht hatte mir schließlich die Adresse einer Tapas-Bar durchgegeben, direkt am Hansaplatz. Ich hatte den Wagen ein Stück entfernt abgestellt und hielt mich im Schatten, während ich mich näherte.

Ich hätte zu gerne gewusst, welchen Vertreter unserer halbseidenen Kundschaft der Chef auf seine allerliebste Journalistin angesetzt hatte. Doch ich konnte nichts Verdächtiges entdecken.

Nach Margit Stahmkes Date musste ich dagegen erst gar nicht Ausschau halten – das befand sich mit ziemlicher Sicherheit schon in der Bar. Davon abgesehen, dass ich sowieso nicht gewusst hätte, woran ich den ominösen Informanten identifizieren sollte. Unser Mörder persönlich konnte drei Schritte hinter mir stehen, und ich würde ihn nicht erkennen. Wer zu Scharaden als Latexlady oder Rollstuhlrentner fähig war, war faktisch unsichtbar.

Ich spürte, wie das unangenehme Gefühl in meinem Magen wieder erwachte. Das war das Ungleichgewicht in dieser Ermittlung: Er würde mich erkennen – der Mörder, nicht der Informant. Der Täter kannte mein Gesicht, wie er jedes Gesicht auf dem Revier kannte, Faber, Lehmann, Matthiesen oder den Chef genauso gut wie Kerstin und Ole Hartung.

Ich schob die Glastür auf. Verlockende Düfte schlugen mir entgegen, und mit einem Mal hatte ich die Antwort, was das Gefühl in meinem Magen wirklich war, zum Teil zumindest: Hunger. Das Letzte, was ich gegessen hatte, war ein zweifelhaftes Putensandwich auf dem Weg zum Haus der Eberts gewesen.

Fast alle Tische waren voll besetzt, Gäste redeten wild durcheinander, im Hintergrund spielte lateinamerikanische Musik, die man mit sehr viel gutem Willen für Bossa nova halten konnte. Und irgendwo dazwischen mein Zielobjekt.

Ein freier Tisch am Durchgang zur Toilette. Ich setzte mich und packte meine Handtasche auf den Stuhl nebenan. Ein deutliches Zeichen, dass ich keine Gesellschaft wünschte.

Im selben Augenblick entdeckte ich Stahmke, schräg rechts von mir, keine fünf Meter entfernt.

Sie war nicht allein.

Ich kannte den Mann, der bei ihr war.

Paul. Paul, der Kameramann, den wir gemeinsam mit ihr auf dem Friedhof vorläufig festgesetzt hatten.

Ich biss mir auf die Lippen.

Kein Informant.

Kein Täter.

Ein Abendessen mit einem engen Mitarbeiter.

Deshalb war sie hier.

Albrecht hatte mich hergejagt, und ich hatte nicht mal in Frage gestellt, woher er wissen wollte, mit wem die Zecke verabredet war.

Stahmke wusste, dass wir sie verdächtigten. Wie dämlich hätte die Frau sein müssen, sich in aller Öffentlichkeit mit ihrem Informanten zu treffen?

Mein Abend war gelaufen. Das war das einzige Ergebnis dieses Einsatzes.

Also einfach wieder verschwinden?

Ich schüttelte den Kopf. Das konnte und wollte, das *durfte* ich nicht.

Dieser Abend war eine Chance. Wenn Stahmke hier und jetzt eine neue Nachricht erhielt, per Handy vermutlich, wie das wohl auch bisher funktioniert hatte, konnte ich versuchen, den beiden zu folgen.

Doch gleichzeitig war mir klar, was eine neue Nachricht bedeuten würde. Wir waren in Gefahr, das ganze Team. Jede Minute, im Dienst oder nicht.

Stahmke und Paul unterhielten sich, doch sie sprachen leise. Bei mir kamen nicht mal Wortfetzen an. Ein vollbesetzter Tisch befand sich zwischen uns, der aber gleichzeitig eine willkommene Deckung für mich bedeutete – meine einzige, mit Ausnahme der Speisekarte.

Zum Glück sah keiner der beiden direkt in meine Richtung.

Paul hätte mich noch eher im Blick gehabt, doch ich bezweifelte, dass er mich wiedererkennen würde. Auf dem Friedhof war es dunkel gewesen, und ich konnte mich nicht erinnern, den Mann vorher schon mal gesehen zu haben. Wobei ...

Ich packte meinen Notizblock aus. Paul, schrieb ich, dahinter ein Fragezeichen. Es konnte nicht schaden, den Mann zu überprüfen. Seine Personalien hatten wir schließlich aufgenommen.

Ein gestresst wirkendes junges Mädchen kam an meinen Tisch und erkundigte sich nach meiner Bestellung. Ich suchte was aus, ohne richtig hinzuschauen, und nahm ein Holsten dazu. Als ich den Blick wieder hob ...

Er kam eben durch die Tür.

Er konnte mich nicht übersehen, und das tat er auch nicht. Überrascht blieb er einen Moment stehen und hob eine Augenbraue, bevor er sich elegant zwischen den Tischen durchschob und bei Stahmke und ihrem Begleiter niederließ.

Joachim Merz.

• • •

Es war ein Wettrennen gegen die Zeit.

Für zwanzig Uhr dreißig hatte Professor Möllhaus dem Hauptkommissar einen Termin zugesagt. Später am Abend erwarte er noch einige seiner Doktoranden. Ungewöhnliche Zeit, hatte Jörg Albrecht gedacht. Doch diese Psychomenschen waren auch ungewöhnliche Leute, vorsichtig ausgedrückt.

Albrecht fluchte. Er war kurz vor fünf vom Revier weggekommen. Dreieinhalb Stunden: Das hätte kein Problem sein dürfen für die Strecke nach Braunschweig – wenn er nicht auf Faber gehört, sondern die Autobahn genommen hätte, die A7 nach Hannover und über die A2 im rechten Winkel in die Universitätsstadt.

Stattdessen hatte er eine halbe Stunde hinter einem Tanklaster geklemmt, der hinter einem Sattelschlepper klemmte, der hinter einem Rübentrecker ...

Rüben! Abends um sieben!

Und danach war es nicht besser geworden. Am Anfang hatte Albrecht über die Wahnsinnigen geflucht, die sich in Eigenregie aus der zweispurigen Landstraße eine dreispurige Überholpiste bastelten und die LKW aus dem Weg drängelten. Auch unmittelbar vor einer Kurve, wo in Gegenrichtung ein anderer Irrer auf dieselbe Idee kommen konnte.

Dann hatte er sich dem allgemeinen Fahrstil angepasst.

Zehn Minuten später hatte es plötzlich grell aufgeblitzt. Zu diesem Zeitpunkt hatte der Hauptkommissar längst aufgehört, die warnenden Tempo-70-Schilder zur Kenntnis zu nehmen.

Das war ein Fehler gewesen.

Seitdem fuhr er brav. Wenn die niedersächsischen Beamten in ihren Aufnahmen ein Dienstfahrzeug der hamburgischen Polizei identifizierten, würde das besondere Freude auslösen. Und die gönnte er ihnen nicht.

Seinen Berechnungen nach sollte es nunmehr mit der Ankunftszeit klappen. *Just in time.*

Albrecht nutzte den Rest der Fahrt, um auf dem Revier anzurufen. Das Trio für die zurückliegenden Fälle hatte bereits angekündigt, eine Sonderschicht einzulegen. Einzig das hielt den Hauptkommissar zurück, auf Kommissar Fabers Abkürzung zu sprechen zu kommen.

Stattdessen hörte er aufmerksam zu. Die Beamten hatten den gesamten Jahrgang 1989 und die Hälfte von 1990 nunmehr durchgearbeitet und drei Fälle ausgesondert, die eventuell in Frage kamen. Zumindest kamen sie so lange in Frage, wie man den weiteren Lebensweg überführter Straftäter nicht mit jener Akribie verfolgte, mit der Jörg Albrecht das tat.

Zwei der fraglichen Herren konnte er auf der Stelle ausschließen: tot beziehungsweise wieder in staatlicher Obhut.

Mark Lukas dagegen war Jörg Albrechts erste große Ermittlung gewesen. Allerdings hatte Lukas ausschließlich Sexualdelikte begangen. Selbst wenn bei der neuen Tatserie ein anderes Motiv im Vordergrund stand – Rache –, traute Albrecht dem Mann nicht zu, dass er die Finger von Kerstin Ebert gelassen hätte, schwanger oder nicht. Und Martin Euler hatte bereits ausgeschlossen, dass die Beamtin vor ihrem Tod vergewaltigt worden war.

«Nein, das ist es nicht», murmelte Albrecht und ließ sich noch zum Computerteam durchstellen.

«Guten Abend, Kriminalhauptmeister Winterfeldt.»

«Aloha, Chef.»

Seufzend hörte der Hauptkommissar sich an, was die beiden jungen Beamten zu berichten – oder besser nicht zu berichten hatten. Einige der unbekannten Damen aus den Hartung-Protokollen hatte Lehmann zuordnen können, andere blieben schemenhaft. Die Täterin konnte darunter sein oder auch nicht. Von Jacqueline war dagegen doch noch die Spur eines Hinweises gekommen. Ole Hartung war wenige Stunden vor seinem Tod im *Club Justine* gesehen worden, einer anderen einschlägigen Bar. Allerdings allein. Lehmann würde sich um Zeugen bemühen.

«Wir wissen, dass wir nichts wissen», murmelte der Hauptkommissar und legte auf.

Friedrichs würde er nicht anrufen. Während einer verdeckten Observation kam das nur im äußersten Notfall in Frage.

Bei dieser hier war es ausgeschlossen.

Albrecht hatte über seinen eigenen Schatten springen müssen, die Kommissarin um diesen Gefallen zu bitten. Er selbst hätte sich an Stahmkes Fersen heften sollen, schließlich ging es um seinen Kopf – in mehr als einer Beziehung. Doch er war vor vierundzwanzig Stunden zusammen mit der Zecke über die Fernsehschirme geflimmert. In Großaufnahme vermutlich. Er konnte sie nicht unsichtbar verfolgen.

Davon abgesehen, dass Möllhaus auf ihn wartete.

Doch es gab noch einen anderen Anruf, den er auf seiner Agenda seit Tagen vor sich herschob.

«Bringen wir's hinter uns», murmelte er, als er die Nummer des Pfarrhauses in Waldlingen wählte.

• • •

Joachim Merz.

Nein, kein lauschiges Abendessen zu zweit für Margit Stahmke und ihren Kameramann.

Eins zu dritt.

Und über den Anlass machte ich mir keine Illusionen. Die Festnahme von gestern Abend würde ein juristisches Nachspiel haben.

Falls es bei Ermittlungen wegen der Festnahme bleiben würde.

Falls nicht noch was dazukam.

Gab es einen Straftatbestand *Stalking im Dienst*?

Mein Gesicht war krebsrot angelaufen. Keine zehn Minuten hier, und meine verdeckte Ermittlung war zum Teufel, nein, schlimmer.

Bei der Zecke hätte ich mich irgendwie rausreden können. In der Freien und Hansestadt dürfen auch Kriminalbullen ihre Tapas essen, wo sie wollen.

Meine persönliche erotische Leiche im Keller war von anderem Kaliber. Wenn es einen Menschen gab, der dem Gericht einen harmlosen Restaurantbesuch als die verdeckte Observation verkaufen konnte, die er ja in Wirklichkeit auch war, dann war es Joachim Merz.

Nur zu deutlich konnte ich mir Jörg Albrechts Gesicht vorstellen, wenn ich ihm von der kürzesten Beschattung in der Geschichte des Kommissariats erzählte.

Wütend starrte ich den Anwalt an. Na, mach schon, lass die Bombe platzen!

Doch Merz machte keine Anstalten. Er hatte die Speisekarte in die Hand genommen. Sein manikürter Fingernagel fuhr über die Liste der Gerichte, während er der Stahmke aufmerksam zuhörte.

Er selbst sagte kein Wort. Hatte er auch nur in meine Richtung genickt, um den beiden ein Zeichen zu geben?

Verwirrt kniff ich die Augen zusammen.

Der Mann deckte mich!

Er wusste, dass ich hier war, doch die Zecke und ihr Kameramann waren immer noch ahnungslos.

So lange Joachim Merz das wollte.

Was zur Hölle sollte das?

Um der alten Zeiten willen? Unser gemeinsamer wilder Abend war bemerkenswert gewesen, nach *meinen* Maßstäben. Doch bei diesem Mann hatte ich keine Illusionen. Der machte so was ständig.

Merz hatte die Ellenbogen auf den Tisch gestützt und legte das Kinn grüblerisch auf die gefalteten Hände. Er lauschte den Worten der Journalistin, sein Blick schien sich irgendwo im Raum zu verlieren.

So musste es für Margit Stahmke aussehen. Und für Paul.

Mir zwinkerte er zu.

Ich biss die Zähne zusammen. *Die* Show kannte ich. Ich hatte sie schon einmal erlebt, und ich konnte mich nur zu gut erinnern, wie die Sache ausgegangen war.

Eisig erwiderte ich den Blick.

Nachdenklich betrachtete er die Karte, doch plötzlich schien er einen Entschluss gefasst zu haben. Er sah zu Stahmke, dann noch einmal kurz zu mir. Also doch? Er befeuchtete die Lippen mit der Zunge.

*Untersteh dich!* Ich starrte ihn an.

Fragend hob er die Augenbrauen. *Zwinker-zwinker.*

Ich kochte vor Wut.

Ein Spiel. Ein *Merz und Maus*-Spiel. Keine weiteren Fragen.

Oder doch, eine schon: Was zur Hölle erwartete er jetzt von mir?

Sollte ich das Feld freiwillig räumen?

Ich streckte die Hand nach meiner Tasche aus und sah ihn fragend an.

Langsam schüttelte er den Kopf. Für die Journalistin – und Paul – musste es aussehen, als höre er besonders konzentriert zu.

Ratlos legte ich die Hände auf den Tisch. Meine Bestellung kam. Ich bedankte mich mit einem Nicken und führte das kühle Glas an die Lippen.

*Zwinker-zwinker.*

Er hatte Rotwein bestellt, und selbstverständlich hatte er sein Getränk vor mir bekommen. Merz war ein Universalmodell, funktionierte bei Kellnerinnen genauso gut wie bei Polizistinnen.

Versonnen fuhren seine Finger die Rundung des Glases nach. Genießerisch prüfte er das Bouquet, bevor er, ohne den Blick von mir abzuwenden, mit den Lippen, der Zunge …

Nur zu gut konnte ich mich an das Gefühl dieser Lippen auf meiner nackten Haut erinnern, an die feinen, aber kräftigen Hände, die meinen Körper erkundet hatten. Ich dachte daran, wie ich mich gewehrt hatte – innerlich. Joachim Merz war niemand, der es nötig hatte, sich irgendwas mit Gewalt zu nehmen. Und doch war da diese Schwelle gewesen. Das kannst du nicht machen! Das war etwas, was Dennis machte. Dennis mit seinem Objekt in Bergedorf. Dennis mit seinen dummen Sprüchen und seiner Unfähigkeit, für die Menschen da zu sein, die ihn brauchten. Ob Joachim Merz dazu in der Lage war?

Seltsamerweise spielte das keine Rolle.

Er hatte andere Qualitäten.

«Joachim?» Margit Stahmke hatte eine Spur lauter gesprochen als bisher. Der Name kam bei mir an.

Ich spürte, dass sie suchend in meine Richtung sah, doch ich hatte schnell genug geschaltet und betrachtete angestrengt das ölige Etwas auf meinem Teller.

Ich glaubte zu hören, wie Merz ihr antwortete. Seine Stimme war geschult durch die Arbeit im Gerichtssaal, und dieses ganz besondere, dunkle Timbre ...

Minutenlang beschäftigte ich mich mit meinen Tapas. Erst dann wagte ich wieder aufzublicken.

Er sah mich immer noch an. Oder schon wieder. Machte das einen Unterschied?

*Was zum Teufel willst du von mir?*

Bei manchen Fragen reicht ein Blick als Antwort vollständig aus.

Seine dunklen Augen schafften den Blick durch meine Kleidung mühelos.

Es ist ein unbeschreibliches Gefühl, wenn man sich vorkommt, als säße man plötzlich splitternackt in einer schicken Tapas-Bar voller Menschen.

Und doch, in diesem Moment, mit seinen Augen auf mir ...

Verdammt, Friedrichs, du bist in einer Ermittlung!

Doch die Stimme kam von weit, weit weg.

Das Unangenehmste war, dass sie sich anhörte wie Jörg Albrechts Stimme.

• • •

Am Ende behielt Albrecht recht mit seiner Schätzung der Fahrtzeit, aller Knüppel zum Trotz, die ihm zwischen die Beine geworfen worden waren. Die Realität hatte über die Navigationssoftware gesiegt: eine Einbahnstraße, wo keine hingehörte, und auf den letzten Metern eine Baustelle, die ihn zu einer Ehrenrunde gezwungen hatte, bevor er in die Humboldtstraße einbiegen konnte.

Das Gebäude, in dem das Institut für Rechtspsychologie der Technischen Universität Braunschweig untergebracht war, war ein Bau aus dem neunzehnten Jahrhundert nahe der Oker. Eine Stichstraße führte zu einem kleinen Parkplatz, der um diese Uhrzeit nahezu leer war.

Albrecht stieg aus. Die Luft war klar, aber einige Grade kälter als in Hamburg. Er nahm Anzugjacke und Mantel vom Bügel und sah sich um.

Ein winziger, rötlich glühender Punkt im Schatten des Gebäudes, gleich darauf eine undeutliche Qualmwolke.

«Professor Möllhaus?»

Der Leuchtpunkt verschwand. Die Zigarette wurde eilig ausgetreten.

«Äh, nein.» Ein junger Mann trat in den Lichtkegel der Laternen, die den Parkplatz beleuchteten. Im ersten Moment erinnerte er Albrecht an Hauptmeister Lehmann, doch der Junge war noch wesentlich schlaksiger und schien nicht zu wissen, was er mit seinen Armen und Beinen anfangen sollte. Eher Winterfeldt-Format, dachte Albrecht. In jeder Beziehung.

Wie geschaffen für sein Berufsfeld.

«Der Professor ist oben», erklärte der junge Mann. Ein Blick in den wolkenverhangenen Himmel. «Aber ich glaube nicht, dass er jetzt noch Zeit ...»

«Er erwartet mich. Sind Sie einer der Doktoranden?»

«Jonas Wolczyk.»

War das eine Antwort?

Der junge Mann streckte Albrecht die Hand entgegen, zog sie eine Sekunde lang zurück, betrachtete sie prüfend, streckte sie wieder vor. «Ich forsche über Verbrechertypen.»

«Ich auch», brummte Albrecht und ließ die Hand schneller wieder los, als er zugegriffen hatte. «Da drüben komm ich rein?»

«Sie müssen einfach …»

«Danke für die Hilfe. Ich finde den Weg.»

Ein Treppenaufgang. Im Erdgeschoss hatte kein Licht gebrannt, in der Etage darüber schon. Eine Zwischentür stand offen, dahinter ein langer Flur, auf den aus einer Türöffnung Licht fiel.

«Professor Möllhaus?»

«Ich bin hier drüben …» Ein melodischer Singsang.

Der Hauptkommissar zog seinen Mantel aus, legte ihn sich über den Arm und trat durch die Tür.

Professor Hartmut Möllhaus mochte Anfang sechzig sein, die Stirn kahl bis zu der Stelle, an der sich mal sein Scheitel befunden haben musste. Dafür war das schüttere Nackenhaar zu einem Pferdeschwanz gebunden, der bis auf die Schulterblätter fiel.

Möllhaus saß am Boden, die Beine im Yogisitz übereinandergeschlagen, und betrachtete einen Abschnitt der Wand zwischen den Fenstern. Albrecht legte den Kopf auf die Seite. Eine Wand. Raufaserverputzt. Besondere Kennzeichen: keine.

Der Hauptkommissar räusperte sich. «Professor?»

Ein Seufzen kam über Möllhaus' Lippen. Er legte kurz die Hände ineinander, blinzelte und kam in einer federnden Bewegung hoch.

«Hauptkommissar Albrecht!» Der Händedruck war fester als erwartet. «Ich freue mich, dass Sie so kurzfristig kommen konnten.»

«Ich bin froh, dass Sie um diese Uhrzeit noch Zeit für mich haben.»

«Eine spezielle Technik.» Möllhaus wies auf den leeren Fleck auf dem Teppich, wo er eben noch gesessen hatte. «Zehn Minuten sind so gut wie zwei Stunden Schlaf. Ich schlafe selten länger als zwei oder drei Stunden die Nacht.»

Dito, dachte Albrecht, nickte aber nur höflich. Auf eine einladende Handbewegung hin ließ er sich in einem Sessel nieder.

Den Mantel hatte er über die Rückenlehne drapiert. Eine Garderobe war nirgendwo zu sehen.

«Ich bin trotzdem dankbar, dass Sie kommen konnten», sagte Möllhaus, der auf einem Stuhl hinter seinem Schreibtisch Platz genommen hatte. «Jeder von uns hat seine eigenen Mechanismen, nach denen er Informationen wahrnimmt und verarbeitet. Ich persönlich bin der visuelle Typ. Ich muss die Dinge schwarz auf weiß vor mir sehen.» Er hob einen Kugelschreiber, lächelte. «Oder blau auf weiß in diesem Fall. – Sie wissen, dass ich bereits mit etlichen Ihrer Kollegen zusammengearbeitet habe?»

Albrecht nickte. «Isolde Lorentz hat Sie mir empfohlen.»

Der Professor betrachtete ihn. Albrecht erwiderte den Blick, doch es war nicht einfach, den Mann einzuschätzen.

Wer es zu seinem Beruf gemacht hatte, das Verhalten anderer Leute zu beurteilen, wusste besser als jeder andere, wie er sich selbst keine Blöße gab. Der Hauptkommissar fragte sich, ob die Polizeipräsidentin dem Mann von ihm erzählt hatte. Ob er ahnte, dass Jörg Albrecht nicht freiwillig hier war.

«Ein Blick von außen kann manchmal sinnvoll sein», erklärte Möllhaus. «Kein Betrachter kann einen unvoreingenommenen Blick auf ein Bild werfen, wenn er selbst ein Teil des Dargestellten ist. Manchmal, wenn sich Beamte besonders stark in eine Ermittlung involvieren, kann es aber genau dazu kommen.»

Albrecht nickte stumm. Er hätte sich denken können, dass diese einprägsame Metapher nicht auf Isolde Lorentz' Mist gewachsen war.

Möllhaus' Mundwinkel zuckte. Der Mann beobachtete *sehr* genau.

«Kann ich Ihnen einen Tee anbieten?», erkundigte er sich.

Ich trau's Ihnen zu, dachte Albrecht.

Doch er spürte, dass er sich ein wenig entspannte. Er hatte Schlimmeres erwartet. Ein endgültiges Urteil über Möllhaus wollte er sich besser noch vorbehalten, doch für einen Angehörigen seines Berufsstandes schien der Psychologe ein korrekter Mann zu sein. Der Spiralblock, den er aus einer Schublade zog, erinnerte an Friedrichs.

Hannah Friedrichs, die der Hauptkommissar auf die einzige echte Fährte angesetzt hatte, die er erkennen konnte. Er konnte nur hoffen, dass die Kommissarin mit Erkenntnissen zurückkam, die sie aus der Sackgasse herausführen würden, in die der Fall zu laufen drohte.

Dass diese Erkenntnisse rechtzeitig kamen.

Nicht wir sind es, die den Rhythmus dieser Ermittlungen bestimmen, dachte er. Der Täter zwingt ihn uns auf.

Professor Möllhaus nickte ihm zu, und Jörg Albrecht begann die Umrisse des Falls zu schildern.

• • •

Die Tapas-Bar begann sich zu leeren.

Nicht anders als in sämtlichen anderen Vierteln der Stadt, in denen abends was los ist, hat auch in St. Georg jedes Lokal, jeder Club seine persönliche Rushhour. Die Nachtschwärmer erinnern an Fledermäuse, die auf Mottenjagd eine Laterne nach der anderen abklappern. Sich zu Hause hübsch machen, dann ein Häppchen essen als Grundlage, und dann ab ins wilde Leben.

Jetzt, gegen zehn, ging das wilde Leben ganz allmählich los.

Allerdings nicht für Margit Stahmke und den Mann, dessen vornehmste Aufgabe darin bestand, sie stets und ständig von ihrer Schokoladenseite einzufangen. Wer zum Frühstück die nächste reißerische Geschichte auspacken wollte, gehörte früh ins Bett.

Bei Joachim Merz war ich mir dagegen nicht ganz sicher. In der richtigen Stimmung für einen wilden Abend war er mit Sicherheit – und da begann das Problem.

Das galt nicht nur für ihn.

Der Anwalt hatte ein iPad ausgepackt, offenbar um die wichtigsten Stichpunkte aus Stahmkes Rede hineinzutippen. Jedenfalls hatte er sie hin und wieder einen Blick auf den Bildschirm werfen lassen: Der bevorstehende Weg durch die gerichtlichen Instanzen vermutlich, bis zu Jörg Albrechts Entfernung aus dem Polizeidienst.

Doch die meiste Zeit hatte Merz einfach zugehört.

Zumindest musste das Margit Stahmkes Eindruck gewesen sein.

Es ist unglaublich, wie viel man sagen kann, ohne ein Wort zu reden. Ein Blick hier, ein Zwinkern dort, eine unverfängliche Handbewegung ... Nein, keine eindeutigen Gesten vom Pausenhof in der achten Klasse. Vollkommen harmlose, beiläufige Zeichen. Ein Handrücken, der nachdenklich über die Lippen streicht, Augen, die sekundenlang auf dem Ansatz eines Dekolletés verharren, über dem sich wie von Zauberhand ein Knopf mehr geöffnet hat, als das noch zu Beginn des Abends der Fall gewesen ist.

Ich musste den Verstand verloren haben, auf diese Nummer einzusteigen.

Dass ich den nicht ganz beisammenhatte, sobald Joachim Merz ins Spiel kam, hatte ich heute ja schon zur Genüge mit mir erörtert.

Unverständlich blieb mir nur, warum er sich mit mir solche Mühe gab.

Gerüchten zufolge hatte der Mann seine eigene Facebook-Fanseite.

Ich wartete. Ich lauschte. Ich zwinkerte zurück. Ohne Erfolg. Bis auf das Zwinkern.

Ich war nicht so hirnverbrannt, mir einzubilden, dass Merz mir auch nur die allerkleinste Chance geben würde, ihm irgendwie in die Karten zu schauen.

Meine Chance bestand darin, aus erster Hand mitzukriegen,

falls sich auf Margit Stahmkes Handy etwas tat – und dann an ihr dranzubleiben.

Warum auch immer: Er schien bereit, mir diese Chance zu geben.

Ich würde sie nutzen, so lange ich konnte.

Die Gruppe, die den Tisch zwischen uns blockiert hatte, zahlte jetzt und machte sich auf den Weg nach draußen.

Endlich hatte ich freieren Blick, würde vielleicht auch besser verstehen können, was an Stahmkes Tisch gesprochen wurde – doch im selben Moment wurde mir klar, dass ich zu lange gewartet hatte.

Zwei weitere Tische waren noch besetzt, beide direkt am Fenster, eine ganz Ecke entfernt. Wenn die Journalistin das nächste Mal in meine Richtung schaute, *konnte* sie mich nicht übersehen.

Gehetzt hielt ich nach der Kellnerin Ausschau. Nirgends zu sehen.

Nur Joachim Merz, der fragend die Augenbrauen hob. Mir blieb nichts, als in blinder Panik zurückzustarren. Bitte, mach irgendwas!

Es war demütigend.

Seine Lippen verzogen sich amüsiert, doch eine Sekunde später nickte er wie zu sich selbst, drehte das iPad um und begann, Stahmke etwas zu erklären.

Die Kellnerin. Ich atmete auf, gab ihr ein Zeichen, zog deutlich sichtbar zwei Zwanzig-Euro-Scheine aus dem Portemonnaie und schob sie unter mein letztes, noch halb volles Holsten.

Es war das erste Mal an diesem Abend, dass ich die Frau tatsächlich lächeln sah.

Das Trinkgeld der Saison, dachte ich finster, doch wenn ich mir jetzt noch rausgeben ließ ...

Mit dem Rücken in Richtung Stahmke schob ich mich zur Tür, schlüpfte ins Freie und atmete durch.

Geschafft. Drei Schritte Abstand zum Fenster, bis ich aus dem Licht war, ein letzter Blick ins Innere. Eine Sekunde lang spürte ich ein tiefes Bedauern. Es war kühl hier draußen. Jetzt erst wurde mir die Hitze bewusst, die in mir aufgestiegen und nicht allein die Folge von zweieinhalb Gläsern Bier war.

Joachim Merz wandte mir nun den Rücken zu. Seine Hände bewegten sich, während er etwas erklärte. Die langgliedrigen Finger, die zu einem Dirigenten gepasst hätten.

Und plötzlich veränderte sich etwas. Stahmke hob die Hand, schien in ihrer Tasche etwas zu suchen – und zog ein Handy hervor.

Mein Herz machte einen Satz. Angespannt beobachtete ich, wie sich ihr Gesichtsausdruck veränderte, während sie das Display betrachtete. Sie zögerte, sah auf die Uhr und ließ das Mobiltelefon sinken.

Paul stellte offenbar eine Frage. Die Journalistin machte eine rasche Handbewegung, redete aufgeregt, war schon aufgestanden. Die Kellnerin kam – doch im nächsten Moment stürmte die Zecke an ihr vorbei auf die Tür zu.

Und Joachim Merz packte in aller Seelenruhe sein Portemonnaie aus.

Ich verfluchte ihn, während ich rückwärts stolperte.

Ein schrilles Hupen.

Ein ungeschickter Schritt, ich fand Deckung hinter einem parkenden Mercedes Coupé, spürte den Luftzug, als ein Wagen hinter mir vorbeirauschte und mir um ein Haar den Hintern abrasierte.

Mein Herz raste. Ein Geräusch. Die Glastür der Bar wurde geöffnet.

«... klingt anders diesmal, kürzer.» Das war Stahmke, keine zwei Meter von mir auf der anderen Seite des Mercedes. «Irgendjemand muss ihn gestört haben. Die Alsterquelle bei Henstedt! Wie lange brauchen wir dahin?»

«Die Alster hat eine Quelle?» Paul.

«Henstedt, verdammt! Henstedt-Ulzburg! Wie lange?» Die Stimme der Journalistin überschlug sich, doch im selben Moment entfernten sich die beiden eilig.

Nach links. Mein Wagen stand in der entgegengesetzten Richtung.

• • •

Er war in der Höhle des Löwen.

Ein Löwe? Ein ganzes Rudel!

Jörg Albrecht bemühte sich um einen nichtssagenden Gesichtsausdruck.

Professor Hartmut Möllhaus hatte sich in Ruhe angehört, was der Hauptkommissar ihm zu erzählen hatte. Er hatte weder gedrängelt noch unnötige Zwischenfragen gestellt.

Er hatte Albrecht die Chance gegeben, sein eigenes Bild des Falls zu zeichnen, seine eigenen Gedanken zu formulieren, die Verbindungen zu skizzieren, die sich aus der Anordnung der Versatzstücke im Raum der Ermittlung bereits andeuteten. Das war etwas, das der Hauptkommissar aus seinen Erlebnissen mit den gerichtlichen Gutachtern nicht kannte.

Nach wie vor war es kein angenehmes Erlebnis, einen Externen an laufenden Ermittlungen teilhaben zu lassen, doch er war soeben zu der Überzeugung gekommen, dass er mit Möllhaus würde leben können. Da hatte es vorsichtig an der Tür geklopft, und Jonas Wolczyk, der Hauptmeister-Winterfeldt-Verschnitt, hatte den Kopf in den Raum gesteckt. Einige gemurmelte Worte, und der Professor hatte ihm die Aufzeichnungen ausgehändigt, die er soeben von Jörg Albrechts Bericht angefertigt hatte.

Und nun befand sich der Hauptkommissar in einem Raum, der irritierend an das Besprechungszimmer des Reviers erin-

nerte: U-förmig angeordnete Tische, Möllhaus an der offenen
Seite vor einem Whiteboard, auf den Stühlen ein halbes Dutzend
angehender Psychologen.

Und vor jedem der hoffnungsvollen jungen Leute ein frisch
kopiertes Handout mit Jörg Albrechts Aussage.

Eine junge Frau war gerade noch in den Raum gehuscht, bevor der Professor sich mit einem Hüsteln zu Wort meldete und
das Kolloquium begrüßte.

Ein Praxisversuch. Doch, das sei eine gängige Arbeitsme-
thode, hatte Möllhaus dem konsternierten Ermittler versichert.
Natürlich, Isolde Lorentz wisse davon. Er, der Professor, biete
seine Dienstleistung in diesem Fall ohne Honorar an, dafür
bekämen seine Schützlinge die Gelegenheit, sich unter Praxis-
bedingungen mit einem realen Fall auseinanderzusetzen.

Ein psychologisches Versuchskaninchen. Jörg Albrechts Augen fixierten einen Punkt an der Wand, schräg über dem Kopf
der zuletzt hinzugekommenen jungen Dame, die mit bemer-
kenswerter Ruhe ihre Arbeitsunterlagen auspackte. Dunkler
Pagenkopf, bleistiftdünne Augenbrauen. Psychologin in spe,
wie der ganze Stall.

Manche Dinge waren Verschwendung.

«Hauptkommissar Albrecht.» Möllhaus räusperte sich. «Bevor wir beginnen, möchte ich noch einmal betonen, dass jeder
hier im Raum dieselbe Erklärung abgegeben hat wie ich selbst.
Nichts von dem, was wir hier erörtern, keinerlei Details Ihres
Falles werden in irgendeiner Weise an Dritte weitergegeben
werden.»

«Lediglich in anonymisierter Form», ergänzte Wolczyk.

«Lediglich in anonymisierter Form», bestätigte der Professor.

Albrecht unterdrückte jegliche Lebensäußerung. Wie schwierig konnte das werden, aus einem anonymisierten, in einem Fetischclub kastrierten Kripobeamten und einer anonymisierten,
an der Strahlenkrankheit gestorbenen Kripobeamtin auf den

konkreten Fall zu schließen, über den seit bald achtundvierzig Stunden sämtliche Sender berichteten?

«Damit Sie wissen, mit wem Sie es zu tun haben, möchte ich Ihnen die Runde kurz vorstellen.»

Möllhaus arbeitete sich reihum vor, Name und persönlicher Forschungsschwerpunkt. Jonas Wolczyk hatte sich der düsteren Vergangenheit der Rechtspsychologie verschrieben, dem kriminalbiologischen Modell, nach dem man bereits aus dem körperlichen Erscheinungsbild einer Person den ‹geborenen Verbrecher› zu erkennen glaubte. Das Mädchen mit dem Pagenkopf, Maja Werden, beschäftigte sich mit Schwerstkriminellen, über die nach Verbüßung ihrer Strafe eine Sicherungsverwahrung verhängt worden war.

Der Hauptkommissar musterte die junge Frau. Auch in der Rechtspsychologie musste es angenehmere Arbeitsfelder geben.

Doch die Furchen der menschlichen Seele waren unergründlich. Bei Tätern wie bei ihren Analytikern.

Niemand, der nicht eigene Abgründe hat, steigt freiwillig in solche Tiefen, dachte Jörg Albrecht.

Kein Psychologe.

Und ein Kriminalkommissar ganz gewiss nicht.

«Sie haben sich bereits in die Causa einlesen können.» Der Professor sah in die Runde. Maja Werden las noch. «Bevor wir den Fall gemeinsam erörtern: Hat jemand von Ihnen noch Fragen an Hauptkommissar Albrecht?»

Wolczyk hob die Hand. «Kommissar Albrecht, Sie haben erzählt, dass Sie Phantomskizzen der Maskenfrau wie auch des alten Mannes …»

«Ganz normale Gesichter», brummte Albrecht. «Keine Verbrechervisagen.»

«Hatten sie denn Ähnlichkeit?»

«Zwei Augen, Nase, Mund. Wenn es dieselbe Person ist, gibt sie sich Mühe.»

«Aufmerksamkeit ist selektiv», meldete sich ein bärtiger junger Mann ganz rechts am Tisch. Börstel oder Börnsen, Albrecht hatte den Namen nicht verstanden. «Unser Gehirn braucht nur Bruchteile von Sekunden, um ein Gesicht wiederzuerkennen. Doch was uns von einem Gesicht in Erinnerung bleibt, ist das, was es von durchschnittlichen Gesichtern unterscheidet: eine Narbe, eine Sonnenbrille, vielleicht auch ein Piercing, obwohl man darüber schneller hinwegsieht.»

«Der Herr im Rollstuhl hatte keins. Die Frau trug eine Maske.»

«Genau.» Börstel – oder Börnsen – nickte. «Deshalb erinnern sich die Zeugen an den Rollstuhl und die Maske. Der Rest bleibt verschwommen.»

«Weitere Fragen?» Möllhaus.

«Sie schildern den Täter als hochintelligent, Hauptkommissar.» Maja Werden sprach ihn direkt an. Sie hatte sich nicht gemeldet. «Wie kommen Sie darauf?»

«Weil er offenbar hochintelligent ist», brummte Albrecht. «Er ...»

«Würden Sie einfach meine Frage beantworten?», bat Werden freundlich. «Ich möchte gerne meine eigenen Schlüsse ziehen. Hochintelligent: Was bringt Sie zu dieser Ansicht?» Graue Augen sahen ihn geradeheraus an.

Jörg Albrecht mochte es nicht, wenn man ihn auf diese Weise ansah. Das gab ihm das Gefühl, auf der falschen Seite des Tisches zu sitzen.

Des Vernehmungstisches.

«Der Umstand, dass er bei dem ersten Opfer sowohl den Penis als auch den Hodensack mit klinischer Präzision entfernt hat, verrät fundierte medizinische Kenntnisse.» Die Worte *Penis* und *Hodensack*, besonders aber das *entfernt* betonte der Hauptkommissar eine Spur stärker, als er das normalerweise getan hatte. Ohne Erfolg. Das Mädchen blieb unbeeindruckt, blinzelte nicht mal. Albrecht hob die Schultern. «Hätten die meisten von uns nicht angenommen, dass die Entfernung des Hodensacks ausreicht, damit das Opfer verblutet?»

«Richtig.» Maja Werden nickte. «Allerdings sind die meisten von uns vermutlich auch nicht in SM-Kreisen aktiv, was beim Täter der Fall zu sein scheint. Meines Wissens setzt man sich in dieser Szene mit medizinischen und anatomischen Fragen intensiv auseinander – aus gutem Grund. Die *spielerischen* Schnitte, wie Sie sie bezeichnen, waren doch sicherlich auch an eher harmlosen Stellen platziert, wie es in dieser Szene gängig ist?»

Albrecht zögerte. Dann nickte er widerstrebend. «Davon gehe ich aus. Natürlich kenne ich mich persönlich in dieser Szene nicht so gut aus wie der Täter. Oder Sie.»

Er widerstand dem Impuls, sich auf die Zunge zu beißen. Das hätte sie mitgekriegt.

Das war keine Ruhmestat, Albrecht.

«Frau Werden setzt sich mit dieser Thematik berufsbedingt auseinander», warf der Professor ein. Wahrnehmbar kühler als bisher.

«Natürlich.» Albrecht nickte und machte eine Handbewegung, von der er hoffte, sie würde klarmachen, dass er den Treffer akzeptierte.

«Das war Ihr einziger Hinweis?», erkundigte sich die junge Frau. «Darauf, dass der Täter hochintelligent sein muss?»

«Nein.» Albrecht schüttelte den Kopf. Treffer hin oder her. Zum ersten Mal war er ins Grübeln gekommen. Wenn die Fetischszene nun doch der Ausgangspunkt war? In diesem Moment würden die heimlichen Filmaufnahmen ein völlig anderes Gewicht bekommen. Dann war es möglich, dass es sich bei der gerüchteweisen Erpressung und den Morden doch um einen einzigen Fall handelte.

«Nein», sagte er. Er musste später darüber nachdenken. «Nein, auch im zweiten Mordfall haben wir es mit einem außergewöhnlichen Wissen zu tun. Einen Menschen mit einer massiven Strahlendosis zu töten setzt nicht allein den Willen voraus, die Öffentlichkeit möglichst massiv zu schockieren, sondern auch ...»

«Eine Strahlenquelle», murmelte Wolczyk. «Er könnte Physiker sein. Mein Schwager arbeitet in Hamburg an diesem Teilchenbeschleuniger. Aber der trägt einen Bart.» Der Nachsatz kam so hastig, dass Albrecht im ersten Moment gar nicht begriff, was er sollte.

Aber natürlich, der Täter trug keinen.

«Oder Arzt», fügte Börstel – oder Börnsen – hinzu. «Oder Zahnarzt vielleicht? Mit Sicherheit lässt sich die Strahlendosis an den Röntgenapparaten, Tomographen und so weiter justieren. – Ein Physiker oder Arzt also, der in der Fetischszene unterwegs ist? Beides Berufe, für die man studieren muss.»

Maja Werden sagte kein Wort. Sie sah Albrecht einfach nur an.

Kein Triumph. Sie wollte nicht mehr als ihre eigenen Schlüsse ziehen. Und Jörg Albrecht hätte ihr diese Möglichkeit beinahe verstellt.

Der Hauptkommissar schüttelte stumm den Kopf.

Er hatte nicht herkommen wollen.

Er hatte befürchtet, dass ihm jemand die Fäden seiner Ermittlung durcheinanderbringen würde.

Dass es einen, nein, mehrere Menschen geben sollte, die ihre Laufrichtung besser erkennen konnten als er selbst, hatte er nicht für möglich gehalten.

• • •

Eilig entfernten sich die Schritte des Fernsehteams.

Hinterher!, war mein erster Reflex. Aber das war Unsinn. Albrechts Anweisung war eindeutig: Kein Eingreifen, solange nicht Gefahr im Verzug ist. Das war eindeutig nicht der Fall.

Nicht hier in St. Georg. Wenn ich Stahmke festsetzte, war nichts gewonnen.

Ich drückte die Zwei, die Kurzwahl des Reviers.

«Joa? PK Königstraße, Kriminalkommissar Klaus Matthiesen.»

«Die Alsterquelle!», zischte ich. «Irgendwo bei Henstedt-Ulzburg. Stahmke hat gerade einen Anruf gekriegt.»

«Hä?»

Ich verfluchte die Schlafmütze. Natürlich konnte er nicht wissen, dass ich an der Pressefrau dran gewesen war, doch selbst Matthiesens langsamem Verstand musste doch aufgehen, was das bedeutete!

«Ruf die Kollegen in Schleswig-Holstein an!», fauchte ich. «Sie sollen sofort was da hinschicken! Das ist ...» Der nächste Tote, dachte ich. Albrecht war in Braunschweig, Matthiesen auf dem Revier. Jeder andere konnte es sein. «Das ist der nächste Tatort! Aber fang nicht an, denen das zu erklären! Sie müssen auf der Stelle dahin! Gib das durch!»

«Ja ... ja.» Ich sah vor mir, wie er sich schüttelte wie ein begossener Pudel. «Ich ruf da an. Jetzt gleich.»

Ich beendete das Gespräch.

Henstedt-Ulzburg, jenseits der Stadtgrenze. Quer durch die Stadt, bei Schnelsen auf die Autobahn, die übernächste Ausfahrt wieder raus. Die Quelle würde ich finden, und wenn ich selbst bei den Kollegen anrufen musste.

Ich begann zu laufen. Mein Wagen stand drei Straßen entfernt. Ich war eben im Begriff, das Handy wieder zu verstauen, tippte dann aber auf die Eins im Kurzwahlspeicher.

*«Dennis Friedrichs ...»*

«Dennis, ich ...»

*«... und Hannah Friedrichs. Leider sind wir im Moment nicht zu Hause. Hinterlassen Sie doch bitte eine Nachricht, und wir rufen so schnell wie mög...»*

Mit einem Knurren schnitt ich unserem Anrufbeantworter das Wort ab, beendete auch dieses Telefonat.

Zweiundzwanzig Uhr durch. So lange dauerte keine Abstimmung über irgendein Sanierungsobjekt dieser Welt. Weder mit Iris Gunthermann noch mit sonst wem.

Es sei denn, die beiden stimmten was ganz anderes aufeinander ab.

Oder es gab da noch ein weiteres *Objekt*, das er zu *bearbeiten* hatte.

Unterdrückt schimpfend stopfte ich das Handy in die Tasche, ohne langsamer zu werden.

So ging das nicht weiter mit uns beiden. Irgendwas musste passieren. Doch darüber durfte ich mir jetzt nicht den Kopf zerbrechen.

Die Alsterquelle, Henstedt-Ulzburg. Schon tastete ich nach meinem Autoschlüssel.

St. Georg ist ein seltsames Pflaster, wie gesagt. Direkt am Hansaplatz parken die Sportwagen, und zwei Ecken weiter wird's plötzlich unheimlich. Die Straßen sind leer. Natürlich sind sie beleuchtet, doch das ruft einem erst wirklich ins Bewusstsein, dass weit und breit kein Mensch zu sehen ist.

Gut, wo keiner ist, kann auch nichts passieren, trotzdem ist es ein komisches Gefühl, wenn man mitten in der Stadt auf einmal völlig allein ist, und da ist nichts als das Geräusch der eigenen Schritte, die wie von selbst immer schneller werden ...

*Tapp-ta, tapp-ta, tapp-ta, ta-ta-ta-tapp-ta, tapp-ta.*

Ich war *nicht* allein.

Ein zweiter Rhythmus, ganz anders. Längere, schwerere Schritte.

Hinter mir.

Mein Nissan war noch zweihundert Meter entfernt, vor einem grauen Mietshaus.

Mein Griff um den Schlüsselbund verstärkte sich. Außerdem

hatte ich Pfefferspray in der Tasche. Mit meiner Dienstwaffe laufe ich in der Freizeit nicht rum, und ich hatte keinen Grund gehabt, sie zum Ebert-Haus mitzunehmen.

Ich schüttelte mich. Wozu eine Waffe? Ich wusste, wo der Täter war. Er war in Henstedt oder zumindest noch dort in der Nähe. Oder? War das gesagt? Konnte er schon wieder zurück in der Stadt sein?

*Ta-ta-ta-tapp, ta-tapp, ta-ta-ta-tapp.*

Er war schneller als ich.

Ich fuhr herum. Natürlich werden wir auf solche Situationen vorbereitet: Körperspannung, demonstrative Ruhe. Gleichzeitig äußerste Wachsamkeit.

«Was woll...»

«Hannah!»

Ein Lichtfleck im Zwielicht auf halber Strecke zwischen den Straßenlaternen. Fast auf Augenhöhe.

Ein Grinsen.

Ein *Hollywoodgrinsen*.

Joachim Merz war nicht mal besonders außer Atem.

Meine Körperspannung fiel in sich zusammen – doch nicht vollständig.

«Was soll das?», knurrte ich. «Was willst du von mir?»

Er wurde langsamer, kam dann neben mir zum Stehen.

«Den angebrochenen Abend angemessen ausklingen lassen?»

«Genau das habe ich vor», sagte ich kühl. «Es war ein Scheißtag, und es wird eine Scheißnacht werden. – Schönen Abend noch.»

Ich drehte mich um, stapfte weiter. Zwei Häuser noch bis zum Nissan.

«In Henstedt.» Seine Stimme klang vollkommen ruhig. «An der Alsterquelle.»

Ich zuckte nicht mal. Natürlich wusste er, wohin Stahmke unterwegs war. Er hatte schließlich neben ihr gesessen, als die Nachricht eintraf.

«Ich hatte zuerst an etwas Exotischeres gedacht», murmelte er. «Die Insel Neuwerk vielleicht.»

Ich wurde langsamer. Was sollte das?

«Doch immerhin ist die Dame meine Klientin», fügte er fast entschuldigend hinzu. «Für meine Klienten will ich nur das Beste.»

Ich blieb stehen, drehte mich zentimeterweise um. Meine Hand wanderte unauffällig zur Tasche.

Ich fixierte ihn. Die Nacht wirkte plötzlich verschwommen.

«Du?», fragte ich.

Joachim Merz, der geheimnisvolle dunkle Fremde, der nicht recht in mein Leben passte. Er war hochintelligent, liebte es, in der Öffentlichkeit zu stehen – und dass er von sich aus den Kontakt suchte, war mehr als offensichtlich.

Jörg Albrechts Täterprofil – eins zu eins.

Doch es ergab keinen Sinn!

«Du?», wiederholte ich.

Er schlenderte auf mich zu, die Hände lässig in den Taschen seines Kaschmirmantels. Ich ließ sie nicht aus den Augen.

«Im Krieg und in der Liebe ist alles erlaubt.» Ein Hauch seines Aftershaves streifte mich. – *Anthaeus*, von Chanel. «Wie sollte ich sie loswerden?» Ein angedeutetes Achselzucken.

Verwirrt schüttelte ich den Kopf. Mit jedem Wort begriff ich weniger – und in Henstedt mussten sich in diesem Moment die Ereignisse überschlagen.

«Was wird sie an der Alsterquelle finden?», fragte ich scharf.

«Eure Peterwagen?», mutmaßte er. «Oder, nein, ihr müsst die Schleswig-Holsteiner informieren.»

«Das ist alles?»

Jetzt starrte er mich verständnislos an. «Du glaubst doch nicht …»

«Du willst mir sagen, du hast deine *eigene* Klientin wegge-
lockt, damit du den Abend mit mir verbringen kannst?»

«Was ihr gestern Abend gemacht habt, war nicht in Ord-
nung.» Seine Stimme war plötzlich verändert. Es war derselbe
Tonfall, den auch die Richter und Schöffen zu hören bekamen.
«Margit Stahmke hat alles Recht der Welt, sich dagegen zur
Wehr zu setzen, und ich werde sie dabei juristisch vertreten.
Diese Dinge sind geklärt, und du kannst sie nicht aufhalten.
Doch der Rest des Abends gehört uns, und ich sehe nicht ein,
warum du ihn damit verbringen solltest, einem Phantom nach-
zujagen. Also hat Margit Stahmke von einer ihr unbekannten
Rufnummer eine Nachricht bekommen, die sie veranlasst hat,
einen Ausflug zur Alsterquelle zu unternehmen. Ist hübsch da
oben, viel Natur.»

*Klingt anders diesmal, kürzer.* Die Worte der Zecke auf der anderen Seite des Mercedes Coupé. Die Nachricht, die sie nach
Henstedt gelockt hatte, hatte sich von den bisherigen Botschaf-
ten ihres Kontaktmanns unterschieden.

«Aber es ist nicht die Nummer ihres Informanten?», hakte
ich ein.

Seine Lippen verzogen sich zu einem angedeuteten Lächeln.
«Möglicherweise meldet er sich nie zwei Mal von derselben?»,
schlug er vor.

Ich schluckte. Das Ganze klang unglaublich – aber doch
denkbar.

Oder mehr als das: Es war eine Erklärung. Die naheliegendste
noch dazu nach Lage der Dinge.

Mir war schwindlig vor Erleichterung. Das war stärker als
alles andere.

Ein neuer Tatort, ein neuer Mord? Nein. Die Streife der
schleswig-holsteinischen Kollegen würde in Henstedt nichts
anderes vorfinden als eine verärgerte Fernsehjournalistin, die
auf der Suche nach *the next big thing* durch die Pampa stapfte.

Joachim Merz' Blick ruhte auf mir. Er betrachtete mich, interessiert vor allem, und ich war mir dessen nur allzu bewusst.

Doch gleichzeitig besaß ich genug Geistesgegenwart, mir eine Gedankennotiz zu machen. Wir hatten zum ersten Mal ein Detail über den unbekannten Informanten. Eine Kleinigkeit nur, die als solche mit ziemlicher Sicherheit kaum Bedeutung hatte für die Ermittlungen: Er meldete sich nie zwei Mal vom selben Anschluss.

Im Grunde hatte Merz nicht mehr getan, als uns zu bestätigen, was wir bereits wussten. Der Informant existierte tatsächlich.

Es war ein Strohhalm, mehr nicht. Aber wenigstens das.

So weit die Auswirkungen auf den Fall. Die Auswirkungen auf *mich* dagegen ...

Wenn Joachim Merz die Wahrheit sagte, hatte er diesen irrsinnigen Zauber tatsächlich nur aus einem einzigen Grund inszeniert: damit wir den Abend für uns hatten.

*Wenn.*

Doch konnte ich mir sicher sein? Dieser Mann *war* hochintelligent, das stand völlig außer Frage. Aber war ein noch so geniales und verbrecherisches Hirn in der Lage dazu, sich ein derartiges Verwirrspiel um sechs oder sieben Ecken auszudenken? Zwei meiner Kollegen kaltzumachen, Stahmke zum Tatort zu locken und dann die Sprache seiner eigenen Nachrichten zu verstellen, die Zecke diesmal in die Irre zu führen, um sich bei mir einzuschmeicheln?

Neunzig Prozent aller Kapitalverbrechen sind in Wahrheit fürchterlich simpel, und die Ermittlungen stellen keine echte Herausforderung dar. Das Bild des Tathergangs, das sich vom ersten Augenblick an aufdrängt, ist in aller Regel auch die schlichte Wahrheit.

Wenn ich meiner Juristen-Legende nun glaubte – tat ich das, weil es naheliegend und logisch war, dass er die Wahrheit sagte?

Oder tat es meinem angeschlagenen Ego einfach nur gut, wenn ein Mann wie Joachim Merz Himmel und Hölle in Bewegung setzte, um eine Nacht mit mir verbringen zu dürfen?

«Und?» Seine dunklen Augen sahen mich an. «Es ist noch etwas früh am Abend, aber nehmen wir einen Absacker? Für den Anfang?»

• • •

Jörg Albrechts Gedanken waren schließlich davongetrieben, während die Runde der Nachwuchspsychologen sich auf ein Terrain begeben hatte, auf das er ihr nicht mehr folgen konnte. Nicht mehr folgen *wollte*.

Zu erfahren, welche Phase seiner frühkindlichen Entwicklung der Täter möglicherweise übersprungen hatte, würde ihm nicht helfen, den Täter zu stellen.

Und doch hatte er heute Abend bereits eine Menge erfahren, was für die Ermittlung wichtig sein konnte.

Kriminalhauptkommissar Jörg Albrecht war durchaus Manns genug, eine liebgewonnene Einschätzung zu korrigieren.

Er hatte sich getäuscht. Die Experten der Rechtspsychologie konnten bei einer laufenden Ermittlung sehr wohl eine Hilfe sein, vorausgesetzt, der Leiter der Ermittlung behielt weiterhin die Fäden in der Hand.

Und Jörg Albrecht hielt sie nach wie vor fest gepackt. Lediglich einige Sekunden lang hatte er geglaubt, sein Gedankengebäude würde in sich zusammenstürzen.

*Intentio vera nostra est manifestare ea, quae sunt, sicut sunt.* Die Tatsachen so darzustellen, wie sie sich in Wahrheit verhalten.

An diesen Tatsachen hatte sich nichts geändert und würde sich nichts ändern, ganz gleich, welche Theorien die angehenden Psychologen noch präsentierten, während sie Jörg Albrechts Aussage auseinandernahmen und neu zusammensetzten.

Der Täter war hochintelligent. Das war eine solche Tatsache. Die Intelligenz sprach aus jeder seiner Handlungen, auch über die eigentlichen Morde hinaus. Warum also kein Mediziner oder Physiker?

Die These, die Maja Werden und ihre Kollegen entwickelt hatten, stand nicht im Widerspruch zu Jörg Albrechts Theorie. Sie war eine Erweiterung. Nicht mehr, nicht weniger.

Damit konnte er leben.

Täter mit medizinischem Hintergrund sollte sich das Team für die zurückliegenden Fälle von nun an mit besonderen Argusaugen vornehmen. Diese Botschaft an Kommissar Faber und seine Mitstreiter würde Jörg Albrecht morgen mit nach Hause nehmen.

Vielleicht konnte er ja noch einen Hinweis auf eine gewisse schicke Zahnarztpraxis am Niendorfer Gehege fallen lassen.

Natürlich war Joannas Wunderdentist nicht der Mörder.

Aber so häufig ergab sich die Gelegenheit dann doch nicht, Dr. Hannes Jork einen richtig miesen Tag zu bescheren.

Albrecht lehnte sich zurück und sah auf die Uhr. Kurz vor Mitternacht. Der akademische Diskurs schien sich dem Ende zuzuneigen. Möllhaus hatte in den letzten Minuten sehr viel genickt und noch mehr notiert.

Jetzt blickte der Professor auf, sah aufmerksam in die Runde. Wie von selbst begann das Gespräch zu verstummen. Letzte Argumente wurden ausgetauscht, dann nickte Möllhaus erneut. Ein abschließendes Nicken diesmal.

«Dann danke ich Ihnen», sagte er, warf einen kurzen Blick auf seinen Zettel und gab noch einmal die wichtigsten Thesen wieder, die die Runde erörtert hatte. Ein Einzeltäter oder doch mehrere? Mann oder Frau? Was war das wahre Ziel der kriminellen Operation?

Einige der Theorien waren miteinander vereinbar, andere widersprachen sich. Die These, dass Albrecht selbst im Fadenkreuz stehen könnte, war diskutiert, aber nicht einhellig befürwortet worden. Börstel – oder Börnsen? Womöglich hieß er auch einfach Behrens? – schien sich noch am ehesten damit anfreunden zu können.

Für den Hauptkommissar spielte das keine große Rolle.

Die aufgeweckte Analystenrunde besaß ihre Fähigkeiten, ohne Zweifel.

Doch keiner von diesen jungen Leuten, deren neugierige Nachwuchspsychologenaugen immer wieder in seine Richtung gewandert waren, steckte in Jörg Albrechts Haut.

Und der spürte noch andere Augen auf sich, seit bald achtundvierzig Stunden schon. Augen, die heute Abend mit Sicherheit nicht anwesend waren.

Die Augen des Täters.

Es war ein Duell. Noch immer hatte die Gestalt seines Gegners keine deutlichen Konturen angenommen.

Aber vielleicht konnte die endgültige Einschätzung des Professors ein Stück dazu beitragen. Die schuldete Möllhaus dem Hauptkommissar, und die ließ sich nicht im Kollektiv treffen.

«Gut.» Möllhaus ließ seinen Zettelstapel sinken und wandte sich an Albrecht. «Für gewöhnlich nehme ich mir für mein Gutachten wenigstens ein bis zwei Wochen Zeit. Doch unter diesen Umständen ist mir selbstverständlich klar, dass Eile geboten ist. Also werde ich mir die Causa gleich heute Nacht noch einmal vornehmen.»

Heute Nacht? Überrascht hob der Ermittler die Augenbrauen.

Möllhaus' Mundwinkel zuckte. «Keine Sorge. Wie Sie wissen, habe ich meine spezielle Technik. Zehn Minuten sind so gut wie zwei Stunden Schlaf. Wenn ich mich gegen halb eins an die Arbeit mache, bin ich um drei, halb vier durch und kann noch in aller Ruhe nach Hause fahren und packen.»

Die spezielle Technik. Albrecht sah den Teppich und die weiß verputzte Wand vor sich.

Er musste erfahren, was es mit diesem Putz auf sich hatte.

Die Doktoranden packten ihr Arbeitsmaterial zusammen. Mit einem leichten Bauchgrummeln beobachtete der Hauptkommissar, wie die Kopien seiner Aussage in Aktenmappen und fröhlichen Dritte-Welt-Taschen verschwanden.

Maja Werden sprach noch einige Worte mit dem Professor, Jonas Wolczyk dagegen steuerte Albrecht an.

«Also, äh ...» Ein Hüsteln. «Ich hab mir noch was überlegt. Selbst wenn da nicht viel zu sehen ist: Wenn Sie denken, das hilft vielleicht, kann ich mir ja Ihre Phantombilder mal ansehen. Vielleicht passiert ja auch noch mal was und es kommen noch welche dazu?»

«Ich hoffe, dass wir das vermeiden können», erwiderte der Hauptkommissar sachlich.

«Na ja.» Wolczyk hob die Schultern und fingerte eine zerknitterte Visitenkarte aus der Hosentasche. «Am besten per Mail. Wissen Sie, das meiste ist natürlich Wahnsinn, was die sich damals zurechtgelegt haben mit den Verbrechergesichtern – aber ab und zu spiegelt sich wirklich was von der Persönlichkeit der Leute in der Physiognomie. Was sie erlebt haben im Laufe ihres Lebens. Das prägt sich ein. Und da kann man manchmal Rückschlüsse anstellen. Vorstrafen zum Beispiel. Oder Krankheiten. Die hinterlassen ihre Spuren.»

Albrecht nickte. Warum sollte er das Angebot zurückweisen? Doch viel Hoffnung hatte er nicht.

«Danke», sagte er und steckte die Karte ein. «Aber falls Sie nicht gerade explizit was über Augenkrankheiten haben ...»

«Augenkrankheiten?» Verwirrt starrte der junge Mann ihn an.

«Jonas?»

Wolczyk sah über die Schulter. Maja Werden stand schon in der Tür und nickte Albrecht noch einmal mit einem eher kühlen Lächeln zu.

«Ja, dann müssen wir wohl», murmelte Wolczyk – und war hinter ihr verschwunden.

Kopfschüttelnd sah Albrecht den beiden nach. Ein seltsames Paar. Wenn sie denn ein Paar waren.

«Sie fragen sich, ob die beiden zusammen sind?» Möllhaus war dabei, seine Papiere zu stapeln, und grinste dem Hauptkommissar zu. Spezielle Technik hin oder her – er sah müde aus.

«Diese Frage stelle ich mir seit Jahren», murmelte der Professor.

Der Hauptkommissar hob die Schultern. «Wissen Sie, wenn ich mich für das Liebesleben meiner Mitarbeiter interessieren würde ...»

«Das tun Sie nicht?» Möllhaus ließ die Unterlagen in eine abgegriffene Aktentasche aus Leder gleiten, auf der ein Anti-Atomkraft-Sticker der ersten Generation prangte. «Das sollten Sie aber. Nicht allein wegen der gruppendynamischen Prozesse. Wir alle bemühen uns natürlich, eine Causa möglichst objektiv zu verfolgen, doch gleichzeitig laufen Prozesse ab, die wir beim besten Willen nicht steuern können. Unbemerkt, auch für uns selbst. Zwischen Ihnen und Ihren Mitarbeitern, Ihren Mitarbeitern und den Zeugen, Ihnen und den Verdächtigen. Tausend wirre Fäden.»

«Mir genügen schon die, die wir heute Abend zu sehen bekommen haben», murmelte Albrecht.

Ein verständnisvolles Psychologenlächeln. «Ich werde die einzelnen Elemente noch einmal für mich ordnen. Mein Flieger geht um acht Uhr fünfundvierzig. Wenn Ihnen das nicht zu früh ist, könnten wir uns morgen früh um sieben hier noch einmal treffen. Keine Sorge, ich habe sowieso noch einen Termin mit Herrn Wolczyk. Seitenweise Verbrechergesichter, die ich mir über den Wolken zu Gemüte führen werde.»

«Das wäre ideal.» Albrecht nickte. Halb elf Uhr vormittags zurück in Hamburg? Das war realistisch, wenn er sich von Abkürzungen fernhielt.

«Ihre Kollegen übernachten für gewöhnlich in einem Hotel hier ganz in der Nähe, wenn wir zusammenarbeiten. Falls Sie nicht schon irgendwo anders gebucht haben ...»

Albrecht hatte nicht. Er ließ sich die Adresse geben, bedankte sich und verabschiedete sich bis zum nächsten Morgen.

Nachdenklich machte er sich auf den Weg zu seinem Wagen.

Draußen war es kälter geworden. Ob es frieren würde heute Nacht?

Die Wolken hatten sich verzogen, doch kein einziger Stern stand am Himmel. Nichts als ein fahlgelber Mond.

Jörg Albrecht fragte sich, ob Hannah Friedrichs womöglich in seinem Licht gerade die entscheidenden Entdeckungen machte.

Sie hatte die gefährlichere und wichtigere Aufgabe übernommen an diesem Abend. Auf seine persönliche Bitte hin.

Wie Ole Hartung.

«Passen Sie auf sich auf, Friedrichs!», murmelte er und schüttelte den Kopf. «Ich wünschte, ich wäre jetzt an Ihrer Stelle.»

• • •

«Hmm? Gut so?»

«Guuuuuuuuuuuut», seufzte ich.

Nein, dachte ich. Sogar sehr gut in Anbetracht der Umstände.

In Anbetracht der Tatsache, dass ich nicht vollständig ausschließen konnte, dass der Mann, der mir gerade den Rücken massierte, nicht vielleicht doch unser Täter war.

Doch wenigstens hatte ich Vorsorge getroffen.

Ich hatte getan, was ich konnte, und das war nicht ganz einfach gewesen.

Wem sollte ich mitteilen, mit wem ich heute Abend unterwegs war und wo ich mich inzwischen befand: in einem schnuckeligen Appartement mit Blick auf die Außenalster, das jedenfalls nicht Joachim Merz' Hauptwohnsitz darstellte. Das war eine

Villa am Elbufer in Blankenese. Nein, diese Wohnung diente nur jenem Zweck, den sie auch in diesem Moment erfüllte.

Massage und mehr.

Das Badezimmer war ein Traum, inklusive kompletter Wellness-Pflegeserie für Damen. Ich wollte nicht darüber nachdenken, wer diese Annehmlichkeiten wohl alles schon genossen hatte.

Luxus. Ich war nicht sonderlich empfänglich für Luxus. Nein, normalerweise nicht.

Heute schon.

Nur änderte das nichts daran, dass der Mann, dem ich meinen Abend voll spätrömischer Dekadenz verdankte, nach wie vor als Verdächtiger gelten musste. Selbst wenn ich darüber noch mit keinem Menschen gesprochen hatte.

Umso gefährlicher war die Situation, in die ich mich manövriert hatte.

Ich *musste* irgendjemandem eine Nachricht hinterlassen, wo ich mich aufhielt.

Dennis? Ich war stinkend sauer auf ihn, und ich hatte jedes Recht dazu. Doch irgendwie hätte sich das nicht richtig angefühlt. Wie viele großbusige Blondinen es in unserem Eheleben auch gegeben haben mochte: Er war zumindest einigermaßen diskret gewesen. Er hatte sich Mühe gegeben, mich nicht zu verletzen.

Matthiesen auf dem Revier verständigen? Oder gleich unseren Herrn und Meister?

*Tut mir leid, wenn ich Sie wecke, Hauptkommissar. Ich wollte nur kurz Bescheid sagen: Ich bin an Joachim Merz dran. Genaueres kann ich Ihnen vielleicht morgen früh sagen, nachdem ich mit ihm im Bett war.*

Meine Bauchmuskeln spannten sich an, als ich ein albernes Kichern unterdrückte.

«Tu ich dir weh?»

Die Instrumente meines Wohlbefindens wurden zurückgezogen. An Dirigentenfinger hatte ich vorhin gedacht? Ich hatte ja keinen blassen Schimmer gehabt!

«Mmh-mmh.» Ein Nein. Ich lag flach auf dem Bauch, das Gesicht in einem duftenden Handtuch verborgen. Eine artikuliertere Erwiderung war nicht drin.

Was war mir am Ende übrig geblieben?

Ich hatte über mein Smartphone eine Mail verschickt – an meine eigene Dienstadresse.

Sie auf der Stelle zu löschen war das Erste, was ich morgen früh auf dem Revier tun würde.

Und wenn nicht ...

Dann hatte ich mich getäuscht.

Dann würden Marco Winterfeldt und Nils Lehmann den nächsten Rechner zur Auswertung bekommen.

Und vor ihren Augen würde das Bild einer Hannah Friedrichs zum Vorschein kommen, die mit der Kommissarin, die sie zu kennen geglaubt hatten, wenig zu tun hatte. Genau wie wir alle es bei Ole Hartung erlebt hatten.

Doch das, dachte ich, war dann mein geringstes Problem.

Ich würde überhaupt keine Probleme mehr haben.

Die Finger meines Verdächtigen verstärkten ihren Druck um eine Winzigkeit, arbeiteten sich tiefer. In welcher Haltung konnte der menschliche Hintern sich eigentlich verspannen?

Und konnten es diese Hände sein, die den Tod brachten?

Wenn der Gedanke dermaßen abwegig erschien, warum verbrachte ich dann so viel Zeit damit? Warum musste ich mir gebetsmühlenartig einreden, dass er purer Unsinn war?

Nimm dich zusammen, Friedrichs! Du wirst das hier nicht als Überstunden aufschreiben, aber streng genommen bist du im Dienst.

«Ich denke ...» Ich hob den Kopf vorsichtig an und drehte mich seufzend auf den Rücken. «Ich denke, mit *der* Seite sind wir durch.»

Joachim Merz grinste. Er war vom Gürtel aufwärts nackt. Es sollte verboten werden, einen solchen Körper zu haben.

«Sag mir nur Bescheid, wenn's dir zu heftig wird.»

Ich schloss die Augen. «Vielleicht mag ich's ja heftig?»

«Auf neue Ideen gekommen durch euren aktuellen Fall?»

Ich öffnete eins meiner Augen einen Spalt weit.

Seltsamerweise trat nicht die Szene, als Jörg Albrecht die Tür zum Tatzimmer geöffnet hatte, vor meine Augen, sondern die Auswahl phantasievoller Spielzeuge, die die Wände des *Fleurs du Mal* schmückten. Und Dennis' Spielzeug vom Valentinstag.

Doch ich blieb vorsichtig. «Du kennst den Schuppen nicht – rein zufällig?»

«Nun ...» Spielerisch griff er nach meinem Handgelenk, zog mich ein Stück zu sich heran und begann sanft an meinen Fingerspitzen zu lutschen. «Man hört so dies ...» Das andere Handgelenk, und sein Griff wurde eine Idee fester. «... und das.»

«Und im Speziellen?»

Er zog noch etwas entschiedener an mir. Mein wachsweicher Rücken machte die Bewegung anstandslos mit.

«Das hat mir gefallen.» Unsere Gesichter waren nur noch Zentimeter voneinander entfernt. «Das hat mir gefallen vorhin im Restaurant. Du hättest im Boden versinken können – doch du konntest nicht weg. Das war ziemlich ... intensiv. Ich denke doch, dass es auch für dich ... interessant war, oder?»

Der Druck um meine Handgelenke war nun beinahe schmerzhaft. Joachim Merz war wesentlich stärker als ich. Er veränderte den Griff, drückte meine beiden Hände mit der Linken gegen meinen Bauch, während seine Rechte sich um mein Kinn schloss, sodass ich seinem Blick nicht mehr ausweichen konnte.

«Du magst das?», fragte er. «Kontrolle?»

«Vie...» Mein Herz hatte unvermittelt zu jagen begonnen. «Vielleicht?»

Er nickte. Die dunklen Augen fixierten mich noch einen Moment, dann ließ er meinen Körper sanft zurückgleiten.

«Dann ist das schwierig für dich im Moment, hm? Sieht nicht so aus, als ob du die Sache unter Kontrolle hättest, oder?»

Ich lag flach auf dem Rücken. Merz hatte sich auf die Knie aufgerichtet und blickte auf mich herab, kaum mehr als ein dunkler Umriss vor der runtergedimmten Deckenbeleuchtung.

Kontrolle.

Das war es tatsächlich, was der Job auf dem Revier von uns verlangte. Mehr als alles andere, von morgens bis abends. Und manchmal mehr, als ich ertragen konnte.

Es war keine Frage, wer im Moment die Kontrolle hatte.

«Ich komme zurecht», murmelte ich.

«Tatsächlich?»

Er veränderte seine Haltung. Nur eine winzige Bewegung, doch irgendwie ... *Time out.* Als hätte er plötzlich das Licht eingeschaltet.

Es war wie ein ... Schock wäre zu viel gesagt. Ein Eiswürfel, den er auf meinem Bauch platziert hatte. Allerdings nicht in erotischer Absicht.

Ganz im Gegenteil.

Seine Stimme war verändert. «Möglicherweise habe ich tatsächlich das eine oder andere gehört», sagte er zögernd. «Und was ich gehört habe, gefällt mir nicht.»

«Nämlich?»

«Du bist zu klug, um zu glauben, dass ich dir vertrauliche Informationen meiner Mandanten weitergeben würde.»

Seine Mandanten? Margit Stahmke?

Doch dieser Mann hatte einen ganzen Stall voller Kunden, die unliebsame Prozesse am Hals hatten. Und der größte Teil bewegte sich in denselben gesellschaftlichen Kreisen wie der Anwalt selbst.

Doch war das *Fleurs du Mal* nicht exakt auf diese Sorte Kundschaft abonniert? War nicht genau das der Ausgangspunkt der ursprünglichen Ermittlung gewesen: das Gerede um angebliche Videoaufnahmen?

«Und warum erzählst du mir das?»

Wieder eine fast unmerkliche Bewegung. «Ich weiß natürlich nicht, wie du mich einschätzt, aber für gewöhnlich liegt mir was an den Leuten, mit denen ich ins Bett gehe.» Die berühmte Hamburger Arroganz. Joachim Merz hatte sie perfektioniert.

In diesem Moment brachte sie mich auf die Palme.

«Da läuft jemand rum und bringt meine Kollegen um!» Ich richtete mich auf einen Arm auf. «Ich bin schon groß! Ich bin seit sechzehn Jahren Beamtin, und ich hab ein paar Sachen mitgekriegt: Glaub mir, die willst du dir nicht vorstellen. Danke für den Tipp, aber mir ist schon klar, wann ich mich vorsehen muss!»

Doch das war ein Strohfeuer. Die plötzliche Wut war so schnell wieder verschwunden, wie sie gekommen war.

Professionelle Umsicht lässt sich schwer vermitteln, wenn man gerade splitterfasernackt vor einem Mann liegt, den man vor wenigen Stunden mehr oder minder offen verdächtigt hat, der Täter zu sein.

Er zuckte nicht mit der Wimper, das musste man ihm lassen.

Andererseits war kaum zu erkennen, ob *irgendetwas* zuckte. Der Schattenriss seines Körpers schnitt mir das Licht ab.

Dieser Abend war unvereinbar mit dem Bild von Hannah Friedrichs, wie es in meinem eigenen Kopf existierte.

Joachim Merz' Umriss ragte über mir auf. Kontrolle.

Seine Augen lasen in mir. Ich konnte es körperlich spüren. Ich war ein offenes Buch für ihn. Er konnte sich nehmen, was er wollte.

Und ich wünschte mir, er würde nicht länger zögern. Keine Sekunde mehr. Ich ertrug es nicht.

«Bitte», murmelte ich.

Bitte, dachte ich. Ich will nicht mehr denken. Nicht mehr reden. Nicht über den Fall, überhaupt nicht mehr.

Doch konnte er das begreifen?

Wieder eine kaum wahrnehmbare Veränderung in seiner Haltung.

*Time in?*

Er beugte sich über mich, ich beobachtete es aus halb geschlossenen Lidern.

Wieder legten sich seine Finger um meine Handgelenke, pressten sie neben meinem Körper zu Boden. Seine Lippen senkten sich auf meinen Bauch, glitten tiefer.

Kontrolle.

Ich spürte, wie mein Körper sich entspannte. Ich schloss die Augen vollständig, war nur noch Haut, flehende, erhitzte Haut – meine Brüste, meine Schenkel, meine Arme, die von seiner überlegenen Kraft festgehalten wurden.

Konnten diese Hände den Tod bringen?

Sie konnten.

Doch vielleicht war es eine andere Art von Tod.

War das Bewusstsein der Gefahr nicht ein Teil des Kitzels, wenn ich mich in seine Hand gab?

Möglicherweise ist Ole Hartung ja was ganz Ähnliches durch den Kopf gegangen, als er im *Fleurs du Mal* auf diesen Stuhl stieg.

Doch dieser letzte Gedanke ...

Das war viel später.

# Zwischenspiel III

Eine fahle Dämmerung erklimmt langsam die Deichlinie.

Die Schatten sind noch kaum wahrnehmbar, doch sie fallen anders zu dieser Zeit, die nicht mehr vollständig Nacht und gewiss noch nicht Morgen ist.

Der Feldstecher wird neu justiert, fängt den künstlichen Lichtschimmer über dem Seehafen ein, die gespenstischen Umrisse der Windräder.

Sie stehen still.

Nichts regt sich.

Die Helligkeit hinter den schäbigen Vorhängen des Wohnmobils muss schon vor Stunden erloschen sein. Der graue Mann schläft, doch die Augen hinter den Okularen sind ihm nahe, selbst wenn er sich zähneklappernd in der Sicherheit seiner Wellblechwände verbirgt. Längst muss er erkannt haben, wie trügerisch sie ist.

Ja, sie sind ihm so nahe, dass sie fast ein Teil von ihm sind. Sie spüren seine Unruhe. Spüren die Dämonen, die seine Träume nicht weniger bevölkern als das zerrissene Zerrbild, in das seine Wirklichkeit sich verwandelt hat.

Doch es hat gerade erst begonnen.

Noch kann er nichts davon ahnen ... Nein ...

Die Hände, die den Feldstecher sinken lassen, zittern leicht, ermattet von dieser Nacht, die so vieles verändert hat.

Sie fordert ihren Tribut. Das Experiment ist aufwendig, und selbst der präzise Geist, dem es im Chaos der zurückliegenden Stunden gelungen ist, die Fäden in der Hand zu behalten, spürt die bleierne Schwäche, die in ihm aufsteigt.

Nein, der graue Mann ahnt sehr wohl, was vorgeht. Zu einem

Bruchteil zumindest, doch dieser Bruchteil scheint erschreckend genug.

Aber der Sinn des Experiments an sich, seine Zielrichtung – das ist ihm verborgen und muss ihm verborgen bleiben bis zum Ende, zur Auswertung.

Lediglich eine Andeutung der Richtung, die die Dinge nehmen werden, wird ihm zuteilwerden.

Das wird sich von selbst ergeben, wenn erst einmal jene davon erfahren, die der Fährte mit der eingespielten Gewohnheit altgedienter Spürhunde folgen.

Bar jeder Phantasie.

Der Verstand, der die Laufrichtung der Fäden bestimmt, die Position der einzelnen Objekte im Raum, hat in dieser Nacht neue Erkenntnisse gewonnen.

Er hat Worte deuten müssen und die Stille zwischen den Worten. Wortlose Zeichen.

Sein Wissen ist größer geworden seit Anbruch der Nacht.

Sie sind weit entfernt davon, die Natur des Experiments zu erkennen.

Doch die ihnen zugedachte Rolle spielen sie zu voller Zufriedenheit.

# sechs

Jörg Albrecht hatte geträumt.

Ein Traum von brüllenden Wasserstürzen und todesblassen Leibern, die von der Strömung mitgerissen wurden, Zentimeter an ihm vorbei, der er sich in das Wurzelgestrüpp klammerte, das Rettung versprach.

Es waren Bilder, die ihm vertraut waren. Der Traum kam zu ihm, fast so lange er denken konnte.

Der Unterschied war, dass die leblosen Körper diesmal Gesichter hatten.

Faber, Seydlbacher, der junge Lehmann. Martin Euler.

Und Hannah Friedrichs.

Und ...

Mit einem lautlosen Schrei war Jörg Albrecht hochgefahren.

Noch im Aufwachen hatte er gewusst, dass der nächste Körper Joannas Gesicht tragen würde. Oder das von Clara, von Swantje.

Eiskalter Schweiß lief ihm in die Augen, als er auf das Mobiltelefon starrte, das neben ihm auf dem Nachttisch des Hotelzimmers lag.

Kurz vor fünf. Er konnte einfach in Ohlstedt durchklingeln. Im schlimmsten denkbaren Fall ...

Im schlimmsten Fall würde er den Messias der Zahnheilkunde am Hörer haben.

Genauso gut konnte er auf dem Revier anrufen.

Dort würde man als Allererstes erfahren, wenn der Täter wieder zugeschlagen hatte, in Ohlstedt, bei einem der Kollegen, wo auch immer.

Doch diesen Anruf konnte er sich sparen.

Wer in diesem Moment auf der Dienststelle die Nachtschicht

absaß, würde von sich aus den Hauptkommissar verständigen, sobald sich irgendetwas ereignete. In dieser Hinsicht hegte Albrecht nicht die Spur eines Zweifels.

Keiner seiner Mitarbeiter legte Wert darauf, den Rest seiner Laufbahn damit zuzubringen, abgeschlossene Vorgänge alphabetisch abzuheften.

Albrecht tippte das Display an. Die Anzeige für neue Textnachrichten war leer.

Blieb Hannah Friedrichs. Albrecht hatte die Kommissarin nicht ausdrücklich darauf hingewiesen, ihm noch im Laufe der Nacht Meldung zu machen, was sie über die Stahmke herausgefunden hatte.

Wenn diese Nacht also nicht den großen Durchbruch gebracht hatte ...

Sein Finger kreiste über dem Display.

Die Nachtschicht außer der Reihe verdankte Friedrichs ihm. Er wagte keine Prognose, um welche Uhrzeit sie ins Bett gekommen war.

Er biss die Zähne zusammen. Um sieben stand sein Termin mit dem Professor an. Wenn sie sich bis dahin nicht gemeldet hatte, war es vorbei mit der gesegneten Nachtruhe.

Für Jörg Albrecht war sie bereits vorbei.

Er zog sich an, stellte sich ans Fenster und beobachtete, wie der graue Tag über Braunschweig erwachte. Keine hundert Meter entfernt wälzte sich zwischen kahlen Bäumen die Oker dahin.

Tote Körper in der Strömung. Das Bild war so deutlich, als wären sie tatsächlich vorhanden

Jeder dieser Toten war eine Botschaft an Jörg Albrecht.

Eine Botschaft, die das Wasser mit sich trug.

Er ist mir voraus, dachte der Hauptkommissar. Er steht stromaufwärts. Ich müsste dem Flusslauf folgen, dann hätte ich ihn.

Doch ein Fluss hatte zahllose Zuläufe. Zahllose Orte, an denen der Täter zuschlagen, seine grausige Fracht in die Fluten gleiten lassen konnte.

Der Fluss, dachte er. Der Fluss ist die einzige Konstante. Der Fluss bin ich.

Und wo ich die Ufer berühre, bringe ich die Menschen in Gefahr.

• • •

Zwei Stunden später steuerte er seinen Wagen an, das Frühstückspaket des Hotels im Gepäck. Das Wetter würde sich ändern, neuer Regen mit ziemlicher Sicherheit. Er spürte es in der Hüfte, die er sich beim Abdichten des Dachs ausgekugelt hatte, an einem Haus in Ohlstedt, an das er nicht mehr denken wollte.

Alte Wunden. Nie verheilt.

Die Straßen waren immer noch verschwommenes Grau, gefleckt mit Neon.

Um vier Minuten vor sieben stellte der Hauptkommissar das Fahrzeug auf demselben Parkplatz ab wie weniger als elf Stunden zuvor.

Es war ein Déjà-vu.

Zigarettenglut, exakt an derselben Stelle wie am Abend: Hinter einer Hausecke, wo Wolczyk von Möllhaus' Bürofenster aus nicht zu sehen war.

«Rauchen Sie in Ruhe zu Ende», murmelte Albrecht. «Ich bin's nur.»

«Ich weiß.» Eine Qualmwolke. «Er kommt mit dem Fahrrad.»

Der junge Mann hatte eine Art, den Sätzen eine merkwürdige Betonung zu geben. Albrecht war versucht, sich umzusehen, ob der Professor in *genau diesem Moment* heranradelte.

Doch dann wäre die Zigarette längst verschwunden gewesen.

Der Hauptkommissar sah auf die Uhr. Zwei Minuten vor sieben.

«Er ist sicher pünktlich.» So schätzte er Möllhaus ein.

«Nein. Heute nicht.» Ein neuer Zug aus der Zigarette. Sie war fast bis auf den Filter niedergebrannt. «Professor Möllhaus hat seine eigene akademische Viertelstunde. Bei ihm fängt alles nicht fünfzehn Minuten später, sondern fünfzehn Minuten früher an. Also vor ... vierzehn Minuten.»

«Haben Sie denn mal geschaut, ob er vielleicht schon da ist?», schlug Albrecht vor.

Wolczyk neigte den Kopf hin und her. «Ich habe einen Schlüssel.»

«Und?»

«Im Institut darf ich nicht rauchen.»

«Mit anderen Worten können Sie also nicht mit Sicherheit sagen, ob er nicht doch schon da ist?»

«Na ja, das Fahrrad ist noch nicht da, und ...»

Wolczyk schüttelte plötzlich die Hand, als hätte er sich verbrannt. Wahrscheinlich *hatte* er sich verbrannt.

Eine Kirchturmuhr, eine zweite fiel ein. Punkt sieben.

«Kommen Sie!», sagte Albrecht entschlossen. «Machen Sie auf!»

Zögernd sah der junge Mann ein letztes Mal die Zufahrt hinab, nickte dann.

«Okay.»

Wolczyk brauchte drei oder vier Versuche, bis er den Schlüssel im Schloss hatte. Jörg Albrecht war sich mittlerweile sicher, dass es ein ungeschriebenes Gesetz gab, nach dem die Doktoranden das Gebäude nicht betraten, wenn der Professor nicht zugegen war.

Bei einem Mann, der zwei Stunden Schlaf nach Belieben durch zehn Minuten Auf-den-Putz-Schauen ersetzen konnte, konnte er das gut nachvollziehen.

«Pro...» Wolczyk tastete nach dem Lichtschalter, brach aber ab, als die Neonröhren an der Decke widerwillig ansprangen. Stumm starrte der junge Mann auf den Boden des Ganges.

Halb hinter der Tür lehnte ein dunkelbraunes Etwas an der Wand, aktentaschengroß.

Es *war* eine Aktentasche.

Albrecht ging in die Hocke, streckte die Hand aus, zog sie dann jedoch einem Impuls folgend zurück. Beäugte die Tasche von allen Seiten.

Abgestoßenes Leder, ein verblichener Sticker, eine rote Sonne auf gelbem Grund: *Atomkraft – Nein danke!*

Er sah zu Wolczyk hoch. «Sie kennen diese Tasche.»

Der Doktorand nickte. Schüttelte den Kopf. Nickte wieder. «Ja, aber ...»

«Demnach ist er doch schon hier», murmelte Albrecht und richtete sich langsam wieder auf.

«Aber ...» Wieder schüttelte Wolczyk den Kopf. «Aber das Fahrrad ...»

«Vielleicht zu Fuß?», schlug der Hauptkommissar vor.

Wolczyk kniff die Lider zusammen. «Das hab ich noch nie ...»

Übergangslos drehte der junge Mann sich um. Mit jedem Schritt zwei Stufen auf einmal nehmend, lief er die Treppe hinauf, sodass Albrecht Mühe hatte, ihm zu folgen.

Der Schlüssel zur Glastür passte beim ersten Mal.

Die Institutsräume waren menschenleer.

Der junge Mann sagte kein Wort, während sie jedes Zimmer noch einmal kontrollierten, als letztes die Damentoilette. Keine Spur von Hartmut Möllhaus. Die Tür seines Büros stand offen, doch offenbar war das kein ungewohntes Bild. Wolczyk hatte nicht gestutzt.

Zehn Minuten nach sieben. Sie standen wieder im Eingangsflur, und auf eine nicht zu beschreibende Weise hatte sich die Atmosphäre des langgestreckten Raumes verändert.

Langsam löste sich ein Schatten aus einem Winkel von Jörg Albrechts Verstand, kam ganz allmählich näher.

«Haben Sie seine Handynummer?», fragte der Hauptkommissar.

Wolczyk schüttelte mechanisch den Kopf. «Kein Handy», murmelte er. «Keine Nummer.»

Wieder starrte er auf die Tasche, als hätte er eine Erscheinung, und machte einen Schritt auf sie zu.

«Nicht anfassen!», sagte Albrecht scharf.

Die Verwirrung im Blick des jungen Mannes wuchs. «Denken Sie, sie ist ... gefährlich?»

«Ich denke ...» Der Hauptkommissar schüttelte den Kopf. «Haben Sie es schon mal erlebt, dass er die Tasche hier unten hat stehen lassen?»

«Nie.» Ohne zu überlegen. «Hier würde niemand irgendwas stehen lassen. Bei den ganzen unterschiedlichen Einrichtungen, die im Gebäude untergebracht sind. Seminarräume und sonstwas.»

«Und doch steht sie hier», murmelte Albrecht.

«Aber das Fahrrad ist nicht da! Ich hab noch nie erlebt, dass er zu Fuß gekommen ist. Nicht mal im Winter.»

Der Hauptkommissar biss die Zähne zusammen.

«Sie kennen seine Adresse?»

«Klar.» Verwirrt sah Wolczyk den Ermittler an. «Er wohnt in der Altstadt.»

«Wir nehmen den Wagen!»

• • •

Der Fluss bin ich, dachte Jörg Albrecht.

Wo ich das Ufer berühre, bringe ich die Menschen in Gefahr.

Aber er hatte Möllhaus kaum gekannt!

«Das ergibt keinen Sinn», murmelte er. «Die Oker fließt nicht mal zur Elbe.»

Jonas Wolczyk warf ihm einen Seitenblick zu, der keine Fragen offen ließ.

Der junge Mann lotste den Hauptkommissar Richtung Innenstadt. Ein Albtraum von Einbahnstraßen und Sackgassen. Das Navigationsgerät hatte Albrecht erst gar nicht angestellt. Wolczyk würde ihn später wieder ins Freie führen müssen.

Die Aktentasche des Professors lag jetzt im Kofferraum, in einem transparenten Spurensicherungsbeutel, den Albrecht in den Innereien seines Dienstfahrzeugs aufgetan hatte.

«Dort vorne», murmelte Wolczyk. «Rechte Seite.»

Ein Altbau, hundert Jahre auf dem Buckel oder mehr, schieferverkleidet, vierstöckig. In der Straße herrschte Halteverbot.

Der Ermittler parkte unmittelbar vor der Tür.

Wolczyk öffnete den Mund, schien es sich aber im letzten Moment anders zu überlegen.

Sechs Parteien teilten sich das Gebäude. Albrecht drückte sämtliche Klingeln zugleich.

Nach fünf Sekunden ertönte ein summender Laut, die Tür sprang auf.

«Wo wohnt er?»

«Ganz oben ... Es gibt keinen Fahrstuhl.»

Albrecht war bereits auf dem Treppenabsatz. Eine Gestalt mit Kopftuch streckte den Kopf auf den Flur.

«Polizeiliche Ermittlung!» Er hielt ihr seine Marke entgegen, war schon vorbei. «Bleiben Sie in der Wohnung!»

Drei Etagen weiter. Die Tür zu Möllhaus' Wohnung. Schnitzereien im Jugendstil, alt wie das Gebäude selbst.

Es gab eine zusätzliche Klingel. Albrecht hielt sie dreißig Sekunden lang gedrückt.

Schweigen. Noch einmal dreißig Sekunden.

Albrecht musterte das Holz. «Wir brechen sie auf.»

Wolczyk starrte den Ermittler an. «Das können wir nicht machen! Der Hausmeister ...» Albrecht sah, wie sich sein Adamsapfel bewegte.

«Wir haben keine Zeit für den Hausmeister!»

Irgendwo weiter unten im Treppenhaus wurde es lebendig. Jörg Albrecht hatte kein Interesse an zusätzlichen Diskussionen, schob Wolczyk beiseite, nahm Anlauf, so weit es der Treppenabsatz zuließ, und warf sich gegen die Tür.

Ein Feuerball explodierte in seiner Hüfte, doch er hatte die Verhältnisse richtig eingeschätzt. Sie gab beim ersten Versuch nach.

Der Hauptkommissar stolperte in einen unbeleuchteten Flur. Mehrere Türen am Ende, eine von ihnen stand offen. Ein Hauch von grauem Morgenlicht.

«Sie bleiben zurück!», wies er den jüngeren Mann an.

«Professor?» Wolczyks Stimme, unsicher, eine halbe Oktave höher als sonst.

Er ist nicht hier, dachte Albrecht.

Ein Wohnzimmer, das quasi komplett aus Bücherwänden bestand. Auf einem Tisch eine offene Reisetasche, daneben ein Wäschestapel.

Hartmut Möllhaus war niemals in seine Wohnung zurückgekehrt.

Albrecht hatte es geahnt, gewusst.

Die Aktentasche war ein Zeichen gewesen. Irgendjemand musste sie in den Institutsflur gestellt haben.

«Aber warum?», murmelte er.

Der Doktorand sah ihn verständnislos an.

Der Hauptkommissar musste sich zügeln. Er hatte nicht Lehmann oder Winterfeldt vor sich, einen seiner jungen Kollegen, die es gewohnt waren, dass sein Verstand auf seinen eigenen Pfaden unterwegs war. Und die es akzeptierten, wenn sie ihm dorthin nicht folgen konnten.

«Warum hat er die Tasche in den Flur gestellt?», fragte Albrecht.

Wolczyk hatte Tränen in den Augen. «Ich sage doch, das hat er nie ...»

«Nicht Möllhaus. Unser Täter. Er muss gewusst haben, dass wir sie entdecken würden.» Albrecht schritt an der Regalfront entlang. Die Bücher standen in Reih und Glied wie brave Soldaten des Wissens. «Genau das hätte er aber ganz simpel verhindern können. Er hätte sie mitnehmen, sie nebenan im Fluss versenken können, wie er das vielleicht mit dem Fahrrad gemacht hat.»

«Das Fahrrad?», flüsterte Wolczyk. «Aber irgendwann hätten wir doch trotzdem gemerkt ...»

«Genau. Er gibt sich keinerlei Mühe, seine Taten zu verbergen.» Der Hauptkommissar drehte sich um, schüttelte den Kopf und setzte seine Wanderung fort. «Aber er bestimmt den Zeitpunkt, an dem sie offenbar werden. Er wollte, dass wir diese Tasche zu einem bestimmten Zeitpunkt entdecken und die richtigen Schlüsse ziehen. Deshalb hat er sie nicht einfach verschwinden lassen. Vor diesem Zeitpunkt aber sollte uns auf keinen Fall aufgehen, dass Möllhaus sich scheinbar zu einer Uhrzeit im Institut befindet, zu der selbst ein Mann, der fast keinen Schlaf braucht, nicht dort sein dürfte.»

«Aber wer ...»

«Ich zum Beispiel. Wenn mir noch etwas eingefallen wäre, das wichtig sein könnte für das Gutachten. Warum ich bei Ihnen im Institut war, konnte er sich ausrechnen. Und wenn ich einen Steinwurf entfernt übernachtet habe, musste er damit rechnen, dass ich noch einmal zurückkommen würde. Sonst wäre ich zurück nach Hamburg gefahren. Das Hotel ist quasi nebenan. Ich hätte einfach vorbeischauen können. Deshalb musste das Fahrrad verschwinden. Wenn es noch dort gestanden hätte: Wäre ich nicht misstrauisch geworden, wenn mir niemand öffnet?»

Vorausgesetzt, ich hätte das Fahrrad mit Möllhaus in Verbindung gebracht, dachte er. Doch das musste der Täter einkalkulieren.

«Aber woher sollte er wissen, wo Sie ...»

«Er folgt mir.» Albrecht blieb stehen. «Die ganze Zeit womöglich, über diese verfluchte Landstraße. Oder er besitzt Verbindungen, hat irgendwie erfahren, dass ich hier bin. – Nein, sagen Sie nichts! Er kennt mich.» Leiser. «Er kennt mich ganz genau.»

Wolczyk starrte den Ermittler an, mit offenem Mund. «Und was bedeutet das alles?»

«Das bedeutet ...» Jörg Albrecht war es nicht gewohnt, über jeden einzelnen seiner Gedankenschritte Rechenschaft abzulegen. Doch zu seiner Überraschung stellte er fest, dass es ihm half, wenn er gezwungen war, eine Erklärung zu liefern. Ein Schritt ergab sich aus dem anderen. Widersprüche, die er sonst übersehen hätte, wurden plötzlich klar.

«Das Entscheidende ist der Zeitpunkt», murmelte er. «Möllhaus ist weder hier noch im Institut, wo der Täter vermutlich auf ihn gestoßen ist. Das bedeutet, dass er ihn offenbar nicht an Ort und Stelle getötet hat. Unter Umständen hat er ihn überhaupt noch nicht ...»

«Sie denken, er ...»

«Still!»

Geräusche im Treppenhaus, viel lauter als vorher. Dann, plötzlich, brachen sie ab. Flüstern. Männerstimmen.

Albrechts Hand bewegte sich an die Stelle, an der sich seine Dienstpistole befand, wenn er sie denn einmal mit sich führte.

Das war heute nicht der Fall.

Er schob Wolczyk zurück ins Wohnzimmer.

Das langgestreckte Rechteck des Eingangskorridors endete an der demolierten Tür. Dort waren Schatten. Schatten, die sich bewegten.

Ein Schritt nach vorn. Im selben Moment gab sich auch einer der Schatten einen Ruck.

Das Deckenlicht flackerte auf.

Ein Mann um die sechzig, deutlich untersetzt, puterrotes Gesicht. Und ein auffallend hässlicher Dufflecoat.

«Was tun Sie hier?»

Das waren beide zugleich.

Albrechts Hand fuhr in seine Manteltasche. Der Unbekannte: im selben Moment dieselbe Bewegung.

«Kriminalhauptkommissar Jörg Albrecht, Kripo Hamburg!»

«Kriminalhauptkommissar Horst Rabeck, Kripo Niedersachsen!»

Sie starrten auf ihre Dienstmarken, die sie einander entgegenstreckten wie entsicherte Waffen.

• • •

Kaffee.

Manche Leute haben eine innere Uhr. Sie werden jeden Tag zur gleichen Zeit wach, im Urlaub wie unter der Woche, Januar oder Juli, ganz egal.

Wenn man unter Jörg Albrecht arbeitete, mit unvorhersehbaren Tages- und Nachtschichten, kam man gar nicht dazu, sich so einen Rhythmus anzugewöhnen.

Ich war eher der Weckertyp. Möglichst laut und möglichst schrill oder, seit ein paar Jahren, die Stereoanlage mit Timerfunktion.

The Cures *Killing an Arab* war auch als Weckton einigermaßen effektiv.

Eigentlich gab es nur eine Sache auf der Welt, die *noch* effektiver war.

Kaffee.

Ich zog die Nase kraus, schnupperte in die Luft, schlug halb blind die Decke zur Seite und ließ die Füße aus dem Bett gleiten auf der Suche nach meinen Hauslatschen.

Flauschiger, weicher Teppich.

Und keine Latschen.

Im selben Moment war ich richtig wach.

Das Appartement über den Dächern von Rotherbaum sah bei Tageslicht – oder andeutungsweise Tageslicht – noch eindrucksvoller aus als bei Nacht. Sehr hell, klare Linien, kein Nippes. An den Wänden Horst-Janssen-Zeichnungen, und ich hätte ohne Zögern schwören können, dass es keine Reproduktionen waren.

Meine Jeans lag mitsamt dem Rest meiner Kleidung fein säuberlich zusammengelegt auf einem Hocker. Keine Erinnerung, dass ich das so drapiert hatte.

Automatisch ging ich wie auf Zehenspitzen, obwohl ich in Wahrheit jeden Schritt auf dem weichen Teppich genoss.

«Joachim?» Ein seltsames Gefühl, ihn mit dem Vornamen anzusprechen. Irgendwie dachte ich als Merz an ihn oder im Höchstfall mit Vor- und Zunamen.

Ich steuerte die Küche an – die Richtung, aus der der Kaffeeduft und das Brummen des Vollautomaten kamen.

«Joach...»

Die Küche war leer. Den Kühlschrank sah ich nur aus dem Augenwinkel. Fünfziger-Jahre-Modell; Kerstin Ebert hätte für dieses Möbel getötet.

Wäre sie selbst noch am Leben gewesen.

Der Kaffeeautomat war an einen Timer angeschlossen.

«Joachim?»

Ich ging zurück ins Wohnzimmer, kontrollierte schließlich das Bad.

Leer.

Ein unangenehmes Gefühl begann sich in meinem Magen breitzumachen.

Wie spät war es gewesen, als ich eingeschlafen war? Nicht

mal so wahnsinnig spät. Die Nacht war heftig gewesen, wie ich mir das gewünscht hatte, aber die achtundvierzig Stunden davor ganz genauso. Ich hatte geschlafen wie ein Stein, hatte nichts davon mitgekriegt, dass – und wann – er aufgestanden war.

War er zur Arbeit gefahren, ohne mich zu wecken? Ein Blick ins Schlafzimmer. Nein, kein Zettel, keine Nachricht.

Zögernd trat ich an die Panoramascheibe. Ich stand bereits direkt davor, als mir klar wurde, dass ich immer noch splitternackt war.

Rasch stolperte ich zurück, was im Grunde Unsinn war. Wer mich quer über die Außenalster beobachten wollte, musste einen Hochleistungsfeldstecher haben.

Doch irgendwie hatte ich doch einen Rest ...

Schamgefühl?

Dann sollte ich mir den vielleicht besser für Dennis aufheben. Doch mit dem war das schließlich ein Geben und Nehmen.

Wahlweise für meine Bullenehre?

Gerade wollte ich mich umdrehen, zurück ins Schlafzimmer, mich anziehen ... vielleicht einen Kaffee noch ...

Da ertönte ein unterdrücktes Klicken in meinem Rücken.

Ich fuhr herum. Es gibt eine bestimmte Sorte Klicklaute, bei denen man als Kripobeamtin automatisch in einen anderen Modus schaltet.

Der hier war exakt von dieser Sorte.

Doch dann sah ich ihn.

Er stand in der Wohnungstür, in Joggingkluft.

Er hatte etwas in der Hand.

Eine Brötchentüte.

Und eine einzelne, langstielige Rose.

● ● ●

«Wie weit sind Sie?» Rabeck brüllte ins Funkgerät.

Jörg Albrecht saß neben dem jungen Wolczyk auf der Rückbank des Streifenwagens. Von der Antwort aus dem Apparat kam nur ein undeutliches Schnarren bei ihm an.

Mit einem Knurren stopfte sein niedersächsischer Kollege den Empfänger zurück in die Halterung.

«Sie sind noch nicht durch», brummte er.

Durch durch was?

Albrecht betrachtete Rabecks ungesund geröteten Nacken. Sie waren unterwegs zum Tatort. Zumindest ging er davon aus, dass sie dorthin unterwegs waren. Das Gebrummel des älteren Beamten war weniger eine Einladung gewesen mitzukommen.

Eher eine Anweisung.

Mit zwei Sätzen hatte Albrecht seinem in Braunschweig zuständigen Kollegen erklärt, was sie in der Wohnung zu suchen hatten und warum sie gezwungen gewesen waren, die Tür aufzubrechen.

Noch im Treppenhaus hatte Rabeck ein kurzes Telefonat geführt. Identitätsprüfung. Genau wie auch Albrecht selbst verfahren wäre.

Das Ergebnis hatte ihn offenbar zufriedengestellt.

Und nun saßen sie in einem niedersächsischen Polizeifahrzeug.

Jonas Wolczyk war leichenblass. Er hatte seit der Szene in Hartmut Möllhaus' Wohnung kein Wort gesagt. Schockstarre, dachte Albrecht.

Er spürte es selbst. Die Regenfront war heran. Hagel mischte sich unter die Tropfen, die Wischblätter wurden kaum mit der Sturzflut fertig. Eine eisige Faust schien die Brust des Hauptkommissars zusammenzupressen.

Der Wettersturz. Die Prellung, die er sich beim Aufbrechen der Wohnungstür zugezogen hatte.

Und der Schock der Erkenntnis.

Möllhaus war tot.

Er wusste es, tief in seinem Innern, selbst wenn Rabeck sich aus irgendeinem Grunde nicht eindeutig geäußert hatte.

Jörg Albrecht würde nicht nachfragen.

Er würde sich dem Tatort nähern, wie er sich in mehr als zwei Jahrzehnten jedem Tatort genähert hatte. Je weniger er wusste, was am Ziel ihrer Fahrt auf sie wartete, desto unvoreingenommener konnte er den Ort als Ort betrachten.

Die Dinge, so wie sie waren.

Ein zufälliger Punkt im Raum, den nur ein einziges Detail von anderen zufälligen Punkten im Raum unterschied.

An diesem Punkt war das Leben eines Menschen gewaltsam beendet worden.

An diesem Punkt hatte Jörg Albrecht das Ufer berührt.

«Wo fahren Sie überhaupt lang?», raunzte Rabeck plötzlich den jüngeren Beamten an, der am Steuer saß. Cornelius, erinnerte sich Jörg Albrecht. Kriminalkommissar Yawuz Cornelius.

Cornelius hatte die Nase fast an der Windschutzscheibe. Albrecht bezweifelte, dass er selbst auf diese Weise viel erkennen konnte. Was allerdings keine Auswirkungen auf die rasante Geschwindigkeit hatte.

Der jüngere Beamte hob die Schultern. «Die Strecke ist schöner und ...»

«Rechts ab, auf der Stelle! So, und jetzt wieder links! Was ...»

«Außerdem gibt's hier eine Sperrung», erklärte Cornelius, während er am Ende des Staus den Motor abstellte.

• • •

«Könnten Sie nicht Verstärkung für Ihre Mannschaft gebrauchen?», erkundigte sich Rabeck mit gedämpfter Stimme. «Der Kommissar spricht seit Jahren davon, sich zu verändern.» Er balancierte einen Regenschirm über dem Kopf, doch Albrecht hielt sich konsequent außerhalb von dessen Reichweite.

Der Schauplatz. Die Augen eines Fremden.

Alter Baumbestand. Ein von einer langgezogenen Mauer umgebener Park. Stelen und Monumente ragten aus dem kurz gehaltenen Gras wie die warnenden obersten zehn Prozent eines Eisbergs.

Doch die Warnung kam zu spät.

Es war ein Friedhof, und Jörg Albrecht wusste, dass auch das ein Zeichen war:

Ihr steht genau dort, wo ihr vor mehr als vierundzwanzig Stunden gestanden habt.

Ihr seid keinen Schritt weitergekommen.

Aber *ich* bin weiter.

Ein Menschenleben weiter.

Und es wird nicht das letzte sein.

«Ursprünglich waren es zwei unterschiedliche Friedhöfe», brummte Rabeck jetzt. Offenbar hatte er begriffen, dass Albrecht kein Interesse an seinem Assistenten hatte. «St. Magni und der Domfriedhof. Das heißt: Ganz am Anfang befanden sich beide in der Innenstadt, aber da wurde der Platz zu knapp. Danach, für hundertfünfzig Jahre ...» Eine knappe Handbewegung. «Hier. – Da drüben liegt Lessing.»

Albrecht drehte nur knapp den Kopf.

«Auf St. Magni gibt es heute überhaupt keine Bestattungen mehr», erklärte der niedersächsische Beamte.

Eine Aussage, die dem unmittelbaren Augenschein widersprach.

Den Dingen, so wie sie waren.

Zu Füßen eines wuchtigen klassizistischen Monuments türmte sich ein Erdhaufen. Als die Beamten ihn umrundeten, kam eine Grube zum Vorschein, in der zwei durchnässte uniformierte Kollegen mit Schaufeln dabei waren, weiteres Erdreich auszuheben.

Albrecht blieb stehen. «Und was soll das?», fragte er irritiert.

Rabeck klappte den Schirm zusammen. Direkt über ihnen war das Blätterdach so dicht, dass kaum ein Tröpfeln durchkam. Stumm wies der ältere Beamte auf den Grabstein.

Graffiti. Die ursprüngliche Grabinschrift war nicht mehr zu entziffern, doch darüber in giftgrüner Sprühfarbe zwei Zeilen in Großbuchstaben.

**PROFESSOR DOKTOR
HARTMUT MÖLLHAUS**

«Wir sehen jeden Morgen nach dem Rechten.»

Albrecht fuhr herum. Eine Männergestalt, dunkel gekleidet. Sie stand zwischen einer Reihe von Grabstelen, reglos wie die steinernen Monumente selbst.

«Wir hatten hin und wieder Fälle von Vandalismus, auch in den letzten Jahren», murmelte der Mann, und jetzt zitterte seine Stimme. «Aber nie... niemals *so was.*»

«Wie es aussieht, hat irgendjemand im Laufe der vergangenen Nacht die Grabstätte neu belegt», erklärte Rabeck. «Jedenfalls hatte es den Anschein. Ausgehoben und wieder verfüllt. Und der Name ...»

«Stand im Telefonbuch.» Cornelius hob ein Smartphone. «Gemeldet hat er sich nicht, als ich durchgeklingelt hab. Also sind wir hingefahren. Wenn er trotzdem da ist, haben wir uns gedacht, kann er nicht ... na ja ...» Ein Nicken zu der Grube, in der sich einer der beiden Uniformierten jetzt stöhnend aufrichtete. «... dann kann er nicht *da drin* sein.»

«Wir haben den Sarg», sagte der Uniformierte. «Sieht neu aus.»

«Aufmachen!», gab Rabeck Anweisung.

«Warten Sie!» Der Friedhofsoffizielle löste sich aus seiner

Starre, kam auf unsicheren Beinen an den Rand der Grube. Der Mann war uralt, stellte Albrecht jetzt fest. Selbst dem Tod näher als dem Leben.

Steif beugte der Alte sich vor. «Er ist nicht plombiert. Den kriegen Sie auf.»

Einer der beiden Beamten kletterte nach oben, warf seinem Kollegen ein Plastikseil zu, das der Mann in der Grube um die Beschläge des Sargs führte, bevor er sich ebenfalls in die Höhe stemmte.

Cornelius legte dem alten Mann einen Arm um die Schultern und dirigierte ihn vorsichtig ein paar Schritte weg.

Gut so, dachte Albrecht. Ein Toter war mehr als genug.

Mit angehaltenem Atem beobachtete er, wie die beiden Uniformträger sich mit ihrem Gewicht in das Seil stemmten. Eine Sekunde lang geschah nichts, dann löste sich der schwere Deckel aus seiner Position. Erde rieselte nach und ...

«Verfluchte Hölle!»

Horst Rabeck war vermutlich seit einer Zeit im Dienst, zu der Jörg Albrecht noch zur Schule gegangen war.

Doch er sprach die Worte aus, die dem Hauptkommissar selbst auf der Zunge lagen.

Mit dem Unterschied, dass Albrecht nicht im Stande war, sie hervorzubringen.

Hartmut Möllhaus. Der Mann, dem er vor knapp zwölf Stunden zum ersten Mal begegnet war. Mit übereinandergeschlagenen Beinen hatte der Professor auf seinem Büroteppich gesessen, auf dem Gesicht ein Ausdruck beglückten yogihaften Friedens.

Das Gesicht war kaum wiederzuerkennen.

Erstarrt in einer Fratze blinder Verzweiflung, die toten Augen in Panik geweitet, den Mund geöffnet zu einem Schrei der nackten Angst, den der Tod selbst abgeschnitten hatte.

Doch es konnte nicht schnell gegangen sein. Die Hände des

alten Mannes waren zu Klauen verkrümmt, die Finger hatten sich an der Innenseite des Sargs blutig gekratzt.

Der Sarg. Albrechts Augen verharrten auf dem Bild. Seine Zunge wollte ihm noch immer nicht gehorchen, doch nichts auf der Welt konnte seinen Verstand abschalten, der die entscheidenden Verbindungen herstellte, noch während Rabeck mit brüchiger Stimme eine gewisse Edith informierte, vermutlich das örtliche Pendant zu Martin Euler.

Der Täter war in der Lage, binnen kürzester Zeit einen Sarg zu organisieren. Der Entschluss, Möllhaus zu töten, konnte erst gestern Abend gefallen sein. Und diesmal stand fest, dass er unmöglich allein gehandelt haben konnte. Einen Sarg samt Inhalt in die Tiefe zu lassen: Dafür brauchte man zwei Personen, mindestens.

Albrecht brauchte nur Sekunden, um die Fäden zwischen den neuen Objekten im Raum der Ermittlung zu knüpfen.

Der Täter hatte einen Fehler gemacht.

Das war die eine Möglichkeit.

Oder aber er fühlte sich dermaßen sicher, dass es ihm kaum ein müdes Schulterzucken wert war, wenn Jörg Albrecht diese Details aufgingen.

Er lässt uns diese Spuren ganz bewusst erfassen, dachte der Hauptkommissar. Sein Blick hatte sich an den blutigen Rillen in der Innenseite des Sargdeckels festgesaugt. Spuren, die so deutlich sind, dass jeder sie erkennen muss. Die Presse, die Öffentlichkeit.

Lebendig begraben.

Die Urangst des Menschen.

Eine weitere Windung, um die die Spirale des Schreckens angezogen, der Druck auf die Ermittlungen erhöht wurde.

Auf Hauptkommissar Jörg Albrecht.

Doch wenn es angesichts eines solchen Schreckens überhaupt möglich sein sollte, irgendetwas Positives zu erkennen: Der Tatort lag zweihundert Kilometer von Hamburg entfernt.

Wenigstens war die Zecke aus dem Spiel.

• • •

«Das war ernst gemeint», bemerkte Joachim Merz, als ich mir einen Löffel Marmelade nahm.

«Was?», fragte ich. Das hatte nichts mit Flirten zu tun. Ich wollte es wirklich wissen.

«Beides.» Sein Brötchen lag fertig bestrichen vor ihm auf dem Teller. Frischkäse und ein Löffel Erdbeermarmelade. «Du sollst auf dich aufpassen, und ich würde dich gerne wiedersehen. Und damit meine ich: nicht durch Zufall, wenn du mir mal wieder in die Arme stolperst. Oder gerade mal an einem meiner Mandanten dransitzt.»

Rasch führte ich mein eigenes Brötchen zum Mund, kaute, zwei Sekunden länger als notwendig. Zeit zum Überlegen. Die flotte Antwort, die mir auf der Zunge lag, kollidierte mit seinem ernsten Gesichtsausdruck und diesen dunkelbraunen Augen, die die abgefeimteste Staatsanwältin nervös machen konnten. Doch in diesem Moment war dort nichts Spielerisches zu erkennen.

«Dir ist klar, dass ich verheiratet bin?», antwortete ich schließlich, und, als ich sah, wie er den Mund aufmachte: «Und dass ich nicht vorhabe, das in absehbarer Zeit zu ändern.»

«Dann nennt man das wohl eine Affäre?» Er hob eine Augenbraue. Er sah müde aus. Ich fragte mich, ob er überhaupt geschlafen hatte. Aber vielleicht war er auch noch schlapp von seinem Lauf mit Zwischenstopps beim Bäcker und im Blumengeschäft. «Zwischen uns? Früher hätte man gesagt: eheliche Untreue.»

«Früher war das auch ein Straftatbestand.» Ich nickte. «Oder?»

«Sehr viel früher.» Er betrachtete sein Brötchen. Wenn er nicht allmählich einen Bissen nahm, würde die Marmelade auf den Teller kleckern. «Doch nicht alles, was nicht verboten ist, sollte man deswegen zwangsläufig praktizieren.»

Mein zweiter Bissen blieb mir im Hals stecken. Ich tastete nach dem Kaffee, spülte eilig nach.

Womit auch immer ich gerechnet hatte heute Morgen – mit durchgeschnittener Kehle aufzuwachen, zum Beispiel. Aber damit nicht.

«Man muss zu einem Menschen gehören», sagte er, diesmal, ohne mich anzusehen. «Sonst hat es keinen Sinn. Mir ist schon klar, was du von mir hältst, und ja … Es gibt schon eine ganze Reihe von Leuten, die diese Wohnung zu sehen bekommen haben …»

Er hatte *Leute* gesagt, nicht *Frauen*, doch das bekam ich nur am Rande mit.

«Bitte sag jetzt nicht, ich bin etwas Besonderes für dich.» Ich sah ihn an. «Das wäre einfach …»

«Klischee?» Ganz kurz blitzte ein Funke Humor auf, doch er war auf der Stelle wieder verschwunden. «Und wir funktionieren natürlich nicht nach Klischee, nicht wahr? – Und du? Bin ich etwas Besonderes für *dich*?»

«Denkst du, ich mache so was ständig?» Der Spruch kam, ohne nachzudenken, und im nächsten Moment hätte ich mir auf die Zunge beißen können. Doch er sah mich nur an, akzeptierte den Schlag.

«Man muss zu einem Menschen gehören», sagte ich ruhiger. «Und ich gehöre zu Dennis. Wir sind verheiratet. Wir haben uns gemeinsam etwas aufgebaut. Wir … Wir haben beide einen Haufen Arbeit und nicht halb so viel Zeit füreinander, wie wir uns wünschen würden, aber wir … Es hat was mit Vertrauen zu tun. Zueinanderzugehören.»

«Du betrügst ihn.»

Ich nickte. «Und er betrügt mich, oder ...» Ich schüttelte den Kopf. «So einfach ist es nicht mal. Wenn er weiß, dass ich weiß ... Oder sich das denken kann ...»

«Verstehe», murmelte Joachim Merz. «Dann revanchierst du dich eben.»

Ich konnte es nicht genau sagen. Vielleicht war es der Klang seiner Stimme, vielleicht die Tatsache, dass er den Nagel auf den Kopf getroffen hatte.

Plötzlich wurde ich wütend.

«Weißt du was, Herr Anwalt?» Ich legte das angebissene Brötchen auf den Teller. «Du hast *mich* abgeschleppt. Schon vergessen? Das war nicht umgekehrt. Gut, du hast mir nicht das Messer auf die Brust gesetzt, aber leise und verschüchtert bist du auch nicht vorgegangen. Kannst du dir vorstellen, dass ich gestern nicht gerade in der Verfassung war ...» Ich schüttelte den Kopf. Klare Entscheidungen zu treffen? Dann hatte ich im Polizeidienst nichts verloren.

«Also wolltest du gar nicht mit mir ins Bett?»

Ich starrte auf mein Brötchen. «Doch», murmelte ich. «Und es war schön. Wirklich schön. Aber vielleicht ...»

«Ja?»

Ich blickte auf. Er sah nach wie vor auf seinen Teller.

«Joachim ... Ich kann dir wirklich nicht sagen, was ich mir gedacht habe. Du weißt doch, was im Moment bei mir los ist. Beruflich. Ich kam gestern Abend direkt vom Mann meiner Freundin ... meiner Kollegin, die wir auf dem Friedhof gefunden haben. Ich bin da immer noch mittendrin. Ich weiß doch selbst nicht, was ich denken soll!»

«Bitte ...» Er fuhr sich über die Lippen und sah mich nun doch wieder an. «Bitte pass auf dich auf! Seid ihr denn wenigstens einen Schritt weiter, wer in dem Schuppen ...»

«Das *Fleurs* spielt doch gar keine Rolle mehr.» Ich schüttelte den Kopf. Sah er eine Sekunde lang überrascht aus? «Wenn dich

das beruhigt: Ich denke nicht, dass ich da noch mal reinmuss. –
Das ist es doch nicht mal. Es ist einfach …»

*Standing on a beach with a gun in my hand*
*Staring at the sea, staring at the sand*

Ich war inzwischen vollständig bekleidet, fand das Handy automatisch und erkannte die Nummer des Reviers. Viertel nach
acht. Vor neun musste ich nicht da sein, und der Anwalt wollte
mich direkt vor der Tür absetzen.

«Ja?», fragte ich. «Moment.» Ich stand auf und ging ein paar
Schritte ans Fenster.

Joachim Merz nickte mir zu, deutete auf die Badezimmertür
und machte eine Handbewegung: Zähneputzen. Dusche.

Ich neigte den Kopf. Verstanden.

«Ja», sagte ich, als er verschwunden war. «Jetzt höre ich.»

«Hannah!» Max Faber, und er klang … angespannt? «Hannah, bist du in Ordnung?»

Verwirrt kniff ich die Augen zusammen.

«In Ordnung? Klar, natürlich bin ich in Ordnung. Warum …»

Er schnitt mir das Wort ab.

Ich hörte zu, hörte, was Faber mir erzählte, sah aus dem Fenster, auf die Außenalster. Surfer waren unterwegs, dem grauen
Himmel zum Trotz. Ich beobachtete sie, sah, wie sie mit den
Wellen kämpften. Schwere See, hätte man draußen vor der
Küste gesagt.

Schwere See.

Ganz langsam ließ ich das Handy sinken und drehte mich
um.

Joachim Merz' Joggingschuhe standen akkurat ausgerichtet
neben der Wohnungstür.

Sie waren verdreckt, als wäre er quer durch den Sumpf gelaufen.

• • •

Grüßend hob Albrecht noch einmal die Hand, legte den Gang ein und fädelte sich in den Verkehr ein.

Jonas Wolczyk blieb an der Kreuzung am Rande der Braunschweiger Innenstadt zurück, schmaler und schlaksiger denn je.

Überfordert mit der Situation, dachte der Hauptkommissar. Zumindest das hatte er mit dem Jungen gemeinsam. Wobei sich Albrecht vor allem überfordert gefühlt hatte, Wolczyk irgendetwas mit auf den Weg zu geben. Friedrichs fiel etwas ein in solchen Momenten, auch Faber hatte eine gewisse Ader, man mochte es nicht glauben.

Jörg Albrecht dagegen spürte, dass die Menschen sein eigenes professionelles Mitgefühl zwar akzeptierten, weil sie nach jeder Art von Mitgefühl gierten in diesen Momenten – doch selbst in ihrer Situation konnten sie es einordnen als das, was es war. Professionelles Mitgefühl.

Für Wolczyk konnte er nur hoffen, dass er anderswo etwas Echteres bekam. Bei seiner Freundin mit den hübschen Augenbrauen. Wenn sie seine Freundin war.

Albrecht schüttelte den Kopf. Der Tod war unbegreiflich in seiner Absolutheit, mit der er jede offene Frage einfach abschnitt. Der Professor würde niemals eine Antwort auf die Frage bekommen, die er sich jahrelang gestellt hatte.

Albrecht folgte der Straße, die ihn zum Kreuz Ölper wies. Dort auf die 391 wechseln, aber nur für ein paar Kilometer, hatte Wolczyk ihm eingeschärft. Bloß nicht die Strecke über Land probieren. Das sei der Tod.

Der Tod ist überall, dachte der Hauptkommissar.

Er ist mir voraus.

Albrecht griff nach dem Handy ...

Im selben Augenblick klingelte es.

«Chef!»

«Kriminalhauptmeister Lehmann?», murmelte er müde.

Er würde zu Friedrichs durchstellen lassen, oder zu Faber,

falls sie noch nicht da war. Die Kollegen ahnten noch nichts von den Vorgängen in Braunschweig, aber es mussten erste Schritte unternommen werden. Sie konnten es sich nicht leisten, Zeit zu verlieren, bis Albrecht wieder in der Stadt war.

«Chef, wo sind Sie? Sie müssen sofort …» Der Junge war völlig aus dem Häuschen.

Rabeck hatte versprochen, so lange den Deckel auf der Sache zu halten wie irgend möglich. Wie zum Beweis hatte er sogar den Sargdeckel wieder schließen lassen bis die Gerichtsmedizinerin eintraf. Hatte die Pressebagage trotzdem irgendwie Wind davon bekommen?

«Noch nicht aus Braunschweig raus», brummte er. «Was ist denn los?»

«Chef, die Zecke … die … die Stahmke … Seydlbacher ist schon …»

Kreuz Ölper 1500 Meter. Ein blaues Autobahnschild. Vor Albrechts Augen leuchtete es in blutigem Rot.

«Verdammtes Miststück!», knurrte er. «Ich könnte sie kalt…»

«Nein.»

Albrecht stutzte.

«Chef.» Ein tiefer Atemzug. «Hier ist die Hölle los. Die Stahmke ist tot! Ein Spaziergänger hat sie gefunden, beim Gassigehen. Also der Hund hat sie gefunden. Im Sumpf! In einem Sumpfgebiet an der Alsterquelle!»

• • •

*Nichts davon ist passiert.*

Nichts davon ist passiert, bis du begreifst, was hier gespielt wird.

Wie ein Mantra hatte ich den Satz wiederholt, im Taxi auf dem Weg nach St. Georg, wo ich meinen Nissan abgestellt hatte. Joachim Merz hatte gestern Abend darauf bestanden, dass ich nach zweieinhalb Gläsern Holsten unmöglich noch ans Steuer konnte.

Wir hatten seinen Wagen genommen, den Jaguar, und wir hatten den Rest des Abends in seiner Wohnung verbracht. Den Rest der Nacht, bis zu dem unbestimmten Zeitpunkt, an dem er aufgestanden war, um seine Joggingrunde zu drehen.

*Nichts davon ist passiert.*

Wann konnte das frühestens gewesen sein, wenn ich ihm einmal unterstellte, dass er noch etwas mehr vorgehabt hatte, als nur den Kreislauf in Schwung zu bringen: halb zwei? Zwei? Bei dem, was wir beide getrieben hatten, sah man nicht auf die Uhr. Da er mir nach einer Weile die Augen verbunden hatte, wäre mir das auch kaum möglich gewesen. *Nichts davon ist passiert.* Doch es musste spät gewesen sein, weit nach Mitternacht, und auf jeden Fall etliche Stunden nachdem er – *nichts davon ist passiert* – Stahmke eine Nachricht geschickt hatte, die angeblich von ihrem Kontaktmann stammte, und sie in die Pampa an der Alsterquelle gejagt hatte.

Selbst wenn er mir irgendwelche Pillen in den Dom Perignon gemischt hatte. Selbst wenn ich mich täuschte und ich schon um eins geschlafen hatte. Stahmke hätte mindestens drei Stunden Vorsprung gehabt.

Drei Stunden in der Pampa bei Henstedt-Ulzburg, wo – nichts war. Kein neues Opfer. Kein sensationeller Aufmacher für die Nachtausgabe. Stahmke hatte keinen Grund gehabt, auch nur eine Minute dort zu bleiben, nachdem sie festgestellt hatte, dass sich offenbar jemand einen Scherz mit ihr erlaubte. Wenn der Täter jedes Mal einen anderen Anschluss benutzte, konnte das im Übrigen jeder gewesen sein. Jeder, der ihre Nummer kannte. Von wem die Nachricht wirklich stammte, von Joachim Merz – *nichts davon ist passiert –*, das wusste nur ich.

Ich.

Dieselbe Frau, die ihm ein Alibi geben konnte.

Die ermittelnde Beamtin.

Wie ging Jörg Albrechts Spruch, der von Sokrates?

Wenn du weißt, dass du nichts weißt, weißt du schon eine ganze Menge?

Ich wusste viel zu viel.

Ich musste die vergangene Nacht ausblenden. Sie vergessen. Das war die einzige Chance. Ein Ermittler durfte sich niemals, unter gar keinen Umständen, emotional auf einen Fall einlassen.

Natürlich geschah das trotzdem ständig.

Sich vom Hauptverdächtigen ans Bett fesseln zu lassen stand trotzdem auf einem anderen Blatt.

Aber er war nicht verdächtig! Ich war bei ihm gewesen!

Als ich eingeschlafen war, musste Stahmke längst tot gewesen sein!

Doch seine Joggingschuhe hatten ausgesehen wie ...

Das war lächerlich.

Vergiss es! Ganz gleich, was in den nächsten zwanzig Minuten auf dich zukommt.

*Nichts davon ist passiert!*

Der Nissan hatte brav auf mich gewartet. Bei Tageslicht sah die Gegend am Rand von St. Georg gar nicht so finster aus – aber vielleicht wurde einem das auch erst bewusst, wenn man im Begriff war, sich unmittelbar an den Tatort eines Kapitalverbrechens zu begeben.

Der Verkehr in der Stadt war von der ekelhaftesten Sorte. Als ich bei Quickborn die A 7 verließ und dem Navi zur Straße *An der Alsterquelle* folgte, hatte ich eine Dreiviertelstunde verloren.

Ein Wohngebiet, gar nicht so weit draußen wie erwartet, aber das änderte sich nach wenigen hundert Metern. Ich schaltete runter, zeigte meinen Ausweis und nahm den Feldweg hinter der Polizeiabsperrung im Schritttempo.

Zur Alsterquelle.

Ein einzelner Mann stand wartend an einem Wegweiser, der zu einem Spazierpfad wies. Zivilkleidung, Kripo also.

Ich stieg aus.

«Düwel-Blixem», fluchte er auf Plattdeutsch, «da sind Sie ja endlich!» Mit einem Stofftaschentuch tupfte sich der Beamte aus Schleswig-Holstein die Stirn ab.

Noch weniger Haare als Max Faber.

«Tut mir leid», murmelte er. «Ich hab schon einiges gesehen, aber so was wie das hier ...»

Er verstaute das Tuch. Kritischer Blick auf seine Handfläche, bevor er sie mir entgegenstreckte. «Kriminalkommissar Jan Schmehlich, Kripo Schleswig-Holstein. Sie sind Albrecht?»

Hatte der Mann keinen Fernseher?

«Kriminalkommissarin Hannah Friedrichs, Kripo Hamburg», stellte ich mich vor.

«'dammich», murmelte Schmehlich. «Ich muss Ihren Kollegen falsch verstanden haben.»

Nachvollziehbar, dachte ich. Der Kollege war Alois Seydlbacher gewesen.

«Hauptkommissar Albrecht kommt möglicherweise noch nach», erklärte ich. «Im Moment ist er noch unterwegs. In dem ganzen Fall hat es eine Entwicklung gegeben, die er ...» Ich schüttelte den Kopf, als ich Schmehlichs irritierten Gesichtsausdruck sah.

Eine Entwicklung, die wichtiger war als eine neue Leiche?

Aber das Telefonat, das ich vom Taxi aus mit unserem Herrn und Meister geführt hatte, war ein typisches Albrecht-Telefonat gewesen. Raunende Andeutungen, als ob er uns den nächsten Toten zu präsentieren hätte. Und die Anweisung, mich auf den Weg zur Alsterquelle zu machen. *Sie haben die Leitung!*

Der Sprung ins kalte Wasser, dachte ich.

Oder, genauer, in den Sumpf.

«Die eigentliche Quelle ist da drüben», erklärte Schmehlich

mit einem Nicken über die Schulter, wobei er zugleich mit einer einladenden Handbewegung in die entgegengesetzte Richtung wies. Zumindest darüber war ich froh, denn *da drüben* waren mittlerweile anderthalb Dutzend Übertragungswagen aufgefahren. Offenbar wurde der Fall inzwischen so groß gehandelt, dass es nicht mehr ausreichte, einfach nur die Regionalteams herzuschicken. Selbst ich kannte ein paar der Visagen, die sich die Nasen an meinen Seitenfenstern platt gedrückt hatten. Aus den Hauptnachrichtensendungen.

Nur eine Visage würde nie wieder dabei sein.

«Die Hauptquelle ist vor ein paar Jahren eingefasst worden», berichtete der Kommissar. «Wunderschön aufgemauert, Brunnengitter, Grillplatz gleich nebenan. Tolles Ausflugsziel. Seitdem müssen alle zwei Tage die leeren Bierdosen eingesammelt werden. Doch der Rest ist ...» Eine ausholende Handbewegung.

Wir bewegten uns auf einem befestigten Damm. Rechts von uns sumpfige Wiesen, die nach dem Regen der letzten Wochen weitgehend unter Wasser standen, auf der linken Seite Wald.

Allerdings nicht die Sorte, die zum Spazierengehen einlud. Ein Dschungel, dachte ich.

Der einzige Unterschied zum Amazonas waren die Bäume. Nicht so hoch, nicht so wild. Weiden konnte ich noch identifizieren, vielleicht waren auch Erlen dabei, ich konnte mich aber täuschen. Zwischen den Stämmen wucherte graugrünes Gestrüpp, Farne, Schling- und Kletterpflanzen, und wo die erstickende Decke der Vegetation mal zehn Quadratzentimeter freigab, glitzerte Wasser: bräunlich, schlammig, ungesund. Schwärme von Mücken summten durchs Gestrüpp, dazwischen die Laute von Vögeln, die unter anderen Umständen das stimmungsvolle Naturerlebnis abgerundet hätten.

Hier und heute wirkten sie wie alles an diesem Ort: gespenstisch.

Zum ersten Mal seit drei oder vier Tagen ließ sich gerade fast verschüchtert die Sonne blicken, doch sie hatte keine Chance, an die Oberfläche des grundlosen Morasts zu dringen.

«Unübersichtliche Gegend», murmelte Schmehlich. «Doch die Männer aus unserer Streife schwören Stein und Bein, dass sie alles abgesucht haben gestern Abend. – Da war noch keine Leiche da. Wobei ... Absolute Sicherheit wird uns natürlich erst das gerichtsmedizinische Gutachten geben.»

Hundert Meter vor uns sah ich Kollegen in den Uniformen der schleswig-holsteinischen Polizei, die hektisch etwas aus einem Transportfahrzeug luden, Bretter hin und her schleppten.

«Da drüben steht der Mann, der sie gefunden hat.» Schmehlich nickte zu einem rüstigen Rentner in einer Wetterjacke, die genauso schlammgrün war wie alles um uns herum. Und ich sah auch den Hund, der die Leiche gewittert hatte, eine Mischung aus Spitz und Teckel mit maximal fünfzig Zentimeter Körperlänge.

Das erklärte, warum er das morastige Gelände hatte betreten können. Jetzt begriff ich auch, was die Beamten taten: Planken. Ein Weg durch den sumpfigen Urwald.

«Sie sind noch gar nicht an der Leiche?» Ich hob die Augenbrauen. «Woher wissen Sie dann überhaupt, wer ...»

«Sie können die Fotos sehen.» Schmehlich hob die Schultern. «Elektronischer Zoom, fünfzigfache Vergrößerung. Sie ist eindeutig tot. Tot, wie ein Mensch nur sein kann, sonst wären wir anders vorgegangen. Aber unter diesen Umständen ...»

Ich nickte. «Die Auffindungssituation.»

«Exakt. Die Spurensicherung scharrt schon mit den Hufen. Außerdem ...» Wir hatten jetzt einen Streifenwagen erreicht. Er parkte ein Stück entfernt vom Transporter und den Kollegen des Kommissars, die mit säuerlichen Mienen hin und her marschierten. Schmehlich öffnete die Beifahrertür. «Hier.»

Er reichte mir einen der durchsichtigen Plastikbeutel, wie auch wir sie für Beweismittel benutzten.

Auf den Inhalt musste ich nur einen kurzen Blick werfen: eine Handtasche, feuerrot.

«Prada», murmelte ich. «Das passt.» Ich drehte das Beweisstück um. In einem kleineren, transparenten Täschchen innerhalb des Sicherungsbeutels steckte ein Presseausweis. *Margit Stahmke.* Auf dem Foto sah sie zwanzig Jahre jünger aus.

«Und woher haben Sie das, wenn Sie noch nicht zu ihr vorgedrungen sind?»

Ich sah, wie Schmehlich die Zähne zusammenbiss.

«Da vorne.» Ein rot-weißes Kunststoffband sperrte einen Bereich am Rand des Sumpfgebiets weiträumig ab. Zwei, drei weitestgehend kahle Bäume. An einem Ast war ein zusätzlicher Fetzen Absperrband befestigt wie das traurige Überbleibsel einer Deko vom Kostümfest.

Ich kniff die Augen zusammen. «Sie ist vor ihm geflüchtet?», fragte ich zweifelnd. «Und die Tasche ist in den Zweigen hängen geblieben.»

«Das erscheint ...» Schmehlich holte Luft. «'dammich, das glaub ich im Leben nicht. Hector!» Er winkte einem der Uniformierten. «Das Fernglas?»

Hector löste den Trageriemen um seinen Hals und sah Schmehlich fragend an, der in meine Richtung nickte.

Ich nahm den Feldstecher entgegen und sah probeweise durch die Objektive.

Der Kommissar deutete auf eine Stelle zwischen den Bäumen, ein Stück entfernt von den Beamten, die einen Steg durch das trügerische Gelände schlugen.

«Etwa fünfzig Meter von hier», murmelte er. «Folgen Sie der Flucht der Plankenreihe.»

Grün, eine Mauer von verschwommenem Grün, dass mir schlecht davon wurde. Rasch regelte ich die Schärfe nach, suchte nach einem Orientierungspunkt, einem ...

Ein hellerer Fleck.

Schon war ich vorbei, versuchte die Stelle wiederzufinden, zurück nach links – da!

«An der Unterseite können Sie rauszoomen», sagte Schmehlich leise.

Vorsichtig legte ich den Finger auf den Regler. Das helle Objekt wurde kleiner, der Bildausschnitt wuchs, und ...

Ich keuchte.

Margit Stahmke.

Es musste Margit Stahmke sein.

Selbst jetzt noch sah der beige Hosenanzug sauteuer aus. Selbst in dieser Position.

Hände und Füße der Journalistin waren gefesselt, der Strick, der die Füße hielt, war anderthalb Meter über dem sumpfigen Boden um einen Ast geschlungen, sodass ihr Körper kopfüber hing ...

Aber es gab keinen Kopf. Es war kein Kopf zu sehen.

Es gab Schlamm und wucherndes Grün und braunes Wasser.

Braunes Wasser, in dem Kopf und Schultern der Toten versunken waren.

Braunes Wasser, das Margit Stahmke erstickt hatte.

• • •

«Bericht!»

Jörg Albrecht rauschte in den Korridor des Reviers. Matthiesen und Winterfeldt standen vor der Bürotür des Computermenschen, stolperten aber zurück, als hätte eine Druckwelle sie erfasst.

Der Hauptkommissar steuerte auf den Informationstresen zu, hinter dem Irmtraud Wegner zwei Telefonhörer gleichzeitig in den Händen hielt.

Hauptkommissar!, formten ihre Lippen. Ihr Blick versuchte ihn abzubremsen.

«Später!», knurrte er und sah sich zu den Mitarbeitern um, die die Köpfe auf den Flur streckten. «Besprechungsraum in fünf Minuten! Alle!»

Kurz vor dem Tresen bog er scharf nach rechts. Sein Büro. Mit einer Handbewegung fegte er die Krümel vom Tisch, die ihm verrieten, wer die Nachtschicht gehabt hatte.

Franzbrötchen.

Matthiesen.

Albrechts Aktentasche. Acht Blätter mit Kopien der Kopie seiner eigenen Aussage, die Wolczyk ihm angefertigt hatte. Wenigstens das, nachdem es einen Abschlussbericht des Professors nun niemals geben würde.

Ein vorsichtiges Klopfen.

Hauptmeister Lehmann.

«Ich wollte nur fragen: Den Bericht, wollen Sie den jetzt gleich sofort? Oder, äh, gleich, also in fünf Minuten beim Meeting? Sonst müsste ich kurz die Unterlagen holen und das könnte einen Moment ...»

«Ist Friedrichs schon zurück?»

Lehmann schüttelte den Kopf. «Aber sie müsste jede Sekunde da sein. Am Telefon meinte sie, es sähe eindeutig nach Mord aus.»

«War kaum zu erwarten, dass die Stahmke sich selbst gerichtet hat», brummte Albrecht. «Drei Minuten. Bis dahin Tür zu!»

Er starrte auf die Unterlagen. Seine eigene Aussage. Die sorgfältig geknüpften Fäden zwischen den Tatbeständen im Raum der Ermittlung, befestigt mit Indizien und Hinweisen. Mit begründeten Vermutungen.

Ein zurückliegender Fall. In dreiundzwanzig Jahren waren so viele zusammengekommen, und er hatte keinen persönlichen Favoriten. Der Täter suchte die Öffentlichkeit. Er war intelligent, er war einfallsreich, und einiges wies zudem darauf hin, dass ihm erhebliche finanzielle Mittel zur Verfügung standen. Das

Bild war so klar gewesen, fast schon im Begriff, dreidimensionale Züge zu gewinnen.

Und dann war Möllhaus gestorben.

Die Ausführung der Tat, das komplizierte, minutiös geplante Verwirrspiel, das doch erst in der Tatnacht ersonnen worden sein konnte. Die perfide Methode der Tötung, die die Sache zum Aufmacher in den Nachrichten machen würde, sobald irgendjemand in Braunschweig nicht mehr dichthalten konnte.

Derselbe Täter. Kein Zweifel.

Alles passte – und passte doch nicht.

Wo war die Verbindung zu irgendeiner vergangenen Ermittlung? Und wenn sämtliche Kollegen auf der gesamten Behörde bereits mit Möllhaus gearbeitet hatten: Für Jörg Albrecht war die Zusammenkunft im Institut das erste und letzte Mal gewesen.

Im Laufe des gestrigen Abends hatte der Hauptkommissar einen gewissen Respekt für den Professor entwickelt, mehr noch für die Gruppe junger Leute, Wolczyk und sein Mädchen, Börges oder wie der Mensch hieß – doch davon hatte der Täter nun beim besten Willen nichts wissen können.

Möllhaus' Tod war sinnlos; noch sinnloser als die Ermordung von Hartung und Ebert. Möllhaus war tot, und angesichts der Umstände war dieser Tod vielleicht der grausigste von allen. Und auch diesen Tod durfte sich Jörg Albrecht auf die Schultern laden.

Und doch bewegte sich dieser Tod nicht in denselben Dimensionen wie die Taten gegen seine persönlichen Mitarbeiter. Es war nicht dieselbe Härte der ...

«Strafe», murmelte er.

Das war es, was im Hintergrund stand: Strafe.

Ihm, Hauptkommissar Jörg Albrecht, seine Unfähigkeit vorzuführen, die Menschen zu beschützen, für die er die Verantwortung trug. Ihn, Jörg Albrecht, zu bestrafen.

Und da passte der Tod eines Mannes, den er kaum gekannt

hatte, einfach nicht ins Bild. Möllhaus' Tod war unvereinbar mit der langsamen Eskalation, die sich zwischen Ole Hartungs Ableben und dem Mord an Ebert angedeutet hatte.

Natürlich bestand die Möglichkeit, dass Möllhaus schlicht und einfach deswegen hatte sterben müssen, weil der Täter in Sorge gewesen war, dass der Professor ihm auf die Spur kommen könnte. Das wäre obendrein noch ein zusätzliches Zeichen an Albrecht gewesen: Vor dir muss ich mich nicht fürchten.

Doch da war sich der Hauptkommissar sicher: So dachte dieser Täter nicht. Wenn er Möllhaus aus diesem Grund getötet hätte, wäre das wie ein Eingeständnis gewesen: Mein Plan ist nicht perfekt. Nimm dir einen Psychologen dazu, und du hast mich.

Unvereinbar mit der Arroganz dieses Täters.

Und nun: Stahmke?

Der Tod eines Menschen war niemals ein Grund zur Freude, für einen Polizeibeamten ganz bestimmt nicht. Aber dass sich Jörg Albrechts Trauer über diesen Verlust in Grenzen halten würde, musste jedem klar sein, der in den letzten zwei Tagen den Fernseher eingeschaltet hatte.

«Es passt nicht», murmelte er. Er starrte auf den Schreibtisch, den Zeiger der analogen Uhr, der die letzten dreißig Sekunden bis zur Besprechung abzählte.

Momentelang schien sein Blick sich zu trüben, eine nikotingeschwängerte Qualmwolke sich vor das Zifferblatt legen zu wollen:

*Sie haben keinerlei Garantie, dass Sie die richtigen Fragen stellen. Ich rate dringend, sie lediglich als Beispiele zu betrachten.*

Der Hauptkommissar schüttelte sich. Noch einmal.

«Ich mache einen Fehler», murmelte er. «Ich mache einen entsetzlichen Fehler.»

● ● ●

Albrecht sah, wie Hannah Friedrichs sich als Letzte ins Besprechungszimmer schob, gerade als Faber die Tür schließen wollte.

Er nickte ihr zu. Es war gut, dass die Kommissarin hier war. Was sie zu erzählen hatte, konnte wichtig sein.

Noch wichtiger war, dass sie zuhörte.

Dass sie alle zuhörten.

Zufrieden stellte der Hauptkommissar fest, dass die Kernmannschaft seines Ermittlungsteams komplett anwesend war. Zumindest diejenigen, die noch am Leben waren von der Kernmannschaft: Faber, Matthiesen und Seydlbacher, dazu Friedrichs und die beiden Jungen, Lehmann und Winterfeldt, sowie drei weitere Beamte.

Der erste Eindruck, dachte er. Die meisten von ihnen haben mich jahrelang beobachten können. Sie wissen, wie ich arbeite.

Ich darf die Fäden nicht aus der Hand geben.

Aber vielleicht kann ich im entscheidenden Moment zupacken, wenn ein neuer Faden entsteht.

Er stellte sich neben das Whiteboard und sah in die Runde.

Für einen Moment zuckte ein Schmerz durch seinen Hinterkopf, als ihm klar wurde, wie groß die Ähnlichkeit mit der Szene war, die er gestern Abend in Braunschweig erlebt hatte.

«Ich danke Ihnen, dass Sie gekommen sind», begann er und sah dabei besonders Matthiesen an, von dem alle wussten, dass er eine Nachtschicht hinter sich hatte – und Friedrichs, bei der das zumindest offiziell niemand ahnen konnte.

«Wir arbeiten nun seit mehr als zwei Tagen an diesem Fall», erklärte er. «Und wir alle wissen, dass die entscheidenden Ermittlungsfortschritte in der Regel in den ersten Stunden nach der Tat zu verzeichnen sind. Im Anschluss daran erkaltet die Spur sehr schnell.» Eine exakt berechnete Pause. «Dieses Zeitfenster hat sich geschlossen.»

Der junge Lehmann hob den Arm. «Aber nur in Bezug auf Ole Hartung und Kerstin. Die Stahmke-Spur ist noch warm.»

Albrecht nickte. «Dazu werden wir gleich Kommissarin Friedrichs hören. Zunächst ...»

Er holte Luft. Das Whiteboard war mittlerweile gut gefüllt. In der Mitte die Namen der ersten beiden Opfer und die Eigenschaften, die sie miteinander gemeinsam hatten: *verheiratet, Kinder, lange Dienstzeit in der Abteilung* und ein *befreundet* mit einem Fragezeichen dahinter.

Alles das war bedeutungslos geworden angesichts der jüngsten Entwicklungen.

War es das wirklich?

Wir wissen, dass wir nichts wissen.

Auf der linken Seite der magere Ansatz eines Täterprofils: *Maskenfrau, Alter Mann,* dazu die Charakterzüge, die sie gemeinsam herausgearbeitet hatten: *sucht die Öffentlichkeit, intelligent, wandlungsfähig* – wieder mit einem Fragezeichen – und schließlich *plant lange im Voraus.* Nach Friedrichs Gespräch mit Kerstin Eberts Sohn konnte Albrecht hier noch eine Ergänzung anbringen. *Augenkrankheit* schrieb er – mit einem Fragezeichen.

Doch das stand im Moment nicht im Mittelpunkt.

Das Zentrum der Grafik.

*Ole Hartung.*

*Kerstin Ebert.*

Albrecht öffnete den Edding.

*Margit Stahmke.*

Er sah in die Runde, nickte fast unmerklich. Sie spürten das Ungleichgewicht in dieser Reihe, genau wie er selbst es spürte.

Jetzt kam der entscheidende Schritt.

*Hartmut Möllhaus.*

«Wer ist das?» Lehmann, natürlich.

Seine Schulnoten für die Beteiligung am Unterricht mussten die Herzen seiner Eltern erwärmt haben.

Doch es war Hannah Friedrichs Gesicht, das der Hauptkommissar in diesem Moment besonders im Blick hatte. Er war sich nicht mehr sicher, ob Faber und seine beiden Mitarbeiter gestern Nachmittag mitbekommen hatten, wie der Mann hieß, den Albrecht in Braunschweig aufsuchen wollte.

Friedrichs hatte er es selbst erzählt.

Die Kommissarin überraschte ihn.

Sie sagte kein Wort, sondern starrte auf den Namenszug. Schien nicht zu begreifen.

«Möllhaus ist tot», erklärte Albrecht. «Er ist heute Morgen gefunden worden.»

Friedrichs starrte, und es war seltsam ...

Der Hauptkommissar sah, wie ein halbes Dutzend Gefühle über ihr Gesicht huschten: Verwirrung, Unglaube, aber ...

Die Frau arbeitete seit sechzehn Jahren in seiner Abteilung. Er kannte Friedrichs, hielt große Stücke auf sie, wie er sie sonst nur auf Ole Hartung gehalten hatte, vielleicht noch auf Faber.

Doch was sich auf ihrem Gesicht spiegelte, konnte er nicht einordnen.

*Erleichterung?*

Nein, schon war es wieder weg. Was blieb, war Verwirrung. Das war der stärkste Eindruck.

Alles andere ...

Was ist an diesem Fall, das alles anders macht?

Ich halte die Fäden fest, dachte Jörg Albrecht. Doch sie führen ins Nichts. Neue Tatbestände tauchen auf, quer zur Laufrichtung. Wer mir etwas bedeutet, gerät in Gefahr – und dann ist alles doch ganz anders.

Und ich bin plötzlich blind. Ich verstehe nicht länger, was sie mir sagen wollen, ohne es aussprechen zu können.

«Hauptkommissar?» Faber räusperte sich. «Möllhaus war der Rechtspsychologe, mit dem Sie den Fall besprechen sollten?»

Er sagte *sollten*, nicht *wollten*, stellte Albrecht fest. Das traf es recht gut.

«Korrekt.»

Sieh sie alle an! Jetzt sieh sie alle an!

Verwirrung. Unglaube. Fassungslosigkeit. Von Seydlbacher ein gemurmeltes *Mi leckst am Arsch!*».

Das Gefühl, das Albrecht bei Friedrichs glaubte gesehen zu haben? Erleichterung? Nein, nirgendwo. Warum auch? In gewisser Weise wäre sie verständlich gewesen, wenn auch unter schlechtem Gewissen: Die Belegschaft des Reviers stand offenbar nicht mehr allein in der Schusslinie des Täters. Doch das hatte schon Stahmkes Tod bewiesen.

«Was haben diese Namen gemeinsam?», fragte er. «Die Menschen hinter diesen Namen? Zwei Männer, zwei Frauen. Ihr erster Gedanke! Los!»

Die Männer starrten ihn an.

«Was verbindet sie?», fragte Albrecht. «Zwei Kripobeamte, ein Rechtspsychologe, eine Journalistin? Wo liegt der Zusammenhang?»

Schweigen.

«Wo?» Er klang fast flehend.

So weit ist es gekommen.

*«Wo?»*

Friedrichs. Die Kommissarin hatte die Frage aufgegriffen, stellte sie selbst, aber in völlig anderem Tonfall. Sie sah den Hauptkommissar an, noch immer wie weggetreten.

Was ist mit ihr, das ich nicht erfassen kann?

«Kommissarin?»

«Wo ... wo ist er gefunden worden?»

Albrecht nickte knapp. «Auf dem Friedhof – genau wie Kerstin Ebert.» Ein Zucken auf ihrem Gesicht? «Der Braunschweiger St.-Magni-Friedhof. Einen Steinwurf vom Lessinggrab.» Schon war es wieder weg, und er war sich nicht sicher, ob es überhaupt da gewesen war.

Mit knappen Worten schilderte er die Auffindungssituation.

Er sah das Grauen auf den Gesichtern seiner Mitarbeiter und bekam eine winzige Ahnung davon, wie die Presse diese neuen, schrecklichen Details ausschlachten würde. Lebendig begraben.

Er berichtete von der Tasche des Toten, die darauf wartete, dass der Hauptkommissar sie an Euler übergab. Zur Auswertung. Albrecht war jetzt schon klar, dass die Spurensicherung keine sachdienlichen Hinweise finden würde.

«Der Täter wollte, dass wir sie finden», betonte er. «Dass uns klar wird, was geschehen ist – dass es vielleicht noch im Gange ist. Und tatsächlich ...» Er schüttelte den Kopf. «Die Gerichtsmedizinerin der niedersächsischen Kollegen wird versuchen, den Todeszeitpunkt zu ermitteln. Zudem wird sie eine Schätzung abgeben, wie lange er dort ... unten noch gelebt haben kann. Dann werden wir wissen, wie früh ich hätte erkennen müssen, was geschehen ist, um ihn noch retten zu können. Ich gehe davon aus, dass es sich um ein äußerst knappes Zeitfenster handelt. Eine Stunde vielleicht. So wird es ...» Er machte eine Geste, zur Seite ausgestreckte Hand, wusste selbst nicht, was sie bedeuten sollte.

Schwerer, dachte er. Die Schuld wird noch einmal schwerer.

«Hauptkommissar.» Faber räusperte sich. «Wirklich. Das ist nun echt nichts, wofür Sie sich ans Kreuz schlagen müssen. Selbst wenn Sie mitten in der Nacht noch mal zum Institut gekommen wären und gemerkt hätten, dass da was nicht stimmt: Hätten Sie irgendwie auf diese Friedhofsidee kommen können?»

Albrecht sah ihn an.

Und du warst wahrscheinlich Klassensprecher, dachte er.

«Danke», murmelte er.

Seine Mitarbeiter mussten ihn trösten.

Dieser Fall war die Hölle.

Sie verbrachten den Rest der Besprechung damit, sich Hannah Friedrichs Bericht über die Auffindung von Stahmkes Leichnam anzuhören. Die Kommissarin wirkte jetzt gefasst, doch für

Albrecht stand fest, dass er sie noch einmal unter vier Augen befragen würde.

Der Tod der Zecke: kopfüber an einem Baum aufgehängt. Erstickt von schmutzigem braunem Wasser. Die Handtasche samt Presseausweis direkt am Wegesrand wie ein Wegweiser mit knochenweißer Leuchtschrift.

Eine *Tasche*. Wenn es noch einen Beweis gebraucht hätte, dass es derselbe Täter gewesen war, der in dieser Nacht an zwei unterschiedlichen Orten zugeschlagen hatte: Da war er.

Dabei wäre dieser Hinweis fast schon überflüssig gewesen. Auch dieser Mord gehorchte eindeutig demselben, auf perverse Weise nun schon vertrauten albtraumhaften Schema.

Und der journalistische Mückenschwarm hatte bereits Blut gewittert.

Kannibalismus, dachte Jörg Albrecht.

Für einige Details würden die Ermittler noch den Bericht der Spurensicherung abwarten müssen: Wie waren Täter und Opfer an den nahezu unzugänglichen Tatort gelangt? War Stahmke womöglich bereits tot gewesen, als sie in ihrer bizarren Position fixiert wurde?

Unwahrscheinlich, dachte Albrecht. Aber genauso wenig hätte die Zecke sich freiwillig an den Füßen aufknüpfen lassen. Doch Hartmut Möllhaus hatte sich mit Sicherheit auch nicht aus freien Stücken in seinen Sarg gelegt. Blieben zwei Möglichkeiten: Zwang mit vorgehaltener Waffe oder eine Form von Betäubung. Der Hauptkommissar tippte auf Letzteres, was im Übrigen den Gedanken an einen medizinischen Hintergrund des Täters verstärkte.

Abschließend erwog die Runde noch einmal unterschiedliche Theorien zur Identität des Täters, doch Albrecht spürte, dass der richtige Gedanke nicht dabei war. Das verbindende Element fehlte.

Zu viele Fragen waren offen. Eine große Rolle spielte inzwischen das Zeitproblem. Möllhaus war das erste Opfer gewesen, so viel schien festzustehen. Der Täter musste vor dem Institut auf der Lauer gelegen, beobachtet haben, wie Albrecht und die Teilnehmer des Kolloquiums das Gebäude verließen. Danach hatte er vermutlich umgehend zugeschlagen – und anschließend Zeit gehabt, nach Hamburg zurückzukehren.

Und an genau dieser Stelle kam ein neues Problem ins Spiel: Stahmke war gegen zweiundzwanzig Uhr zur Alsterquelle bestellt worden. Um zweiundzwanzig Uhr sieben jedenfalls hatte sich Friedrichs auf dem Revier gemeldet – Matthiesen hatte einen Protokollausdruck dabei. Zu diesem Zeitpunkt aber war der Täter eindeutig noch in Braunschweig gewesen.

Was hatte die Zecke getrieben, bis sie ihrem Mörder begegnete? Wo hatte sie sich aufgehalten? Hinzu kam, dass Paul Schubert, ihr Kameramann, offenbar wie vom Erdboden verschwunden war. Mitsamt dem Fahrzeug, in dem die beiden unterwegs gewesen waren.

Ein weiterer Toter? Das mussten sie befürchten.

Als Täter schied Paul Schubert jedenfalls aus. An dem Nachmittag, an dem Kerstin Ebert starb, war er permanent mit der Journalistin unterwegs gewesen.

Und dann war da natürlich noch der Umstand, dass der Täter zumindest bei Möllhaus nicht allein gehandelt haben konnte. Binnen einer einzigen Nacht ein Grab auszuheben, einen frischen Sarg dort zu deponieren, das Ganze wieder zuzuschaufeln – physisch unmöglich für eine einzelne Person. Der Täter hatte Helfer.

Warf das möglicherweise auch ein anderes Licht auf die Abfolge der Taten? Konnte eine noch unbekannte Figur im Hintergrund in bester Charles-Manson-Tradition einen oder mehrere der Morde delegiert haben, während sie selbst nur ausnahmsweise anwesend war?

Hier befanden sie sich wieder an einem Punkt, an dem Jörg

Albrechts Ermittlerverstand die Wahrheit schlicht und einfach spürte: Nein, dieser Täter würde es sich nicht nehmen lassen, seine Taten persönlich auszuführen. Die Tat selbst war wichtig für ihn, nicht allein ihr Ergebnis.

Schließlich nickte Albrecht und verteilte die Aufgaben neu, indem er faktisch alles beim Alten beließ. Faber und Seydlbacher blieben auf die Altfälle angesetzt, besonderes Augenmerk sollten sie jetzt auf einen medizinischen Hintergrund legen. Lediglich Matthiesen wurde abgezogen und würde den Rest des Tages Telefonate mit dem Sarggroßhandel im Raum Braunschweig führen und zusätzlich den Kontakt zu Rabeck und Cornelius halten. Winterfeldt und Lehmann wurde zu Ole Hartungs Rechner noch Kerstin Eberts Computer aufgedrückt.

Albrecht wusste von vornherein, dass sie nichts Brauchbares finden würden.

Mit einem Nicken entließ er die Runde und winkte Hannah Friedrichs, ihn in sein Büro zu begleiten.

Müde ließ er sich auf seinen Stuhl fallen und wies mit einer einladenden Geste auf einen der Besucherstühle.

«Was ich jetzt wissen möchte ...»

Ein entschlossenes Klopfen. Albrecht konnte es eine Sekunde lang nicht einordnen, dann öffnete sich die Tür ohne Aufforderung.

«So», sagte Irmtraud Wegner. «Und jetzt hören Sie mir zu!»

• • •

Ein rettender Engel in Größe achtundvierzig Damenkonfektion? Das Muster sollte möglicherweise Gänseblümchen darstellen, die einzelnen Exemplare waren allerdings handtellergroß und türkis auf knallgelbem Grund.

Ich wollte gerade aufstehen und mich diskret verdrücken, doch der Blick der Sekretärin bannte mich an Ort und Stelle.

Ein Blick, wie ihn, da war ich mir sicher, noch niemand auf dem Revier von Irmtraud Wegner zu sehen bekommen hatte.

Das wäre deine Chance gewesen.

Ich war nicht in der Verfassung für was auch immer die Frau unserem Herrn und Meister erzählen wollte. Ich war nicht in der Verfassung für *irgendwas*.

Albrechts Psychologieexperte war tot.

Natürlich hatte ich gemerkt, dass der Chef mich bei dieser Eröffnung ganz genau im Blick gehabt hatte. Wie er wieder einmal versucht hatte, jede noch so kleine Regung von der Innenseite meiner Großhirnrinde zu schälen.

Es war ihm nicht gelungen.

Ich hatte nicht mal Triumph gespürt. Zu viele Dinge waren mir durch den Kopf geschossen. Nein, Jörg Albrecht wusste nicht, was heute Nacht zwischen Joachim und mir gelaufen war – und so lange er das nicht wusste, konnte er sich keinen Reim auf meine Reaktion machen. Und wenn ich bei seiner Eröffnung Polka getanzt hätte.

Doch zu viele Dinge waren in der Schwebe. Jedes Detail konnte entscheidende Bedeutung haben. Professor Möllhaus sei auf dem Friedhof gestorben, hatte Albrecht gesagt, genau wie Kerstin. Eine Sekunde lang war die Welt unter mir weggekippt. Auf einem *Braunschweiger* Friedhof. Knirschend kam die Erdachse zum Stillstand. Doch dann: Das Verbrechen in Braunschweig musste zuerst geschehen sein, erst danach, gegen Morgen, der Mord an der Zecke.

Kurz bevor Joachim Merz mit Blume, Brötchentüte und Schlamm an den Füßen nach Hause gekommen war.

Konnte er sich, kaum dass ich ins Land der Träume abgetaucht war, auf den Weg nach Braunschweig gemacht haben? Konnte er dort einen Mord eingefädelt haben und dann stante pede zurück nach Hamburg, um an der Alsterquelle Margit

Stahmke ins Jenseits zu befördern und anschließend am Frühstückstisch mit mir die Natur unserer Beziehung zu erörtern?

Sein Jaguar war ein Traum. Theoretisch war das Szenario sogar denkbar. Zeitlich zumindest.

Doch in jeder anderen Hinsicht?

«Hannah?»

Besorgt sah die Sekretärin mich an.

«Tut mir leid», murmelte ich. «War alles etwas ...» Ich schüttelte den Kopf. «Es geht schon. Ich bin in Ordnung.»

Irmtraud zögerte. Ich konnte erkennen, wie ihre Gefühle miteinander kämpften. Schließlich war sie so was wie die Mutter der Kompanie. Wenn sie mich jetzt nicht nach Hause schickte – *Sie gehören ins Bett! Und trinken Sie ein Glas heiße Milch mit Honig!* –, dann musste ihr die Sache wirklich verdammt wichtig sein.

«Wenn es Ihnen gut genug geht ...», sagte sie schließlich. «Ich denke, es ist besser, wenn Sie mit dabei sind. Kerstin war Ihre Freundin.»

«Kerstin Ebert?» Jörg Albrecht beugte sich vor. Seine Augen waren schmal geworden. Er sah auf seine Schreibtischuhr. «Sie haben zehn Minuten, Irmtraud!»

Mit einem Nicken wies er auf den zweiten Besucherstuhl.

Die Sekretärin ließ sich auf dem Stahlrohrgestell nieder.

«Kerstin Ebert», sagte sie. «Und Ole Hartung. Ole Hartung war der Einzige, der mich noch an die Zeit erinnert hat, als ich hier angefangen habe. Er war der Einzige, der damals schon da war, ausgenommen Hinnerk Hansen. Der wird übrigens nächste Woche aus dem Krankenhaus entlassen», fügte sie beiläufig hinzu.

Ich konnte beobachten, wie Albrecht die Kiefer noch eine Spur fester zusammenbiss. Der unausgesprochene Zusatz – *falls Sie das interessiert* – war ziemlich deutlich gewesen.

«Ole Hartung war schon da, als ich hier anfing», erklärte sie. «Dann kam Kerstin Ebert. Und dann kamen Sie, Hauptkommissar. Und danach alle anderen. Können Sie sich erinnern, unter welchen Umständen Sie die Leitung des Kommissariats übernommen haben?»

«Irmtraud, wenn Sie ...»

Er war verärgert. Das hätte ihm jeder angesehen. Doch mit einem Mal brach er ab. Auf seinem Gesicht breitete sich etwas aus, das ich nicht zu fassen bekam: eine Ahnung, oder war es schon mehr als das?

Heute, im Nachhinein, glaube ich, dass er es in exakt diesem Moment begriffen hat. In diesem Moment muss sich das Bild in seinem Kopf zusammengesetzt haben. Nicht nach und nach, als ob ein eingerostetes Räderwerk in Schwung kommt, sondern blitzartig und präzise, wie sein Verstand eben arbeitete.

Wenn er sich nicht gerade selbst im Weg stand, wie das in den letzten zwei Tagen geschehen war.

Was mich anbetrifft: Ich war nicht so flott.

Aber schließlich hatte ich noch einmal eine ganze Weile nach Jörg Albrecht auf dem Revier angefangen.

Ich starrte die Sekretärin an wie ein Mondkalb.

Irmtraud Wegner sah zwischen uns beiden hin und her.

«Horst Wolfram», sagte sie. «Max Freiligrath. Was wissen Sie über den Traumfänger?»

# sieben

Jede Gemeinschaft hat ihre eigene Geschichte, ihre Mythologie.

Bei Jörg Albrechts alten Griechen waren das die Götter des Olymp, mit dem Donnergott Zeus und Pallas Athene, mit Hermes, Herkules, Odysseus. Bei der Belegschaft eines Automobilwerks ist es vielleicht die Story vom Gründer der Firma, der mit seiner pferdelosen Kutsche über ungepflasterte Buckelpisten geholpert ist und von den Leuten ausgelacht wurde. Bei einem Kegelverein die Erinnerung, wie man auf der ersten gemeinsamen Fahrt stockbesoffen auf einer Almhütte eingeschneit war.

Solche Geschichten.

Was sie gemeinsam haben, ist, dass es sich um Gründungslegenden handelt. Im weitesten Sinne jedenfalls. Sie stehen ganz am Anfang, haben sich in grauer Vorzeit zugetragen, wobei diese graue Vorzeit natürlich sehr unterschiedlich lange her sein kann. Sie bilden den Hintergrund. Wer zum Team gehört, kennt sie, und trotzdem denkt man im Höchstfall vielleicht ein oder zwei Mal im Jahr daran, wie das Ganze irgendwann mal losgegangen ist.

Ich hätte die Geschichte vom Traumfänger also ganz an den Anfang stellen können.

Aber hätte das nicht eine Zwangsläufigkeit ergeben, eine innere Logik, dass die Geschehnisse so und genau so auf diesen Punkt hätten zulaufen müssen?

Das war aber nicht der Fall. Die Traumfänger-Ermittlung war die Traumfänger-Ermittlung, und für die Arbeit auf dem Revier spielte sie vor allem deswegen eine Rolle, weil nach Abschluss dieser Ermittlung Jörg Albrecht von seinem Provinzposten zur

Hamburger Polizei gewechselt war und die Leitung des Kommissariats übernommen hatte.

Das war der Beginn unserer Gemeinschaft gewesen, der Mannschaft vom PK Königstraße, wie sie, natürlich in wechselnder Besetzung, bis heute bestand.

Der Fall selbst ...

Jeder Mensch erinnert sich an die großen Kriminalfälle, die für eine gewisse Zeit wieder und wieder in zentimeterhohen Lettern in der Presse auftauchen: der Kannibale von Rotenburg oder der Doppelmörder von Bodenfelde. Oder eben der Traumfänger, wie die Medien ihn getauft hatten, der Ende der Achtziger Hamburg und halb Norddeutschland in Atem gehalten hatte.

Ich war damals in der siebten Klasse gewesen, das erste Jahr auf dem Gymnasium. Meinen Freundinnen und mir war es vor allem peinlich gewesen, dass unsere Eltern uns nicht mehr mit dem Schulbus fahren ließen, sondern Fahrgemeinschaften gebildet hatten, von der Haustür zur Schule und zurück. Die Menschen waren einfach in Panik – ganz ähnlich wie sich das auch jetzt abzeichnete, während der Ermittlungen nach dem Tod von Ole Hartung und Kerstin, Professor Möllhaus und der Zecke.

Hätten wir deswegen sofort an den Traumfänger denken müssen? Rückblickend eindeutig ja. Aber genauso an die Täter von Rotenburg und Bodenfelde und Dutzende andere. Besonders aber an diejenigen, die sich in den Akten versteckten, die Faber, Matthiesen und Seydlbacher stundenlang durcharbeiten mussten. Sämtliche Taten, die uns während Jörg Albrechts Amtszeit beschäftigt hatten.

Der Traumfänger war logischerweise nicht dabei.

Der Traumfänger

Es hatte mit einem Klassiker begonnen, damals im Sommer 1988.

Eine Frau Mitte fünfzig, die eines Morgens von den ersten Besuchern in Hagenbecks Tierpark tot aufgefunden wurde – im

Spinnenhaus. Unheimlich genug, doch das vielleicht Sonderbarste an der ganzen Angelegenheit war die Frage nach der Todesursache: Ja, die Frau war von den Tieren gebissen worden, aber die Gerichtsmedizin hatte eindeutig festgestellt, dass diese Bisse erst nach ihrem Tod erfolgt sein konnten. Herzversagen – das war am Ende die Erklärung.

Natürlich gab es Untersuchungen, schon dieser gruselige Fall war der Presse jede Menge Berichte wert. Doch es blieb ungeklärt, was die Frau überhaupt dort zu suchen gehabt hatte. Am Vorabend war sie nicht nach Hause gekommen, und der Ehemann hatte sie gerade als vermisst melden wollen, da erhielt er auch schon die Todesnachricht.

Der zweite Fall – ich glaube, dass es der zweite war – war der Tote im Elbtunnel. Allerdings war er nicht im Tunnel selbst gefunden worden, sondern in einem der Notausgänge, angekettet an ein Schutzgeländer. Keine offensichtlichen Verletzungen. War es überhaupt Mord gewesen? Auf jeden Fall stand diesmal fest, dass eine weitere Person beteiligt gewesen sein musste.

Identisch war lediglich die Todesursache: Herzversagen. Hier jedoch brachte die Befragung des familiären Umfelds wichtige Hinweise: Der Mann hatte unter schwerer Klaustrophobie gelitten, sich geweigert, Fahrstühle zu benutzen. Der dunkle, enge Fluchttunnel musste die Hölle für ihn gewesen sein.

Er war schlicht aus Angst gestorben. An seinem eigenen persönlichen Albtraum.

Von nun an begann die Presse zu lauern.

Sie musste nicht lange warten.

Die Frau, die einige Tage später auf der Aussichtsplattform des Michel gefunden wurde, hatte unter extremer Höhenangst gelitten. Angst vor dem Sturz in die Tiefe hat wohl jeder Mensch, doch in diesem Fall war es gar nicht erst so weit gekommen. Todesursache? *The same procedure.*

Wieder ein paar Tage später: ein Toter auf der Intensivstation des Eppendorfer Klinikums. Kommt jeden Tag vor, natürlich – mit dem Unterschied, dass dieser Tote überhaupt kein Patient gewesen, sondern dort, wo andere Menschen geheilt wurden, seiner panischen Angst vor Krankenhäusern zum Opfer gefallen war.

Die unglaublichsten, persönlichsten Ängste, die ein gesunder Mensch sich nicht mal vorstellen kann: ein Rentner, der auf einem öffentlichen WC unter schrecklichen Schmerzen gestorben sein musste: Zur Abwechslung war es mal nicht das Herz gewesen, sondern ein Rückstau des Urins in den Nieren. Der Hintergrund wurde erst angesichts seiner Krankenakte deutlich: *Paruresis*, krankhafte Angst, in der Öffentlichkeit zu pinkeln.

Unter normalen Umständen wären alle diese Geschehnisse schlicht ein Fall für die Abteilung Vermischtes & Bizarres gewesen, doch da war zum einen die Häufung, in der die Meldungen in diesen Wochen einliefen, zum anderen aber die vollständige Unfähigkeit der Angehörigen, zu erklären, warum sich die Verstorbenen ausgerechnet jener Situation ausgesetzt haben sollten, die sie gefürchtet hatten wie nichts anderes auf der Welt.

In den meisten Fällen war es eindeutig, dass sie das nicht freiwillig getan hatten.

Persönliche Albträume von Menschen wurden Wirklichkeit – die Legende vom Traumfänger war geboren.

Für das PK Königstraße war das natürlich kein Fall wie jeder andere. Ole Hartung oder der alte Hansen – und Kerstin, die während der Ermittlungen zum Team stieß – wollten später trotzdem niemals groß über diese Zeit sprechen. Zu gespenstisch muss die Atmosphäre gewesen sein. Die Frage, ob es überhaupt einen Täter gab, ließ sich nicht in allen Fällen so einfach beantworten wie bei dem Mann mit der Sonnenangst, der am Ende einer Hitzewelle halb verkohlt an einem abgelegenen Strandabschnitt der Elbe gefunden wurde – mit Fesseln an den Buhnen fixiert.

Horst Wolfram, seit mehr als zehn Jahren Leiter des Kommissariats, hatte sich jedenfalls auf eine Weise in den Fall vergraben, die selbst schon nicht mehr gesund war.

Ich hatte mir schon immer vorgestellt, dass er eine Menge Ähnlichkeit mit Jörg Albrecht gehabt haben muss. Vielleicht ist die Leitung unseres Kommissariats einfach ein Job, der solche Leute anzieht. Auch bei Wolfram hat natürlich die Familie darunter gelitten – entsprechend hätte er ein warnendes Beispiel für unseren Herrn und Meister sein müssen. Fast schon zwangsläufig dürfte aber exakt das Gegenteil eingetreten sein: Wahrscheinlich genau deswegen hatte Jörg Albrecht alles, was mit Horst Wolfram zusammenhing, vollständig ausgeblendet.

Und damit auch den Traumfänger.

Um es kurz zu machen: Das Duell zwischen Wolfram und dem Täter hat sich wochenlang hochgeschaukelt. Wolfram hat wohl ziemlich früh Psychologen und Psychiater auf dem Schirm gehabt. Schließlich war das eindeutig ein verbindendes Element: Sämtliche Toten hatten unter einer krankhaften Angst gelitten, und die meisten von ihnen waren in entsprechender Behandlung gewesen. Doch personelle Überschneidungen ließen sich höchstens in Einzelfällen feststellen, und selbstverständlich wurden die Therapeuten auf Herz und Nieren geprüft.

Wolfram muss schließlich einem lebenden Leichnam geglichen haben. Seine Familie – Frau und kleine Tochter – bekam ihn überhaupt nicht mehr zu sehen. Er begann auf dem Revier zu schlafen, in dem Raum, in dem wir jetzt zusammensaßen, Jörg Albrechts heutigem Büro. Wenn er überhaupt schlief. Doch er war davon überzeugt, dass er dem Täter immer näher kam. Kerstin Ebert meinte einmal zu mir, er hätte etwas in dem Sinne gemurmelt, der Mann *wolle* im Grunde gefasst werden. Ein Bild, das bei Serientätern gar nicht so untypisch ist.

Und vielleicht entsprach es auch diesmal der Wahrheit.

Ich kann mich nicht genau erinnern, was Wolfram schließlich auf die Spur von Max Freiligrath geführt hat. Freiligrath galt als Koryphäe in diversen Psychowissenschaften, hatte sich aber als Therapeut kaum hervorgetan. Ein Wissenschaftler in der Studierstube, mit Preisen und hoch dotierten Forschungsaufträgen überhäuft.

Genauso wenig weiß ich, warum sich Wolfram zuletzt so sehr auf den Hafen eingeschossen hat. Vielleicht weil die Angst vor dem Wasser, vor dem Ertrinken so ziemlich das Einzige war, das nach sechzehn oder siebzehn Toten noch übrig blieb.

Wie es endete, draußen auf der Nordsee, als Wolfram auf einem Kutter der Küstenwache Freiligraths Boot einholte ... Wie er begriff, dass der Täter eine Geisel hatte – und dass diese Geisel die kleine Lena war, seine, Wolframs, eigene Tochter ...

Ich weiß nicht, ob das Mädchen schon immer besondere Angst vor dem Wasser gehabt hatte.

Aber es ist keine Frage, wessen Angst bei der letzten Tat des Traumfängers tatsächlich im Mittelpunkt stand.

Wolfram hatte viel zu spät begriffen, was seine eigene größte Angst war.

Vielleicht wirklich erst in dem Moment, in dem das Mädchen mit dem ablaufenden Wasser hinaus in die offene See gerissen wurde.

Nein, ich denke, im Rückblick ist es nur allzu verständlich, dass niemand, der damals mit diesem Fall zu tun hatte, später viel darüber reden wollte.

Der Täter war gefasst – und er war ohne Zögern geständig, mitsamt allen grausigen Details, wie er seine Patienten darauf eingeschworen hatte, niemandem, auch den engsten Angehörigen nicht, davon zu erzählen, dass sie sich bei ihm in Therapie befanden. Das könne alle Mühen zunichtemachen.

Wie hätten sie ahnen können, worauf diese Mühen in Wahrheit abzielten?

Am Ende hatte Max Freiligrath die Höchststrafe bekommen,

obwohl durchaus Uneinigkeit herrschte, ob der Mann im klassischen Sinne zurechnungsfähig war. Vermutlich war das Gericht schlicht und einfach genauso erschüttert wie der Rest der Bevölkerung.

Doch wenn ich jetzt, in Jörg Albrechts Büro, als Irmtraud Wegner uns die wichtigsten Details noch einmal in Erinnerung rief ... Wenn ich jetzt noch einmal überlegte, war es vielleicht gar nicht der Täter, der am Ende die schlimmste Strafe erhalten hatte, sondern sein letztes Opfer.

Horst Wolfram, das einzige Opfer des Traumfängers, das überlebt hatte.

Ein Gespenst, ein Untoter. Während die Therapeuten in der Rehabilitationsklinik darum kämpften, ihn in die Wirklichkeit zurückzuholen, und nicht wahrhaben wollten, dass ein Mensch eine Phobie gegen Psychotherapeuten entwickeln konnte, nahm sich seine Frau das Leben.

Natürlich war es kein Thema, dass er seinen Beruf je wieder würde aufnehmen können.

Und so, nachdem Ole Hartung dankend abgewinkt hatte, war die Stelle des Leiters von PK Königstraße extern besetzt worden und unser Herr und Meister war auf den Stuhl gekommen, auf dem er heute noch saß.

Auch jetzt, in diesem Moment, als Irmtraud Wegner fertig war mit der Geschichte, die wir nur zu gut kannten.

Und als ich ihn ansah, wusste ich, dass die Dämonen in seinem Kopf erwacht waren.

• • •

Er hatte es gewusst.
Nein.
*Heiner Schultz* hatte es gewusst.
Die falschen Fragen.

Hindernisse im Raum der Ermittlung, die verhinderten, dass sich die Fäden zwischen den einzelnen Tatbeständen in einer geraden Linie spannen ließen, an der Jörg Albrecht hätte entlangpeilen können. Auf das Ziel hin, auf den Täter und seine Motivation.

Hindernisse, die sich seinem Blick entzogen, weil sie unsichtbar waren und transparent wie ...

Wasser.

Das Dröhnen und Brüllen der Strömung, die David Martenbergs Körper mit sich reißt, während Jörg Albrecht sich in die Wurzeln klammert und die anderen Mitglieder der Spinnenbande hilflos am Ufer stehen.

Ein kleines Mädchen. Ein kleines Mädchen, das bei ablaufender Flut in das tobende Wasser der offenen Nordsee gestoßen wird.

Ein Kind. Das Schlimmste, was Eltern geschehen kann: dass ihr Kind vor ihnen stirbt.

Für Jörg Albrecht hatte Lena Wolfram immer Claras Gesicht getragen.

Es war die Grenze, die unsichtbare Mauer zwischen der Arbeit auf der Dienststelle und dem Leben des Ehemanns und Familienvaters. Die entscheidende Distanz, die zwei Welten voneinander trennte.

Sie war durchbrochen worden. Im Leben seines unmittelbaren Vorgängers war diese Mauer gnadenlos niedergewalzt geworden, und das war etwas, das er unter keinen Umständen akzeptieren konnte.

Die Dinge, so wie sie sind.

Es gab Dinge, die nicht sein durften.

Dinge, denen er keinen Raum gab in seinem Leben.

Für Hauptkommissar Jörg Albrecht begann die Geschichte des PK Königstraße mit dem 1. März 1989.

Alles, was davor gewesen war, hatte niemals existiert.

Bis zu diesem Augenblick, in dem Irmtraud Wegner erschöpft den Atem ausstieß und ihre Hände in den Schoß legte, auf den Synthetikstoff des geschmacksfernen Kleides.

Es war der Augenblick, in dem die Zeit, die bis zu diesem Moment stillgestanden hatte, mit einem schmerzhaften Ruck wieder einsetzte.

«Der Traumfänger», flüsterte Hannah Friedrichs.

Es war derselbe Tonfall, in dem primitive Stämme den Namen ihres finstersten Götzen aussprechen mochten: atemlos, voller Furcht, und doch mit einem zitternden Gefühl der Verehrung, wie es allem entgegengebracht wird, das groß ist. Selbst wenn es allein die Größe ist, die in allem Absoluten liegt, und sei es in der absoluten Bosheit.

«Unser Täter ist der Traumfänger?», flüsterte Friedrichs. «Max Freiligrath?»

«Nein», sagte Irmtraud Wegner, und es war Jörg Albrecht, auf dem ihr Blick lag. «Nachdem Sie gestern keine Zeit hatten, mir zuzuhören, habe ich mir erlaubt, in Ihrem Namen Erkundigungen einzuziehen. Max Freiligrath ist am 15. Juni 2006 aus der Haft entlassen worden ...»

Albrecht sah, wie die Kommissarin Luft holte, doch er wusste, was kommen würde.

«... und umgehend in die Psychiatrie eingeliefert worden. Faktisch eine Sicherungsverwahrung, aber da sie nachträglich angeordnet wurde, wäre die Maßnahme laut dem Spruch des Europäischen Gerichtshofs für Menschenrechte vom 13. Januar 2011 ungesetzlich gewesen.»

Der Hauptkommissar beobachtete, wie Friedrichs zentimeterweise der Unterkiefer herunterklappte. «Das Aktenzeichen kennen Sie nicht auch noch?»

Wegner ging nicht darauf ein. «Deshalb musste das Kind einen anderen Namen bekommen», erklärte sie. «Jedenfalls sitzt Freiligrath nach wie vor ein, in einer Sonderabteilung des Niedersächsischen Landeskrankenhauses in Königslutter.» Pause. «In der Nähe von Braunschweig.»

Albrecht kniff die Augen zusammen. «Braunschweig?»

«Einer der Rechtspsychologen, die seinerzeit mit der Abfassung eines Gutachtens beauftragt wurden, war Professor Hartmut Möllhaus. Das erste Mal damals, dass er mit uns zusammengearbeitet hat.» Ein zuckersüßes Lächeln. «Nach Aussage von Isolde Lorentz.»

Der Hauptkommissar keuchte. «Sie haben die Lorentz informiert?»

Die Sekretärin fixierte ihn. «Was glauben Sie wohl, Herr Hauptkommissar, warum die Frau Präsidentin den ganzen Tag noch nicht angerufen hat?»

Er konnte es nicht fassen. «Sie informieren Isolde Lorentz über den Fortgang unserer Ermittlungen?»

Plötzlich wurde Wegners Stimme ganz leise. «Ich sorge dafür, dass diese Ermittlungen unter Ihrer Leitung ihren Fortgang nehmen können.»

Albrecht stierte sie an. Mit einem Mal begannen sich einige Bausteine zusammenzusetzen.

Ein Doppelspiel. Seine eigene Sekretärin spionierte für die Polizeipräsidentin – das war es, was Isolde Lorentz glaubte.

Doch das war nur die eine Seite der Medaille. Gleichzeitig sorgte Wegner dafür, dass Jörg Albrecht die Leitung der Ermittlung behielt. Deshalb hatte ihm die Lorentz den Fall nicht aus der Hand genommen: weil ein walkürenhafter Schutzengel im Blümchenkleid die Hand über ihn hielt.

Und er hatte Irmtraud Wegner behandelt wie den letzten Dreck, als sie ihm die entscheidende Information hatte geben wollen.

Hätte er ihr zugehört ... Möllhaus könnte noch leben und ...

«Nein.» Die Sekretärin sah ihn noch immer an. «Ich weiß, was Sie denken, aber: nein. Auch ich wäre nicht auf den Gedanken gekommen, dass der Professor in Gefahr sein könnte. Genauso wenig Margit Stahmke.»

«Stahmke», murmelte Albrecht. «Wie passt Stahmke ins Schema?»

«Sie war dabei», erklärte Wegner. «Damals noch bei den Öffentlich-Rechtlichen. Mit dem Traumfänger-Fall ist sie zum ersten Mal groß rausgekommen. Der eigentliche Beginn ihrer Karriere.»

Albrecht starrte gegen die Wand. Für eine Sekunde glaubte er zu begreifen, wie es funktionierte mit dem Raufaserputz.

«Es ist so deutlich.» Er schüttelte den Kopf. «Und ich habe es nicht gesehen.»

«Deshalb hat die Polizeipräsidentin Sie zu Professor Möllhaus geschickt. Für den Blick von außen. Wenn Sie selbst ein Teil des Bildes sind, können Sie niemals ...»

Albrecht hob abwehrend die Hand. «Danke. Schon mal gehört.»

Jetzt begriff er seinen Fehler. Jetzt, wo es zu spät war. Ja, er war ein Teil des Bildes.

Aber wie selbstverständlich war er davon ausgegangen, dass er im Mittelpunkt der Darstellung stehen musste.

Und das war nicht die Wahrheit.

Er holte Luft. «Gut», sagte er.

Doch nichts war gut. Überhaupt nichts war gut.

Und doch blieb ihm keine Wahl.

Das hier war seine Ermittlung. Möglicherweise die größte und wichtigste in seinem Leben. Und es war ein Geschenk, dass er sie noch immer leiten durfte.

Wenn er auch nur eine Winzigkeit von dem, was er in den letzten Tagen angerichtet hatte, wiedergutmachen wollte, konnte er nur eins tun.

Seine Pflicht.

Und niemand sollte ihm erzählen, nicht er trage die Verantwortung für die Toten der letzten Tage, sondern Isolde Lorentz oder Irmtraud Wegner – oder die *Umstände*, die immer gerne bemüht wurden, wenn niemand den Kopf hinhalten wollte.

Doch darüber durfte er nicht nachdenken. Im Moment zählte nur eins.

Die Pflicht.

«Gut», wiederholte er. «Wir müssen völlig neu ...» Er zögerte. «Nein, wir müssen *nicht* völlig neu ansetzen.»

Er hatte das Wichtigste, das Offensichtliche übersehen.

Und doch behielt alles, was sie bis zu diesem Augenblick herausgefunden hatten, seine Gültigkeit.

Irmtraud Wegner hatte nichts anderes getan, als genau jene Frage zu beantworten, die Jörg Albrecht an seine Ermittlerrunde gestellt hatte: Wo liegt der Zusammenhang? Was ist das verbindende Element?

«Wir haben unser verbindendes Element», stellte er fest. «Das Element ist der Traumfänger.»

Friedrichs sah ihn an. «Aber Freiligrath kann unmöglich der Mörder sein.»

«Nein.» Albrecht nickte. «Obwohl alles auf ihn hindeutet, in meterhohen Buchstaben, die uns bis zu diesem Augenblick entgangen sind. Sämtliche Opfer waren direkt oder indirekt an der Freiligrath-Ermittlung beteiligt. Und falls wir das übersehen sollten, ist auch das Leitmotiv dasselbe: Angst. Eine Parallelität, die unmöglich ein Zufall sein kann.»

«Und das bedeutet?»

«Das bedeutet ...» Auch Albrecht wurde jedes Wort erst in dem Moment klar, in dem er es aussprach, doch mit jedem dieser Worte wurde ihm zugleich bewusst, wie richtig er den Täter eingeschätzt hatte: Er war in höchstem Maße intelligent, wenn nicht genial. Genial wie Max Freiligrath selbst. «Das bedeutet, dass unser Mörder *will*, dass wir genau die Rückschlüsse ziehen, die wir im Augenblick ziehen. Warum er es darauf anlegt, muss für den Moment im Dunkeln bleiben, aber dass er uns diese Sichtweise aufzwingen will, steht außer Frage. Und damit haben wir zwei Möglichkeiten.»

«Wir lassen uns drauf ein», murmelte Friedrichs. «Oder wir lassen es bleiben – aber wie soll das funktionieren? Nachdem wir endlich begriffen haben, wo die Gemeinsamkeiten liegen, tun wir doch wieder so, als wüssten wir von nichts?»

Albrecht schüttelte den Kopf. «Ein entschiedenes Nein. Aber in dem Moment, in dem wir die Gemeinsamkeiten erkannt haben, gleichzeitig jedoch wissen, dass der Täter, auf den sie hindeuten, nicht der Schuldige sein kann, eröffnet sich uns eine völlig andere, neue Perspektive.»

Die Kommissarin sah ihn verständnislos an.

«Die Gemeinsamkeiten sehen wir nun ganz deutlich», erklärte der Hauptkommissar. «Die Frage ist, wo sind die Unterschiede?»

Friedrichs kniff die Augen zusammen. «Gibt es die? Müsste das nicht die erste Frage sein?»

«Richtig. Aber die kann ich Ihnen beantworten: Wie sind wir überhaupt an diesen Punkt gekommen? Der Täter selbst hat uns darauf hingewiesen. Das ist der erste Unterschied: die Öffentlichkeit.

Freiligrath hat sie billigend in Kauf genommen, doch bei ihm war sie niemals Selbstzweck, wie sie das für unseren Täter zu sein scheint.»

«Also ist unser Täter ein Trittbrettfahrer?», fragte Friedrichs. «Er exerziert Freiligraths Versuche nach? Aber er will damit zum Medienstar werden?»

Der Hauptkommissar zögerte. «Jedenfalls will er genau diesen Eindruck erwecken – dass er uns Kopien von Freiligraths Experimenten abliefert.

Und nicht uns allein. Der gesamten Öffentlichkeit. Es ist schon fast ein Wunder, dass noch niemand von der Journaille auf den Zusammenhang gekommen ist. Zumindest die Stahmke hätte ...»

«Vielleicht hat sie ja?»

Albrecht blinzelte.

«Sie könnte es sogar von Anfang an gewusst haben», erklärte die Kommissarin. «Deshalb war gerade sie es, die er mit Informationen versorgt hat. Weil sie so oder so auf den Zusammenhang gekommen wäre. Ein Geschäft zum gegenseitigen Vorteil: Er bekommt die größtmögliche Aufmerksamkeit der Medien, sie kriegt ihre Story. Aber vielleicht hat er die Bedingung gestellt, dass sie den Zusammenhang eben nicht in ihren Berichten deutlich macht, weil er wollte ...»

Albrecht tat etwas, von dem er wusste, dass Friedrichs es als Ausdruck seiner höchsten Wertschätzung erkennen würde.

Er pfiff leise durch die Zähne.

«Weil er wollte, dass *wir* ihn herstellen. Das ergibt einen Sinn. Auch das ist etwas, an dem Max Freiligrath niemals ein Interesse hatte. Die Ermittler waren ihm so gleichgültig wie die Öffentlichkeit, zumindest bis zu seiner letzten Tat. Ihm kam es auf die Reaktion einzelner Menschen auf ihre größten, schrecklichsten Ängste an. Abstruse Ängste. Bizarre Ängste. Und genau da liegt der zweite Unterschied. – Hannah, Sie kannten Kerstin Ebert besser als jeder andere auf dem Revier: Hatte sie besondere Angst vor Radioaktivität? Eine Angst, die ans Irrationale grenzte, diese Grenze womöglich sogar überschritt?»

«Radio...» Friedrichs schüttelte den Kopf. «Nein», murmelte sie. «Luftsprünge hat sie nicht gemacht, als wir zum Castor-Transport abkommandiert wurden, aber dass sie besonderen Horror vor den Behältern hatte ... Nein, nicht mehr als wir alle.»

Albrecht nickte. «Ähnlich dürfte es sich mit Ole Hartung verhalten haben. Niemand würde sich wünschen, *so* zu sterben», sagte er leise. «Doch Kommissar Hartung war Profi, und seine Einblicke ins Rotlichtmilieu gingen tiefer als bei den meisten von uns. Wenn eine besondere Angst da war, hätte ich das gewusst.»

Er verstummte.

Kann ich mir da wirklich sicher sein?

Er versuchte, sich Gespräche mit Hartung ins Gedächtnis zurückzurufen. War da irgendwann der Hauch einer ganz besonderen Furcht gewesen? Nein. Nichts, auf das er den Finger hätte legen können.

«Zu Professor Möllhaus kann ich in dieser Hinsicht wenig sagen», fuhr er fort. «Aber ich werde mit Jonas Wolczyk reden – einem seiner Doktoranden. Und die Stahmke ...»

«Ihr Kostüm ist ziemlich hin nach der Sache im Sumpf», murmelte Friedrichs. «Das hätte ihr sicher nicht gefallen. Aber ob das ihre besondere persönliche Angst war ...»

Albrecht hob die Hand. «Die Furcht, ersticken zu müssen, gehört zu den schrecklichsten und grundlegenden Ängsten des Menschen. Zynischerweise tritt – unabhängig von der allgemeineren Todesursache, der tödlichen Krankheit – der Tod am Ende faktisch immer durch Ersticken ein, weil der Organismus nach dem Herzstillstand nicht mehr mit Sauerstoff versorgt werden kann.»

«Also eine ... kollektive Angst?»

«Zurschaustellung des toten Körpers in einer entwürdigenden Situation. Radioaktivität. Lebendig begraben werden. Und Ersticken. – Sind das nicht alles kollektive Ängste? Sie sind weniger exotisch als Klaustrophobie oder die Angst, in der Öffentlichkeit zu urinieren. Weniger irrational. Mit einem Wort: Sie sind wie geschaffen, das Wort Angst zu buchstabieren.»

«Und das bedeutet?»

«Öffentlichkeit.» Albrecht biss die Zähne zusammen. «Freiligrath hat das Phänomen der Angst an einzelnen Individuen erforscht. Unser Täter geht einen Schritt weiter: Er erprobt es an größeren Gruppen. An der Allgemeinheit ...» Er zögerte.

Denk an Heiner Schultz! Denk an Sokrates!

«Das wäre eine Möglichkeit», fuhr er fort. «Ebenso vorstellbar erscheint allerdings, dass die Öffentlichkeit nur ein Mittel zum Zweck für ihn darstellt: um uns zusätzlich unter Druck zu setzen.»

Die Kommissarin nickte langsam.

«Aber nichts von dem, was wir bisher angesprochen haben, ist der eine, große, der entscheidende Unterschied», betonte Jörg Albrecht.

Er sah die beiden Frauen an und konnte erkennen, wie es in Friedrichs Kopf arbeitete.

Es war so deutlich. Dermaßen deutlich, dass man schlicht darüber hinwegsehen konnte.

«Wie sind die Opfer des Traumfängers gestorben?», fragte er.

Friedrichs stutzte. Zwei Sekunden, dann riss sie die Augen auf. «Natürlich», flüsterte sie. «Mein Gott, ich erinnere mich, wie damals gestritten wurde, wofür man Freiligrath überhaupt verurteilen sollte. Er hat zwar alles gestanden, aber gleichzeitig ... er hatte die Leute nicht mal angerührt!»

«Höchstens in Einzelfällen», bestätigte Albrecht. «Den Mann im Elbtunnel, den Toten am Strand ...» Leiser. «Der einzige Fall, in dem er konkrete körperliche Gewalt ausgeübt hat, war das Kind – und das allein hätte schon ausgereicht für die Höchststrafe.

Freiligraths Opfer starben durch ihre Angst. Unser Täter dagegen setzt zwar auf kollektiv angstbeladene Situationen, übt dann aber unmittelbare Gewalt aus. Seine Taten sind als Morde zu klassifizieren, kein Jurist würde das in Zweifel ziehen.

Doch so fundamental der Unterschied zwischen dem Traumfänger und unserem Täter auch ist: Die Verbindung ist da. Die Auswahl der Opfer und das Element der Angst macht sie überdeutlich. Unser Mörder zeigt auf Max Freiligrath, den Traumfänger. – Mit blutbesudelten Fingern.

Davon abgesehen aber haben alle unsere bisherigen Schluss-folgerungen weiterhin Bestand. Von der Typisierung unseres Täters müssen wir nichts zurücknehmen: Er ist wandlungsfähig und hochintelligent, und möglicherweise hat er diese Taten sehr lange im Voraus geplant. Und aus irgendeinem Grunde hat er sich auf Max Freiligrath eingeschossen.»

Friedrichs biss die Zähne zusammen.

«Faber und die anderen müssen sich auf der Stelle die Traum-fänger-Akte vornehmen!»

Der Hauptkommissar nickte. «Das müssen sie. Allerdings wird sie noch nicht digitalisiert sein. Es wird dauern, bis sie alles gesichtet haben, und bevor sie in die Tiefe gehen kön-nen, müssen sie sich die damals Beteiligten vornehmen. Jeder, der mit diesem Fall zu tun hatte, ist von diesem Moment an in Gefahr.»

Nicht erst von diesem Moment an, dachte er. Schon jetzt kön-nen ein halbes Dutzend abgeschlachteter Menschen irgendwo herumliegen, von denen wir noch gar nichts ahnen.

«Die Menschen müssen gewarnt werden», stellte er fest. «Das ist der erste Schritt. Danach müssen wir sehen, welche Spuren sich aus den neuen Erkenntnissen ergeben. Wenn ich mich rich-tig entsinne, gab es eine Zeitlang die Theorie, dass Max Frei-ligrath damals Unterstützung hatte. Warum ist diese These fal-lengelassen worden? Prüfen. Dann, vor Gericht, soll es ein paar durchgeknallte Irre gegeben haben, die aus dem Kerl eine Art Guru oder Messias machen wollten. Sind die noch aktiv? Prüfen. In der Akte muss das alles zu finden sein. Faber soll das ange-hen. Zur Not bekommt er jeden dazu, der irgendwie frei ist. – Irmtraud, geben Sie das weiter!»

Die Sekretärin nickte, doch Albrecht bekam es kaum mit. Wenn er noch länger nachdachte, würde ihm noch mehr einfal-len, doch es war sinnvoller, wenn sich Faber damit befasste, während er die Akte sichtete.

Der Hauptkommissar zögerte. Da war noch etwas anderes, etwas, das er übersah. Er spürte es.

Doch er bekam es nicht zu fassen.

Er sah zwischen den beiden Frauen hindurch. Früher Nachmittag. Nach der fast schockartigen Klarheit dieses Vormittags bewölkte sich der Himmel nun wieder.

Keine neuen Wolken, dachte Jörg Albrecht. Alles, aber keine neuen Wolken. Ich muss erkennen ...

Freiligrath selbst. Von allen Spuren war das die deutlichste. Auf Freiligrath hatte der Täter gewiesen. Albrecht musste eine Möglichkeit finden, mit dem Traumfänger zu sprechen – auch und gerade in dem Wissen, dass es vermutlich exakt das war, was der Mörder von ihm erwartete, nachdem er einen solchen Aufwand getrieben hatte, die Beamten mit der Nase auf den Traumfänger zu stoßen.

Und, nein, die eisige Kälte, die sich beim Namen Max Freiligrath und dem, wofür er stand, in Albrechts Hinterkopf ausbreitete, durfte keine Rolle spielen.

Freiligrath. Das war der Weg.

Was also konnte es sein? Was konnte es sein, das er übersah?

Sein Blick ging zu Irmtraud Wegner.

Die Sekretärin hatte den Anstoß gegeben. Wenn sie gewollt hätte, hätte sie mit ziemlicher Sicherheit sehr viel mehr sagen können, doch sie kannte Jörg Albrecht, wie alle seine Mitarbeiter ihn kannten.

Sie wusste, dass sein Verstand freien, klaren Himmel brauchte, um zu funktionieren. Die Dinge erkennen zu können, wie sie sich in Wahrheit verhielten.

Sie betrachtete ihn, und er wusste, dass sie von sich aus nichts mehr sagen würde.

Doch dann, mit einem Mal, war es, als würde ein Lichtstrahl durch die graue Wolkendecke brechen.

Er sah die Sekretärin an, und mit einem Mal war es wieder da.

Das, was ihn von Heiner Schultz unterschied, der ein Genie war in der Analyse komplexer Situationen, Schritt für Schritt vorging und die Logik seines Gedankengangs jederzeit bis ins Detail reproduzieren konnte.

Was sich in Jörg Albrechts Innern bewegte, war anders. War mehr.

Es war eine Gabe. Die Dinge wahrzunehmen, die sich hinter den Dingen verbergen. Die unausgesprochenen Worte zu hören.

Dieser Fall, in dem alles anders war als jemals zuvor: Er hatte ihm diese Gabe nicht genommen.

Jörg Albrecht sah ein schreiend buntes Kleid in einem wahrhaft sonnigen Design. Farbe gewordene Aufmunterung – für Irmtraud Wegner selbst?

Wann war ihm zum ersten Mal der Gedanke gekommen, dass es einen Mann in ihrem Leben geben musste?

Er war ein Mensch, dem die Privatsphäre seiner Mitarbeiter heilig war.

Doch Wegner hatte selbst den ersten Schritt gemacht.

«Was denken Sie, Irmtraud?», fragte er. «Glauben Sie, Sie schaffen es, dass er sich auf ein Gespräch mit mir einlässt? Horst Wolfram?»

• • •

*Du hast nicht vor, mir zu erklären, was das heute Morgen sollte?*

Die Nummer kannte ich nicht, doch der Inhalt der SMS ließ keine Frage offen, wer der Absender war.

Er verschickte ja gern mal mehr oder weniger anonyme Mitteilungen.

Die Empfängerin der letzten hatte ich vor ein paar Stunden an der Alsterquelle besichtigen dürfen. Das, was aus dem Sumpf noch rausschaute von ihr.

Wenn Joachim Merz nicht vollständig von der Außenwelt

abgeschnitten war, musste er inzwischen wissen, dass sie tot war.

Doch darüber kein Wort von ihm. Nichts als die Frage, warum ich heute Morgen aus seiner Wohnung verschwunden war, ohne auch nur eine Nachricht zu hinterlassen, während er noch unter der Dusche stand.

Konnte ich sie beantworten? Besser beantworten, als ich sie heute Morgen hätte beantworten können?

Wir hatten die Verbindung.

Wir wussten, was die Morde an Ole Hartung, an Kerstin, an der Zecke und dem Professor gemeinsam hatten.

Machte das Joachim Merz mehr oder eher weniger verdächtig?

Machte es überhaupt einen Unterschied?

Eines stand fest: Mit den Traumfänger-Ermittlungen konnte Merz nichts zu tun gehabt haben. Er war nur ein oder zwei Jahre älter als ich, was ich nebenbei auch bloß aus der Presse wusste.

So nahe stehen wir uns nun auch wieder nicht, dachte ich. Bloß weil wir ab und an miteinander ins Bett gehen.

Ich vermied den Blick in den Rückspiegel.

Albrecht hatte mir das Steuer überlassen, ganz freiwillig.

Ich glaubte, den Grund zu kennen.

Der erste Eindruck. Sein Spleen, die Atmosphäre eines Ortes zu erschnuppern wie ein Trüffelschwein im Hugo-Boss-Anzug.

Hinterm Steuer musste man auf andere Dinge achten, was in diesem Fall allerdings bedeutete, dass er von der Rückbank aus schnuppern musste. Auf dem Beifahrersitz saß Irmtraud Wegner, für die es hinten im Wagen schlicht zu eng geworden wäre.

Außerdem musste sie mir den Weg zeigen.

Diesen Teil der Stadt kannte ich fast nur vom Durchfahren. Eine der Möglichkeiten, dem Tunnel zu entgehen, wenn die Neuen Elbbrücken mal wieder dicht waren.

Natürlich hat jeder Teil von Hamburg etwas Besonderes, von

den sündhaft teuren Quartieren in Blankenese oder den Walddörfern bis zu den Studentenghettos in Wandsbek oder Altona.

Harburg ist noch einmal anders. Trauriger irgendwie in manchen Ecken.

Diese hier gehörte dazu. Kurz hinter der Abfahrt von der A7 hatte es bis vor ein paar Jahren ein Kentucky Fried Chicken gegeben, wo ich ab und zu mal angehalten hatte, wenn ich zu faul gewesen war, selbst zu kochen. Davon abgesehen war die Gegend auf meinem persönlichen inneren Stadtplan Niemandsland.

«An der nächsten Ampel links», murmelte Irmtraud Wegner. «Richtung Kleingartenkolonie.»

Ich setzte gehorsam den Blinker.

Irmtraud wirkte angespannt.

Angst vor der eigenen Courage? Ich hatte keinen Schimmer, wie unser Chef auf den Trichter gekommen war, dass sie Kontakt mit Horst Wolfram haben musste. Vielleicht weil sie offenbar auch die Einzige war, die Hinnerk Hansen im Krankenhaus besucht hatte?

Wir alle sollten ein schlechtes Gewissen haben, dachte ich.

So viel zu den Kollegen, die angeblich Familie waren.

Auf jeden Fall hatte Albrecht wieder einmal richtig gelegen.

«Jetzt rechts.»

Die ersten Schrebergärten. Traurig. Ich konnte nicht sagen, woran ich das Gefühl festmachte. Vielleicht an dem Himmel, der jetzt wieder genauso grau war wie das Wasser des Raffineriehafens hinter dem Bostelbeker Hauptdeich, direkt im Anschluss an die Kleingartensiedlung.

Auf der rechten Seite verlief eine mehrgleisige Schnellbahnstrecke parallel zur Straße, dahinter eine Betonmauer.

Idyllisch.

Auf der linken Seite ein Industriekomplex.

«E.on», murmelte ich.

«Dahinter bleiben Sie stehen», sagte Irmtraud leise. «Fahren Sie noch ein Stückchen geradeaus. Nur falls er ...»

Ich sah in den Rückspiegel.

«Ich komme sonst immer zu Fuß», erklärte die Sekretärin. «Also mit dem Bus und das letzte Stück dann zu Fuß. Aber es ist sowieso noch ...»

Was die letzte Bemerkung zu bedeuten hatte, überließ sie unserer Phantasie.

Albrecht nickte verständnisvoll, schien aber ansonsten vollkommen damit beschäftigt, die düstere Stimmung in sich aufzunehmen. Ein Stück vor uns eine Fußgängerbrücke, die über die Fahrbahn und die Schnellbahntrasse führte.

Ich brachte den Wagen am Straßenrand zum Stehen. Irmtraud Wegner zwängte sich ins Freie. «Geben Sie mir fünf Minuten», bat sie. «Dann können Sie nachkommen.»

Ich sah auf die Uhr. «Okay.»

Albrecht blickte weiter geradeaus, während ich beobachtete, wie sie auf das umzäunte Betriebsgelände zuhielt, dann aber kurz davor rechts abbog. Ein Trampelpfad, der ins Nichts zu führen schien: Industriebrache, eine wilde Müllhalde, im Hintergrund ein paar kranke Bäume und schemenhaft der Deich zum Hafen. Auf der Deichkrone einzelne Spaziergänger. Eine junge Frau, die sich gegen den Sturm stemmte.

Was für eine Gegend für einen Spaziergang!

«Ich kann mir nicht vorstellen, dass hier freiwillig ein Mensch lebt», murmelte ich.

Albrecht warf mir einen kurzen Blick zu. «Exakt.»

Noch vier Minuten.

Unser Herr und Meister ließ keinerlei Neugier erkennen. Ich konnte nur Mutmaßungen anstellen, was gerade in seinem Hirn vorging.

Vielleicht dachte er an Faber und Seydlbacher, denen er Anweisung gegeben hatte, den Aktenberg, den sie endlich nahezu durchgearbeitet hatten, zurück ins Archiv zu bringen. Erst als er ihnen verraten hatte, welchen Fall sie sich stattdessen vornehmen sollten, hatte sich das zweistimmige Stöhnen in ein anderes Geräusch verwandelt. Ein Keuchen.

Geister der Vergangenheit, die zum Leben erwachten.

Selbst Marco Winterfeldt hatte sekundenlang seinen Laptop zugeklappt, als er seine Instruktionen in Empfang nahm: bei den Öffentlich-Rechtlichen anrufen und jeden Filmschnipsel anfordern, der von Margit Stahmkes Berichterstattung über den Traumfänger noch existierte.

Erst danach sollte er mit ihrem letzten Arbeitgeber Kontakt aufnehmen. Jetzt, wo Stahmke selbst ein Opfer des neuen Täters geworden war, konnten uns keine presserechtlichen Ausreden mehr daran hindern, ihre Arbeit zu durchleuchten.

Nils Lehmann war der Einzige, der nicht vollständig wie vom Donner gerührt ausgesehen hatte. Das allerdings brachte ich eher mit der Gelegenheit zu einem neuerlichen Besuch bei Jacqueline in Verbindung, die ihm so unverhofft in den Schoß gefallen war. Ich konnte mir nicht vorstellen, dass der Chef besondere Erwartungen daran knüpfte. Die Fotos von Wolfram und Freiligrath, die unser Jüngster im Gepäck hatte, waren über zwanzig Jahre alt.

Woher nur nahm ich die Ahnung, dass Jörg Albrechts Vorgänger nicht bereit sein würde, uns für eine aktuelle Aufnahme Modell zu sitzen?

«Das waren dann fünf Minuten», murmelte der Hauptkommissar. Woher auch immer er das wusste, denn eine Uhr trug er nicht. «Ich denke, wir geben ihr noch zwei dazu», ergänzte er und verfiel wieder in Schweigen.

Für geschätzte zwanzig Sekunden.

«Ach ja», bemerkte er plötzlich. «Eine Frage hätt ich da noch.»

Ich blinzelte.

War ihm klar, dass das ein Zitat war?

Eins, auf das man in jedem *Columbo* wartet. Und wenn der Inspektor es dann bringt, weiß man Bescheid: Jetzt kommt's.

In Albrechts Büro war der Kelch an mir vorübergegangen – dank Irmtraud, die so überraschend aufgetaucht war. Doch unser Herr und Meister war kein Mensch, der von gestern auf heute vergaß, warum er mich nach St. Georg gejagt hatte.

Margit Stahmkes Verabredung zum Abendessen.

Mit der ich im Bett gelandet war.

*Nichts davon ist passiert.*

«Ja?», fragte ich, ohne in den Rückspiegel zu sehen.

«Haben Sie an der Alsterquelle eigentlich einen Wagen von Kanal Neun gesehen?», erkundigte er sich. «Natürlich ist es unwahrscheinlich, dass einer der Kollegen der Zecke dahintersteckt, aber die Presseleute sitzen direkt an der Futterkrippe in Sachen Traumfänger-Informationen. Und beruflicher Neid ist immer ein denkbares Motiv.»

Ich atmete auf.

Und das war mein Fehler.

In diesem Moment trafen sich unsere Augen im Rückspiegel.

Er hielt meinen Blick fest – nur einen Moment lang, doch schon hatte ich das Gefühl: wie ein Fisch am Haken.

Und ich machte genau denselben Fehler wie der Fisch. Ich versuchte, mich loszureißen. Noch im selben Moment begriff ich, dass es das Dümmste war, was ich überhaupt tun konnte.

Doch da war es schon zu spät.

Er betrachtete mich nachdenklich.

Er zog seine Schlüsse.

Aber konnte er die richtigen Schlüsse ziehen? War das nicht selbst für ihn unmöglich?

«Äh, nein», sagte ich. «Tut mir leid, aber ich hab nicht darauf geachtet, welche Sender im Einzelnen da waren.» Ich befeuchtete meine Lippen. Flucht nach vorn, dachte ich. Was blieb mir anderes übrig? «Wen hatten Sie denn eigentlich auf diese Tapas-

Bar angesetzt gestern?», fragte ich. «Also ursprünglich? Bis ich kam?»

«Den Schönen Schorsch.» Gleichmütig hob er die Schultern. «Ist raus aus dem Geschäft auf dem Kiez. Hat Zeit, für uns die Augen offen zu halten. Wenn's sein muss die ganze Nacht.»

Ich nickte stumm.

Er musste nicht eindeutiger werden. Sein Kontaktmann *hatte* die ganze Nacht die Augen offen gehalten, auch nachdem ich die Bar betreten hatte. *Mich* hatte Jörg Albrecht dorthin beordert, weil meine Aussagen im Zweifelsfall vor Gericht zu verwerten waren – sehr viel besser jedenfalls als die Beobachtungen einer Halbschattenexistenz vom Kiez. Doch natürlich war ihm bewusst, dass dieser Job nicht ganz ungefährlich war. Wenn jemand ein wenig ein Auge auf mich hatte ... Und sei es der Schöne Schorsch ...

Ob er bis zum Schluss an mir drangeblieben war? Bis mein Verdächtiger mir weltmännisch die Beifahrertür des Jaguar aufgehalten und mir dabei die Hand auf eine Stelle irgendwo zwischen Hüfte und Hintern gelegt hatte, auf eine Weise, dass es fast beiläufig wirkte? Fast.

So oder so.

Albrecht musste klar sein, dass ich ihm etwas verheimlichte.

«Gut», murmelte er. «Zehn Minuten Vorsprung sollten wirklich genügen.»

• • •

War er enttäuscht?

Jörg Albrecht war nicht bereit, sich die Frage in diesem Moment zu beantworten.

Friedrichs hatte sich, gerade in den vergangenen Tagen, als diejenige Mitarbeiterin erwiesen, die am ehesten in der Lage schien, seinen Gedankengängen zu folgen. Und nun?

Irgendetwas verschwieg die Kommissarin. Stahmke hatte sich mit Paul Schubert und ihrem Anwalt getroffen – diesem Merz, einer der sieben biblischen Plagen, was den Hauptkommissar anging. So viel hatte er schon von Schorsch erfahren. Ob danach noch etwas geschehen war? Unwahrscheinlich. Schorsch war der Zecke und Schubert auf den Fersen geblieben, bis sie ihren Wagen erreichten, während Friedrichs in die Gegenrichtung verschwunden war – zu ihrem eigenen Auto mit ziemlicher Sicherheit. Ob sie in der Tapas-Bar selbst etwas mitbekommen hatte?

Hatte Albrecht ihr überhaupt die Chance gegeben, einen vollständigen Bericht abzuliefern?

Er biss die Zähne zusammen. Er war in seine eigene Falle gegangen.

Darüber durfte er jetzt nicht nachdenken!

Jetzt bist du hier! Was siehst du? Wie fühlt es sich an?

Er blieb einen Moment lang neben dem Wagen stehen.

Der Wind hatte aufgefrischt seit dem Morgen, kam unangenehm von den Harburger Bergen herab. Der Himmel war gleichmäßig grau. Kein Sonnenlicht, keine Schatten.

Auf dem Hof des Energieversorgers bewegten sich Gestalten, die keine Notiz von den Ermittlern nahmen.

Gedämpfte Ruhe des frühen Nachmittags. Trügerische Ruhe.

Wenige Meter vor dem Zaun, der das Betriebsgelände abteilte, tauchte ein Abwassergraben unter der Straße auf.

Der Geruch. Präge ihn dir ein. Er könnte wichtig sein.

Dahinter der Trampelpfad, den Wegner genommen hatte. Er führte ein paar Schritte durch hoch stehendes Gras, und dann durch ein hüfthohes Metalltor, das offen stand.

Albrecht folgte ihm mit langsamen Schritten, parallel zum Graben.

Der Deich war durch die nur noch spärlich belaubten Bäume bereits sichtbar. Wie weit bis dorthin? Hundert Meter maximal.

Das ist nicht das Entscheidende! Was spürst du?

Einsamkeit.

Jenseits des Grabens erhoben sich einige Schuppen oder Kleingartenbuden. Schwer zu sagen, ob sie bewohnt waren. Auf dieser Seite der Ablaufrinne der Baumbewuchs, aber nicht dicht genug, dass es zu einem Wäldchen gereicht hätte. Ein halb wilder Lagerplatz. Baustoffe?

Belebtes Gelände in sämtliche Richtungen. Die Gegenwart von Menschen ließ sich nicht ausblenden. Auch in der Nacht mussten die Geräusche vom Hafen, die vorbeifahrenden Züge allgegenwärtig sein.

Doch dieser Fleck war ausgenommen, wobei er nichts von einer Oase hatte. Nein, gewiss nicht.

Eine Sackgasse, dachte Albrecht. Ein verlassener, hinterletzter Winkel, in den sich ein todwundes Tier flüchtet, eingekreist von seinen Verfolgern.

Links vom Weg niedergetretenes Gras. Ein günstiger Punkt, um sich zu erleichtern? Oder mehr?

Behalte alle Möglichkeiten im Kopf!

Dann sah er das Wohnmobil.

Es sah schäbig aus, doch Albrecht bemerkte sofort, dass eine Schneise in Richtung Straße freigehalten wurde.

Kein Wrack. Eine Fluchtmöglichkeit bleibt offen.

Irmtraud Wegner stand vor der Tür des verrosteten Kastens. Sie war verschlossen.

Jörg Albrechts Herzschlag beschleunigte kurz, wurde aber sofort wieder ruhiger.

Keine Gefahr. Wegner hatte zehn Minuten Vorsprung gehabt. Wenn irgendetwas nicht in Ordnung gewesen wäre, hätte sie ihn und Friedrichs längst informiert.

«Ist Hauptkommissar Wolfram nicht zu Hause?», fragte er mit einem Nicken.

Er hatte für sich beschlossen, Wolfram mit dem Titel anzusprechen, den er zuletzt bekleidet hatte – auf Albrechts jetzigem Posten.

Was immer mit dem Mann geschehen war und wie er sich verändert hatte: Dieser Posten prägte einen Menschen stärker, als der Mensch den Posten prägen konnte.

Wegners Augenbrauen zogen sich zusammen. «Er ist immer zu Hause!»

«Aber er will nicht mit uns sprechen?»

Die Sekretärin schüttelte bedauernd den Kopf. Ein Bedauern, das echt war, keine Frage. «Tut mir leid», sagte sie. «Ich habe Ihnen nichts versprochen, Hauptkommissar.»

Albrecht trat zwei Schritte näher, spürte Friedrichs hinter sich.

«Hauptkommissar Wolfram?», fragte er mit erhobener Stimme. «Hier ist Jörg Albrecht von der Hamburger Kripo. Meine Kollegin und ich würden uns gerne mit Ihnen unterhalten.»

Schweigen. Eine Sekunde lang glaubte er, dass sich die zerschlissenen orangeroten Vorhänge eine Winzigkeit bewegten, doch das blieb die einzige Reaktion.

«Haben Sie ihm gesagt, warum wir hier sind?», wandte er sich an seine Sekretärin.

Wegner deutete auf eine Satellitenschüssel am rückwärtigen Teil des Wohnmobils. «Das war nicht nötig.»

Albrecht nickte knapp.

«Hauptkommissar Wolfram, ich würde Sie wirklich nicht belästigen, wenn ich mir nicht sicher wäre, dass Sie mir wichtige Hinweise zu meiner laufenden Ermittlung geben können.» Er wartete.

Schweigen.

«Ist er immer so ... scheu?», fragte Friedrichs leise.

«Sie haben keine Vorstellung, wie er ist», murmelte die dicke Frau. «Horst?», fragte sie lauter. «Wir gehen jetzt wieder.»

«Aber ...» Die Kommissarin.

Albrecht brachte sie mit einem Blick zum Schweigen.

«Irmtraud», wandte er sich an die Sekretärin. «Ihnen ist klar, dass ich diesen Mann notfalls vorführen lassen kann.»

«Mir ist klar, dass Sie das nicht tun werden», zischte sie. «Aber wenn Sie darauf verzichten, wird er vielleicht ...»

«Nach dem nächsten Mord?», fragte Friedrichs leise. «Oder wann genau?»

Wegner warf ihr einen Blick zu, aus dem vieles sprach. Enttäuschung, unterdrückte Wut. Sicher auch eine Spur Verständnis.

Die war allerdings am schwächsten zu spüren.

Albrecht betrachtete die geschlossene Tür. Rost überall. Nur die Angeln blitzten sauber.

Er hatte heute schon eine Tür aufgebrochen, und die Hüfte tat ihm immer noch weh.

Doch ihm war klar, dass das keine Alternative war.

«Wir können nichts machen», murmelte er. «Von Gefahr im Verzug kann nicht die Rede sein. Nicht hier.»

Er schüttelte den Kopf und biss sich auf die Unterlippe. Es gab noch eine Möglichkeit, doch alles in ihm wehrte sich dagegen.

In dieser Blechkiste sitzt der Mann, der ich sein könnte, dachte er. Ich bin nur einen Schritt davon entfernt. Eine winzige, unsichtbare Linie.

Doch durfte das seine Entscheidung bestimmen?

Er holte Luft. «Nein», sagte er. «Es hat keinen Sinn.» Dann, beiläufig, nur eine Spur lauter: «*Und wir haben immer noch Freiligrath.*»

Ein Laut aus dem Innern, unbestimmbar, unmöglich in Worte zu fassen. Kein menschliches Wesen.

Keines, das bei Verstand war.

Albrecht hielt den Atem an. Seine letzte und einzige Trumpfkarte ...

Zehn Sekunden, zwanzig.

Kein Lebenszeichen mehr.

Irmtraud Wegner sah ihn an, und er wollte sich krümmen unter diesem Blick. Er hatte es versuchen müssen, das musste ihr klar sein.

Doch das änderte nichts.

«Ich wünsche Ihnen gute Fahrt», sagte die dicke Frau und ließ dabei keinerlei Gefühlsregung erkennen. «Ich nehme den Bus.»

• • •

Gewogen, dachte Jörg Albrecht. Gewogen und für zu leicht befunden.

Natürlich wusste er, dass das Unsinn war. Er hatte keine Alternative gehabt.

Doch ihm war klar, dass das Geräusch, das aus dem Innern des Blechkastens gekommen war, ihn bis zum Tag seines Todes verfolgen würde.

Er saß jetzt auf dem Beifahrersitz, während Friedrichs den Wagen zurück in Richtung Autobahn lenkte.

Hatte es wirklich keine Alternative gegeben?

Oder machte ihm lediglich der Umstand zu schaffen, dass er vor der Alternative größere Angst hatte, als er sich eingestehen mochte?

Freiligrath.

Wenn sich Wolfram einer Zusammenarbeit verweigerte, blieb ihnen keine andere Wahl.

Sie mussten mit dem Traumfänger sprechen, so schnell wie möglich.

Ein säuerlicher Geschmack stieg in Albrechts Kehle auf, wenn er sich vorstellte, dem Mann zu begegnen, der Horst Wolframs Leben mit gefletschten Zähnen in Stücke gerissen hatte.

Dieser Mann war gefährlich. Und eine innere Stimme sagte

Jörg Albrecht, dass es keinerlei Rolle spielte, dass Freiligrath seit einem halben Leben in Haft war.

Ein Schatten, dachte der Hauptkommissar. Ein Schatten, der darauf lauerte, die Grenze zwischen den Welten zu überschreiten.

Doch zugleich hatte er keinerlei Zweifel, dass sich der Fall tatsächlich auf dem Weg über den Traumfänger klären ließ. Ganz bewusst hatte ihnen der Täter diese Information gegeben.

Doch es war ein vergiftetes Geschenk.

Albrecht dachte an eine Aktentasche mit einem fröhlichen Anti-Atomkraft-Aufkleber, abgestellt im Eingangskorridor des Rechtspsychologischen Instituts. Sie hatten die Tasche finden – und die entscheidende Zeit zu spät kommen sollen, um Hartmut Möllhaus' Leben zu retten.

«Timing», murmelte er. «Das ist der Schlüssel zu diesem Fall. Das Timing.»

Friedrichs warf ihm einen Seitenblick zu. Sie hatte bereits den Blinker gesetzt: die A7 Richtung Hamburg-Zentrum. Zurück aufs Revier.

«Nein», sagte er kurz entschlossen. «Die nächste. Auf die Autobahn, aber in die Gegenrichtung.»

«Raus aus der Stadt?»

Albrecht nickte, beobachtete, wie sie schicksalsergeben den Blinker zurückschob und ihn zehn Sekunden später von neuem betätigte. Die steile Zufahrt hoch in die Harburger Berge, wo sich an der Steigung die LKW Stoßstange an Stoßstange quetschten. Die gruseligste Auffahrt in der ganzen Stadt.

Albrechts Finger schlossen sich um den Haltegriff, als sich die Kommissarin zwischen einen dänischen Möbellaster und sein deutsches Gegenstück einfädelte. Die A7 war ein Albtraum.

Wenn Friedrichs am Steuer saß.

Aber immer noch besser als Fabers Abkürzung.

«Timing?», griff Friedrichs seinen Gedanken auf.

Albrecht nickte.

«Sie erinnern sich, was ich beim Meeting erzählt habe? Die Tasche des Professors, die der Täter im Flur des Instituts zurückgelassen hatte? Diese Tasche war ein Zeichen, und ihre Botschaft war deutlich: Ich habe den Professor. Er ist das nächste Opfer. So weit, so schlimm. Doch der wirkliche Hintergrund war ein ganz anderer: Dieses Zeichen konnte nur dann funktionieren, wenn wir es zu einem bestimmten Zeitpunkt zu sehen bekamen: Wir hatten plötzlich einen Hinweis – doch wir haben ihn erst in dem Moment erhalten, in dem es zu spät war. Möllhaus war nicht mehr zu retten.

Und genau dasselbe tut er wieder.»

Friedrichs sog die Luft ein. «Sie glauben, das nächste Opfer ist Freiligrath selbst?»

Der Hauptkommissar legte die Stirn in Falten. Dieser Gedanke war ihm noch gar nicht gekommen.

War das möglich?

Er sah geradeaus. Die beiden rechten Spuren führten jetzt ab zur 261, der Verbindung nach Bremen.

«Bleiben Sie auf der 7», murmelte er. «In Richtung Hannover/Kassel.»

Friedrichs warf ihm einen irritierten Blick zu, doch Albrecht hob die Hand.

*Störe meine Kreise nicht!*

Der Traumfänger selbst als Opfer? Wenn das so war, würde dieser Tod jedenfalls das Ende der Mordserie bezeichnen, da gab es keinen Zweifel.

Doch, nein, daran glaubte der Hauptkommissar nicht.

Angenommen, ein Angehöriger eines Freiligrath-Opfers wollte sich am Traumfänger rächen: Warum hätten dann zuvor mehrere Menschen sterben müssen, die – der eine mehr, der andere weniger – dazu beigetragen hatten, Freiligrath zur Strecke zu bringen?

Nein, dachte Albrecht. Das ergab keinen Sinn.

«Nein», sagte er leise. «So funktioniert es nicht.» Lauter. «Das Timing, Hannah. Das Timing ist das Entscheidende. – Freiligrath sitzt in Sicherungsverwahrung. Sie wissen, was das heißt?»

Friedrichs nickte. «Die Sicherungsverwahrung wird zusätzlich zur eigentlichen Haftstrafe verhängt, faktisch im Anschluss daran, weil man befürchten muss, dass der Täter neue Straftaten begehen würde, falls er direkt wieder freikommen sollte. Ist natürlich nicht unumstritten.»

Albrecht schnaubte. «Allerdings. Sie haben Wegner ja gehört. Der europäische Gerichtshof für Menschenrechte ist der Ansicht, dass das besondere seelische Grausamkeit gegenüber den armen, gequälten Kreaturen wäre, die Frauen und Kinder auf dem Gewissen haben und nicht einsehen wollen, warum man sie nach zehn, zwölf Jahren nicht wieder auf die Allgemeinheit loslässt.»

«Weil sie ihre Strafe verbüßt haben», bestätigte Friedrichs. Unüberhörbar, was sie von Albrechts Ironie hielt. «Soviel ich weiß, ist es genau das, was unser Rechtssystem von dem in den Vereinigten Staaten unterscheidet. Bei denen landen die Leute auf dem elektrischen Stuhl. Bei uns haben sie eine Chance, ihre Schuld zu büßen. Sich zu ändern. Auch wenn es lange dauert. Immer die Chance, irgendwann wieder frei …»

«Das müssen Sie unbedingt mal mit Horst Wolfram erörtern», knurrte Albrecht. «Oder mit anderen Eltern, die ihre Kinder …» Er stieß den Atem aus. «Sie haben ja recht», murmelte er. «Grundsätzlich. Das eigentliche Problem besteht in der Definition dieser Sicherungsverwahrung. Die Leute werden ja nicht deswegen länger festgehalten, weil sie etwas verbrochen haben, sondern auf den Verdacht hin, dass sie sich etwas Neues zuschulden kommen lassen könnten. Sie erbringen ein Sonderopfer für die Allgemeinheit. So schimpft sich das: *Sonderopfer.* Die reinsten Märtyrer! Diese Leute sitzen gemütlich in psychiatrischen Kliniken, mit einem Dutzend hochbezahlter Psychoklempner, die versuchen, Leute zu therapieren, von denen die ganze Welt weiß, dass sie eben nicht therapierbar sind. Was denken Sie, was die für Freudensprünge machen, wenn wir mit der Anfrage kommen, mit einem ihrer Schutzbefohlenen ein paar Takte über seine alten Morde zu reden?»

«Sie werden nicht begeistert sein», murmelte die Kommissarin.

«Sie werden versuchen, die Anfrage abzubügeln», prophezeite Albrecht. «Sie zu verschleppen, nach hinten zu schieben, uns von Pontius zu Pilatus zu jagen. Wie lange, was denken Sie? In Morden ausgedrückt? Drei? Vier? Fünf?»

«Ich habe verstanden», sagte Friedrichs plötzlich scharf. «Und?»

«Timing», erklärte Albrecht. «Unser Mörder hat uns einen Hinweis gegeben. Max Freiligrath: damals der Täter, und heute? Warum weist unser Täter auf ihn? Ich hatte die Hoffnung, dass Horst Wolfram uns das vielleicht sagen könnte, doch Wolfram verweigert sich. Damit bleibt uns nur ein Weg: Freiligrath selbst. Ein Zeuge, der uns entscheidend weiterbringen, uns vielleicht sogar den Namen des Täters liefern könnte. Aber wir kommen nicht an ihn ran, weil unser eigenes Rechtssystem ihn schützt. Wieder haben wir eine entscheidende Information bekommen. Und wieder können wir nichts mit ihr anfangen – bis es zu spät ist.» Er holte Luft. «Das zumindest glaubt unser Täter.»

Fragend sah Friedrichs ihn an.

Albrecht stellte fest, dass seine Hand feucht war, als er sie in die Hosentasche gleiten ließ und nach dem Kärtchen suchte, das er am Vorabend eher beiläufig eingesteckt hatte.

*Dipl. Psych. Jonas M. F. Wolczyk*, Institutsadresse, Privatadresse, Handynummer, E-Mail – und ein halbes Dutzend weiterer elektronischer Möglichkeiten, den Kontakt herzustellen.

Wolczyk hatte dem Hauptkommissar nahegelegt, sich per Mail zu melden. Natürlich, er wartete auf die Phantombilder, wollte sehen, ob der Täter ein klassisches Würgerkinn hatte oder eine Messerstechernase. Ob ihm die Gier nach Jungfrauenblut aus den Augen guckte.

Albrecht tippte die Festnetznummer in sein Handy.

Mit Sicherheit war der junge Mann heute nicht in der Uni. Sein Doktorvater war tot – Albrecht hatte keine Ahnung, wie in solchen Fällen verfahren wurde. Scherereien und Verzögerungen waren vermutlich vorprogrammiert. Und so oder so würde der Junge kaum in der Stimmung sein ...

«Ja?» Die Stimme klang fragend, schwankend.

Verständlich. Albrecht hatte die Visitenkarte zwar angenommen, aber kein Gegenstück rausgerückt. Wolczyk konnte seine Nummer nicht kennen.

«Hauptkommissar Jörg Albrecht», sagte er. «Ich hoffe, ich ...»

«Klar!» Die Stimme war sofort verändert. «Klar, ich hab schon gehört, Sie haben noch einen Toten! Also eine Tote. Diese Fernsehfrau. Kanal Sieben, nicht wahr? Nein. Neun, oder? Neun, war's, Kanal Neun. Mein Gott, die kannte ich sogar! Also aus dem Fernsehen natürlich. Haben Sie ... Hat ihn diesmal jemand gesehen? Haben Sie Bilder? Ich kann Ihnen ...»

«Nein.» Albrecht legte alle Betonung in das eine Wort. Den Mann erstmal stoppen.

Am anderen Ende das Schnippen eines Feuerzeugs und ein tiefer Atemzug. Ein gemurmeltes «Mein Gott ...»

«Aber möglicherweise können Sie mir trotzdem helfen», erklärte Albrecht ruhig. «Nicht Sie direkt, aber Ihre Freundin vielleicht.»

«Meine ... was?»

Albrecht blinzelte, doch im nächsten Moment überkam ihn eine völlig unerwartete Trauer.

So einfach.

*Sie fragen sich, ob die beiden zusammen sind?* Professor Möllhaus hatte aufgeblickt. Ein müdes, selbstironisches Lächeln. *Diese Frage stelle ich mir seit Jahren.*

Und nun: *Meine ... was?*

Manche Antworten waren so einfach, und man suchte doch ein ganzes Leben lang vergeblich nach ihnen.

«Maja Werden», korrigierte der Hauptkommissar mit leiserer Stimme. «Ich habe das gestern doch richtig verstanden, dass Frau Werden sich mit Häftlingen beschäftigt, die sich in Sicherungsverwahrung befinden?»

Ruckartig drehte Friedrichs den Kopf in seine Richtung. Albrecht warf ihr einen bösen Blick zu, als das Fahrzeug die Bewegung mitmachte.

«Nein.»

Er brauchte zwei Sekunden, bis er begriff, dass das Wolczyks Antwort gewesen war.

«Sie sind keine *Häftlinge*», erklärte der Doktorand mit demonstrativer Geduld. «Sie sind *Patienten*. Ein Häftling wird für das Unrecht bestraft, das er begangen hat. Ein Patient muss therapiert werden, weil er unter einer Krankheit leidet.»

Albrecht verdrehte die Augen. Sollte er den Jungen für sein schlichtes Weltbild bedauern oder ihn im Gegenteil bewundern?

Doch er sah, dass sich Friedrichs Griff um das Steuer verstärkt hatte.

Sie hatte ihm nicht glauben wollen.

*Welcome to the real world*, dachte er.

• • •

Jörg Albrechts Ansichten konnten seiner Umgebung ziemlich auf den Senkel gehen, und das wusste er.

Aber das hatte unseren Herrn und Meister noch nie daran gehindert, sie bei jeder sich bietenden Gelegenheit zu äußern.

Es gab maximal ein, zwei Themenfelder, bei denen wir einer Meinung waren. Wenigstens die Todesstrafe lehnte er ab.

Doch sonst? Der Mann war ein Genie als Ermittler, aber seine Vorstellungen von Recht und Unrecht, davon, wie die Welt funktionierte, waren irgendwo in den Fünfzigern stehengeblieben.

Und ich hasste es, wenn er recht hatte.

Doch zu diesem Zeitpunkt war ich sowieso schon dermaßen auf der Palme, dass für irgendwas anderes nicht mehr viel Platz war.

Schließlich hatte ich soeben begriffen, wohin wir unterwegs waren, jetzt, sofort, heute Nachmittag: nach Braunschweig und anschließend, nachdem wir mit dieser Frau gesprochen hatten, die offenbar *nicht* Wolczyks Freundin war, vielleicht weiter nach Königslutter.

«Ich hatte vorgestern Nachtdienst», rechnete ich ihm vor. «Und den kompletten folgenden Tag. Dann eine Nacht frei. Gestern wieder den vollen Tag und abends Ihre Sonderermittlung in St. Georg ...» Ich konnte mich gerade noch bremsen, ihm auf die Nase zu binden, dass ich die Nacht außer Haus verbracht hatte. «Und heute wieder den ganzen Tag! Bis wir in Braunschweig sind, ist es mindestens sechs. Wir können uns jetzt schon ausrechnen ...»

Er warf mir einen wortlosen Blick zu.

Ich dachte an Kerstin. Ich dachte an Oliver, an den kleinen Raoul. An Sabine Hartung, ein wenig auch an die mir unbekannten Angehörigen von Möllhaus. Und selbst die Zecke musste ein Privatleben gehabt haben.

Vor allem aber hatten diejenigen eins, die als *Nächstes* auf der Liste des Täters standen.

Es sind genau diese Augenblicke, in denen man sich klein und mickrig vorkommt als Kriminalbulle. Die Augenblicke, in denen man in die Falle geht: *to serve and protect*, wie es beim New Yorker NYPD heißt.

Es geht ja um Menschenleben. Und selbstverständlich hat ein Polizist in so einem Moment kein Privatleben zu haben.

Das Dumme ist, dass dieser Moment um die vierzig, fünfundvierzig Jahre anhalten kann, wenn man sich entscheidet, diesen Job zu machen.

Ich fuhr an der ersten Raststätte hinter dem Horster Dreieck ab, ohne das Manöver zu kommentieren, und beobachtete, wie Albrecht in Richtung des Restaurants und der WCs trottete.

Dann wählte ich den Geschäftsanschluss meines Ehemanns.

«Gunthermann und Friedrichs Immobilienberatung, Dennis Friedrichs.»

«Hi», murmelte ich.

Ein Hi, das sich nicht anhörte, wie ich mir das vorgestellt hatte. Ein Hi, das nach schlechtem Gewissen klang.

Ein ‹Ich hab mit Joachim Merz geschlafen, weiß aber nicht so recht, was ich davon halte›-Hi.

«Hi ... Hannah!»

Brauchte er tatsächlich einen Moment, um sich an den Namen seiner eigenen Ehefrau zu erinnern?

Meine Stimmung kippte auf der Stelle.

«Wo hast du gestern gesteckt?»

«Was war denn gestern Abend los?»

Beide gleichzeitig.

Ich biss die Zähne zusammen. Schweigen.

«Das Meeting hat ziemlich lange gedauert», sagte er schließlich. «Du warst gar nicht zu Hause. Wieder Nachtschicht?»

Hatte die Frage einen verdächtigen Unterton?

«Dasselbe wie immer», murmelte ich.

Schweigen. Fünf Cent für seine Gedanken.

«Also ...» Ich stieß den Atem aus. «Ich wollte dir nur Bescheid sagen: Wie es aussieht, sind wir gerade unterwegs nach Braunschweig.»

«Braun…» Er verschluckte sich. «Wer sind *wir*? Was willst du in Braunschweig?»

*Wer seid ihr*, dachte ich. Aus deiner Perspektive.

«Es geht doch nicht um diesen Professor, den sie lebendig begraben haben?», schob er nach. «Diesen … Müller?»

Ich zwinkerte – doch im selben Moment meldete sich das Funkgerät, und ich erkannte das Rufzeichen des Reviers.

Überflüssig ranzugehen.

Die niedersächsischen Kollegen hatten Professor Möllhaus' Tod, so lange sie konnten, unter der Decke gehalten.

«Ich bin mit Albrecht unterwegs», sagte ich kühl. «Und du weißt, dass ich über den Stand der Ermittlungen nichts sagen darf.»

Warum auch immer sämtliche Männer in meinem Leben damit ein solches Problem hatten. Alle beide.

«Aber immer.» Dennis seufzte übertrieben, als brächte er ein gigantisches Opfer. «Jörg Albrecht, dein Herr und Meister. Ich könnte fast schon … eifersüchtig werden.»

Das kam dermaßen gönnerhaft, dass ich kurz davor war, den Anruf auf der Stelle zu beenden.

Aber das tat ich nicht. Wir sprachen noch ein paar Worte, bevor wir uns in seltsam sachlichem Ton verabschiedeten.

Wieder eine Nacht.

Wieder eine Nacht getrennt von Tisch und Bett.

Nein, ich würde nicht an den Mann denken, der mir heute Morgen eine Rose geschenkt hatte.

• • •

Wirklich selten hatte Jörg Albrecht ein Gesicht mit dermaßen ausdrucksstarken Augenbrauen gesehen.

Als ob sie den Blick noch einmal unterstrichen, mit dem Maja Werden den Hauptkommissar betrachtete.

Sie saßen in Jonas Wolczyks Wohnküche, die beiden Ermittler, Werden und der schlaksige Doktorand selbst.

Freundin oder nicht, die junge Frau schien sich wie zu Hause zu fühlen, hatte ihnen den Kaffee eingeschenkt und war auch sonst diejenige, die die Unterhaltung beherrschte.

Wie hätte es anders sein können?

Jörg Albrecht hatte ein nicht unwichtiges Detail übersehen.

Ja, möglicherweise hatte er eine Chance, die labyrinthischen Pfade des Dienstwegs abzukürzen, die ihn zu Max Freiligrath führen konnten.

Doch auf der Schwelle zu dieser Abkürzung wachte Maja Werden gleich einem Zerberus mit Bubikopf.

Maja Werden war Psychologin. Keine von denen, die den Insassen der Psychiatrie eine Gehirnwäsche verpassten und ihnen ansonsten verständnisvoll Händchen hielten, aber eben doch eine von diesem gewissen Fach.

Und dass sich ihre und des Hauptkommissars Einschätzung eines Tatbestands nicht zwangsläufig deckten, hatte Albrecht gestern eindrücklich erlebt.

«Niemand verdächtigt Max Freiligrath, irgendetwas mit diesem Fall zu tun zu haben», betonte er zum dritten oder vierten Mal. «Freiligrath sitzt seit mehr als zwanzig Jahren ...» Er brach ab. Die Formulierung *hinter Gittern* hatte sie zehn Minuten zuvor harsch zurückgewiesen. «Wie würden Sie das ausdrücken?», fragte er stattdessen.

«Er saß sechzehn Jahre lang in Haft», erwiderte Werden ruhig und ließ seinen Blick dabei nicht los. «Seit 2004 befindet er sich in stationärer Behandlung.»

*Irrenanstalt*, dachte Jörg Albrecht. *Klapsmühle* hätte sein Vater gesagt.

Dann eben *stationäre Behandlung*.

«Aber was ich nicht begreife», fuhr die junge Frau fort, ohne ihn zu Wort kommen zu lassen. «Wenn er nichts mit dem Fall zu tun haben kann – und da stimme ich Ihnen zu –, was erhoffen Sie sich dann von ihm?»

Albrecht holte Luft. Der Kaffee war gut gewesen, brannte ihm aber gerade ein Loch in die Magenwand. «Ich habe schon versucht, Ihnen das zu erklären ...»

Die Augenbrauen hoben sich eine Winzigkeit.

Albrecht biss sich auf die Zunge. «Sie ... Es tut mir leid, aber Sie müssen verstehen, dass ich aufgrund der aktuellen Ermittlung nicht in allen Details deutlich werden darf. Kommissarin Friedrichs und ich», ein Blick zur Seite, «sind uns sicher, dass unser Täter bewusst auf Max Freiligraths Taten verwiesen hat.»

Friedrichs nickte nur ganz knapp. Bisher war sie nicht die Hilfe, die er sich von ihr versprochen hatte. Seit der Raststätte hatte sie kaum ein Wort gesprochen, seinem Versöhnungsangebot zum Trotz: frische Apfeltaschen und Coffee to go aus dem Autobahnrestaurant.

«Und gleichzeitig sind wir uns sicher», formulierte er umständlich, «dass der Täter sich sicher ist, dass wir keine Chance haben, rechtzeitig mit Freiligrath Kontakt aufzunehmen.»

«Rechtzeitig wofür?»

Albrecht schüttelte den Kopf. «Für den nächsten Mord? Für den übernächsten? Worauf auch immer der ganze kranke Zauber hinausläuft. Wir kennen das Drehbuch nicht, dem seine Pläne folgen, aber es kann keinen Zweifel geben, dass ein solches Drehbuch existiert. Alles spricht dafür. Er überlässt nichts dem Zufall, und dort, wo er gezwungen ist, zu improvisieren – so wie gestern Abend, mit der Ermordung von Professor Möllhaus –, stellt er sich mit einer Geschwindigkeit auf die neue Situation ein ...» Er schüttelte den Kopf. «Dämonisch.»

«Sie werden verstehen, dass ich von Erklärungen, die mit Dämonen arbeiten, nicht besonders viel halte», erwiderte Maja Werden kühl.

Und noch immer sah sie ihn an. Mehr denn je kam er sich vor wie im Verhör. Sie sah ...

Er kniff die Augen zusammen und tastete über seine Stirn.

«Hab ich da etwa einen Fussel?», fragte er freundlich.

Den Trick kenn ich auch!

Die wenigsten Menschen konnten es besonders lange ertragen, wenn sie den Eindruck hatten, jemand schaue ihnen unentwegt in die Augen.

Und Jörg Albrecht machte da keine Ausnahme.

Zumindest solange er nicht durchschaute, dass sein Gegenüber gar nicht seine Augen fixierte, sondern einen Punkt auf seinem Nasenrücken oder einen Leberfleck auf der Stirn.

Zum ersten Mal schenkte ihm Maja Werden ein – wenn auch dünnes – Lächeln. Sie konnte es ertragen, einen Treffer zu kassieren.

An ihrem Blick änderte das nichts.

Doch vielleicht war das Eis damit gebrochen.

Die Zeit lief ab.

Jörg Albrecht spürte es.

• • •

Nach Königslutter brauchte man um die zwanzig Minuten.

Wieder saß Friedrichs hinter dem Steuer, passte jetzt auf, dass sie Maja Werdens dunklen Golf nicht aus den Augen verloren.

Albrecht holte währenddessen sein Handy hervor.

Am Nachmittag, nach dem Nicht-Besuch bei Horst Wolfram, hatte er nur kurz auf dem Revier angerufen und veranlasst, dass in der Nähe des E.on-Geländes eine Zivilstreife stationiert wurde.

Theoretisch war Wolfram als höchst gefährdet anzusehen. Doch gleichzeitig war sich Albrecht nahezu sicher: Wo immer der Mörder als Nächstes zuschlagen würde – jedenfalls nicht an dem schäbigen Wohnmobil.

Der Täter hatte sie bewusst auf den Traumfänger angesetzt. Er konnte sich ausrechnen, dass der Hauptkommissar Maßnahmen veranlassen würde, um den damaligen Ermittler zu schützen.

Genauso im Übrigen beim alten Hansen, der die restlichen Tage im Krankenhaus unter Polizeischutz verbringen würde.

Doch das war keine Garantie, dass nicht in genau diesem Moment irgendwo anders die Luft brannte.

«PK Königstraße, Kriminaloberkommissar Max Faber.»

«Bericht!»

«Moment ...»

Albrecht hörte ein Rascheln.

«Okay ... Sie wollen wissen, wie weit wir sind?»

Albrecht biss die Zähne zusammen. Warum sollte er sonst anrufen?

«Gut ...», murmelte Faber. «Wir haben uns die Traumfänger-Akte vorgenommen. Wenn man das Akte nennen will ... Zwei Regalreihen voller Ordner. Wir haben das Relevante inzwischen erfasst, denke ich, und gehen in der Reihenfolge vor, wie Sie das angewiesen haben. Zuerst die Namen der Beteiligten. In den eigentlichen Fall lesen wir uns hinterher ein. Im Moment schreibt Seydlbacher noch die Namen raus, und ich versuche, die Leute zu erreichen. Ich denke, in dieser Aufteilung ...»

Albrecht brummte zustimmend. Seydlbacher war ein guter Mann, aber für den Telefondienst nur bedingt geeignet. Zumindest nördlich des Weißwurstäquators.

«Allerdings muss uns klar sein, dass wir auf diese Weise wohl nur einen Bruchteil derjenigen feststellen können, die möglicherweise gefährdet sind», gab Faber zu bedenken. «Sämtliche Beamten, die irgendwie beteiligt waren, klar, die haben wir. Dazu das Gericht, Gutachter und Zeugen ...»

«Die Zecke hätten wir jedenfalls nicht auf der Liste gehabt», murmelte Albrecht.

«Genau. Und auch nicht die Angehörigen der einzelnen Opfer, soweit wir keine offizielle Aussage von ihnen haben. Und selbst die, die wir haben: Ich ruf sie an, bitte sie, sich vorzusehen, frage nach, ob sie in letzter Zeit irgendwelche ungewöhnlichen Bekanntschaften hatten, aber ...»

«Weder bei Stahmke noch bei Professor Möllhaus hat er diesen Aufwand betrieben», führte der Hauptkommissar den Gedanken zu Ende.

Es sei denn, dachte er, Friedrichs hat recht, und der Kontakt zur Zecke war intensiver, als wir geahnt haben.

Seine Verbündete. Was hat es zu bedeuten, dass er sie jetzt getötet hat?

Hastig schob er den Gedanken auf Wiedervorlage. Faber sprach schon weiter.

«Eben», bestätigte die Stimme aus dem Telefon. «Absolut jeder, mit dem ich heute Nachmittag telefoniert habe, kann das nächste Opfer sein. Und so viele Menschen unter Personenschutz zu stellen ... Sie wissen selbst am besten, wie unsere Kapazitäten aussehen.»

«Illusorisch», fasste Albrecht zusammen. «Machen Sie trotzdem weiter. Wir müssen die Leute zumindest warnen. Können Sie mir sagen, wie weit Matthiesen mit den Bestattungsunternehmen gekommen ist?»

«Er hat alles im Umkreis von fünfzig Kilometern um Braunschweig abtelefoniert. Niemand vermisst einen Sarg, niemand will unter ungewöhnlichen Umständen einen geliefert haben. Jetzt geht er die Ansprechpartner für die Friedhofskapellen durch.»

«Da kriegt man Särge?»

Ein Hüsteln. «Keine *freien* Särge. Aber der Täter könnte einen frei gemacht haben. Wie ich das verstanden habe, meinten Sie ja, der Sarg hätte neu ausgesehen. Also war er noch nicht unter der Erde. Doch wenn in so einer Kapelle jemand aufgebahrt ist ...»

Albrecht nickte düster. Das konnte Faber natürlich nicht sehen, zog aber offenbar die richtigen Schlüsse.

«Ach ja», bemerkte der Beamte. «Nils Lehmann ist gerade zurückgekommen.»

Nach viereinhalb Stunden, dachte Albrecht. Das *Fleurs du Mal* lag zwei Straßen vom Revier entfernt.

«Jacqueline hat sich die Bilder angesehen, meinte aber, von denen wäre es keiner gewesen. Bei Freiligrath gar keine Ähnlichkeit, bei Wolfram vielleicht ganz, ganz entfernt. Aber der wäre wohl zu alt.»

Albrecht stieß den Atem aus. «Das Foto ist selbst schon über zwanzig Jahre alt. Jünger wird er nicht geworden sein. Wir wissen also, dass wir nichts ...»

«Halt! Moment!»

«Ja?»

Neues Geraschel, ein gemurmelter Wortwechsel im Hintergrund. Matthiesen? Winterfeldt?

«Hauptkommissar?» Fabers Stimme klang belegt. «Wir ...» Der Beamte holte Luft. «Eben kommt noch was rein. Der ... der Aufnahmewagen von Kanal Neun. Spaziergänger haben wohl heute Mittag Reifenspuren entdeckt, unterhalb der Elbbrücke – die bei Geesthacht. Gehört schon zu Schleswig-Holstein, deshalb erfahren wir's jetzt erst.»

«Ja? Was ist mit dem Wagen?»

Ein Pochen in Albrechts Hinterkopf, eine Vorahnung.

«Er ist gerade vom Elbgrund geborgen worden.»

Schweigen.

Albrecht musste die Frage stellen, obwohl er spürte, dass er die Antwort kannte.

«Der Kameramann?»

«Saß drin», murmelte Faber. «Gefesselt. Die Fenster waren geschlossen. Das THW meint, es hätte eine Weile gedauert, bis das Wasser eingedrungen ist.»

• • •

Die psychiatrische Landesklinik in Königslutter war eine Anlage, die Jörg Albrechts düstere Vorstellungen einer Irrenanstalt noch übertraf.

Das trübe Wetter trug sicherlich dazu bei, doch schon der Blick auf die dunklen Backsteinbauten aus der Zeit der vorletzten Jahrhundertwende löste ein Gefühl der Beklemmung in ihm aus.

Mehrstöckige Gebäudeflügel umfassten krakenartig den heute als Parkplatz genutzten Innenhof. Im Hintergrund waren funktionelle Klötze zu sehen, aus Stahl, Glas und sehr, sehr viel Beton – Bausünden der siebziger Jahre. Überragt wurde alles noch einmal von einer wuchtigen, doppeltürmigen Kirche, die älter sein musste als der ganze Rest zusammen.

«Königslutter», murmelte der Hauptkommissar.

«Der König liegt da drüben.» Maja Werden war aus ihrem Wagen gestiegen und nickte hinüber zu der Domkirche. «Kaiser Lothar der Dritte. Er hat hier ein Kloster gestiftet, um dort begraben zu werden.»

Albrecht nickte stumm. Dazu war der Ort wie geschaffen.

«Das Kloster wurde während der Reformation aufgelöst. Geblieben ist der Name, und das Hospital als eine Einrichtung für Menschen mit geistiger Behinderung.»

Was man seinerzeit mit Sicherheit anders ausgedrückt hätte, dachte Albrecht.

«Und Luther?», fragte er laut. «Der Reformator?»

«Ist im übertragenen Sinne zu verstehen.» Die junge Frau deutete auf einen langgestreckten Gebäudeflügel. «Lutter wie das alte Wort lauter: klar, rein und sauber. Es gibt talaufwärts eine

Quelle. Der Bach fließt auf der Rückseite. Früher muss es dort eine Mühle gegeben haben. Die Schleuseneinrichtung ist im Keller noch erhalten. – Hauptkommissar?»

Tobendes, rauschendes Wasser. Menschliche Körper in der zermalmenden Gewalt der Strömung.

Wie eine nachträgliche Erklärung für die instinktive Abwehr, die Jörg Albrecht beim Anblick der Anlage gepackt hatte.

Maja Werden sah ihn fragend an, und, schlimmer, auf Friedrichs' Gesicht stand dasselbe Fragezeichen.

«Sie sind regelmäßig hier?», fragte er statt eines Kommentars.

Die Psychologin schüttelte den Kopf. «Relativ häufig, ja, schon wegen der räumlichen Nähe und weil Professor Möllhaus hier gute Kontakte hatte. Aber ich beschäftige mich in meinem Projekt mit den Sicherungsverwahrten in ganz Niedersachsen, und die sind auf mehrere Einrichtungen im gesamten Bundesland verteilt. Psychiatrische Kliniken, aber leider auch Gefängnisse, wo man ihren Bedürfnissen kaum gerecht werden kann. Das jedenfalls wird wohl eines meiner Ergebnisse sein.»

Dafür aber den Bedürfnissen der Bevölkerung, dachte Albrecht. Dem Bedürfnis nach Sicherheit vor Straftätern, die man der Öffentlichkeit selbst nach Verbüßung ihrer Haftstrafe nicht wieder zumuten durfte.

Doch er nickte verständnisvoll. Ihm war klar, dass die Frau sich weit aus dem Fenster lehnte, wenn sie versuchte, ihnen Zugang zu Freiligrath zu verschaffen.

In einem Punkt war er sich jedenfalls sicher: Maja Werden war absolut unbestechlich. Nicht für Geld – und für gute Worte schon gar nicht. Sie hatte sich Jörg Albrechts Argumentation sehr genau angehört und hatte versucht, seinen Gedankengang auseinanderzunehmen, wie sie das auch gestern getan hatte. Und am Ende hatte sie ein Fazit gezogen und die Entscheidung getroffen, den Hauptkommissar zu unterstützen.

Zum ersten Mal in seinem Leben sah sich Jörg Albrecht mit der Frage konfrontiert, ob Psychologen womöglich ganz ähnlich arbeiteten wie er selbst.

Zumindest einige von ihnen.

Die Dinge, wie sie in Wahrheit sind, dachte er. Die Abfolge von Ursache und Wirkung. Ein Fünf-Millimeter-Schusskanal deutete auf eine Penetration durch Kleinkalibermunition hin. In der Welt der Rechtspsychologie mussten Ursache und Wirkung in einem weit komplexeren Verhältnis stehen.

Er stellte fest, dass er beachtlichen Respekt für diese junge Frau empfand.

Seine Begleiterinnen sahen ihn abwartend an. Friedrichs kannte sein Vorgehen, die Atmosphäre des Ortes wahrzunehmen. Werden erfasste es entweder intuitiv oder nahm es einfach hin.

«Wo ...» Er drehte sich langsam um. *Wo befindet sich der Zellenblock?*, war mit Sicherheit die falsche Frage, doch die junge Frau deutete bereits nach rechts.

«Die forensische Abteilung ist im Nordflügel untergebracht. Freiligrath allerdings ...»

Albrecht hob die Augenbrauen.

«Streng genommen fällt er aus der Personengruppe, die ich untersuche», erklärte sie. «Da seine Sicherungsverwahrung nachträglich verhängt wurde, war sie formal gesehen ungültig. Der Europäische Gerichtshof für Menschenrechte hat in einer Grundsatzentscheidung ...»

Der Hauptkommissar winkte ab.

«Da vorne», sagte sie und deutete geradeaus. «Im ehemaligen Schleusenhaus. – Bitte lassen Sie mich reden! Ich kann nichts versprechen, doch ich werde tun, was ich kann.»

• • •

Verkehrte Welt.

In den Knasteinrichtungen, die ich kannte, liefen die Häftlinge in Anstaltskleidung rum. In Königslutter trug nur das Pflegepersonal hässliche pastellfarbene Kittel, die Insassen dagegen Klamotten ganz nach ihrem Geschmack.

Ich war mir nicht sicher, ob Albrecht das ebenfalls wahrnahm. Irgendwas war seltsam mit ihm, seitdem wir hier eingetroffen waren. Als ob er plötzlich Angst hätte.

Etwas, das ich mir kaum hätte vorstellen können bei ihm – unter gewöhnlichen Umständen.

Doch ich hatte seine Augen gesehen, die plötzliche Erkenntnis, als Irmtraud Wegner den Traumfänger ins Spiel gebracht hatte.

Albrecht hatte Freiligrath nicht auf dem Schirm gehabt, und das war ein Fehler gewesen. Dabei hatte er die Serie von Verbrechen, der er letzten Endes seinen heutigen Posten verdankte, nicht etwa einfach vergessen.

Wir alle auf dem Revier, die Sekretärin, die Kollegen ... Der Name Freiligrath war nicht jeden Tag gefallen, nein. Wenn überhaupt, dann senkte man automatisch die Stimme. Doch wir hatten diese Ermittlung jedenfalls nicht beiseitegedrängt, wie Jörg Albrecht das getan hatte.

Und nun würde genau dieser Fall über ihn kommen, in seiner brutalsten, unmittelbarsten Gestalt.

Maja Werden hatte uns durch eine Panzerglastür geführt, wo wir unsere Handys an einer Pförtnerloge hatten abgeben müssen. Das langgestreckte Gebäude, das locker über hundert Jahre alt war, sah von innen vollkommen anders aus, als man auf den ersten Blick hätte erwarten können. Neonbeleuchtete Flure, sämtliche Türen aus Sicherheitsglas. Unsere Führerin öffnete sie mit einem elektronischen Schlüssel, den sie aus ihrer Jackentasche gezaubert hatte. Ein, zwei Pfleger kamen uns entgegen, doch sobald die Leute Maja Werden erkannten, kontrollierte kein Mensch auch nur unsere Ausweise.

Wie eine lange verschollene Schulfreundin, dachte ich.

Irgendwie gefiel sie mir nicht mit ihren gezupften Augenbrauen, dem Pagenkopf und dieser humorlosen Art.

Von den Patienten bekamen wir nicht viel zu sehen. Zwei ältere Frauen saßen in einem Fernsehraum. Eine bewegte ständig den Mund, doch wenn sie etwas sagte, übertönte sie jedenfalls nicht die Gameshow, die auf dem Bildschirm lief.

Eine jüngere Frau mit farblosem Haar kam uns auf dem Flur entgegen, Schritte wie eine Schlafwandlerin. Ich machte Platz, damit sie an uns vorbeikonnte, doch sie blieb zögernd stehen. «Sie sagen mir doch Bescheid, ja?» Die Stimme kaum mehr als ein Flüstern. «Sie sagen mir doch Bescheid, wenn die Feuerwehr kommt?»

«Kein Problem», versicherte unser Herr und Meister.

Damit schien sie zufrieden zu sein. Ein gemurmeltes *Danke*, und sie war verschwunden.

Ein paar Schritte weiter ein irgendwie verwachsen aussehender Mann. Er sagte kein Wort, doch jedem, der vorbeikam, winkte er freudestrahlend zu. Verhaltensauffällig war das schon alles, aber gefährlich?

Doch schließlich befanden wir uns eben *nicht* in der Abteilung für die Sicherungsverwahrten.

«Maja!» Ein Mann Ende vierzig mit einem Backenbart wie aus *Vom Winde verweht* stand plötzlich vor uns, mit ausgebreiteten Armen. Sein fliederfarbener Kittel wies ihn als Mitarbeiter aus. «Mein Gott, wir haben es vorhin erst erfahren!»

Ich brauchte einen Moment, bis ich begriff, wovon er sprach.

Möllhaus. Maja Weidens Doktorvater hatte jahrelang mit der Einrichtung zusammengearbeitet.

«Bob», murmelte unsere neue Freundin.

«Dr. Robert Seidel», erklärte sie, halb im Schwitzkasten, nachdem er sie an sich gezerrt hatte, in einer Geste, die er wohl für mitfühlend hielt. «Der Chefarzt für die Stationen 62 a bis e.»

Der Mann, auf den es ankam, dachte ich.

Ich versuchte mir nichts anmerken zu lassen. Wir hatten uns den Weg durch die Instanzen sparen wollen, doch kein Ermittler konnte mal eben mit einem Insassen einer psychiatrischen Klinik sprechen, nur weil er irgendjemanden kannte, der dort ein Forschungsprojekt betreute. Nicht, bevor die zuständigen Mediziner das abgenickt hatten.

Seidel sah uns aufmerksam an, während die junge Frau uns vorstellte. Die Hintergründe ließ sie im Vagen, wobei sie auch kaum eine Wahl hatte. Schließlich war Albrecht genauso im Vagen geblieben. Sie deutete lediglich an, dass wir Ermittlungen im Zusammenhang mit dem Tod des Professors führten.

Die Falten auf der Stirn des Arztes wurden mit jedem Wort tiefer.

«Das gefällt mir nicht», murmelte er. «Wir sind hier äußerst zufrieden mit den Fortschritten, die Dr. Freiligrath macht, gerade in den letzten Monaten. Wie Sie wissen, besteht unsere Aufgabe darin, die Wiedereingliederung des Patienten in die Gesellschaft vorzubereiten. Dr. Freiligrath nimmt hier äußerst regen und wirklich ganz besonderen Anteil, was – das darf ich bemerken – keineswegs selbstverständlich ist. Den meisten unserer Patienten müssen wir die Bedeutung und den Wert von Arbeit überhaupt erst wieder deutlich machen, während wir bei ihm nun wirklich …»

«Herr Dr. Seidel.» Albrecht hob beschwichtigend die Hand. «Bitte. Es liegt mir vollständig fern, Herrn Dr. Freiligrath irgendeiner Straftat zu bezichtigen. Irgendeiner neuen Straftat zumindest. Mir ist vollkommen klar, dass er hier bei Ihnen …»

«Wir sind eine geschlossene Abteilung!», unterbrach ihn Seidel. «Innerhalb ihrer jeweiligen Räume ermöglichen wir unseren Patienten ein Höchstmaß individueller Lebensgestaltung, ganz nach dem jeweiligen Geschmack und ihren Interessen. Doch das ändert nichts daran, dass sämtliche Zimmer auf allen unseren Stationen alle zwei Stunden kontrolliert werden, rund um die Uhr! Dr. Freiligrath hat sich vergangene Nacht nicht von hier entfernt! Nein, ich glaube wirklich nicht ...»

«Bob?»

Maja Werden blickte ihn an, halb von unten.

Mädchenblick, dachte ich. Funktionierte fast immer, selbst bei Psychologen.

Seidel brach auf der Stelle ab.

«Bob, ich ... ich weiß, dass das ungewöhnlich ist und ...»

Ihre Zunge fuhr über die Lippen, eine Geste der Nervosität.

Oder verdammt gut gespielt, dachte ich.

«Ich will euch auch auf keinen Fall ins Handwerk pfuschen», erklärte die Psychologin. «Aber ich hab mir gedacht: Könnte das nicht für Dr. Freiligrath eine ganz wichtige Erfahrung sein?»

Seidel blinzelte verwirrt, doch die junge Frau wandte sich schon an unseren Chef.

«Hauptkommissar Albrecht, als wir uns vorhin unterhalten haben ... Ich kann mich natürlich täuschen, aber wie ich Sie verstanden habe, hörte sich das so an, als ob Sie den Patienten eigentlich gar nicht so sehr als Zeugen vernehmen wollten, oder? Könnte man es nicht eher so ausdrücken, dass Sie wegen Dr. Freiligraths ganz speziellem Hintergrund seinen Rat suchen ... als Sachverständigen?»

Ich biss die Zähne zusammen. Jetzt keinen Spruch, Friedrichs.

Ich sah Albrecht an. Alle sahen Albrecht an. Die Doktorandin hatte ihm eine goldene Brücke gebaut, doch ich spürte sein Zögern, und, nein, ich hätte in diesem Moment nicht in seiner Haut stecken wollen. Werdens Auslegung unserer Absichten war äußerst gewagt, und Albrecht musste klar sein, dass sie unter Umständen einen Haufen Probleme bringen konnte. Ein Zeuge war ein Zeuge, und das musste ihm – und allen anderen Beteiligten – mitgeteilt werden. Schon weil er bei einer Falschaussage selbst ganz schnell vor Gericht landen konnte. Ganz davon zu schweigen, dass wir höllisch aufpassen mussten.

«Doch», sagte Albrecht schließlich. «Ich denke, so könnte man es ausdrücken.»

«Bob?», wandte sich Maja Werden wieder an den Arzt. «Wirklich, ich glaube, das würde ihm guttun.»

Robert Seidel breitete die Arme aus. «Was soll ich sagen?» Vage genervt. «Wenn er bereit ist, mit Ihnen zu reden – er ist kein Gefangener.»

Mit dem Spruch, dachte ich, waren wir dann wohl quitt.

• • •

Jörg Albrecht atmete auf.

Die letzte Klippe war umschifft.

Maja Werden hatte keine Einwände erhoben, als er ihr erklärt hatte, dass sie bei der Unterhaltung – wertfrei formuliert – mit Freiligrath leider nicht dabei sein könne.

Das aber war zuletzt seine größte Sorge gewesen. Die junge Frau hatte mittlerweile einiges gut bei ihnen. Wenn sie auf ihrer Anwesenheit bei diesem ominösen Gespräch bestanden hätte: Mit welchem Argument hätte er ihr das verweigern können?

Weil es kein Gespräch ist, dachte er. Sondern ein Verhör.

Jedenfalls im Ergebnis. In dem, was er sich von der Begegnung mit dem Traumfänger erhoffte.

Er biss die Zähne zusammen und beobachtete, wie Maja Werden und der Arzt sich entfernten, Seite an Seite. Wie es aussah, ließ sie sich Seidels Fürsorge gerne gefallen.

Kopfschüttelnd wandte Albrecht sich ab und betrachtete einen mintgrünen Streifen, der in Hüfthöhe an der Wand entlanglief, oberhalb ein sanft violettes, unterhalb ein altrosanes Gegenstück. Der mintgrünen Markierung sollten sie folgen, zur Station 62.b, der Station innerhalb der Abteilung, auf der diejenigen Patienten untergebracht waren, deren Genesung bereits die weitesten Fortschritte gemacht hatte.

Bei Bedarf könnten sie sich vor Ort an das Stationspersonal wenden.

Albrecht nickte der Kommissarin zu.

Doch Friedrichs blieb stehen.

«Also kein Verhör?», fragte sie.

Albrecht schüttelte den Kopf. «Verhör, Gespräch, Unterhaltung. Können Sie mir verraten, wo der Unterschied liegt, solange wir nicht wissen, was wir überhaupt wollen von dem Mann? – Wir wissen drei Dinge. Erstens: Er kann nicht der Täter sein. Zweitens: Der Täter hat auf ihn verwiesen, also muss er irgendwie mit dem Fall zu tun haben, und drittens: Unser Täter wäre alles andere als erbaut, wenn er wüsste, dass wir jetzt schon Gelegenheit haben, mit Freiligrath zu sprechen. Und das, Hannah, ist unsere Chance. Dieser Mann weiß etwas. Etwas, das uns helfen kann.» Er zögerte. «Wobei es ein Problem darstellen könnte, dass wir nicht wissen, ob er seinerseits ...»

«Ob er weiß, dass er weiß.» Friedrichs nickte. «Ob er weiß, dass er eine Rolle im Plan unseres Täters spielt.»

Albrecht neigte knapp den Kopf. «Exakt. Und auch wir wissen lediglich, *dass* er eine Rolle spielt, aber wie sie aussieht ... Ob er ein Mitverschwörer ist oder ob die Taten von einem seiner Bewunderer begangen wurden und er so ahnungslos ist wie wir selbst: Alles ist möglich, und ein halbes Dutzend andere Zusammenhänge mehr. Schon deshalb wäre es schwierig, ein klassisches Verhör zu führen.

Dieser Mann hat uns etwas zu sagen, wie die Aktentasche im Institutsflur mir etwas zu sagen hatte. Und was immer es ist: Unser Täter will, dass wir es erfahren, doch noch nicht zu diesem Zeitpunkt. Und *das* ist unsere Chance.

Alles andere ... Selbst wenn er uns auf die Nase binden sollte, dass er sich erneut strafbar gemacht hat – was ich für unwahrscheinlich halte: Der Mann sitzt in einer psychiatrischen Einrichtung. Was wäre ein solches Geständnis wert? Kein Staatsanwalt käme vor Gericht mit so etwas durch. Stellen Sie sich vor, auf der anderen Seite sitzt jemand vom Schlage unseres Freundes Merz.»

Friedrichs zuckte kurz zusammen.

«Schlechte Karten», brummte Albrecht. «Ich weiß. Um ehrlich zu sein: Ob wir Freiligrath irgendwas nachweisen können, interessiert mich im Moment als Allerletztes. Diese Morde interessieren mich. Die müssen aufhören. Das steht an erster Stelle. Und zu einer Aussage zwingen können wir ihn so oder so nicht. Unter dem Strich wird uns nicht viel anderes übrig bleiben, als uns anzuhören, was er uns von sich aus erzählt. Und ich kann nicht behaupten, dass mein Herz bei diesem Gedanken höher schlägt. Also, kommen Sie!»

Nun, so dicht vor dem Ziel, fiel es ihm schwer, sich zu zügeln.

Ja, ihm graute vor der Begegnung. Er wollte den Traumfänger in die Finger bekommen, den Mann ausquetschen – vertrocknetes Obst, das seit vierundzwanzig Jahren in behördlicher Obhut vor sich hin rottete. Ihn ausquetschen, bis auch der letzte Tropfen Information zum Vorschein kam, der in Freiligraths krankem Hirn versickert war. Irgendetwas *musste* der Kerl wissen.

Doch eine innere Stimme sagte Jörg Albrecht, dass es nicht so einfach werden würde. Er wollte dieses Gespräch führen, doch vor allem wollte er es so schnell wie möglich hinter sich bringen.

Aber gerade deswegen, gerade weil er damit rechnen musste, dass sich diese Begegnung als der zentrale Punkt in diesen Ermittlungen erweisen würde, durfte er nicht übereilt handeln.

Unter keinen Umständen durfte er seine ehernen Grundsätze über Bord werfen, wo sie einem Senkblei gleich auf Nimmerwiedersehen in die kalte, strudelnde Tiefe rauschen würden.

Er zwang sich, langsamer zu gehen.

Der Ort, dachte er. Was sagt dir dieser Ort, an dem Max Freiligrath die letzten Jahre verbracht hat? Wie fühlt sie sich an,
diese schöne, neue Psychologenwelt mit ihren verschiedenfarbi-
gen Linien, die zu den unterschiedlichen Lagerplätzen für die
schwer, die schwerer und die schwerst Gestörten führen?

Gerade, weitläufige Flure. Helles Licht. Beruhigende Farben.

Klar und übersichtlich, ein fast schmerzhafter Kontrast zum
verwinkelten und getrübten Verstand der Menschen, die an diesem Ort ihr Leben fristeten.

Ob sie diese klaren Gliederungen als Hilfe empfanden – oder
als Hohn?

Es ist nicht ehrlich, dachte Jörg Albrecht. Nicht natürlich.

Künstliche Formen, künstliche Anordnungen der Räumlichkeiten, die dem um so vieles älteren Gebäude aufgezwungen
worden waren. Wenn man sich die Mühe machte, sich auf das
wahre Gefühl dieses Ortes einzustimmen, auf die Dinge, wie sie
sich in Wahrheit verhielten, waren die ursprünglichen Formen
noch teilweise erkennbar. Einzelne Elemente hatte man an Ort
und Stelle belassen: einen reichverzierten Türsturz hier, ein
schweres hölzernes Geländer dort.

Innenarchitektonische Feigenblätter.

Was fehlt, ist die Seele, dachte Jörg Albrecht.

Das neue System funktionierte, aber es war nicht echt, weil es
von außen kam. Es hätte sich jedem anderen Gebäude in genau
derselben Weise aufpfropfen lassen

Möglicherweise gelang es Seidel und seinen Therapeuten ja
tatsächlich, eine neue, künstliche Form von Ordnung in die
Hirne ihrer Patienten zu bringen. Doch diese Ordnung war ar-
tifiziell, aufgepresst von Fremden.

Sie funktionieren, dachte Jörg Albrecht.

Doch wie viel von ihnen sind sie noch selbst, wenn sie hier
jemals wieder herauskommen?

Die mintgrüne Linie folgte einer Treppe ins Obergeschoss.

Violett und Altrosa blieben in den Niederungen des Parterres zurück.

Eine Glastür, ohne Sicherheitssperre diesmal. Mintgrün endete unmittelbar davor in einem bunten Farbklecks mit der Aufschrift 62.b.

Albrecht hielt der Kommissarin die Tür auf.

Ein neuer Korridor, Linoleumboden, ein Dutzend Türen zu beiden Seiten. Die erste auf der rechten Seite stand halb offen. Das Stationszimmer?

Der Hauptkommissar trat einen halben Schritt vor und spähte ins Innere.

Ein schwerer Schreibtisch, im Hintergrund eine Bücherwand bis hinauf zur Deckenvertäfelung. Am Schreibtisch saß ein älterer Mann in einem hellblauen Kittel, den Kopf über eine Akte gebeugt. Im Grunde war nicht viel mehr zu sehen als das akkurat gescheitelte, silbergraue Haar.

Albrecht klopfte. Es konnte nicht schaden, wenn sie sich anmeldeten.

Der Arzt blickte nicht auf, beschrieb aber eine wedelnde Bewegung mit seinem Füllfederhalter. «Ich bin sofort für Sie da. Bitte ... Wenn Sie sich so lange setzen ...»

Albrecht nickte, trat ein – und stoppte abrupt, als er sah, worauf der Mann gewiesen hatte.

Eine Couch. Eine *Psychologen*-Couch.

Demonstrativ blieb der Hauptkommissar stehen. Friedrichs schloss zu ihm auf.

Der Arzt bemerkte nichts davon.

Er blätterte. Machte eine Notiz am Rand einer Seite, schrieb einige Worte in einen Spiralblock. Blätterte weiter.

Albrecht räusperte sich.

«Sofort.» Gemurmelt. «Bitte noch einen winzigen Moment. Ich ... habe ... hier ... eine recht wichtige ...» Eine doppelte Unterstreichung irgendwo in der Seitenmitte. «Sache.»

Er blätterte weiter.

«Jörg Albrecht», sagte Jörg Albrecht vernehmlich. «Kripo Hamburg. Meine Kollegin Hannah Friedrichs.»

Der Mediziner seufzte, verschloss sorgfältig seinen Füllfederhalter und legte ihn beiseite.

Er stand auf.

Der Mann war hochgewachsen, Typ alternder Beau. Die Sorte, die sich die Schläfen grau färbte, damit sie gleichmäßig grau wirkten. Ausgeprägte Nase, entschlossenes Kinn und sehr aufmerksame Augen.

Eine Haltung, aus der deutlich wurde, dass nicht die kleinste Regung dem Zufall überlassen blieb.

Mit zwei Schritten war er bei seinen Gästen, deutete eine Verneigung an, griff nach Friedrichs' Hand – und führte sie an die Lippen.

«Es ist mir ein Vergnügen!», murmelte er und richtete sich auf. «Maximilian Freiligrath.»

# Zwischenspiel IV

Feldstecher und Nachtsichtgerät sind hier unnötig.

Diese Utensilien sind in Hamburg geblieben, wo der graue Mann, der Gefangene der blechernen Wände, auch an diesem Abend seinen einsamen Kampf ausfechten wird.

Die Gegenwart der nimmermüden Augen, die wochenlang jeden seiner Schritte verfolgt haben, wird dort heute nicht notwendig sein.

Sie haben ein wichtigeres Ziel, auf das sie nun ihre Aufmerksamkeit richten werden.

Alles eine Frage der Perspektive.

Wolken ziehen sich über den Bergen zusammen, und das Tal von Königslutter verwandelt sich in eine Ansammlung unterschiedlicher Abstufungen von Grau. Die Leuchtkraft der Farben schwindet, und man könnte erwarten, dass nun auch die einzelnen Gegenstände beginnen würden, ineinander zu verschwimmen.

Doch das Gegenteil ist der Fall.

Die Schärfe der Konturen nimmt zu.

Die Dinge sind deutlicher geworden, die Position der Objekte im Raum.

Das Experiment nähert sich seiner entscheidenden Phase. Wichtige Bestandteile der Versuchsanordnung werden nun exakt in der Weise platziert, wie es von Anfang an beabsichtigt war.

Doch je näher das Projekt seinem Endstadium rückt, desto stärker wächst die Gefahr der Entdeckung. Vieles könnte jetzt erkannt werden. Aus der richtigen Perspektive.

Doch das wird nicht geschehen.

Wenn sie imstande wären, das, was ist, von dem zu trennen, was sie zu wissen glauben ... Doch ihr Vertrauen auf die Abfolge von Ursache und Wirkung ist zu stark, und das verschleiert ihren Blick.

Der Blick von außen ist notwendig. Ohne diesen Abstand bleibt die Natur der Dinge unbestimmt.

Ein Versäumnis, das Konsequenzen haben wird.

Tödliche Konsequenzen.

Die Gestalt, deren Augen die Szenerie beobachten, ist wieder beinahe unsichtbar – was in diesem Fall unnötig wäre. Keiner der Spaziergänger, die auf den Wegen oberhalb von Königslutter unterwegs sind, würde ihr einen zweiten Blick gönnen. Sie ist nicht mehr als ein Teil des Panoramas, wie auch die Klinikanlage selbst, weit unten im Tal. Der Aussicht wegen haben die Menschen den Aufstieg auf sich genommen, und doch sehen sie nichts von der wahren Natur der Dinge.

Das Fahrzeug, dasselbe vermutlich, das noch wenige Stunden zuvor an einem stinkenden Abzugsgraben in Hamburg-Harburg geparkt haben dürfte, ist nicht mehr als einer der unzähligen verwirrend bunten Punkte eines impressionistischen Gemäldes.

Doch die Farben schwinden.

Die wahren Konturen beginnen hervorzutreten.

Nicht mehr lange, und sie werden unübersehbar sein.

Mit Blut gezeichnet.

# acht

Jörg Albrechts Widerwille gegen Überraschungen war legendär.

Er erinnerte sich an Joannas Gesichtsausdruck, jedes Mal zu seinem Geburtstag, jedes Mal zu Weihnachten. Sie selbst hatte es längst aufgegeben, die ihm zugedachten Geschenke aufwendig einzupacken.

Allerdings galt das nicht für die Kinder.

Wehe, wenn auf seinem Gesicht etwas anderes zu sehen war als eine Miene reiner, verzückter Erwartung, die exakt in dem Moment, in dem er jeden einzelnen Klebefilmstreifen vorsichtig gelöst hatte, in ekstatische Freude umzuschlagen hatte.

Ein Gefühl, von dem er kaum weiter hätte entfernt sein können als in diesem Moment.

Max Freiligrath, der Traumfänger.

Es war erst ein paar Stunden her, dass der Hauptkommissar die alten Aufnahmen gesehen hatte. Das Polizeifoto zeigte einen Herrn in Albrechts Alter – seinem *heutigen* Alter – mit einer ausgeprägten Nase, streng zurückgekämmten Haaren, ausdrucksstarken Augen.

Vierundzwanzig Jahre später ... Eindeutig, es war derselbe Mann.

Es war geradezu grotesk, in welchem Maße es noch derselbe Mann war:

Dr. Max Freiligrath, der Psychologe gewesen war, bevor er zum Verbrecher wurde. Oder, exakter, der auch *währenddessen* Psychologe geblieben war.

Und der auch heute, nach einem Vierteljahrhundert der Haft und der Sicherungsverwahrung genau das war: Psychologe.

Dr. Seidel hatte betont, in welchem Maße es den Patienten freistand, ihr Leben innerhalb ihrer Zimmer nach ihren Wünschen und Bedürfnissen zu gestalten.

Freiligrath, wie es schien, hatte diese Möglichkeiten voll genutzt. Hellblaue Kittel sah die offizielle Hierarchie des Klinikpersonals vermutlich nicht vor.

Die einzige noch offene Frage klärte ein simpler Blick zur Seite: eine unscheinbare Tür im Schatten der Bücherwand, die vermutlich zum Schlafzimmer innerhalb von Dr. Freiligraths Gemächern führte.

Albrecht hatte starke Zweifel, dass alle Patienten auf den Stationen 62 a bis e über dermaßen weitläufige Räumlichkeiten verfügten.

Unvereinbar mit der faktischen Gehirnwäsche, auf die der tiefenpsychologische Ansatz der Abteilung selbst architektonisch abzielte.

Ausgenommen bei Maximilian Freiligrath.

Der Schreibtisch war waschechtes Louis-seize, und die Bücherwand hätte aus Sigmund Freuds persönlichem Besitz stammen können.

Der Traumfänger genoss eine Sonderbehandlung.

Sonderopfer, dachte der Hauptkommissar finster.

«Frau Friedrichs, Herr Albrecht.» Freiligrath wies auf das Sofa, diesmal unmissverständlich. «Bitte nehmen Sie doch Platz!»

Jörg Albrecht biss die Zähne zusammen und ließ sich auf der vordersten Kante des Möbels nieder, Friedrichs neben ihm.

Der Traumfänger kehrte nicht hinter seinen Schreibtisch zurück, sondern lehnte sich locker gegen die Tischkante.

So überragt er uns, dachte Albrecht. Nicht dumm.

Doch das hatte er auch nicht erwartet.

Dies war der Punkt, auf den der gesamte bisherige Fall zugesteuert war.

Die Dinge, dachte er, sind so, wie sie sind.

Doch wie verhalten sie sich in Wahrheit?

«Nun?», erkundigte sich der Traumfänger. «Womit kann ich Ihnen dienen? Ein Kaffee vielleicht?»

«Danke», sagte Albrecht. «Danke, aber nein. Wir kommen direkt vom Kaffee.» Zumindest spürte sein Magen noch immer die Nachwirkungen. «Dr. Freiligrath ...» Er ließ den Blick durchs Zimmer schweifen, über den Schreibtisch, auf dem sich Akten und Folianten türmten, den Bücherschrank. Alles eine Spur offensichtlicher, als nötig gewesen wäre. «Wenn man sich hier umsieht, könnte man meinen, Sie praktizieren wieder?»

«Praktizieren?» Der Psychologe lächelte. Ein verständnisvolles, beinahe nachsichtiges Lächeln. «Nein, das kann ich wirklich nicht behaupten. In der konkreten Patientenarbeit bin ich niemals in größerem Maßstab tätig gewesen, und das hat sich auch heute nicht geändert.»

Der Hauptkommissar nickte verstehend. Zum Glück, dachte er. Sekundenlang hatte er sich nur allzu deutlich vorstellen können, wie Seidel und sein Team den Mann als Kollegen konsultierten. Inoffiziell, versteht sich.

«Ich widme mich weiterhin jenem Feld, dem ich mich mein ganzes Leben lang gewidmet habe», präzisierte Freiligrath. «Der wissenschaftlichen Forschung.»

Friedrichs hatte ihren Notizblock ausgepackt. Die Kugelschreibermine kratzte über das Papier. Etwas unruhiger als gewöhnlich, wie Albrecht aus dem Augenwinkel feststellte.

Er selbst machte sich eine Gedankennotiz.

Wissenschaftliche Forschung, wissenschaftliche Literatur war ein kostspieliges Vergnügen. Der Bücherschrank war zum Bersten gefüllt. Womit bestritt der Mann sein Forscherleben aus der psychologischen Verwahrungsanstalt heraus? Besaß er Immobilien, Aktiendepots?

Matthiesen musste das prüfen. In Wirtschaftsdingen verstand er am meisten auf dem Revier.

«Dr. Freiligrath.» Albrecht strich sich über die Oberschenkel und fragte sich im selben Moment, warum er das tat. In neun von zehn Fällen signalisierte eine solche Geste dem Gegenüber, dass man im Begriff war, das Gespräch zu beenden.

Selbstredend hätte er genau das am liebsten getan.

Er konnte sich darauf verlassen, dass der Traumfänger es nicht übersah.

«Sie haben verfolgt, was sich in den vergangenen Tagen ereignet hat?», fragte der Hauptkommissar.

Freiligrath nickte. «Professor Möllhaus' Tod hat die Mitarbeiter hier ausgesprochen erschüttert. Auch ich selbst habe seine fachliche Meinung geschätzt.»

Friedrichs Kugelschreiber kratzte. Albrecht fragte sich, ob sie auch notierte, was der Mann *nicht* gesagt hatte: dass er das Ableben des Professors bedauerte.

«Nicht allein der Professor», stellte Jörg Albrecht richtig. «Auch in Hamburg haben wir in den letzten Tagen einige ... ungewöhnliche Todesfälle erlebt. Möglicherweise erinnern Sie sich an die Journalistin Margit Stahmke ...»

Freiligrath neigte den Kopf, wobei nicht recht deutlich wurde, ob er von den Vorfällen gehört hatte oder lediglich zum Ausdruck bringen wollte, dass er sich an die Zecke entsinnen konnte.

Die Hand des grauhaarigen Mannes fuhr beiläufig in die Tasche seines Kittels, und Albrecht spürte, wie er selbst sich unwillkürlich anspannte. Wieder etwas, bei dem er sich sicher war, dass es Freiligrath nicht entging.

Aus dem Päckchen, das er zum Vorschein gebracht hatte, zündete sich der Traumfänger eine Zigarette an.

«Ohne dass ich Sie mit Interna unserer aktuellen Ermittlungen konfrontieren möchte ...», begann Jörg Albrecht.

Der Mundwinkel des Mannes zuckte: *Nein, wirklich? Wie rücksichtsvoll!*

«Es ist unübersehbar, dass es Parallelen zu Ihren damaligen ...

Experimenten gibt», formulierte der Hauptkommissar. «Sowohl im Vorgehen des Täters als auch in der Ausführung der Delikte.»

Freiligrath nickte. Keine Neugier. Höfliches Interesse.

«Ich verstehe. – Und ich darf wohl davon ausgehen, dass Sie bereits festgestellt haben, dass ich nicht Ihr Täter sein kann.»

«Das haben wir in der Tat», bestätigte Albrecht. Irgendetwas an der Art des Mannes brachte einen dazu, sich seiner vage affektierten Sprechweise anzupassen.

«Welche Frage sollte ich mir nun wohl stellen?» Grüblerisch legte der Psychologe die Stirn in Falten. «Warum sind Sie hier? Was erhoffen Sie sich von mir?»

Pure Arroganz, dachte Albrecht. Natürlich kennt er die Antwort. Dieser Mann ist kein Stück überrascht von unserem Besuch.

«Informationen?» Die Kommissarin sah von ihrem Schreibblock auf. «Hintergründe? Was geht in einem solchen Menschen vor? Was ist Ihnen selbst ...»

«Meine liebe Frau Friedrichs!» Das überlegene Lächeln des Mannes wurde deutlicher. «Ihr Engagement in allen Ehren, und bei allem Verständnis für Ihre Situation: Warum, glauben Sie, sollte ausgerechnet ich Ihnen Ihre Ermittlungsarbeit abnehmen?»

Der Hauptkommissar nickte. Genau das war der Punkt.

«Es ist ein Geben und Nehmen, Herr Albrecht.»

Der Hauptkommissar zuckte zusammen.

Die direkte Ansprache war dermaßen plötzlich gekommen ... Er hatte fest damit gerechnet, dass Freiligrath das Katz-und-Maus-Spiel mit Friedrichs noch ein wenig fortsetzen würde.

Exakt deshalb hatte der Mann das *nicht* getan.

Er ist unberechenbar, dachte Albrecht.

Und ihm ist vollkommen bewusst, in welcher Position er sich befindet.

«Sehen Sie», erklärte der Traumfänger. «Ihr Problem ist offensichtlich. Sie sind hier, weil Sie mich um eine bestimmte Dienstleistung bitten möchten. Ihr Problem ist nun zum einen, dass ich bei dieser spezifischen Dienstleistung eine Monopolstellung einnehme. Zum anderen aber besitzen Sie im Gegenzug nichts, was Sie mir für meine Aufwendungen anzubieten hätten ...»

«Ausgenommen Ihre Freiheit natürlich.» Albrecht sprach ganz sachlich und hatte den Mann dabei sehr genau im Auge.

Flackerte kurz etwas auf in Freiligraths Gesicht? Hoffnung, nach einem Vierteljahrhundert gefilterter Luft? Oder nur Unwille, dass der Hauptkommissar es gewagt hatte, ihn zu unterbrechen?

«Meine Freiheit», bestätigte der Traumfänger in einem Tonfall, aus dem sich nichts schließen ließ. «Und genau die liegt nun nicht in Ihrer Hand, weil darüber keine Polizei- oder Justizbehörden zu befinden haben, da ich kein Strafgefangener mehr bin. Nein, Herr Albrecht, es gibt nichts, das Sie mir anbieten könnten. Wie ich die Sache sehe, haben Sie nur eine einzige wirkliche Chance, wenn Sie auf meine Mitwirkung Wert legen.»

Der Hauptkommissar beugte sich ein Stück vor.

«Sie müssten eine Möglichkeit finden, mich für Ihr Anliegen zu interessieren», erklärte Freiligrath. «Meine wissenschaftliche Neugier wecken. Sehen Sie: Ich kann mir gut vorstellen, dass es Angehörigen Ihres Berufsstandes schlaflose Nächte bereitet, herauszufinden, wer denn nun der böse Bube gewesen ist, der den Kaugummiautomaten an der Grundschule geknackt hat. Doch Sie werden natürlich verstehen, dass meine Zeit begrenzt ist. Nur dann, wenn es Ihnen gelingt, mich davon zu überzeugen, dass Sie bereit sind, sich auf eine ernsthafte Betrachtung Ihres Falles einzulassen – eine *wissenschaftliche* Betrachtung ... Dann, und nur dann, könnte ein solches Gespräch auch für mich interessant werden. – Betrachten Sie selbst sich als Wissenschaftler, Herr Albrecht?»

Der Hauptkommissar musterte den Mann. Auf die Beleidigung mit dem Kaugummi nicht zu reagieren, war er Manns genug. Doch worauf wollte Freiligrath hinaus?

«Kriminologie ist eine Wissenschaft», sagte Jörg Albrecht vorsichtig. «Für die Kriminalistik – also das, womit ich als Ermittler befasst bin – gilt das ebenfalls, allerdings nur in begrenztem Maßstab. Eine angewandte Wissenschaft, wenn Sie so wollen. Wir sind auf der Suche nach der Wahrheit», fasste er zusammen. «In diesem Sinne bin ich Wissenschaftler.»

Ein nachdenkliches Nicken. «Fürchterlich pathetisch formuliert, aber ja: Grundsätzlich stimme ich Ihnen zu. – Bitte! Sie dürfen Ihre erste Frage stellen.»

Albrecht kniff die Augen zusammen. Begriff er, was der Kerl von ihm wollte?

Er hatte ihn aufgefordert, eine Frage zu stellen.

«Bei Ihren damaligen Taten …»

«Aber Herr Albrecht!» Zungeschnalzend sah der Mann ihn an. «Jetzt dachte ich tatsächlich, wir hätten uns verstanden. Ich möchte mit Ihnen ein wissenschaftliches Gespräch führen …»

Augenscheinlich wirklich nur mit mir, dachte der Hauptkommissar. Friedrichs' Anwesenheit nahm er nicht mehr zur Kenntnis.

«Und wie sollte ich mir irgendwelche wissenschaftlichen Erkenntnisse erhoffen», erkundigte sich Freiligrath, «wenn Sie gleich bei Ihrer ersten Frage nicht etwa unseren Gegenstand, sondern mich in den Mittelpunkt der Betrachtung stellen? Kein Betrachter, lieber Herr Albrecht, kann einen unvoreingenommenen Blick auf ein Bild werfen, wenn er selbst ein Teil des Dargestellten ist.»

Der Hauptkommissar presste die Kiefer aufeinander, bis er ein Knacken in den Ohren spürte.

«Gut», presste er hervor. «Dann lassen Sie mich …»

«Sekunde!», bat der Traumfänger. «Lassen Sie mich Ihnen das verdeutlichen!»

Wie zufällig lehnte er sich zurück und drückte einen Knopf auf seiner Arbeitsfläche. Albrecht konnte nicht genau erkennen, um was für ein Gerät es sich handelte, doch im nächsten Moment erwachte neben dem Fenster eine rote Leuchte zum Leben.

Der Schwesternruf.

«Denken Sie nur nach», wandte Freiligrath sich an Albrecht. «Überlegen Sie sich sorgfältig Ihre Frage. Wir haben alle Zeit der Welt.»

Der Hauptkommissar holte Luft. Jeder Atemzug kostete Mühe, seitdem er dieses Zimmer betreten hatte.

Sie hatten *nicht* alle Zeit der Welt. Sie hatten nicht eine Minute zu verlieren, und dieser Mann wusste das.

Die Frage war: Was wusste er außerdem? Konnte der Mann ihnen tatsächlich helfen?

Er hat uns seine Hilfe angeboten.

Doch muss das bedeuten, dass er tatsächlich etwas weiß?

Wenn das nicht so war, hatte Jörg Albrecht an einem entscheidenden Punkt die falschen Schlussfolgerungen gezogen.

In diesem Fall wusste Freiligrath weniger als die Ermittler selbst – und würde die Gelegenheit nutzen, seinerseits an Informationen zu kommen.

Ich muss diese Möglichkeit im Auge behalten, dachte der Hauptkommissar. Aber sie darf nicht mein Vorgehen bestimmen.

Mit sorgfältig manikürten Fingern strich sich der Traumfänger eine unsichtbare Haarsträhne aus der Stirn.

Ein ernsthaft geistesgestörter Wahnsinniger, der die Albträume von Menschen Wahrheit werden ließ?

Keine Spur von ihm bisher. Einen Moment lang war in Albrecht eine Erinnerung an seinen alten Gemeinschaftskundelehrer aufgeblitzt.

Er hält uns hin, dachte der Hauptkommissar. Da kommt noch was.

Im selben Moment sah Freiligrath an seinen Gästen vorbei zur Tür.

«Ah, Schwester Dagmar!» Die Andeutung eines Lächelns.

Eine junge Frau, Mitte zwanzig, höchstens, ein Kittel in altrosa. Sie war ein Stück in den Raum gekommen. Der Psychologe wandte sich zu ihr um und stieß versehentlich gegen den Bücherstapel auf seinem Schreibtisch ...

Nichts, was er tut, geschieht *versehentlich*.

Reflexartig fing das Mädchen den obersten der Bände auf. Die Seiten blätterten auf ...

Albrecht konnte nicht erkennen, was genau passierte.

Ein erstickter Schrei, das Buch fiel zu Boden.

Das Mädchen wich zurück, taumelte.

Albrecht spannte sich, bereit aufzuspringen.

Sitzen bleiben! Freiligraths Blick duldete keine Widerrede.

Die junge Schwester schlug die Hände vor den Mund und stolperte rückwärts zur Tür, das Gesicht kreideweiß. Dann war sie verschwunden. Einzig ihre panischen Schritte waren noch deutlich auf dem Linoleum des Korridors zu vernehmen.

Der Traumfänger sah ihr aufmerksam nach und nickte wie zu sich selbst.

Dann bückte er sich.

Bedächtig legte er das Buch auf der Tischplatte ab. Von selbst schlugen die Seiten auf.

Freiligrath zog ein Lesezeichen hervor, hielt es vorsichtig zwischen Daumen und Zeigefinger.

Albrecht kniff die Augen zusammen. Ein Blatt. Ein platt gepresstes, graubraunes Herbstblatt oder ...

Der Psychologe drehte es um eine Winzigkeit, veränderte den Winkel.

Hannah Friedrichs stieß ein Keuchen aus.

Kein Blatt.

«*Hyla arborea*», erklärte der Traumfänger. «Der europäische

Laubfrosch. Der einzige hierzulande genuin beheimatete Vertreter einer weltweit vorkommenden Art.»

Die Kommissarin starrte ihn an. «Sie ... Das Mädchen hat Angst vor *Fröschen?*»

Bedauernd schüttelte der Psychologe den Kopf. «Ich fürchte, ich kann diese Einmischung in unseren akademischen Diskurs nicht akzeptieren, Frau Friedrichs. – Nekrophobie», wandte er sich an Albrecht. «Die Angst vor der Gegenwart des Todes in seinen unterschiedlichsten Erscheinungsformen: Särge, Grabsteine oder eben ... Leichen. Kadaver. Das Wesen der Angst ist vielfältig. In jedem von uns existieren Ängste, die wir uns nur zum geringen Teil vergegenwärtigen.»

Jetzt, erst in diesem Moment, trat der Ausdruck in seine Augen, den Jörg Albrecht auf dem Gesicht des Traumfängers erwartet hatte:

Kalt. Herrisch. Erschreckend.

Erschreckend vor allem deswegen, weil es *nicht* der Blick eines Wahnsinnigen war, sondern derjenige eines Menschen, der sich über jeden seiner Schritte vollkommen bewusst ist.

Über seine Ziele und über die Methoden, mit denen er sie erreichen kann.

«Das, Herr Albrecht, ist wissenschaftliche Forschung. Die unmittelbare Beobachtung am Objekt, der zuweilen jahrelange, aufwendige Vorarbeit vorausgeht. Gerne führe ich mit Ihnen ein wissenschaftliches Gespräch. Sie stellen Ihre Fragen. Ich stelle meine. Und ich bin mir sicher, dass jeder von uns aus diesem Gedankenaustausch wichtige Erkenntnisse mitnehmen wird.

Aber lassen Sie mich präzisieren: Jedes Mal, wenn ich den Eindruck gewinnen muss, dass Sie versuchen, nicht das Objekt unserer Erörterung in den Mittelpunkt zu rücken, unseren konkreten Untersuchungsgegenstand, sondern *mich* ... Jedes Mal, wenn Ihre Antworten auf die Fragen, die ich Ihnen meinerseits stellen werde, die grundlegenden Tugenden einer jeden akademischen Arbeit vermissen lassen: Ehrlichkeit, Aufrichtigkeit, Vollständigkeit ... Jedes Mal, wenn ich erkenne, dass Sie die Techniken wissenschaftlichen Arbeitens noch immer nicht begriffen haben, werde ich gezwungen sein, meinen akademischen Ansatz mit einem Exempel zu unterstreichen.»

Der platt gepresste Umriss des Laubfroschs wurde ein Stück gehoben.

Ein erstarrtes Abbild des Todes.

• • •

«Bei Lichte betrachtet», murmelte Albrecht. Am Fuß der Treppe zum Obergeschoss, wo die violette und die altrosane Linie wieder zu uns stießen, war er stehen geblieben. «Sollte ein Mann, der sein Leben lang das Wesen der Angst erforscht, sich nicht sämtliche Finger lecken, wenn wir ihn in irgendeiner Weise an der Ermittlung beteiligen?»

Ich hob die Augenbrauen. «Vorausgesetzt, er ist nicht an den *Taten* beteiligt.»

Albrecht zögerte, schüttelte dann aber den Kopf. «Unwahrscheinlich zum gegenwärtigen Zeitpunkt. Physisch kommt eine Mitwirkung nicht in Frage – er sitzt hier fest. Ob er Kontakte nach außen hat, müssen wir prüfen. Doch selbst dann ...» Er sah mich an. «Betrachten Sie unsere Morde, Hannah, aber betrachten Sie sie genau! Das Element der Angst spielt eine Rolle, natürlich, doch wie weit sind sie von seinem wissenschaftlichen Anspruch entfernt? Auch seine Opfer sind gestorben, richtig, doch nicht die Intention, sie zu töten, stand für ihn im Mittelpunkt, sondern die Gelegenheit, die Reaktion eines Menschen zu beobachten, der mit seinen persönlichen Albträumen konfrontiert wird. Nicht anders, als wir das gerade eben erlebt haben. Wie hätte er das anstellen sollen, bei Möllhaus etwa? Wenn wir vielleicht eine Kamera im Sarg gefunden hätten ...»

Ich schluckte. Man konnte sich auch zu viel Mühe geben, die Gedanken des Täters nachzuvollziehen.

«Sosehr diese Morde seinen eigenen Taten auf den ersten Blick ähneln», fuhr Albrecht fort. «kann ich mir schlicht nicht vorstellen, dass sie für ihn als solche von besonderem wissenschaftlichem Interesse sind.»

Ich nickte, so ruckartig, dass ich in meinem Nacken ein Knacken spürte.

In den letzten Tagen hatte ich eindeutig zu viel Zeit im Wagen verbracht, bei Verhören oder sonst wo, und entschieden zu wenig in meinen Laufschuhen. Am Ende dieser Ermittlung würde ich sicherlich fünf Kilo mehr wiegen.

Albrecht schwieg für einen Moment. Ein Patient näherte sich. Hauspuschen, Jogginghose, aber ein Rucksack auf dem Rücken.

Seine Pupillen waren unfähig, den Blick zu halten: «Das war doch nicht die Feuerwehr eben?»

Jörg Albrecht schüttelte entschieden den Kopf. «Das kann ich mir nicht vorstellen.»

«Danke.» Geflüstert. Und weg.

«Die Feuerwehr scheint besonders beliebt zu sein», murmelte ich.

Albrecht verzog das Gesicht zu einer Grimasse. «Gut», sagte er. «Was haben wir aus unserem Gespräch mit Max Freiligrath mitgenommen?» Eine rhetorische Frage. Er ließ mich nicht zu Wort kommen. «Nichts, das uns zu diesem Zeitpunkt weiterbringt. Wir wissen, dass wir nichts wissen. Ist er in den neuen Fall verwickelt? Unwahrscheinlich. Ich sagte es. Doch *unwahrscheinlich* heißt nicht *ausgeschlossen*. Wenn er aber nicht beteiligt ist: Ahnt er, wer dahintersteckt? Weiß er es? Will er die Gelegenheit nutzen, durch uns an Informationen zu kommen? – Das mit Sicherheit.»

Ich holte Luft. «Also war alles umsonst?»

«Zu diesem Zeitpunkt.» Albrecht begann sich mit Daumen und Zeigefinger die Nasenwurzel zu massieren. «Zu diesem Zeitpunkt hat es den Anschein. Aber wir können nicht erwarten, dass die Antworten uns anspringen, solange wir nicht wissen, wonach wir suchen. Wenn wir mehr wissen, werden wir womöglich feststellen, dass er uns den entscheidenden Hinweis bereits ganz offen gegeben hat.»

«Ich hab alles notiert», murmelte ich. «Soweit es irgendeinen Sinn zu haben schien.»

Der Hauptkommissar nickte zerstreut. «Wir brauchen Zeit», sagte er. «Zeit, die wir nicht haben. Unterschiedliche Richtungen, die abgeklärt werden müssen. Seine selbsternannten Jünger damals. Die Theorie, dass es Mitwisser gab. Einige seiner *wissenschaftlichen Versuche* sind seinerzeit sehr aufwendig arrangiert worden, doch zuletzt, auf dem Boot, war er allein.» Er stieß den Atem aus. «Allein mit der Geisel», murmelte er. «Jedenfalls haben sich seitdem keinerlei Anhaltspunkte ergeben, dass ein wie auch immer gearteter Unterstützer danach noch aktiv gewesen wäre.»

Ich nickte. Dafür, dass er den Traumfänger und alles, was mit ihm zu tun hatte, all die Jahre erfolgreich von sich ferngehalten hatte, war er über den Fall ausgesprochen gut informiert. Wahrscheinlich hatte er sich intensiv in die Materie eingearbeitet, um ganz genau zu wissen, was er alles zu vergessen hatte. Um so was hinzukriegen, musste man Jörg Albrecht sein.

«Aber warum sollte er gerade jetzt wieder aktiv werden?», sagte ich nachdenklich.

Albrecht fuhr mit seiner Massage fort. «Eine Frage, die wir bei einem neuen Täter ebenso stellen könnten. Ich tendiere dazu, dass der Zeitpunkt kein Zufall ist. Dafür spielt das Timing eine zu große Rolle. Faber und Seydlbacher sollten allmählich so weit sein, dass sie wirklich in die Akte einsteigen können. Möglicherweise bringt uns das weiter.»

Er hörte sich nicht an, als ob er ernsthaft daran glaubte.

Wir sahen uns um. Keine Spur von Maja Werden oder Dr. Seidel, doch der Weg zum Ausgang war nicht schwer zu finden – blassblaue Linie. Der Mensch, der an der Außenschleuse Dienst hatte, war zum Glück noch derselbe wie vorhin, als wir mit unserer Führerin das Gebäude betreten hatten. Gegen Quittung bekamen wir unsere Handys zurück. Die Sicherheitsglastür öffnete sich auf Knopfdruck und ließ uns ins Freie.

Professor Möllhaus' Doktorandin wartete an ihrem Wagen und sah uns entgegen. Aus ihrer Haltung sprach – nichts. Keine Neugier, auch nicht das Gegenteil.

Ich legte meine Hand auf Albrechts Arm. «Sekunde.»

Fragend sah er mich an.

«Was machen wir jetzt?», fragte ich mit gedämpfter Stimme. Maja Werden war noch fünfzig Meter entfernt; ich hätte normal sprechen können. Mir kam es drauf an, dass er den Sinn der Geste verstand.

Seine Augenbrauen zogen sich zusammen. «Was bleibt uns übrig? Ich werde mitspielen. Aber ich brauche Zeit. Zeit, über die Dinge nachzudenken, die er uns gesagt hat. Zeit, mir meine Fragen gründlich zurechtzulegen.» Ein Schnauben. «Weglaufen wird er nicht. – Ich bleibe hier», beschloss Albrecht. «Wenn mir bis morgen früh keine Strategie eingefallen ist, wird mir auch später keine mehr einfallen. Bis dahin spreche ich noch einmal mit Werden und mit Seidel. Ich will wissen, wer zu Freiligrath Zugang hat.»

«Wahrscheinlich das gesamte Stationspersonal», vermutete ich. «Und die anderen Patienten?»

Albrecht nickte. «Das ist anzunehmen. Aber haben Sie den Gesichtsausdruck dieser Schwester gesehen? Nicht erst als ihr das Buch in die Hand fiel, auch vorher schon: Ich glaube nicht, dass das Personal es auf Smalltalk mit ihm anlegt. Was die Ärzte anbetrifft, könnte sich das anders verhalten, so wie wir Seidel gehört haben. Wir dürfen niemals vergessen, dass der Mann zu seiner Zeit als wissenschaftliche Koryphäe galt.»

«Er selbst hat das jedenfalls nicht vergessen», murmelte ich. «Und was ist mein Part?»

Er sah mich an, beinahe erstaunt. «Sie fahren zurück nach Hamburg», stellte er fest. «Sie haben die Leitung.»

Ich schluckte. «Max Faber ist ...»

«... voll mit der Auswertung der Akten beschäftigt. Matthiesen kommt ebenfalls nicht in Frage. Er soll sich bitte einmal Freiligraths Finanzen vornehmen. Seine heutigen Finanzen. Und wenn Isolde Lorentz den Seydlbacher zum Rapport bestellt, will ich nicht daneben sitzen. Sie waren von Anfang an dabei, Friedrichs. Sie machen das.»

Ich nickte stumm.

Ich habe keine Angst vor Verantwortung. Wenn das so wäre, hätte ich im mittleren Dienst bleiben müssen. Und es war nicht das erste Mal, dass mir die Aufgabe zufiel, den Chefsessel warm zu halten. Selbst Jörg Albrecht machte mal Urlaub – zumindest hatte er das während seiner Ehe hin und wieder getan. In solchen Fällen blieb uns gar nichts anderes übrig. Max Faber, Klaus Matthiesen und ich hatten uns dann mit der Leitung abgewechselt.

Doch das hier war nicht irgendeine Ermittlung.

Mit gefiel nicht, wie sich meine Knie anfühlten, als wir zum Wagen zurückgingen und Albrecht seinen Koffer vom Rücksitz nahm.

Mit knappen Worten erklärte er Maja Werden, was er beabsichtigte und erkundigte sich, ob sie ihn mit nach Braunschweig nehmen könne. Am Hotel sei nichts auszusetzen gewesen, und er wolle sich mit Hauptkommissar Rabeck besprechen, bevor er morgen früh nach Königslutter zurückkehrte.

Keine Einwände.

«Und Sie wollen zurück nach Hamburg?»

Soweit ich mich erinnern konnte, war das das erste Mal, dass die Frau mich direkt ansprach.

Ich nickte, wusste aber nicht recht, was ich sagen sollte.

«Dr. Seidel hat uns noch auf einen Kaffee eingeladen», sagte sie. «Im Bergcafé.» Sie nickte über unsere Schulter zu einem Gebäude hangaufwärts.

Ein verhutzeltes Hexenhäuschen. Soweit ich erkennen konnte, gehörte es noch zum Anstaltsgelände, war aber ein Stück abgesetzt, direkt am Waldrand. Von da oben hatte man mit Sicherheit eine hübsche Aussicht.

Ich schüttelte den Kopf und murmelte was von meinem Ehemann, der mich seit Tagen nicht zu Gesicht bekommen hätte.

Das schien auf Verständnis zu stoßen.

Zwei Minuten später fuhr ich durch die gemauerte Toreinfahrt und beobachtete im Rückspiegel, wie die beiden hinter mir zurückblieben.

Mit einem Griff in meine Handtasche hatte ich die Cure-CD und schob sie in den Player.

*Standing on a beach with a gun in my hand ...*

Seltsam: Plötzlich konnte ich wieder atmen.

• • •

*Ich mache mir Sorgen um dich. Du fehlst mir.*

Die Füllanzeige an der Zapfsäule zählte langsam nach oben.

Der Preis in Euro schoss in ungefähr der doppelten Geschwindigkeit in die Höhe.

Ich achtete nicht darauf.

Ich betrachtete das Display meines Smartphones.

Die Kurzmitteilung war eingetroffen, als ich gerade das Ortsausgangsschild von Königslutter passierte.

Nein, nicht von Dennis.

Dieselbe Nummer wie heute Nachmittag.

Joachim Merz.

Ich schüttelte den Kopf, wartete ab, bis der Mineralölkonzern der Freien und Hansestadt Hamburg eine Summe von knapp hundert Euro in Rechnung stellte, und zahlte per Karte.

Dann stieg ich in den Wagen, fuhr ein paar Meter bis zum Reifendruckmesser und stellte den Motor wieder ab. Betrachtete das Display.

Mein Zeigefinger kreiste über der *Antworten*-Taste, schwebte weiter zu *Löschen*, wurde zurückgezogen.

Ich war kein großer Fan von Kurzmitteilungen. SMS waren was für die achte Klasse – und angeblich für die Bundeskanzlerin.

Und für Joachim Merz offenbar.

Heute Nachmittag hatte ich nicht geantwortet.

Das schien ihn nicht zu stören.

Oder doch? Warum sonst schickte er die nächste hinterher?

Weil ich ihm fehlte. Schrieb er.

Achte Klasse.

*Antworten. Auswahlmenü.* Ich holte Luft. *Sprachanruf.*

Als das Klingelzeichen ertönte, war ich kurz davor, aufzulegen, doch damit hätte ich mir eine Blöße gegeben. Schließlich kannte er meine Nummer ...

Ich stutzte. Woher eigentlich?

Aber mein Handy hatte schließlich die ganze Nacht in seiner Zweitwohnung gelegen – in meiner Jackentasche zwar, doch er hatte meine Garderobe mit aller Sorgfalt zusammengelegt.

So oder so: Heimlich meine Nummer abzutippen war total daneben.

«Hallo, Hannah!»

Genau derselbe Tonfall wie gestern Morgen, als ich im Foyer der Dienststelle halbwegs in seinen Armen gelegen hatte. Dieselbe waffenscheinpflichtige Stimme.

Doch es war noch ein anderes Geräusch dabei. Motorengeräusch. Er saß am Steuer.

«Hi», murmelte ich und räusperte mich dann. «Also, ich wollte nur sagen: Es ist alles in Ordnung. Du musst dir keine Sorgen ...»

«Was machst du heute Abend?»

«Was ...» Mir blieb die Spucke weg. Was machte ich wohl heute Abend? Ich war eine verheiratete Frau!

Allerdings hatte diese verheiratete Frau vor ein paar Stunden, als die Vorzeichen noch anders ausgesehen hatten, ihren Ehemann angerufen, um ihm zu sagen, dass sie wahrscheinlich in Braunschweig übernachten würde.

Ich biss mir auf die Lippen.

«Ich bin noch unterwegs», kam es gut gelaunt aus dem Gerät. «Aber in spätestens zwei Stunden bin ich wieder in Hamburg.»

«Ich ... ich bin selbst noch unterwegs.»

«Ah?» Interessiert. *Sehr* interessiert. «Und wo?»

«Wie: Wo? Auf der Straße!»

«Ich höre gar keinen Motor. – Oh, jetzt doch.»

Die letzte Bemerkung war kaum zu verstehen. Fünf Meter entfernt rollte ein Zwölftonner Richtung Autobahn.

«Ich habe gerade einen Auswärtstermin abgeschlossen», sagte ich steif. «In Niedersachsen. Und jetzt mache ich mich auf den Weg *nach Hause*.»

«Niedersachsen? He, wenn das kein Zeichen ist! Ich komme gerade von einem Gerichtstermin – in Hildesheim. Wo genau steckst du?»

Wo ich steckte? Keine halbe Stunde von ihm weg bei seiner PS-Zahl.

Ein seltsamer Zufall.

Er konnte tatsächlich in Hildesheim sein – oder direkt um die Ecke, in der nächsten Querstraße. Was hinderte ihn daran, eine halbe Stunde totzuschlagen, um dann freudestrahlend auf-

341

zutauchen und uns zu unserer spontanen Idee für einen aufregenden Abend im Braunschweiger Land zu beglückwünschen?

Aber warum hätte er das tun sollen?

Weil er jeden meiner Schritte verfolgte.

*Weil du gerade eine ernsthafte Paranoia entwickelst, Friedrichs!*

Das Einfachste wäre gewesen, auf dem Revier anzurufen und eine Handy-Ortung zu veranlassen. Seine Nummer hatte ich ja jetzt.

Bedauerlicherweise war das nicht drin.

Nicht, wenn ich vermeiden wollte, ein paar Fragen zu beantworten, die ich nicht beantworten *wollte*.

«Noch da?»

«Keinen Zentimeter von der Stelle gerührt.»

«Ist irgendwas nicht in Ordnung? Du klingst so ...»

«Es war *deine* Mandantin, die heute Nacht ermordet wurde, Joachim.» Schärfer als beabsichtigt. «*Du* warst gestern mit ihr essen, nicht ich. Wenn damit für dich alles in Ordnung ist: wunderbar. Aber ...»

«Ich mache mir Sorgen um dich.» Seine Stimme war sofort verändert. «Das habe ich dir schon einmal gesagt. Und ich würde dich gerne wiedersehen. Auch das habe ich dir schon einmal gesagt. Du fehlst mir.»

«Joachim, das ist doch ...» Aber ich hörte selbst, wie ich klang.

Was willst du wirklich? Überredet werden?

Du willst *ihn*. Aber du willst nicht schuld sein. Nicht die Verantwortung tragen.

«Na, sag schon, Hannah: Wo steckst du?»

Ich holte Luft. «Du bist in der Nähe von Hildesheim?» Direkt vor meiner Windschutzscheibe hing eine Karte des niedersächsischen Autobahnnetzes, drei mal drei Meter groß. «Wir treffen uns auf dem Autohof Lehre.»

Das war am Rande von Braunschweig, ungefähr auf der Hälfte zwischen uns, ein Stück näher bei mir.

Aber Joachim konnte nicht wissen, aus welcher Richtung ich ihn ansteuern würde.

Zumindest für den Fall, dass er tatsächlich aus Hildesheim kam.

• • •

«Was halten Sie selbst von ihm?»

Maja Werden sah den Hauptkommissar an, über den Rand ihres Glases hinweg.

Sie saßen in einer kleinen Weinschenke in der Braunschweiger Altstadt. Studentisch. Im Hintergrund spielte Musik, die er nicht genau einordnen konnte, ein verträumter, etwas trauriger Swing, aber er passte zur Stimmung.

Jörg Albrecht musste an eine lange zurückliegende Zeit denken. Wie lange war es her, dass er mit einer jungen Frau in einer solchen Pinte gesessen hatte – einer Frau, die nicht Joanna war?

Ein Leben, dachte er, und mehr als ein Leben.

Das Kaffeetrinken mit Dr. Seidel hatten sie so kurz wie möglich gehalten. Die Informationen zu Freiligraths Lebensumständen in der Sicherungsverwahrung konnte ihm Maja Werden genauso gut geben, und besser. Schließlich war das der Gegenstand ihrer Promotionsarbeit.

Gemeinsam waren sie im Golf der Doktorandin nach Braunschweig zurückgefahren. Albrechts Koffer lag noch auf dem Rücksitz.

«Was ich selbst von ihm halte?», fragte Jörg Albrecht. «Er ist hochintelligent. Aber das wissen Sie ja, wenn Sie mit ihm zu tun hatten. Nein, das weiß natürlich jeder.» Er schüttelte den Kopf. «Er hat mir eine Art Spiel angeboten.»

Sie nahm einen Schluck. Die Kellnerin hatte eine kleine Öllampe über ihrem Tisch angezündet, und die Wölbung des Weinglases warf Lichter und Schatten auf die Züge der jungen Frau.

«Und?», fragte sie. «Lassen Sie sich darauf ein?»

Albrecht beobachtete das Schattenspiel, ruhelos und unvorhersehbar, und doch in einem fast zärtlichen, stetig wiederholten Rhythmus.

Hypnotisch.

«Ich weiß es noch nicht», gestand er. «Ich hoffe, dass ich es morgen früh wissen werde. Ich habe ...»

«Angst?»

Das Wort schwebte zwischen ihnen, doch es klang anders, wenn die junge Frau es aussprach. Nicht dass es etwas von seiner Bedrohlichkeit verlor, doch in dieser Umgebung, eingehüllt vom Echo der Musik, schien es sich in etwas Fassbareres zu verwandeln. Etwas, über das man sprechen konnte.

Echte Gespräche. Wie lange hatte ihm das gefehlt? Echte Gespräche, bei denen nicht ein Herr jenseits der neunzig auf der anderen Seite des Tisches saß?

Albrecht nahm selbst einen Schluck Wein, warm, rund – süßer, als er ihn gewöhnlich trank. Maja Werden hatte ihn ausgewählt, auf seine Bitte hin. Einer der wenigen Augenblicke, in denen momentelang ihre Jugend durchschimmerte, Licht durch die Ritzen ihrer Simone-de-Beauvoir-Maske fiel.

«Das ist wohl der Einsatz», sagte Albrecht leise. «Angst. Aber ich glaube nicht, dass es das ist, was mich zurückhält. – Vorbehalte. Ich denke, das trifft es eher. Es gibt einen Grund, aus dem ich Freiligrath heute gegenübergesessen habe in seiner ... seinem Patientenzimmer. Man vergisst, dass es gar keine Praxis ist.» Er schüttelte den Kopf. «Es gibt eine Verbindung zwischen unserem Täter und dem Traumfänger.»

«Natürlich gibt es die.»

Er setzte sein Glas ab. Seine Augen verengten sich. «Natürlich?»

«Natürlich.» Verwirrt sah die junge Frau ihn an. «Professor Möllhaus. Ich dachte, das wüssten Sie? Der Professor war einer der Gutachter während des Verfahrens gegen Freiligrath, und er hat ihn weiterhin ...»

Albrecht nickte. Die Musik schien für eine Sekunde verstummt zu sein, doch schon war sie wieder da. «Sie alle», murmelte er. «Bei allen Menschen, die in den letzten Tagen gestorben sind, gab es diese Verbindung. So sind uns die Zusammenhänge erst klar geworden.»

Maja Werden nickte. Ihre bemerkenswerten Augenbrauen zogen sich eine Winzigkeit zusammen. Sie versuchte, seinen Gedankengang nachzuvollziehen.

Tu das, dachte Albrecht. Hilf mir denken.

Alles war anders bei dieser Ermittlung, doch auf eine Weise war es gut, dass es so war. Es war gut, dass er Hilfe von einer Psychologin hatte – von *dieser* Psychologin.

«Es gibt eine zweite Ebene, auf der die Dinge miteinander verknüpft sind», sagte er. «Eine Ebene, die wir noch nicht sehen können. Doch diese Ebene ist die entscheidende. Wenn wir erkennen, wie sich die Objekte auf dieser Ebene zueinander verhalten, begreifen wir die Geometrie des Falls. *Intentio vera nostra est manifestare ea, quae sunt, sicut sunt.*»

Sie nickte. «Kaiser Friedrich II. von Hohenstaufen.»

Ein Lächeln huschte über Albrechts Lippen. «Der Anbruch der modernen Zeit. Der erste Versuch, die Dinge der wirklichen Welt als das zu erfassen, was sie in Wahrheit sind. Großartig, finden Sie nicht?»

Sie nickte ernst. «Und Sie denken, das wird Ihnen gelingen? Mit der Hilfe von Freiligrath?»

Albrecht seufzte. «Haben wir eine Wahl? Wir wissen, dass wir nichts wissen.»

«Wenn Sie deswegen aufhören wollen, selbst nachzudenken, haben Sie Sokrates allerdings nicht verstanden.»

Jörg Albrecht sah in seinen Wein. Sollte es zur Gewohnheit werden, dass seine Gesprächspartner durchblicken ließen, er habe Sokrates' Lehre nicht erfasst?

«Sokrates ist davon überzeugt, dass wir kein *neues* Wissen erwerben können», erklärte die junge Frau. «Weil wir alles Wissen, mit dem wir eine Frage beantworten können, bereits besitzen, sobald wir in der Lage sind, diese Frage zu formulieren.»

Albrecht nickte. «Sherlock Holmes konnte einen Fall lösen, indem er sich in seinem Club in den Sessel setzte und einfach nachdachte. Er musste keinen Fuß vor die Tür setzen.»

Maja Werden lächelte, und wieder spielten die Schatten auf ihren Zügen ihr verwirrendes Spiel. «Er war einer der allerersten Psychologen.»

«Was hat Sie dazu gebracht?», fragte er. «Psychologie zu studieren?»

Sie hob die Schultern. «Ich wollte Dinge verstehen, die ich nicht verstehen konnte. Ist es das nicht immer? Die Dinge hinter den Dingen.»

Albrecht trank den letzten Schluck und nickte, als die junge Frau fragend zur Karaffe deutete.

«Sie müssen die Dinge auf ihren Kern zurückführen», erklärte er. «Auf ihren Ursprung. Sie müssen alle Objekte beiseiteschieben, die nicht dazugehören. Dann kommen Sie auf den Kern.»

Sie nickte erneut, schenkte erst ihm und dann sich selbst ein.

Lange her ein solcher Abend, dachte Albrecht.

Lange, lange her.

• • •

«Mir war nicht klar, dass du dich in Braunschweig so gut auskennst», bemerkte ich.

Klang das irgendwie lauernd?

Wenn das so war, bekam mein geheimnisvoller dunkler Fremder nichts davon mit. Oder er war sich seiner Sache dermaßen sicher, dass er mit einem Achselzucken antworten konnte.

«In Niedersachsen gibt es drei verschiedene Oberlandesgerichte, und Braunschweig ist das kleinste von ihnen. Aber ich bin an allen dreien zugelassen.»

«Du kommst viel rum», murmelte ich.

Auf jeden Fall kannte er die Strecke nach Braunschweig. Und als Jurist kannte er mit Sicherheit auch das Institut für Rechtspsychologie, aus dem Professor Möllhaus gestern Nacht entführt worden war, um im Boden des Magnifriedhofs eines grausigen Todes zu sterben.

«Viel zu viel», sagte Joachim Merz. Seine Stimme kam kaum bei mir an.

Die Straßen der Braunschweiger Altstadt waren belebt. Es war ein angenehmer Abend für Ende Oktober. Eine Ahnung von Musik aus den Lokalen hier und da. Pärchen wie wir, die Hand in Hand …

Wir *waren* kein Pärchen!

«Eine Zeitlang ist es ganz interessant.» Joachim bemerkte nichts von dem, was mir durch den Kopf ging, sondern schien sich in seinen Gedanken zu verlieren, während ich seine Hand fest und warm in meiner spürte. «Ständig neue Orte, neue Leute, neue Herausforderungen. Man gewinnt … oder man lernt dazu. Aber irgendwann muss man aufpassen, dass man nicht vergisst, wohin man eigentlich gehört. Wer man selbst ist.»

Ich nickte. Bekam er es mit? Eben kamen wir an einem kleinen Ladengeschäft vorbei, einem Juwelier, und ich betrachtete unsere Reflexion in der Schaufensterscheibe. Kein Pärchen, dachte ich mit kritischem Blick, aber doch ein recht ansehnliches Paar.

Joachim hatte mich mehr oder minder damit überfahren, dass ich wohl kaum für einen *Abend* gekleidet war. Wie weit musste eine Frau eigentlich von Gut und Böse entfernt sein, wenn sie im ersten Moment gar nicht begriff, warum man sich abends anders kleiden sollte als tagsüber? Höchstens bequemer vielleicht. Ich war fast ohnmächtig geworden, als ich die Preise gesehen hatte in der Boutique in den Schlossarkaden, die bis weit in den Abend geöffnet hatte. Doch ich hatte darauf bestanden, das Kleid, einen Traum aus mitternachtsblauer Seide, selbst zu bezahlen. Wie ich das Dennis erklären sollte, war mir allerdings schleierhaft.

Vielleicht sollte ich es ihm einfach nicht erklären.

Für sein halbes Dutzend neuer Anzüge jedes Jahr bekam ich ja auch keine andere Erklärung als die, dass er in seinem Beruf eben repräsentieren müsse.

«Hannah?»

Ich zuckte zusammen. «Was hast du gesagt?»

Das Schaufenster, in dem ich unsere Silhouetten bewundert hatte, lag bereits mehrere Häuser hinter uns. Dennis ... Nein, Joachim! Joachim war stehen geblieben, zog mich zu sich herum und fasste mich an den Oberarmen, nicht fest, aber nachdrücklich.

«Irgendwie bist du nicht wirklich hier heute Abend, kann das sein?»

Ich biss mir auf die Lippen. Er hatte ja recht. Es tat gut, ihn an meiner Seite zu spüren, fast schon vertraut, seine Nähe auf diesem Spaziergang durch die Nacht, aus dessen Ziel er ein Geheimnis machte. Doch die Wahrheit war, dass mir viel zu viele Dinge im Kopf herumgingen, und fast alle drehten sich mehr oder weniger um die verflixte Ermittlung.

Morgen früh Punkt acht würde ich auf dem Revier sitzen und diese Ermittlung leiten, die größte in der Geschichte von PK Königstraße, seitdem ich dabei war.

Was ich bis dahin tun konnte, hatte ich getan, während ich zum Autohof unterwegs gewesen war. Ich hatte Faber angerufen, ihn über die neuen Entwicklungen informiert, soweit es die gab, und hatte ihn gebeten, bei der Freiligrath-Akte ein besonderes Auge auf mögliche Mitwisser, Traumfänger-Jünger und so weiter zu haben. Das würde er tun. Jetzt gleich. Er teilte sich die Nachtschicht mit Matthiesen. In diesem Moment war mir klar geworden, dass es Matthiesens zweite Nachtschicht hintereinander war, und in der Nacht davor hatte Faber *meine* Schicht übernommen.

Und die Frau, die nun den gesamten Vorgang leitete, machte sich in einem Kleid mit Schlitz bis zum Hintern einen bunten Abend mit einem potenziell Tatverdächtigen.

«Es ...», murmelte ich. «Es tut mir leid. Vielleicht war es ein Fehler.»

Streng hob er die Augenbrauen. Diese Möglichkeit stand nicht zur Debatte.

Und natürlich war es kein Fehler gewesen. Nur dass ich ihm die Wahrheit schlecht sagen konnte: *Wenn du heute Nacht hier bei mir in Braunschweig bleibst, und wir haben morgen in Hamburg den nächsten Toten, weiß ich zumindest, dass du es nicht gewesen sein kannst.*

Dass die nächste Leiche nicht in der Elbe treiben könnte, sondern in der Oker, war mir wieder einmal zu spät aufgegangen. Und heute Abend hatte ich mich nicht mal mit einer Nachricht an meine Mailbox abgesichert.

«Du bist hier», stellte er fest und griff nach meiner Hand. «Es ist dein Kopf, der woanders ist.»

«Frag mich mal, wo», murmelte ich.

Ein mutwilliges Funkeln glomm in seinen Augen auf: *Ich hätte da ein, zwei Ideen.*

Dann hätten wir uns gleich ein billiges Motel suchen sollen, dachte ich. Oder ein teures, schließlich hielt der Mann auf Klasse. Und das Kleid hätte ich mir sparen können.

Doch seltsamerweise ...

Vielleicht war das ja normal bei einem Mann, der in jedem Gerichtssaal ein anderes Mädchen hatte, aber Joachim Merz wusste ganz einfach, welchen Knopf er zu drücken hatte. Wie er eine Frau dazu brachte, umzuschalten, von einem Atemzug auf den anderen.

Es war nicht sein Blick allein, auch nicht seine Hand, die meine Finger an seine Lippen führte, die die Spitzen nur andeutungsweise berührten. Es war keines von beiden, vielleicht nur seine Haltung, die sich höchstens um Nuancen veränderte, sodass alles auf einmal anders war.

Als ob alles um uns herum, das Licht der Straßenlaternen, die weichen Schatten auf dem Kopfsteinpflaster, die ferne Ahnung von Musik und Gelächter, selbst das gedämpfte Brummen des Verkehrs – als ob all das auf einmal nur noch für mich allein da wäre. Als ob er mir diese Stadt überreichte wie ein geheimnisvolles Geschenk.

Seine Lippen waren plötzlich nur noch Zentimeter von meinen entfernt.

«Ich will dich festhalten», sagte er leise. «Am liebsten würde ich dich anketten, dich nie wieder gehen lassen. Doch ich weiß, dass das nicht möglich ist. Das Morgen gehört mir nicht.» Meine andere Hand, die Berührung seiner Lippen. «Nur das Jetzt. Aber das ...» Der Druck um meine Finger wurde fordernder. «... ganz und gar.»

Ein Schauer lief über meinen Rücken. Erst jetzt wurde mir die Kühle des Abends bewusst, und gleichzeitig fühlte meine Haut sich heiß und fiebrig an.

«Wollen wir wirklich ...», fragte ich vorsichtig, «... noch irgendwo hingehen?»

Das billigste und schäbigste Stundenhotel wäre mir mit einem Mal gut genug gewesen. Solange es gleich nebenan war.

Wir waren in einem Winkel der Altstadt stehen geblieben. Ein paar Schritte weiter mündete die Fußgängerzone mit ihren kleinen Bars und Geschäften in eine belebtere Straße.

Autoverkehr. Quer gegenüber wurde ein repräsentatives Gebäude von Scheinwerfern angestrahlt, ein Theater oder eine Oper, flankiert von Bäumen und einem kleinen Park.

«Komm», flüsterte er – und war schon halb über die Straße, ich mit ihm. Die Schuhe mit den sieben Zentimeter hohen Absätzen hatten zu meinem Abend-Paket gehört, und bisher war ich auf ihnen zurechtgekommen, ohne hinzufallen. Eine Kuhmagd vom Dorf war ich ja auch nicht.

Aber jetzt stieß ich an meine Grenzen. Zum Glück merkte er das, wurde etwas langsamer und steuerte den Gehsteig vor dem Theater an, eine Bushaltestelle.

Was wollte er an einer Bushaltestelle? Sein Jaguar stand nur ein paar Straßen weiter, mein Nissan war am Autohof geblieben. Doch er wurde lediglich langsamer und blieb nicht stehen. Der Park, die Bäume, auf einmal ...

Mit dem Abend war leichter Wind aufgekommen, doch die Brise war nicht unangenehm, eher im Gegenteil.

Über der Ahnung von Kleid hatte ich meine Windjacke um die Schultern gelegt – Schwarz zu Nachtblau, wirkte wie aus einem Guss. Jetzt glitt sie wie von selbst von meinem Nacken, als Joachim seinen Arm um meinen Rücken schob.

Es war dunkel hier, ich machte einen ungeschickten Schritt auf den neuen Schuhen, doch er hielt mich, seine Hände, die über meinen Körper fuhren, sein Mund, der meinen suchte.

*Nichts davon passiert gerade wirklich.*

Jetzt meldete sich meine innere Gouvernante, schon *während* es passierte!

Lass es geschehen, dachte ich. Lass es jetzt geschehen.

Niemand hat Macht über das Morgen.

Aber das Jetzt gehörte uns, und ich gehörte Joachim.

Seine Hand fand den Schlitz meines Kleides, schob sich nach oben, ein Fieber noch heißer als mein eigenes.

Lösch es aus! Lösch jeden Gedanken aus!

Und genau das tat er.

Ich sollte noch oft an diesen Moment zurückdenken, bevor diese Geschichte zu Ende war.

Ich sollte mich verfluchen, wie ich so blind hatte sein können.

Doch für den Augenblick ...

... war die Blindheit ein Segen.

# Zwischenspiel V

Ein erleuchtetes Rechteck im dritten Stock des Hotelgebäudes, Nacht auf allen Seiten.

Der Mann am Fenster gleicht einer dunklen Silhouette, gehört selbst eher zur Nacht als zum Licht.

Er wird keinen Wettlauf auf Leben und Tod antreten, wie der graue Mann es jeden Abend tut, einen Wettlauf gegen sich selbst.

Aber einen Kampf liefert er sich doch.

Er grübelt, und es ist eine fruchtlose Grübelei, weil sie überflüssig ist.

Die Augen, die ihn aus der Finsternis des jenseitigen Okerufers beobachten, registrieren jedes Detail.

Er fährt sich über die Stirn, massiert mit Daumen und Zeigefinger die Nasenwurzel.

Er dreht sich halb zur Seite, nach einer Uhr vermutlich, die unsichtbar ist für die Augen, die niemals blinzeln.

Er grübelt, wägt das Für und Wider ab.

Er grübelt, als hätte er eine Wahl.

Doch die Augen, die seine Bewegungen verfolgen, wissen, dass diese Wahl nicht existiert. Der Versuchsaufbau lässt sie nicht zu. Falls es tatsächlich eine solche Möglichkeit gegeben hat, so ist dieser Zeitpunkt längst vorüber.

Die Zwangsläufigkeit des Prozesses hat längst eingesetzt, mit aller Präzision, die aufwendigen Versuchsaufbauten eigen ist.

Die Weichen sind gestellt, die Entscheidungen getroffen.

Für einen Moment verändert sich der Ausdruck in den Augen, doch sie bleiben weiter auf das Fenster gerichtet.

Ja, es hat Entscheidungen gegeben in den letzten Tagen.

Und nicht alle sind leichtgefallen.

Manche von ihnen sind schmerzhaft gewesen, eine von ihnen in besonderem Maße.

Jene, von der noch niemand etwas ahnt.

Doch jede einzelne war von grundlegender Bedeutung für Erfolg oder Misserfolg des gesamten Plans, des gesamten Experiments.

Und welche große Erkenntnis wäre jemals erreicht worden – ohne bedeutende Opfer?

# neun

Die Silhouette Braunschweigs schälte sich aus dem morgendlichen Nebel.

Jörg Albrecht stand am selben Fenster wie vierundzwanzig Stunden zuvor, als er noch nicht hatte ahnen können, dass der Mann, mit dem er um sieben Uhr verabredet war, bereits nicht mehr am Leben war.

Ich sollte hoffen, dass es so war, dachte der Hauptkommissar. Dass die Zeit, die er dort unten noch *gelebt* hat, kurz war.

Doch er hatte Möllhaus' zu einer Fratze verzerrtes Gesicht gesehen, nicht mehr menschlich.

Nein, es war nicht schnell gegangen.

Gestern. Gestern um diese Zeit.

Die Hände auf dem Rücken verschränkt, betrachtete Albrecht die Szenerie.

Kirchtürme, ihre Spitzen noch im Dunst verborgen. Die gewaltige Baumasse des alten Schlosses, dessen Wiederaufbau er vor einigen Jahren kopfschüttelnd in der Presse verfolgt hatte. Am Ende war eine Einkaufspassage herausgekommen, ein Tempel des Kommerzes.

Am jenseitigen Okerufer eine Parkanlage. Seinem Fenster gegenüber wuchsen Bäume bis dicht an den Flusslauf. Etwas weiter links thronte die historisierende Wucht eines Theatergebäudes.

Albrecht schloss für einen Moment die Augen.

Das Theater war eine der Leidenschaften gewesen, die Joanna und er geteilt hatten. Bis zum Schluss hatten sie ein gemeinsames Abonnement für die Kammerspiele gehabt.

Es war zu deutlich. Das Bild, wie der Morgen über dem alten

Fachwerkhaus erwachte, in dem Hannes Jork jetzt auf *seinem* Stuhl, in *seinem* Bett ...

«Ach, *verdammt!*», zischte Albrecht.

Seine Stirn presste sich gegen die Fensterscheibe.

Die Oker, träge dahinströmend zwischen herbstlichem Buschwerk.

Wie in Zeitlupe. Die Leute sagten, je älter man werde, desto schneller ströme das Leben dahin. Ein reißender Strom auf die Staumauer zu, auf die schweigende, ruhige Stille auf der anderen Seite, von der niemand zu berichten wusste.

An manchen Tagen hatte Jörg Albrecht das Gefühl, er hätte diesen Punkt längst schon erreicht. Keine Regung der Wellen mehr. Zeitlupe.

Die hektischen Turbulenzen, die ihn in den letzten Tagen mit sich rissen, waren kein eigentlicher Teil *dieses* Lebens. Das war die andere Welt, eine Welt, die zu einem Teil von ihm geworden war und die doch für sich allein ...

Zu wenig, dachte er. Etwas fehlt. Und wie gewaltig die Lücke auch ist: Ich bemerke sie nicht, solange mich niemand daran erinnert, dass da etwas sein könnte anstelle dieser Lücke.

Die Düfte der kleinen Altstadtpinte hatten sich an seinen Anzug geheftet und ihn auf das Hotelzimmer begleitet. Er würde heute ein anderes Sakko tragen, natürlich, doch er konnte sie immer noch riechen wie das Echo einer kostbaren Erinnerung.

Wie die Erinnerung an eine Erinnerung.

Willst du das wirklich noch einmal, dachte er. Die Pinten? Die Musik? Die Gespräche? Und die Frauen? Lässt sich die Zeit zurückdrehen, ohne dass es lächerlich wird, weil ihr nicht länger zueinanderpasst – du und die Zeit?

Es war ein gutes Gespräch gewesen mit der jungen Frau, und er war sich sicher, dass es auch ihr gefallen hatte, doch er bildete sich nicht ein, kam keine Sekunde auch nur auf den Gedanken, dass sie ...

Doch *dieser* Gedanke bewies bereits, dass das eine Lüge war. Unwillig schüttelte er den Kopf.

Die Ermittlung. Er hatte einen Fall zu klären.

Er griff nach seinem Mobiltelefon. Keine neuen Nachrichten seit gestern Abend. Heute hatte er auch nicht damit gerechnet.

«PK Königstraße, Kriminaloberkommissar Max Faber. Moin, moin.»

«Moin.»

Jörg Albrecht glaubte vor sich zu sehen, wie Fabers Haltung sich straffte.

«Eine Stunde, und Sie haben Ihre Nachtschicht hinter sich», bemerkte er aufmunternd. Aus irgendeinem Grunde war er in versöhnlicher Stimmung heute Morgen.

«Und meine Tagesschicht fängt an», murmelte Faber.

Albrecht biss sich auf die Zunge. Vor ein paar Jahren noch hätte er den kompletten Dienstplan im Kopf gehabt.

«Und?», erkundigte er sich. «Kommen Sie voran?»

«Wir haben uns in den Traumfänger-Fall eingearbeitet, ja ... Zum Glück war es ruhig heute Nacht. Wenn Sie wollen ...»

Albrecht sah auf die Uhr. «Gehen Sie das bitte mit Friedrichs durch», bat er. «Ich melde mich bei ihr, sobald ich meinen eigenen Termin hinter mir habe.»

«Sprechen Sie noch einmal mit Freiligrath?»

«Vorausgesetzt, er gewährt mir eine erneute Audienz», knurrte Albrecht. «Ja. Ich hatte gestern die Gelegenheit, mich noch einmal mit einer unserer Kontaktpersonen zu unterhalten. Insgesamt wie vermutet: Handys sind auf der geschlossenen Abteilung untersagt, Besuche nur unter strengen Sicherheitsvorkehrungen möglich. Und seine Post wird regelmäßig kontrolliert.»

«Nicht zu beneiden», murmelte Faber.

«Er wird's überleben. Jedenfalls steht fest, dass er – wenn überhaupt – nur auf einem Weg Kontakt nach außen haben kann: über das Personal. Um die Personalakten werden sich die Braunschweiger Kollegen kümmern.»

Von Dr. Seidel persönlich bis zur letzten Küchenhilfe, dachte er.

Doch er hatte Zweifel, dass sie fündig werden würden. Kliniken und Krankenhäuser mochten mittlerweile weitgehend in privater Trägerschaft sein, doch schlechte Presse war den Betreibern so willkommen wie dem Teufel das Weihwasser. Sie würden sich regelmäßig um polizeiliche Führungszeugnisse bemühen.

«Irgendetwas Neues von der Gerichtsmedizin?», fragte er abschließend.

«Ja ...» Ein Knistern im Hintergrund. «Margit Stahmke ist offenbar betäubt worden, bevor sie im Sumpf aufgehängt wurde. Wobei sie wohl noch ausreichend bei Bewusstsein war, um mitzukriegen, was passierte.»

Albrecht biss die Zähne zusammen. Ein Tod, den man niemandem wünschte, auch der Zecke nicht. Exakt der Mechanismus, auf den die Taten berechnet waren: kollektive Ängste.

«Gut», seufzte er. «Ich werde heute Morgen zunächst Hauptkommissar Rabeck hier vor Ort aufsuchen. Vielleicht gegen zehn bin ich dann in Königslutter und telefonisch nicht erreichbar – die Handyregel gilt auch für uns.»

Er hörte, wie Faber die Angaben notierte, verabschiedete sich und legte auf.

Vielleicht konnte ihm Rabeck Antworten geben, wenigstens ein oder zwei. Um zwanzig nach acht würde Maja Werden mit ihrem Golf auf dem Hotelparkplatz warten.

Rabeck und danach ...

Danach Königslutter.

Danach der Traumfänger.

• • •

Ich wurde zu alt für solche Spielchen.

Joachim war nicht eben zartfühlend mit mir umgegangen. Allerdings war es auch genau das gewesen, was ich gebraucht hatte: heftig, fast brutal.

Vergessen. Das Morgen im Jetzt vergessen.

Aber *so* weit war ich noch nicht jenseits von Gut und Böse, dass ich nicht mehr wusste, welche Knochen einem am nächsten Morgen wehtaten – und welche nicht.

Mir taten alle weh, jeder einzelne. Zweihunderteinundsechzig Knochen hatte der Mensch, glaubte ich mich zu erinnern. Bei mir mussten es mehr sein. Und jeder einzelne war am Pochen und Knacken und …

Die Nummer im Park war nur der Anfang gewesen. Weitergegangen war es in seinem Jaguar, der ganz eindeutig nicht auf solche Abenteuer ausgelegt war. Wie zwei Teenager.

Wobei Teenager so eine Nacht eben locker wegsteckten.

Ich schleppte mich die Stufen zur Eingangstür des Reviers hoch, derselben Tür, in der ich achtundvierzig Stunden zuvor mit Joachim Merz zusammengestoßen war.

Stahmke hatte noch gelebt, Möllhaus hatte noch gelebt – und ich hatte nicht das Gefühl gehabt, als müsste dem uniformierten Beamten, der mir jetzt im Vorbeigehen zunickte, von meiner Stirn ein scharlachroter Buchstabe entgegenleuchten.

Ich hatte wieder meine Ermittlerinnengarderobe vom Vortag an. Frische Unterwäsche hatte ich in der Boutique gleich dazugekauft. Man dachte ja voraus als untreue Ehefrau. Ich roch sogar vorzeigbar, nachdem ich Joachims Angebot angenommen und noch rasch in seiner Zweitwohnung unter die Dusche gesprungen war.

Trotzdem war ich davon überzeugt, dass die Kollegen mir irgendwie anmerken mussten, was passiert war.

Doch Irmtraud Wegner begrüßte mich lediglich mit einem raschen Lächeln, während sie schon wieder mit ihren Telefonen jonglierte. Mir fiel ein Stein vom Herzen. Offenbar war sie mir nicht böse nach der Konfrontation gestern am Wohnmobil.

Klaus Matthiesen steckte den Kopf aus einer Bürotür. «Joa», meldete er über die Schulter. «Sie ist es.»

Ein zweiter Kopf. Max Faber war schon immer einer gewesen, der sich lieber persönlich überzeugte, ob eine Information auch stimmte.

Er nickte zur Begrüßung.

Beruhigend. Er erkannte mich wieder.

«Hi», sagte ich. «Wie war die Nacht?»

«Frag besser nicht», murmelte Faber. «Wir haben die Ordner ...»

«Schafft ihr es, das aufzubereiten?», fragte ich. «Für die Besprechung? Sagen wir: in zwanzig Minuten?»

Abwägend drehte er den Kopf hin und her.

Bericht!, dachte ich. Gewisse Dinge waren einfacher, wenn man Jörg Albrecht war.

Doch im nächsten Moment grinste der Glatzkopf. «Für dich schaff ich's in zehn.»

Manchmal musste man die Kollegen einfach lieben.

• • •

Zehn Minuten später saßen wir im Besprechungsraum zusammen, vor jedem von uns eine dampfende Tasse Kaffee.

Wir waren nahezu vollzählig. Faber, Matthiesen, Nils Lehmann und Marco Winterfeldt. Seydlbacher war mit einem seiner Söhne beim Arzt, würde im Anschluss aber so schnell wie möglich aufs Revier kommen. Werfel und Jelinek, ganz hinten, waren Springer, die uns nur leihweise verstärkten, jetzt allerdings auch schon seit zwei Jahren.

Außerdem hatte ich Irmtraud Wegner gebeten, sich zu uns zu setzen. Einem ungeschriebenen Gesetz folgend, war die Sekretärin bei Albrechts Besprechungen nie mit dabei – ein Protokoll war nicht vorgesehen. Die relevanten Dinge wurden am Whiteboard festgehalten – und nur dort. Die Verbindungslinien innerhalb der aktuellen Ermittlung.

Ich drehte diesem Board den Rücken zu, saß mit den anderen am Tisch. Mich vor die Kollegen hinzustellen wie ein Lehrer in der Schule, das war nicht mein Ding.

Mit ein paar Worten fasste ich noch einmal zusammen, was wir in Königslutter alles nicht herausgefunden hatten. Es fiel mir nicht ganz leicht, die genauen Regeln des Spielchens zu erklären, mit dem Freiligrath unseren Herrn und Meister vermutlich in genau diesem Moment wieder traktierte, doch ich sah, wie die Kollegen verstehend nickten.

Irre Menschen machten irre Sachen, die nur für andere Irre zu begreifen waren.

Wir sollten ganz froh sein, wenn wir dem Traumfänger nicht folgen konnten.

«Okay», sagte ich. «Hat dazu irgendjemand noch Fragen?»

Schon automatisch sah ich in Nils Lehmanns Richtung.

«Ja, also …» Gedehnt. Nachdenklich. «Was ich nicht begreife, ist die Sache mit dieser Krankenschwester. Doris?»

Ich sah auf meinen Notizblock. «Dagmar.»

«Dagmar. Woher wusste er, dass diese Dagmar diesen Knacks hat – mit dem toten Frosch? Und wenn sie so was hat, warum darf sie dann auf so einer Station arbeiten, wo die Patienten alle richtig einen weg haben?»

Manchmal waren seine Fragen gar nicht so dumm – lediglich etwas simpel formuliert. Doch ich kam nicht mal dazu, den Mund aufzumachen.

Jelinek, ganz hinten am Fenster, räusperte sich. «Meine Schwägerin war mal auf so einer Station. Nur für ein paar Wochen, nach ihrem Unfall. Also Schwippschwägerin.» Ein Blick zu Faber. «Die Frau vom Volker.»

Ein Nicken. Volker war bekannt – zumindest bei Max Faber.

«Nachher meinte sie jedenfalls, die hätten da alle einen weg. Auch das Personal.» Jelinek hob die Schultern. «Ist wohl normal da, dass die nicht normal sind.»

«Vermutlich ist das schlicht kein ganz einfacher Job», sagte ich. «Alten- und Krankenpfleger gehören zu den Berufsgruppen, die am häufigsten von Burnout betroffen sind. Ich kann mir vorstellen, dass man da auch am ehesten solche Auffälligkeiten zeigt. – Wobei so eine ...», ich sah auf den Block, «Nekrophobie gewöhnlichen Leuten wahrscheinlich gar nicht auffällt. Schließlich ist das eine psychiatrische Klinik, in der die Schwester arbeitet. Die Leute dort sind zwar krank, aber eben nicht körperlich. Nicht lebensgefährlich krank. Wann sollte sie mit Leichen, Särgen oder Grabsteinen zu tun haben? Für Freiligrath war das eine ganz andere Sache. Der ist Psychologe und hat sich sein ganzes Leben darauf spezialisiert, die Ängste von Menschen zu erkennen.»

«Also wird er wahrscheinlich noch mehr auf der Liste haben», stellte Faber fest.

«Mit Sicherheit.» Ich nickte. «Vom Personal, aber garantiert auch Patienten.»

«Wir sollten diesen Seidel überprüfen», meldete sich Matthiesen. «Weiß der davon? Also, ich würd drauf wetten. Das ist doch ein Unding, dass der so was durchgehen lässt, nur weil Freiligrath mal ein großes Tier in der Wissenschaft war. Wenn du willst, kann ich mich da ransetzen.»

Ich zögerte eine Sekunde – eher aus Höflichkeit. Mit allem rund um Königslutter würde sich Albrecht selbst befassen, und ich wusste, was er von dieser Sorte Eigeninitiative hielt.

Selbst wenn sie von Klaus Matthiesen kam, bei dem das eher ungewöhnlich war.

«Wie weit bist du mit Freiligraths Finanzen?», fragte ich stattdessen.

Die Anweisung unseres Chefs hatte ich gestern Abend noch durchgegeben, zusammen mit der Bitte an Faber, sich um Mitwisser, Traumfänger-Jünger und so weiter zu kümmern.

Matthiesen betrachtete seinen Kaffee. «Noch mittendrin im Moment. Was ich zur Zeit habe, ist eine Übersicht über die Sachen, die er damals gemacht hat – also während seiner Mordserie und in den Jahren davor. Der Rest, also wie die finanzielle Situation heute aussieht, kommt nachher erst noch rein. Ich hab da jemanden beim Senator für Finanzen, der ...»

«Und was *hat* er damals gemacht?», erkundigte ich mich.

«Alles», stellte Klaus Matthiesen fest. «Das meiste waren Gutachten, aber weniger fürs Gericht. Tausend Auftraggeber. Von der Bundeswehr bis zum Weingummiproduzenten.»

«Weingummi?»

«Diese Schnuller und Colaflaschen. Teufelchen gab's auch mal. Die Farben sind natürlich wichtig, aber die Form genauso. Bestimmte Formen erwecken instinktiv Abwehr – oder Angst, von mir aus. Andere animieren automatisch zum Kauf. Wie man die am besten wählt, das lässt sich psychologisch abklären. Da gibt es Durchschnittswerte.»

Staunend schüttelte ich den Kopf. Ich würde mir nie wieder ein Gummibärchen in den Mund schieben, ohne daran zu denken, dass das Bärchendesign womöglich mit Max Freiligrath abgestimmt worden war.

«Aber so was waren wohl meist Einzelaufträge», fügte Matthiesen hinzu. «Eine Menge Projekte hat er für staatliche Stellen gemacht, Universitäten. Das ist wohl auch üblich in diesem Beruf. Für die Bundeswehr kann man's auch ganz gut verstehen, da ging es um die psychische Belastung im Ernstfall. Ach ja, von Neverding gab's auch eine Reihe von Aufträgen.»

«Neverding?»

«Der Reeder. Der in Bergedorf.»

«Ich *weiß*, wer Neverding ist!»

Klaus Matthiesen war ein netter Kerl, aber seine Phantasielosigkeit konnte mich manchmal um den Verstand bringen. Jedes Kind in der Stadt kannte Focco Neverding, den Grandseigneur der Hafenindustrie.

«Das war zu der Zeit, als er anfing, in andere Branchen zu investieren», erklärte Matthiesen. «Also Neverding. Dieser Freizeitpark in der Heide. Und alles rund um die Stiftung natürlich, die Kinderkrippen, die Heime und so weiter. Die Einrichtung und alles – solche Sachen müssen wohl von Psychologen geprüft werden. Wobei: Ich weiß nicht, ob das Pflicht ist.» Er hob die Schultern. «Jedenfalls gab's immer wieder Aufträge.»

«Okay.» Ich nickte. «Freiligrath hat damals also eine ganze Stange Geld verdient. Wie hat er es angelegt?»

«Immobilien.» Klaus Matthiesen blickte in seinen Kaffee, als hätte er einen Stapel Notizen in der Tasse versenkt. «Zum größten Teil. Das meiste davon konnte ich schon abklären, über das Grundbuchamt. In Hamburg hat er jedenfalls nichts mehr. Ist nach und nach verkauft worden, in der ersten Zeit nachdem er hinter Gitter kam.»

«Also hat er heute keine Mieteinnahmen mehr», murmelte ich. «Zumindest hier in der Stadt.»

«Danach sieht es aus. Aber ich bleibe dran.»

«In Ordnung», nickte ich. «Sobald du die aktuelle Übersicht hast, gibst du mir Bescheid.»

Ich zögerte. Konnte so was wie kriminalistische Intuition ansteckend sein? In letzter Zeit stellte ich fest, dass ich hin und wieder zu denken begann wie Jörg Albrecht. Oder, nein, nicht denken. Es war eher wie ein ... ein Aufflackern. Ein plötzlicher Blitz: *Das* ist jetzt wichtig!

«Schau dir die Zahlen ganz genau an», bat ich. «Nennt es ein Gefühl, aber irgendwas sagt mir, das da was im Busch sein könnte.»

Matthiesen sah mich an, in den Augen ein großes Fragezeichen.

Phantasielosigkeit hat einen Namen, dachte ich.

«In Ordnung. Danke. – Max?», sagte ich rasch, als Matthiesen noch einmal den Mund öffnete. Über Dr. Seidel würde ich zuerst mit Jörg Albrecht sprechen.

«Gut.» Max Faber hatte sich einen Stapel Blätter mitgebracht. «Alois und ich haben ja erst mal alle Namen abtelefoniert, die in der Akte zu finden waren. Also alle, die noch leben. – Nein, die, die schon tot sind, sind ganz normal gestorben», fügte er hastig hinzu. «Ausgenommen diejenigen, von denen wir schon wissen. Dann haben wir uns die unterschiedlichen Theorien vorgenommen, die es damals gab. Überlegungen, wer Freiligrath vielleicht unterstützt haben könnte oder das womöglich heute noch tut.» Er sah in die Runde.

Ich nickte ihm zu. Bitte weitermachen.

«Gut», murmelte er. «Familienangehörige hat er in Deutschland nicht mehr. War nie verheiratet, keine Kinder. Es gab eine Schwester, aber die ist lange tot. Ein Neffe wohnt heute mit Familie in Chile. Wir prüfen das noch, aber für mich sieht er unverdächtig aus. Hat das Land verlassen, bevor die ganze Geschichte damals losging. Okay?»

«Okay», sagte ich.

«Dann diese Traumfänger-Jünger.» Das zweite Blatt. «Das muss ein großes Ding gewesen sein damals. Ein, zwei Jahre lang war das wirklich wild. Eine Band aus der Heavy-Metal-Szene hat sogar eine CD rausgebracht. Konzeptalbum – jeder Song ein Opfer. Manche Leute machen aus allem Geld.»

Ein Hüsteln.

Alle Blicke gingen zu Marco Winterfeldt – oder dem, was von seinem Schopf hinter dem Laptop zu sehen war.

«So übel ist die gar nicht», murmelte er. «Also rein musikalisch.»

Wahrscheinlich machte ich ein ganz ähnliches Gesicht wie alle übrigen am Tisch. «Bitte weiter», murmelte ich.

Faber seufzte. «Der oder die Mitwisser.» Das letzte seiner Blätter. «Er selbst hat immer behauptet, er habe allein gehandelt. Schien fast beleidigt zu sein, wenn jemand es wagte, etwas anderes zu vermuten. Das sei einzig und allein *seine* wissenschaftliche Leistung. Im Prozess ist das jedenfalls lange diskutiert worden. Natürlich waren seine Mitarbeiter im Verdacht – er hat eine Sekretärin beschäftigt und ein paar Aushilfskräfte –, aber da hat sich nichts erhärtet. Trotzdem blieb eine Art Restverdacht, der nie ausgeräumt werden konnte. Es gab wohl sogar ein paar Phantombilder ... Leute vom Hagenbeck-Personal und von der Hafenaufsicht glaubten jemanden gesehen zu haben, der eindeutig nicht Freiligrath war. Aber die Bilder sehen aus wie die meisten von unseren Phantombildern. Haben nicht mal eins mit dem anderen viel Ähnlichkeit.»

«Aber wir haben sie noch?», hakte ich ein.

Ein Nicken. «Liegen in der Akte. Wir können sie an die Presse geben. Wenn wir denen erzählen, es hat mit unserem Fall zu tun, nehmen die alles im Moment.»

Ich zögerte. Wenn wir die Bilder weitergaben, würden wir erklären müssen, dass sie über zwanzig Jahre alt waren und die dargestellte Person sich entsprechend verändert haben musste. Und vermutlich waren diese Zeichnungen bereits damals in Umlauf gewesen. Damit würde unsere Traumfänger-Theorie öffentlich werden. Es war ohnehin schon ein mittelgroßes Wunder, dass das nicht längst der Fall war – auch ohne Margit Stahmke.

«Ich spreche mit Albrecht», sagte ich. «Und ich selbst will sie mir auf jeden Fall mal ansehen. Gut. Dann machst du so weiter. – Marco?»

Sichtlich widerstrebend wurde der Laptop zugeklappt.

«Stahmkes Reportagen von damals haben wir jetzt. Digitalisiert. Ich schick sie dir per Mail, okay?»

Ich nickte.

«Kanal Neun mauert noch», murmelte er.

«Wenn sie heute Mittag noch mauern, ruf ich die Lorentz an», versprach ich.

«Okay. – Nils?»

Ein Blinzeln. «Ich dachte mir, ich geh vielleicht noch mal ins *Fleurs du Mal* – mit den Phantombildern jetzt.»

«*Ich* dachte mir, du unterstützt vielleicht Max Faber bei der Durchsicht der Traumfänger-Akte.»

«Stimmt.» Blinzeln. «Das könnte ich auch machen.»

Ich sah zu Werfel und Jelinek. «Setzt ihr beide euch da bitte auch mit ran. Wir brauchen eine komplette Übersicht seiner Kontakte von damals. Wenn sie nach der Inhaftierung weiter aktiv waren, umso wichtiger.»

Ein letzter Blick in die Runde. Keine weiteren Wortmeldungen. Ich dankte allen, setzte eine neue Besprechung für den frühen Nachmittag an – und atmete auf, als sie einer nach dem anderen den Raum verließen.

«Hat doch gut geklappt.» Irmtraud Wegner zwinkerte mir zu, bevor sie sich durch die Tür schob.

Ja, dachte ich. Das hatte es.

Ich schnappte mir meine Notizen, ging hinüber in mein Büro und fuhr den Rechner hoch. Ich sah auf die Uhr. Zehn vor zehn. Unser Chef hatte vor meinem Eintreffen bei Faber angerufen und sich auf den neuesten Stand bringen lassen. Ich hatte nichts anderes erwartet. Ganz gleich, wem er vor Ort die Leitung anvertraute: Ich wusste, wie nervös er werden konnte, wenn er keine Möglichkeit hatte, uns in Echtzeit auf die Finger zu sehen.

Bei mir würde er sich melden, sobald er sein wissenschaftliches Gespräch hinter sich hatte.

Das Mailprogramm. Ich sah, dass neue Nachrichten eingetroffen waren, doch der Rechner lud und lud … Natürlich, Winterfeldts Videodatei von Stahmkes alten Berichten.

Endlich, die Mails wurden angezeigt.

Kein Winterfeldt.

Drei, vier Schreiben, die sich mit anderen Fällen beschäftigten. Und ein ...

Ich starrte auf die Betreffzeile.

*Ich bin der Herr deiner Angst.*

Eine Google-Adresse. Das konnte jeder sein.

Ein sehr, sehr unangenehmes Gefühl in meinem Magen.

Ich klickte die Nachricht an. Unsere Virensoftware war das Beste, was auf dem Markt war.

Kein Mailtext, lediglich ein Anhang.

Eine Videodatei.

Doch von Marco Winterfeldt, dem Spaßvogel?

Doppelter Klick. Das Videoprogramm öffnete sich.

Schwärze.

Verschwommene Schatten, im ersten Moment kaum zu erkennen, was vor sich ging. Ein Kampf. Nein.

*Nein!*

Die Kamera zoomte näher heran.

Aus nächster Nähe blickte ich in mein eigenes, zu einer Grimasse verzerrtes Gesicht.

Ich keuchte – doch das Keuchen kam aus dem Rechner. Die Laute meiner Lust mischten sich mit Joachims heiserem Stöhnen, während er mich gegen einen Baum presste und von hinten nahm.

• • •

«Ich hab ihn Kaffee holen geschickt», wisperte Hauptkommissar Rabeck. In seinen Augen glomm es unheilvoll. «Er kennt meine Lieblingsorte, aber nur ich weiß, dass sie in der ganzen Stadt nicht zu kriegen ist.»

Jörg Albrecht nickte verstehend.

Offenbar würden sie bei dieser Besprechung auf die Anwesenheit von Kriminalkommissar Cornelius verzichten müssen.

Rabeck hatte sich in Ruhe angehört, welche Schritte sein Hamburger Kollege in Königslutter unternommen hatte. Erleichtert hatte Albrecht festgestellt, dass der Niedersachse kein Problem damit hatte, dass er wildernd in dessen Revier eingedrungen war. Genauso wenig schien Rabeck sich an Maja Werdens Gegenwart zu stören, während sie Aspekte der laufenden Ermittlung besprachen.

Die Dinge, so wie sie sind, dachte Albrecht. Er nimmt sie einfach hin.

Wie weit mochte der ältere Ermittler noch von der Pensionierung entfernt sein? Zwei Jahre, drei?

Werde ich auch so denken, wenn es bei mir so weit ist?

«Und wie sind Sie selbst mit den Ermittlungen vorangekommen?», erkundigte er sich.

Rabeck seufzte, drehte einen Halbkreis auf seinem Bürostuhl und griff nach einem Aktenordner, den er zwischen ihnen auf dem Tisch ablegte und aufschlug.

Albrecht und die Psychologin beugten sich ein Stück vor. Eine Handvoll DIN-A4-Seiten. Auf der obersten war eine Aufnahme des Fundorts auf dem Magnifriedhof angeheftet, dazu ein knappes Protokoll der Entdeckungen, die in Jörg Albrechts Gegenwart gemacht worden waren.

Rabeck blätterte um.

«Ist eine ruhige Gegend da», bemerkte er. «Eine Gegend, von der Sie sich wünschen würden, dass Ihre Kinder dort aufwachsen.» Ein Nicken Richtung Maja Werden. Nicht zu deuten, ob er die Doktorandin selbst als noch nicht vollständig ausgewachsen betrachtete oder auf deren potenziellen Nachwuchs anspielte. «Einer kennt den anderen. Man weiß Bescheid, was beim Nachbarn mittags auf den Tisch kommt. Da funktionieren die alten Strukturen noch.»

Albrecht nickte. Im Kern seines Wesens betrachtete er sich durchaus als konservativen Menschen – doch das waren exakt jene Strukturen, die ihn in Ohlstedt immer abgestoßen hatten.

«Und diese ... gegenseitige Kontrolle hat auch diesmal funktioniert?», erkundigte er sich.

Rabeck drehte den Ordner zu ihnen um. Ein Protokoll, handschriftlich und nicht zu entziffern.

«Sie waren zu viert», erklärte der niedersächsische Beamte. «Vermutlich männlich, denke ich mal. Jedenfalls trugen sie schwarze Anzüge, wie das üblich ist – und den Sarg natürlich. Sie sind von mehreren Passanten gesehen worden, doch war es dunkel, deshalb haben wir keine nähere Beschreibung. Offenbar hat niemand einen Anlass gesehen, sie aufzuhalten.»

Albrecht hob die Augenbrauen. «Mitten in der Nacht?»

«St. Magni ist nicht irgendein Friedhof», betonte Rabeck. «Sie haben ja selbst gesehen, was für Kaliber da beigesetzt sind. Wahrscheinlich sind die Leute davon ausgegangen, dass der Verstorbene Sonderwünsche hatte. Die Friedhofsordnung schreibt keine bestimmte Uhrzeit für eine Bestattung vor, solange der Termin entsprechend mit ihr abgestimmt wurde.»

«Ich gehe davon aus, dass das nicht geschehen ist?»

«Kein Stück.» Rabeck schüttelte den Kopf. «Die Schließvorrichtung an der Pforte ist mechanisch durchtrennt worden. Ist ein ziemlicher Klopper. Da wusste jemand, was er vorhatte.»

Albrecht nickte. «Die Untersuchung des Leichnams?»

Rabeck blätterte.

«Edith Passon hat uns einen vorläufigen Bericht geschickt. Sie hat geringe Rückstände eines Benzodiazepins im Blut gefunden. Ihrer Ansicht nach dürfte es sich von vornherein um eine minder starke Dosis gehandelt haben.» Ein Schweißtropfen lief über die gerötete Stirn. «Gerade lange genug wirksam, dass das Opfer sich während des Transports ruhig verhielt.»

Der letzte Gedanke war so deutlich, als hätte Albrechts Kollege ihn laut ausgesprochen:

*... aber rechtzeitig wieder aufwachte, um jedes Detail seines Todes bei vollem Bewusstsein mitzuerleben.*

Genau wie bei Stahmke, dachte Jörg Albrecht.

«Das ist Ihr Fall», sagte Rabeck. «Und ich will Ihnen nicht von Braunschweig aus in den Kaffee spucken. Wenn Sie glauben, Sie schaffen das allein: Meinen Segen haben Sie, in Königslutter oder sonst wo. Halten Sie mich einfach auf dem Laufenden, und wenn Sie Hilfe brauchen, geben Sie mir Bescheid. So oder so.» Seine Augen gingen zwischen dem Hauptkommissar und der Psychologin hin und her. «Finden Sie die Kerle, bevor die ihr nächstes Opfer finden!»

● ● ●

«Hannah?»

Ich fuhr herum. Ein unbeschreibliches Gefühl in meinem lädierten Nacken.

Nils Lehmann stand in der Tür.

«Ist alles okay?», fragte er besorgt. «Ich dachte, ich hätte ...»

Er *hatte* auch. Doch nach der ersten Schocksekunde hatte ich die Lautsprecher des Rechners abgestellt. Mein Gesicht sah mir jedoch immer noch überlebensgroß entgegen und vollführte – stumm jetzt – die unglaublichsten Grimassen.

*So siehst du beim Vögeln aus?*

Der Monitor stand so, dass Lehmann nichts davon sehen konnte.

Ich hüstelte. «Falscher Hals.»

«Ich hol dir einen Kaffee!»

«Nein.» Hastig schüttelte ich den Kopf und schloss unauffällig das Videofenster. «Geht schon wieder. – War was Besonderes?»

«Nein ... Äh, ja. Doch. Klaus Matthiesen hat jetzt die Übersicht gekriegt wegen der aktuellen Finanzen. Ist es okay, wenn ich ihn da unterstütze, anstatt bei Faber ... Die kommen zu dritt ganz gut zurecht.»

«Ja ... klar.» Ich nickte. «Mach das.»

«Okidok.»

Und weg war er.

Ich starrte auf den leeren Türrahmen, unfähig, mich auch nur einen Zentimeter zu rühren. Wenn in diesem Moment jemand reingekommen wäre, hätte das gleich die nächste besorgte Nachfrage gegeben.

*Ach was, mir geht's bestens. War nur nicht drauf gefasst, dass mir jemand meinen eigenen Porno schickt.*

Ich schloss die Augen. Auf drei ...

Eins ... zwei ... Ich ballte die Hände zu Fäusten.

Ruckartig griffen meine Finger nach der Maus.

Doppelklick.

Der Anfang. Schau auf den Anfang!

Dunkelheit, die undeutlichen Umrisse der Bäume, ein etwas hellerer Schimmer von rechts. Das mussten die Lichter rund um das Theater sein.

Wie weit war die Kamera von uns entfernt gewesen?

Ganz kurz ein härterer Umriss, links im Bild. Zu gleichmäßig für einen Baum. Eher ... Die Litfaßsäule. Ich erinnerte mich, dass ich mich abgestützt hatte, als ich um ein Haar einen meiner neuen Schuhe verloren hatte.

Zwischen den ersten Bäumen, dachte ich. Direkt an der Straße. Zehn, fünfzehn Meter von uns weg.

Noch mal von Anfang an. Die Kamera bewegte sich, ruckelte leicht.

*Pause.*

Irgendjemand hat da gestanden und uns gefilmt.

Was sonst, Einstein?

Und er hatte gewusst, wen er im Bild hatte. Wie sonst hätte er mir die Datei zuschicken können?

Wer immer diese Aufnahmen gemacht hatte ...

... er hatte mich in der Hand.

Eine leitende Kriminalkommissarin. Und ein Beteiligter in einem Fall, von dem die ganze Stadt sprach. Ein Beteiligter, der Joachim Merz hieß.

Der Stoff, aus dem die Träume von Journalisten waren.

Und die Albträume von Polizisten.

Die Pressemeute würde sich sämtliche Finger lecken.

Wie sollte ich ...

«Hannah!»

Reflexartig schloss ich das Programm.

Nils Lehmann. Ich sah das Flackern in seinen Augen.

Der Durchbruch.

Ich spürte es. Es war wie ein Blitz, kurz, aber heftig. Dasselbe Gefühl wie vorhin, als ich Matthiesen Anweisungen gegeben hatte, sich die Aufstellungen ganz genau anzusehen.

Und für Sekunden drängte es alles andere beiseite.

«Was habt ihr?», flüsterte ich.

«Die Abrechnungen! Freiligrath hat praktisch keine regelmäßigen Einkünfte, mit einer einzigen Ausnahme: Er hat einen Beratervertrag – aus dem Knast raus! Einen Beratervertrag mit ...» Ein keuchender Atemzug. «... mit dem alten Neverding!»

Ich kniff die Augen zusammen. Das war ...

Das war *viel mehr* als ich von den Auswertungen der Finanzen hatte erwarten können!

Das war ein Ergebnis, auf das ich aus Fabers Nachforschungen gehofft hätte! Eine uralte Verbindung, bis heute aktiv – bis in den abgeschotteten Trakt der Klinik hinein! Eine Verbindung noch dazu, bei der eine Menge Geld im Spiel war.

Grund genug für eine groß angelegte Polizeiaktion? Kaum. Und trotzdem.

Ich betrachtete meinen Desktop, leer bis auf das Sternsymbol der Hamburger Polizei.

Und meinen nun zum fingernagelgroßen Icon geschrumpften, Videodatei gewordenen Albtraum.

Du hast nicht den Luxus, jetzt darüber nachzudenken!

«Ich habe den Eindruck, wir sollten uns da mal ganz schnell mit jemandem unterhalten», murmelte ich.

• • •

«Ich freue mich, Herr Albrecht.» Der Traumfänger balancierte zwei Tassen Kaffee samt Untertassen in den Händen und hielt dem Hauptkommissar eine von ihnen entgegen, bevor er sich ihm gegenüber seitlich auf der Couch niederließ. «Ich freue mich, dass Sie sich doch noch entschlossen haben, meine Einladung anzunehmen. Sie können sich nicht vorstellen, wie selten ich in letzter Zeit Gelegenheit zu einem richtig guten Gespräch habe.»

Überraschend, dachte Jörg Albrecht.

Sosehr er in dieser Hinsicht in einem Boot saß mit seinem Gegenüber: Zumindest hatte er keinen aktiven Anteil daran, dass seine Gesprächspartner sich über den Jordan verabschiedeten.

Der Hauptkommissar nippte am Kaffee, der überraschend gut war.

«Und?», erkundigte sich Freiligrath. «Wie war Ihr Abend noch?»

Albrecht grunzte.

Warnend hob der Traumfänger eine Augenbraue.

«Danke», brummte der Hauptkommissar. «Ich kann nicht klagen. Dr. Freiligrath …»

«Sie haben sich Ihre Frage überlegt?»

Albrecht hielt dem Blick des Mannes stand. Ein Blick, der ungewöhnlich war.

Freiligrath sah ihm definitiv direkt in die Augen. Nicht auf die Stirn, nicht auf die Nase. In die Augen. Und er reagierte nicht, wenn Jörg Albrecht diesen Blick zurückgab.

Der Hauptkommissar nickte.

Ja, er hatte überlegt. Die halbe Nacht hatte er gegrübelt, den gesamten Morgen. Sogar während des Gesprächs bei Rabeck. Noch auf der Fahrt hierher, schweigend neben Maja Werden im Wagen, hatte er gegrübelt.

Die Gegenstände im Raum der Ermittlung. Die Verbindungslinien, die sich zwischen diesen Gegenständen spannen ließen.

Vorausgesetzt, Freiligrath wusste tatsächlich etwas – und davon musste Albrecht nach wie vor ausgehen. Falls das nicht zutraf, war sein gesamter Ansatz falsch ...

Vorausgesetzt, Freiligrath wusste tatsächlich etwas, war es eine Frage der richtigen Strategie, ihm diese Information zu entlocken.

Diese Strategie konnte nur darin bestehen, den Mann zum Reden zu bringen. Freiligrath wünschte ein wissenschaftliches Gespräch?

Dem Manne kann geholfen werden, dachte Jörg Albrecht.

Wenn es ihn nur zum Reden bringt.

Ein Gespräch mit einem Gutachter, einem Sachverständigen. Maja Werden hatte dem Hauptkommissar diese Brücke gebaut, als Dr. Seidel drauf und dran gewesen war, sich gegen Albrechts Ansinnen zu sperren.

Es hatte eine Weile gedauert, bis ihm klar geworden war, wie nahe sie der Wahrheit gekommen war.

Ein Gespräch mit einem Sachverständigen.

Einem Sachverständigen der Angst.

Der Hauptkommissar würde höllisch aufpassen müssen, auf jeden Halbsatz, jeden Zwischenton. Er würde gezwungen sein, sich vorzutasten, vom allgemeinen zum konkreten Fall, und dabei seinerseits jeden Augenblick auf Fangfragen des Psychologen gefasst sein müssen.

Albrecht nickte, wie zu sich selbst. «Was mich interessieren würde ...» Er setzte die Untertasse auf seinem Oberschenkel ab. «Sie haben sich mit dem Phänomen der Angst beschäftigt wie kaum ein zweiter Mensch. Was ist das: Angst? Sie haben uns gestern ein ... sagen wir, ein Beispiel gegeben: Todesangst.»

Freiligrath hob die Hand.

Für einen Atemzug musste Albrecht an Heiner Schultz denken. Wie eine Travestie auf die Einhalt gebietende Geste des alten Mannes.

«Unser Beispiel war in mancher Hinsicht ungeschickt gewählt», gestand der Psychologe. «Nehmen Sie etwa diese Tasse Kaffee.» Ein Nicken zu Jörg Albrechts Oberschenkel. Eine Sekunde Schweigen, bis der Hauptkommissar der Blickrichtung folgte. «Möglicherweise – aber eher unwahrscheinlich – haben Sie einen leicht metallischen Beigeschmack bemerkt. Er lässt sich daraus erklären, dass Arsen zu den Halbmetallen zählt. Unter Umständen verspüren Sie auch bereits ein leichtes Missgefühl im Magen und ... ungefähr *jetzt* stellen Sie fest, dass Ihre Hände kalt werden – eine erste Folge des beginnenden Kreislaufabfalls. Ähnlich der leichte Schwindel, der kalte Schweiß, den Sie ...»

Eine ruckartige Bewegung der Kaffeetasse. Die Brühe schwappte über Albrechts Anzughose. Seine Kehle war wie zugeschnürt. Sein Magen, seine Hände ...

Er starrte den Psychologen an.

«Das ist ein Trick!», flüsterte er. «Sie lügen!»

Max Freiligrath betrachtete ihn aufmerksam, legte den Kopf nachdenklich auf die Seite und musterte Albrechts Gesicht, seine Hände.

«Sie sagen es», bestätigte der Traumfänger. «Und doch haben Sie soeben sämtliche von mir beschriebenen Symptome verspürt, welche im Fall einer Arsenvergiftung zwar ähnlich, aber schwerlich so rasch eintreten würden. Weil es sich in Ihrem Fall nämlich um eine Symptomatik manifester Angst handelt.»

Ein Sachverständiger?

Ein Irrer!

Schlimmer: beides gleichzeitig!

Albrecht biss die Zähne aufeinander. Er hatte es gewusst. Mit exakt einer solchen Teufelei hatte er gerechnet.

Doch wenn er tatsächlich damit gerechnet hatte ... Sein Herz schlug Purzelbäume. Die Tasse klapperte auf der Untertasse. Albrecht musste mit der zweiten Hand zufassen.

«Tremor», erklärte Freiligrath. «Unkontrolliertes, hochfrequentes Muskelzittern ist ein weiteres Symptom.»

Aufmerksam verfolgte er, wie Albrecht die Attacke niederzwang und die Tasse auf den Boden stellte.

«Sehen Sie?» Der Psychologe nahm selbst einen Schluck. «Was Sie eben erlebt haben, war jenes Gefühl, das man gemeinhin als Todesangst bezeichnet. Der Unterschied zum Mechanismus, den wir bei Schwester Dagmar verfolgen durften, besteht darin, dass es sich bei Ihnen um eine reguläre Angst, die sogenannte *existentielle* Angst handelt, die jedem Menschen eigen ist. – Sie wissen, dass ich für den Tod einer Reihe von Menschen verantwortlich bin, und mussten daher von der realen Möglichkeit ausgehen, dass ich auch Sie töten könnte.»

Albrecht presste die Hände flach auf seine Oberschenkel. Alles in ihm schrie danach, sie Freiligrath um den Hals zu legen, er war sich aber nicht sicher, ob er schon wieder die nötige Kraft dafür hatte.

«Bei dem, was Sie jetzt spüren, handelt es sich übrigens um ganz gewöhnliche Wut», bemerkte der Traumfänger. «Ein erkennbar anderes Phänomen. Was nun Schwester Dagmar anbetrifft: Der Zustand, in dem sie sich befand, als ihr Blick auf die *Hyla arborea* fiel, war Ihren eigenen Sinnesempfindungen in physiologischer – also körperlicher – Hinsicht ausgesprochen ähnlich, vermutlich sogar stärker ausgeprägt.

In pyschologischer Hinsicht dagegen trifft das nur höchst eingeschränkt zu. Die Gefahr, die vom Genuss einer mit Arsen versetzten Tasse Kaffee ausgeht, ist als *real* einzuschätzen, während der Anblick eines gepressten und getrockneten Laubfroschs nach aller menschlicher Erfahrung *keine* reale Gefährdung mit sich bringt.

Einem Patienten, der unter einer sogenannten isolierten Phobie leidet, wie die Nekrophobie sie darstellt, ist es intellektuell sehr häufig klar, dass keine reale Gefahr besteht. Nur hat das eben keinerlei Auswirkungen auf die Schwere der Symptomatik.»

Albrecht nickte mit zusammengebissenen Zähnen.

Die Hölle auf Erden, dachte er. Um einen toten Frosch.

«Wobei nicht alle diese irrationalen Ängste das Leben entscheidend einschränken», betonte Freiligrath. «Je nachdem, auf welchen Gegenstand sie sich richten, können die Erkrankten unter Umständen ein nahezu normales Leben führen. Flugangst etwa wird bei vielen Betroffenen überhaupt nicht manifest, weil es sich je nach Lebenssituation ohne weiteres vermeiden lässt, jemals in ein Flugzeug zu steigen.»

Albrecht nickte langsam. «Angst vor dem Autofahren wäre dagegen ein viel gravierenderes Problem», murmelte er.

Mit einem Mal war er hin- und hergerissen.

Einerseits spüre ich nach wie vor den fast unwiderstehlichen Impuls, dir deinen Frosch ins Maul zu stopfen.

Andererseits: Beginne ich nicht tatsächlich, einige Dinge besser zu begreifen?

Das Phänomen der Angst.

Doch half das bei der Ermittlung?

Er musste den Traumfänger zum Weiterreden ermutigen!

«Wie kommt es zu einer solchen Angst?», wandte er sich an den Psychologen. «Zu einer isolierten Phobie?»

Freiligrath hob die Augenbrauen. «Nun ...» Er zuckte die Schultern. «Theorien gibt es wie Sand am Meer. Burnout, posttraumatische Belastungsstörung. Häufig reichen die Ursachen sehr weit zurück. Ein Erlebnis in früher Kindheit. Im Fall Schwester Dagmars vielleicht die bis heute unverarbeitete Konfrontation mit einem Toten. – Wann haben Sie Ihren ersten Toten gesehen, Herr Albrecht?»

«Was?»

«Würden Sie sich den toten Frosch gerne noch einmal ansehen?» Der Blick des Traumfängers war plötzlich verändert. «Würden Sie sich zutrauen, ihn anzufassen, diesen platten, verwesten, verformten toten Frosch?»

«Ich ...» Albrecht schüttelte knapp den Kopf. Ein Gedanke, noch ganz hinten in seinem Hirn, ein Bild ...

Auf einen Schlag begriff er, was vorging.

Und sofort hatte er sich unter Kontrolle.

«Ich kann nicht behaupten, dass ich mich besonders darauf freuen würde», erklärte er kühl. «Aber wenn Sie drauf bestehen, kann ich ihn auch ablecken.»

Freiligrath betrachtete ihn. Sagte kein Wort.

Wieder dieser Blick. Irgendjemand hat einen ganz ähnlichen Blick, ging Albrecht durch den Kopf, aber das war im nächsten Moment wieder weg. Stattdessen der Gedanke, der ganz hinten angeklopft hatte. Das Bild.

Freiligrath schlug die Beine übereinander. «Bitte, Herr Albrecht. Erzählen Sie mir doch davon. Erinnern Sie sich an die Umstände? Wann haben Sie Ihren ersten Toten gesehen?»

Reißendes braunes Wasser. Die Baumwurzel. Die Spinnenbande. David ... *Boss, ich hab dich! ... Verdammt!*

Albrecht neigte den Kopf hin und her. «Lange her», stellte er fest. «Vielleicht mein Großvater. Da war ich elf oder zwölf. Tut mir leid. Keine Ahnung.»

Freiligrath stand ganz langsam auf. «Sie entsinnen sich, Herr Albrecht? Wir beide haben eine Vereinbarung.»

Schon war er am Tisch. Der Knopf für den Schwesternruf.

«Halt!»

Der Mann blieb tatsächlich stehen.

«Kein Betrachter», betonte Jörg Albrecht, «kein Betrachter kann einen unvoreingenommenen Blick auf ein Bild werfen, wenn er selbst ein Teil des Dargestellten ist. Diese Geschichte wäre *meine* Geschichte. Wo bliebe der wissenschaftliche Anspruch?»

Der Psychologe drehte sich in aller Seelenruhe um.

«Nun, mein lieber Herr Albrecht.» Er musterte den Hauptkommissar von oben bis unten. «In einem psychologischen Experiment gibt es zwei Kategorien von Mitwirkenden. Es gibt den Wissenschaftler – und es gibt den Probanden.»

Kein Arsen diesmal, doch das Gefühl in Albrechts Magen war dasselbe.

Seine Augen verengten sich. «Ich *denke* nicht daran!», zischte er. «Ich denke nicht daran, mich auf eins Ihrer Spielchen einzulassen!»

Freiligrath hob die Schultern. «Kein Problem.» Er nickte zur Tür. «Ich habe meine Hilfe nicht aufgedrängt. Doch unter diesen Umständen hat es keinen Sinn, wenn wir dieses Gespräch fortsetzen.»

Der Hauptkommissar blieb sitzen, wie vor den Kopf gestoßen.

Der Mann meinte es ernst.

«Lassen Sie uns ...», begann Albrecht.

«Nein.» Scharf. Wie ein trockener Zweig, der bricht. «Nicht unter diesen Umständen.» Noch einmal betrachtete Freiligrath ihn von oben bis unten. «Überlegen Sie sich ernsthaft, ob Sie meine Bedingungen akzeptieren können oder nicht. Und bereiten Sie sich darauf vor, dass ich *jede* Lüge durchschauen werde. Wir spielen nach meinen Regeln, oder wir spielen überhaupt nicht.»

Mechanisch stand Albrecht auf. Ein wissenschaftliches Gespräch? Ein intellektueller Schwanzvergleich!

Ein Schwanzvergleich, der sinnlos war, wenn eine der beiden Seiten mit gezinkten Karten spielte.

Überlegen? Wozu überlegen?

Es gibt Grenzen, dachte Jörg Albrecht.

Hier sind sie erreicht.

Er nickte dem Mann knapp zu, im Begriff, den Raum zu verlassen. Max Freiligrath war eine Sackgasse, er hätte es viel früher erkennen müssen.

Doch der Traumfänger hielt seinen Blick fest.

«Natürlich –» Ein Wort wie ein überraschender Hieb mit dem Florett. «Natürlich ist mir klar, dass Sie längst auf der Suche nach einem anderen Sachverständigen sind, in dem Sie mit Ihrem pseudowissenschaftlichen Instrumentarium herumstochern können ...»

Albrecht starrte ihn an. Wolfram? Dachte der Mann an Horst Wolfram?

Pass auf! Merke dir, was gerade passiert! Ob du es begreifst oder nicht: Merke dir, was gerade passiert!

Freiligraths Gesichtsausdruck hatte sich verändert, kaum zu erkennen, doch Albrecht war sich hundertprozentig sicher, dass er das kurze Aufblitzen gesehen hatte.

«Möglicherweise haben Sie ihn sogar schon gefunden», murmelte der Traumfänger. «Ich fürchte nur, dass Sie bei aller Stocherei nichts Hilfreiches erfahren werden.»

• • •

«Focco Neverding? Und ihr seid euch hundertprozentig sicher?» Ich schüttelte den Kopf.

Er wurde nicht klarer davon.

Immer wieder kamen die Bilder meiner lustverzerrten Gesichtszüge zu mir zurück. Nein, nicht eigentlich *verzerrt*. Lächerlich. Schlicht und einfach lächerlich.

«Einhunderteinprozentig», kam es von der Rückbank.

Wir saßen in einem unserer Dienstwagen, Kurs raus nach Bergedorf. Nils Lehmann saß am Steuer, ich daneben, Klaus Matthiesen hinter uns. Ich hörte das Rascheln, als er in seinen Computerausdrucken blätterte.

«Anscheinend hat er sich keinerlei Mühe gegeben, das zu verschleiern. Die Bankverbindung gehört zu einer seiner privaten Stiftungen, aber er persönlich ist der einzige Verfügungsberechtigte. Wenn man Freiligraths Konto mal hat, ist es ein Kinderspiel, das zuzuordnen. Und streng genommen: Schließlich ist es Neverdings Geld. Wenn er damit einen psychologischen Gutachter bezahlen will, den er von früher her kennt ... selbst wenn der gerade in der Anstalt sitzt: Verboten ist das nicht.»

«Nein», murmelte ich. «Verboten ist das nicht.» Ich sah geradeaus und kniff plötzlich die Augen zusammen. «Was meinst du damit: Wenn man das Konto mal hat?»

Ein Rascheln. «Das ist das Einzige, das etwas ungewöhnlich ist», gab Matthiesen zu. «Freiligrath selbst lässt das Geld noch einmal über mehrere Zwischenstationen laufen. Er hätte ...»

Plötzlich brach er ab.

«Klaus?» Ich klappte den Schminkspiegel runter, sah aber nur sein schütteres Haupthaar. «Was ist los?»

«Das ist seltsam», murmelte er.

«Stimmt was nicht? Doch nicht Neverding?»

Lehmann hatte den Fuß bereits vom Gaspedal genommen.

«Nein.» Blättern, Knittern. «Nein, nein ... Neverding ist definitiv unser Mann, aber mit Freiligraths Konten ist etwas ...»

«Versuch's mir zu erklären!»

Er blickte auf. «Es ist aber kompliziert», warnte er.

«Versuch's trotzdem!»

Ein Seufzer, Kopfschütteln.

Vor uns die IKEA-Abfahrt. Zehn Minuten bis Bergedorf, wenn alles frei war. Ich hatte nicht den Fehler gemacht, vorher anzurufen, ob uns jemand für ein Gespräch zur Verfügung stehen würde. Was auch immer es nun mit den Konten auf sich hatte: In Fällen wie diesem war die Verdunkelungsgefahr unser größter Feind. Die zuständigen Kollegen waren bereits informiert. Ein Fingerschnippen, und sie würden Neverdings Konten einfrieren, von einer Sekunde auf die nächste.

«Es gibt Möglichkeiten, Konten sozusagen unsichtbar zu machen», erklärte Matthiesen. «Das funktioniert natürlich nicht hundertprozentig, aber wer es drauf anlegt, kann es uns sehr, sehr schwer machen, nachzuvollziehen, wie welches Geld von wo nach wo gewandert ist. Genau das ist meist der Hintergrund, wenn eine Summe über mehrere Stationen läuft. Und tatsächlich waren auch in diesem Fall einige der Stationen praktisch unsichtbar.»

«Aber du konntest trotzdem nachvollziehen, was passiert ist.»

Pause. Rascheln. Ein Blick in den Schminkspiegel. Matthiesen sah von einem Ausdruck zum nächsten.

«Das konnte ich», murmelte er. «Weil sich vor drei Tagen etwas verändert hat. Nicht allein, dass sie nicht mehr unsichtbar sind, nein. Das ist, als ob jemand mit dem ausgestreckten Zeigefinger ...» Er schüttelte den Kopf. «Vor drei Tagen. An dem Tag, an dem Ole Hartung gestorben ist.»

· · ·

Es gab ein paar Leute in der Freien und Hansestadt Hamburg, mit denen man sich besser nicht anlegen sollte.

Etliche dieser Exemplare hatten wir direkt vor der Bürotür, auf dem Kiez, doch das war im Vergleich sogar die sympathischste Sorte von Totschlägern: Typen nämlich, die sich noch selbst die Hände schmutzig machten.

Die wirklich gefährlichen Typen tragen Anzug und Krawatte, überall auf der Welt.

Mit Focco Neverding war das nun schwierig.

Der Mann hatte sich hochgearbeitet, seine Reederei praktisch aus dem Nichts aufgebaut – und er war dabei nicht unbedingt zartfühlend mit seinen Konkurrenten umgegangen.

Doch das war eben nur der *eine* Focco Neverding. Man hätte auch sagen können, der *alte* Focco Neverding, wobei er inzwischen logischerweise mehr Jahre auf dem Buckel hatte. Der Mann musste über achtzig sein, doch es gab heute nur noch wenige Geschäftsleute, die den alten hanseatischen Kaufmann so verkörperten, wie der Inhaber der *Neverding Holding* das tat.

Er hatte gelernt. Ich hatte mir immer vorgestellt, dass der Mann in der ersten Hälfte seines Lebens einfach so viel Geld gescheffelt hatte, dass er es irgendwann selbst mit der Angst zu tun bekommen hatte. Wer wollte schon enden wie Ebenezer Scrooge aus Dickens' Weihnachtsgeschichte? Die wenigsten.

Und so war der neue Focco Neverding geboren worden.

Der Mann, der aus eigener Tasche Kinderkrippen unterhielt und für den Nachwuchs aus Familien, die sich so was niemals hätten leisten können, Ferienzeltlager organisierte. Der die Tafel in Bergedorf quasi im Alleingang am Laufen hielt – finanziell zumindest. Im Sachsenwald war für Kinder, die, aus welchen Gründen auch immer, nicht bei ihren Familien bleiben konnten, ein ganzes Dorf entstanden.

Mit einem Wort: Wer sich mit Focco Neverding anlegte, musste vielleicht nicht damit rechnen, mit Zement an den Füßen im Hafenbecken zu landen – aber er durfte sich schon mal darauf einstellen, geteert und gefedert aus der Stadt gejagt zu werden.

Ich verfluchte den Traumfänger.

Ich verfluchte Jörg Albrecht.

Am allermeisten verfluchte ich mich selbst.

Ich sah das Gesicht unseres Herrn und Meisters vor mir, die Stirn voller Sorgenfalten, aus denen die Last der ganzen Welt sprach:

*Das Timing, Hannah.* Düster raunend. *Das Timing ist das Entscheidende.*

Unser Täter selbst gab uns die entscheidenden Informationen.

Er gab sie uns exakt in jenem Augenblick, in dem er sich sicher sein konnte, dass wir zu spät kommen würden.

Vor drei Tagen hatte irgendjemand dafür gesorgt, dass die Freiligrath-Neverding-Verbindung jedem ins Auge fallen musste, der einen schiefen Blick auf einen Kontoauszug des Traumfängers warf.

Ein Hüsteln vom Fahrersitz. Wir waren vor ein paar Minuten von der Autobahn abgefahren und näherten uns nun dem Stammsitz der Holding, einem alten, reetgedeckten Hof in der schnuckeligsten Ecke von Bergedorf.

«Was denkst du?», murmelte Nils Lehmann. Vielleicht lag's ja am Licht – es war bedeckt, wie üblich in den letzten Tagen –, aber irgendwie sah unser Jüngster ziemlich blass aus um die Nase. «Willst du nicht doch besser nachfragen, ob das so okay ist?»

Ich schüttelte den Kopf. «Wenn wir sie warnen …»

«Nein. Ich meinte, bei der Präsidentin. Hat die Lorentz nicht selbst mit einem von den Stipendien studiert, die Neverding damals …»

Ich blickte starr geradeaus.

Ich hasse es, dachte ich. Nicht dass ich selbst irgendwie

scharf drauf war, dem Wohltäter der halben Stadt was anzuhängen. Aber dass man Rücksicht nehmen musste, weil der Chef ... oder der Chef vom Chef ...

Doch ich hatte schon mein Handy gezückt. Die Nummer von Isolde Lorentz' Vorzimmer war in der Kurzwahl gespeichert.

«Julia Weber, der Anschluss der Polizeipräsidentin der Freien und Hansestadt Hamburg. Was kann ich für Sie tun?»

Ich verdrehte die Augen. Ich kannte die Dame nicht persönlich, aber mit tödlicher Sicherheit musste sie mal für eine 0190er-Nummer gearbeitet haben.

«Kommissarin Hannah Friedrichs, PK Königstraße. Ich leite die Ermittlungen im Fall Hartung / Ebert / Stahmke ...»

«Es tut mir fürchterlich leid, Frau Friedrichs, aber die Frau Polizeipräsidentin ist leider in einer wichtigen Besprechung. – Kann ich etwas für Sie tun?»

Ich holte Luft. Lehmann hatte recht. Wir konnten unmöglich in die Neverding-Zentrale marschieren, ohne das mit irgendjemandem abgesprochen zu haben. Und Jörg Albrecht kam nicht in Frage. Solange er sich nicht meldete, musste ich damit rechnen, dass er noch mit dem Traumfänger beim Kaffee saß.

«Doch, ich denke, das können Sie, Frau Weber», sagte ich freundlich. «Sie holen Isolde Lorentz jetzt auf der Stelle aus ihrer Besprechung, oder ich sorge dafür, dass Sie persönlich die Konsequenzen tragen, wenn durch Ihre Schuld ein weiterer Mensch sterben muss!»

Ein Japsen am anderen Ende. Im nächsten Moment hörte ich, wie ein Bürostuhl zurückgeschoben wurde.

Lehmann brachte den Wagen zum Stehen. Hoch über uns, an der blendend weiß gekalkten Zufahrt prangte ein stilisiertes Segelschiff, rundherum in goldenen Lettern der Schriftzug *Neverding*.

Nils Lehmann musterte mich. Seine Augenbrauen verschwanden unter seiner Frisur.

«Du arbeitest eine Menge mit dem Chef in letzter Zeit», stellte er fest.

Geknister, Gemurmel an meinem Ohr, im nächsten Moment war meine Dienstherrin am Apparat.

So knapp wie möglich schilderte ich ihr, was wir in der letzten halben Stunde herausgefunden hatten – und was wir in der *nächsten* halben Stunde vorhatten.

Schweigen. Sekundenlang.

«Frau Lorentz?», fragte ich vorsichtig.

«Sie sind schon vor Ort? Vor dem Gebäude?» Ihre Stimme klang anders als gerade eben noch.

«Zwanzig Meter vom Eingang», bestätigte ich.

Ein tiefes Seufzen. «Sie werden da nicht reingehen.»

Ich holte Luft. Meine Finger waren plötzlich eiskalt.

Zwei Möglichkeiten, schoss es mir durch den Kopf: Du sagst okay und kannst dich nie wieder im Spiegel ansehen – dafür sitzt du in ein paar Jahren auf Albrechts Platz. Oder du machst jetzt den Mund auf und kannst dich dafür von deiner Bullenkarriere verabschieden.

Ich machte den Mund auf …

Doch ich kam nicht zum Reden.

«Focco Neverding hat sich vor einigen Monaten aus dem operativen Geschäft zurückgezogen.» Ein schwerer Atemzug. «Sie werden ihn im Geschäftshaus nicht antreffen. In seiner Villa auch nicht. Aber ich weiß, wo er zu finden ist. Fahren Sie jetzt in Richtung Sachsenwald, auf den Parkplatz am Garten der Schmetterlinge in Friedrichsruh. Dort treffen wir uns in dreißig Minuten.»

Ein Knacken. Aufgelegt.

Nils Lehmann starrte mich an und bekam den Mund nicht wieder zu.

• • •

Düstere Wolken ballten sich über Jörg Albrechts Haupt zusammen.

Er stampfte die Treppe von der Station 62.b hinunter.

Rausgeworfen.

Erst wenn er sich besonnen habe, ob er die Bedingungen des Herrn verurteilten Mörders aus vollem Herzen akzeptieren könne, war Maximilian Freiligrath bereit, ihn noch einmal zu empfangen in seinem Luxusappartement samt Studierstube in der Sommerfrische von Königslutter.

Albrechts Lippen bewegten sich, doch kein Ton war zu hören.

*... schwerste körperliche Arbeit! Keine Chance auf Begnadigung!*

«Keine!», zischte er.

Am Fuß der Treppe stand ein junges Mädchen, die Hände unsicher am Bündchen eines verwaschenen Pullovers. «Entschuldigung ...»

«Keine Feuerwehr!», knurrte Albrecht. «Nicht die kleinste!»

Mit einem piepsenden Laut stolperte das junge Ding zurück.

Der langgezogene Flur, der zur Zentrale der Abteilung führte. Maja Werden lehnte an der Rezeption und sprach mit einer für Albrecht nicht sichtbaren Person.

«Maja!»

Die Doktorandin fuhr herum und sah ihm verwirrt entgegen.

Albrecht biss die Zähne aufeinander. Kein Mensch hatte seinen Kasernenhofton weniger verdient.

«Nicht mein Tag», brummte er. «Entschuldigung.»

Ruhig betrachtete sie ihn von oben bis unten. «Er hat nichts gesagt?»

«Er hat viel zu viel gesagt. – Kommen Sie!» Er blieb stehen. «Ich meine, wenn Sie Zeit haben. Ich müsste, äh, nach Braunschweig zurück. Zum Bahnhof.» Mit dem Wagen war ja Friedrichs zurückgefahren. «Oder wenn es hier irgendwo eine Autovermietung gibt ...»

«Ich fahre Sie.» Maja Werden nickte der Dame hinter der

Rezeption zu und griff schon nach ihrem Autoschlüssel. «Was ist denn passiert?», fragte sie leise. «Er ist doch nicht ...»

«Er kann froh sein, dass ich ihn nicht erwürgt habe!»

«Er ist noch nie gewalttätig geworden», sagte Maja Werden ernst.

«Stellen Sie sich vor», blaffte er. «Das würde Wolframs Tochter verflucht noch mal anders sehen!»

Ihr Blick veränderte sich, nur für eine halbe Sekunde, doch es reichte aus, um ihn die Zähne zusammenbeißen zu lassen.

«Entschuldigung», murmelte er. «Ich vergesse immer wieder, dass Sie nicht ...» Er schüttelte den Kopf. *Dass Sie keine von meinen Mitarbeitern sind, die ich anschnauzen darf, wie es mir passt?* Wie mussten die Kollegen sich fühlen, wenn er in diesem Ton mit ihnen umsprang?

Die Tür ins Freie. Automatisch wollte der Hauptkommissar sie für die junge Frau öffnen, doch im selben Moment ertönte der Summton des elektronischen Mechanismus, den der Mann in der Pförtnerloge betätigt hatte. Ihre Handys hatten sie diesmal gleich im Wagen gelassen.

«Dieser Fall hat so viele Dimensionen», sagte Albrecht leise. «Sie sind viel zu jung, um sich an die Geschichten von damals zu erinnern, doch glauben Sie mir: Ob dieser Mann sich nun in diesem konkreten Fall nach den Buchstaben des Gesetzes schuldig gemacht hat oder nicht – er ist ein böser Mensch.»

Maja Werden öffnete die Zentralverriegelung ihres Wagens. Albrecht ließ sich auf den Beifahrersitz sinken. Seltsamerweise hatte er bei ihr keine Probleme, wenn sie am Steuer saß. Sie fuhr zügig, aber diszipliniert.

«Böse Menschen gibt es nicht», sagte sie, als sie den Rückwärtsgang einlegte. «Das Einzige, was existiert, sind Kausalitäten. Psychologie ist eine Wissenschaft ganz nah am Menschen, aber auch sie ist eine Wissenschaft. Alles hat eine Ursache. In der Psychologie ist sie oft sehr schwer zu erkennen, aber niemand ist einfach so *böse*. Sie werden kaum einen Täter finden, der nicht vorher einmal Opfer gewesen ist.»

«Und deshalb gibt es keine bösen Menschen mehr? Deshalb sollen wir aufhören, die Täter zu bestrafen?» Er drehte sich zu ihr, doch sie sah weiter geradeaus und bog aus der Hofeinfahrt in die Straße, die an den grau verputzten Gebäuden entlang hinunter in den Ort führte. «Wie Sie argumentieren ...» Er schüttelte den Kopf. «Das wäre das Ende einer jeden persönlichen Verantwortung!»

«Das habe ich nicht gesagt.» Ihr Blick blieb weiterhin auf die Straße gerichtet. «Wer einem anderen Menschen schadet, muss die Konsequenzen tragen. Das ist die einzige Möglichkeit, einen Lernprozess in Gang zu setzen. Und ich habe absolut keinen Zweifel, dass auch Max Freiligrath in der langen Zeit gelernt hat.»

Dito, dachte Albrecht. Fragt sich nur, was er gelernt hat.

«Ich erzähle Ihnen alles, bevor ich verschwinde», seufzte er. «Versprochen. Aber später, bitte. – Wir setzen uns irgendwo rein und trinken was.» Die B1 in Richtung Braunschweig und zur Autobahn. «Nur keinen Kaffee», murmelte er.

Ein kurzer Blick aufs Handy. Er musste Friedrichs anrufen, aber ...

Nein, dachte er. Später.

Mit einem drei Sekunden langen Druck auf den roten Knopf schaltete er den Apparat aus.

# zehn

D reiunddreißig», bemerkte Nils Lehmann.

Bei fünfundzwanzig Minuten hatte er angefangen zu zählen, und mittlerweile war ich kurz davor, ihm an die Gurgel zu gehen.

Isolde Lorentz verspätete sich – um hundertachtzig Sekunden bisher, doch jeder von uns wusste, dass das Verkehrsnetz im Osten Hamburgs ständig kurz vor dem Infarkt stand. Niemand konnte sagen, ob er von Winterhude bis in den Sachsenwald nicht doppelt so lange brauchen würde wie angepeilt.

Nicht dass ich nicht selbst jede Minute verfluchte, die wir auf dem Waldparkplatz voller idyllischer Schlaglöcher hinter dem Fürst-Bismarck-Museum warten mussten. Jede Minute, die ich Zeit zum Grübeln hatte.

Die Polizeipräsidentin konnte im Stau stecken. Genauso gut war es möglich, dass sich in genau diesen Minuten sämtliche Beweise am Stammsitz der Neverding Holding in Luft auflösten. Aber hätte das nicht so oder so passieren können, nachdem wir einmal mit dem alten Herrn gesprochen hatten? Schließlich hatten wir keinen Durchsuchungsbefehl.

«Vierunddreißig», seufzte Lehmann.

Warum zur Hölle rief Albrecht nicht an?

Natürlich: Ich hatte die Leitung. Aber der Punkt, den wir jetzt erreicht hatten ... Neverding ... Das fühlte sich einfach ein bis zwei Nummern zu groß an für mich.

Und mit Matthiesen und Lehmann konnte ich das Für und Wider meines Vorgehens unmöglich diskutieren. Autoritätsspielchen. Für Jörg Albrecht war das nie ein Problem: Er war der Chef. Kein Mensch konnte das in Frage stellen. Doch ich kannte die Situation nur zu gut, wenn Faber oder Matthiesen vertretungsweise die Leitung hatten. Alle paar Minuten kam einem der Gedanke: *Das* würdest du jetzt anders machen. Und ich selbst ...

Du bist eine Frau, dachte ich. Die einzige in der Mannschaft seit Kerstins Tod. Und wenn Max Faber und die anderen Kerle sich tausend Mal für emanzipiert hielten: *Niemand* sollte mir erzählen, dass sie diesen Umstand vollständig aus ihren Hirnen gelöscht hatten.

Und wenn das Video, dieses gottverfluchte Video ...

Nils Lehmann holte Luft.

«Halt – den – Mund!», knirschte ich.

Ein Blinzeln. Er legte den Kopf auf die Seite.

Motorengeräusch.

Ich beugte mich zum Seitenspiegel.

Ein dunkler BMW. Ein Privatfahrzeug, doch die grotesk toupierten roten Haare waren unverkennbar.

Ein Knacksen in meiner Rippengegend, als ein Teil der Anspannung von mir abfiel.

Die Polizeipräsidentin stieg aus dem Wagen, klappte eine nachtschwarze Sonnenbrille zusammen und steckte sie in die Brusttasche ihres Hosenanzugs. Darüber trug sie eine Jack-Wolfskin-Jacke, die ich ihr nicht zugetraut hätte.

Mit raschen Schritten kam sie auf uns zu, während wir selbst noch ins Freie kletterten.

«Danke», sagte sie knapp – in meine Richtung. Die beiden Männer nahm sie kaum zur Kenntnis.

Ich hob die Schultern. «Wenn wir ins Firmengebäude marschiert wären, und er ist gar nicht da, wäre das kaum in die richtige Richtung gegangen.»

Lorentz verzog das Gesicht. «Sie hätten überhaupt nicht erfahren, ob er da ist, weil Sie in diesem Unternehmen ohne richterliche Anordnung nicht mal an der Rezeption vorbeigekommen wären.»

Ihr Blick löste sich von mir, schweifte über den Parkplatz. Kein einziges Fahrzeug zu sehen mit Ausnahme unserer beiden Wagen. Ende Oktober war die Schmetterlingssaison vorbei.

Ein geschotterter Spazierweg. Rechter Hand ging es zu den Schmetterlingen, linker Hand in Richtung Wald.

Lorentz bog nach links. Hundert Meter, zweihundert. Wir folgten ihr stumm. Jetzt Wald, auf beiden Seiten.

«Da drüben», murmelte die Polizeipräsidentin.

Erst als ich ganz genau hinschaute, sah ich die Lücke im Gebüsch.

Isolde Lorentz ging schnurstracks auf diese Lücke zu und duckte sich unter den Zweigen durch, ohne groß darauf zu achten, ob ihr frisurtechnisches Wunderwerk dadurch in Gefahr geriet.

Ein Loblied auf die Haarspange, dachte ich, als ich ihr folgte und Nils Lehmann hinter mir schimpfen hörte.

Ein Waldweg, schnurgerade, gesäumt von einer planmäßig angelegten Allee. Der Boden bedeckt mit totem Laub: Eichenblätter, leuchtendes Rot, sattes Gold, vereinzelt letztes stumpfes Grün.

Dass etwas, das tot ist, so schön sein kann, fuhr mir durch den Kopf.

Ein Herbstgedanke, ein Ende-Oktober-Gedanke. Dass wir seit Tagen von einer Leiche zur nächsten stolperten, machte ihn nicht weniger morbide.

Wobei mir nicht viel Zeit für Grübeleien blieb. Die Polizeipräsidentin schien zu wissen, wohin sie wollte: immer geradeaus.

Ich schloss zu ihr auf.

«Nach allem, was ich weiß, ist Focco Neverding seit Monaten nicht mehr im Büro gewesen», sagte sie mit gedämpfter Stimme. Zehn Meter hinter uns raschelten Matthiesen und Lehmann wortlos durchs Laub. «Wir haben uns früher häufiger gesehen – um die Stipendiaten hat er sich immer ganz besonders gekümmert. Zwei Mal im Jahr gab es ein Treffen in seiner Wald-hütte. Er wollte in allen Einzelheiten wissen, was wir für Fort-schritte machten.» Sie warf mir einen Blick zu. «Mir hat das gut gefallen, können Sie sich das vorstellen? Nicht die Sorte Stipen-dium, die nach dem Gießkannenprinzip ausgeteilt wird, und keiner weiß so recht, warum.»

«Und er wusste ganz genau, warum?»

Ihre Augen wurden schmaler. «Sie können mir glauben oder nicht: Nicht ein einziges Mal, seitdem ich auf meinem Stuhl sitze, hat Focco Neverding mich um irgendeine Art von Gefallen gebeten. Wenn das Ihre Vorstellung von ihm ist, haben Sie eine falsche Vorstellung.»

*Und zwar von uns beiden*, dachte ich. Aber das sagte sie nicht laut.

Ich biss mir auf die Zunge. Ich hatte keine besondere Vorstel-lung von den beiden. Wie tief ließ es blicken, dass die Frau nach einem Brocken schnappte, der gar nicht da war?

«Diese ... Hütte», sagte ich stattdessen. «Sie denken, dort hält er sich auf? Eine Art Treffpunkt für Leute, die er besonders ge-fördert hat?»

«Diese Hütte ist eine Hütte», erwiderte Lorentz kühl. «Sein Rückzugsort. In den letzten Jahren war er immer häufiger dort. Vielleicht ist er krank ... ich weiß es nicht. Alt ist er auf jeden Fall. Wahrscheinlich will er einfach nur seine Ruhe. Der Wald hier gehört schon ihm, riesige Flächen, fast bis an die Autobahn. Aus der Gegenrichtung gibt es eine Zufahrt, die auch zum Ferienlager führt, zum Kinderdorf. Aber da würde man uns sehen.»

Hier demnach nicht, dachte ich. Die Frau meinte es ernst.

Eine Weile gingen wir schweigend nebeneinanderher. In un-serem Rücken Gemurmel meiner beiden Kollegen.

Schließlich wurde Isolde Lorentz langsamer. Ich hatte den Eindruck, dass sie nach etwas Ausschau hielt. Mehrfach schon hatten wir andere Waldwege überquert, die sich schnurgerade nach links und rechts zogen.

An einer Kreuzung, die sich in meinem Augen durch nichts von ihren Vorgängern unterschied, bog Lorentz nach links ab und sah jetzt aufmerksamer in den Wald zu beiden Seiten. Noch waren die Bäume nicht vollständig kahl, aber der Wald sah gepflegt aus ... bewirtschaftet. Wenig Unterholz. Eine seltsame Stimmung unter dem Blätterdach: bunt und traurig zugleich.

Plötzlich blieb die Polizeipräsidentin stehen und nickte nach rechts.

Ich kniff die Augen zusammen. Ein kleiner Hügel mitten im Wald?

Nein, ein Haus, ein Blockhaus! Das Dach reichte fast bis zum Boden und war zusätzlich mit Grassoden bedeckt. Der Weg führte vielleicht fünfzig Meter daran vorbei, und mit Sicherheit wäre ich tatsächlich vorbeigelaufen, selbst wenn ich gewusst hätte, wonach ich zu suchen hatte.

Lorentz' Mundwinkel zuckte. «Der beste Schutz, nicht wahr? Wenn man einfach übersehen wird. Er war immer stolz, dass er hier nicht mal einen Leibwächter ...»

Sie verstummte. Im ersten Moment verstand ich nicht, warum, doch dann: Sie hatte in der *Vergangenheit* von ihm gesprochen.

Unsere Blicke trafen sich und kehrten dann zurück zu der Hütte. Klein, versteckt, verschmolzen mit der begrenzten Farbpalette des Waldes.

Ein unangenehmes Kribbeln lief mir über den Rücken.

Die Hütte sah tot aus. Unbelebt wie die gesamte Umgebung – oder doch nur so lebendig, wie der gesamte Wald lebendig war, in dem es ständig raschelte und Vögel ihre kehligen Rufe ausstießen.

Wild. Verlassen. Keine Menschenseele.

«Kommen Sie!» Isolde Lorentz' Stimme klang beherrscht.

Ein Trampelpfad zwischen den Bäumen, kaum zu erkennen – und unmöglich zu sagen, wer ihn angelegt hatte: Mensch oder Wildschwein.

Ohne dass ich es wollte, tastete meine Hand über meine Hüfte. Aber unsere Dienstpistolen hingen im Waffenschrank auf dem Revier. Unser ursprüngliches Ziel war schließlich die Zentrale der Holding gewesen.

Der Weg folgte einem Halbkreis um die Hütte herum, beinahe eine angedeutete Schneckenform. Mit jedem Schritt konnte ich jetzt neue Einzelheiten ausmachen. Zum Forstweg hin war das Häuschen getarnt worden, die zur Tiefe des Waldes gewandte Seite dagegen präsentierte sich als schmucker hölzerner Giebel. Ein Fenster im Obergeschoss, zwei weitere links und rechts von der Tür. Die Fensterläden standen offen. Kein Licht aus dem Innern. Sogar einen Schornstein gab es, fast unsichtbar zwischen den Grassoden.

Nicht die Spur einer Rauchwolke.

Drei Stufen führten zu einer Veranda hoch. Ich hatte das Gefühl, dass Isolde Lorentz für den Bruchteil einer Sekunde zögerte. Dann war sie oben und klopfte.

Ich hielt den Atem an.

Schweigen.

«Herr Neverding?» Ihre Stimme klang immer noch beherrscht. «Isolde Lorentz. Ich bin mit einigen meiner Beamten hier. Wir würden uns gerne mit Ihnen unterhalten.»

Die Erinnerung an das heruntergekommene Gelände am Bostelbecker Hauptdeich drängte sich mit Gewalt in meine Erinnerung. Auch Wolframs Tür war uns verschlossen geblieben. Der einzige Beweis, dass im Wohnmobil etwas lebte, war der grauenhafte Laut gewesen, der kaum menschlich geklungen hatte.

Hier herrschte nichts als Schweigen.

Ich kletterte neben die Polizeipräsidentin auf die Veranda. Matthiesen und Lehmann warteten am Fuße der Treppe. Nils

Lehmanns Frisur schien noch eine Spur bizarrer zu Berge zu stehen als gewöhnlich.

Die Polizeipräsidentin legte ein Ohr gegen das Holz. «Herr Neverding?»

Der letzte Versuch, eindeutig.

«Wir kommen jetzt rein», sagte Lorentz lauter, und diesmal hörte ich das Zittern in ihrer Stimme.

Sie drückte die Klinke.

Nicht abgeschlossen.

Ein unterdrücktes Schaben – kein Quietschen.

Halbdunkel, ein Geruch, der sich kaum vom feuchten Laub unter den Bäumen unterschied: dunkel, organisch. Doch schließlich war auch die Hütte selbst kaum von ihrer Umgebung zu unterscheiden.

Sogar der Teppich, eine Art Fußmatte hinter der Türschwelle, fühlte sich an wie Waldboden.

«Herr Neverding?»

Die Polizeipräsidentin machte zwei Schritte in den Raum. Soweit ich erkennen konnte, nahm er das gesamte Innere der Behausung ein.

Ich war direkt hinter ihr, versuchte mich neben sie zu schieben.

Meine letzte Trainingsstunde im waffenlosen Kampf lag zweifellos kürzer zurück als bei ihr.

Ein gemauerter Kamin, verschiedene rustikale Sitzgelegenheiten. Ein gepolsterter Sessel ...

Die Gestalt war so klein, dass ich sie im ersten Moment gar nicht gesehen hatte.

Eine Wolldecke lag über Neverdings Beinen, seine Arme auf den Sessellehnen.

«Herr Neverding?»

Eine Bewegung in seinem Gesicht. Ich atmete auf.

«Herr Neverding?» Isolde Lorentz streckte die Hand nach seiner Schulter aus ...

Tausend Dinge geschahen gleichzeitig.

Die Polizeipräsidentin berührte vorsichtig den Oberarm des Mannes. Neverding schien sich zu regen, sein Oberkörper beugte sich ihr entgegen ...

In diesem Moment hatte Matthiesen – oder Lehmann – den Lichtschalter gefunden. Gelbes Licht von der Decke.

Neverding beugte sich vor und ...

Ein Poltern. Ein Gegenstand, der direkt vor meinen Füßen auf den Boden schlug.

Ein Schrei. Lorentz stolperte rückwärts.

Das Etwas zu meinen Füßen, noch immer in Bewegung, handballgroß, gräulich fahl, jetzt kam es zum Liegen.

Ein Kopf.

Eine verzerrte Fratze, verweste Haut, Larven in wimmelnder Bewegung. Die Lippen von den Zähnen zurückgezogen. Die Augen ...

Keine Augen.

Ein Hundertfüßler wand sich Glied für Glied aus einer der Augenhöhlen und verschwand in den Fugen des roh gezimmerten Fußbodens.

• • •

«Jetzt halten Sie doch bitte etwas mehr Abstand!» Martin Euler bewegte kaum die Lippen, während er die Sonde in die Bauchhöhle des Toten einführte. «Bei diesem Zustand des Objekts kann der geringste Fehler verhängnisvolle Folgen haben.»

Verhängnisvolle Folgen? Ich lehnte an der holzverkleideten Wand und betrachtete die Szene wie von weit, weit weg. Eine an einen Sessel gefesselte Leiche im fortgeschrittenen Zustand der Verwesung. Der Schädel lag drei Meter entfernt auf dem Boden. Sonderlich viel an Verhängnis fiel mir nicht ein, das noch auf Focco Neverding lauern konnte.

«Das ist unmöglich», flüsterte die Polizeipräsidentin – nicht zum ersten Mal in der vergangenen Dreiviertelstunde, die wir auf das Eintreffen unseres Gerichtsmediziners gewartet hatten. «Das ist unmöglich. Einer der ehemaligen Kommilitonen hat ihn vor vierzehn Tagen noch gesehen – lebendig!»

Ich riss mich zusammen. Ganz gleich, was hier vorging, ganz gleich, ob diese Frau meine oberste Vorgesetzte war: Ich war die ermittelnde Beamtin.

«Geben Sie mir seinen Namen?» Ich tastete nach meinem Notizblock.

Isolde Lorentz starrte mich an und schien nicht zu begreifen.

«Er könnte ein wichtiger Zeuge sein», erklärte ich.

Die Frau schüttelte sich. «Nein ... nein, unmöglich ... Er würde nie ...»

«Die Kommissarin meint einen *Zeugen*-Zeugen», kam mir Nils Lehmann zu Hilfe. «Keinen *Dringend-Tatverdächtigen*-Zeugen.»

«Guido Haverkamp», murmelte Lorentz. «Vom Vorstand der Handelskammer. Er war mit seiner Frau hier.»

«Hier in der Hütte?», fragte ich nach.

Die Polizeipräsidentin nickte stumm. Ihre Frisur hatte sich längst in etwas verwandelt, das aussah wie ein Vogelnest.

«Auf jeden Fall müssen wir die beiden um ihre Fingerabdrücke bitten», sagte ich leise in Richtung Lehmann. «Für die Gegenprobe. Damit wir wissen, welche Abdrücke die Spurensicherung außer Acht lassen kann.»

Unser Jüngster nickte. Ich glaubte mich zu erinnern, dass er ein besonderes Faible für Zombiefilme hatte. Jedenfalls schien ihm das Ganze am wenigsten von uns auszumachen.

«Na also», murmelte Martin Euler. Vorsichtig hob er sein chirurgisches Instrument ins Licht. Etwas Winziges, Fahlweißes hing zitternd an der Spitze.

«Eine Made?», erkundigte sich Lehmann.

Euler antwortete nicht sofort, sondern griff in seinen Instrumentenkoffer, holte ein mit einem Korken verschlossenes Glasröhrchen hervor, das er geschickt mit einer Hand öffnete.

«Schht, Kleiner!», murmelte er. «Geht ganz schnell.»

Die Made verschwand in einer farblosen Flüssigkeit am Boden des Röhrchens. Martin Euler verschloss es wieder, schüttelte es kurz und verstaute es in seinem Koffer.

«Nicht einfach eine Made!» Streng sah er Lehmann an, bevor er sich zu Lorentz und mir umdrehte. «Vor vierzehn Tagen, sagten Sie?»

Der Mann musste uns während seiner unappetitlichen Prozedur ganz genau zugehört haben.

«Ich ...» Die Polizeipräsidentin schüttelte den Kopf. «Wir haben uns ... Am zweiten Oktoberwochende habe ich mit Guido gesprochen. Da sagte er, er wäre unter der Woche hier gewesen. Also vor zwei oder drei Wochen. Es ging ihm gut. – Focco Neverding. Er war wohl etwas müde, aber, mein Gott, er war dreiundachtzig Jahre alt!»

«Vor zwei, drei Wochen?» Der Gerichtsmediziner nickte. «Dann sagt Ihr Bekannter die Wahrheit. Da hat dieser Mann mit Sicherheit noch gelebt.»

Ich starrte auf den gruseligen Torso im Lehnstuhl, auf den Schädel am Boden. Zumindest den Schädel hätte ich schon vor einer Dreiviertelstunde am liebsten mit irgendwas zugedeckt, hatte aber gewusst, dass Martin Euler mir das nie verziehen hätte. Die Auffindungssituation. Selbst wenn der Kopf schon daneben lag ...

Aber er lag nun mal daneben, und der Rest war ebenso eindeutig.

«Martin, ich bin nicht erst seit gestern dabei», sagte ich. «Ich hab mir schon eine ganze Reihe von solchen Objekten ansehen dürfen. Und dieses hier ist schon eine ganze, ganze Weile tot.»

Er betrachtete mich – mit einem ganz ähnlichen Blick wie

demjenigen, mit dem er die Made betrachtet hatte – und pustete sich eine blonde Haarsträhne aus der Stirn.

«Dasselfliegen», sagte er.

Ich hob die Augenbrauen. «Was ist das?»

«Sie wurden früher oft als Bremsen bezeichnet, wobei es sich nicht um echte Bremsen handelt. Dasselfliegen sind sehr spezialisiert. Auf bestimmte Körperregionen – Nase, Rachen – oder bestimmte Tierarten. Der Mensch ist fast immer ein Fehlwirt. Sie nehmen ihn nur sehr ungern an.»

«Hat sie hier nicht gestört», murmelte ich. «Tot ist tot.»

Martin Euler schüttelte ganz langsam den Kopf. Irgendetwas war mit ihm. Er war anders als sonst. Ich arbeitete seit Jahren mit diesem Mann zusammen und kannte nicht einen unter unseren Gerichtsmedizinern, der sich das Schicksal seiner Objekte so zu Herzen nahm wie er.

Er war blass, ja. So blass, wie ich ihn zuletzt im *Fleurs du Mal* erlebt hatte, doch da war noch etwas anderes. Eine ungesunde Hektik, eine Unruhe, die nicht zu Martin Euler passte.

«Es gibt ein Detail, das die Dasselfliege von nahezu allen anderen Insekten unterscheidet», erklärte er, sichtlich darum bemüht, so exakt wie möglich zu bleiben. «Totes Gewebe ist uninteressant für die Ablage ihrer Brut.»

Ich starrte auf die an den Lehnstuhl gefesselte Leiche. «Aber ...»

«Er ist tot», murmelte Euler. «Richtig.»

Präzise diagnostiziert, dachte ich. Es lebe die Gerichtsmedizin.

«Aber noch nicht sehr lange», erklärte der blonde Mann. «Ein, zwei Tage vielleicht. Und selbst das stellt streng genommen wohl eher ein Versehen dar.»

«Was?»

«Aus Madenperspektive zumindest. Die Maden haben schließlich ein unmittelbares Interesse daran, dass der Wirt möglichst lange am Leben bleibt. Nur so lange können sie sich von ihm ernähren. Wenn wir uns den Grad der Schädigungen ansehen, ist allerdings nachvollziehbar, dass der Wirt letztendlich verstorben ist.»

«Letztendlich?» Ich starrte den Leichnam an. «Das heißt, er war am Leben, *während* sie ...»

«Ja.» Er nickte knapp. «Zuerst kamen die Maden. Daran ist er gestorben. Und es ist absolut untypisch, dass die Dasselfliege ein einzelnes Individuum in einer solchen Zahl besiedelt, dass es davon zu Tode kommt. Und das lässt nur einen einzigen realistischen Schluss zu.»

Sein Gesicht war schmaler denn je, als er mich unter seinen zerzausten Haarsträhnen hervor ansah.

«Diese Maden sind nicht aus freien Stücken hier. – Und nicht allein, nebenbei bemerkt.» Er ging in die Hocke, griff nach einer Taschenlampe, die er auf dem Boden abgestellt hatte, leuchtete einen Winkel unter dem Lehnstuhl aus. «Sehen Sie das?»

Lehmann war bereits auf allen vieren, hob fragend den Kopf. «Hasenköttel?»

Euler schüttelte den Kopf. «*Desmodus rotundus.* Die gemeine Vampirfledermaus. Sie perforiert die Blutgefäße, um das austretende Blut aufzulecken. In Europa genauso wenig heimisch wie die *Dermatobia hominis,* die einzige Dasselfliegenart, die mit menschlichem Gewebe tatsächlich etwas anfangen kann, sowie ...» Ein kritischer Blick auf den Leichnam. «... einige andere Parasiten, die schwerlich aus eigenem Antrieb so rasch hätten vor Ort sein können. – Was Sie hier sehen, Hannah, ist eine Gemeinschaftsarbeit, wie ich sie noch nicht erlebt habe. Irgendjemand muss dafür gesorgt haben, dass eine so illustre Versammlung von Schmarotzern an einem Punkt zusammengekommen ist.»

• • •

Bahnhöfe hatten etwas Trauriges, dachte Jörg Albrecht.

Aus welcher Perspektive man die Sache auch betrachtete: Bahnhöfe standen für den Abschied, für die Trennung von den Menschen, die einem etwas bedeuteten.

Und sie standen für das Fernweh derjenigen, die sich fortwünschten – ohne konkretes Ziel vielleicht, aber mit zugvogelhafter Sehnsucht fort.

Wie oft hatten die Jungen, die einmal zur Spinnenbande gehört hatten, auf der Fußgängerbrücke gestanden, die über die tief ins Gelände eingeschnittene Bahntrasse hinwegführte. Hatten den Zügen nachgeschaut, die unter ihnen hindurchdonnerten.

Große Städte.

Unbekannte Länder.

Fort.

In kaum mehr als zwei Stunden würde die Regionalbahn nach Hamburg diese Brücke passieren, und Jörg Albrecht würde an Bord sein.

Nach Hamburg. Nach Hause.

Zu Hause, dachte er. Seit dreiundzwanzig Jahren.

Und doch war es ... Es war diesmal anders.

Er sah Maja Werden nach, die sich kurz verabschiedet hatte, um sich frisch zu machen.

*Frisch machen.* Männer hatten kein Wort dafür.

Männer gingen wortlos.

Er nickte zu sich selbst. Eine ernsthafte junge Frau. Zweifelhaft, dass sie einander wiedersehen würden, wenn dieser Fall beendet war, und er wollte nicht darüber nachdenken, wie dieser Gedanke sich anfühlte.

Und doch war es gut, dass er sie ins Vertrauen gezogen hatte. Etwas, das er lernen musste: Vertrauen.

Und nicht allein Maja gegenüber. Vielleicht war es noch nicht zu spät. Vielleicht konnte er einige Dinge anders machen in

Zukunft, auch auf dem Kommissariat. Ganz vorsichtig, Schritt für Schritt.

Wir können lernen, dachte er.

Wenn wir die Frage einmal verstanden haben.

Albrecht zögerte.

In der vergangenen halben Stunde hatte er die junge Frau in alle Details des Falles eingeweiht. Sie hatte es mehr als verdient. Ohne Maja Werden, die sich bei Seidel für die Ermittler eingesetzt hatte, wäre er nicht bis an den Punkt gekommen, an dem er sich jetzt befand.

Doch er musste einsehen, dass dieser Punkt der Eingang zu einer Sackgasse war.

Nein, keine Sackgasse, dachte er. Ich laufe im Kreis.

Albrecht hatte sich auf die Schulter geklopft und sich zu seinem Geniestreich gratuliert, mit Werdens Hilfe weit schneller zu Freiligrath vorgedrungen zu sein, als der Täter hatte ahnen können.

Und nun?

Zwei Besuche bei Maximilian Freiligrath, und er war keinen Schritt weiter.

Kein belastbarer Hinweis, dass der Traumfänger irgendetwas wusste, das die Ermittlung voranbringen konnte.

Abgesehen von der Tatsache, dass er immer einigermaßen deutlich durchblicken ließ, etwas zu wissen. Doch das durfte den Hauptkommissar nicht überraschen. Dass er selbst für die wissenschaftliche Liebhaberei des Psychologen allemal einen interessanteren Probanden abgab, als die Stationsschwestern das taten, stand natürlich außer Frage.

Doch er würde den Teufel tun, Maximilian Freiligrath die Geschichte vom Ende der Spinnenbande zu erzählen auf einen blassen Schimmer hin.

Dies war die bedeutendste Ermittlung seiner Laufbahn, und er musste nur die Augen schließen, um Ole Hartungs und Kerstin Eberts Gesichter vor sich zu sehen.

Er stand in der Pflicht. Und es war unübersehbar, dass der Fall auf die Entscheidung zusteuerte, während sich der Leiter der Ermittlung zweihundert Kilometer vom Brennpunkt des Geschehens aufhielt.

Er *durfte* nicht bleiben. Im Interesse der Ermittlung.

Und er *wollte* nicht bleiben. Im Interesse seiner eigenen geistigen Gesundheit.

Er griff nach seinem Mobiltelefon.

Friedrichs wartete seit Stunden.

Zumindest konnte er ihr jetzt die frohe Botschaft verkünden, dass er ihr die Leitung wieder abnehmen würde.

«Albrecht! Mein Gott!»

Er hob die Augenbrauen.

*Hauptkommissar* würde mir schon reichen.

Mit einem solchen Gefühlsausbruch hatte er nun wirklich nicht ...

«Hauptkommissar, wo sind Sie?» Nervös. Mehr als das.

Albrecht kniff die Augen zusammen. «Noch in Braunschweig im Moment, aber schon auf dem Bahnhof.» Er lauschte. «Was ist da los bei Ihnen?»

Sie erzählte es ihm.

Ganz langsam bewegte sich seine Kinnlade in Richtung Tischplatte.

Maximilian Freiligrath erhielt Aufträge von Focco Neverding. Eine Hütte im Sachsenwald. Isolde Lorentz an der Spitze *seiner* Beamten. Focco Neverding *tot*. Nein, nicht einfach tot: Martin Euler hatte ...

Eine Formulierung, die Hannah Friedrichs gebrauchte.

Sie fuhr in Albrechts Nacken wie eine medizinische Lanzette.

«Ist Euler noch in der Nähe?», fragte er knapp.

«Moment.» Geraschel, ein unfreundliches Brummen.

Jörg Albrecht wusste aus Erfahrung, wie der Gerichtsmediziner reagieren konnte, wenn etwas zwischen ihn und seine Objekte kam.

«Ja, was ist?» Der Tonfall klang entsprechend.

«Ungefährer Todeszeitpunkt?», fragte der Hauptkommissar.

«Auf ein, zwei Stunden kommt es nicht an.»

«Gestern.» Geknurrt. «Irgendwann. Aber das ist …»

«… eine Information, mit deren Hilfe ich möglicherweise eine entscheidende Schlussfolgerung ziehen kann», unterbrach ihn Albrecht. «Ganz genau.»

Es war nicht notwendig, das *ich* besonders zu betonen. Sie standen alle unter Anspannung, und Euler verstand auch so.

Die Schlussfolgerungen zog immer noch Jörg Albrecht.

«Möllhaus und Stahmke sind in der Nacht zu gestern gestorben», murmelte der Hauptkommissar. «Im Laufe des Vormittags konnte uns klar werden, wie die Fäden verlaufen: auf den Traumfänger zu. Wir konnten uns seine finanzielle Situation vornehmen und auf den Namen Neverding stoßen.»

«Vierundzwanzig Stunden ist er mit Sicherheit tot», meldete sich Euler etwas freundlicher. «So weit lehne ich mich aus dem Fenster.»

«Danke.» Albrecht nickte mit zusammengebissenen Zähnen. «Damit haben wir auch diesen Hinweis erst in dem Moment erhalten, in dem es vermutlich schon zu spät war.»

«Vernehmungsfähig wäre er schon Stunden vorher nicht mehr gewesen. Oder noch zu retten.»

«Gut», murmelte der Hauptkommissar. «Ich meine: danke.» Daumen und Zeigefinger an die Nasenwurzel. «Martin, ohne Ihrer Profession zu nahe treten zu wollen: Haben Sie im Leichnam besonders *stochern* müssen nach diesen Maden?»

*«Was?»*

Jörg Albrecht gönnte sich ein müdes Verziehen der Mundwinkel.

Schließlich konnte Euler es nicht sehen.

«Lassen Sie es mich etwas anders ausdrücken», bat der Hauptkommissar. «Konnten Sie eine x-beliebige Made nehmen, oder mussten Sie ...»

«Nein.» Kurz angebunden. «Es ist ungewöhnlich genug, dass sie einen Menschen befallen. Bei den Dasselfliegen kommt das nur bei einer einzigen Art vor, die in Südamerika beheimatet ist. Ob unsere Individuen ihr angehören, muss ich noch prüfen. Und selbst so ...»

«Ja?»

«Damit in so kurzer Zeit ein solches Schadensbild zustande kommt, muss die Brut dem Opfer an mindestens einem Dutzend Stellen tief in den Körper injiziert worden sein. Vom Rest ganz zu schweigen. – Mit anderen Worten: Ja, ich habe *gestochert*.»

«Gut.» Albrecht stieß den Atem aus. «Wobei fraglich ist, ob wir selbst damit neue Hinweise auf den Täter bekommen, nehme ich an?»

«Die forensische Wissenschaft ist auf einem hohen Stand, Hauptkommissar. Aber zaubern können auch wir nicht. Ich werde Ihnen sagen können, wann das Opfer ungefähr kontaminiert worden ist – vor drei oder vier Tagen nach jetzigem Stand – doch diese Maden tragen keine kleinen Namensschildchen, die ihre exakte Herkunft verraten. Und es wäre mir neu, dass der Erwerb der Brut einer *Dermatobia hominis* irgendwo protokolliert werden müsste.»

«Verstehe», murmelte Albrecht. «Danke. Würden Sie mir bitte wieder Friedrichs geben?»

Ein Knistern. «Ja?»

Sie ahnt es, dachte er. Woher auch immer.

«Hannah, ich fürchte, dass Ihre Informationen einiges verändern. – Ist die Präsidentin noch in der Nähe?»

«Lehmann fährt sie gerade nach Hause. Sie haben Eulers Wagen genommen. Der stand am nächsten.»

«Gut», murmelte Albrecht. Für dieses Mal aus tiefstem Herzen. «Hannah, bis vor zehn Minuten war ich fest überzeugt, dass sich der Traumfänger als Sackgasse herausgestellt hat. Doch das Gegenteil ist der Fall: Freiligrath hat mir heute Vormittag einen eindeutigen Beweis geliefert, dass er über Täterwissen verfügt, bis in Eulers *Obduktionsmethode* hinein. Ich muss zurück nach Königslutter und die Leitung in Hamburg weiterhin bei Ihnen lassen.» Er fuhr sich über die Lippen. «Und ich möchte Sie bitten, mit *äußerster* Sorgfalt vorzugehen. Nein, Sie haben sich absolut nichts vorzuwerfen, doch diese Häufung gefällt mir einfach nicht: das *Fleurs du Mal*, die Zecke, nun Neverding ... Es wird immer deutlicher, dass in diesem Fall gesellschaftliche Kreise betroffen sind, die Einfluss besitzen und ...»

«Die sich entsprechende Anwälte leisten können», murmelte sie, kaum zu hören.

«Ja. Zum Beispiel. Und ich wollte einfach sagen ... Passen Sie bitte auf sich auf.»

Sie versprach es ihm.

Sonderlich überzeugend klang sie nicht.

Oder war es mehr als das?

Da ist etwas, dachte Jörg Albrecht. Irgendetwas beschäftigt sie.

War es das dritte oder vierte Mal im Verlauf dieser Ermittlung, dass dieses Gefühl auf einmal da war, wenn er mit Friedrichs sprach?

Da ist etwas. Doch ich kann es nicht sehen.

Er schüttelte den Kopf, verabschiedete sich und kündigte an, sich wieder zu melden, sobald er erneut mit Freiligrath gesprochen hatte.

Und beendete das Gespräch.

Er schloss die Augen.

Brausendes, strudelndes Wasser.

Nun stand es fest: Maximilian Freiligrath besaß Täterwissen. Entscheidende Informationen. Was der Hauptkommissar bisher zu hören bekommen hatte, war nichts gewesen als ein Appetit-häppchen.

Für die große, entscheidende Wahrheit würde er einen Preis zahlen müssen.

Und Albrecht wusste nur zu gut, wie der Preis aussehen würde.

Als er die Augen wieder öffnete, stand Maja Werden vor dem Caffeehaustisch, die Augenbrauen fragend gehoben.

Jörg Albrecht holte Luft. «Ich mag Sie kaum darum bitten: Aber ob Sie mich wohl noch mal nach Königslutter fahren würden?»

• • •

Mir war speiübel und schwindlig. Der schnurgerade Waldweg legte sich in Schlaufen und Windungen, meine Füße waren un-fähig, einer geraden Linie zu folgen.

Die Lücke im Buschwerk, der Ausgang zum Parkplatz, schien mit jedem Schritt weiter zurückzuweichen.

Das Laub, das Herbstlaub flüsterte mir höhnisch, bedrohlich nach.

Die Sache vor Ort hatte ich Matthiesen überlassen.

Als ich aus der Hütte getaumelt war, hatte er mit seinem Lap-top auf den Stufen der Veranda gesessen. Die Überprüfung sämt-licher Bankverbindungen der Neverding Holding war bereits in vollem Gange. Mit dem, was wir jetzt in der Hand hatten, hatte Alois Seydlbacher keine zwanzig Minuten gebraucht, um eine richterliche Anordnung zu erwirken.

Durchsuchungen in der Konzernzentrale, in der Villa, auf dem gesamten Gelände der Stiftungen und des Kinderdorfs liefen in diesen Minuten an.

Was im Fall Neverding konkret zu veranlassen war, hatten die Kollegen gut im Griff.

Aber ich hatte die Leitung.

Ich musste zurück, den Kopf klar kriegen. Zurück aufs Revier.

Ich musste ... weg hier.

Das Laub. Das Flüstern des Laubes.

Mir war klar, dass irgendwas mit mir nicht stimmte.

Focco Neverding war tot, bei lebendigem Leibe von Parasiten aufgefressen, die dem alten Mann an *mindestens einem Dutzend Stellen* injiziert worden waren.

Ein Parasit. Ich spürte, wie er in meinem Körper und meinem Hirn am Werk war.

Doch dieser Parasit war von anderer Natur.

Sein Name war Angst.

Und diese Angst war größer als jemals zuvor. Größer als vor zwei Tagen, an dem Abend nach meinem Gespräch mit Oliver Ebert, als wir noch an einen Täter geglaubt hatten, der Jagd auf Angehörige unseres Reviers machte.

Was ich jetzt fühlte, war anders. Es war unfassbar, und damit war es allgegenwärtig. Es war das Wissen, dass wir es mit einer Kreatur zu tun hatten, die ... Wie hatte Jörg Albrecht gesagt, gestern Nachmittag, vor einem halben Leben, in Jonas Wolczyks Wohnung?

«Dämonisch», flüsterte ich.

Das war es.

Ich hatte Dinge gesehen in den letzten vierzehn Jahren, Dinge, die ich meinem schlimmsten Feind nicht wünschte. Was Menschen anderen Menschen antun konnten, aus Hass, aus Wahnsinn, Grausamkeit – oder gar aus schierer Langeweile ... Man verändert sich, wenn man diese Dinge sieht. Man wird härter, doch irgendwie steht man die Sache durch. Oder man scheitert früher oder später in diesem Job.

Das hier war etwas völlig anderes.

Die Bäume hatten Augen, hatten Stimmen.

Sie hatten, nein, keinen eigenen Willen. Alles gehorchte *seinem* Willen.

*Ich bin der Herr deiner Angst.*

Joachim.

*Nein!*

Nässe auf meinem Gesicht. Schweiß? Tränen?

*Konnte Joachim ...*

Die Lücke im Buschwerk. Plötzlich war sie direkt vor mir. Die Zweige zerkratzten mir die Haut, doch ich stolperte durch, den Schotterpfad entlang, auf den Parkplatz, den Dienstwagen zu.

Konnte Joachim – *was?*

Eine Videoaufnahme, die meine Karriere und mein Leben ruinieren konnte.

Wie hatte der gesamte Fall begonnen, lange bevor ich selbst oder einer der Kollegen ins Spiel gekommen war?

Keiner der Kollegen – ausgenommen Ole Hartung?

Videoaufnahmen. Verfängliche Szenen im *Fleurs du Mal,* zu dessen Kundschaft die *crème de la crème* der hanseatischen Society zählte?

Männer wie Joachim Merz.

Joachim Merz, der nicht geleugnet hatte, dass er den Laden kannte.

*Ich mache mir Sorgen um dich.*

*Man hört so dies ... und das ...*

Und die Spielchen, die er mit mir spielte – im Bett, am Baum, im Jaguar ... Sie waren den Spielchen, wie sie im *Fleurs du Mal* getrieben wurden, näher und näher gekommen.

Wenn er gewusst hatte, dass ich in Königslutter war ...

Wenn er *irgendjemanden* in der Nähe gehabt hatte, einen Menschen mit Kamera ...

Wenn er mich ganz bewusst in diesen Park gelockt hatte, direkt vor die Linse ...

«O mein Gott!», flüsterte ich.

Meine Finger zitterten so stark, dass ich Mühe hatte, das Schloss der Fahrertür zu öffnen. Schwer sackte ich auf den Sitz.

«O mein Gott.»

Plötzlich ergab alles einen Sinn. Und die Toten ...

Für heute Nacht war ich selbst sein Alibi. Aber Neverding war vielleicht gestern erst *gestorben*, die tödliche Brut jedoch musste ihm schon vor Tagen verabreicht worden sein.

Stahmke, Möllhaus, der Schlamm an Joachims Schuhen. Ole Hartung, der im *Fleurs du Mal* ermittelt hatte. Kerstin passte noch nicht ins Bild, aber Neverding ... Focco Neverding, der im selben Eliteklüngel unterwegs gewesen war, der ständig Joachims Dienste in Anspruch nahm.

*Gesellschaftliche Kreise, die Einfluss besitzen.*

Ich hatte Jörg Albrechts Stimme nur durchs Telefon gehört, doch jetzt glaubte ich sein Gesicht vor mir zu sehen, den Ausdruck der Sorge tief eingegraben.

*Tun Sie mir den Gefallen: Passen Sie auf sich auf!*

«Aber es ergibt keinen Sinn!» Ich presste meine Stirn gegen das Steuer. Ein erfolgreicher Anwalt, ein Mann, der blendend aussah, ständig im Fernsehen war, in den Medien ...

Warum hatten all die Menschen sterben müssen? Warum hatten sie *auf diese Weise* sterben müssen?

«Irre Menschen», flüsterte ich. «Irre Menschen machen irre Sachen.»

Weil er wahnsinnig war. Vielleicht war er irgendwie auf die Spur des Traumfängers ...

Nein. Warum hätte er uns fast mit Gewalt auf Freiligraths Fährte stoßen sollen? An dieser Stelle fehlte jeder Zusammenhang. Doch es *musste* einen Zusammenhang geben. So viel wusste selbst ich über Wahnsinnige, dass ihr Wahnsinn *in sich* immer logisch war.

Ich musste ...

Ich musste Albrecht anrufen. Auf der Stelle.

Nein.

Wenn ich einmal anfing, ihm von Merz zu erzählen, würde

ich die volle Wahrheit sagen müssen. Er würde spüren, dass ich ihm etwas verschwieg, diesmal mehr denn je. Ich würde gezwungen sein, ihm das Video aus dem Park zu zeigen.

*Nein!* Warum auch immer, ich wollte gar nicht nachdenken, warum: Aber *das* war definitiv unmöglich.

«Reiß – dich – zusammen, Friedrichs!» Ich presste die Worte zwischen den Zähnen hervor. «Du hast dich in diesen Bockmist reingeritten, und du kommst da auch irgendwie wieder raus!»

*Nur wie?*

«Wenn wir wissen, dass wir nichts wissen», flüsterte ich. «Dann wissen wir schon eine ganze Menge.»

Was war es, das ich *nicht* wusste?

Was in drei Teufels Namen Joachim Merz mit Max Freiligrath zu tun haben sollte.

Aber wie sollte ich das herausfinden?

Joachim konnte ich nicht fragen.

Und Freiligrath sprach im Höchstfall mit Jörg Albrecht. Und selbst das nur zu seinen eigenen bizarren Bedingungen.

*Aber wer ...*

Ich stutzte.

Es gab einen Menschen, der mir vielleicht helfen konnte! Einen einzigen.

Aber der sprach überhaupt nicht.

Zumindest hatte er sich geweigert, mit Jörg Albrecht zu sprechen.

Doch er sprach mit Irmtraud, das wusste ich. Sie hatte all die Jahre den Kontakt zu ihm gehalten.

*Wenn ich Irmtraud ins Vertrauen zog und dann mit ihr zu ihm ...*

*Keine Zeit dazu!*

Wieder kam es wie ein Blitz. Vielleicht war es ja tatsächlich die berühmte kriminalistische Intuition.

Ich hatte keine Zeit, mir Hilfe von Irmtraud zu holen.

*In genau diesem Moment ...*

Du spinnst! Die letzten Tage, das war einfach zu viel.

Gleichgültig, was es war, doch mit einem Mal wusste ich, dass ich keine Sekunde zu verlieren hatte. Keine einzige.

Die heruntergekommene Gegend am Bostelbecker Hauptdeich.

Das Wohnmobil.

Horst Wolfram.

Ich brauchte drei Versuche, bis der Motor ansprang.

Isolde Lorentz' BMW blieb allein zurück.

Bitte, dachte ich. Alles, nur jetzt keine Polizeikontrolle.

Kein Mensch wird dir glauben, dass du nichts genommen hast.

• • •

Wieder in Königslutter.

Wieder in Freiligraths Patientenzimmer, das einer psychologischen Praxis zum Verwechseln ähnlich sah.

Nein, Jörg Albrecht hatte sich nicht auf der Psychologencouch ausgestreckt. Eine letzte Grenze, die zu überschreiten ihn nichts und niemand bewegen würde. Ganz gleich, wie viele Leben auf dem Spiel standen.

*Boss! Boss, ich hab dich! ... Verdammt!*

Ein Echo in seinem Kopf. In seiner ... seiner *Seele*?

Es war das erste Mal, dass er einem Menschen die gesamte Geschichte erzählte. Selbst Joanna hatte niemals mehr zu hören bekommen als Andeutungen.

Von ihm zumindest. Er war sich fast sicher, dass seine Schwester ihr mehr über das Ende der Spinnenbande berichtet hatte, von Frau zu Frau.

Ihn aber hatte Joanna niemals gedrängt, darüber zu reden. Es gab einen inneren Selbstbehalt, tief in einem jeden Menschen.

Joanna hatte akzeptiert, dass diese nicht zu heilende Wunde da war und sie niemals berührt.

Wie hatte er diese Frau geliebt ...

Er hatte sie verloren.

Und all die Jahre hatte er über David Martenbergs Tod geschwiegen.

Bis heute.

Er erzählte, berichtete stockend wie jemand, der Mühe hatte, sich an die genaue Abfolge der Geschehnisse zu entsinnen, obwohl das exakte Gegenteil der Fall war. Jedes kleinste Detail war deutlich, gestochen scharf in seiner Erinnerung, konserviert unter dem undurchdringlichen Mantel seiner Schuld.

Er war der Boss gewesen.

Er hatte die Verantwortung getragen.

Doch er hatte zugelassen, dass Sven, Jens und Uwe den Weidenast zu ihm herunterzogen. Er hatte sich der Liane anvertraut – und der Baumstamm hatte nachgegeben.

David Martenberg, der Kleinste und Schwächste von ihnen, hatte ihn gerettet.

Und war dafür gestorben.

Jörg Albrecht erzählte die vollständige Geschichte. Er ließ nichts aus, kein Gefühl, keinen Gedanken.

Der Traumfänger hätte auf der Stelle erkannt, wenn er das getan hätte, und außerdem ...

Außerdem war er es David Martenberg schuldig. Und sich selbst.

Dr. Max Freiligrath saß an seinem Schreibtisch, mehrere DIN-A4-Bögen vor sich, auf denen er sich Notizen machte.

Doch die meiste Zeit waren seine Augen auf Albrecht gerichtet.

Es war kein triumphierender Blick. Nicht der kalte, herrische Blick des verurteilten Mörders.

Max Freiligrath war Psychologe.

Nicht mehr und nicht weniger.

Schließlich schloss Jörg Albrecht die Augen.

«Sven ist dann nach Hause gelaufen», sagte er leise. «Der Hof seiner Eltern war der nächste. Die beiden anderen haben mich währenddessen aus dem Wasser gezogen, zurück auf … auf die Seite mit der Weide. Und dann kamen die Erwachsenen. Davids Mutter, sie … sie hat andauernd geschrien. Sie konnte nicht mehr aufhören. Die Familie ist ein paar Monate später weggezogen, doch bis dahin … Die Leute meinten, sie hätte nur noch geflüstert. Ihre Stimme ist einfach nicht zurückgekommen.»

Freiligrath notierte etwas.

«Und dann haben Sie die Leiche gesehen? David Martenbergs Körper?»

Jörg Albrecht nickte. Eine krampfartige Bewegung.

«Er sah nicht so schlimm aus, wie ich gedacht hatte.» Er räusperte sich. Noch einmal. «Kein Blut. Weil er im Wasser gelegen hatte. Sein Kopf hatte eine irgendwie seltsame Form – wie flach geklopft. Ich habe gedacht …» Er holte Luft. «Im ersten Moment hab ich gedacht: Das ist nicht David. David muss noch da unten sein. Das ist ein Außerirdischer in Davids Klamotten.»

Der Mann am Schreibtisch nickte verstehend. Der Füllfederhalter kratzte auf dem Papier.

«Was hat er für ein Gesicht gemacht?», erkundigte sich Freiligrath.

«Was für ein …» Albrecht schüttelte sich. «Er sah nicht aus, als würde er schlafen. Das hatte ich immer gedacht. Wenn Leute tot sind, hatte ich gedacht, sehen sie aus, als würden sie schlafen. Aber seine Augen waren offen. Er sah … Irgendwie sah er total überrascht aus. Als könnte er einfach nicht fassen, dass er jetzt tot sein sollte. Und seine Augen … Da war überall Wasser.» Seine Stimmte versagte. «Er … Er sah aus, als hätte er geweint.»

**416**

Ein kurzes Zögern, eine letzte Notiz.

Ein Klicken, als Max Freiligrath sorgfältig seinen Füllfederhalter verschloss.

«Sehr schön», murmelte er. «Sehr schön, Herr Albrecht. Ich
denke, das wird uns weiterhelfen.»

Jörg Albrecht fühlte sich vollständig leer. Er nickte mechanisch.

Er hatte es getan. Max Freiligrath hatte gewonnen.

Der Hauptkommissar hatte ihm die Geschichte seines ersten
Toten erzählt.

Die Geschichte seiner größten Angst.

Die Grenze. Die Grenze zwischen den Welten. Er hatte sie aus
eigener Entscheidung und in vollem Wissen überschritten.

Ein Handel.

Er hatte dem Meister der Angst seine größte Angst anvertraut.

Noch einmal holte Jörg Albrecht Luft, dann öffnete er die
Augen.

Dämmerung hing vor den Fenstern. Gegen drei Uhr nachmittags waren sie an der Klinik angekommen. Maja Werden wollte
an der Rezeption auf ihn warten, wie sie das auch heute Morgen
getan hatte.

Drei Uhr nachmittags. Inzwischen musste es fünf sein.

Max Freiligrath musterte ihn aufmerksam. Seine Hände lagen
ineinandergefaltet auf dem Schreibtisch.

Der Hauptkommissar erwiderte den Blick. Lange. So lange,
bis der Traumfänger lächelnd die Augen wieder seinem Blatt zu-
wandte.

Ich muss seinen Blick nicht mehr fürchten, dachte Jörg Albrecht. Und er weiß das. Es gibt für ihn nichts Interessantes
mehr in mir zu lesen.

Er kennt meine größte Angst.

«Ich habe Ihre Frage beantwortet», sagte Albrecht sachlich.

Freiligrath sah auf und nickte zustimmend.

«Es war eine große Frage», betonte Albrecht. «Und eine große Antwort.»

Wieder: Nicken.

«Und damit habe jetzt ich das Recht zu einer neuen Frage, richtig? Solange dadurch nicht Sie ins Zentrum des Bildes rücken. Oder Ihre Experimente. Und solange unser Gespräch wissenschaftlich bleibt.»

Ein drittes Mal.

Albrecht schloss den Mund.

Atme durch die Nase! Ganz ruhig! Überlege dir jedes Wort! Du hast eine einzige Chance.

Doch die wirst du auch bekommen.

So irrsinnig diese Vorstellung auch war, doch Jörg Albrecht war sich hundertprozentig sicher: Auf seine eigene, perverse Weise war der Traumfänger ein korrekter Mann.

Der Hauptkommissar hatte seinen Teil des Handels erfüllt, und er hatte einen hohen Preis bezahlt.

Das war das Entscheidende. Freiligrath hatte seinen Willen bekommen.

Irgendwo im Hintergrund lief ein gewaltiges Spiel. Der Traumfänger selbst konnte es nicht sein, der dort draußen, in Hamburg, in Braunschweig, im Sachsenwald die Spielfiguren zu Fall brachte – aber er hatte deutlich machen müssen, wer es war, der hier in diesem Raum die Regeln bestimmte.

Im Grunde war es fast gleichgültig gewesen, in welcher Frage sie ihre Kräfte gemessen hatten: Das Entscheidende war, dass Freiligrath gewonnen hatte.

Wenn Albrecht jetzt keinen Fehler machte, würde er seine Antwort bekommen.

Und er hatte nachgedacht. Seit dem Augenblick, in dem ihm klar geworden war, dass er nach Königslutter zurückkehren musste, hatte er nachgedacht.

Und ihm war klar geworden, dass er einen entscheidenden Fehler begangen hatte.

Er durfte Freiligrath nicht zu viel Raum geben.

Der Traumfänger bestimmte die Regeln, doch Jörg Albrecht musste es sein, der die Richtung vorgab.

Was ist es, das du wirklich wissen musst?

Wie lässt sich die Frage stellen, ohne die Regeln zu verletzen?

«Sie wissen etwas, Herr Dr. Freiligrath», begann der Hauptkommissar. «Es liegt in Ihrer Hand, meinen Ermittlungen die entscheidende Wende zu geben. Und Sie haben mir Hinweise gegeben, damit ich das begreife.»

Der Gesichtsausdruck des Psychologen war nicht zu deuten.

Doch wenn er darauf verzichtete, mit einem ironischen Spruch zu kontern, war das schon ein gutes Zeichen.

«Ja, meine Kollegen haben in unserem Sachverständigen gestochert. Und nein, ich denke nicht, dass ihre Ergebnisse uns voranbringen werden. Um ehrlich zu sein, glaube ich nicht mehr daran, dass sich der Fall auf diese Weise lösen lässt.»

Jetzt, um eine Winzigkeit, hob Freiligrath eine Augenbraue.

«Am Anfang ...», murmelte Albrecht. «Am Anfang habe ich auf dem Kommissariat zwei Fragen an unser Whiteboard geschrieben: *Wer?* und *Warum?* Beide gehören zusammen, wobei Sie vermutlich ...»

«In der Wissenschaft wird die Warum-Frage immer Priorität haben.» Der Traumfänger nickte.

Albrecht neigte bestätigend den Kopf. «Ich glaubte die Antwort auf diese Frage erkannt zu haben. Das Schema schien eindeutig, die Auswahl der Opfer. Sie alle hatten mit ein und demselben Fall zu tun ...»

Diesmal hob der Psychologe beide Augenbrauen. Warnend.

«Dem sogenannten Traumfänger-Fall», erklärte der Hauptkommissar. «Dem Sie möglicherweise schon einmal begegnet sind bei Ihrer wissenschaftlichen Lektüre.»

«Möglicherweise», sagte Maximilian Freiligrath ruhig. «Und ich mache Sie darauf aufmerksam, dass Sie sich auf sehr dünnem Eis bewegen, Herr Albrecht.»

«Das ist mir bewusst», erwiderte Jörg Albrecht in exakt demselben Tonfall. «Doch mittlerweile ist mir ohnehin klar geworden, dass ich mich hier getäuscht habe.» Eine Kunstpause, Gelegenheit für den Traumfänger, einen Einwurf zu machen.

Freiligrath schwieg und betrachtete den Hauptkommissar mit einem Gesichtsausdruck, der nur als lauernd zu bezeichnen war.

«Der Zusammenhang, den ich hergestellt habe, erklärt möglicherweise die Auswahl der Opfer», sagte Albrecht. «Aber die Motivation des Täters zu begreifen, bin ich keinen Schritt weitergekommen. Und damit versteht sich meine Frage von selbst: Ein Mensch, der seine Opfer unter den Beteiligten an einer zurückliegenden Ermittlung auswählt, sie unter angstbeladenen Umständen zu Tode bringt. Ein Mensch, der mit ausgestrecktem Finger auf dieses vergangene Verbrechen deutet: Was treibt ihn an? Wie könnte das Motiv eines solchen Menschen aussehen? Erzählen Sie mir, was für ein Mensch mein Täter ist!»

Ganz langsam glitt die Hand des Traumfängers in seine Kitteltasche und brachte das Zigarettenetui zum Vorschein.

«Ja, doch ...» Mit einer eleganten Bewegung zündete sich der Psychologe eine Zigarette an. «Herr Albrecht, ich denke, das ist eine Basis, auf der wir arbeiten können.»

• • •

Halb fünf Uhr nachmittags.

Die Fahrt vom Sachsenwald quer durch den Süden der Stadt war eine ganz eigene Sorte Albtraum gewesen. Was dicht sein konnte, war auch dicht gewesen, inklusive jeder einzelnen Ausweichstrecke, die ich wie jeder Hamburger kannte.

Eine Menge Leute verbanden mit dem Wort Ausweichstrecke

anscheinend die Straße an der Kleingartenkolonie. In der Gegenrichtung schob sich der Verkehr Stoßstange an Stoßstange an mir vorbei, als ich den Dienstwagen am Gelände des Energieerzeugers abstellte.

Alle auf der Durchreise.

Auf dem Betriebshof stand nur eine Handvoll Fahrzeuge. Die Parkplätze an der Straße selbst waren leer.

Ich legte die Stirn in Falten.

Mindestens ein Fahrzeug hätte hier seit gut vierundzwanzig Stunden die Stellung halten müssen.

Unsere Zivilstreife.

Im selben Moment, in dem ich die Fahrertür zuschlug, ertönte ein Hupen in meinem Rücken. Ein Motor, der aufheulte.

Ich fuhr herum.

Ein dunkler Audi. Er scherte auf die Gegenspur, am vorankriechenden Verkehr vorbei und raste direkt auf mich zu.

Ich stolperte zurück, wusste aber im selben Moment, dass ich nicht schnell genug sein würde.

In letzter Sekunde vollführte der Wagen ein riskantes Manöver und kam knapp hinter meinem Dienstfahrzeug zum Stehen.

Die Beifahrertür flog auf. Ein Mann.

Ich kannte das Gesicht.

Kempowski. Einer unserer Streifenbeamten. An die Visage auf dem Fahrersitz glaubte ich mich ebenfalls zu erinnern.

«Es …» Kempowski schluckte. «Tut mir leid, Frau Kommissarin. Warten Sie schon lange?»

Ich kniff die Augen zusammen und musterte ihn von oben bis unten. Die Ketchupspur auf seinem Hemd sprach eine verdammt deutliche Sprache.

«Tut mir leid», murmelte er. «Wir wollten sofort wieder da sein, echt! Wussten *Sie*, dass es den Kentucky Fried Chicken nicht mehr gibt?»

«Ja», knurrte ich.

Mehr würden die beiden von mir nicht zu hören kriegen.

Wenn nichts passiert war – ihr Glück. Ich war stinksauer auf das Gespann, aber anschwärzen würde ich die beiden nicht.

Vorausgesetzt, ihr Imbissausflug hatte keine Folgen gehabt. Doch wenn Horst Wolfram irgendwas passiert war …

… dann würden wir möglicherweise Seite an Seite vor dem Disziplinarausschuss sitzen, sobald meine Verbindung zu Joachim Merz publik wurde.

Ich drehte mich wortlos um und bog hinter dem Abwassergraben auf die Industriebrache ein.

Stapel von Autoreifen, halb überwucherte Berge von Kies und Baustoff. Trostlos wie gestern auch.

Doch so wenig einladend dieses Eckchen auch wirkte: Irgendjemandem musste das Gelände gehören, dem Stromversorger vermutlich. Wolfram musste einen Deal mit den Leuten haben.

Der ausgetretene Trampelpfad. Undefinierbarer Gestank aus dem Graben. Zwanzig Meter über meinem Kopf eine Hochspannungsleitung.

Das Wohnmobil stand unter einer Gruppe von Bäumen, die aussahen wie gerupft.

Mit jedem Schritt wuchsen meine Zweifel, ob ich überhaupt wusste, was ich tat.

Welchen Grund sollte Horst Wolfram haben, mit mir zu reden, wenn er selbst bei Jörg Albrecht stumm geblieben war? Bei unserem Herrn und Meister, der in dieser Hinsicht tatsächlich ein Meister war, binnen Sekunden erfassen konnte, wie er einen Zeugen anfassen musste, um ihn zum Reden zu bringen. Indem er die richtigen Fragen stellte, mal verständnisvoll und geduldig, mal in einem gewissen beiläufigen Ton, als ob er die Antwort ohnehin schon wüsste. In einem von hundert Fällen mit sorgfältig dosiertem Druck.

Bei Wolfram hatte diese Methode versagt.

Vor der Tür des Blechkastens blieb ich stehen.

Die Vorhänge waren geschlossen. Kein Lebenszeichen, nicht anders als vor vierundzwanzig Stunden auch – bis aus dem Innern der unmenschliche Laut ertönt war.

«Irmtraud?»

Mein Herz machte einen Sprung.

Ich hatte noch nicht mal die Hand gehoben, um zu klopfen.

Die Stimme klang heiser, gleichzeitig unnatürlich hoch wie bei einem sehr, sehr alten Mann.

Ich holte Luft. «Herr Wolfram? Hier ist Hannah Friedrichs. Ich war gestern schon einmal hier – zusammen mit Irmtraud.» Die letzten Worte betonte ich.

Ich biss mir auf die Lippen. Es war ein Fehler gewesen, nicht zuerst zum Revier zu fahren und die Sekretärin einzuweihen. Das seltsame Gefühl, dass es auf jede Sekunde ankam: Während ich mich durch den Verkehr gekämpft hatte, war es stärker und stärker geworden, doch jetzt war es verschwunden.

Schweigen hinter der Blechwand.

«Herr Wolfram? Bitte, ich muss mit Ihnen reden!»

*Menschenleben stehen auf dem Spiel.*

Mir war klar, dass ich das Wolfram nicht sagen musste. Dieser Mann war schon Kriminalpolizist gewesen, als ich noch nicht mal auf der Welt war.

*Er wird nicht antworten.*

Schweigen.

Dann ein Geräusch wie ein Ächzen. Dumpfe Laute im Innern. Schritte.

«Waren Sie vor einer halben Stunde schon mal hier?»

Die Stimme klang deutlicher. Viel, viel näher. Er stand direkt hinter der Tür.

Mein Herzschlag beschleunigte.

«Ich bin eben erst angekommen», erklärte ich. «Aber zwei meiner Kollegen ...»

«Nein.» Pause. «Die steigen nicht aus.»

Ich biss die Zähne zusammen. Noch ein Verstoß gegen Albrechts Anordnungen. Selbst wenn die beiden nicht zwischendurch verschwunden wären, um sich Fritten zu holen: Der Täter hätte in aller Ruhe über den Hauptdeich spazieren und Wolfram umbringen können.

Und kein Mensch hätte etwas mitgekriegt.

«Herr Wolfram, da ist etwas, das ich unbedingt wissen ...»

«Es war jemand hier.»

Ich verstummte auf der Stelle.

«Vor ungefähr einer halben Stunde. – Ich dachte, ich hätte Irmtrauds Stimme gehört.»

«Gesehen haben Sie niemanden?»

Schweigen.

Sekundenlang.

Dann ...

«Sie waren hinter den Bäumen. Es ist ... zu hell. Ich kann nicht hinausgehen.»

Der Ton allein schnürte mir die Brust zusammen. Ein Kind ... ein uralter Mann ... von beidem etwas. Etwas Hilfloses, ganz Kleines.

Max Freiligrath, ich hasse dich! Ich hasse dich, wie ich in meinem ganzen Leben noch keinen Menschen gehasst habe!

Der Traumfänger hatte diesen Mann vernichtet. Auf eine Weise vernichtet, dass der Tod das gnädigere Schicksal gewesen wäre.

«Wann ...» Die Stimme, wenn überhaupt möglich, war noch schwächer, noch unsicherer geworden. «Wann haben Sie Irmtraud zuletzt gesehen?»

Wann ...

Eine Faust aus Eis schloss sich um mein Herz.

•••

«Ein Täter, der seine Opfer unter den Beteiligten einer zurückliegenden polizeilichen Ermittlung auswählt.» Maximilian Freiligrath hatte die Beine übereinandergeschlagen und legte die Handflächen ineinander. «Der diese Opfer unter möglichst angsteinflößenden Umständen zu Tode bringt – vor den Augen der Ermittler.»

«Vor den Augen des Fernsehpublikums», knurrte Albrecht. «Solange die Zecke im Spiel war.»

«Der Aspekt der Öffentlichkeit ist Ihnen demnach aufgefallen.» Der Psychologe schien zu sich selbst zu murmeln.

Der Hauptkommissar nickte knapp. «Mir ist aufgefallen, dass er sich von Ih… von den Taten, auf die er sich bezieht, unterscheidet.»

«Richtig. Weil sich die Taten selbst unterscheiden. Wenn ich die Literatur korrekt in Erinnerung habe, bestand der Hintergrund der damaligen Taten in einem wissenschaftlichen Experiment.»

Jörg Albrecht glaubte sich zu erinnern, dass man Schizophrene keinesfalls in ihrem Wahn bestärken sollte.

Er hielt den Mund.

«Das ist hier augenscheinlich nicht der Fall», stellte Freiligrath fest. «Stattdessen fällt der Aspekt der Öffentlichkeit ins Auge. Unser Täter hat der Öffentlichkeit etwas mitzuteilen. Er hat eine Botschaft. Die Herausforderung für uns besteht darin, seine Sprache zu verstehen. Der Mechanismus, der uns hier begegnet, ähnelt in mancher Hinsicht demjenigen, mit dem sich Angehörige und Therapeuten auseinandersetzen müssen, die mit einem Suizidversuch konfrontiert werden. Die wenigsten vermeintlichen Suizidversuche haben tatsächlich eine Selbsttötung zum Ziel. Weit häufiger stellen sie einen Hilfeschrei dar.»

«Mit dem fundamentalen Unterschied», unterbrach Albrecht, «dass unser Täter seine Gewalt nicht gegen sich selbst richtet. Selbstmord ist kein Verbrechen – Mord sehr wohl. Das schwerste Verbrechen, das unsere Rechtsordnung kennt.»

«Korrekt», bestätigte Freiligrath. «In *unserer* Zeit. In *unserer* Gesellschaft.» Er löste seine Hände voneinander und legte sie auf dem Knie übereinander. «Für psychische Phänomene sind die juristischen und moralischen Begrenztheiten unseres Hier und Jetzt aber höchstens im Einzelfall von Bedeutung. Wir *glauben*, in einer freien und modernen Gesellschaft zu leben, in der Aberglaube und archaische Prinzipien keine Rolle mehr spielen. Doch entspricht das der Wahrheit? In der römisch-katholischen Kirche gilt Selbstmord nach wie vor als Todsünde, und das Prinzip der Ehre ...»

«Mit Ehrenmorden hatten wir in Hamburg in den letzten Jahren mehrfach zu tun», unterbrach ihn Albrecht. «Richtig. Doch diese Taten beschränken sich regelmäßig auf das Einwanderermilieu. Wo sollte da die Verbindung liegen? Weder bei den damaligen noch bei den heutigen Opfern gab es einen Migrationshintergrund.»

Der Traumfänger schwieg, blickte auf seine Hände. Schließlich schüttelte er bedauernd den Kopf.

«Sie denken zu kurz, Herr Albrecht. Und Sie hören mir nicht zu.

Im Übrigen habe ich nie behauptet, dass das Prinzip der Ehre für unseren Täter eine Rolle spielt. Ich wäge lediglich unterschiedliche Mechanismen ab, die auf unseren Fall zutreffen könnten – oder nicht. Was ihnen gemein ist, ist das archaische Element.

Unsere Gesellschaft *hält* sich für modern. Doch bedeutet das, dass ältere Prinzipien keinen Platz mehr haben? Ein Familienvater, der vor dem wirtschaftlichen Ruin steht und seine Familie mit in den Tod nimmt? Ein Ehemann, der seine Frau erschießt, weil sie droht, ihn zu verlassen? Was anderes steht im Hintergrund als das archaische Prinzip der Ehre?»

Der Hauptkommissar zögerte, nickte dann aber widerwillig.

«Wobei wir den Begriff der Ehre vielleicht etwas moderner

übersetzen könnten», bot Freiligrath an. «Als gesellschaftliche Anerkennung. Und ähnlich verhält es sich mit einem anderen Begriff. Dem Gedanken der Vergeltung.»

Albrecht hob die Augenbrauen. «Rache?»

«Wenn das für Sie moderner klingt? Das Prinzip ist ähnlich archaisch, und in ganz ähnlicher Weise spielt die Gesellschaft – die Öffentlichkeit – eine entscheidende Rolle.»

«Einspruch!»

Der Traumfänger blinzelte.

«Ehre ist etwas, das man hat oder nicht hat», erklärte Albrecht. «Wer sich ehrenhaft verhält, tut das nicht, um vor der Öffentlichkeit ein gutes Bild abzugeben, sondern weil er ... weil es eben ehrenhaft ist.»

Der Gedanke auf Wiedervorlage. Das war ein Gegenstand, den er mit Heiner Schultz erörtern musste.

Freiligrath betrachtete ihn nachdenklich, nickte dann. «Ich stimme Ihnen zu. Was sich nun aber beim Prinzip der Vergeltung – in ihrer ursprünglichen Ausprägung – anders verhält. Wie sieht moderner Strafvollzug aus, Herr Albrecht?» Seine Mundwinkel zuckten. «Richtig, ich sollte mir ein recht gutes Bild machen können. Unsere Gesellschaft sperrt ihre Straftäter weg. Aus den Augen, aus dem Sinn. In den Vereinigten Staaten hingegen, wo noch der Gedanke des *capital punishment* existiert, werden die Delinquenten vom Leben zum Tode befördert, unter klinisch exakten Umständen zwar, *aber* ...» Er hob eine Hand, um die Aussage zu unterstreichen. «... vor Zeugen. Als Vertretern der Öffentlichkeit. Dieser Gedanke, wie gesagt, ist sehr, sehr alt. Der Straftäter sühnt seine Vergehen vor den Augen der Öffentlichkeit, gegen deren Normen er verstoßen hat. In alter Zeit, als öffentliche Hinrichtungen wahren Volksfesten glichen, mit Tribünen für die besten Plätze, war dieser Aspekt noch weit stärker ausgeprägt.»

«Der geifernde Mob, der sich über die Leiden eines Menschen amüsiert», murmelte Albrecht.

«Selbstverständlich sind wir heute zivilisierter», bemerkte Freiligrath mit spitzen Lippen. «Wir beschränken uns auf die Live-Berichterstattung von Bürgerkriegen, auf vermeintlich Prominente, die im Dschungel Würmer fressen, auf Reportagen von Autorennen. Besonders beliebt ist der Start, habe ich mir sagen lassen, weil es da die meisten Unfälle gibt. Auch dieses psychische Prinzip, Herr Albrecht, ist universell. Wobei die moderne Zerstreuung nicht jenen lehrreichen Aspekt in sich trägt wie der altertümliche Strafvollzug, der eben deutlich machte: Der Gerechtigkeit wird Genüge getan. Die Schuld wird bezahlt, unter dem Beil des Henkers und vor den Augen der Öffentlichkeit.

Oder noch früher, vor den Zeiten der institutionalisierten Strafverfolgung, durch die persönliche Vergeltung. Die Rache. Und genau da sind wir auf dem Punkt.»

Albrecht kniff die Augen zusammen. «Sie wollen sagen: Unser Täter nimmt Rache?»

«Ich will sagen, dass, durch eine psychologische Brille betrachtet, die einzelnen Aspekte darauf hindeuten: Die Taten verweisen auf einen Vorgang, bei dem Existenzen vernichtet wurden. Ein sehr starker Antrieb für einen Vergeltungsmechanismus. Und sie werden deutlich sichtbar vor den Augen der Öffentlichkeit begangen: Wie wir gesehen haben, ist dies ein wichtiger Bestandteil des Vergeltungsgedankens. Zudem sind die Taten von ausgesuchter Grausamkeit. Wie dieser Umstand zu gewichten ist, müssen Sie selbst beurteilen.»

«Aber ...» Jörg Albrecht starrte den Psychologen an.

*Warum sind Sie dann noch am Leben?*

Er biss die Zähne aufeinander.

Rache. Vergeltung.

Der Mann, der ihm gegenübersaß, hatte siebzehn Menschen auf dem Gewissen – achtzehn, nein, neunzehn, wenn man Horst Wolfram einschloss, der so gut wie tot war, und seine Frau, die sich den Strick genommen hatte.

Siebzehn, achtzehn, neunzehn Gründe für Rache.

Dass der Traumfänger verurteilt war, seine Strafe abgebüßt hatte und nun in der Sicherungsverwahrung saß, spielte dabei eine untergeordnete Rolle.

Einem zu allem entschlossenen Rächer, einem Hinterbliebenen eines der Opfer würde das schwerlich genügen.

Albrecht schüttelte den Kopf.

Er beging denselben Denkfehler, den schon Friedrichs begangen hatte, auf ihrer gemeinsamen Fahrt nach Königslutter: Die Taten hatten nicht Max Freiligrath zum Ziel.

Im Gegenteil: Sämtliche Opfer ihrer aktuellen Ermittlung hatten eine Rolle gespielt, als Freiligrath überführt und verurteilt worden war.

Was aber sollte dann gerächt werden?

«Das Urteil», murmelte Albrecht. «Wenn das Motiv der Taten Rache war, kann es sich nur um Rache wegen des Urteils handeln. Rache für die Verurteilung des ...» Seine Augen wanderten zu Freiligrath. «... des damaligen Täters. – *Unser* Täter handelt im Interesse des *damaligen* Täters.» Wieder schüttelte er den Kopf. War das nicht von Anfang an klar gewesen?

War es das wirklich?

Wieder hatte er einen Fehler gemacht.

Plötzlich hatte der Name Freiligrath im Raum gestanden, mächtig, einschüchternd, überlebensgroß – und schon hatte Jörg Albrecht aufgehört, nach dem Motiv zu fragen.

Freiligraths Blick lag auf ihm. Aufmerksam, wie es einem wissenschaftlichen Gespräch nur angemessen war.

«Tut er das?», erkundigte sich der Traumfänger. «Handelt Ihr Mörder im Interesse des damals verurteilten Täters?»

Albrecht kniff die Augen zusammen. «Natürlich, er ...»

Er brach ab und betrachtete den Mann. Rache – war das eine Motivation, die zu Maximilian Freiligrath passte, diesem distinguierten älteren Herrn in seinem hellblauen Psychologenkittel?

Schwer vorstellbar. Doch Freiligrath war schon immer ein Meister der Verstellung gewesen.

Dennoch, da war ein Element, das diese Möglichkeit ausschloss.

«Der Prozess», sagte Albrecht. «Der ... Angeklagte hat das Urteil ohne weiteres akzeptiert.»

«Wenn ich mich recht erinnere – an meine Streifzüge durch die Literatur –, hat er es geradezu *begrüßt*», bemerkte Freiligrath. «Warten Sie ... Ich glaube, ich habe die abschließende Aussage im Kopf: *Ich persönlich trage die alleinige Verantwortung für meine Experimente. Sie stellen ausschließlich meine persönliche wissenschaftliche Leistung dar. Diese Hände ...*» Er hob sie an, um die Worte zu unterstreichen. «*... waren es, die den Mann im Elbtunnel fixiert und das Mädchen über Bord gestoßen haben.*»

Ein phänomenales Gedächtnis, dachte Albrecht. Für jemanden, dem der Prozess doch nur aus der *Literatur* vertraut war.

Was an den Tatsachen nichts änderte. Maximilian Freiligrath war mit dem Urteil hochzufrieden gewesen, und unübersehbar war er das heute noch. Ein Täter, der Menschen umbrachte, die zu diesem Urteil beigetragen hatten, arbeitete vielleicht nicht explizit *gegen* Freiligrath – aber jedenfalls nicht in seinem Interesse.

«Aber warum sonst ...» Albrecht schüttelte den Kopf.

Denk nach! Dieser Mann führt dich einen Weg entlang. Doch vergiss niemals, dass er sehr viel mehr weiß, als er durchblicken lässt, und dass er ganz eigene Interessen hat. Offenbar sind sie nicht mit denen des Täters identisch – aber mit deinen Interessen genauso wenig.

Pass auf! Auf jede einzelne Silbe!

Freiligrath sog demonstrativ den Atem ein, öffnete und schloss seine Hände.

«Ich wünschte wirklich, ich könnte Ihnen helfen, Herr Albrecht. Aber diese Dinge sind komplex. Schuldfragen in zurückliegenden Verfahren sind Angelegenheiten der Justiz. Und der

Ermittler. *Ihre* Angelegenheit demnach. Als psychologischer Gutachter ...»

Albrecht spürte, wie auf seiner Stirn eine senkrechte Falte entstand.

Max Freiligrath sagte kein einziges Wort einfach so dahin.

*Schuldfragen.* Warum sprach er von Schuldfragen? Er hatte gestanden. Noch heute trug er die lebenslängliche Haftstrafe mit stolzgeschwellter Brust vor sich her wie eine Anerkennung seiner wissenschaftlichen Leistung.

Wer sollte ...

Ein Gedanke. Blitzartig.

Die *Schuldfrage.*

«Das Gericht war überzeugt von der Schuld des Täters», sagte Albrecht langsam. «Der Täter selbst war überzeugt von seiner Schuld. Aber was, wenn wir uns einen Dritten denken. Eine Person ... sagen wir: den Witwer der Frau aus dem Tierpark oder den Sohn des Mannes, der am Elbstrand an seiner Sonnenangst zugrunde gegangen ist ...»

*Sagen wir: Horst Wolfram?*

Albrecht schüttelte unmerklich den Kopf.

Wolfram war in seinem selbstgewählten Wellblechgefängnis so sicher verwahrt wie Freiligrath in der geschlossenen Abteilung.

«Eine Person», murmelte der Hauptkommissar, «die – aus welchen Gründen auch immer – davon überzeugt ist, dass das Gericht sich geirrt hat? Dass sich der wahre Schuldige die ganze Zeit in Freiheit befindet? Hätte eine solche Person nicht allen Anlass zur Rache?»

«Eine alternative Schuldtheorie?» Freiligrath legte den Kopf auf die Seite. «Interessant. Sprechen Sie weiter!»

«Ein Fehlurteil», murmelte der Hauptkommissar. «Irgendjemand glaubt an ein Fehlurteil. Aber warum wendet er sich dann nicht gegen den seiner Meinung nach Schuldigen?»

Er sah den Traumfänger an.

Achte auf seine Reaktion!

«Hat er gar keinen konkreten Schuldigen? Hält er lediglich den rechtskräftig Verurteilten für unschuldig?»

Keine Reaktion.

«Oder hat er einen Schuldigen im Auge, legt es aber gar nicht darauf an, ihn zu töten? Will er die Aufmerksamkeit auf den alten Fall lenken ...»

«Herr Albrecht ...»

«... damit der Prozess neu aufgerollt und der seiner Meinung nach richtige Täter verurteilt wird?»

«Herr Albrecht!» Entschlossener. Wie eine kalte Dusche.

Der Hauptkommissar brach ab.

«Herr Albrecht, das sind wirklich ganz wundervolle Theorien, doch wie ich Ihnen bereits sagte, bin ich weder Jurist noch Ermittler. Ich bin Psychologe. Fragen der Wahrheitsfindung muss ich Ihnen und Ihren Kollegen überlassen.»

Schweigen.

Ein langes Schweigen.

Ein Schweigen, das ...

Er gibt mir Zeit zum Nachdenken. Auch das geschieht nicht ohne Grund.

Nichts geschah ohne Grund bei Max Freiligrath.

Warum hilft er mir überhaupt?

Ich habe seine Frage beantwortet.

Das kann unmöglich der einzige Grund sein.

Freiligrath musterte ihn. «Allerdings könnte ich mir vorstellen, die Wahrheitsfindung sachverständig zu unterstützen», fügte der Traumfänger hinzu. «Wobei Ihnen klar sein muss, dass es sich hier um einen anderen Fall handelt.»

«Ein anderer Fall?»

«Ein vierundzwanzig Jahre zurückliegender Fall. Ein Fall, der – mit Verlaub – nicht in Ihrer Verantwortung lag. Und den zu klären daher auch nicht Ihre Aufgabe ist.»

Albrecht kniff die Augen zusammen.

Es *gab* keinen Fall zu klären. Es brauchte keinen *Sachverständigen*, um ihn zu klären! Der Fall war geklärt, seit vierundzwanzig Jahren! Freiligrath war schuldig, schuldig, schuldig, und er schmückte sich mit seiner Schuld!

Nur ein einziger Mensch sah das anders: Jörg Albrechts Täter. Und dessen Verbündete möglicherweise. Die Sargträger oder als was auch immer sie außerdem in Erscheinung getreten waren.

Doch *wenn* es damals einen alternativen Täter gegeben hatte, dann war er die entscheidende Spur zu der Person, die Ole Hartung, Kerstin Ebert und die anderen getötet hatte!

Wenn es einen alternativen Täter gegeben hatte ...

Den hat es nicht gegeben.

Du hast jedes Wort der Ermittlungsakten gelesen, die kompletten Gerichtsprotokolle. Du hast ganze Nächte damit zugebracht, dieses Zeug durchzugehen. Wie im Zwang hast du diese Dinge aufgesogen, hast gegen die Bilder gekämpft, wie Horst Wolfram gefühlt haben muss, als die Grenze zwischen den Welten einbrach. Hast dir geschworen, dass dir selbst das niemals, niemals, niemals ...

Es hatte keinen alternativen Täter gegeben.

Freiligrath war gefasst worden, hatte gestanden und war verurteilt worden.

Wenn irgendein Mensch etwas über einen anderen möglichen Täter ...

Die Erkenntnis kam von einem Moment auf den anderen. Die Objekte im Raum mussten nicht zusammengesetzt werden.

Sie befanden sich dort, wo sie sich immer befunden hatten: an der Stelle, an die sie gehörten.

Doch jetzt erst, auf einen Schlag, konnte Jörg Albrecht sie sehen, die Zusammenhänge begreifen.

Er begriff nicht alles, natürlich nicht. Sein Fall war noch längst nicht am Ende.

Doch er begriff, worauf das absurde Spiel abzielte, das Maximilian Freiligrath seit gestern Abend mit ihm aufführte.

Sein erster Toter? Seine größte Angst?

Das war Freiligrath schnurzpiepegal!

Er mochte sich an den Gewissensqualen des Hauptkommissars ergötzt und seinen Sieg genossen haben, als Albrecht ihm die Geschichte erzählt hatte.

Doch in Wahrheit hatte Albrecht nur eines getan: Er hatte mit Klauen und Zähnen darum gekämpft, dass das ‹wissenschaftliche Gespräch› an *genau diesen Punkt* kommen konnte, an dem Maximilian Freiligrath jene Forderung stellen konnte, auf die es ihm einzig und allein ankam.

Schwärze war vor die Augen des Hauptkommissars getreten, und aus der Schwärze schälte sich ein Bild:

Ein heruntergekommenes Gelände am Rande des Raffineriehafens.

Ein Wohnmobil, ein Sarg aus Blech.

Ein Schrei aus dem Innern, als Jörg Albrecht den Namen Freiligrath auch nur ausgesprochen hatte.

*Ein Fall, der – mit Verlaub – nicht in Ihrer Verantwortung lag.*

«Sie …» Albrecht schluckte. «Sie haben ja keine Ahnung, was Sie getan haben!», flüsterte er. «Sie haben ja keine Ahnung, wie dieser Mann heute ist! Sie …»

Er öffnete die Augen und starrte den Psychologen an, der ihm mit übereinandergeschlagenen Beinen gegenübersaß, lauschte seinem eigenen Satz nach.

«Sie haben ja keine *Ahnung*, wie er heute ist.»

Vierundzwanzig Jahre …

Der Traumfänger nickte.

Es war ein anerkennendes Nicken, wie ein Lehrer es seinem Lieblingsschüler zukommen lässt. Ein Nicken, bei dem sich Albrecht der Magen umdrehte.

«Sehen Sie, mein lieber Herr Albrecht. Nun, da es Ihnen gelungen ist, wissenschaftlich zu denken, wird es Ihnen auch möglich, meinen Gedanken zu folgen.

Ich will nicht leugnen, dass es für mich von einigem Interesse ist, wie es meinem letzten Probanden ergangen ist, nach so langer Zeit.

Doch das muss Sie nur ganz am Rande interessieren.

Habe ich es Ihnen nicht versprochen?

Habe ich Ihnen nicht versprochen, dass wir alle beide wichtige und entscheidende Erkenntnisse gewinnen würden, wenn Sie sich nur ernsthaft auf einen wissenschaftlichen Gedankenaustausch einlassen?

Und was stellen wir fest?

Wir stellen fest, dass wir diesen gesamten, komplizierten Fall gemeinsam lösen können: Sie, ich – und Horst Wolfram.»

Das Gefühl in Albrechts Magen war unvergleichlich.

Selbst als er für den Bruchteil einer Sekunde ernsthaft geglaubt hatte, eine tödliche Arsendosis zu sich genommen zu haben, hatte es sich nicht so angefühlt.

«Gemeinsam?», flüsterte er. «Sie glauben, Horst Wolfram würde *herkommen*? Niemals!»

«Wir werden sehen.» Freiligrath hob die Schultern. «Vielleicht werden wir ja positiv überrascht?

Auf jeden Fall kann ich Ihnen aus voller Überzeugung sagen, dass dies der einzige realistische Weg ist, den ich erkennen kann: Kommen Sie wieder, bringen Sie Horst Wolfram mit, den Mann, der Kenntnisse über die damalige Ermittlung besitzt wie kein zweiter, und ich kann Ihnen versprechen, dass wir nicht allein die Thematik um die leidige Schuldfrage klären werden, sondern Ihren gesamten diffizilen Fall – alles in einer einzigen Sitzung.»

Sein Gesichtsausdruck veränderte sich.

«Das, Herr Albrecht, ist mein Angebot. Sie können es ausschlagen, oder Sie können zumindest überlegen, ob Sie nicht doch einen Weg finden, auf meinen Vorschlag einzugehen.

Wobei ich Ihnen empfehlen würde, nicht zu lange zu überlegen, denn wenn ich unseren Täter auch nur einigermaßen richtig einschätze ...» Sein Blick ging an Albrecht vorbei. «Ich fürchte, bis dahin kann ich für nichts garantieren.»

● ● ●

Meine Finger zitterten, als ich das Handy aus der Tasche zerrte.

Das Team, das die Traumfänger-Ermittlungen geführt hatte:

Ole Hartung. Kerstin Ebert.

Beide waren tot.

Horst Wolfram hatte eine Zivilstreife vor die Tür bekommen – selbst wenn sie nicht besonders effektiv war.

Der alte Hansen lag im Krankenhaus. Vor seinem Zimmer war ebenfalls ein Beamter postiert.

Aber Irmtraud selbst, die Frau, die die Verbindung zwischen den beiden Fällen für uns hergestellt hatte ...

Wie hatten wir so blind sein können?

Ich tippte auf die zwei. Die Kurzwahl des Reviers.

«Aloha, Hannah!» Marco Winterfeldt. «Max Faber ist gerade ...»

«Wo ist Irmtraud?»

Stille. Dann: «Was?»

«Wo zur Hölle ist Irmtraud?», brüllte ich. «Sitzt sie an ihrem Platz?»

«Wie ... Moment ...»

Schritte. Eine Tür.

«Nein.» Unterdrücktes Gemurmel, ein leises Klopfen – am Damenklo vermutlich. «Seltsam. An sich hat sie Dienst, oder? Ich hätte schwören können ...»

«Wann hast du sie zuletzt gesehen?»

«Wie ...» Nachdenkliches Schweigen. «Irgendwann mittags, glaub ich. Kurz nachdem ihr weg... Moment ...»

«*Kein* Moment!», zischte ich. «Großfahndung! Alles, was wir haben! Ihr Bild an die Presse, sofort! Ein Spurensicherungsteam zum E.on-Gelände in Harburg! Ruf Euler an – mobil! Er soll alles stehen und liegen lassen in der Hütte. Das hier hat Vorrang!»

«Was ... Soll ich nicht erst mal bei ihr zu Hause ... Was ist denn passiert?»

Ich habe nicht die blasseste Ahnung, dachte ich.

«Hauptmeister Winterfeldt!» So scharf ich konnte. «Das sind dienstliche Anweisungen!»

«Ja ... Ja, wir ...»

«Bei ihr zu Hause versucht ihr's außerdem!»

Aber da würden sie nichts finden.

Ich beendete das Gespräch.

Die Stille war dröhnend. Ich hörte meinen Pulsschlag in den Ohren. All die Anspannung der letzten Tage, der letzten Stunden ... als hätte ich versucht, sie in diesem einen Anruf loszuwerden.

Doch sie war noch da, stärker denn je.

Und Wolfram ...

Wie musste er sich fühlen?

Ich konnte den Mann, den vernichteten Mann spüren, auf der anderen Seite der Tür.

Er gab keinen Laut von sich.

«Herr Wolfram, Sie haben es gehört.» Mühsam gab ich meiner Stimme einen festen Klang. «Wir sind dran. Sie kennen das Procedere besser als jeder andere. Wenn sie irgendwie gefunden werden kann ...»

«Sie kann nicht gefunden werden. Sie wird nicht gefunden werden. – Sie wird dann gefunden werden, wenn sie beschließen, dass sie gefunden werden soll.»

«Sie? Wer sind *sie*?»

Er gab keine Antwort.

Ein Geräusch, das ich im ersten Moment nicht einordnen konnte.

Erst das anschließende Seufzen, das leise Schwappen einer Flüssigkeit ...

Eine Flasche, die jetzt wieder geschlossen wurde.

Jack Daniels, dachte ich. Des Bullen bester Freund.

«Es ist bedeutungslos, wer sie sind.» Die Stimme klang jetzt eine Spur kräftiger. «Fest steht nur eines. Sie ist nicht tot. Noch nicht.»

Ich setzte zum Widerspruch an, vorsichtig, um den Mann zu schonen, doch im selben Moment ...

Ich schloss den Mund, ohne ein Wort gesagt zu haben.

Wieder war es ein Gefühl, ein deutliches Gefühl: Wolfram hatte recht, selbst wenn ich die Gründe noch nicht verstand.

Irmtraud lebte. Noch.

Doch wir hatten keine Chance ...

Ich sog die Luft ein.

Es gab einen völlig anderen Weg!

Warum war ich hergekommen?

Ich hatte eine Spur! Ich hatte den Täter mit an Sicherheit grenzender Wahrscheinlichkeit identifiziert. Alles was mir fehlte, war das letzte Puzzlestück, die Verbindung zu Max Freiligrath.

«Joachim Merz», sagte ich gepresst. «Was sagt Ihnen der Name?»

Keine Antwort. Zwei Sekunden lang.

«Wer?»

Das erste Wort, das sich anhörte, wie es sich auch bei einem normalen Menschen angehört hätte.

«Der Anwalt. Der Promianwalt. Der Mann, der Margit Stahmke vertreten hat und der ... Wir ...»

Wir haben gar nichts, dachte ich. Du bist mit ihm ins Bett gegangen. Du hast ihn die ganze Zeit unter Verdacht gehabt und keinem Menschen ein Wort davon gesagt.

Ganz gleich, was passierte: Das war das Ende meiner Bullenkarriere.

Aber darauf kam es schon längst nicht mehr an.

«Wir haben Hinweise, dass er in den Fall verwickelt sein
könnte», sagte ich. «Dass er es ist, der im Hintergrund ...»

«Nein.»

Ich brach ab.

«Ich habe diesen Namen noch nie gehört. Vielleicht ist es
einer der Namen, die in Frage kommen, vielleicht auch nicht. Es
ist gleichgültig, mit was für Namen Sie mir kommen. Ich weiß,
was hier geschieht.»

Meine Kehle war plötzlich dicht.

«Er ist es.» Aus dem Wohnmobil.

«Er?», krächzte ich. «Ma... Maximilian Freiligrath?»

«Er will mich.»

«Das ist ausgeschlossen.» Ich klang noch immer wie ein
Fahrradschlauch, aus dem unkontrolliert Luft entweicht. «Die
Morde haben Ähnlichkeit mit seinen Taten, aber er selbst kann
es nicht sein.»

«Das hat er auch nicht nötig. Er hat schon ... immer ... Helfer
gehabt. Er ist ... noch nicht ... fertig mit mir.»

Die Worte wurden hervorgestoßen, als bliebe dem Mann im
Innern des Wohnmobils die Luft weg.

«Bitte machen Sie auf! Bitte! Wir müssen ...»

Das Unglaubliche geschah.

Die Tür öffnete sich.

Ich zuckte zurück.

Er war tot. Nach allem, was wirklich zählte, war er nicht mehr
am Leben.

Es gab keine Farbe mehr an diesem Mann. Er war – grau. Alles
an ihm: Die Haut, Haare und Augen, die Lippen eine etwas
dunklere Abtönung von Grau. Selbst die Kleidung, ein ausgewa-
schener Jogginganzug.

Horst Wolfram war tot. Er hatte es nur noch nicht mitbekommen.

Und ungefähr so roch er auch.

Wenn ich jemals einen Menschen gesehen hatte, der tatsächlich *fertig* war, in absolut jeder Hinsicht, dann war es dieser Mann.

Wenn der Traumfänger diesem Schatten eines Menschen den Gnadenstoß gegeben hätte: Wäre das nicht wirklich eine Gnade gewesen?

Wolfram *musste* sich täuschen. Max Freiligrath war ein Genie. Er hatte seine Kräfte mit Jörg Albrecht gemessen, und es war nicht unser Chef, der gewonnen hatte.

Was sollte er mit Wolfram noch anfangen? Welchen Kitzel sollte es einem solchen Menschen bringen, jemanden zu vernichten, der nur noch dahinvegetierte?

«Ich hatte Zeit, Frau Friedrichs.» Selbst Wolframs Stimme klang nicht mehr lebendig – wie das Rascheln des Windes in den toten Blättern des Sachsenwalds. «Vierundzwanzig Jahre lang, vor allem aber in den Tagen, seitdem es wieder begonnen hat. Zeit, die Berichterstattung zu verfolgen, Ihre Ermittlungen, soviel ich in den Medien darüber erfahren konnte. Zeit, mich an die Namen zu erinnern, an Ole Hartung. An dieses junge Mädchen, das damals zu uns gestoßen ist, kurz bevor es vorbei war.»

Das junge Mädchen, dachte ich. Kerstin. Mit dem Traumfänger-Fall hatte ihre Kripolaufbahn begonnen – und mit dem Traumfänger-Fall hatte sie geendet.

«Diese Journalistin ...» Sein Blick ging an mir vorbei. «Vieles, was damals geschehen ist, in den Monaten danach – der Prozess –, ist verschwommen, doch ich weiß, dass sie schon damals berichtet hat. Dass auch der Gutachter eine Rolle spielte, Möllhaus, der in Braunschweig gestorben ist.

Ich habe es beobachtet, Frau Friedrichs, und ich weiß, dass gleichzeitig *er mich* beobachtet hat. Ja, ich weiß, dass er es nicht selbst sein kann. Ich weiß, dass er noch immer in Haft sitzt. Irmtraud hat es mir erzählt ...»

Und es war gut, dachte ich, dass sie in diesem Fall gelogen hat. Haft klang sehr viel besser als Sicherungsverwahrung, nachdem ich gesehen hatte, wie die Sicherungsverwahrung in diesem Fall aussah.

«Aber ich habe seine Augen gespürt», flüsterte Wolfram. «Augen ... in der Dunkelheit. Sie beobachten mich, und sie kommen näher: jede Nacht. Sie wissen, dass ich nicht mehr fortkann, egal, wohin ich gehen würde. Sie wissen ... wissen, dass ich weiß.

Er will mich.

Ich lebe, Frau Friedrichs. Ist das nicht Beweis genug?»

Er sah mich an.

Ich wusste nicht, was ich sagen sollte. Es gab keine Antwort.

Warum sind Sie nicht gestorben, wie alle anderen seiner Opfer gestorben sind?

Warum haben Sie sich nicht einfach einen Strick genommen wie Ihre Frau das getan hat?

Die erloschenen Augen lagen auf mir. Unerträglich. Als könnten sie jeden einzelnen meiner Gedanken verfolgen. Wie ähnlich musste dieser Mann Jörg Albrecht einmal gewesen sein?

«Sterben wäre so einfach gewesen», flüsterte er. «Viel zu leicht.»

Ich konnte nur nicken. Jedes Wort war die Wahrheit. Er bestrafte sich selbst, bestrafte sich für den Tod seines Kindes, seiner Frau, sein eigenes, vergeudetes Leben.

«Wa...» Ich schluckte. «Warum hier? Warum haben Sie sich hier ...»

«Versteckt?» Sein Lachen war das gruseligste Geräusch, das ich in meinem Leben gehört hatte.

«Weil es hässlich ist!», zischte er. «Wenn sie ein Grab bekommen hätte, wäre ich vielleicht dort ... Wenn ich einen Ort gehabt hätte ...» Seine Pupillen zitterten. «Doch es gibt nur die See. Und man kann zu weit sehen an der See.»

Verstand ich ihn?

Mir gefiel ganz und gar nicht, *wie gut* ich ihn verstand.

Er versteckte sich, hier in diesem öden, stinkenden Winkel. Ganz weit weg, ganz weit draußen und doch mittendrin, umgeben von Menschen.

Verborgen im sicheren Schutz seiner Höhle und doch jeden Augenblick bereit zur Flucht.

Jetzt aber war die Flucht zu Ende.

«Er will *mich*», wiederholte Wolfram mit rauer Stimme. «Ich habe verfolgt, wie diese Menschen gestorben sind. Eine Botschaft – an mich. Ich habe verfolgt, wie er näher und näher kam. Und nun hat er Irmtraud. Und ich verstehe auch diese Botschaft: Es hat mich zerrissen, die anderen sterben zu sehen. Ich wusste, dass ich es beenden kann, jederzeit, wenn ich nur zu ihm komme. Doch ich bin nicht gekommen. Ich *konnte* nicht. Doch nun, nun hat er Irmtraud, und er weiß, dass sie die letzte Waffe ist, mit der er mich noch verletzen kann. Er weiß ...»

Seine Stimme brach. Der Rest war ein Krächzen.

«Er weiß, dass ich kommen werde, sobald er nach mir ruft.»

Ich schluckte.

Vierundzwanzig Jahre lang hatte Stillstand geherrscht.

Geröll, das ineinander verkeilt am Rande des Abgrunds zu liegen gekommen ist, Zentimeter entfernt vom Sturz in die Tiefe, der alles unter sich begraben wird.

Nichts bewegt sich. Jahrelang.

Doch dann: die Schockwelle der Morde.

Wenn sich die Steine lösen, in Bewegung geraten, hält nichts mehr die Lawine auf.

Wir sahen uns an, dieser kleine graue Mann, der sich wie ein Ertrinkender an den Ausstieg seines Wohnmobils klammerte, und ich.

Es gab nichts mehr zu sagen. Nicht in diesem Moment.

Ich schloss die Augen. Ich spürte es, spürte, dass es jeden Augenblick ...

*Standing on a beach ...*

Mein Klingelton war ein Schock, trotz allem.

«Ja.»

«Hannah, entschuldigen Sie, dass ich mich jetzt erst melde! Hier geschehen Dinge ...»

«Er will Wolfram», sagte ich ruhig.

Jörg Albrecht mit einem einzigen Satz stumm zu machen, war praktisch unmöglich.

Doch ich fühlte keinen Triumph.

Ich fühlte das genaue Gegenteil.

• • •

Wieder ein Café, das Bergcafé diesmal, oberhalb der Klinikanlage von Königslutter.

Jörg Albrecht presste das Mobiltelefon gegen sein Ohr. Maja Werden saß ihm gegenüber und betrachtete ihn unverwandt.

«Ja», murmelte er ins Handy. «Er will Wolfram. Aber woher wissen *Sie* ...»

Hannah Friedrichs erzählte es ihm, und ein kleiner, abgekoppelter Teil seines Verstandes verfolgte aufmerksam, wie sich sein Körper unter ihren Worten zu Stein verwandelte.

Irmtraud Wegner war in den Händen ihres Täters.

Der Hauptkommissar wartete ab, bis Friedrichs schwieg, dann holte er tief Luft – und begann selbst zu erzählen.

Alles. So ziemlich.

Die Erlebnisse der Spinnenbande ließ er weg.

Es genügte, dass er Maximilian Freiligrath von ihnen erzählt hatte.

Doch der Rest ...

*Sie glauben, Horst Wolfram würde herkommen? Niemals!* Seine eigenen, mühsam hervorgestoßenen Worte.

Und Freiligraths Replik: *Wir werden sehen. Vielleicht werden wir ja positiv überrascht?*

«Welch eine Überraschung», murmelte Albrecht. «Aber nicht für Maximilian Freiligrath.

Welch eine Leistung, mir den nachdenklichen Sachverständigen vorzuspielen, den begnadeten Analytiker, wenn er in Wahrheit *weiß*, wie sich die Dinge verhalten und was als Nächstes geschehen wird! Wenn er sie kennt», murmelte er. «Die Position der Objekte im Raum der Ermittlung. Wieder beweist er es uns, wie er es schon mit Neverding bewiesen hat. Mit Euler, der in den Überresten des Leichnams stochert und doch nichts finden wird, das uns helfen kann.»

«Ich habe Euler vom Tatort im Sachsenwald abgezogen», kam es aus dem Telefon. «Er ist auf dem Weg hierher, nach Harburg.»

«Richtig.» Albrecht stieß die Luft aus. «Gut gemacht. Irmtraud hat Vorrang. Doch ich glaube nicht, dass wir eine Chance haben, sie zu finden.

Einiges spricht jetzt dafür, dass wir unter den Hinterbliebenen von Freiligraths Opfern nach unserem Täter suchen müssen, doch das ist ein weites Feld, und ich glaube nicht, dass er uns die Zeit lassen wird.»

Friedrichs räusperte sich. «Wie ich Horst Wolfram verstanden habe, glaubt er nicht daran, dass es unseren Täter überhaupt gibt. Seinen Worten nach ist es ausschließlich Freiligrath, der im Hintergrund die Fäden zieht. Und hat er nicht irgendwie recht? Wenn Freiligrath tatsächlich Verbindungen nach draußen hat, reicht doch eine Handvoll Helfershelfer aus, denen er nur sagen muss: *Spring!*, und sie fragen: *Wie hoch?* Einer davon geht als Catwoman los, der andere als Opa im Rollstuhl. – Oder fährt eben los im zweiten Fall.»

«Nein.» Albrecht schüttelte entschlossen den Kopf. «Wenn Sie so denken, verkennen Sie sowohl Freiligrath als auch sein Motiv. Er mag ein Irrer sein, ein sehr, sehr unangenehmer Mensch, und es ist nur verständlich, wenn gerade Horst Wolfram in ihm die Ausgeburt des Teufels sieht. Doch so simpel funktioniert dieser Mann nicht. Auf seine eigene, perverse Weise ist er ein Mann mit Prinzipien. Ein Mann mit Konsequenz. Ja, er hat getötet, direkt wie indirekt, doch er hat seine Strafe akzeptiert. Hat er jemals versucht, aus der Haft zu fliehen? Hätte das einem Mann mit seinen Fähigkeiten nicht auf irgendeine Weise möglich sein sollen? Er hat es nicht getan, weil er einen krankhaften Stolz auf seine Haftstrafe empfindet. Er betrachtet sie als eine Auszeichnung für seine wissenschaftliche Pioniertat – und so betrachtet er sich auch selbst: als Opfer der Wissenschaft. Eine männliche Madame Curie! Warum sollte er denjenigen, die ihn in diese Situation gebracht haben, ans Leben wollen?»

«Haben Sie nicht selbst gesagt, ihm geht es darum, Horst Wolfram in die Hände zu bekommen?»

Albrecht zögerte. «Richtig», sagte er. «Weil er die Möglichkeiten nutzt, die sich unvermutet für ihn ergeben haben.

Stellen Sie sich die Situation doch nur einmal vor: Unser Täter nimmt Kontakt mit ihm auf – wie genau das funktioniert hat, wissen wir noch nicht. Jedenfalls ist unser zukünftiger Mörder davon überzeugt, dass er Freiligrath mit seinem Vorhaben etwas Gutes tut. Der aber hört sich das an und begreift auf der Stelle, dass das ganz und gar nicht der Fall ist. Aber er hört weiter zu, denn er erkennt etwas ganz anderes: die Möglichkeiten, die sich für ihn persönlich aus der Konstellation ergeben, wenn er den Mörder gewähren lässt. Ein Menschenfreund ist er beileibe nicht, doch selbst einen Mord zu begehen oder über einen von anderer Seite geplanten Mord zu schweigen sind noch immer zweierlei Dinge. Zudem kann ich mir vorstellen, dass die ganze Sache durchaus eine Art perversen Reiz auf ihn ausgeübt hat.

Jetzt aber ...» Er hob die Hand, was natürlich nur Maja sehen konnte. «Jetzt aber hat er keine größeren Probleme, uns behilflich zu sein, den Täter zu stellen. Warum sollte er auch? Er empfindet keine Loyalität für ihn. Wir haben keinerlei Wissen, in welchem Verhältnis die beiden überhaupt zueinander stehen. Vermutlich kennt Freiligrath seine Identität tatsächlich nicht – sonst hätten wir Wolfram überhaupt nicht nötig. Und Wolfram spielt eine Rolle bei der Auflösung! In dieser Sache bin ich mir hundertprozentig sicher.»

Er holte Luft. «Im Übrigen bleibe ich dabei: Diese Taten tragen eindeutig *nicht* Maximilian Freiligraths Handschrift. Und überlegen Sie einmal ...»

«Ich ... ich geb mir Mühe.» Etwas hilflos kam es aus dem Telefon.

Albrecht biss die Zähne zusammen.

Du bist zu schnell.

Maja Werden ist Maja Werden, doch Hannah Friedrichs ist ...

Hannah gehörte zu seinen fähigsten Mitarbeitern, ragte auf ihre Weise sogar aus seiner Mannschaft heraus – denen, die noch am Leben waren.

Doch die Dinge hinter den Dingen erkennen zu können war mehr als ein Handwerk oder selbst eine Wissenschaft.

Es war eine Gabe, die man besaß oder nicht besaß.

«Wenn Sie die letzten Tage Revue passieren lassen», sagte er ins Telefon, geduldiger jetzt. «Hatten wir es in diesem Fall nicht immer wieder mit Entwicklungen zu tun, bei denen der Täter gezwungen war, Situationen zu erfassen und dann spontan zu entscheiden, in einem eng begrenzten Zeitfenster? Nehmen Sie den Tod des Professors. Der Täter musste in kürzester Zeit die Umstände vor Ort bewerten und dann eine Entscheidung treffen. Eine Abstimmung mit Freiligrath wäre schlicht nicht möglich gewesen.

Nein, Hannah, unser Täter existiert, und nach wie vor hat

unsere Charakterisierung seiner Person Bestand: Er ist hochintelligent, er ist wandlungsfähig. Er plant sehr lange im Voraus – seine gesamte Strategie ist darauf angelegt –, und gleichzeitig hat er bewiesen, dass er auch spontan handeln kann. Er verfügt über großzügige finanzielle Mittel.

Und indem er Menschen tötet, die dazu beigetragen haben, Max Freiligrath hinter Gitter zu bringen, hat er auf den Traumfänger-Fall verwiesen.

Weil er Rache nehmen will, da er die Schuld in diesem Fall bei einer anderen Person sieht.

Das ist eine ganz andere Motivation, als wir sie bei Maximilian Freiligrath erkennen.»

«Und das bedeutet für uns?»

«Das bedeutet für uns», sagte Albrecht, «dass auch wir eine Chance bekommen, selbst wenn sich mir der Magen umdreht bei dieser Vorstellung: eine Chance nämlich, den Teufel mit dem Beelzebub auszutreiben.»

«Also sollen wir zu Ihnen kommen?»

Albrecht nickte mit zusammengebissenen Zähnen.

«Wie es aussieht, haben wir keine andere Wahl. Wenn Hauptkommissar Wolfram tatsächlich nach Königslutter kommen würde, wäre ich ihm sehr, sehr dankbar dafür. – Ihnen natürlich auch, wenn Sie ...»

«Schon okay.» Ein Stoßseufzer. Friedrichs schien mit keiner anderen Antwort gerechnet zu haben. «Wir werden allerdings etwas länger brauchen. Ist eine Weile her, dass ich in so einem Kasten am Steuer gesessen habe.»

«Kasten?»

«Das Wohnmobil.» Ihre Stimme wurde leiser. Der Hauptkommissar hatte den Eindruck, als ob sie sich einige Schritte von Wolfram entfernte. «Ich habe keinen Schimmer, wie er das durchstehen will. Was auch immer das werden mag – Ihr rechtspsychologisches Ermittlungsgespräch. Um ehrlich zu sein.

Wenn Sie mich fragen, rechnet er auch gar nicht damit, es durchzustehen. Aber eins steht jedenfalls fest: Wenn ich ihn in den Dienstwagen setze, kommt er nicht lebendig bei Ihnen an. Dieser Mann ist ... Es ist nicht besonders viel von ihm übrig.»

«Das Wohnmobil», murmelte Albrecht.

Er sah auf die Uhr.

Zwanzig Minuten nach fünf.

«Nehmen Sie bloß keine Abkürzung», warnte er. «Doch selbst so ... Gegen neun? Denken Sie, das schaffen Sie? Die werden hier nicht erbaut sein, wenn wir um die Uhrzeit noch mal reinwollen. Und dann noch mit Wolfram ... Nein, gar nicht erbaut. Aber ich spreche mit Seidel.»

«In Ordnung.»

Er seufzte. «Gut ... Ich rufe gleich auf dem Revier an. Wenn Sie hierherkommen, muss eben Faber die Leitung in der Stadt übernehmen.» Er hielt einen Moment inne. «Ach ja, Hannah? Eine Sache noch.»

Schweigen am anderen Ende – als ob sie auf etwas Unangenehmes wartete.

«Das haben Sie gut gemacht», sagte er.

Keine Antwort.

Kopfschüttelnd beendete er die Verbindung.

Versteh einer die Frauen.

Sie konnten kaum alle so sein wie diejenige, die ihm im Augenblick gegenübersaß.

Maja Werden hatte weder gedrängelt noch überflüssige Fragen gestellt, als er zum zweiten Mal an diesem Tag mit Wut im Bauch die Stufen von Station 62.b heruntergestapft war. Die düstere Stimmung, in der er sich befand, hatte sie wie selbstverständlich hingenommen.

Weil wir uns ähnlich sind, dachte Jörg Albrecht. Zeit zum Nachdenken. Zeit, die Fäden neu zu verknüpfen und einen durchdachten Entwurf zu liefern.

Doch er hatte keine Zeit mehr. Keine Zeit mehr für einen Schuss auf Verdacht.

Irmtraud Wegner.

Die Einschläge waren näher und näher gekommen, dann hatten sie sich ein Stück entfernt, doch jetzt hatten sie das Herz seiner Dienststelle erreicht.

Rache.

Es ist mehr als das, dachte Albrecht. Wahrscheinlich hatte er mit seinem Gedanken, zu denen Freiligrath nicht mehr hatte Stellung nehmen wollen, ins Schwarze getroffen: Der Täter wollte das Kommissariat so lange unter Druck setzen, bis der Traumfänger-Fall neu aufgerollt wurde: vor den Augen der Öffentlichkeit.

Doch so weit würde es nicht mehr kommen.

Noch heute Abend ... Albrecht schloss die Augen.

Heute Abend. Würde die Lösung rechtzeitig kommen für Irmtraud Wegner?

Wieder ein Mensch, für den er die Verantwortung getragen hatte.

Wieder ein Mensch, den er enttäuscht hatte.

Der Hauptkommissar presste Daumen und Zeigefinger auf die Nasenwurzel, doch selbst damit war er diesmal nicht imstande, den Druck von seinem Schädel zu nehmen.

Mit knappen Worten brachte er Maja auf den aktuellen Stand.

Die junge Frau betrachtete ihn. Mit den Augen einer Fremden, die er seit tausend Jahren kannte. Sie hörte zu, und wieder glaubte er zu spüren, wie ihr Verstand die entscheidenden Verknüpfungen auf der Stelle erfasste, neue Muster anlegte im immer dichter werdenden Gewebe der Ermittlungen. Und wieder behielt sie sich ihr Urteil vor und verriet mit keinem Wimpernzucken, wie sie die neuen Informationen bewertete.

Bis sie schließlich nickte. «Es ist *Ihr* Fall», sagte sie, und einen Moment lang schien ihr Blick an ihm vorbeizugehen, als würde sie diese Tatsache bedauern.

Doch Jörg Albrecht hatte ohnehin bereits eine Entscheidung getroffen: Wenn all dies vorbei und der Täter – so Gott wollte – gestellt war, würde er ein Gespräch mit der jungen Frau führen.

Wie er sie verstanden hatte, stand ihre Doktorarbeit kurz vor der Fertigstellung. Nach dem Tod des Professors würde es mit Sicherheit eine gewisse Verzögerung geben, doch das war in diesem Fall nur gut. Wie wollte Maja sich orientieren, als studierte Psychologin? Hatte sie bereits eine Entscheidung getroffen?

In keinem Beruf lagen die Arbeitsplätze heute auf der Straße, und der Hauptkommissar konnte sich nicht vorstellen, dass es in der Rechtspsychologie anders war – selbst wenn man über unübersehbare Fähigkeiten verfügte wie diese junge Frau.

Jörg Albrecht war nicht vollständig ohne Einfluss bei der Hamburger Polizei, selbst bei Isolde Lorentz nicht. Wenn es nun in Zukunft in der rechtspsychologischen Abteilung der Behörde jemanden geben würde, mit dem er gut und erfolgreich arbeiten konnte – war das nicht in aller Interesse?

Es konnte ein Anfang sein.

Aber davon würde er Maja jetzt noch nichts erzählen.

«Es ist Ihr Fall», wiederholte die junge Frau. «Sie sind es, der mit Freiligrath gesprochen hat. Doch wenn Sie davon überzeugt sind, dass diese gemeinsame Sitzung mit Ihnen und Wolfram die einzige Möglichkeit ist, Ihren Fall zu lösen, glaube ich Ihnen. Wenn Ihnen das hilft, Ihnen das … lieber ist … dann kann ich es übernehmen, mit Bob Seidel zu reden.»

Albrecht schluckte. «Das würden Sie wirklich tun?»

Sie hob die Schultern. «Es geht auch um den Professor, nicht wahr?»

«Natürlich.» Der Hauptkommissar nickte. «Natürlich.»

Du solltest aufatmen, dachte er.

Wäre Maja nicht gewesen, hätte er überhaupt keine Chance bekommen, mit Freiligrath zu sprechen. Er konnte sich Seidels Reaktion vorstellen, wenn er den Wunsch äußerte, eine Begegnung zwischen dem Traumfänger und einem seiner Opfer herbeizuführen. Der Chefarzt *konnte* nur ablehnen. Die schrecklichen seelischen Schäden, die eine solche Konfrontation auslösen könnte, waren völlig unkalkulierbar – und zwar bei dem armen, geschundenen Max Freiligrath.

Wenn irgendjemand den Mediziner überzeugen konnte, dann war es Maja.

«Danke», murmelte der Hauptkommissar. «Das macht es einfacher.»

«Begeistert sehen Sie trotzdem nicht aus», bemerkte die junge Frau.

Albrecht schüttelte den Kopf und legte die Hände nebeneinander auf den Tisch, die Handflächen nach oben.

«Was soll ich sagen, Maja? Ich bekomme die Chance, diesen Fall zu lösen, und darüber, selbst wenn es nicht so aussieht ... darüber *bin* ich froh. Aber um welchen Preis? Ein einziges Opfer, bei dem Freiligrath seine wissenschaftlichen Beobachtungen nicht zu Ende führen konnte. Diese Gelegenheit bekommt er erst jetzt», murmelte er. «Durch mich!»

Die Wut kam völlig unvorbereitet. Er drosch mit der Faust auf den Tisch, dass die Kaffeelöffel auf den Untertassen klirrten.

«Dabei sitzt er in einer *gottverfluchten Irrenanstalt!*»

Das Café war voll mit Menschen. Patienten, logischerweise, von den offenen Stationen, mit Besuchern und Angehörigen.

Doch mit einem Mal war es mucksmäuschenstill.

«'tschuldigung», murmelte Jörg Albrecht.

Maja Werden nickte nachdenklich.

«Also habe ich doch recht gehabt bei Ihnen», bemerkte sie. «Sie haben Angst.»

Jörg Albrecht starrte in seine Kaffeetasse.

«Wonach sieht es denn aus?»

# elf

Den größten Horror hatte ich vor der Auffahrt an den Harburger Bergen gehabt.

Doch wenn ich überlegte, dass der alte Blechkasten seit Gott weiß wann in einem Winkel zwischen Kleingartenkolonie und Hauptdeich gestanden hatte, war er gut in Schuss. Bei achtzig Stundenkilometern war allerdings Schluss, mehr war nicht drin.

Ich verfluchte mich, dass ich auf Albrecht gehört hatte wegen der Abkürzung. Mit diesem Gefährt hätte ich so oder so nichts und niemanden überholen können.

Und es gab wenig, das ich während der Fahrt tun konnte. Zwischendurch hatte ich mit Faber telefoniert, wobei mir der Chef schon zuvorgekommen war. Doch zumindest konnte ich mir anhören, wie sie auf dem Revier vorankamen.

Die Fotos von Irmtraud waren raus an die Presse. Keine Resonanz bisher.

Die Durchsuchungen in Neverdings diversen Einrichtungen und Stiftungen dauerten an. Konkrete Ergebnisse im Augenblick: dito.

Kurz darauf hatte sich Euler gemeldet. Er war in Harburg auf Spuren eines Kampfes gestoßen, war sich aber nicht sicher, ob er ihnen bestimmte Reifenabdrücke in der Nähe zuordnen konnte. Wenn ja, hatten die Entführer einen Pick-up oder Kleinbus gefahren.

Die Entführer. Ja, es waren eindeutig mehrere gewesen.

Die schemenhaften *sie*.

Immer wieder kehrten meine Gedanken zu ihnen zurück, diesen namenlosen Unterstützern unseres Täters. Es kam mir vor, als stünde ich kurz davor, etwas Entscheidendes zu begreifen. Wer waren diese Leute? Warum halfen sie ihm?

Mit ausreichend Kleingeld konnte man eine Menge Hilfe kaufen. Focco Neverding hatte Geld gehabt, ohne Ende, und wir wussten, dass er Freiligrath schon seit langer, langer Zeit unterstützt hatte. Und laut Horst Wolfram hatte der Traumfänger *immer schon* Helfer gehabt.

Doch wenn Freiligrath und unser Täter gar nicht an einem Strang zogen?

Außerdem hatte Neverding selbst zu den Opfern gehört. Er war …

Er war das einzige Opfer, das sich nicht in Albrechts Theorie einordnen ließ!

Was hatte Focco Neverding mit dem Traumfänger-Fall zu schaffen gehabt – davon abgesehen, dass er seit Jahren Freiligraths Einnahmequelle war?

Warum hatte er sterben müssen, wenn die Taten wegen eines angeblichen Fehlurteils auf Rache abzielten? Neverding hatte keine Rolle gespielt bei der Jagd nach dem Traumfänger. Nicht soviel ich wusste.

«Verdammt!», knirschte ich.

Ich knirschte leise.

Horst Wolfram hatte sich im Wohnbereich seiner fahrbaren Behausung verkrochen, doch mit Sicherheit schlief er nicht.

Ich musste mit Albrecht sprechen. Jetzt sofort … Nein, nicht sofort, aber sobald wir in Königslutter eintrafen. Jedenfalls bevor er sich von Freiligrath eine Theorie einreden ließ, an der eindeutig etwas nicht stimmte.

Denk nach!

Ich konnte nicht denken.

Das Schlimmste war, dass dieser rollende Sarg keinen CD-Player hatte.

Mit zusammengebissenen Zähnen starrte ich auf die Straße.

Der Täter wollte sich rächen.

Und da passte Neverding nicht in die Theorie.

Wie aber war er sonst mit dem Fall verknüpft?

Er war Freiligraths Geldgeber gewesen.

Und er gehörte zu dem High-Society-Klüngel, der in dieser Ermittlung immer wieder blitzartig auftauchte, ganz am Rande unseres Gesichtsfeldes, und im selben Moment wieder verschwunden war, bevor wir noch eine Chance bekamen, die einzelnen Elemente einzuordnen.

Focco Neverding.

Margit Stahmke.

Und Joachim Merz.

Gehörte der dritte Name in diese Reihe?

War die dritte Person diejenige, die die beiden anderen auf dem Gewissen hatte?

Horst Wolfram war eine Sackgasse gewesen, was meinen Verdacht gegen Merz betraf.

*Ich habe diesen Namen noch nie gehört.*

*Es ist gleichgültig, mit was für Namen Sie mir kommen.*

Weder ein Ja, dachte ich, noch ein Nein.

Gab es sonst einen Beweis?

Es gab das Video. Das Video, das bis an den Beginn des Falls führte, im *Fleurs du Mal.* Allerdings nicht weiter.

War Joachim Merz der Mörder?

Machte das noch einen Unterschied – für mich?

Nein, das tat es nicht. Denn was es mit diesem Video auf sich hatte, hatte ich längst und endgültig begriffen.

Eine Endgültigkeit, die mich verletzte.

Joachim Merz hatte eine dunkle Seite. Unmöglich zu sagen, wie tief sie ging. Unmöglich zu sagen, ob der Mann, mit dem ich die vergangenen beiden Nächte verbracht hatte, in der Lage war, diese grauenhaften Taten zu begehen.

Und doch hatte ich den letzten Tagen das eine oder andere

von dieser dunklen Seite zu sehen bekommen, und ich war mir sicher, dass das noch harmlos war verglichen mit den wahren Abgründen, die in meiner Immer-mal-wieder-Affäre schlummerten.

Abgründen, wie sie im *Fleurs du Mal* ausgelebt wurden.

Hatte er sich nicht bei jeder sich bietenden Gelegenheit über den Club unterhalten wollen?

Weil er mit diesen Aufnahmen zu tun hatte – auf welche Weise auch immer. Als Amateurfilmer, als Darsteller ...

Weil er damit rechnen musste, dass wir uns mit ihnen beschäftigen würden, nun, nach Ole Hartungs Tod im *Fleurs du Mal*.

Deshalb, und nur deshalb hatte er sich an mich rangeschmissen.

Weil er durch mich an Informationen kommen wollte, vielleicht sogar glaubte, Einfluss auf unsere Ermittlungsarbeit nehmen zu können.

*Ich bin der Herr deiner Angst.*

Er hatte mich benutzt.

Das hätte ich ihm im schlimmsten Fall verzeihen können.

Aber nicht die langstielige Rose.

Nicht die Dinge, die er mir gesagt hatte.

*Du fehlst mir.*

*Man muss zu jemandem gehören.*

Dass er mir das Gefühl gegeben hatte, etwas Besonderes zu sein.

Ich, Hannah Friedrich mit der spitzen Nase und dem platten Hintern.

Mörder oder nicht: Joachim Merz war Geschichte.

Das Beste, was ihm passieren konnte, war, dass wir nie, nie, nie wieder miteinander zu tun bekommen würden.

Mein Handy gab ein leises Piepen von sich. Eine SMS.

Das Gerät lag auf dem Beifahrersitz. Ich tastete danach und

ging gleichzeitig vorsichtig auf die Bremse. Wir näherten uns dem Kreuz Hannover-Kirchhorst, wo ich die Autobahn wechseln musste, Richtung Braunschweig, und auf der rechten Spur – unserer Spur – staute sich der Lkw-Verkehr.

Umständlich legte ich das Smartphone auf dem Steuer ab, versuchte gleichzeitig die Straße und das Display im Auge zu behalten und drückte auf die Textanzeige ...

*Ich hab's im Radio gehört mit eurer Sekretärin. Ist alles in Ordnung mit dir? Ich mach mir ...*

Jeder Mensch kennt diese Comicfiguren, denen so eindrucksvoll die Augen aus dem Kopf treten, wenn sie kurz vorm Durchdrehen sind.

Ich hatte mir nie vorstellen können, dass sich das wirklich so anfühlte, doch mit einem Mal hatte ich das Gefühl, mein Kopf müsste platzen, wenn ich nicht jetzt gleich, auf der Stelle ...

Antworten. Sprachanruf.

Freizeichen. Ein Klicken.

«Weißt du was, Joachim?» Ich ließ ihn gar nicht zu Wort kommen. «An deiner Stelle würd ich mir um *deinen* Arsch viel größere Sorgen machen! Ist 'ne echt hübsche Aufnahme geworden, wie du mich rannimmst am Baum, aber stell dir mal vor: Das ist mir *scheißegal!* Mir kann's nämlich egal sein, ob ich mit hochgehe. Ich hab einfach nur 'nen Bullenjob. Im schlimmsten Fall setzen sie mich halt an die Luft, na und? Ich find schon wieder irgendwas. Aber du ... Du, Herr Anwalt, der seinen Schwanz ...»

Ein Hüsteln.

«Hallo ... Hannah.»

Mir blieb das Wort im Hals stecken.

«Ich bin's. Dennis.»

• • •

Die tiefen Klänge der Domglocken hallten über das abendliche Anstaltsgelände.

Jörg Albrecht kannte die Uhrzeit. Er zählte trotzdem mit.

Neun Schläge. Einundzwanzig Uhr. Friedrichs musste jeden Moment hier sein.

«Verdammt!», murmelte er. «Wo bleiben sie?»

Wobei er nicht an die Kommissarin und ihren Fahrgast dachte.

Lauschend hielt er inne. Ein gleichmäßiges Brummen.

Sekunden später schälten sich Umrisse aus dem Zwielicht.

Ein Allradfahrzeug, nein, mehrere, die sich rumpelnd über den kopfsteingepflasterten Vorplatz des Domes näherten.

Jörg Albrecht gestattete sich ein Aufatmen und trat ins Licht der Laternen, damit die Braunschweiger Beamten ihn sehen konnten.

Man konnte über Hauptkommissar Rabeck sagen, was man wollte, aber schnell war der niedersächsische Kollege.

Die dunklen Fahrzeuge stoppten. Eine Beifahrertür öffnete sich.

«Hauptkommissar Albrecht?» Ein Winken.

Albrecht erkannte die schlaksige Gestalt auf der Stelle wieder.

«Kommissar Cornelius!» Der Hauptkommissar drückte dem jüngeren Mann zur Begrüßung die Hand. «Danke, dass Sie es noch rechtzeitig geschafft haben.»

«Tut mir leid, dass es etwas länger gedauert hat», murmelte der jüngere Beamte. «Wir mussten noch bei meiner Oma vorbei.»

Albrecht kniff die Augen zusammen.

«Wegen der Kaffeedose», erklärte Cornelius. «Hauptkommissar Rabeck sagt, ihm schmeckt der Kaffee einfach nicht, wenn er nicht aus diesen grünen Dosen kommt. Sie wissen schon: Die, die's höchstens im Feinkosthandel gibt. Zum Glück hebt meine Oma alles auf. Die hatte noch eine alte, für die Lockenwickler. Den Kaffee hab ich dann von Penny geholt. Da gab's welchen, der war richtig günstig.»

«Ah ja», murmelte Albrecht. «Fein. Sie wissen, warum Sie hier sind?»

Im Cornelius' Rücken kletterten in diesen Sekunden Männer und Frauen in dunklen Uniformen aus den Einsatzwagen. Ein Sonderkommando, schwer bewaffnet, ausgebildet für brisante Situationen: Geiselnahmen, Personenschutz. Rabeck hatte Wort gehalten. Es grenzte an ein Wunder, dass die Braunschweiger eine solche Einheit so kurzfristig hatten mobilisieren können.

«Wir sollen ein Gebäude abschotten, wenn ich das richtig verstanden habe.» Zweifelnd blickte Cornelius an der Fassade der Domkirche empor. «Ist ein ziemlicher Brocken.»

«Nicht dieses Gebäude.» Albrecht schüttelte den Kopf. «Die geschlossene Abteilung befindet sich auf der anderen Seite des Doms. Von dort aus kann man uns hier nicht sehen. Passen Sie auf…»

Der Gedanke war unvermittelt in seinem Kopf aufgeflackert, kurz nachdem sich Maja Werden zu ihrem Gespräch mit Seidel verabschiedet hatte: Irmtraud Wegner war ganz in der Nähe von Horst Wolframs Wohnmobil abgefangen worden. Das konnte kein Zufall sein. Nein, ohne Frage: Der Täter hatte ein Auge auf alles, was am Bostelbecker Hauptdeich geschah.

Er *musste* bemerkt haben, dass das Wohnmobil seinen Platz verlassen hatte. Und mit Sicherheit war ihm nicht entgangen, dass die rechte Hand des aktuellen Ermittlers am Steuer gesessen hatte.

Jörg Albrecht hatte versucht, sich in das Denken des Täters hineinzuversetzen. Dieser Täter war ein Mensch, der gewissenhaft plante, nichts dem Zufall überließ. Ein Mensch, der geradezu zwanghaft davon besessen war, dass jedes Detail seines Plans seinen Regeln gehorchte – kaum anders als Freiligrath selbst.

In einem Detail aber war dieser Plan nicht aufgegangen: Albrecht hatte weit schneller den Kontakt zum Traumfänger herstellen können, als der Täter für möglich gehalten hatte, und, schlimmer noch, Max Freiligrath erwies sich nicht als der zuverlässige Verbündete, für den der Mörder ihn gehalten hatte.

Ob ihr Gegner das bereits erfasst hatte?

Vermutlich wurde es ihm in ebendiesen Minuten klar.

Albrecht zweifelte nicht daran, dass das Wohnmobil verfolgt wurde.

Und der Täter würde die richtigen Schlüsse ziehen. Etwas anderes war nicht denkbar.

*To be or not to be.* Ihm würde aufgehen, dass seine Konstruktion im Begriff war, in sich zusammenzubrechen.

Faktisch blieb dem Täter nur eine Chance: Er musste dabei sein. Er musste sich Zugang zur geschlossenen Abteilung verschaffen, wenn Freiligrath, Horst Wolfram und die Ermittler dort aufeinandertrafen. Seine letzte und einzige Chance, seiner wahnwitzigen Theorie eines alternativen Täters zum Durchbruch zu verhelfen.

Und in diesem Moment würde das Kommando aus Braunschweig zugreifen.

«Sie halten sich in Deckung!», schärfte Albrecht den Beamten ein. «Geben Sie mir eine Minute Vorsprung, dann wechseln Sie auf die andere Seite des Doms! Von dort aus haben Sie den Zugang zur geschlossenen Abteilung im Blick – und den Parkplatz. Das ist der Weg, den Kommissarin Friedrichs mit dem Wohnmobil nehmen wird. Möglich, dass der Täter ihr auf der Stelle folgen wird, doch ich vermute, dass er einen Moment abwartet. Ich kann nicht sagen, ob er allein kommt. Mit Sicherheit wäre das unauffälliger. Aber besser, Sie sind auf alles vorbereitet. Haben Sie das verstanden?»

«Aye-aye.» Cornelius deutete einen – nicht sehr überzeugenden – miltärischen Gruß an.

«Gut», murmelte Jörg Albrecht. «Hauptkommissar Rabeck war so freundlich, den Kontakt zur obersten Klinikleitung herzustellen. Über die offenen Stationen ist für heute Abend eine Ausgangssperre verhängt worden. Psychisch angeschlagene Nachtschwärmer werden Ihnen nicht in die Hände laufen. Oder ihre Pfleger. Die einzige Ausnahme bildet die geschlossene Abteilung. Dort weiß man von nichts.»

«Weil die Leute verdächtig sind?»

Albrecht zögerte. «Wir haben sie überprüft, so gut das in der Kürze der Zeit möglich war. Ihr Vorgesetzter hat die Personalakten heute Mittag an meine Dienststelle weitergeleitet, und einer meiner Mitarbeiter hat sie mit den internen polizeilichen Systemen abgeglichen: Dr. Seidel – der Chefarzt – hat vor ein paar Jahren mal ohne Führerschein auskommen müssen, doch davon abgesehen hat er eine weiße Weste. Exakt dasselbe Bild beim Rest der Belegschaft auf den Stationen 62 a bis e.»

«Die fahren wie die Henker hier in Königslutter.» Cornelius nickte.

Jörg Albrecht zuckte mit den Schultern, ermahnte die Männer und Frauen noch einmal zu höchster Wachsamkeit und kündigte an, dass Friedrichs zu ihnen stoßen würde, sobald sie eintraf.

Dann machte er sich mit eiligen Schritten auf den Weg zum Parkplatz.

Die Kommissarin musste jeden Moment da sein. Außerdem stand auch Majas Rückkehr noch aus. Er konnte nur beten, dass es ihr gelungen war, Seidel zu überzeugen. Der gesamte Plan stand und fiel damit, dass das Treffen zwischen Albrecht, Wolfram und Freiligrath tatsächlich zustande kam.

Der Täter musste mit eigenen Augen sehen, dass Horst Wolfram das Gebäude auch betrat, und Albrecht war sich fast sicher, dass er den Ort kannte, an dem ihr Widersacher sich auf die Lauer legen würde, nachdem er dem Wohnmobil gefolgt war:

Von den Spazierwegen am Bergcafé hatte man den Eingang zur geschlossenen Abteilung hervorragend im Auge.

Er gab sich Mühe, nicht in diese Richtung zu sehen – wohl wissend, dass dort zu diesem Zeitpunkt noch niemand sein konnte.

Alles ist vorbereitet, dachte er. Der Plan *kann* funktionieren. Wenn ich alles richtig berechnet habe, *muss* er funktionieren.

Doch es gab so viele unvorhersehbare Möglichkeiten, so viele Unbekannte in seiner Rechnung, angefangen mit dem Personal der Abteilung. Was bewies es, dass sich keiner dieser Männer und Frauen bisher etwas Ernsthaftes hatte zuschulden kommen lassen?

Jörg Albrecht kannte die Abgründe der Menschen. Es war ohne weiteres möglich, nach außen hin ein braver Bürger zu sein und im Kopf ein mörderischer Irrer. Keinerlei Auffälligkeiten – bis zu dem Augenblick, in dem die Bestie Mensch sich Bahn brach.

In den vergangenen zwei Stunden hatte Albrecht ein halbes Dutzend Telefonate allein mit Winterfeldt geführt, der die Daten nacheinander durch sämtliche Systeme geschleust hatte, die ihm irgendwie zugänglich waren, sowie – wie der Hauptkommissar vermutete – durch die eine oder andere Datenbank, die ihm nach gültiger Rechtslage *nicht* hätte zugänglich sein dürfen. Irgendeine gottverfluchte Verbindung! Zum Fall, zu den Opfern, zum Traumfänger.

Auf ganzer Linie Fehlanzeige.

Es ist zu einfach, dachte der Hauptkommissar. Zu simpel für die schemenhafte Gestalt, die sich jedem Zugriff entzieht.

Er hat sechs Menschen getötet und es dabei geschafft, praktisch unsichtbar zu bleiben.

Kann ich ernsthaft erwarten, dass er uns nichtsahnend in die Falle stolpert?

Ich übersehe etwas, noch immer. Und dieser Fehler wiegt schwerer als jeder vorangegangene.

«Verdammt», zischte er, und eine Gänsehaut stellte sich auf seinen Armen auf, als ihm klar wurde, dass er das Wort ausgesprochen hatte wie David Martenberg.

Ein Geräusch.

Albrecht kniff die Augen zusammen.

Er hatte den Parkplatz erreicht.

Die Panzerglastür der geschlossenen Abteilung öffnete sich. Maja Werden kam auf ihn zu. Angespannt beobachtete er sie.

Ihr Gesicht, aus dem so selten eine Regung abzulesen war, wirkte verkniffen. Nein, keine guten Nachrichten.

Ein schmerzhaftes Pochen begann sich in Albrechts Hinterkopf auszubreiten.

Die Psychologin stieß den Atem aus. Eine Dampfwolke in der Luft des Herbstabends, die mit jeder Minute kühler zu werden schien. Der Himmel war auf eine geisterhafte Weise sternenklar.

«Tut mir leid», murmelte die junge Frau. «Dass ich so lange gebraucht habe.» Sie schüttelte den Kopf. «Er sieht Probleme. Ehrlich gesagt hätte ich nicht gedacht, dass er dermaßen ... Ich weiß wirklich nicht ...»

«Maja!» Der Hauptkommissar streckte die Hand aus und legte sie auf ihren Oberarm. Eine Sekunde hatte er das Gefühl, als wollte sie zurückzucken, dann ließ sie ihn gewähren.

«Ganz ruhig», bat er. «Sie haben weit mehr für diese Ermittlung getan, als ich hätte erwarten dürfen. Und für mich. Ich hätte gar nicht zulassen dürfen, dass Sie schon wieder in die Bresche springen. Wenn ich von Seidel etwas will, sollte ich selbst ...»

«Nein.» Sie schüttelte den Kopf, und zögernd kehrte ihr gewohnter, professioneller Gesichtsausdruck zurück. «Wenn Sie mit ihm gesprochen hätten, hätte er auf der Stelle nein gesagt. Mir hat er wenigstens zugehört.»

«Und dann nein gesagt», murmelte Albrecht düster.

Wieder schüttelte sie den Kopf, und ganz knapp verzog sich

ihr Mundwinkel. «Direkt abgelehnt hat er nicht – und deswegen werde ich auch nicht weiter nachfragen.»

Albrecht straffte sich. Er musste es versuchen. Ganz gleich, ob er realistische Chancen hatte. «Ich rede selbst mit ihm.»

«Das werden Sie auf keinen Fall!» Ihr Blick genügte, ihn an Ort und Stelle zu halten. «Sie werden jetzt abwarten, bis Ihre Kollegin da ist! Und dann werden Sie wie selbstverständlich das Gebäude betreten – aber bitte nur Sie und Herr Wolfram, hören Sie? An der Pforte kennt man Sie inzwischen. Die Leute wissen, dass Sie in der Abteilung ein und aus gehen und vielleicht auch einen Kollegen mitbringen. Ich werde gleich noch andeuten, dass Sie heute Abend wahrscheinlich noch mal vorbeikommen.»

Er kniff die Augen zusammen. «Und Seidel?»

«Hat Abenddienst. Ich werde jetzt wieder reingehen. Wenn ich ihn ein bisschen in ein Gespräch verwickle, sollte ihn das ablenken.»

Unvermittelt hatte Albrecht einen Kloß im Hals. «Das kann ich unmöglich von Ihnen …»

Ihre Augen, diese bemerkenswerten Augen unter den apart geschwungenen Brauen betrachteten ihn. «Glauben Sie, dass ich das für Sie tue, Jörg Albrecht?» Ihre Hand hob sich, und für einen Moment, kurz wie der Flügelschlag einer Libelle, berührten ihre Finger seine Wange. «*Intentio vera nostra est manifestare ea, quae sunt, sicut sunt.* Die Dinge so darzustellen, wie sie sich in Wahrheit verhalten.»

Albrecht schluckte. Für sie, für sich selbst: Wie sehr wünschte er sich, sie könnte dabei sein.

Er nickte stumm. In diesem Moment traute er seiner Stimme nicht. Noch immer spürte er die Berührung ihrer Finger. Obwohl sie die Hand längst wieder hatte sinken lassen.

Das Blut rauschte in seinen Ohren. Nein …

Motorengeräusch! Ein Lichtreflex auf den Fenstern der geschlossenen Abteilung.

Er wandte sich um. In einem nicht sonderlich eleganten Manöver bog das Wohnmobil auf den Innenhof der Anstalt.

Maja Werden warf nicht mehr als einen raschen Blick auf das Fahrzeug, einen Blick, den er weniger denn je zu deuten wusste.

«Gehen Sie einfach rein!», schärfte sie ihm ein. «Wie selbstverständlich. – Ach ja: Gehen Sie nicht auf Freiligraths Zimmer. Ich habe mit ihm gesprochen. Es gibt einen Begegnungsraum im Souterrain. Dort wartet er auf Sie.»

«Wie?» Albrecht sah zwischen der jungen Frau und dem Wohnmobil hin und her. «Was?»

Sie schürzte die Lippen. «Die Patientenzimmer werden alle zwei Stunden kontrolliert – da hat Bob Seidel schon recht. Aus dem Schlaf holt man die Patienten aber nicht bei der Gelegenheit. Ob Freiligrath tatsächlich im Bett liegt oder nicht, wird dem Nachtdienst kaum auffallen. Wenn *Sie* allerdings im Arbeitszimmer auf dem Sofa sitzen ...»

«Ja ...» Albrecht schüttelte sich. «Natürlich. Im Souterrain?»

«Ockerfarbene Linie.» Sie war schon auf dem Weg zur Tür.

«Maja ...!»

Doch sie war bereits verschwunden. Sein Plan. Sie wusste nichts von seinem Plan.

Aber mit einem Dutzend bewaffneter Beamter rund um das Gebäude war die geschlossene Abteilung in den nächsten Stunden vermutlich der sicherste Ort weit und breit.

Für jeden, der nicht unmittelbar mit Freiligrath zu tun hatte.

Albrecht biss die Zähne zusammen. Das Souterrain. Der Keller.

Eine Bemerkung fiel ihm ein, die die junge Frau gestern Abend gemacht hatte, bei ihrer Ankunft in Königslutter.

*Früher muss es dort eine Mühle gegeben haben. Die Schleuseneinrichtung ist im Keller noch erhalten.*

Die Schleuse, die Staumauer. David Martenbergs Körper.

Brüllendes, stürzendes Wasser.

Wer mochte auf den Einfall mit dem Begegnungsraum gekommen sein? Die Psychologin – oder Maximilian Freiligrath?

• • •

Ob es am Licht liegt?, dachte ich.

Mit Sicherheit lag es am Licht.

Es war ein künstliches, hässliches Licht auf dem Parkplatz. Passte wie die Faust aufs Auge zu einer Anstalt, in der die Hälfte der Leute mit Depressionen zu kämpfen hatte.

Alles wirkte seltsam grau, Jörg Albrecht nicht anders als die zusammengesunkene Gestalt, die aus der Tür des Wohnmobils kletterte und sich dabei schwer auf meine Schulter stützen musste.

«Herr Hauptkommissar.» Albrecht neigte den Kopf, und es war mehr als ein bloßes angedeutetes Nicken. «Ich möchte Ihnen danken, dass Sie gekommen sind.» Wenn er einem Menschen gegenüberstand, für den er Respekt empfand, konnte er das sehr deutlich zeigen.

Bei Wolfram war es mehr als das. Unser Chef griff nach dem Arm seines Amtsvorgängers, als wäre es eine ganz selbstverständliche Sache.

Zwei Männer, dachte ich. Gejagt von den Geistern der Vergangenheit.

Klang wie der Umschlagtext eines drittklassigen Schmökers.

Horst Wolfram quittierte Albrechts Worte mit einem stummen Nicken. Irgendwo hinter Hannover hatte er sich im Wohnbereich seines Gefährts zu regen begonnen, doch als ich versucht hatte, ein Gespräch mit ihm anzufangen, waren seine Antworten immer einsilbiger geworden.

Seitdem wir die Autobahn verlassen hatten, schwieg er.

«Danke, dass Sie sich gleich ans Steuer gesetzt haben», murmelte Albrecht in meine Richtung. «Leider kann ich Sie diesmal nicht ...»

Ein Nicken zum Anstaltsgebäude.

«Oh?» Nur ganz kurz blitzte vor meinem geistigen Auge ein Schild auf, wie man es am Eingang zum Supermarkt findet. Ein traurig dreinblickendes Hannah-Friedrichs-Konterfei: *Wir müssen leider draußen bleiben.*

«Ich glaube, das halte ich aus», murmelte ich zurück.

Er hob ganz kurz die Augenbrauen.

«Drücken Sie uns die Daumen!» Düster. «Er wartet im Keller auf uns.»

Keller?

Plötzlich kam er einen halben Schritt auf mich zu. «Wir sind nicht allein!», zischte er. Noch leiser: «Kommissar Cornelius mit Kollegen aus Braunschweig. Gehen Sie in Richtung Dom! Er wartet auf Sie und erzählt Ihnen den Rest. Wir stoßen zu Ihnen, sobald ...»

Schon war er im Begriff, sich abzuwenden.

«Halt!» Das kam lauter, als ich beabsichtigt hatte.

Er drehte sich um, sichtbar ungeduldig. «Kommissarin?» – *Verdammt! Wir werden beobachtet!*, formten seine Lippen.

Ich fuhr mir mit der Zunge über die Zähne.

«Da stimmt was nicht!», flüsterte ich. «Neverding! Sie haben Neverding vergessen! Wenn jemand Rache nehmen will, wegen eines Fehlurteils – warum tötet er dann den Mann, der den angeblich unschuldigen Freiligrath all die Jahre unterstützt hat?»

«Was?» Albrecht kniff die Lider zusammen.

«Freiligrath hat Ihnen nicht die Wahrheit gesagt! Ich weiß nicht, was er vorhat, aber irgendwas stimmt nicht an seiner Geschichte!»

Albrecht schüttelte sich wie ein nasser Hund.

Horst Wolfram, auf seinen Arm gestützt, wurde unruhig.

«Es ist nicht *seine* Geschichte», murmelte der Hauptkommissar und sah über die Schulter, zum Eingang der Abteilung.

Ich holte Luft. Alles auf eine Karte. «Bitte!», sagte ich. «Bitte überlegen Sie, ob Sie das wirklich machen wollen! Ich habe kein gutes … Gefühl dabei.»

Er hob eine Augenbraue, amüsiert beinahe.

Ist Intuition nicht *meine* Spezialität?, schien er sagen zu wollen.

Doch dann schüttelte er den Kopf.

«Ich werde daran denken», sagte er leise. «Freiligrath wird mir Antworten liefern müssen. Schlüssige Antworten. Ich werde dieses Gebäude nicht wieder verlassen, bevor ich nicht meine Antworten habe!»

Er sollte recht behalten.

Niemand von uns konnte ahnen, unter welchen Umständen.

Doch es kann keine Frage sein: Niemals hätte er das Gebäude betreten, wenn er geahnt hätte, was kommen sollte.

Aber niemals wären wir auch nur an diesen Punkt gekommen, wenn wir nicht beide dermaßen blind …

Die Dinge, so wie sie in Wahrheit sind.

Vielleicht sind sie ja doch für jeden von uns anders, von unserem eigenen kleinen Punkt aus, unserem persönlichen Zentrum des Universums.

Vielleicht ist ja das Universum das eigentliche Problem.

Das Universum, das ums Verrecken keine Rücksicht darauf nimmt.

«Drücken Sie uns die Daumen!», wiederholte Albrecht.

Er hörte sich anders an als noch vor fünf Minuten.

Ich nickte, öffnete dann aber den Mund.

Joachim Merz.

«Ich …»

«Noch was?» Deutlich ungehalten jetzt.

Joachim Merz ist *eine* Möglichkeit, dachte ich.

Ein Bindeglied zu Neverding.

«Viel Glück», murmelte ich.

Er nickte stumm. Die Andeutung einer Kopfbewegung. Die Andeutung einer Andeutung: *Cornelius.*

Dann drehte er sich um, und ich beobachtete, wie die beiden Männer mit langsamen Schritten auf den Eingang der geschlossenen Abteilung zugingen. Eine undeutliche Bewegung im Innern, und die gepanzerte Glastür öffnete sich, ließ sie ein.

Und schloss sich wieder.

Du solltest dabei sein.

Die Stimme in meinem Kopf war deutlich.

Doch was hätte ich tun sollen?

Freiligrath war niemand, dem man mit der Pistole in der Hand beikommen konnte. Davon abgesehen, dass mein Exemplar im Waffenschrank auf dem Revier lag.

Ganz langsam atmete ich ein und wieder aus.

Sieh es ein: Dein Part ist vorbei.

Nimm dir Zeit, leck deine Wunden ...

*Denk schon mal nach, ob dir der Name von einem guten Scheidungsanwalt einfällt ...*

Joachim Merz vielleicht?

Ich biss mir auf die Zunge, drehte mich um und visierte den Dom an.

Einen Schritt nach dem anderen, dachte ich.

Irrsinnigerweise hatte ich plötzlich einen alten Hans-Albers-Titel im Kopf, den Dennis manchmal unter der Dusche sang: *Und über uns der Himmel.*

Denn über uns der Himmel, dachte ich, lässt uns nicht untergeh'n.

Dennis war schon geradezu unappetitlich verständnisvoll gewesen am Telefon. Hatte keine Erklärungen hören wollen, sondern lediglich angekündigt, dass wir das in Ruhe besprechen würden, wenn ich aus Königslutter zurück war. In Ruhe. Ich hätte im Moment mehr als genug im Kopf.

Mein Fels in der Brandung.

Meiner?

Zu weit draußen, dachte ich. Ich bin schon viel zu weit draußen im offenen Meer.

*Standing on a beach with a gun in my hand ...*

Diesmal schaute ich auf die Nummer, bevor ich den Anruf akzeptierte.

Es war das Revier.

«Ja?», meldete ich mich müde, während ich in Richtung Dom ging.

«Verdammt, die schießen!»

Mit einem Keuchen fuhr ich herum. Das Gebäude mit der geschlossenen Abteilung, Licht hinter den Fenstern und – Stille.

«Was?»

«Die ... die schießen auf unsere Beamten!» Nils Lehmann war am Apparat. «Bei Neverding auf dem Gelände! Sie wollten jetzt gerade in dieses Zeltlager oder was das ist ... in die Verwaltung ... wegen der Stiftungskonten. Da ging's plötzlich los! – Und ich krieg den Chef nicht an den Hörer!»

«Man darf keine Handys mitnehmen in die geschlossene Abteilung», murmelte ich.

Das Anstaltsgebäude schien sich in den letzten Sekunden verändert zu haben. Abweisend, feindselig, einem Gefängnis sehr viel ähnlicher, als mir bis zu diesem Moment klar gewesen war.

Niemand kam rein, niemand kam raus, solange die elektronische Pforte geschlossen blieb.

Für einen Moment war da ein Gedanke ...

«Hannah?»

Ich schüttelte mich. «Nils, an den Chef kommen wir im Moment nicht ran. Und was soll er auch machen von hier aus? Wer hat das Kommando vor Ort? Immer noch Klaus Matthiesen?»

«Ja, er ...» Ich hörte die Nervosität in Lehmanns Stimme. «Verdammt, warum schießen die? Was sind das für Leute?»

Mit dem nötigen Kleingeld konnte man eine Menge Hilfe kaufen. Mein eigener Gedanke, noch auf der Fahrt hierher. Doch Neverding war tot. Warum sollten seine Leute ... Wer *waren* diese Leute?

Etwas fehlte noch, eine grundlegende Information. Ein entscheidender Faden im Netz.

«Matthiesen hat schon Verstärkung angefordert», murmelte Nils Lehmann. «Die kriegen das schon hin. Denke ich ...»

«Bestimmt», sagte ich mit wesentlich mehr Überzeugung, als ich in Wahrheit spürte. Doch da war ein anderer Gedanke, nein, weniger als ein Gedanke: ein Aufflackern in meinem Kopf. «Gibt es irgendwas in Sachen Irmtraud?»

Er keuchte. «Denkst ... Denkst du, die ist da drin?»

Ich wusste selbst nicht, was ich denken sollte.

«Ich weiß es nicht», murmelte ich. Ich biss die Zähne zusammen. Nachdem ich die Leitung an Faber und Matthiesen abgegeben hatte, durfte ich den beiden jetzt nicht reinreden.

«Bitte halt mich auf dem Laufenden!», sagte ich.

Ein deutlicher Hinweis, dass ich das Gespräch beenden wollte.

Lehmann verstand ihn.

Ich steckte das Handy in meine Jackentasche und blieb noch einen Moment stehen.

Du übersiehst etwas! Ich fixierte das Gebäude, doch gleichzeitig war ich mir sicher, dass ich nichts übersehen hatte, was ich im eigentlichen Sinne des Wortes *sehen* können.

Es war eine bestimmte Verbindung. Sie war immer noch unsichtbar, doch es fehlte nur ein einziger Schalter: Wenn dieser Schalter umgelegt wurde, würde ich ... Was?

Begreifen, was hier in Wahrheit vorging? Was wir alle, auch Jörg Albrecht, noch immer übersahen?

Ich senkte den Kopf und starrte auf meine Füße, während ich in Richtung Dom weiterging.

Irgendwie musste ich …

«Ahoi!» Eine schlaksige Gestalt löste sich aus den Schatten, zog sich eine schwarze Sturmhaube vom Kopf und verneigte sich theatralisch. «Yawuz Cornelius, Kripo Niedersachsen. Zu Ihren Diensten, schöne Frau!»

Oh mein Gott, dachte ich. Ein Komiker.

•••

Mit einem Ächzen schlossen sich die Panzerglastüren in Jörg Albrechts Rücken.

Die Frau in der Pförtnerloge war dieselbe gewesen wie am Nachmittag. Sie hatte ihn und seinen Begleiter anstandslos passieren lassen.

Doch nun lag der langgestreckte Korridor vor ihnen, auf die zentrale Information zu, wo Maja Werden heute Abend *nicht* auf Albrecht warten würde.

Er war es gewohnt, bei seinem allerersten Besuch die Atmosphäre, das Gefühl eines Ortes in sich aufzunehmen. Die geschlossene Abteilung von Königslutter betrat er soeben zum vierten Mal. Und doch war alles anders.

Er war nicht willkommen heute Abend.

Das Stationspersonal konnte nichts ahnen von dem endlosen Schlagabtausch, den Maja und der Chefarzt einander geliefert haben mussten. Von Seidels Weigerung, Horst Wolfram Zugang zu Freiligrath zu gewähren.

Aber Jörg Albrecht spürte es doch.

Die in Pastelltönen gestrichenen Wände selbst strahlten eine Abwehr aus. Das schmerzhaft grell blinkende Licht für den Schwesternruf über einer Tür zur Rechten.

Zwei Pfleger schoben sich grußlos an ihm vorbei, gestresste Gesichter.

Ein schmaler Grat, dachte der Hauptkommissar. Wir balancieren auf einem schmalen Grat. Der Abgrund gähnt auf allen Seiten.

Wie hatte Maja gesagt? Bewegen Sie sich wie selbstverständlich!

Du bist auf dem Weg zu einem ganz gewöhnlichen Besuch bei Max Freiligrath. Eine weitere Detailfrage zu deiner Ermittlung.

Am Informationstresen lehnte eine Gestalt in einem fliederfarbenen Kittel.

Albrecht wurde automatisch langsamer.

Der Mann blickte auf und ...

Nein, es war nicht Seidel. Ein älterer Mediziner, den Albrecht nicht kannte.

Der Hauptkommissar nickte ihm im Vorbeigehen zu.

Beweg dich wie selbstverständlich.

Wolfram an seinem Arm schien Zentner zu wiegen.

Konnte das psychologisch geschulte Personal übersehen, dass er ein menschliches Wrack mit sich herumschleppte?

Mussten die Leute nicht misstrauisch werden?

Albrecht spürte den Blick des Arztes auf seinem Rücken, und ein Schweißtropfen löste sich von seinem Haaransatz, rann kitzelnd über die Stirn.

Niemand bekam es mit. Der Flur vor ihnen war leer, an der Wand ein halbes Dutzend farbiger Linien.

Mintgrün – die Strecke zur Station 62.b, Freiligraths Station – führte weiter geradeaus, Ocker verschwand linker Hand in einem Seitengang.

Die Treppe. Die Treppe zum Keller.

Verfolgte der Arzt noch immer ihre Bewegungen, misstrauisch, die Finger schon nach dem Handy ausgestreckt, um Seidel zu verständigen?

Vorsichtig dirigierte Albrecht seinen Vorgänger nach links.

Drei Schritte, vier. Jetzt konnten sie vom Hauptflur aus nicht mehr gesehen werden.

Der Hauptkommissar blieb stehen. Nichts rührte sich im langgestreckten Korridor. Er spürte, wie die Anspannung von ihm abfiel.

Doch jetzt gab es kein Zurück mehr.

*Sie haben Neverding vergessen.*

Friedrichs hatte recht. Er hatte Neverding vergessen.

Doch es stimmte nicht, dass Freiligrath ihm eine falsche Geschichte erzählt hatte. Das Bild des Falles, wie es sich jetzt darstellte, die These um ein Fehlurteil: Dieses Bild hatte Albrecht selbst entworfen.

Doch Freiligrath hatte nicht widersprochen.

Und er wusste von Neverdings Tod.

Konnte Neverding die Lösung sein, der alternative Täter von damals, dem Jörg Albrechts Täter die Verantwortung für die Morde des Traumfängers anlastete?

Nein, unmöglich. Die Serie der Morde führte nicht zu Neverding. Wenn Martin Euler recht hatte, hatte sie mit Neverding *begonnen*.

Welchen Sinn ergaben all die anderen Morde, wenn ihr Täter seinen Verdächtigen als Ersten gerichtet hatte?

Jörg Albrecht drehte sich zu Wolfram.

Der ältere Mann hatte kein Wort gesagt, seitdem er aus seinem Wohnmobil geklettert war. Albrecht spürte eine tiefe Unruhe. Er war angewiesen auf die Erinnerungen, die im Gedächtnis dieses Mannes verborgen lagen. Und Wolfram *konnte* sprechen. Mit Friedrichs musste er sich unterhalten haben.

Wenn er jetzt schwieg ...

*Angst.*

Die Erklärung war mit Händen greifbar.

Der Hauptkommissar suchte den Blickkontakt. «Herr Wolfram, bitte hören Sie mir jetzt ganz genau zu!»

Eine Veränderung in den halb verschleierten Augen?

«Focco Neverding», sagte Albrecht. «Denken Sie zurück,

Herr Wolfram! Denken Sie zurück an Ihre Ermittlungen: Hat Focco Neverding irgendeine besondere Rolle gespielt?»

Gedanken, die sich mühsam einen Weg an die Oberfläche bahnten. Eine winzige Bewegung des Kopfes, die alle Kraft zu kosten schien.

«Es ist ... gleichgültig, welche Namen Sie nennen», presste der ältere Mann hervor, mit einer Stimme, bei der sich die Haare auf Albrechts Armen aufstellten. «Er hatte Helfer, doch ihre Namen sind bedeutungslos. Es ist ... eine Sache zwischen ihm und mir. Alles andere ist bedeutungslos.»

Albrecht biss die Zähne zusammen.

«Herr Wolfram, es gibt einen Grund, aus dem ich Sie heute Abend dabeihaben möchte. – Dabeihaben muss. Und es ist nicht meine Absicht, Sie Freiligrath als Menschenopfer zuzuführen. Wir sind nicht seiner Willkür ausgeliefert, auch wenn ich mir sicher bin, dass er versuchen wird, genau diesen Eindruck zu erwecken.

Mein Täter, Herr Wolfram ... Mein Täter tötet Menschen, die in einem Bezug zu Ihrer Ermittlung standen, und ich glaube, dass sein Motiv Rache ist. Rache allerdings nicht an Max Freiligrath, sondern Rache für das damalige Urteil, das er für falsch hält. Und doch handelt er aus verschiedenen Gründen nicht in Freiligraths Interesse. Er muss eine andere Theorie zu den damaligen Taten haben, einen anderen Schuldigen, und niemand ist mit diesen Taten so vertraut wie Sie. Bitte, Sie müssen versuchen ...»

Albrecht brach ab.

Es hatte keinen Sinn.

Wolframs Blick, sein Bewusstsein, das sich für Momente ins Hier und Jetzt durchgekämpft hatte: Mit einem Mal war nichts mehr da. Ein verwirbeltes Grau wie das Wasser draußen vor der Küste, wenn der Sturm die Wogen ins offene Meer zurückpeitscht.

Ganz weit weg, dachte Albrecht. Ganz tief drinnen in sich selbst, der einzigen Zuflucht, die ihm noch bleibt, nachdem er um Irmtraud Wegners willen sein Gefängnis verlassen hat.

Gab es einen Beweis, dass die Sekretärin überhaupt noch lebte?

Kein Beweis. Nur ein Gefühl.

Aber auch Professor Möllhaus war zunächst entführt worden, um dann einen besonders grausigen Tod zu erleiden, ohne dass die Ermittler eine Chance bekommen hatten, einzugreifen. Und Neverdings langsames Sterben hatte Tage gedauert.

*Neverding.*

«Was ist es, das ich übersehe?», flüsterte Jörg Albrecht.

Alle Fäden liefen im Hier und Jetzt zusammen, auf Max Freiligrath zu. Oder doch auf Horst Wolfram?

Machte das einen Unterschied?

Albrecht spürte den Lauf der Fäden – und doch konnte er ihnen nicht bis ans Ende folgen. Das Ende war immer noch dunkel.

Wie war das möglich?

Alle Versatzstücke waren am richtigen Ort.

Wolfram. Freiligrath. Beide waren ein Teil der Lösung.

Wolfram besaß ein Wissen um die damaligen Ermittlungen wie kein anderer Mensch. Weil er selbst sie geführt hatte.

Wenn ein Mensch die Wahrheit kannte, dann war es Wolfram. Ja, Freiligrath hatte recht. Albrecht selbst spürte es, intuitiv.

Das war die Lösung – oder es kam ihr doch sehr, sehr nahe.

Und genau das musste auch seinem Täter bewusst sein. Den unsichtbaren Augen, die er selbst durch das Mauerwerk des alten Mühlengebäudes auf sich gerichtet fühlte.

Er würde kommen.

Und am Rande des Parkplatzes warteten die Braunschweiger auf ihren Einsatz.

Die Voraussetzungen waren perfekt. Jörg Albrecht würde diesen Fall heute Abend lösen – oder er würde ihn niemals lösen. Eine dritte Möglichkeit existierte nicht.

Zu Füßen der beiden Männer führte die Treppe in die Tiefe, Neonleuchten an der Decke, an der Wand der ockerfarbene Streifen.

Aber alles in Jörg Albrecht wehrte sich dagegen, den ersten Schritt zu tun.

Für eine Sekunde wünschte er sich, er hätte sein Mobiltelefon dabei und könnte Heiner Schultz anrufen.

Sie telefonierten *nie* miteinander, es sei denn, ihre Verabredung musste verschoben werden.

Drei Mal. In mehr als zwanzig Jahren.

Was würde Schultz jetzt tun?

Frag doch gleich, was *Sokrates* tun würde!

«Sie würden mir erzählen, dass es nicht ihre Entscheidung ist», murmelte Jörg Albrecht. «Sondern meine.»

Schritte auf dem Flur hinter ihnen.

Und auf einmal gab es keine Entscheidung mehr.

Albrecht fasste den Arm des älteren Mannes fester und drängte Wolfram nach rechts, wo ein Handlauf an der Wand entlangführte.

Sechs Stufen, sieben. Albrecht spürte, dass der Ältere Mühe hatte, ihm zu folgen. Ein Treppenabsatz.

Im nächsten Moment waren sie außer Sichtweite.

Der Hauptkommissar verharrte und hielt die Luft an. Lauschte. Nein, die Schritte folgten ihnen nicht.

Eine der Neonröhren flackerte irritierend. Das pastellige Weiß der Wände erschien unwirklich in diesem Licht. Albrecht streckte die Hand aus und berührte das alte Mauerwerk, das durch den modernen Putz hindurchzuschimmern schien.

Eine schwache Vibration, die er mit dem Rauschen strömenden Wassers in Verbindung brachte.

Die Schleusenanlage. Im Keller.

Schritt für Schritt, langsamer jetzt, stiegen die beiden Männer die Treppe hinab, die an einer einzelnen Tür endete. Die ockerfarbene Linie endete an einem Schild: 62.u *Gruppentherapie.*

Irgendwie, dachte Jörg Albrecht, traf es das gar nicht so schlecht.

Er blieb stehen.

«Ich möchte Sie jetzt bitten, hier auf mich zu warten», wandte er sich mit gedämpfter Stimme an Wolfram. «Ich werde mich kurz umsehen, und nur wenn ich sicher bin, dass alles in Ordnung ist, hole ich Sie dazu. Sie warten genau hier, ja? Wenn irgendetwas passiert, oder wenn Sie ... wenn Sie mich brauchen, rufen Sie nach mir!»

Wolfram sah ihn an. Nein, er sah ihn nicht an. Seine Augen waren geschlossen.

«Haben Sie mich verstanden, Herr Wolfram?», fragte der Hauptkommissar.

«Ja.» Keine Regung.

Ganz weit weg.

«Gut», murmelte Albrecht und nickte knapp.

Der Mann bekam es ohnehin nicht mit.

«Ich bin sofort wieder da.»

Der Hauptkommissar holte Luft.

Ich hasse Überraschungen.

Die Tür hatte keinen Drücker, sondern lediglich einen Kunststoffknauf. Auf sanften Druck öffnete sie sich.

Hinter der Tür führten die Stufen weiter in die Tiefe, aber sie wirkten freundlicher, breiter und großzügiger und endeten an einem Vorhang aus Grün: Weidenstämme, die aus weichem Boden wuchsen. Ein Wald im Innern des Gebäudes.

Albrecht strich die Zweige beiseite – und blieb wie angewurzelt stehen.

Die Illusion war perfekt. Ein Draußen für jene Menschen, die die Mauern der geschlossenen Abteilung von Königslutter nicht verlassen durften. Ein Draußen im Innern des alten Mühlengebäudes. Tageslichtleuchten, in strategisch angeordneten Nischen verborgen, gaben der Pflanzenwelt Helligkeit, die sie am Leben erhielt.

Der Kellerraum musste den gesamten Grundriss einnehmen. Gemauerte Säulen, Gewölbe aus der Entstehungszeit des Gebäudes, die teilweise an Ort und Stelle belassen worden waren, um die Decke zu stützen: Backstein, unverkleidet in diesem Fall, im Innern vermutlich mit Stahl verstärkt, um die Statik nicht zu gefährden. An der gegenüberliegenden Seite ein halb in die Mauer eingelassenes Häuschen wie eine uralte Kapelle: eine Ruinenarchitektur, an der Efeu emporrankte.

Die linke Hälfte des Raumes wurde von einer zerklüfteten Felsenlandschaft eingenommen. Königslutter lag am Fuße eines der nördlichsten ins Flachland vorgeschobenen Ausläufer des Harzes. Hier, genau hier, war der Ort, an dem die Felsen, die Knochen der Erde, an die Oberfläche stießen wie eine lange verleugnete Erinnerung.

Aus einem Dickicht von immergrünen Sträuchern sprudelte ein Wasserlauf, plätscherte über eine Reihe von Kaskaden, bevor er am anderen Ende des großen Raums strudelnd und gurgelnd in einem in die Mauer eingelassenen Metallgitter verschwand.

Zur Schleusenanlage.

Nein, es war keine Frage mehr, dass Freiligrath diesen Ort ganz bewusst gewählt hatte. Eine Kulisse, dachte Albrecht, wie geschaffen für den letzten Akt des düsteren Kammerspiels, in dem er selbst gegen seinen Willen zum Protagonisten geworden war.

In der Mitte des Raumes sammelte sich das Wasser in einem kleinen Weiher, der wie ein Werk der Natur erschien, trügerisch echt. Eine hölzerne Plattform ragte über den Teich wie ein Bootssteg, eine Reihe von Korbsesseln, für die Gruppentherapie vermutlich.

Und auf einem davon saß Maximilian Freiligrath. Als er den Hauptkommissar erblickte, stand er langsam auf.

«Herr Albrecht.» Die Andeutung eines Nickens. Ein erwartungsvoller Blick auf den Vorhang aus Grün hinter dem Hauptkommissar. Die Augen des Traumfängers verengten sich. «Erzählen Sie mir nicht, Sie kommen allein!»

Albrecht antwortete nicht.

«Herr Albrecht, ich muss Ihnen kaum sagen, dass ich äußerst enttäuscht wäre, wenn sich herausstellen sollte, dass Sie allein gekommen sind. Was wir beide über Ihren Fall konstatieren konnten, haben wir erörtert. Ich brauche kaum zu betonen, dass das, was wir gemeinsam herausgearbeitet haben, mehr war, sehr viel mehr, als ich Ihnen unter den gegebenen Umständen ...»

«Sie haben vierundzwanzig Jahre auf diese Gelegenheit gewartet», unterbrach ihn Albrecht. «Ich bin mir sicher, dass Sie noch zehn Minuten länger warten können, während wir beide uns über die Regeln unterhalten.»

Freiligraths Blick wurde härter. «Die Regeln sind Ihnen bekannt, Herr Albrecht.»

Der Hauptkommissar nickte langsam. «Richtig, Herr Freiligrath. Die Regeln, unter denen Sie bereit waren, mich bei meiner Ermittlung zu unterstützen, sind mir bekannt. Ich habe mich an sie gehalten. Bis zu diesem Moment.» Der Psychologe öffnete den Mund, doch Albrecht ließ ihn nicht zu Wort kommen. «Ich habe mich an sie gehalten, *obwohl* Sie sie mitten im Spiel verändert und mich vom Wissenschaftler zum Probanden herabgestuft haben. Ich habe mich an sie gehalten, weil ich tatsächlich glaubte, dass ich nichts in der Hand hätte, das für Sie von Wert ist. Doch ganz offensichtlich hat sich die Lage geändert. Horst Wolfram wartet vor dieser Tür.» Er nickte über die Schulter. «Und er wird diesen Raum erst dann betreten, wenn ich ihn darum bitte.»

Der Blick des Traumfängers durchbohrte ihn.

Eine menschliche Regung, stellte Jörg Albrecht fest. Keine sehr freundliche, doch es gefiel ihm außerordentlich, dass er sie zu sehen bekam.

«Eindrucksvoll», murmelte Freiligrath. «Ja, ich möchte sagen: einschüchternd. Mein Kompliment, *Boss*.» Ein maliziöses Lächeln.

Albrecht konnte ein Zucken nicht ganz unterdrücken.

Ein Probeschlag, dachte er. Er kennt meine größte Angst, und offenbar hält er es für nötig, mich daran zu erinnern.

Wortlos erwiderte er den Blick des Traumfängers, bis Freiligrath die Schultern zuckte: «Gut», seufzte der Psychologe. «Ihre Regeln. Ich höre.»

Albrecht fuhr sich mit der Zunge über die Lippen. «Ich werde Horst Wolfram jetzt in diesen Raum bitten», erklärte er. «Sehen Sie ihn sich nur an! Sehen Sie sich an, was Sie mit ihm gemacht haben. Fragen Sie sich, im Namen welchen krankhaften wissenschaftlichen Erkenntnisgewinns Sie glauben, das verantworten zu können!» Er holte Luft. «Wobei mir klar ist, dass ich an Prinzipien appelliere, die für Sie nicht zu erfassen sind.»

Freiligrath verdrehte die Augen, erwiderte aber keine Silbe.

«Stattdessen möchte ich, dass Sie mir Ihr Wort geben.» Albrecht ließ ihn nicht aus den Augen. «Ich serviere Ihnen Ihren Probanden auf dem Silbertablett. Sie haben die Gelegenheit, sich vom Erfolg oder Misserfolg Ihres Experiments zu überzeugen.

Doch Sie werden hier keine neue Teufelei abziehen! Wir werden ein Ermittlungsgespräch führen, ein wissenschaftliches Gespräch, genau wie wir das schon einmal getan haben und genau wie Sie das haben wollten. Wir werden klar und zielgerichtet auf die Auflösung hinarbeiten: die leidige Schuldfrage, wie Sie es ausgedrückt haben. Was für eine – nicht zutreffende – Konstruktion der damaligen Tatvorgänge kann mein Täter im Kopf haben und welche Rückschlüsse erlaubt sie uns auf seine Identität. Das, und nichts anderes ist heute Abend Sache!

Ihr Wort, Freiligrath, oder diese Tür ...» Ein Blick über die Schulter, bei dem nur Grünzeug zu sehen war. «... bleibt geschlossen!»

Freiligrath neigte den Kopf hin und her und schien nachzudenken.

Schließlich ließ er ein tiefes Seufzen hören. «Einverstanden.»

Für eine Sekunde noch hielt der Hauptkommissar seinen Blick fest. Unmöglich, dieses Mienenspiel zu deuten. Albrecht konnte nur seiner Intuition vertrauen, die ihm sagte, dass er den Kern von Freiligraths Wesen erkannt hatte: ein Irrer, und doch ein Mann mit Prinzipien.

Aber zugleich war ihm klar, dass die verquere Logik des Traumfängers mehr als ausreichend Schlupflöcher für Bosheiten und Irrsinnigkeiten bieten würde, die der Hauptkommissar sich nicht auszumalen wagte.

Er würde aus der Situation heraus reagieren müssen.

Er nickte Freiligrath zu und wandte sich ab.

Warum hat er so schnell nachgegeben?

Das Gefühl, einen Fehler zu begehen, war nicht verschwunden.

Es war stärker geworden.

• • •

Ich hörte ein Rascheln im Gebüsch hoch über mir, den dunklen Ruf eines Nachtvogels.

Ein Schatten wuchs am Mauerwerk des Domchors empor: Übermenschlich groß, bedrohlich. Gehörnt.

«Ein Teufel», flüsterte ich.

«Fast», wisperte Yawuz Cornelius und ließ die Hände sinken. Das Schattenspiel verschwand.

«Der Osterhase», erklärte er. «Er lässt die Ohren ein bisschen hängen, weil's noch so lange hin ist bis zum nächsten Mal. – Und jetzt sind Sie wieder dran!»

Ich musste kichern.

Kein Mensch kann mehr als ein Jahrzehnt seines Lebens als Bulle arbeiten, ohne festzustellen, dass die meisten Kollegen auf dem Revier irgendwie verhaltensauffällig sind.

Doch mit Yawuz Cornelius konnte keiner von ihnen mithalten. Nicht ansatzweise.

Der Junge war auf eine so sympathische Weise verpeilt – genau das, was ich im Moment brauchte.

Ich verknotete mir halbwegs die Finger, als ich sie ins Licht des Scheinwerfers hielt. Viel mehr als eine Schwalbe hatte ich ungefähr seit der dritten Klasse nicht mehr ausprobiert, aber irgendwie musste ...

«Kommissar!» Ein Zischen.

Ich zuckte zusammen.

Eine Frau in dunkler Tarnkleidung winkte uns hastig heran. Die Männer und Frauen vom Sondereinsatzkommando hatten am Rande des Parkgeländes Stellung bezogen, von wo aus sie den Eingangsbereich der geschlossenen Abteilung im Blick hatten.

«Auf zwei Uhr!», wisperte die Beamtin und streckte Cornelius ihr Nachtsichtgerät entgegen.

Cornelius' Mannschaft kam mir eher militärisch vor, als dass sie mich an Polizeikollegen denken ließ. Sogar die Sprache, die Richtungen nach dem Zifferblatt der Uhr verschlüsselt. Zwei Uhr: rechts vor uns, wo es steil bergauf ging, und ein paar altertümliche Anstaltsgebäude, die sich in der kahlen Parkanlage versteckten.

«Eine Person», flüsterte die Beamtin. «Sie kommt auf uns zu. Mehr oder weniger. Können Sie erkennen, ob da überhaupt ein Weg ist?»

«Ein Patient kann es nicht sein», murmelte Cornelius. Er

justierte das Fernglas und war jetzt ganz bei der Sache. «Die Klinikleitung hat uns zugesagt, dass niemand die Stationen verlässt, bis wir Entwarnung geben. Weder Patienten noch Personal. Jemand von außen?»

«Dort oben ist das Bergcafé», wisperte ich. «Hat jetzt unter Garantie zu, aber Parkplätze haben die mit Sicherheit auch.»

«Sehen Sie was?» Er reichte mir den Apparat weiter.

Ich nahm das Fernglas entgegen, brauchte aber einen Moment, um mich auf den ungewohnten Anblick einzustellen. Der Restlichtverstärker produzierte einen Grünstich, dass es den Augen wehtat.

Die erleuchteten Fenster der Klinikgebäude stachen in greller Helligkeit hervor, außerdem die Lichtkegel einer Laternenreihe, die parallel zu einem gepflasterten Fahrweg steil bergauf führte – scharf rechts von uns, auf drei Uhr, fast schon schon halb vier.

Weiter links. Die Person musste weiter links sein.

Die Bäume, kahle Skelette, noch geisterhafter unter den veränderten Lichtverhältnissen. – Da! Eine huschende Bewegung, nah am Boden, keine zwanzig Meter entfernt! Nein … Nein, viel zu klein. Ein Igel.

«Ich kann nichts …», begann ich.

Im selben Moment hatte ich ihn.

Eine Männergestalt, schlank, dunkelhaarig, soweit das zu erkennen war, noch gut zwei- oder dreihundert Meter von uns weg. Soweit ich sehen konnte, kam der Fremde querfeldein über die Wiese, zwischen den Bäumen hindurch. Wenn ich die Achse verlängerte, konnte er am Café geparkt haben.

Mein Puls beschleunigte sich.

Unser Täter – oder irgendein Mensch, der überhaupt nichts mit uns zu tun hatte. Ein Pfleger auf dem Weg zur Schicht. Wenn die Klinikoffiziellen niemanden aus den Stationen ließen, bedeutete das nicht, dass sie auch sämtliche Leute erreicht hatten, die jetzt erst ihren Dienst begannen.

«Ich sehe ihn», murmelte ich, brach ab, als er mir für einen Moment entwischte. Nein, da war er wieder, schien sich absichernd über die Schulter zu blicken. Weiter, mit eiligen Schritten. «Nein, er bewegt sich nicht in gerader Linie. Als ... als wenn er Deckung sucht ...»

Cornelius murmelte etwas zu den Kollegen, und im nächsten Moment lösten sich drei, vier schattenhafte Gestalten aus dem Buschwerk, huschten in Richtung Park und schlugen einen weiten Bogen nach rechts.

«Sie versuchen ihn in die Zange zu nehmen», flüsterte Cornelius. «Können Sie erkennen, ob er bewaffnet ist?»

Ich öffnete den Mund.

«Negativ.» Eine Männerstimme kam mir zuvor. «Keine offensichtlichen Waffen.» Ich war nicht die Einzige mit Fernglas.

Noch immer war es unmöglich, Gesichtszüge auszumachen. Der Fremde bewegte sich zu schnell, unvorhersehbar. Gewandte Bewegungen wie bei einem Panther. Eine Spannung in diesem Körper ... Die Spannung eines Tänzers, eines Athleten, eines Menschen, der es gewohnt ist, dass sich alle Augen auf ihn richten ...

Ein Kloß in meinem Hals.

Diese Art, sich zu bewegen, hatte etwas Aufregendes und doch zugleich etwas Vertrautes. Ein schattenhafter Körper zwischen Bäumen und Buschwerk ... Eine Sekunde lang hatte ich das Gefühl, als ob ein schwacher Duft mich streifte: *Anthaeus* von Chanel.

Doch er war natürlich noch viel zu weit weg.

Joachim. Mit einem Mal wusste ich es.

Der Kloß wuchs zu einem Knebel an.

«Kommissarin?», fragte Cornelius besorgt.

Ich bekam keinen Ton raus.

Joachim Merz. Ich hatte es gewusst, die ganze Zeit gewusst, seit Tagen. Die Hinweise waren so deutlich gewesen, die Verdachtsmomente so zwingend … Am Ende hatte ich mir in irgendeinem finsteren Winkel meines Hirns geradezu eingeredet, dass er es unmöglich sein konnte, eben *weil* er so verdächtig war.

Hatte er über mir gekniet, während ich ihm nackt und mit verbundenen Augen zu Füßen lag, Gänsehaut auf meinem Körper, und hatte mich aus schmalen Augenschlitzen beobachtet? Hatte er hin und her überlegt, ob er die Gelegenheit ausnutzen sollte?

Oder war ich einfach noch nicht an der Reihe gewesen?

Meine Finger krallten sich um das Nachtsichtgerät. Gefühllos, taub.

Joachim war keine hundert Meter mehr weg und blieb einen Moment stehen. Jetzt konnte ich ihn zweifelsfrei erkennen.

Sein Gesicht wirkte angespannt – grünlich, wie alles grünlich war durch die elektronisch verstärkten Okulare. Sein Blick jagte nach allen Seiten, gehetzt, in seinen Augen ein Ausdruck der …

Der Angst?

Ich kniff die Lider zusammen.

Warum zur Hölle *Angst*?

Die schattenhaften Gestalten der Männer vom Einsatzkommando waren noch ein Stück entfernt, doch schon halb in seinem Rücken. Nur noch Sekunden …

*Lauf! Lauf weg!*

Welches Hirnareal auch immer den Impuls hervorbrachte. Welche dunkle Macht dieser Mann über mich besaß, dass ich selbst jetzt noch, gegen meinen Verstand, gegen jedes logische Denken …

Mit Gewalt presste ich die Kiefer aufeinander.

Er machte ein, zwei zögernde Schritte. Wieder ein Blick über die Schulter, doch ohne Nachtsichtgerät waren die Beamten unsichtbar.

Knapp vor ihm eine neue Baumgruppe, neue Deckung. Er nahm sie in den Blick, und …

Ich hatte die Gestalt nicht gesehen. Bis zu diesem Moment

hatte ich sie nicht im Blick gehabt. Sie musste im Dickicht unter den Bäumen gekauert haben, richtete sich nun aber ruckartig auf, ebenso groß wie Joachim, aber gedrungener, stämmiger.

Er sah …

Der Schrei verließ meinen Mund, bevor ich ihn stoppen konnte.

Joachims Blick jagte in meine Richtung und durchbohrte die Dunkelheit.

Im selben Moment warf sich der Unbekannte auf ihn und riss ihn zu Boden.

• • •

Horst Wolfram hatte sich nicht von der Stelle gerührt. Grau. Klein und schwach.

Klein und schwach, wie David Martenberg gewesen war.

Um nichts in der Welt darf er merken, dass ich selbst Angst habe, dachte Albrecht.

«Ich bleibe bei Ihnen», versprach er. «Wenn es nicht mehr geht: ein Wort, eine Handbewegung genügt, und wir sind draußen.»

Wolfram nickte stumm.

«Dann kommen Sie bitte», sagte der Hauptkommissar leise und griff nach dem Arm des Mannes.

Wolfram öffnete die Augen und blickte durch die offen stehende Tür.

Nein, dachte Albrecht. Er rechnet nicht damit, diesen Raum wieder zu verlassen.

Vorsichtig stiegen sie die Stufen hinab, und der Hauptkommissar strich die Zweige beiseite. Freiligrath sah ihnen aufmerksam entgegen.

Wolfram reagierte nicht darauf. Wahrscheinlich hatten seine Lider sich schon wieder geschlossen.

Albrecht führte ihn zu einem der Sessel und setzte ihn dort ab, so weit von Freiligrath entfernt wie nur möglich. Einen zweiten Sessel zog er für sich selbst an die Seite des älteren Mannes.

Er würde sich zurückhalten, aber er wollte auf alles gefasst sein. Er war bereit, jederzeit einzugreifen.

Doch Freiligrath verfolgte die Vorgänge lediglich mit einem Ausdruck großen Interesses. Dann bückte er sich nach einer Thermoskanne und schwenkte sie verheißungsvoll.

«Kaffee?», erkundigte er sich. «Ich versichere Ihnen, dass es sich um feinsten Arabica handelt, ohne unerwünschte Zusatzstoffe.»

«Danke, nein», murmelte der Hauptkommissar. «Dann kann ich heute Nacht wieder nicht schlafen.»

Freiligraths Mundwinkel zuckte. «Ganz ehrlich, mein lieber Herr Albrecht: Es gibt Augenblicke, da gefallen Sie mir richtig gut.» Er selbst führte seine Tasse zum Mund, bevor er weitersprach. «Nun ... Es ist mir – verzeihen Sie das Wortspiel – eine doppelte Freude, Sie beide begrüßen zu dürfen.»

Seine Augen blieben an Horst Wolfram hängen und musterten sein letztes Opfer. Weder übertrieben offensichtlich, noch gab er sich Mühe, es zu verbergen.

«Ich habe viel an Sie gedacht in den letzten Jahren», begann er.

«Sorgen Sie dafür, dass Irmtraud Wegner freikommt!» Albrecht zuckte zusammen. Wolframs Stimme klang rau und spröde wie eine Hornhautfeile. «Mit mir können Sie machen, was Sie wollen.»

Der Traumfänger hob die Augenbrauen. «Warum sollte ich? Oder besser: *Wie* sollte ich? Das habe ich doch schon.»

«Dr. Freiligrath?» Albrecht hob die Stimme – nur eine Winzigkeit. «Wir sind aus einem bestimmten Grund hier, nicht wahr?»

Der Psychologe nickte und nahm noch einen Schluck.

«Das ist richtig. Ich habe Ihnen mein Wort gegeben, und glücklicherweise kann ich Ihre unausgesprochene Einschätzung bestätigen: Ich bin ein Mann der Ehre. Ich lüge nicht.» Sein Blick bezog beide Männer ein. «Das ist etwas, das ich vorausschicken möchte, bevor wir beginnen, weil ich Wert darauf lege, dass Sie sich darüber im Klaren sind.»

«Ihre Kaffeerezeptur dann sicherlich ausgenommen», bemerkte Albrecht sachlich.

Überrascht sah ihn der Traumfänger an. «Glauben Sie das? Habe ich behauptet, Ihr Getränk mit Arsen versetzt zu haben? Nein, ganz gewiss nicht. Was ich getan habe, war, Sie über die Symptome einer Arsenvergiftung zu belehren. Und exakt dieses Missverständnis illustriert den Mechanismus, auf den es mir an dieser Stelle ankommt:

Sie sehen nicht die Dinge, wie sie in Wahrheit sind.

Sie sehen die Dinge in einer Form, von der Sie glauben, dass sie sich so verhalten.

Wir alle – als Menschen.»

Immerhin zählt er sich noch dazu, dachte Albrecht.

«Wir sehen nicht die Welt», erklärte der Traumfänger. «Sinneseindrücke, die unser Gehirn erreichen, werden dort nicht unmittelbar verarbeitet, sondern durchlaufen den Filter unseres Bewusstseins. Wobei ich dieses Bewusstsein besser als Schwamm beschreiben sollte, vollgesogen mit der Summe unserer Erfahrungen. Was wir wahrnehmen, ist eine Welt, die unser Bewusstsein für wahrscheinlich hält. Mehr nicht.

Ein Zustand übrigens, dem auch die Psychologie nicht abhelfen kann. Zumindest aber ist sie imstande, ihn uns wiederholt in Erinnerung zu rufen.»

«Dann bedanke ich mich, dass Sie das noch einmal getan haben», sagte Albrecht kühl. «Womit wir dann auf unsere Ermittlung kommen dürfen. – Vor vierundzwanzig Jahren wurde die Hansestadt Hamburg mit einer Serie von Verbrechen konfrontiert. Tötungsdelikten, auf deren Details ich hier nicht noch einmal eingehen muss, da sie uns allen bekannt sind. Die Leitung der damaligen Ermittlungen hatte Hauptkommissar Wolfram ...» Ein Nicken zu dem älteren Mann. «Und sie waren erfolgreich. Der Täter konnte gefasst werden. Er war geständig, wurde verurteilt und befindet sich bis heute in Verwahrung.»

Warum wiederhole ich das alles?

Es war mehr als der Wunsch, die Initiative in die Hand zu bekommen.

Die nackten Fakten. Albrecht wurde immer klarer, dass er etwas Fundamentales übersehen hatte, und vermutlich hatte er den Punkt, an dem er noch hätte umkehren können, in dem Moment überschritten, in dem die Türen der geschlossenen Abteilung hinter ihm zugeschlagen waren.

Doch wenn der Traumfänger *jetzt* widersprach, eine dieser grundlegenden Tatsachen in Zweifel zog ...

Nein, gelogen hatte Freiligrath nicht. Aber Jörg Albrecht war klar, dass dieser Mann ihn an irgendeinem Punkt gründlich hinters Licht geführt hatte.

Doch das würde nicht noch einmal geschehen.

Freiligrath hatte kein Interesse mehr daran.

Er hat uns ganz genau dort, wo er uns haben wollte, dachte Albrecht. Horst Wolfram und mich selbst.

Von nun an wird er die Wahrheit sagen – und nichts als die Wahrheit.

Maximilian Freiligrath hatte aufmerksam zugehört und nickte bestätigend.

Bis hierhin bestand Einigkeit.

«Nun erleben wir in den letzten Tagen eine Serie von Morden, die den damaligen Taten auf den ersten Blick ähneln», fuhr Albrecht fort. «Die Opfer – Ole Hartung, Kerstin Ebert, Margit Stahmke und Professor Hartmut Möllhaus – waren jeder auf ihre oder seine Weise an den damaligen Ermittlungen beteiligt. Sie haben dazu beigetragen, dass der Täter – *dieser* Täter – verurteilt werden konnte.»

Kein zu offensichtliches Nicken in Freiligraths Richtung, als er die Identität des Täters betonte.

Paul Schubert, den Kameramann, musste er nicht erwähnen. Der Mann war ein Zufallsopfer gewesen.

Und auch über Neverding schwieg er.

Neverding wollte er sich aufheben.

«Wer aber sollte ein Interesse daran haben, die Beteiligten einer erfolgreichen Ermittlung zu töten? – Der verurteilte Täter ...» Diesmal sah er den Psychologen an. «... kommt nicht in Frage.»

Ein neues Nicken.

«Dr. Freiligrath und ich haben nun eine Theorie entwickelt. Unser Täter stammt aus dem Umfeld ... möglicherweise sogar dem familiären Umfeld eines der damaligen Opfer. Er glaubt an ein Fehlurteil und ...»

Jetzt hob der Traumfänger die Hand.

«Richtig. Ich habe Ihre These mit großem Interesse zur Kenntnis genommen. Eine alternative Schuldtheorie, die in der Tat manches erklären könnte. Doch sie bleibt einstweilen genau das: eine Theorie. Die Frage ist, ob wir in der Lage sind, zweifelsfrei zu klären, wie sich die Dinge in *Wahrheit* verhalten.

Das ist kaum zu erwarten. Ich persönlich bin Psychologe, kein Ermittler, und Sie, Herr Albrecht, waren mit dem Fall, in dem sich die Lösung zu verbergen scheint, niemals befasst. Das war die Aufgabe unseres Herrn Wolfram.

Ihm also müssen wir unsere Frage stellen.»

Ganz langsam drehte er den Kopf, und seine Stimme veränderte sich, wurde beinahe sanft. Eine angenehme Stimme. Eine Stimme, der man instinktiv Vertrauen entgegenbrachte. Dieselbe Stimme, die er heute Nachmittag eingesetzt hatte, als Jörg Albrecht ihm vom Ende der Spinnenbande berichtet hatte.

«Herr Wolfram, ich möchte Sie bitten, an die damaligen Ermittlungen zurückzudenken. Lassen Sie sich Zeit! Erlauben Sie den Gedanken, Gestalt anzunehmen! Gab oder gibt es irgendeinen Punkt in den Wochen und Monaten Ihrer Nachforschungen, an dem Sie einen anderen möglicherweise Schuldigen erkennen können als denjenigen, der am Ende verurteilt wurde? – Nein, sagen Sie noch nichts! Denken Sie nach! Erinnern Sie sich!»

Mit ganzer Aufmerksamkeit legte sein Blick sich auf den Mann, der vierundzwanzig Jahre damit zugebracht hatte, vor der Erinnerung an die Dinge davonzulaufen, die der Traumfänger ihm angetan hatte.

Wolfram hielt die Augen geschlossen, doch Albrecht war sich sicher, dass er diesen Blick spürte. Er musste ihn einfach spüren, so intensiv, wie er war. Ein diamantgeschliffenes Seziermesser.

Der Hauptkommissar drückte seine Finger in die Sessellehne. Er würde tun, was er konnte, um Wolfram zu helfen. Doch die Demütigung, ihm Kraft zu geben durch körperlichen Kontakt, wollte er dem Mann ersparen.

So lange es möglich war.

«Herr Wolfram?» Freiligraths Stimme klang weiterhin geduldig. «Sie denken nach? Kommt Ihnen irgendetwas zu Bewusstsein, das uns möglicherweise helfen könnte?»

Diese sanfte, beruhigende Stimme. Doch Jörg Albrechts Amtsvorgänger zuckte zusammen, bei jedem einzelnen Wort. Der Hauptkommissar glaubte förmlich zu spüren, wie der kleine, graue Mann darum kämpfte, sich gleichzeitig dagegen wehrte, dass die Bilder, vor denen er sich so lange versteckt hatte, wieder Gestalt gewannen.

Schließlich ein einziges geflüstertes Wort: «Nein.»

Der Psychologe wandte die Augen ab und nickte wie zu sich selbst.

«Das hatte ich befürchtet. Dabei bin ich mir sicher, dass Herr Wolfram das entscheidende Wissen besitzt. Das Problem ist, dass es ihm nicht länger zugänglich ist.»

Albrecht sah ihn an. «Er hat es vergessen?»

«Nein.» Ein entschiedenes Kopfschütteln. «Im Gegenteil. Sigmund Freud hatte hier ein einprägsames Bild: Die Methodik seines eigenen Metiers, der Psychoanalyse, sei derjenigen der Archäologie eng verwandt.»

«Archäologie?»

«Archäologie», bestätigte Freiligrath. «Freuds Paradebeispiel waren die Ruinen von Pompeji: Ein traumatisches Ereignis – der Ausbruch des Vesuvs hatte sie binnen kürzester Zeit mit einem Mantel aus Asche und Lava bedeckt. Das Antlitz der antiken Stadt gefror binnen Minuten, doch unter dem schützenden Mantel hatte es Bestand, jahrhundertelang, bis Archäologen es wieder freilegen konnten. Nichts hatte eine Chance, sich zu verändern, undeutlich oder verschwommen zu werden. Und nun, Herr Albrecht, denken Sie einmal an andere Städte aus dieser Zeit! An Köln, London, Rom ...»

Der Hauptkommissar legte die Stirn in Falten. «Diese Städte haben sich verändert», murmelte er. «Die alten Gebäude wurden abgerissen, aus den Trümmern neue errichtet. Von den antiken Bauwerken sind höchstens noch Reste vorhanden.»

«Exakt.» Ein zufriedenes Nicken. «Und ganz genauso verhält es sich mit unseren bewussten Erinnerungen. Mit den Bildern aus unserer Kindheit etwa. Denken Sie an einen Ort, den Sie mit Ihren Eltern im Urlaub besucht haben! Wenn Sie als Erwachsener dorthin zurückkehren, werden Sie überrascht sein, wie sehr er sich verändert hat. Ein Wandel, der allerdings nur zum Teil auf Veränderungen vor Ort zurückzuführen ist. Das Bild *in ihrem Kopf*, Herr Albrecht, das Sie sich so oft in Erinnerung gerufen haben: Jedes Mal, bei jedem dieser Erinnerungsvorgänge, hat sich dieses Bild um eine Winzigkeit verändert.

Genau das aber kann nicht geschehen, wenn ein Trauma die Erinnerung mit seinem schützenden Mantel bedeckt. Sie bekommt niemals die Gelegenheit, zu einem neuen Gebäude verarbeitet zu werden, in dem unser Verstand sich vielleicht wohler fühlt. Die Erinnerung bleibt erhalten, rau und scharfkantig, unbequem wie am ersten Tag.»

Genie, dachte Albrecht. Und Wahnsinn.

Was hätte dieser Mann leisten können, wäre er nicht ...

Wäre er nicht der Traumfänger geworden.

«Und Sie glauben», fragte der Hauptkommissar, «dass es eine Möglichkeit gibt, diese Erinnerung wieder zum Vorschein zu bringen?»

Ein knappes Nicken. Ein Feuer, das unvermittelt in Freiligraths Augen zu erwachen schien. «Genau das ist die Aufgabe der Psychoanalyse! Den oberflächlichen seelischen Abraum beiseitezuschaffen, um durch den Schlick und die Trümmer vorzustoßen in das unsichtbar, unkenntlich gewordene Darunter. Und dem Patienten zu helfen, es zu verarbeiten.» Die letzte Bemerkung klang deutlich weniger begeistert.

Albrecht spürte eine Gänsehaut und musste sich beherrschen, nicht ungeduldig mit dem Fuß zu wippen.

Er sah die Chance, die diese Möglichkeit bedeutete – doch er sah auch Horst Wolfram, die Lider geschlossen, noch immer.

Aber er war sich sicher, dass der ältere Mann jedes einzelne Wort registrierte.

«Herr Wolfram?», fragte er leise. «Wären Sie dazu bereit? Diese Erinnerung ...»

«We...» Die Stimme des älteren Mannes zitterte. «Wenn ... wenn er mir sein Wort gibt, dass er uns Irmtraud ...»

«Lieber Herr Wolfram!» Übertrieben dramatisch schlug Freiligrath die Beine übereinander. «Ich kann Ihnen diese Dame nicht zurückgeben, weil sie sich nicht in meiner Gewalt befindet. Was wir aber tun können, ist, mit Hilfe Ihrer Erinnerungen

Licht in die Zusammenhänge zu bringen. Auf diese Weise, das wage ich zu versprechen, werden wir noch heute Abend den Mechanismus dieses Falls klären, die Identität von Herrn Albrechts Täter und damit ...»

«Fangen Sie an!» Die Worte wurden rau hervorgestoßen. «Räumen Sie den Schutt beiseite!»

Freiligrath hob eine Augenbraue. Ein fragender Blick zu Albrecht.

Der Hauptkommissar nickte mit zusammengebissenen Zähnen.

«Gut», murmelte der Psychologe und faltete die Hände ineinander. «Um in eine tiefere Ebene des Bewusstseins vorzustoßen, ist es notwendig, den Abraum zu entfernen. Den Abraum der Gegenwart und der jüngeren Vergangenheit. Das Leben, das Sie heute führen, Herr Wolfram, seit ziemlich langer Zeit schon. Ich stelle mir vor ...» Freiligrath schloss ebenfalls die Augen. «Ich stelle mir vor ...»

Jörg Albrecht sah von einem der Männer zum anderen. Einen Moment lang kam es ihm beinahe unpassend vor, dass er selbst die Augen noch offen hatte. Doch er wollte wissen, was auf diesen Gesichtern passierte: auf allen beiden.

«Ich stelle mir einen Ort vor», murmelte Freiligrath. «Es ist kein freundlicher Ort. Industrielärm, Chemiegestank in der Luft. Ein Ort, an dem sich niemand freiwillig aufhält. Sie haben sich in diesen stinkenden Winkel verkrochen, aber Sie haben ... Es gibt immer einen Ausweg, nicht wahr?»

Wolfram nickte fast unmerklich. Freiligrath konnte es nicht sehen, doch er sprach weiter.

«Sie müssen es sich beweisen ... Beweisen, dass Sie nicht gefangen sind. Dass Sie fortkönnen, jederzeit. Und doch ist es ...» Er öffnete die Augen. «Wie fühlt es sich an, Herr Wolfram, wenn Sie hinausgehen? Die Knie werden Ihnen weich, der Kopf wie ein Heliumluftballon? Ja, Sie kämpfen dagegen an, doch Ihr

Herz zuckt und stolpert. Bleibt stehen. Ruckt wieder an. – Die Welt selbst!» Der Psychologe rührte sich nicht von der Stelle, doch sein Ton veränderte sich. Albrecht hatte das absurde Gefühl, als wäre er plötzlich näher an seine Besucher herangerückt. «Die Welt selbst ist ein gefährlicher Strudel! Sie hat Augen, ja, und Stimmen! Auf Entfernungen ist kein Verlass, und jeder Schatten ist eine Gefahr!»

«Wovon ...», setzte der Hauptkommissar an.

«Wenn es dunkel ist, ist es besser», flüsterte Freiligrath. «Nicht wahr, Herr Wolfram?»

Albrecht drehte den Kopf, beobachtete, wie die Lider des ehemaligen Ermittlers flatterten und sein Blick sich auf den Psychologen richtete.

Was sieht er?

Er sieht nicht Freiligrath. Er sieht ... Es war, als würde der Traumfänger die Bilder direkt aus Wolframs Kopf ziehen. Amputierte Träume. Albträume, ohne Betäubung aus dem Innern der menschlichen Seele gerissen.

«Nicht wahr?», wiederholte der Traumfänger. «Wenn es dunkel ist, müssen Sie nicht befürchten, jemandem zu begegnen, der sich plötzlich in etwas ... etwas anderes verwandeln könnte. Jemandem, vor dem Sie sich nicht verstecken können. Wenn die Sonne sinkt, ist niemand mehr unterwegs. Keine Schatten mehr, die *etwas anderes* sein könnten.»

Horst Wolfram saß jetzt kerzengerade, den Mund leicht geöffnet, die Augen weit aufgerissen. Er bewegte sich keinen Zoll, doch Albrecht hatte das Gefühl, als wollte er bei jedem Wort weiter zurückweichen, sich in seinem Sessel vergraben. Grauen. Das reine Grauen, und es wuchs mit jedem Wort.

«Die Bilder sind trotzdem da, natürlich», murmelte Freiligrath. «Sie sind erträglicher in der Dunkelheit, aber Sie wissen, dass sie Ihnen folgen, dass sie bei Ihnen sind, selbst in Ihrer Höhle. Selbst wenn Sie nur daran denken, dass Sie ...»

«Aufhören!» Albrecht sprang auf. «Hören Sie auf der Stelle damit auf!»

«*Es wird geschehen!*», flüsterte der Traumfänger. «Sie wissen nicht, was, denn es ändert seine Gestalt wie ein Krake mit tausend Armen, doch irgendwann wird es geschehen ...»

Der Hauptkommissar machte zwei Schritte auf den Psychologen zu.

Freiligrath sah ihn an, veränderte seine Haltung – Albrecht konnte nicht einmal sagen, auf welche Weise er sie veränderte, doch plötzlich ...

«Agoraphobie.» Ein Achselzucken, und plötzlich saß nur noch ein älterer Herr in einem wichtigtuerischen Kittel vor Jörg Albrecht. «Eine typische Folge tiefsitzender seelischer Verletzungen. Traumata. Weite, freie Flächen werden unerträglich, Menschenansammlungen und enge Räume ebenfalls. Jede Situation, in der eine sofortige Flucht nicht möglich erscheint. Ein kompliziertes Bild.»

Albrecht starrte den Mann an. «Das reicht!», flüsterte er. «Mir ist gleichgültig, wie Sie das nennen, was Sie hier veranstalten, Rückführung oder sonst wie. Aber eine Folter erkenne ich, wenn ich sie sehe! Sie kommen zur Sache, oder ich breche das hier ab, auf der Stelle!»

Seufzend strich sich der Psychologe über die Stirn. «Ein Trauma ist ein schmerzlicher Prozess, Herr Albrecht. Und den Schutt zu beseitigen, der das wahre Bild verdeckt, ist nicht minder schmerzlich. Für den Patienten ...»

Der Hauptkommissar holte Luft.

Wenn er mir jetzt erzählt, ihm tut es genauso weh wie Wolfram, kann ich die Hand nicht mehr stillhalten.

Doch Freiligrath schien zu verstehen. Er nickte knapp. «In Ordnung», murmelte er. «Ich denke, damit sind wir durch.»

Ganz langsam ließ sich Albrecht wieder auf seinen Stuhl sinken.

Wolfram klemmte geradezu auf seinem Sessel: angespannt, panisch, bereit zur Flucht. Albrecht bezweifelte jedoch, dass ihn seine Beine in diesem Moment tragen würden.

«Sind Sie sicher, dass Sie weitermachen wollen?», fragte er leise.

Wolfram nickte. Abgehackt. Wortlos.

Der Traumfänger betrachtete ihn. Es war etwas mit seinem Blick. Etwas, das mehr war als Aufmerksamkeit. Der entscheidende Moment. Sie waren ganz nahe, doch Albrecht begriff nicht, wie er nach dieser Tortur …

«Ich möchte mich entschuldigen», sagte Maximilian Freiligrath.

*Wahrnehmung,* dachte Jörg Albrecht. Mit meiner stimmt irgendwas nicht. Ich könnte schwören, er hätte gerade gesagt, er wolle sich entschuldigen.

«Ich möchte mich entschuldigen für das, was ich Ihnen angetan habe, Herr Wolfram. Für die Ängste, die Sie all die Jahre ausstehen mussten. Für die Hölle, die diese Jahre waren. Die Hölle in Ihrem Kopf. Das ist etwas, das ich bei keinem meiner übrigen Probanden getan habe.»

Albrecht beugte sich nach vorn. Ein Blick zu Wolfram. Noch immer unverändert. Die Augen des ehemaligen Ermittlers lagen auf Freiligrath.

«Ich möchte mich entschuldigen», sagte der Traumfänger, «dass Sie das alles durchmachen mussten für eine Angst, die gar nicht Ihre größte war.»

Schweigen.

Dann ein Geräusch.

Sekundenlang war sich der Hauptkommissar nicht sicher, ob er es sich nicht nur einbildete. Ein Geräusch wie ein Sirren, nein, ein fernes Heulen, ein …

Wolframs totengraue Lippen hatten sich eine Spur weiter geöffnet.

Das Geräusch ... Wie ein hohes Winseln.

Schlimmer als draußen am Wohnmobil. Schlimmer als der unmenschliche Laut puren Wahnsinns.

Jörg Albrecht ballte die Hände zu Fäusten. «Sie – haben – diesem – Mann – sein – Kind – genommen!», knirschte er hervor. «Sie – haben – seine – Tochter – – –»

«Wahrnehmung.» Freiligrath schnitt ihm das Wort ab. «Wahrnehmung, Herr Albrecht. Unsere Wahrnehmung wird gesteuert durch den Schwamm unserer Erfahrungen. Doch trifft sie auch zu – in diesem Fall?»

Sein Blick schoss zu Horst Wolfram.

«Denken Sie noch einmal nach!», drängte er. «Erinnern Sie sich an den Tag? Ich selbst erinnere mich gut. Es war ein windiger Tag, doch nicht so stürmisch, dass ich ernsthafte technische Probleme bekommen hätte mit dem Boot. Mir war klar, dass Sie mir allmählich näher kamen mit Ihren Ermittlungen, und mir blieb nicht die Zeit, mir tiefergehende nautische Fähigkeiten anzueignen.

Und der Schauplatz musste sorgfältig gewählt werden. Diese Sportbootmenschen, die überall vor der Küste kreuzen. Nicht auszudenken, wenn die falschen Leute ...»

Wolfram winselte. Der Laut hatte eine Frequenz erreicht, die kaum noch zu ertragen war.

Albrecht kniff die Augen zusammen. «Wovon zur Hölle reden Sie?»

«Ablaufendes Wasser», erklärte Freiligrath. «Die Kraft der Gezeiten ist stark im Mündungstrichter der Elbe. Ein kleines Mädchen in einem roten Anorak, der sich im Wind bläht. Nennen wir sie *Lena*. Graues Wasser, das über dem Kind zusammenschlägt, der Kutter der Küstenwache, viel zu weit weg – und in der falschen Richtung. Das Notsignal: *Calling all stations*. Die Helfer, alle erreichbaren Boote in der Nähe, die auf der Stelle Kurs setzen, herbeieilen. Und nun ...»

Urplötzlich stand der Traumfänger auf und machte zwei Schritte auf den paralysierten Mann im Korbsessel zu.

Im selben Moment war Jörg Albrecht auf den Beinen.

Körperliche Gewalt war immer jener Teil seines Berufs gewesen, den er mehr als jeden anderen gehasst hatte.

Doch mit einem Satz war er hinter Freiligrath, hatte den rechten Arm des Psychologen gepackt und drückte das Handgelenk schmerzhaft in Richtung Schultern.

«Zurück!», knurrte er und zerrte den Mann von Wolfram weg.

Freiligrath keuchte, rang um Atem. «Denken ... Sie ... er muss auf diese Weise ... Angst ... vor mir ...»

«Ich denke», zischte Albrecht und ließ dem Mann gerade so viel Freiraum, dass er wieder Luft bekam. «Ich denke, dass das reicht! Endgültig! Entweder wird er sich jetzt erinnern, oder Sie werden die Güte haben, sich zu erinnern, da Ihre eigene Erinnerung ja offenbar sehr viel besser funktioniert! Sie kommen auf den Punkt oder ...» Geflüstert. «Wissen Sie, wie vielen Demonstranten bei Polizeieinsätzen *versehentlich* der Arm gebrochen wird?»

«Mit Beamten wie Ihnen fühle ich mich als Staatsbürger ganz wunderbar beschützt», zischte Freiligrath, fügte, eine Spur ruhiger, hinzu: «Nun lassen Sie mich schon los! Selbst Ihnen muss klar sein, dass ich nicht vorhabe, diesen Mann mit bloßen Händen zu erwürgen. Und im Übrigen ...»

Ein Nicken.

Ein Nicken in Richtung Horst Wolframs.

Der ehemalige Ermittler saß auf seinem Stuhl wie zuvor, doch ...

Das Heulen, dieser Ton aus einer Welt jenseits der Pforten des Todes – das Geräusch war verstummt.

Und mehr als das. Etwas an Wolfram war anders. Anders nicht allein als in den letzten Minuten, in der stählernen Umklammerung von Freiligraths Folter.

Es war sein Blick, der Ausdruck seines Gesichts. Muskeln, die vor Jahrzehnten ihre Funktion verloren hatten, schienen sich urplötzlich ihrer Aufgabe zu besinnen, seinen Zügen überhaupt wieder Ausdruck zu geben.

Schmerz, Verzweiflung. Schreckliche Angst. All das – aber *Ausdruck*.

Dieses Gesicht war lebendig, und die Augen …

Wolfram *sah*.

«Er erinnert sich», flüsterte Albrecht. «Herr Wolfram … Erinnern Sie sich?»

Wie von selbst löste sich sein Griff um Freiligraths Arm.

Der Psychologe rieb sich das Handgelenk und beobachtete den Mann im Korbstuhl, über dessen Gesicht eine Million unterschiedlicher Empfindungen huschten.

Jetzt erst wird ihm klar, wo er ist, dachte Albrecht.

Und wer vor ihm steht.

«*Sie* …!», flüsterte Wolfram. «*SIE* …!»

«Kriminalhauptkommissar Horst Wolfram», murmelte Freiligrath. «Leiter der Ermittlungen gegen den *Traumfänger*. Eine bedeutende Ermittlung – und ein Ermittler, der bei der Hamburger Polizei als der beste galt. Ein Polizist, der seine Tätigkeit nicht als Job verstand, sondern als *Berufung* in all dieser aufgeladenen, altertümlichen Bedeutung. Gerechtigkeit. Sicherheit. Worte, die Ihnen etwas bedeuten, nicht wahr? Die Welt zu schützen vor Monstern – wie mir.»

Wolframs Hände zitterten auf den Lehnen des Sessels. Sein Körper stand unter Spannung, aber zu schwach. Zu schwach, um aufzuspringen, seine Hände um den Hals des Mannes zu legen, der ihm seine Tochter – seine Frau, sein Leben – genommen hatte.

«Aber auch ein Mann mit Familie», fuhr Freiligrath versonnen fort. «Eine Familie, die ihm mehr bedeutete, als ihm bis zu diesem einen, entscheidenden Augenblick klar war. Haben Sie oft über die Zukunft nachgegrübelt, Herr Wolfram? Über dieses kleine Mädchen? Waren es helle Bilder? Fröhliche Bilder? Oder hätten es ganz andere Bilder sein können? Haben Sie sich je gefragt …»

«Verdammt!», knurrte Albrecht und machte erneut einen Schritt auf den Traumfänger zu.

«Verdammt!» imitierte Freiligrath ihn. «Ich bin auf dem Punkt! Alle Anlagen schlummern in unserer Seele! Unser Bewusstsein wird geformt durch die Summe unserer Erfahrungen. Unser Herz selbst …» Er senkte die Stimme, trotzdem füllte sie den gesamten Kellerraum. *Das Herz des Menschen ist dunkel.*

Schweigen.

Nur das Brausen, Gurgeln und Rauschen der unterirdischen Strömung war zu hören.

Und darüber ein anderer Laut.

Schritte.

Albrecht drehte sich um, sah, wie das Gebüsch sich teilte, und atmete auf.

«Maja», murmelte er.

Sie sah ihn an.

Nein. Sah sie ihn an?

Sie betrachtete das sonderbare Dreieck der Männer, und Albrecht war sich sicher, dass sie die Situation auf der Stelle erfasste, und doch:

*Sie blinzelte nicht mal.*

Sie blickte zu Freiligrath, bevor sich ihr Blick ganz langsam zu Horst Wolfram bewegte und ihre Hand zu ihrer Jackentasche wanderte.

«Nicht Maja», sagte sie. *«Lena.»*

# zwölf

Auf einen Schlag war es taghell.

Im Schutz des Dickichts hatten die niedersächsischen Beamten eine ganze Batterie von Scheinwerfern in Stellung gebracht, die jetzt auf Knopfdruck zum Leben erwachten und das Parkgelände gnadenlos ausleuchteten.

Die Gestalten in ihren dunklen Tarnanzügen, die Merz hatten in die Zange nehmen sollen, eilten im Laufschritt auf die Stelle zu, an der ein Kampf ausgebrochen war.

Schon konnte ich nichts mehr erkennen. Auch im Gebüsch wurde es lebendig, die Beamten stürzten nach vorn. Alles stürzte nach vorn, ich selbst, Cornelius, der versuchte, mich zu fassen zu kriegen. «Kommissarin! ... Bleiben Sie stehen! ... Sie haben keine Waffe!»

Ich hörte nicht auf ihn. Mein Puls schlug wie ein Trommelfeuer, während ich stolpernd den Hang hinaufhastete.

Joachim!

Joachim war ... der Täter? Nein, Joachim war überfallen worden ... vom Täter?

Wenn er nicht der Täter war, was tat er hier?

War er verletzt? War er ...

Es rauschte in meinen Ohren, dann hörte ich gebellte Befehle, als die ersten Beamten die Stelle erreichten, an der die Kämpfenden sich am Boden wälzten.

Schmerzhaftes Ächzen, unterdrückte Flüche, aber, nein, keine Schüsse. Konnten sie beide unbewaffnet sein?

«Kommissarin! ... Hannah!»

Cornelius packte mich am Arm. Wir waren noch zehn Schritte von der Stelle entfernt.

Am Boden ein Knäuel von Körpern. Die dunklen Uniformen, dazwischen ... Anzüge. Alle beide, Joachim – und der Unbekannte.

«Lassen Sie mich auf der Stelle ...» Das war mein Anwalt, nuschelnd. Irgendjemand musste ihn herzhaft am Kiefer erwischt haben.

Die andere Gestalt, der Angreifer. Der Anzug in Fetzen, die Hose halb vom Hintern gerutscht. Ein haariges Bauarbeiterdekolleté, bei dem ich gegen meinen Willen an ...

Ich schlug die Hand vor den Mund.

Der Mann wehrte sich wie ein Berserker, doch zwei der Beamten hatten seine Arme gepackt, zwangen ihn auf den Rücken und pressten ihn zu Boden.

Ich starrte ihn an, starrte auf die Szene.

«Kommissarin?» Cornelius. «Kennen Sie den Kerl?»

Die Gestalt am Boden blinzelte. Das rechte Auge war schon im Begriff zuzuschwellen.

«Hallo ... Hannah», murmelte mein Ehemann.

• • •

Maja.

*Lena.*

Maja war Lena war Maja.

Maja Werden war Lena Wolfram, Horst Wolframs Tochter.

Maja Werden war –

Jörg Albrechts Verstand stellte die Verbindungen her, im Bruchteil einer Sekunde, nun, da sämtliche Objekte im Raum der Ermittlung aus dem Weg waren.

Das schrankgroße Ungetüm, das ihm seit Tagen den Blick verstellt hatte, war ein Ungetüm namens Jörg Albrecht gewesen.

Es war direkt vor seinen Augen geschehen.

Er hätte es sehen müssen und war doch blind gewesen.

Nun erst begriff er, erfasste sämtliche wesentlichen Zusammenhänge in der Spanne eines Lidschlags.

Die wesentlichen Zusammenhänge. Die Zusammenhänge, die auf den ersten Blick zu erfassen waren.

Das *Wer*. Das *Wie*.

Noch nicht das *Warum*.

Nein. Noch nicht das *Warum*.

Doch etwas war anders als sonst.

Freiligrath betrachtete ihn, dann glitt der Blick des Traumfängers weiter. Nach links. Zu Wolfram.

Albrecht wollte ...

Er konnte sich nicht rühren.

Er atmete. Sein Herz schlug. Sein Gleichgewichtssinn funktionierte, sorgte dafür, dass er nicht vom Stuhl fiel.

Die Prozesse des autonomen Nervensystems waren nicht betroffen, doch alles andere ...

Panik stieg in ihm auf.

Ihm war klar, dass sein Zustand eine Form von Schock war, doch die Erkenntnis half nichts. Er war gelähmt.

Maja war Lena war Maja.

Doch warum hatte sie ...

Unwichtig. In diesem Moment.

Er hatte es nicht sehen können. Hatte nicht erkannt, was er selbst seinen Mitarbeitern mit auf den Weg gegeben hatte, vor zwei Tagen schon:

Jemand, mit dem sie bekannt geworden waren, auf eine Weise, die untypisch war für sie. Die abwich von den Strukturen, die in ihrem Leben für gewöhnlich zu finden waren. Jemand, der keine rechte Beziehung hatte zu allem anderen, sich einer Einordnung entzog.

Vertrauen.

Dieses Geschenk, das Jörg Albrecht wenn überhaupt in homöopathischer Dosis verteilte, an einige wenige, auserwählte Mitarbeiter: Friedrichs, Faber. Früher Ole Hartung.

Maja Werden hatte er es schier hinterhergeworfen.

Er musste nicht fragen, wie sie es gemacht hatte. Es waren dieselben Mechanismen wie bei Ole Hartung und Kerstin Ebert. Bei den anderen Opfern mit Sicherheit genauso. Dieselben Mechanismen und doch jedes Mal anders.

Ihre Augen.

Ihre Augen, diese Augen, die niemals blinzelten.

Ein *Augenfehler*. Die Aussage von Eberts Sohn. Albrecht hatte sie vom Tisch gewischt, als Hannah Friedrichs den Punkt erwähnt hatte.

Ein *Augenfehler. Falls Sie nicht gerade explizit was über Augenkrankheiten haben ...* Seine eigene Bemerkung zu Wolczyk, als der Doktorand angedeutet hatte, es bestände die Möglichkeit, aus dem Gesicht eines Menschen dessen Krankengeschichte zu lesen.

In diesem Moment hatte Maja Werden die Unterhaltung unterbrochen.

Ein *Augenfehler?* Es war kein *Augenfehler*. Es war eine Scharfsichtigkeit, eine Hellsichtigkeit, die die Gabe jeder Kartenlegerin in den Schatten stellte. Mit einer traumwandlerischen Sicherheit erkannte diese junge Frau die Schwächen und Defizite ihres Gegenübers und fand auf der Stelle den Punkt, an dem sie ansetzen musste, die individuelle Sollbruchstelle der Persönlichkeit.

Sie hatte Jörg Albrecht nicht geschmeichelt. Sie hatte ihm Kontra gegeben, gerade am Anfang. Hatte in der Kolloquiumssitzung sein Täterprofil auseinandergenommen, bis eine Lücke entstand, in der sie das Stemmeisen hatte ansetzen können.

Alles andere ... Sie hatte seine Sehnsucht erkannt, seine Sehnsucht nach guten Gesprächen ...

*Gute Gespräche hast du mit Heiner Schultz! Jeden letzten Dienstag im Monat!*

Doch Heiner Schultz war keine attraktive junge Frau.

Ich bin ein lächerlicher alter Mann.

Er hatte die Ermittlung gegen die Wand gefahren, weil er ein lächerlicher alter Mann war.

Und er wusste, dass er sich das niemals verzeihen würde.

Der Weidenast.

Diesmal hatte niemand den Weidenast zu ihm herunterziehen müssen. Niemand, dem er einen Teil der Schuld anlasten konnte.

Und doch war der Fehler derselbe gewesen: Vertrauen.

Er hatte der Person vertraut, die im Fadenkreuz einer der größten Ermittlungen stand, die das Kommissariat während seiner Amtszeit erlebt hatte.

Friedrichs ... Friedrichs hatte versucht, ihn zu warnen. Sie hatte ihre Skepsis durchblicken lassen, so deutlich sie das wagen konnte bei einem Vorgesetzten wie Jörg Albrecht.

Und er hatte beschlossen, ihre Bedenken nicht zur Kenntnis zu nehmen.

Sechs tote Menschen.

Jörg Albrechts Schuld.

Horst Wolfram in der Hand des Traumfängers; in der Hand seiner *Tochter*.

Der Täterin.

Jörg Albrechts Schuld. Seine Schuld allein.

Maja zog ihre Hand ganz langsam aus der Jackentasche.

Sie hielt eine Pistole.

● ● ●

«Tut das weh?», fragte ich unfreundlich.

Mein Göttergatte nickte wortlos.

Gut so, dachte ich, wurde aber doch eine Spur vorsichtiger, während ich seinen lädierten Schädel bandagierte.

Wir hatten uns in einen abgelegenen Teil des Domparks zurückgezogen, gleichzeitig nur wenige Schritte vom Brennpunkt des Geschehens entfernt. Für den unwahrscheinlichen Fall, dass sich heute Abend vor den Türen der geschlossenen Abteilung noch irgendwas ereignen sollte. Das Sonderkommando hatte seine Scheinwerfer wieder ausgeschaltet und sich erneut im Gebüsch verkrochen, aber der Täter, der sich nach dem Chaos, das wir minutenlang veranstaltet hatten, noch ins Freie wagte, musste schon auf der Suche nach dem Gnadentod sein.

Ein Stück entfernt hörte ich die gedämpfte Nichtunterhaltung zwischen Cornelius und meinem Traumanwalt. Das *Verhör*. Es war sinnlos, von vornherein. Joachim hatte mir kaum mehr als ein paar Wortfetzen zuzischen können im Würgegriff der Beamten: *... muss mit dir reden ... das Video ... Sie zwingt mich ... bitte ... musst mir vergeben ...*

*Sie?*

*Madame Beatrice.*

Seine Lippen hatten sich bewegt, ohne dass ein Ton zu hören gewesen war. Mir war klar, dass er nichts davon gegenüber Cornelius wiederholen würde. Ein Joachim Merz kannte seine Rechte, und auch dem schlaksigen Kommissar musste längst klar sein, dass er keine Möglichkeit hatte, den Anwalt festzuhalten.

Schließlich hatte sich Merz nichts zuschulden kommen lassen.

Weit mehr als aus seinen Worten hatte ich das aus seinem Blick begriffen. Aus der Art, wie er mich angesehen hatte.

Er war meinetwegen gekommen, einzig und allein. Er hatte sich entschuldigen wollen. Das Video ... Natürlich hatte er mit den Videos zu tun, mit der Aufnahme aus dem Park in Braunschweig genauso wie mit den heimlichen Filmereien im *Fleurs du Mal*. Und doch ging weder das eine noch das andere auf sein Konto. Er selbst war erpresst worden. Die Chefin des Schuppens hatte ihn zwingen wollen, über mich an Informationen zu kommen.

Wir hatten es gewusst, von Anfang an. Deshalb hatte der Chef schon Ole Hartung ins *Fleurs du Mal* geschickt: weil dort Erpressungen liefen. Doch unsere Mordserie ...

Sie hatte nichts damit zu tun.

Joachim war nicht unser Täter. Kein Stück.

Woher er gewusst hatte, wo ich mich aufhielt: die einfachste Sache der Welt – ein Anruf auf dem Revier.

Den echten Täter hatten wir mit unserer Scheinwerferaktion verscheucht.

Wobei der eigentliche Grund vor mir auf einer Parkbank saß, ein Häuflein Elend. Cornelius hatte einiges gut bei mir, dass er dieses Häuflein fürs Erste mir überlassen hatte.

«Was hast du dir nur dabei gedacht?», murmelte ich.

«Was glaubst du denn ... *Autsch!*»

Er hatte den Fehler gemacht, den Kopf zu drehen, während ich mit einer Sicherheitsnadel hantierte, um die Bandage festzustecken.

«Lass mich raten», seufzte ich. «Du wolltest mit mir reden?»

«Da war ich nicht der Einzige, was?» Er sah zu mir hoch, mit vorgeschobener Unterlippe. Trotzig, wie ein sehr, sehr großes kleines Kind. Gleichzeitig sah er einem Piraten ähnlicher denn je mit seinen Kriegsverletzungen.

Ich breitete die Arme aus. «Dennis ... Was soll ich sagen?»

«Du liebst ihn?» Er senkte den Blick. «Du willst mich verlassen?»

Mir war schwindlig. War das derselbe Mann, der *in Ruhe* mit mir hatte reden wollen, zu Hause in Seevetal?

«Dennis, ich weiß wirklich nicht ... Ich ... Nein, ich denke nicht, aber ...» Einatmen. Ausatmen. «Dennis, es geht doch so nicht weiter! Wir beide machen uns doch was vor. Ob es jetzt Merz ist oder ... die Gunthermann oder ...»

«Iris?» Er kniff die Augen zusammen. «Was hat die damit zu tun?»

«Oder die Blondine mit den dicken Möpsen!», knurrte ich. «Oder sonst wer!»

«Blondine?» Er starrte mich an. Fassungslos.

Eine Fassungslosigkeit, die kein Mensch spielen konnte.

«Der ...» Auf einmal hatte ich ein sehr, sehr merkwürdiges Gefühl im Magen. «Der rote Sportwagen», sagte ich. «Ich habe neben euch an der Ampel gestanden. In Bahrenfeld.»

«Was?» Er schüttelte sich. «Wann?»

«Elfter Mai.» Die Antwort kam automatisch. «Vor zwei Jahren. Mittags, zehn nach eins.»

«Du ...» Wie lange kannten wir uns? Siebeneinhalb Jahre. Einen solchen Gesichtsausdruck hatte ich noch nie zu sehen bekommen. «Frau Verhoorn», murmelte er. «Sie hat das Penthouse in Eimsbüttel gekauft, das wir drei Monate lang nicht loswerden konnten. Ich hatte noch nie in einem Ferrari gesessen, also hat sie mich eingeladen. – Du denkst, ich hatte was mit ...» Wieder dieses verständnislose Schütteln, das durch seinen gesamten Körper ging. «Selbst wenn ich jemals auf die *Idee* gekommen wäre! Die Frau ist erstens verheiratet und zweitens fünfzehn Jahre jünger als ich! Was denkst du denn, was ich ...»

Ich war erstarrt. Zu keiner Bewegung fähig.

Konnte ihn nur anstarren, während ich spürte, wie sich etwas in mir regte.

Du kannst nie wieder in den Spiegel gucken. *Nie. Wieder.*

«Hannah ...» Mühsam stütze er sich auf die Lehne der Parkbank und stand auf. Er verzog das Gesicht. «Hannah, du denkst, ich hätte was mit irgendwelchen Weibern? Lies es von meinen Lippen: Ich – *liebe* – dich! Sonst nichts. Sonst niemanden. Ich weiß, ich stecke viel zu viel Zeit in den Job, aber diese Agentur – wir haben uns das aufgebaut, Gunthermann und ich. Und im Moment ist es verdammt schwierig, solche teuren Immobilien loszuschlagen. Aber ich würd doch nie ... *nie* ...»

Er streckte die Hand nach mir aus.

Ich wollte sie beiseiteschlagen, weil ich ...

Weil es einen Punkt gibt, an dem man sich einfach selbst nicht mehr erträgt.

«Hannah», murmelte er und zog mich an sich.

Ich wusste, dass Cornelius nur ein paar Schritte entfernt war.

Und Joachim Merz.

Jeden Augenblick konnten die beiden um die Ecke kommen.

Doch jetzt, in diesem Moment, wollte ich einfach nur ... Heulen? Mich an Dennis' Schulter werfen?

Einfach nicht mehr nachdenken. Einfach nur noch ...

*Standing on a beach with a gun in my hand*

Das Geräusch war so weit weg.

Ich wollte es nicht zur Kenntnis nehmen.

*Staring at the sea, staring at the sand*

Dennis ließ mich los.

«Das ist dein Diensthandy.» Leise. «Bitte geh ran! Es ... es tut mir leid, wenn ich dir das Gefühl gegeben habe, ich würde deinen Job nicht ernst nehmen. Ich ... Ich bin sehr stolz auf dich und ...» Er holte Luft. «Bitte geh ran!»

Meine Kehle war wie zugeschnürt.

Das sind die Dinge, die ich *dir* sagen wollte.

Sagen *muss.*

Sagen werde.

«Ja?», krächzte ich ins Handy. «Nils?»

«Äh, nein ...»

Ich kannte diese Stimme von irgendwoher. Von weit, weit weg.

«Hier ist, äh, Jonas Wolczyk. Wir haben uns gestern ...»

Verdammt! Dein Job *ist* wichtig! Reiß dich zusammen!

«Ja», murmelte ich. «Der Freund von Frau Werden.»

«Sie ist nicht meine ...»

«Herr Wolczyk», flüsterte ich, «das ist ein etwas ungeschickter Moment zum Plaudern. Wenn Sie mir einfach sagen würden, womit ich Ihnen helfen kann?»

Und woher Sie meine Nummer haben. Aber die Antwort saß sowieso gerade mit dem Traumfänger beim Kaffee.

«Ja, äh ... Ich wollte eigentlich mit Herrn ... also Herrn Hauptkommissar Albrecht sprechen. Aber der geht nicht ran. Er hatte gemeint, wenn mir noch was einfällt, sollte ich ihn einfach anrufen. Also, wahrscheinlich meint er das natürlich immer noch. Denke ich. Und wenn er nicht rangeht, dann sollte ich ...»

Nie wieder, schwor ich mir. Nie, nie, nie wieder nimmst du einen Psychologen in Schutz.

«Dann raus mit der Sprache!», brummte ich. «Ich geb's ihm weiter.»

«Ja.» Ein Räuspern. «Das dachte ich mir schon. Also, was ich ihm sagen wollte: das Timing. Er meinte ja, das wäre das entscheidende Element in der Ermittlung. Als wir die Aktentasche des Professors gefunden haben, wissen Sie? Dass der Täter genau berechnet hätte, wie lange Professor Möllhaus noch le ... leben konnte in diesem Sarg. Sodass wir nur ganz, ganz knapp zu spät kommen würden.»

«Ja», murmelte ich. «Das ist richtig.»

Ich hatte erhebliche Zweifel, dass ich selbst aus einer popeligen Aktentasche dermaßen weitgehende Schlüsse gezogen hätte. Doch ich kannte die Gabe unseres Herrn und Meisters, auf der Stelle zuzugreifen, wenn irgendwo noch ein Kreuz rumstand, das er sich auf die Schultern laden konnte.

«Also ...» Ein Seufzen. «Also, was ich mich gefragt habe: Es war doch sieben Uhr früh, als wir ins Institut gekommen sind. Verstehen Sie?»

«Ja?»

Schweigen.

Sieben Uhr früh ... Die Information war in meinem Hirn angekommen. Wolczyk schien zu erwarten, dass sie dort irgendwas auslöste. Einen Denkvorgang im Idealfall.

Also wartete auch ich. Und wartete.

Und wartete.

Ich kniff die Augen zusammen.

«Sieben Uhr früh ist ziemlich früh, oder?», fragte ich ins Handy.

«Genau, ziemlich richtig früh sogar. Ich meine ... die meisten von uns an der Uni sind eher Nachtmenschen. Und am Abend vorher hatten wir dieses Kolloquium bis kurz nach zwölf. Also, normalerweise wäre ich jedenfalls nicht vor elf oder so im Institut aufgetaucht. Gut, beim Professor weiß man das nie ... oder wusste man nie, als er noch lebte. Weil er ja nicht geschlafen hat.»

Nicht geschlafen?

«Aber jedenfalls ...» Ich glaubte das Achselzucken zu hören. «Na ja, woher hätte der Täter das alles wissen sollen? Dass da jemand auftaucht vor acht oder neun oder sonst wann. Und dass das ausgerechnet Herr Albrecht ist. Ich meine ... An sich konnten das nur, na ja ...»

*Tick. Tick. Tick.*

Eine Uhr. Ein Geräusch in meinem Kopf. Ich konnte es wirklich hören.

*Die Zeit läuft ab.*

«Das konnten nur diejenigen wissen, die an diesem Abend dabei waren», flüsterte ich. «Der Professor, Albrecht, Sie selbst. Wer noch?»

«Äh, alle. Also die Doktoranden. Martin Börker, Claus, Abdul, Katja Gronemeyer ... Maja natürlich ...»

Stopp!

Maja.

*Maja!*

In meinem Kopf kam etwas in Gang.

«Ha... Haben Sie zufällig noch irgendwo zusammengesessen hinterher?», fragte ich ins Handy. «Maja und Sie?»

«Maja? Äh, nein. Ich hab sie nach Haus gebracht, wie immer. Ist ja gleich um die Ecke vom Institut.»

*Gleich um die Ecke vom Institut.*

Ich biss die Zähne zusammen. Eine Idee, eine hartnäckige Idee in meinem Kopf. Doch ich hatte die Frau von Anfang an nicht ausstehen können, und das bedeutete, dass ich doppelt vorsichtig sein musste.

Vorsichtig? Sie befand sich in diesem Moment in einem abgeschotteten Gebäude – gemeinsam mit Albrecht, Horst Wolfram und dem Traumfänger! Der finstere, unbekannte Täter, für den wir uns die Beine in den Bauch standen, hatte sich nicht blicken lassen. Stattdessen Joachim Merz. Und mein Ehemann.

Der Täter, der von außen kommen *musste*, wie Cornelius mir den Gedankengang unseres Chefs referiert hatte. Die Personalien sämtlicher Stationsmitarbeiter waren per Computer abgeglichen worden.

Aber Maja Werden war keine Mitarbeiterin!

Trotzdem ging sie auf der Station ein und aus.

Und schrieb ihre Doktorarbeit über Insassen in Sicherungsverwahrung.

Über Männer wie Max Freiligrath.

«O mein Gott», flüsterte ich.

«Frau Friedrichs?»

«Herr Wolczyk ...» Meine Gedanken überschlugen sich. Konnte der Mann mir noch irgendwie helfen?

*Könnten Sie sich eventuell vorstellen, dass Ihre Nichtfreundin in Wahrheit eine psychopathische Serienmörderin ist?*

«Danke für den Anruf», murmelte ich. «Ich glaub, das war wichtig.»

Und legte auf.

«Ist was nicht in Ordnung?» Dennis sah mich unbehaglich an.

«Frag mich, was in Ordnung ist», murmelte ich.

Kurzwahl. Das Revier.

«Hannah?» Wieder Nils Lehmann. «Ich wollte dich auch gerade anrufen. Sie sind jetzt drin in dem Gebäude ...»

«Ist dein Rechner an?»

«Was?»

«Das Rechtspsychologische Institut in Braunschweig! Die müssen eine Internetseite haben! Sag mir, ob es da ein Foto von Maja Werden gibt!»

Er stellte keine Fragen mehr. Ich hörte ihn tippen.

Sekunden verstrichen.

«Ich hab die Seite ...» Gemurmelt. «Öffnungszeiten ... Aufgaben ... Hier, Personal und ... Hui, die sieht ja gefährlich aus.»

Stimmt, er hatte die Frau noch nicht gesehen.

«Möglicherweise ist sie das auch», sagte ich. «Nils, ich möchte, dass du dieses Foto ausdruckst und damit auf der Stelle ins *Fleurs du Mal* zu Jacqueline ...»

«Die wird aber arbeiten ...»

«Das ist mir scheißegal!», brüllte ich.

Eine deutlich gehobene Augenbraue von meinem Ehemann – die andere war unsichtbar unter dem Turban, den ich ihm angelegt hatte.

«Wenn sie gerade einen Kunden hat, ist der sowieso gefesselt», sagte ich etwas leiser. «Druck das Foto aus! Zeig es ihr!»

Schweigen. Dann: «Du denkst, *das* ist ...» Ein Atemzug. «*Catwoman?*»

«Druck's aus!», knurrte ich.

«Nein ...» Ein Rascheln. «Nein, Jacqueline hat ein Netbook. Warte, ich ruf sie an! Eine Minute!»

Kriminalhauptmeister Lehmann war offenbar im Besitz der Durchwahl der jungen Dame. In seinem Handy vermutlich.

Murmeln am anderen Ende der Verbindung.

Dennis sah mich aus großen Augen an.

Ich biss die Zähne zusammen und lauschte.

Rascheln.

«Ja.» Knapp. «Sie ist es.»

Ich ließ das Handy sinken.

«Verdammt!», flüsterte ich.

•  •  •

«Nun, mein lieber Herr Albrecht», hörte der Hauptkommissar die Stimme des Traumfängers. «Wenn meine Wahrnehmung mich nicht täuscht, haben Sie es nunmehr realisiert. Richtig! Darf ich vorstellen: Ihre Täterin.»

Der Schlag, den die Worte ihm versetzten, kam erwartet.

Jörg Albrecht spürte ihn dennoch.

«Und wieder können Sie sehen, dass ich mein Wort halte», fuhr Freiligrath fort. «Hatte ich Ihnen nicht versprochen, dass wir Ihren Fall vor Ende dieses Abends klären würden? Keine Sorge, zu den Details werden wir noch kommen: Motiv, Gelegenheit, Mittel und so weiter. Für den Moment ...»

Er ließ den Blick zur Seite wandern, und im selben Augenblick stellte Albrecht fest, dass er sich wieder bewegen konnte. Er zwang sich, in Horst Wolframs Richtung zu sehen.

Tot. Der graue Mann atmete noch, sein Herz schlug, doch der Hauptkommissar hatte Zweifel, dass jene Essenz des menschlichen Wesens, die man Bewusstsein nennen konnte oder, altmodisch, Seele, bei Horst Wolfram noch vorhanden war.

Der Körper des ehemaligen Ermittlers saß – hing – im Korbsessel.

Doch es war niemand mehr zu Hause.

Jörg Albrecht hatte sich niemals vorstellen können, wie ein Mensch *einfach so* sterben konnte. Aus Angst. Weil sein größter Albtraum Wirklichkeit wurde.

So also sieht das aus.

Eine Sekunde lang war auch er selbst nichts als ein distanzierter, voyeuristischer Beobachter.

Die Seele stirbt, dachte er. Und der Rest folgt ihr.

Er betete, dass sie bei Horst Wolfram tatsächlich unwiderruflich verloschen war.

«Letztendlich ist es uns tatsächlich gelungen, das Trauma zu beheben», murmelte Freiligrath. «Er musste sich erinnern, das war wichtig. Sich den Menschen ins Gedächtnis zurückrufen, der er an jenem Tag gewesen ist, inklusive all der Ängste, die er wie jedes Individuum in sich trug.»

«Und seine größte Angst ...» Albrecht erschrak, als er seine eigene Stimme hörte. Sie klang dünn und brüchig. «Sie wollen mir sagen, schlimmer als eine tote Tochter ist eine Tochter, die ...»

«War das nicht Ihr Wunsch, Jörg Albrecht?»

Der Hauptkommissar hob den Blick. Maja sah ihn an, über den Lauf der Waffe hinweg. Diese bemerkenswerten Brauen. Diese Augen, die niemals blinzelten. Dasselbe Gesicht, derselbe Ausdruck, der kein Ausdruck war und doch ... unbestimmter jetzt, als wäre Bewegung in die Züge hinter der Maske gekommen, zu schwach noch, um die Verkleidung zu sprengen, aber doch vorhanden.

«Die Dinge, so wie sie in Wahrheit sind», sagte die junge Frau. «Sie scheinen Ihnen nicht zu gefallen.»

«Maja.» Es kostete ihn unendliche Mühe, den Namen auszusprechen.

Es war nicht ihr Name. Die Frau, die diesen Namen trug, hatte niemals existiert.

«Ja, ich habe diese Menschen getötet», sagte sie ruhig. «Ihre Mitarbeiter, die beiden Fernsehleute, den Professor.» Sie hielt den Bruchteil einer Sekunde inne. «Focco Neverding. Und, um Ihrer Frage zuvorzukommen: Ja, ich habe es aus eigenem Antrieb getan. Aus eigenem Entschluss. Nicht um *irgendjemandem* ...» Ein Blick zu Freiligrath. «... einen Gefallen zu tun.»

«Vielleicht sollten wir es so ausdrücken, dass wir in dieser Angelegenheit gleichgerichtete Interessen hatten», schlug der Traumfänger vor.

«Vielleicht sollten wir es so ausdrücken, dass *ich* die Taten begangen habe», korrigierte Maja kühl. «Wenn Sie etwas wissen wollen, Hauptkommissar, sollten Sie *mich* fragen.»

Albrecht sah von einem zum anderen.

Waren sie nun verbündet oder nicht?

*Das Herz des Menschen ist dunkel.*

Freiligrath hatte die Worte in einem besonderen Tonfall gesprochen. Es war ein Code. Daraufhin hatte Maja den Raum betreten.

«Wenn Sie mir ...», begann Albrecht.

«Halt!» Freiligrath hob die Hand.

Maja drehte sich halb zur Seite, auf ihrer Stirn erschien eine Falte des Unwillens.

Gefühle. Sie konnte oder wollte sie nicht mehr vollständig unter Kontrolle halten.

Doch auch Freiligraths Augenbrauen zogen sich zusammen, als ob er ...

Er lauschte.

Und tatsächlich:

Geräusche waren zu hören, gedämpft durch das jahrhundertealte Mauerwerk. Schritte.

Eilige Schritte, Getrampel. Mehrere, nein, viele Menschen. Stimmen.

Im Obergeschoss? Schon auf der Treppe?

Albrechts Herz fing unvermittelt an zu jagen.

Er sah, wie sich Freiligraths Gesichtsausdruck veränderte und der Psychologe einen Blick mit Werden wechselte.

«Schneller als gedacht», murmelte er. «Los!», zischte er in Richtung Maja.

Die junge Frau warf ihm einen unfreundlichen Blick zu,

dann schob sie sich an Albrecht vorbei und verschwand im Gebüsch.

Die Chance kam unerwartet, doch Albrecht erkannte sie auf der Stelle und spannte sich an. Freiligrath war keine drei Schritte von ihm entfernt.

Doch im selben Moment ...

• • •

«Bitte!» Die Gestalt im Pförtnerhäuschen sah uns an, mit einem Gesichtsausdruck, dass sie mir beinahe leidtat.

Beinahe.

«Bitte!», flehte die Frau in ihr Mikrophon. «Ich kann Sie nicht reinlassen, bevor der Doktor ...» Sie atmete auf. «Der Doktor!»

Dr. Seidel stürmte mit finsterem Gesichtsausdruck den zentralen Gang der Abteilung hinab, sodass die Schöße seines Kittels hinter ihm herflatterten.

Die Pförtnerin drückte sich in einen Winkel ihrer Loge, als er sich vor das Mikrophon schob und unser Einsatzkommando durch die Panzerglasscheibe anstarrte.

«Was soll dieser Aufzug? Wollen Sie zu Dr. Freiligrath? Wenn Sie einen Haftbefehl ...»

«Gefahr im Verzug!», zischte ich. «Machen Sie auf der Stelle die Tür auf!»

«Was?»

«Öffnen Sie die Tür!», brüllte ich und trat einen halben Schritt zur Seite, sodass einer von Cornelius' Beamten sichtbar wurde, mit gezogener Waffe. «Oder *wir* öffnen sie.»

Mit versteinertem Gesicht drückte der Oberarzt einen Knopf.

Ein dezentes Zischen, und die elektronische Schleuse glitt auf.

Cornelius stürmte mit seinen Männern an mir vorbei.

Mit kalkweißem Gesicht kam Seidel auf den Gang. «Was zum ...»

«Wo ist Maja Werden?»

«Was?» Verblüffte Miene. «Ich habe sie den ganzen Tag noch nicht ...»

«Wo geht es zum Keller?»

«Der ...» Der Mediziner schüttelte sich, dann deutete er auf einen bräunlichen Streifen, der der Länge des Korridors folgte. «Da ...»

Er zuckte zusammen.

Wir beide zuckten. In diesem Moment, von einer Sekunde zur anderen, ertönte ein greller, schriller, schreiender Laut, anhaltend, auf und ab.

Eine Alarmsirene.

Und eine Sekunde später brach die Hölle los.

• • •

Das Gellen der Sirenen wurde von den Wänden des Kellergewölbes zurückgeworfen. Hall und Widerhall.

Albrecht war zu langsam gewesen.

Das Überraschungsmoment. Im selben Augenblick, in dem er begriff, was geschah, war Maja zurück und trat wieder an Freiligraths Seite, die Waffe abwechselnd auf Wolfram und Albrecht gerichtet.

Der Traumfänger stand auf, in demonstrativer Ruhe.

Er will beweisen, dass er die Situation nach wie vor unter Kontrolle hat, fuhr Albrecht durch den Kopf.

Und er *hatte* sie unter Kontrolle, voll und ganz.

Wann mochte er damit begonnen haben, sämtliche Insassen der geschlossenen Abteilung auf einen Horror vor Feuer, Feueralarm, der Feuerwehr zu fixieren? Unmittelbar nach seiner Einweisung vermutlich.

Der Hauptkommissar konnte sich das Chaos ausmalen, das in diesen Augenblicken auf den oberen Gängen losbrach.

Ein Plan, seit Jahren vorbereitet, doch es musste einen Grund geben, dass der Psychologe gezwungen war, ihn jetzt so überstürzt umzusetzen:

Friedrichs. Die niedersächsischen Beamten. Auf irgendeine Weise mussten sie erkannt haben, was in den Tiefen der Abteilung vorging.

Ein Stechen in Albrechts Hinterkopf. Hilfe. Hilfe war unterwegs.

«Wir werden nun einen kleinen Ausflug unternehmen», murmelte Freiligrath und nickte dem Hauptkommissar auffordernd zu. «Helfen Sie Herrn Wolfram!»

«Was?»

«Was er erfahren hat, hat ihn retraumatisiert. Aber er kann laufen, wenn Sie ihm helfen. – Maja!»

Die junge Frau trat einen Schritt näher, die Pistole auf Wolfram gerichtet.

«Die Alternative würde ich außerordentlich bedauern», erklärte Freiligrath. «Ich persönlich töte nicht, falls es noch notwendig ist, das ausdrücklich zu betonen. Insbesondere keine kleinen Mädchen. Ehrlich gesagt war ich fast ein wenig enttäuscht, dass Sie das nicht erkannt haben, nachdem Ihnen doch klar war, dass Sie einen Mann der Ehre vor sich haben. Was nun Frau Werden anbetrifft ...»

«... kann sie für sich selbst sprechen.» Maja kam noch einen Schritt näher. «Helfen Sie ihm auf! Da rüber!» Eine knappe Bewegung mit der Waffe, über den künstlichen Weiher hinweg, zu der kapellenartigen Ruine, die mit dem Mauerwerk des Kellers verwachsen schien.

Maja tötete.

Sie musste es nicht betonen.

Albrecht zog den älteren Mann aus seinem Stuhl empor. Er gehorchte wie eine überdimensionierte Gliederpuppe und richtete sich auf, doch es war keine Spannung zu spüren in diesem

Körper, kein Bewusstsein, keine Bewegung aus eigenem Antrieb. Schritt für Schritt gingen sie einen gepflasterten Pfad entlang zur anderen Seite des Teichs.

Maja war zwei Schritte hinter ihnen. Ihre Waffe, Albrecht wusste es, war nicht auf ihn, sondern auf Wolfram gerichtet.

«Stehen bleiben!»

Freiligrath schob sich an den beiden Männern vorbei ins Innere des winzigen Rundbaus.

Eine Sekunde später war ein zufriedenes Brummen zu hören, über den Sirenenlärm hinweg.

Albrecht wurde vorwärtsgestoßen, Wolfram mit ihm. Ein unangenehmes Geräusch, ein Zug an seinem Arm, als die Stirn des älteren Mannes gegen das Mauerwerk schrammte.

«Verdammt!» Albrecht stützte ihn. Blut lief über Wolframs Gesicht. «Er ist verletzt!»

Maja hob ihre Waffe eine Winzigkeit, den Lauf auf Wolfram, die Augen auf den Hauptkommissar gerichtet.

«Wir schaffen es!», presste Albrecht hervor und fasste den älteren Mann fester.

Wolfram gehorchte, doch Albrecht musste ihm nun jeden einzelnen Schritt weisen.

Das Innere des Kapellenraumes war kaum größer als eine WC-Kabine. Es roch auch ähnlich. Vermutlich einer der wenigen Orte der Abteilung, an dem die verhaltensgestörten Patienten unbeobachtet waren.

Von Freiligrath keine Spur.

Albrecht kniff die Augen zusammen. Erst jetzt sah er einen Schatten, tiefer als die Schatten ringsum, im hintersten Winkel des Kapellenraums. Mattes Metall, funktioneller als das künstliche Draußen des Kellergewölbes. Eine Tür.

Sie stand offen.

Eine Taschenlampe flammte auf. «Bitte schön!» Einladend wies Freiligrath ins Innere.

Ein langgestreckter Gang, Wände, Boden, Decke aus nacktem Beton, über den die Feuchtigkeit sickerte.

«Der große Vorteil von Rettungsplänen ist ihre Flexibilität», bemerkte der Traumfänger. «Im selben Moment, in dem Frau Werden den Alarm aktiviert hat, hat sich diese Pforte geöffnet. – Riechen Sie ihn? Den Atem der Freiheit?»

«Keine Ahnung», brummte Albrecht. «Muss mich erkältet haben. Meine Nase ist dicht.»

Der Gang war eben breit genug, dass die Gefangenen nebeneinander gehen konnten. Freiligrath vorweg, Maja mit ihrer Waffe hinter ihnen.

Wolframs Wunde hörte nicht auf zu bluten. Der Hauptkommissar wusste, dass im Kopfbereich auch harmlose Platzwunden erheblich bluten konnten. Doch bei einem Menschen in einem solchen Allgemeinzustand war *keine* Wunde harmlos.

Das Rauschen, Tosen, Pulsieren des Wassers war allgegenwärtig. Im Boden, in den Wänden. In der Decke über ihnen.

Im Innern der Flut, dachte Jörg Albrecht. Und der Sog trägt uns auf die Staumauer zu.

Doch sie würden sie nicht erreichen.

Mechanisch machte der ältere Mann jeden Schritt Albrechts mit, doch der Hauptkommissar spürte, dass er mit jedem Meter schwächer wurde.

Wir werden es nicht schaffen, dachte er. Ganz gleich, wo sie mit uns hinwollen.

Wir werden es nicht schaffen.

● ● ●

«Bitte ... Bitte! Frau Bergheim!»

Es herrschte Chaos auf allen Seiten.

Dr. Seidels Backenbart zitterte. Sein Blick hatte sich an einer einzelnen Patientin festgesogen, die einen halbherzigen Versuch machte, sich vom Tumult fernzuhalten, der auf den Fluren losgebrochen war. Ich glaubte die alte Dame wiederzuerkennen, die wir am ersten Tag im Fernsehraum gesehen hatten.

«*Feuer! Feuer! Feuer! Feuer!*»

Ihre Lippen standen nicht still, ihr Blick war gehetzt, ging hierhin, dorthin.

Roh wurde sie von anderen Patienten angerempelt, die sie beiseitedrängten, auf uns zustürmten, alle mit demselben panischen Ausdruck in den weit aufgerissenen Augen, dem geflüsterten, gezischten, gebrüllten Wort: «*Feuer!*»

... bis sie gegen die Mauer des niedersächsischen Eingreiftrupps prallten, der langsam, viel zu langsam den Flur hinab vordrang. Seidel und ich waren ihm mehr als zwanzig Schritte voraus.

«Ganz ruhig, Frau Bergheim!» Beschwörend fixierte der Mediziner die Frau. «Ganz ruhig! Es ist alles in Ordnung.»

Mit halb ausgebreiteten Armen kam er näher.

Interessante Taktik.

Könnte sogar klappen, dachte ich. Wenn sie ein Pferd oder eine Kuh wäre.

Doch ich wäre ihm dankbar gewesen, wenn er sich an einen der kräftigeren Patienten gehalten hätte.

Ein vierschrötiger Kerl in Bomberjacke nahm gerade zum dritten oder vierten Mal Anlauf gegen Yawuz Cornelius. Bis zu diesem Moment ohne Erfolg.

Wir kommen zu spät!

Der Gedanke hämmerte durch meinen Kopf, kein echter Gedanke in Wahrheit. Keine Zeit, keine Luft für echte Gedanken.

Freiligrath.

Der merkwürdige Tick, den sämtliche Patienten in Sachen Feuer und Feuerwehr zu haben schienen. Ich hatte auf der Stelle begriffen, was hier vorging und warum.

Um uns vom Keller fernzuhalten.

Eine neue, letzte Teufelei des Traumfängers, effektiv wie all seine Spielchen.

Was ging in diesen Augenblicken im Keller vor? Bilder schossen durch mein Hirn, eins schlimmer als das andere.

Die beiden Täter in einem Raum versammelt: Freiligrath, der seine Opfer an ihrer eigenen Angst zugrunde gehen ließ, und Maja Werden, unsere Mörderin.

Und die beiden Beamten, die mit vierundzwanzig Jahren Abstand die Ermittlungen geleitet hatten.

Ich wusste, dass es keinen Sinn hatte, darüber nachzugrübeln, was genau das alles miteinander zu tun hatte.

Was ich wusste – spürte –, war, dass die Zeit ablief.

Dass wir es nicht schaffen würden, weil die Beamten unmöglich mit Gewalt gegen die Insassen der Psychiatrie vorgehen, geschweige denn einen Schuss abfeuern konnten – und sei es nur zur Warnung.

Seidel war noch immer mit der alten Frau beschäftigt. Weiter hinten im Gang konnte ich eine Reihe pastellfarbener Kittel ausmachen, die bei anderen Patienten ähnliche Manöver versuchten, mit ähnlichem Erfolg.

Und noch weiter hinten eine schattenhafte Öffnung, die vom Hauptkorridor abzuzweigen schien. Der Kellerabgang.

Unerreichbar

Ich biss die Zähne zusammen.

Ein Blick über die Schulter.

Keine Chance, mich mit Cornelius zu verständigen.

Warum auch immer es Seidel und mir leichter fiel, uns gegen den Strom durch den panischen Haufen der Patienten zu drängen – vielleicht, weil der Traumfänger ihnen obendrein noch einen besonderen Hass gegen Polizeiuniformen eingeimpft hatte ...

«Seidel!»

«Bitte ... Ganz ruhig ...» Fürsorglich legte er der alten Dame den Arm um die Schulter.

«Gibt es einen anderen Weg in den Keller?», brüllte ich ihm zu.

«Ganz ruhig, Frau Bergheim ...» Blinzelnd sah er zu mir auf. «Nein», murmelte er. «Leider nicht. Höchstens ...» Eine Veränderung auf seinem Gesicht. Überraschung. Entsetztes, plötzliches Begreifen.

«Höchstens die Notausgänge.»

• • •

Tosendes, brüllendes Wasser.

Sturzbäche, die aus Öffnungen in der Decke und den Wänden in die bodenlose Tiefe rauschten, einen Hexenkessel stiebender Gischt, eingefasst von senkrechten Betonwänden.

Eine einzelne hölzerne Planke führte über den brodelnden Abgrund hinweg auf die andere Seite der unterirdischen Kaverne, wo ein schattenhafter Hohlweg eine Fluchtmöglichkeit versprach.

«Die alte Zisterne der Klosteranlage», erklärte Freiligrath, der den schmalen Steg bereits passiert hatte und an einer niedrigen Betonbrüstung lehnte. «Für gewöhnlich wird sie heute nicht mehr gefüllt, doch im selben Moment, in dem der Feueralarm ausgelöst wurde, haben sich die Schleusentore geschlossen.» Er hob die Schultern. «Löschwasser. Man kann nie genug davon haben. Irgendwie unheimlich, finden Sie nicht?»

Jörg Albrecht war am Eingang der Kammer stehen geblieben, unfähig zu jedem weiteren Schritt. «Das können Sie unmöglich ...»

Ein feines Lächeln. «Oh, ich hatte in den vergangenen Jahren ausreichend Muße, mich in die Materie einzulesen. Die Anstaltsbibliothek ist in dieser Hinsicht hervorragend ausgestattet. – Was allerdings Ihre Frage betrifft: Nein, speziell für Sie konnte selbst ich das nicht gesondert vorbereiten. Doch zuweilen ergeben sich erstaunliche Koinzidenzen, die wir mit all unserem Bedürfnis nach einer logischen Abfolge von Ursache und Wirkung nicht zu durchschauen vermögen.»

Der Hauptkommissar spürte den Druck der Pistolenmündung in seinem Rücken. Unerbittlich schob sie ihn vorwärts, Horst Wolfram mit ihm.

Schritt für Schritt dem rauschenden Wasser, dem Tod in der Tiefe entgegen, Meter um Meter. Wasser, brüllendes Wasser, die Luft erfüllt vom kalten, nassen Tod.

«Frau Werden?» Max Freiligraths Stimme. «Erinnern Sie sich? Wir beide haben eine Vereinbarung.»

Sie wird nicht reagieren!

Der bohrende Druck des Pistolenlaufs, stärker, noch einmal stärker, dann ...

Dann wurde die Waffe zurückgezogen.

Zwei Schritte trennten die Gefangenen vom Rand des Abgrunds.

«Umdrehen!» Maja.

Zentimeterweise gehorchte Albrecht, wandte sich um. Seine Finger waren wie Eis, suchten die Brüstung, fanden sie im selben Moment, in dem Wolfram an seiner Seite zu Boden sank.

Maja stand drei Schritte entfernt.

Es war ein Schock.

Jörg Albrecht fühlte sich zurückversetzt, vierundzwanzig Stunden nur, und doch schien diese Erinnerung einem anderen Leben anzugehören:

Die Weinpinte in der Braunschweiger Altstadt. Die Lichter und Schatten der kleinen Öllampe, die auf dem Gesicht der jungen Frau Bewegung vorgetäuscht hatten, wo keine sein konnte.

Es war genau dasselbe. Oder? War es tatsächlich dasselbe? Waren es Reflexionen der Notbeleuchtung auf dem wirbelnden Wasser, die den Eindruck von Bewegung erschufen, oder ging tatsächlich etwas vor auf diesen ewig ungerührten Zügen?

«Maja?», fragte er leise.

Das Wort genügte, um den Bann zu brechen. Ein Lidschlag – und die Maske saß wieder perfekt.

Nichts als sein Tod stand in ihren Augen zu lesen.

Der Hauptkommissar spürte das wirbelnde Rauschen, mit dem sich das steinerne Bassin mit brausendem, strudelndem Wasser füllte, Zoll um Zoll.

Die Rollen waren perfekt verteilt.

Max Freiligrath erfreute sich an Jörg Albrechts größter Angst. Maja Werden tötete.

«Ich danke Ihnen für Ihr Verständnis, Frau Werden.»

Albrecht sah über die Schulter. Freiligrath lümmelte auf der Brüstung, sicher und unerreichbar auf der anderen Seite des Abgrunds.

«Und ich kann Ihnen versprechen, dass Sie es nicht bereuen werden, meine Liebe», versicherte der Traumfänger. «Die Informationen, die ich – so denke ich – Herrn Albrecht schuldig bin, dürften auch für Sie nicht vollständig ohne Interesse sein. Die Frage der *Wahrnehmung*, die ich schon verschiedentlich angesprochen habe, stellt das Kernelement unseres gesamten gemeinsamen Falls dar. Auf *allen* Seiten.»

Er sah den Hauptkommissar an. «Nehmen wir Sie, Herr Albrecht. Warum haben Sie Frau Werden zu keinem Zeitpunkt verdächtigt? Die Antwort ist simpel: Nach Ihrer Wahrnehmung waren *Sie selbst* es, der diese junge Dame in den Fall gezogen hatte. Ursache und Wirkung: Nachdem Ihr Bewusstsein Frau Werden einmal auf Seiten der Ermittler eingeordnet hatte, war die Alternative schlicht nicht mehr denkbar.»

Ein nachdenklicher Blick auf das Tosen in der Tiefe. «Was nun jenen Tag in der Elbmündung betrifft: Der Wellengang war, zugegeben, nicht ganz so dramatisch wie hier, aber doch eindrucksvoll genug.

Stellen Sie sich die Szene vor!

Die Männer auf dem Kutter der Küstenwache: Sie beobachten, wie ein kleines Mädchen im roten Anorak ins Wasser stürzt, die grauen Wellen über ihm zusammenschlagen. Ihre Wahrnehmung läuft nun durch den Schwamm ihres Bewusstseins, der aufgedunsen ist von der Summe ihrer Erfahrungen: Ein kleines Mädchen, das von einem bösen Mann ins Wasser geworfen wird, *muss* ertrinken. Die Möglichkeit, dass dieser böse Mann dem kleinen Mädchen eine Schwimmweste unter den roten Anorak gezogen hat, blenden sie vollständig aus.

Bemerken sie nichts davon, dass das Mädchen nicht versinkt? Nun, bedenken Sie, Herr Albrecht: Die Sicht ist erheblich eingeschränkt angesichts der hohen Dünung draußen auf dem Wasser. Was eine halbe Seemeile entfernt geschieht, ist in diesem Chaos nur unter Mühe auszumachen. Die Wahrnehmung wird unzuverlässig.

Und so erliegen die Männer auf dem Kutter angesichts der Boote, die sie doch selbst per Notsignal herbeigerufen haben, einer schicksalhaften Fehleinschätzung. Sie kommen überhaupt nicht auf den Gedanken, dass man sich auf einem dieser Boote im Voraus über die genauen Strömungsverhältnisse informiert haben könnte. Dass man das kleine Mädchen womöglich längst an Bord genommen hat, während ringsum die Suche noch läuft. Sie blenden die Möglichkeit aus, dass sich auf diesem Boot Mitarbeiter des bösen Mannes befinden könnten, die ...»

*«Mitarbeiter?»*

Freiligrath hob eine Augenbraue. «Offiziell natürlich Beschäftigte der Neverding Holding. Allerdings Angehörige eines kleinen Kreises von Mitarbeitern, deren Schulungsprogramm ich persönlich entworfen habe. Ein sehr effektives Programm, wie ich hinzufügen darf, weil es in einer sehr frühen Lebensphase einsetzt, in der der menschliche Geist noch aufnahmefähig ist.»

Ein schmerzhaftes Pochen in Albrechts Schädel.

*Neverding passt nicht ins Bild.*

*Sie haben Neverding vergessen.*

«Die Kinderheime», murmelte er. «Die Waisenhäuser. Sie haben diese *Kinder* ...»

Der Traumfänger hob beschwichtigend die Hand. «Immer nur einige wenige, die sich in unseren Tests als vielversprechend erwiesen haben. Und in den letzten Jahren aus nachvollziehbaren Gründen natürlich nicht ich persönlich, sondern besonders zuverlässige ...» Er hob die Schultern. «Das System ergänzt sich selbst, könnte man sagen. Die meisten Probanden sind heute selbstredend mit Tätigkeiten im Interesse der Neverding Holding betraut. Sie können sich vorstellen, dass ein Mann wie Focco Neverding angesichts des wachsenden Konkurrenzdrucks in seiner Branche besonderes Interesse an absolut loyalen Mitarbeitern hat. Ich korrigiere: *hatte.* Und er war es schließlich, der unser Projekt all die Jahre finanziert hat. Andererseits aber sind einige meiner frühesten Probanden mittlerweile selbst zu fähigen Psychologen herangewachsen, auf die ich mich blind verlassen kann.»

Ein Nicken zu Maja.

Albrechts Arme stützten sich auf die Brüstung.

Lass ihn reden! Lass ihn um dein und Wolframs Leben reden!

Gib die richtigen Stichworte – und hör zu, während der perverse Mechanismus des Falles sich vor deinen Ohren entwickelt.

Hör zu – aber achte nicht auf Freiligrath! Achte auf Maja!

Maja war die Täterin. Maja hatte die Waffe. Maja tötete.

Und jetzt gab es keinen Zweifel mehr: In ihrem Blick war Bewegung gekommen. Sie hörte zu und bemühte sich, das Gehörte mit dem Schwamm ihres eigenen Bewusstseins überein zu bringen.

Welche Informationen waren neu für sie? War es vor allem die Art und Weise, wie der Traumfänger sie wiedergab, im Plauderton, während er sich in seiner eigenen Genialität sonnte?

Vergiss Freiligrath!

Freiligrath atmet seit einem Vierteljahrhundert gefilterte Luft und ist schon vorher nicht bei Verstand gewesen.

Maja. Maja hat die Waffe, und Maja ist erschüttert.

Wenn ihr eine Chance habt, Horst Wolfram und du, dann ist es Maja.

«Sie haben dem Kind eine Gehirnwäsche verpasst», stellte Albrecht fest.

«Warum nur ...» Mit gerunzelter Stirn betrachtete ihn Freiligrath. «Warum nur klingt dieses Wort so vorwurfsvoll aus Ihrem Mund?

Habe ich Ihnen nicht aufgezeigt, wie unzuverlässig unsere Wahrnehmung ist, wie irreführend unsere Erfahrungen und Erinnerungen?

Die Dinge so zu sehen, wie sie sich in Wahrheit verhalten, Herr Albrecht. Diese Dinge zu erkennen: Das und nichts anderes ist das Ziel meines Programms. Es sieht keineswegs vor, junge Menschen zu seelenlosen Monstern zu erziehen.

Vielmehr macht es sie vertraut mit – Tatsachen. Wer sorgt sich *wirklich* um mich? Wem liege ich *wirklich* am Herzen? Unsere Probanden haben ausgesprochen glückliche Erinnerungen an ihre Kindheit in den Einrichtungen der Neverding-Stiftung.

Eben weil vielen von ihnen auch die andere Seite bekannt ist: Vernachlässigung. Misshandlung.»

Eine wohlberechnete Pause.

«Pures Desinteresse.

Oder wie würden Sie solche Eltern einschätzen? Einen Vater, der den oberflächlichen Augenschein als Tatsache akzeptiert, sich verkriecht, um sich im Schmerz um seine eigene verwundete Seele zu ergehen?

Anstatt zu *suchen*.

Lena – Maja – ist im Wissen um solche simplen Wahrheiten aufgewachsen.»

«Wissen Sie ...»

Plötzlich sprach Maja. Und ihre Stimme klang fremd.

«Wissen Sie, wie selten es vorkommt, dass ein Mensch, der in der Nordsee ertrinkt, einfach verschwindet?»

Der Hauptkommissar spürte ihre Augen auf sich.

«In der Tat.» Freiligrath nickte. «Äußerst selten. In aller Regel wird der Körper früher oder später irgendwo angeschwemmt.»

Der Hauptkommissar schüttelte sich.

Überflüssig, noch einen Gedanken an den Mann zu verschwenden.

«Maja ...» Albrecht richtete seine Augen auf sie.

Die Maske auf ihrem Gesicht war im Begriff zu zerfließen. Gedanken, Gefühle, widerstreitende Empfindungen, abzulesen wie durch poliertes Glas.

Verwundet. Verletzt.

Er sah ihren Seitenblick, sah, wie sie Freiligrath anschaute.

*Unsere Probanden haben ausgesprochen glückliche Erinnerungen an ihre Kindheit in den Einrichtungen der Neverding-Stiftung.*

Vermutlich hatte sie die tatsächlich.

Doch es war unübersehbar, in welcher Weise der Traumfänger über die Mechanismen seines großen Plans geplaudert hatte – und wie Maja Werden jetzt darauf reagierte.

Manipulation, dachte Jörg Albrecht.

Nein, gezwungen hatte Freiligrath keinen Menschen. *Zwang* übte er genauso wenig aus, wie er *log*. Und doch war nun, nach vierundzwanzig Jahren, alles so gekommen, wie er es die ganze Zeit geplant hatte.

Für das Opfer.

Und die Täterin.

Spielfiguren Maximilian Freiligraths. Betrogen, der eine wie die andere.

Die Frau, die Ole Hartung, Kerstin Ebert und all die anderen Menschen getötet hatte. Nicht in einem Akt der Selbstverteidigung. Nicht im Affekt. In einem Monate, Jahre vorbereiteten Plan. Einem Feldzug der Rache für etwas ...

«Maja, Sie können unmöglich glauben, dass der Wahnsinn, den dieser Mann redet, die *Wahrheit* ist!»

Sie sah ihn an. Öffnete den Mund.

Die Waffe war noch immer auf Jörg Albrecht gerichtet, doch sie zitterte in ihrer Hand.

Es war gespenstisch.

Dieses Bild. Das Bild ihres Gesichts, auf dem niemals auch nur die Andeutung eines Gefühls zu lesen gewesen war: Es veränderte sich, in einer Geschwindigkeit, dass Albrecht davon schwindlig wurde.

Ja, er hatte all das schon einmal gesehen.

Aber nicht gestern Abend in der Pinte.

Es war kaum eine halbe Stunde her, dass Horst Wolfram aus seiner jahrzehntelangen Totenstarre erwacht und zu den Lebenden zurückgekehrt war – um ins Angesicht seiner größten Angst zu blicken.

Hatte Maximilian Freiligrath nicht damit gerechnet, dass genau dasselbe noch einmal geschehen könnte?

War es ihm gleichgültig gewesen?

Ist es tatsächlich dasselbe?, dachte Jörg Albrecht. Das Erwachen einer Schlafenden? Das urplötzliche, schockartige Begreifen?

Die Muskeln an Majas Hals spannten sich an, als sie versuchte, zu sprechen.

«Wa...»

«Was Frau Werden zum Ausdruck bringen möchte ...»

«Halten Sie den Mund!», knurrte Albrecht in Richtung Freiligrath.

«Was ...», flüsterte die junge Frau. «Was ist das? *Wahrheit?*»

• • •

532

«Diese verdammte kleine Ratte!», flüsterte ich.

Ja, Freiligrath war eine Ratte. Eine Ratte, die sich niemals in die Enge treiben ließ, immer einen Ausweg fand.

Und die sich in bester Gesellschaft befand, falls der Traumfänger tatsächlich hier unten unterwegs war.

Die Diode an meinem Schlüsselbund fing nicht mehr als winzige Ausschnitte der roh behauenen Wände des Tunnels, der unregelmäßigen Decke oder des Bodens ein, wo sich hier und da Dinge türmten, über deren Herkunft ich nicht so genau nachdenken wollte.

Doch sobald ich den Lichtkegel bewegte, sah ich das Huschen am Boden, schattenhaft.

Ratten.

Nein, Ratten waren nicht meine persönliche größte Angst. Aber in Sachen Ekelfaktor waren sie verdammt weit oben.

Die Wände waren mit einer glibberigen Feuchtigkeit bedeckt. Ich gab mir alle Mühe, sie nicht zu berühren, während ich mich Schritt für Schritt vortastete, alle paar Meter stehen blieb und lauschte.

Ich hörte Wasser rauschen, aber es war unmöglich zu sagen, aus welcher Richtung.

Vor mir, irgendwo vor mir.

Die Notausgänge hätten dringend mal wieder überprüft werden müssen, hatte Seidel gemurmelt – oder eher gebrüllt, über das Chaos in der Abteilung hinweg –, als er mir den Einstieg gezeigt hatte.

Falls es irgendwelche Verzweigungen gab, sollte ich mich abwärts halten; dann müsste ich unterhalb der künstlichen Wasserfälle im Dompark wieder herauskommen.

Ja, das sei der Weg, den Freiligrath genommen haben müsste, über die Zisternenkammer. Ja, das sei der einzige Weg nach draußen.

Glaubte er sich zu erinnern.

«Verdammt!», flüsterte ich.

Das dumpfe Echo ließ mir die Haare zu Berge stehen.

Ich war bereits an einem halben Dutzend Verzweigungen vorbeigekommen.

Cornelius. Ich hätte mich irgendwie zu Cornelius und seinem Kommando durchkämpfen müssen, selbst wenn das wertvolle Minuten gekostet hätte. Wir hätten uns hier unten verteilen können, und außerdem …

Außerdem waren die Männer und Frauen des Einsatztrupps bewaffnet.

Im Gegensatz zu mir.

Selbst wenn ich durch pures Glück über den Traumfänger und die anderen stolperte …

Seine Gefangenen. Seine und Majas Gefangenen.

Wenn sie noch am Leben waren.

Schließlich hatte unsere Täterin ihre Opfer nicht mit ihrem bösen Blick getötet.

Diesem bösen Blick, der selbst dem kleinen Raoul aufgefallen war.

Wie hatten wir so blind, so unglaublich blind sein können!

Wobei mir klar war, dass die Vorwürfe, die ich mir machte, ein Nichts waren gegen die mentale Selbstgeißelung, der sich unser Herr und Meister mit an Sicherheit grenzender Wahrscheinlichkeit in diesen Minuten unterzog.

Vorausgesetzt, er war noch …

Ein Geräusch!

Ich erstarrte augenblicklich, die Diode auf den Boden vor mir gerichtet.

Dreck. Feuchter, klammer, stinkender Schlamm. Zentimeterdick. Hier war in den letzten Monaten, wenn nicht Jahren, kein Mensch langgekommen.

Und doch hörte ich Stimmen.

Ich holte Luft und ließ das winzige Licht verlöschen.

Dunkelheit.

Ich spürte die Enge des Tunnels. Meine Blindheit ließ ihn enger werden, als er ohnehin schon war. Erstickend, ohne Luft, von allen Seiten.

Wie ein Sarg. Wie Professor Möllhaus in seinem Sarg.

*Reiß dich zusammen, Friedrichs!*

Licht. Ein entfernter Schimmer von Licht, unendlich weit weg, so undeutlich, dass ich mir nicht sicher war, ob ich ihn mir nicht nur einbildete. Es dauerte Sekunden, bis ich daran glauben konnte.

Das Licht war wirklich, und die Stimmen ...

Nun, da mich nichts mehr ablenkte, schienen sie deutlicher zu werden.

Mit äußerstem Widerwillen tastete ich nach der schmierigen Wand und schob mich vorwärts, zentimeterweise.

Die Stimmen ...

*«Halten Sie den Mund!»*

Das war Albrecht!

Die Antwort konnte ich nicht verstehen, doch die Stimme, selbst wenn sie kaum mehr Ähnlichkeit hatte mit der Stimme, an die ich mich erinnerte.

Maja Werden.

Ich wagte nicht zu atmen. Der Lichtschimmer, jetzt direkt vor mir, aber verschwommen, wie durch einen Duschvorhang, nein, durch das Rauschen der Dusche selbst.

Ein Schritt ...

Mein Fuß! Der Boden war glitschig, spiegelglatt wie die Wände. Auf einmal hatte ich keinen Halt mehr und keuchte, als ich hart auf den Boden schlug und noch ein Stück nach vorn rutschte wie auf einer abschüssigen Rampe.

Ich krallte mich fest, in den Wänden, irgendwo.

Wasser! Rauschendes, stürzendes Wasser, direkt vor mir – *unter* mir.

Ein Vorhang aus stiebender Gischt, dahinter undeutlich eine Kammer im Gestein, notdürftig erhellt.

Eine Hölle brodelnden Wassers unter mir, Gestalten.

• • •

Was ist das? *Wahrheit?*

Die Pistole in der Hand der Psychologin zitterte, richtete sich mal auf Albrecht und mal auf den Mann, den bisher nur Maximilian Freiligrath ausdrücklich als ihren *Vater* bezeichnet hatte.

Sie schien tatsächlich auf eine Antwort zu warten.

Jörg Albrecht schwankte.

Die plötzliche Hilflosigkeit der jungen Frau war unübersehbar.

Ihm war klar, dass er sich nur äußerst unvollkommene Vorstellung von dem machen konnte, was man in den Freiligrath-Neverdingschen Anstalten mit den Kindern angestellt hatte.

Es war eine jener Situationen, über die Joanna und er sich nächtelang Streitgespräche geliefert hätten. Joanna hätte sein Mitleid eingefordert – ultimativ –, und Jörg Albrecht hätte widersprochen.

Er musste an den Dialog mit Maja denken, heute Morgen, auf der Fahrt zum Bahnhof. Die junge Frau hatte darauf bestanden, dass es böse Menschen nicht gäbe.

Keine Schuld. Einzig Kausalitäten, Abfolgen von Ursache und Wirkung.

Sie hatte unrecht.

Maja Werden war nicht mehr das Kind, das der Willkür von Freiligraths Helfershelfern ausgeliefert war. Sie war eine Frau von Ende zwanzig. Sie hatte ein Studium hinter sich, bei Hartmut Möllhaus, den Albrecht nach seiner allzu kurzen Bekanntschaft mit dem Professor als einen Mann einschätzte, der ein Auge darauf hatte, dass seine Studenten sich mit Fragen von Ethik, Moral und Gewissen auseinandersetzten.

Möglich, dass es die junge Frau erschüttert hatte, als Max Freiligrath im Augenblick ihres scheinbaren Sieges das gesamte Ausmaß der Manipulation ganz trocken eingestanden hatte. Möglich, dass es ihr schlicht nicht klar gewesen war.

Doch das machte keinen Unterschied.

Wenn es überhaupt einen Unterschied gab, etwas, das Jörg Albrechts Antwort beeinflussen konnte, dann waren es die Folgen der einen oder anderen Erwiderung.

Sie würde ihn töten. Alles lief darauf hinaus, dass sie ihn und Horst Wolfram töten würde, ganz gleich, was er antwortete.

Aber vielleicht gab es ja doch noch eine Chance. Eine Möglichkeit, Maja Werden nach dem Mund zu reden? Und Freiligrath? Er hatte sich vorgenommen, den Psychologen nicht mehr zur Kenntnis zu nehmen, doch war es nicht möglich, dass er noch immer Macht über Maja besaß?

Beiden zugleich also? Wenn sie das Gefühl bekamen, tatsächlich auf ganzer Linie gesiegt zu haben? Albrecht war sich sicher, dass zumindest dem Traumfänger dieser Triumph mehr bedeuten würde als die Leiche des Hauptkommissars am Grunde einer alten Klosterzisterne.

Und doch. Die Wahrheit.

Jörg Albrecht hatte keine Wahl.

Mir selbst, dachte er, bin ich die Wahrheit schuldig.

«Wissen Sie ...» Er fuhr sich über die Lippen. «Wissen Sie, warum ich Psychologen verabscheue?»

Wenn er geglaubt hatte, im wirren Blick der Frau eine Reaktion hervorzurufen, hatte er sich getäuscht. Nur Freiligrath, auf seiner Seite des Abgrunds, hob die Augenbrauen.

«Wahrheit», erklärte Jörg Albrecht. «Was die Wahrheit ist, das versuche ich seit dreiundzwanzig Jahren herauszufinden – und länger. Immer wieder aufs Neue. Man ruft mich in eine leere Wohnung, und dort liegt der Körper einer Frau, die Kehle mit einem Messer durchgeschnitten.

Ich weiß, dass irgendjemand dieses Messer geführt haben muss, und meine Aufgabe besteht nun darin, herauszufinden, wessen Hand das gewesen ist.

Bisher ...» Er zögerte. «Bisher ist mir das jedes Mal gelungen, und selten sieht das Ergebnis am Ende einer solchen Ermittlung so aus, dass man Freudensprünge machen möchte. Es kann sein, dass diese Frau ein Martyrium hinter sich hat. Dass ihr eigener Ehemann sie jahrelang geschlagen, geschändet, ihr unaussprechliches Leid zugefügt hat, bis es hier, auf dem Fußboden dieser leeren Wohnung, schließlich geendet hat.

Eine bittere Wahrheit – aber eine Wahrheit. Ein Ermittlungsergebnis, das ich dem Gericht übergeben kann.»

Maja rührte sich nicht.

«Und dann kommen die Gutachter», fuhr er fort. «Die Psychologen. Und sie fangen an, das Leben sämtlicher Beteiligter umzukrempeln wie eine alte Socke. Das Opfer. Der Täter. Der gesamte Bekanntenkreis. Es wird nicht in Frage gestellt, wessen Hand es war, die das Messer führte, nein. Stattdessen sucht man nach *Erklärungen*.

Irgendjemand kommt auf die Idee, sich die Kindergartenzeit unseres Täters vorzunehmen, und stellt dabei fest, dass ihm die anderen Kinder immer die Bauklötze weggenommen haben. Wenn man es recht überlegt, mit dieser frühkindlichen Prägung – ist unser Täter nicht in Wahrheit ein Opfer?

Oder aber Ihre Kollegen finden genau das Gegenteil heraus: Unser Täter war es, der sich schon in der Krabbelgruppe die Legosteine der anderen Kinder unter den Nagel gerissen hat. Ist die Kindergärtnerin eingeschritten? Die Eltern? Die Jugendfürsorge? Nein! Das arme, hilflos-aggressive Kind hat niemals Hilfe bekommen. In Wahrheit ... ist der Täter ein Opfer?»

Hatte der Blick der jungen Frau sich verändert?

Es spielte keine Rolle. Jörg Albrecht konnte und wollte sich nicht mehr bremsen.

«Sie wollen wissen, was die Wahrheit ist? Dieser Mann hier, Horst Wolfram, war davon *überzeugt*, dass Sie tot sind! Ja, möglicherweise hat er sich etwas zu schnell davon überzeugen lassen, weil er Dinge, die für einen Menschen überhaupt nicht zu ertragen sind, nicht länger ertragen konnte und einfach den Wunsch hatte, mit ihnen abzuschließen. Ja, möglicherweise hätte er berücksichtigen müssen, dass irgendwie noch eine entfernte theoretische Chance bestand, dass Sie am Leben sein könnten, und sei es auf der Umerziehungsfarm eines Irren. – Ja?»

Ganz langsam löste er sich von der Brüstung, den Blick auf den Pistolenlauf gerichtet.

«Verstehen wir uns? Ja? – Sie hatten eine schwere Kindheit, richtig? Und irgendwelche Menschen haben Ihnen etwas eingetrichtert, das ihnen selbst ein Kerl mit krankem Hirn eingetrichtert hat? Und deshalb mussten Sie bedauerlicherweise töten?»

Sie sah ihn an, ihr Blick unbestimmt, die Pupillen – sie schienen zu schwimmen, sie …

Sie blinzelte.

«*So what!*», knurrte Jörg Albrecht. «Los! Schießen Sie mich über den Haufen, und diesen Mann dazu! Ich kann Sie nicht daran hindern. Aber wenn Sie wirklich die Wahrheit hören wollen: Sie haben keine Entschuldigung! Sie sind kein *Opfer*, Sie sind eine *Täterin*!»

Ihre Augen. Er sah eine einzelne Träne, die sich langsam aus dem Winkel des rechten Auges löste und über ihre Wange rann.

«Wir alle haben die Wahl», sagte er. «Jede Minute, immer wieder. Einem wird sie leichter gemacht, dem anderen schwerer, aber *wir haben die Wahl*! Andere Menschen haben weit Schlimmeres durchgemacht als Sie und sind *nicht* zu Mördern geworden!»

Er schüttelte den Kopf und winkte ab.

In den allermeisten Fällen gelang es ihm, den Menschen, mit denen er zu tun hatte – auch Tätern –, ein gewisses Mindestmaß an Respekt entgegenzubringen. Doch in diesem Fall …

Ein rhythmisches Klatschen ertönte.

Max Freiligrath lehnte auf der Betonbrüstung der Zisterne wie einer der beiden Greise aus der Muppet-Show und schlug in Zeitlupe die Handflächen ineinander.

«Nein, wie eindrucksvoll! Nein, wie hemmungslos und hoffnungslos pathetisch!»

Jörg Albrecht holte Luft ...

Und im selben Moment lenkte ihn etwas ab.

Eine Reflexion weit oben nahe der kuppelartigen Decke der Felsenkammer, wo einer der Sturzbäche in die Tiefe donnerte. Eine Reflexion, die ... anders war.

Ein Stromstoß fuhr durch Albrechts Körper.

Wir sind nicht allein!

Cornelius! Das Kommando!

Warum schießen sie nicht?

Sieh nicht hin!

Denk nicht darüber nach!

Sie werden kommen – oder nicht.

*Doch jetzt bringst du das hier zu Ende!*

Jörg Albrechts Blick wandte sich zu Freiligrath. «Wenn die Wahrheit pathetisch ist, Dr. Freiligrath, bitte, dann bin ich pathetisch. Wenn es pathetisch ist, ein Falsch und ein Richtig zu benennen, ein Schwarz und Weiß – dann bin ich pathetisch. Wenn die Alternative darin besteht, alles und jedes zu rechtfertigen, zu entschuldigen, die Wahrheit so lange in einen grauen Brei von Kausalitäten und Wahrnehmungen zu tunken, bis kein Schwarz und Weiß mehr zu erkennen ist. Bitte, dann bin ich verdammt froh, pathetisch zu sein!»

«Mein lieber Herr Albrecht!» Ein Funke blitzte in den Augen des Traumfängers. «Wirklich! Ich bin beeindruckt! Wenn ich geahnt hätte, dass dieser Versuchsaufbau Sie zu derartigen rhetorischen Leistungen ermuntert ...»

Und so weiter und so fort.

Die wenigsten Menschen, erinnerte sich Jörg Albrecht, waren in der Lage, die Prozesse des Denkens und des Redens gleichzeitig zu bewältigen.

Max Freiligrath hatte vor ungefähr einem Vierteljahrhundert einmal einen Gedanken gehabt – einen auf mörderische Weise originellen Gedanken –, von dem er seit diesem Zeitpunkt zehrte.

Nicht viel Neues dazugekommen seitdem, dachte der Hauptkommissar. Stattdessen eine Menge heiße Luft und eine Verliebtheit in seine eigene Fähigkeit, die Dinge hinter den Dingen zu erkennen, die es ihm unmöglich machte, zu sehen, was offensichtlich war.

Maja Werdens Pistole zielte auf Jörg Albrechts Stirn, der Finger am Abzug.

Die junge Frau musste den zweiten Arm zu Hilfe nehmen, um ihre Hand am Zittern zu hindern.

Ihr Blick huschte unstet zwischen Albrecht und dem reglosen Wolfram hin und her.

Kein bewusstes Denken. Majas bewusstes Denken war gefesselt.

Albrecht und Wolfram.

Alles andere war unsichtbar – für sie wie für Maximilian Freiligrath.

Jörg Albrecht glaubte die Blicke zu spüren, die Blicke des Beobachters in seinem Versteck.

Warum schießt er nicht?

Eine Eliteeinheit, Männer und Frauen, die ausgebildet waren für Einsätze im Personenschutz, bei Geiselnahmen.

Männer und Frauen, die wussten, wann der finale Rettungsschutz gerechtfertigt war.

Verflucht, auf diese Entfernung hätten sie Maja die Waffe aus der Hand schießen können!

Es gab nur eine Erklärung.

Es war keiner von Cornelius' Beamten, der sich dort oben verbarg.

Es war Hannah Friedrichs. Unbewaffnet.

Freiligrath schwafelte. Albrecht ließ den Blick nicht von ihm, löste sich aber von der Brüstung, um Maja ebenfalls im Auge zu haben.

Maja. Maja und die Pistole, zitternd, vor seinem Gesicht.

• • •

Mein Magen gab Geräusche von sich, die in meinem Tunnel, der sich als Einmündung einer unterirdischen Kanalisation entpuppt hatte, widerhallten.

In diesem Moment war ich dankbar für das Donnern, mit dem das Wasser in die Tiefe stürzte.

Ich starrte hilflos auf die Szene.

Minutenlang hatte ich einfach nur mit offenem Mund verfolgt, wie unser Herr und Meister zuerst Maja Werden und dann dem Traumfänger den Kopf gewaschen hatte.

Er hatte sich von der Brüstung gelöst und stand nun zwei Meter vor der Frau, die ihre Pistole auf seine Stirn gerichtet hatte.

Seit neun Jahren arbeitete ich für diesen Mann.

Und war noch nie so stolz darauf gewesen wie in diesem Moment.

Schmerzhaft biss ich die Zähne zusammen.

Hatte Albrecht mich gesehen? Wusste er, dass ich hier war, zum Zuschauen verdammt? Ich war mir nicht sicher. Jedenfalls ließ er sich nichts anmerken.

Doch sobald er das tat, war er tot, das musste ihm so klar sein wie mir.

Verdammt, Friedrichs, tu was!

Mein Herz raste.

Was *konnte* ich ohne Waffe tun?

Ich konnte Werden ablenken.

Doch würde die Frau auch nur eine Sekunde zögern, auf alles zu schießen, was ihr nur entfernt verdächtig vorkam? Und Ausweichen war nicht.

Mir war klar, dass sie nicht vorhatte, Albrecht und Horst Wolfram gehen zu lassen. Wobei ich Zweifel hatte, dass Wolfram noch gehen konnte. Ich konnte nicht erkennen, ob das zusammengesunkene Etwas noch atmete.

Verdammt, du musst was tun! Wenn du nichts tust, sterben sie auf jeden Fall!

Freiligrath quasselte noch immer. Jörg Albrecht schien ihm zuzuhören, doch ich war mir sicher, dass es in Wahrheit hinter seiner Stirn arbeitete.

Ein Ausweg. Irgendwas, das er tun konnte – das *wir* tun konnten.

Für den Bruchteil einer Sekunde veränderte sich etwas an ihm. Nein, er sah nicht in meine Richtung. Und doch war es deutlich.

Er weiß, dass du da bist.

Ich konnte nicht sagen, woher ich es wusste, aber ich wusste es.

Er hat keine Chance.

Du bist seine Chance!

• • •

Es war Friedrichs.

Er hatte sie nicht gesehen, aber er wusste es.

Wusste sie, dass er wusste?

Machte das einen Unterschied?

Friedrichs war unbewaffnet.

Wenn sie …

«Herr Albrecht?»

Dem Hauptkommissar gelang es nicht, sein Zusammenzucken vollständig zu unterdrücken.

«Ist es möglich, dass Sie mir überhaupt nicht mehr zuhören?»

Für einen Lidschlag bewegte sich Freiligraths Blick misstrauisch nach oben, und Albrecht war sich sicher, dass er exakt die Öffnung erfasste, in der sich die Kommissarin verbarg.

Doch schon richtete er sich wieder auf Albrecht, um dann wie zufällig zu seinem eigenen Handgelenk zu wandern.

«Es ist allmählich an der Zeit», murmelte er. «Ich bin mir nicht sicher, ob Sie Ihre eigene Mannschaft mitgebracht haben oder hiesige Beamte, aber wenn sie schon im Gebäude sind, dürfte ihnen dieser Teil des Plans früher oder später aufgehen. – Liebe Frau Werden?» Ein fragender Blick in Richtung Psychologin. «Ich denke, wir sollten uns allmählich auf den Weg machen.»

Maja … Sie zwinkerte. Sie hörte gar nicht mehr auf zu zwinkern, seitdem Jörg Albrecht den Stab über ihr gebrochen hatte. Der Hauptkommissar konnte verfolgen, wie die Gefühle in ihrem Kopf miteinander kämpften.

Doch er war unfähig, den Stand des Gefechts zu bestimmen.

Er straffte sich. Nein, er würde nicht um sein Leben betteln.

Es gab da eine Ader in seinem Innern, die das nicht zuließ. Eine Sokrates-Ader vielleicht oder eine Heiner-Schultz-Ader.

Möglicherweise auch schlicht eine Jörg-Albrecht-Ader. Das, was ihn ausmachte.

Doch andererseits …

Er musste an Joanna denken und, ja, an Friedrichs.

*Soviel ich weiß, ist es genau das, was unser Rechtssystem von dem in den Vereinigten Staaten unterscheidet. Bei denen landen die Leute auf dem elektrischen Stuhl. Bei uns haben sie eine Chance, ihre Schuld zu büßen. Sich zu ändern.*

Eine Chance, dachte er. Böse oder nicht: Eine Chance verdient jeder Mensch.

«Maja», sagte er und suchte ihren Blick. «Sie können sich immer noch entscheiden. Ich bin mir sicher, dass das Gericht die besonderen Umstände Ihres Falls berücksichtigen würde, und ...» Er holte Luft. «Ich würde für Sie aussagen.»

Sie betrachtete ihn. Ihr Blick flatterte, hatte Mühe, sich auf ihn zu richten. Tausend Gefühle in diesem Blick: Schmerz, Hass, Reue und irgendwo ... irgendwo der Schimmer einer verzweifelten Hoffnung. Eine Hoffnung worauf?

Vergebung, dachte er. Erlösung.

Mit einem Mal eine ruckartige Bewegung, als ihre Gestalt sich straffte.

«Gehen Sie auf die Brücke!», zischte sie. Ein knappes Nicken zum Boden. «Nehmen Sie ihn mit!»

Diesmal zuckte er nicht. «Ich könnte mich weigern.»

«Und ich könnte Ihnen in den Magen schießen. – Ihnen und ... diesem Mann. Glauben Sie mir, ich weiß, wo das Schmerzempfinden am stärksten ausgeprägt ist.»

Albrecht schloss die Augen.

Ja, er glaubte ihr.

Sie hatte sich entschieden, und der Hass hatte sich als stärker erwiesen als alles andere.

Es war bedeutungslos, auf wen er sich in Wahrheit richtete: auf ihn, auf ihren Vater, auf Maximilian Freiligrath – oder auf sich selbst.

Es war ihre Entscheidung, ihm auf diese Weise Ausdruck zu geben.

Albrecht ging in die Hocke. «Herr Wolfram?» Er streckte dem älteren Mann die Hand entgegen.

Wolfram rührte sich nicht.

Albrecht tastete nach dem Hals des Mannes, der Schlagader ...

«Aufstehen!» Maja kam einen Schritt näher. «Lassen Sie ihn!»

Der Hauptkommissar richtete sich auf.

Für Wolfram war es das Beste so.

«Los!» Der Lauf wurde um einen Zentimeter gehoben.

Auf seinen Magen gerichtet, wie versprochen.

Jörg Albrecht nickte und drehte sich um.

Ein Durchlass in der Brüstung. Die Planke lag vor ihm, vier, fünf Meter lang. Auf der anderen Seite stand Freiligrath, der irgendetwas sagte.

Albrecht hörte nicht hin.

In der Tiefe donnerte die Flut.

Ich sollte Angst haben, dachte er.

Ist es nicht seltsam, dass ich nichts fühle als ein leichtes Bedauern?

Wenn es einen Sinn hätte, dachte er. Für David Martenberg hätte es einen Sinn gehabt.

Doch so ...

Er hob den Fuß.

Und mit einem Mal war sie doch da: die Angst.

Die brodelnde, gierige Tiefe unter ihm. Das Wasser.

Verdammt!

Friedrichs war da! Er wusste, dass sie da war!

Doch sie hatte keine Waffe.

Was sollte sie tun? Was *konnte* sie ohne Waffe tun?

Es gelang ihm nicht, sich eine Lösung auszumalen, beim besten Willen nicht.

Er konnte nicht ... Nein, er konnte nur eins tun:

Vertrauen, dachte er.

Nichts auf der Welt hätte schwerer sein können.

Wir alle haben die Wahl, dachte er, und gegen seinen Willen verzogen sich seine Mundwinkel.

Einem wird sie leichter gemacht, diese Wahl, dem anderen schwerer, aber *wir haben die Wahl!*

Und bei jedem von uns sieht sie anders aus.

Vertrauen wir.

Er setzte den Fuß auf die Planke.

*Standing on a beach with a gun in my hand*

Hart und blechern tönte es, ein dumpfer Hall in der Kuppel.

*Staring at sea, staring at the sand*

Albrecht fuhr herum.

Maja Werden war für eine Sekunde abgelenkt.

Albrecht warf sich auf sie, griff nach ihrem Arm, bekam ihn zu fassen, glitt ab.

Ein Schuss. Schreie.

Maja Werden stieß ihn von sich. Er stolperte zurück. Die Tiefe, die Tiefe unter ihm.

Etwas, das seinen Kopf traf und –

Dunkelheit.

• • •

Ich sah sie.

Von weitem. Aus der Distanz.

Ich konnte mich nicht erinnern, in welchem Zusammenhang, aber hatte Jörg Albrecht nicht irgendwas erzählt, dass man die Wahrheit eigentlich nur auf diese Weise erfassen kann: aus der Ferne? Als Unbeteiligter?

Ganz unbeteiligt war ich nun nicht.

Der Klassiker wäre ein Stein gewesen, den man irgendwo möglichst weit weg gegen die Wand wirft. Der älteste Trick der Welt.

Leider hatte ich gerade keinen zur Hand.

Und – *on a beach with a gun*, mit der *Pistole* am *Ufer* – es passte einfach perfekt zur Situation.

Jedenfalls war ich immer noch nah genug dran, um mitzukriegen, was passierte.

Mein Handy segelte durch die Luft. Der Sound des Klingeltons füllte die Felsenkammer.

Jörg Albrecht warf sich auf die Frau.

Ich sah, wie ihr die Waffe aus der Hand fiel, war mir aber nicht sicher, ob er es mitbekam.

Sah, wie er stolperte, einen ungeschickten Schritt machte, mit dem Kopf gegen die Brüstung knallte und leblos zusammensackte, während Werden sich mit Mühe fing, selbst halb auf die Brücke taumelte. Sah, wie Freiligrath die Augen aufriss, einen Schritt nach vorn machte ...

Er war nicht der Einzige.

Horst Wolfram hatte wie tot an der Brüstung gekauert.

Wir alle hatten ihn für tot oder so gut wie tot gehalten, der Traumfänger und sein Geschöpf eingeschlossen, da bin ich mir sicher.

Doch er war nicht tot.

Ich sah ihn, sah die Pistole in seiner Hand, sah ...

Ich schrie.

Doch der Schuss hatte sich schon gelöst, traf Maja Werden von unten in die Kehle. Martin Euler sollte später feststellen, dass die Kugel den Austritt nicht ganz geschafft hatte, sondern in der Schädeldecke stecken geblieben war. Eine Verletzung, die nicht *auf der Stelle*, aber doch innerhalb weniger Sekunden tödlich gewesen sein muss.

Sekunden.

Ich habe viel darüber nachgedacht.

Manchmal können Sekunden entscheidend sein.

In diesem Fall dürften sie exakt ausgereicht haben, dass Maja Werden, als sie einen unfreiwilligen Schritt machte, in die Tiefe stürzte, in die Hölle brüllenden Wassers ...

Dass das, was vierundzwanzig Jahre lang wie die Wahrheit ausgesehen hatte, am Ende doch noch Wahrheit geworden ist.

Dass Lena Wolfram am Ende doch noch ertrunken ist.

# einige Wochen später

Die Mannschaft war vollzählig im Besprechungsraum versammelt – alle, die noch am Leben waren, mit Ausnahme von Hinnerk Hansen, der erst mit Beginn des neuen Jahres wieder den Dienst aufnehmen würde.

Jörg Albrecht saß auf einem Stuhl unter dem Whiteboard.

Er ärgerte sich, dass er dieses Meeting noch nicht in aufrechter Position würde durchstehen können, doch die Ärzte hatten gebetsmühlenartig an seine Geduld appelliert: Die Heilung eines Schädel-Hirn-Traumas gehorche ihrem eigenen Rhythmus. Wenn er schon nicht bereit sei, sich eine längere Auszeit zu gönnen, werde er eben noch eine Weile mit anfallsweise wiederkehrenden Schwindelattacken leben müssen.

Was blieb ihm anderes übrig?

Für eine *Auszeit* würde er mehr als genug Muße haben, wenn Isolde Lorentz mit ihm fertig war. Ihm war klar, dass die Tage auf seinem Posten gezählt waren. Womöglich seine Tage im Polizeidienst überhaupt.

Für heute musste es so gehen. Wozu hatte der Herrgott den Laserpointer erschaffen?

Albrecht sah in die Runde. «Ich danke Ihnen, dass Sie gekommen sind», eröffnete er das Treffen.

Im selben Moment klopfte es an der Tür. Der Hauptkommissar öffnete den Mund, doch sie wurde bereits aufgeschoben.

Irmtraud Wegner.

Sie war nicht allein.

Die Polizeipräsidentin trug ein Kostüm aus dunklem Stoff, das ihren Formen schmeichelte. Sie nickte Albrecht – und den

Übrigen – lediglich knapp zu, bevor sie sich auf einen Platz in der hintersten Reihe sinken ließ, Wegner an ihrer Seite.

Ein neues Nicken. Diesmal galt es dem Hauptkommissar allein: Bitte weitermachen.

Albrechts Lippen wurden zu einem blutleeren Strich.

Warum war die Frau hier? Um das Urteil im Angesicht seiner versammelten Mannschaft zu verkünden?

«Gut», murmelte der Hauptkommissar. «Dann danke ich nochmal ... allen.» Sein Blick schloss die beiden Frauen ein. Doch, zumindest dass die Sekretärin dabei war, war nur richtig, wenn er sich ausmalte, was sie in ihrer Gefangenschaft auf dem Neverding-Gelände durchgestanden hatte.

Gedanken, die er sich im Übrigen verbot.

«Ich möchte unsere Ermittlung, die mit dem Tod Ole Hartungs begonnen hat, heute abschließen», erklärte er. «Im Anschluss an diese Besprechung werde ich die Unterlagen der Staatsanwaltschaft zuleiten, und was dann geschieht, liegt nicht mehr in unserer Hand.

Sie alle wissen, auf welche Weise dieser Fall letztendlich geklärt wurde: Durch ein Geständnis, das die Täterin vor ihrem Tod abgelegt hat – in meiner und Horst Wolframs Gegenwart. Selbstredend handelte es sich um keine formelle Aussage, doch nach Auswertung der Spuren und Indizien steht fest, dass sie die Wahrheit gesagt hat.

Sämtliche Morde – angefangen mit Focco Neverding bis zum Tod des Professors und der Z ...» Eben noch rechtzeitig fing er einen Blick der Polizeipräsidentin ein. «Sämtliche Toten gehen auf ihr Konto», formulierte er stattdessen. «Aber im Einzelnen: Lehmann?»

Zwinkern. «Ja ... Also, Jacqueline und ich sind die Liste mit den Leuten, die an dem Abend im *Fleurs* waren, nochmal durchgegangen. Das heißt: Natürlich bin *ich* sie durchgegangen, und sie hat mir dann gesagt, wer die Tatverdächtige eventuell gesehen haben könnte. Wir haben den Leuten Fotos von Maja Werden gezeigt, und sie waren sich einig: Ja, das war die Frau, die als *Catwoman* den Club betreten hat. Offenbar war sie schon eine Weile in der Szene unterwegs. Ole Hartung und sie sind vorher in anderen Etablissements zusammen gesehen worden. Warum sie den Mord dann gerade an diesem Ort und an diesem Abend ...»

«Dazu kommen wir noch», unterbrach ihn Albrecht. «Danke.» Er drehte den Kopf. «Hannah?»

Die Kommissarin hatte in sich versunken auf ihren Spiralblock geblickt. Jetzt hob sie den Kopf.

Etwas hatte sich verändert zwischen ihnen beiden seit dem Abend in der Zisternenkammer in Königslutter. Albrecht konnte es nicht mit Händen greifen, doch es war eine bestimmte Art von Nähe, die sich daraus ergeben hatte, dass Friedrichs ihn in seiner Hilflosigkeit gesehen hatte, in einer Situation, in der er sich selbst nicht mehr hatte helfen können, gezwungen gewesen war, ihr zu vertrauen. Vorbehaltlos, voll und ganz. Eine Nähe, die nun, im Nachhinein, zu einer angestrengten Distanz zwang.

Wir beide kennen die Fehler und Versäumnisse des anderen, dachte er. Und unsere eigenen.

Ein Fleisch gewordenes schlechtes Gewissen. Einer für den anderen.

«Ich habe noch einmal mit Martha Müller gesprochen», erklärte die Kommissarin. «Der Kartenlegerin. Wir haben uns ein Foto von Maja vorgenommen. Die Veränderungen, mit denen sie sich in einen alten Mann verwandelt hat, waren tatsächlich minimal – abgesehen von der Hornbrille und der Perücke, die wir in ihrer Wohnung gefunden haben. Dieses veränderte Bild ...» Sie schluckte. «Der kleine Raoul hat den Opa, mit dem sich seine Mutter immer getroffen hat, auf Anhieb wiedererkannt.»

Albrecht nickte. «Was die Funktionsweise der *Strahlenwaffe*, mit der Kerstin Ebert getötet wurde, und die Herkunft des spaltbaren Materials anbetrifft, sind wir noch auf die Ergebnisse des

Staatsschutzes angewiesen, der die Verbindungen der Neverding Holding in die ehemalige Sowjetunion prüft. – Matthiesen?»

«Joa.» Der Beamte schien sich auf seinem Stuhl zu recken – ganz langsam. «Wie Sie wissen, bin ich letzte Woche für zwei Tage in Braunschweig gewesen. Die Kollegen lassen schön grüßen.»

«Danke.» Ein aufforderndes Nicken.

«Joa ... Wir haben mit den Zeugen gesprochen, die beobachtet haben, wie der Sarg des Professors in der Nacht auf den Magnifriedhof gebracht wurde. Und wir haben ihnen Fotos der Männer vorgelegt, die wir in Neverdings Kinderdorf in Gewahrsam genommen haben: hundert Prozent Übereinstimmung.

Der Sarg stammt aus einem Discount, an dem die Neverding Holding beteiligt ist, und wie der Professor dazu bewogen werden konnte, sich hineinzulegen, wissen wir nach der Auswertung der Laborergebnisse jetzt auch. Das Benzodiazepin, mit dem das Opfer betäubt wurde, ist oral aufgenommen worden – vielleicht hat Werden es Möllhaus einfach in den Tee gegeben, als sie nachts noch einmal zurückgekommen ist. Wenn der Mann tatsächlich so gut wie gar nicht geschlafen hat, dürfte ihn das ziemlich schnell ausgeschaltet haben – bis er wieder aufgewacht ist, unter der Erde bereits. Auf jeden Fall war die Konzentration im Blut geringer als bei ...»

«Danke», unterbrach ihn Albrecht. «Seydlbacher?»

Ein Nicken. «Jessas! Pack ma's ...»

Der Hauptkommissar lauschte aufmerksam, ließ die Augen dabei aber vorsichtshalber über den schriftlichen Bericht gleiten, den ihm Seydlbacher am Morgen übergeben hatte:

Die exakten Vorgänge beim Tod der Zecke und ihres Kameramanns gehörten zu den rätselhaftesten Details der gesamten Ermittlung. Tatsache war, dass die Journalistin gegen zehn Uhr abends an die Alsterquelle beordert worden war – zu einem Zeitpunkt, an dem sich Maja Werden in Braunschweig in der Kolloquiumssitzung befunden hatte, und etliche Stunden vor Stahmkes Tod, der den Untersuchungsergebnissen zufolge erst am frühen Morgen eingetreten war.

Selbst nach Auswertung all der Beweismittel, die ihnen erst nach Werdens Tod zugänglich geworden waren: die Protokolldateien aus Stahmkes Handy, die bewiesen, dass die Journalistin gegen Morgen ein zweites Mal in dieser Nacht zur Alsterquelle zitiert worden war ... die Fangschaltung, mit der Maja Werdens Verbündete die Gespräche des Ermittlerteams abgehört hatten ... Selbst mithilfe all dieser neuen Erkenntnisse wurde beim besten Willen nicht deutlich, warum der *erste* Anruf erfolgt war, der Stahmkes Treffen mit ihrem Winkeladvokaten in der Tapas-Bar gesprengt hatte.

Nein, dieser Punkt blieb unerklärlich.

Was die offiziellen Ermittlungsakten betraf.

Jörg Albrechts Blick war auf die Unterlagen gerichtet. Hannah Friedrichs Reaktion konnte er lediglich aus dem Augenwinkel prüfen.

Kann ich ihr einen Vorwurf machen?

Das kann ich nicht.

Ich hätte es sehen müssen.

Spätestens als sie zusammen im Wagen gesessen hatten, während Wegner zu Horst Wolframs Wohnmobil vorausgegangen war.

Doch er war blind gewesen, von Anfang bis Ende blind.

Es kam ihm nicht zu, nach dem Splitter in Hannah Friedrichs Auge zu fahnden.

Möglich, dass sie Merz nähergekommen war, als sie einem Mann hätte kommen dürfen, gegen den sie einen Verdacht gehegt, den sie aus persönlichen Gründen nicht offen ausgesprochen hatte. So *what!*

Die Wahrheit ist ein Wert an sich, dachte er. Doch sie muss einen Sinn haben.

Und Merz war jedenfalls unschuldig.

Der Fall war gelöst, die Täterin tot. Was aus den Helfern wurde, ob sie nach der Gehirnwäsche in den Neverdingschen Anstalten schuldfähig waren oder nicht, sollten die Gutachter klären.

Seydlbacher schien ans Ende seines Berichts gekommen zu sein. Zumindest entnahm der Hauptkommissar das seinem Tonfall und dem anschließenden Schweigen.

Albrecht bedankte sich mit einem Nicken.

«Bleibt der letzte Tote», sagte er und hob einen Hefter. «Und zugleich der erste. Nach Martin Eulers Analyse hat die Besiedlung von Focco Neverdings Körper durch eine ...» Seine Augen glitten über die Auflistung der verschiedenen Larven, Würmer und Maden. «... wirklich artenreiche Fauna ein bis zwei Tage vor Ole Hartungs Tod eingesetzt. Wir können nur vermuten, dass die Täterin den alten Herrn ebenfalls betäubt hat, bevor sie ihn in seinem Lehnstuhl fixierte. Entsprechende Rückstände waren in diesem Fall nicht mehr nachweisbar. Jedenfalls hatte Maja Werden als Teilnehmerin von Freiligraths Trainingsprogramm jederzeit Zugang zur Waldhütte.» Er ließ den Hefter sinken und zeigte mit dem Laserpointer auf das Whiteboard. «Die Verfahrensweise, das *Wie?* auf unserer Tafel, sollte damit auch in diesem Fall geklärt sein. Hat hierzu noch jemand Fragen? Ja, Hauptmeister Lehmann?», fragte er, ohne sich umzusehen.

«Ja ... also ...» Hüsteln. «Was ich nicht verstehe: Warum hat Maja Werden Neverding getötet? Ich meine ... Wenn sie so tolle Erinnerungen an ihre Kindheit hatte, wie Sie das erzählt haben. Also zumindest bis ihr klar wurde, dass Freiligrath das von Anfang an so geplant hatte. Dass sie manipuliert worden war.»

Albrecht schüttelte den Kopf.

«Das betrifft nicht länger die Frage des *Wie*.» Der kleine rote Leuchtpunkt bewegte sich nach oben links, an den Anfang, zu den beiden zentralen Fragen: *Wer?* und *Warum?*

«Neverdings Tod ist in Wahrheit der am wenigsten unerklärliche und aus der eigenen perversen Logik der Täterin der am wenigsten *sinnlose* von allen. Neverding musste sterben, und sein Tod musste ganz am Anfang stehen, ehe die Reihe der Taten einsetzte. Neverding wäre unsere einzige Chance gewesen, die Wahrheit zu durchschauen, *ohne* in die Schlinge zu treten, die Maja Werden und Max Freiligrath für uns ausgelegt hatten.»

«Sie denken, er hätte mit uns kooperiert? Er steckte doch bis zum Hals mit drin in der Sache.»

Wieder schüttelte Albrecht den Kopf.

«Er steckte mit drin», bestätigte er. «Die Beziehung zwischen Freiligrath und ihm war ein Geschäft zu gegenseitigem Vorteil: Die stolzen Summen, die Freiligrath regelmäßig kassiert hat, haben Maja Werdens Rachefeldzug überhaupt erst möglich gemacht. Neverding seinerseits hat hundertprozentig loyale Mitarbeiter an die Hand bekommen, die er nach Belieben für seine schmutzigen Geschäfte einsetzen konnte. Er hat von diesem Arrangement jahrzehntelang profitiert. Doch mit Sicherheit hatte er auch den Wunsch, *weiterhin* davon zu profitieren. Wenn nun aber die Mordserie den Blick der Öffentlichkeit von Neuem auf den Fall Freiligrath gelenkt hätte? Wenn die Täterin enttarnt worden wäre, wir ihre Biographie zurückverfolgt hätten bis in das Kinderdorf im Sachsenwald? Wenn wir angefangen hätten Fragen zu stellen über dieses Dorf und das dortige Erziehungsprogramm?

Neverdings Lebenswerk stand auf dem Spiel. Ob er mit uns kooperiert hätte, wage ich nicht zu mutmaßen. Aber er hätte auf der Stelle alles darangesetzt, die Gefahr auszuschalten. Maja auszuschalten, und Freiligrath dazu.»

Ein Räuspern aus den hinteren Reihen.

«Man könnte also sagen, dass sie Angst hatten», bemerkte Faber. «Deshalb musste Neverding sterben.»

Albrechts Mundwinkel zuckte. Diese Sichtweise gefiel ihm.

Obwohl ihm Freiligrath an dieser Stelle einen Vortrag gehalten hätte, dass es sich hier um eine *reale* Angst gehandelt hatte. Die Täterin und ihr Verbündeter hatten allen Grund gehabt, Neverding zu fürchten.

Doch der Hauptkommissar blieb ernst.

«Der entscheidende Punkt am Ende unserer Ermittlungen ist, dass wir den Fall geklärt haben. Und doch ...»

Sein Blick glitt über die Reihen seiner Mitarbeiter.

«Wir stehen in einem Kampf», sagte er leise. «Einem Kampf um die Wahrheit. In diesem Fall ist es uns gelungen, die Tatbestände aufzuzeigen, wie sie sich in Wahrheit verhalten. Doch welche Konsequenzen ergeben sich daraus?

Die Täterin ist jedem Zugriff irdischer Gerechtigkeit entzogen.

Max Freiligrath, der diese mörderische Konstruktion jahrzehntelang zurechtgebastelt hat ...»

«Heute Morgen sind neue Hinweise reingekommen.» Hauptmeister Winterfeldts Mähne tauchte hinter seinem Laptopbildschirm auf. «Er ist auf Sylt gesichtet worden.» Leiser. «Und am Bodensee.» Noch leiser. «Und auf einem Kreuzfahrtschiff im Pazifik.»

«*Aloha!*», knurrte der Hauptkommissar. «Überall und nirgends. Vielleicht hören wir nochmal von ihm, wenn er seine abschließenden wissenschaftlichen Erkenntnisse publiziert. In Burkina Faso oder sonst wo, wo wir nicht an ihn rankommen.»

Ein neues Räuspern.

«Sie sollten sich nicht zu große Vorwürfe machen, Hauptkommissar», bat Faber. «Was hätten Sie tun sollen? Wenn Sie nicht geschossen hätten ...»

Albrecht wechselte einen Blick mit Hannah, rasch wie der Flügelschlag eines Kolibris.

Sie war die Einzige, die wusste, wessen Hand es in Wahrheit gewesen war, die die Kugel abgefeuert hatte, durch die Maja Werden gestorben war.

Die Einzige außer ihm selbst. Er hatte die Schuld auf sich genommen.

Notwehr in Ausübung des Dienstes. Maja Werdens Tötung war disziplinarrechtlich sein geringstes Problem.

Und was Horst Wolfram anging ...

Es war ein Gefühl gewesen, nein, mehr als das: Er war es diesem Mann schuldig gewesen, der vierundzwanzig Jahre lang durch die Hölle gegangen war, um am Ende der größten seiner Ängste gegenüberzustehen.

Durch Jörg Albrechts Schuld.

«Wenn Sie nicht geschossen hätten, wäre nicht nur Freiligrath entkommen, sondern alle beide», stellte Faber fest. «Schließlich hatten sie alles vorbereitet. Und Sie selbst ... und Horst Wolfram ...»

Der glatzköpfige Beamte warf einen Seitenblick in Richtung Irmtraud Wegner.

«Wir haben gestern Abend telefoniert.» Die Sekretärin strahlte mit dem Sonnenblumendruck auf ihrem grellbunten Kleid um die Wette. «Es geht ihm sehr, sehr viel besser. Nächste Woche fahre ich runter ... Also hoch, eigentlich, in die Schweiz.» Sie zögerte und sah den Hauptkommissar an. «Also, wenn Sie wirklich denken, Sie kommen ohne mich ...»

«Bitte», murmelte Albrecht. «Bitte, fahren Sie! Sie haben sich den Urlaub weiß Gott verdient.»

Wolfram sowieso, dachte er. Was auch immer die Veränderung im Befinden seines Amtsvorgängers ausgelöst hatte: Vielleicht ja tatsächlich Maximilian Freiligraths absonderliche Rückführung oder ganz einfach der Umstand, dass er nun endlich Gewissheit hatte über das Schicksal seiner Tochter. Gewissheit wie ein Mensch sie nur haben konnte, nachdem er die junge Frau mit eigener Hand erschossen hatte.

Der Beweis. Der Beweis, dass Freiligrath recht gehabt hatte in der Einschätzung von Horst Wolframs größter Angst:

Nicht der Tod seiner Tochter, sondern die Vorstellung, dass dieses kleine Mädchen auf die dunkle Seite wechseln, zum Feind dessen werden könnte, wofür dieser Mann sein Leben lang gekämpft hatte: Recht und Ordnung. Gerechtigkeit. Sicherheit.

Er hatte seine Tochter getötet und die Gerechtigkeit wiederhergestellt.

Jörg Albrecht durfte nicht darüber nachdenken.

Er durfte nicht darüber nachdenken, dass er geglaubt hatte, diesem Mann ähnlich zu sein.

Doch zumindest in einem Punkt hatte Freiligrath sich geirrt. Selbst die Konfrontation mit seiner größten Angst hatte Wolfram nicht getötet.

Warum? Vielleicht, weil es einen Punkt gab, an dem sich die Angst nicht mehr steigern ließ, ein Vierteljahrhundert der Angst einen Menschen immun machte gegen was auch immer.

Nein, er *wollte* nicht darüber nachdenken.

Der Fall war gelöst.

Wolfram war am Leben, Irmtraud war am Leben.

Jörg Albrecht selbst war wider Erwarten am Leben.

Damit sollte es genug sein.

Er holte Luft.

«Und damit kehren wir ganz an den Beginn zurück», sagte er. Neunzig Prozent seines Aktenstapels wanderten auf die rechte Seite des Tisches: bereit zur Übergabe an die Staatsanwaltschaft, die das Konvolut einlagern würde.

Gegen eine Tote konnte niemand einen Prozess führen.

Albrecht griff nach dem Rest des Stapels.

«Was nun das *Fleurs du Mal* betrifft …»

«Hauptkommissar?»

Er blinzelte.

Isolde Lorentz war aufgestanden. «So gerne ich Ihnen dabei zuhöre, wie Sie die letzten Fäden verknüpfen, habe ich leider nicht unbegrenzt Zeit. Ich wollte die Gelegenheit nutzen …»

Sie schlängelte sich zwischen den Tischen nach vorn, und ein Hauch ihres dunklen Parfüms streifte ihn.

«Ich denke, es wird alle hier freuen, zu erfahren, dass die internen Ermittlungen gegen diese Abteilung eingestellt worden sind.»

Albrecht sah sie an.

Sah sie an und bewegte sich nicht.

*Eingestellt?*

Ganz langsam wanderte sein Blick zu Irmtraud Wegner.

Die Miene der dicken Frau war undurchschaubar.

«Ich möchte Ihnen mein Lob aussprechen», erklärte die Polizeipräsidentin. «Sie alle sind im Verlauf dieses Falls bis an Ihre Grenzen gegangen. – Und darüber hinaus», fügte sie fast beiläufig an.

Reden kann sie, dachte Albrecht. Die Spitze war unüberhörbar, und doch ebenso als reines Kompliment zu interpretieren.

«Ich werde persönlich dafür Sorge tragen, dass Sie Ihre angefallenen Überstunden restlos abfeiern können», betonte die rothaarige Frau und wandte sich an Albrecht. «Wobei Ihnen, Herr Hauptkommissar, als Beamtem, der in Ausübung seines Dienstes verletzt wurde, selbstverständlich Sonderurlaub zusteht.»

Der Hauptkommissar öffnete den Mund, doch sie ließ ihn nicht zu Wort kommen.

«Ich habe bereits veranlasst, dass Ihnen ab Montag für sechs Wochen ein Platz in einem unserer Häuser zur Verfügung steht, die auf die ... Aufarbeitung solcher ... Erlebnisse spezialisiert sind.»

Irrenanstalt!

Klapsmühle!

*Stationäre Behandlung.*

Oder einfach: eines unserer Häuser.

Albrecht wechselte einen Blick mit Wegner, die beinahe unmerklich die Schultern hob: Einen kleinen Triumph müssen Sie ihr eben gönnen.

Er biss die Zähne zusammen.

Ihm war klar, dass dieses *Haus* eher einer komfortablen Kurklinik gleichen würde.

Doch für die Botschaft, die Isolde Lorentz ihm zukommen ließ, war es deutlich genug: Sie war es, die am längeren Hebel saß.

Wie zufällig lehnte sich die Polizeipräsidentin über den Tisch und griff nach dem Hefter mit dem *Fleurs du Mal*-Vorgang.

«Dieses Verfahren wird übrigens eingestellt», erklärte sie. «Es gibt einen Deal mit der Staatsanwaltschaft.»

Ein Nicken in die Runde.

«Liebe Kollegen: Weiter so!»

Sie ging. Den Hefter nahm sie mit.

Mit offenem Mund sah Albrecht ihr nach.

● ● ●

Joachim hatte ernsthaft die Tapas-Bar in St. Georg vorgeschlagen, weil wir die schließlich beide kannten, doch das kam natürlich nicht in Frage.

Nein, der Schwanenwik, eine kleine Parkanlage am Rande der Außenalster, war ideal. Neutraler Boden. Über das Wasser hinweg glaubte ich zwar das Gebäude in Rotherbaum zu erkennen, an dessen Spitze sein Penthouse thronte, traute mir aber zu, den Gedanken auszublenden.

Fünfzehn Uhr an einem Tag Ende November. Die Luft roch nach Schnee.

Am entgegengesetzten Ende der Rasenfläche, auf der sich vor ein paar Monaten noch die Sonnenanbeter geaalt hatten, kam er zwischen den Bäumen hervor, die Hände in den Taschen seines Mantels verborgen.

Als er mich entdeckte, stoppte er kurz und ging dann langsam weiter.

«Hallo, Hannah.»

Derselbe Tonfall.

War es derselbe?

Ich sah ihm in die Augen – nicht zu lange. So sehr traute ich mir nun auch wieder nicht.

«Danke, dass du gekommen bist», murmelte er.

Er schlug die Augen nieder.

Hätte ich mir nur sicher sein können, dass diese Zerknirschung echt war.

Und? Der Gedanke kam mit einer halben Sekunde Verzögerung. Was wäre dann?

Ich hob die Schultern. «Ich hab ein bisschen überlegt, aber: warum nicht?»

«Ja ...», sagte er leise. «Warum nicht.»

Wir standen uns gegenüber. Mit ausgestrecktem Arm hätte er mich berühren können.

Doch er rührte sich nicht, bis wir uns wie auf ein lautloses Kommando umdrehten und mit langsamen Schritten nebeneinander hergingen, auf die Brücke zu, die sich über einen kleinen Alsterzufluss spannte.

«Du siehst ...» Er räusperte sich. «Du siehst gut aus.»

Ich nickte stumm. Nach dem Meeting im Besprechungsraum hatte ich zwanzig Minuten vor dem Spiegel auf dem Damenklo verbracht. Ich war ganz zufrieden, nein, sogar etwas mehr als das.

Vier Wochen, dachte ich. Vier Wochen seit dem Abend in Königslutter, und es war eine seltsame Zeit gewesen. Wir hatten uns Mühe gegeben, Dennis und ich, alle beide. Noch ließ sich nicht mit Sicherheit sagen, was sich aus dem Bemühen um pünktlichen Feierabend und mehr gemeinsame Unternehmungen entwickeln würde, doch bisher ...

Es fühlte sich gut an. Und irgendwie färbte das ab.

«Ich wollte mich entschuldigen», sagte Joachim. Wir waren vor der Brücke stehen geblieben. «Dass ich dich in die ganze Sache reingezogen habe.»

Enten auf dem Wasser. Einen Moment lang musste ich an den kleinen Raoul denken, an Oliver und Kerstin. Wie oft begreift man nicht, was man hat, bis man im Begriff ist, es zu verlieren.

«Das hast du schon», murmelte ich. «In Königslutter. Dich entschuldigt. – Und *das* hast du nicht. Mich reingezogen. Diese Ermittlung war mein Fall, und in alles andere habe ich mich selbst reingezogen.»

«Na ja ...»

Seltsam. Ungemütlicher Wind von der Alster. Irgendwie hätte ich mich nicht gewundert, wenn er sich mit dem Ärmel seines sauteuren Mantels wie ein Drittklässler die Nase abgewischt hätte.

«Na ja, ich hab das schon ein bisschen ausgenutzt, dass du in den Tagen ziemlich ...» Er hob die Schultern. «Neben der Spur warst?»

Ich drehte mich langsam zu ihm um. «Möglich», sagte ich. «Aber nein sagen konnte ich immer noch. Wenn ich die Kontrolle abgebe, dann weil ich die Kontrolle abgeben *will*.»

Für eine Sekunde war eine Veränderung auf seinem Gesicht zu sehen. Ein Ausdruck der ... der Verblüffung? Ich war mir nicht sicher, was ich sah, vielleicht für einige wenige Lidschläge den echten Joachim Merz.

Doch schon fing er sich wieder.

Schweigen. Nach ein paar Sekunden begann es unangenehm zu werden.

«Jedenfalls ist alles gutgegangen», sagte ich achselzuckend. «Was den Job betrifft. Es gibt kein Nachspiel für mich.»

Er nickte.

Ich kniff die Augen zusammen.

Er *hatte* sich gefangen. Ein Joachim-Merz-Nicken. Eine winzige Geste, in der sich eine Menge transportieren ließ, wenn man Joachim Merz war.

Ein *wissendes* Nicken.

Sicher: Er war Anwalt. Doch die Untersuchungen gegen das Kommissariat, gegen Albrecht, gegen mich, obwohl das nie ausgesprochen worden war: Das war ein internes Verfahren innerhalb der Behörde gewesen. Kein Mensch von außen konnte …

Solange alle dichthielten, dachte ich. Solange die Angelegenheit nicht Kreise zog.

In den höchsten Kreisen der Gesellschaft.

Heute war noch ein zweites Verfahren eingestellt worden, die Ermittlungen wegen der Videoaufnahmen im *Fleurs du Mal*.

*Es gibt einen Deal mit der Staatsanwaltschaft.*

Das waren die Worte der Polizeipräsidentin gewesen.

Wer mochte diesen Deal ausgehandelt haben?

Und in wessen Auftrag?

Isolde Lorentz hatte *sehr* zufrieden ausgesehen, als sie aus dem Raum stolzierte.

Ich musste an das körperbetonte Kostüm denken, das sie heute getragen hatte. Und an die Jack-Wolfskin-Jacke im Sachsenwald, die ich ihr nicht zugetraut hatte.

Es gab einiges, was ich Isolde Lorentz niemals zutrauen würde …

Diesmal war ich es, die sich räusperte.

«Sag mal, was ich dich immer noch fragen wollte …», tippte ich vorsichtig an. «Auf diesen Videos war nicht zufällig eine, äh, rothaarige Frau dabei?»

Joachim betrachtete mich.

Ein fast unsichtbares Zucken der Mundwinkel, wie nur er es hinbekam.

Doch es war deutlich genug.

Ein Deal.

Über die Vorgänge im *Fleurs du Mal* würde der Mantel des Schweigens gebreitet werden, ebenso wie über sämtliche Verfehlungen, die Albrecht und ich uns möglicherweise hatten zuschulden kommen lassen.

So spielen die Großen, dachte ich.

Und irgendwie können am Ende alle zufrieden sein.

Nur eins bleibt auf der Strecke: die Wahrheit.

«Ich wollte dir niemals wehtun», sagte er unvermittelt. «Und ich habe auch nicht ...» Er holte Luft. «Ich habe dich nicht angelogen, Hannah. Jedes Wort war die Wahrheit. Ich hab mir Sorgen um dich gemacht, und ich habe ... ich habe wirklich gedacht, dass aus uns, aus dir und mir ...» Er schüttelte den Kopf. «Aber ich hab's kaputt gemacht.»

«Nein.» Ich sah ihn an. «Das hast du nicht. Ich habe immer gewusst, wohin ich gehöre.»

Er betrachtete mich. Vielleicht war es nur ein Augenblick, doch er schien Stunden zu dauern.

Bitte, dachte ich. Bitte frag jetzt nicht, ob wir Freunde bleiben können.

Doch er sah mich nur an und nickte dann knapp.

«Dann sehe ich dich, wenn du mal wieder in meine Arme stolperst? Oder an einem meiner Mandanten dransitzt?»

«So ...» Ich kämpfte um einen sicheren Tonfall. «So wird es wohl sein.»

Er nickte noch einmal, ganz langsam.

Ein letzter Blick, die Andeutung eines Lächelns.

Sein Mantel bauschte sich im Novemberwind, als er sich umdrehte und über die Brücke davonging, ohne sich noch einmal umzusehen.

«Bis ...», flüsterte ich. «Bis zum nächsten Mal.»

• • •

«Herr Bürgermeister?»

«Der Name ist Schultz!»

Jörg Albrecht ließ sich nieder. Klaviermusik aus unsichtbarer Quelle, Rotwein in großen Gläsern. Die schwarzen Schachfiguren diesmal auf seiner Seite des Tisches, umwabert von den aufsteigenden Niktotinschwaden.

Es war der letzte Dienstag im Monat.

In jeder Hinsicht, die den Hauptkommissar betraf, waren die Untersuchungen wegen des Todes zweier seiner Mitarbeiter abgeschlossen.

Der bevorstehende Aufenthalt im Sanatorium war nichts als eine beiläufige Bösartigkeit der Lorentz. Er würde ihn mit Anstand hinter sich bringen.

Was noch offen war, würde er mit sich selbst ausmachen.

Pompeji, dachte Jörg Albrecht, als er in den Wein blickte.

War es eine Gnade des menschlichen Bewusstseins, die bestimmte Erinnerungen unter der Aschedecke des Traumas verbarg?

Dann handelte es sich um eine Gnade, für die der betreffende Verstand entsprechend strukturiert sein musste.

Jörg Albrecht konnte sich die Bilder nach Belieben selbstquälerisch vor Augen rufen.

Die Kolloquiumsrunde im Institut. Die Weinpinte in der Braunschweiger Altstadt mit dem verwirrenden Spiel der Lichter und Schatten auf Majas Gesicht. Die Zisternenkammer, wo die gemeißelten Züge der jungen Frau zerflossen waren wie Wasser, als er den Stab über ihr gebrochen hatte.

Er hatte diesen Bildern in jener Ecke seines Verstandes einen Ehrenplatz zugewiesen, in der sie den Abenteuern der Spinnenbande Gesellschaft leisten konnten.

Das war seine persönliche Art des Traumas: Die Bilder würden zugänglich bleiben. Präzise und unveränderlich, ganz gleich wie oft er sie betrachtete.

Die Schuld.

Jörg Albrechts Schuld würde bleiben.

Heiner Schultz schwieg. Die hellwachen kleinen Augen betrachteten den Hauptkommissar.

Albrecht wusste, dass Schultz nicht von selbst auf die Geschehnisse zu sprechen kommen würde, obwohl er natürlich über die Ereignisse im Bilde sein musste. Der alte Mann verfolgte keine Radio- und Fernsehnachrichten mehr – doch die Berichterstattung über die *Schwarze Hexe von Braunschweig* hatte auch die Seiten sämtlicher Zeitungen gefüllt.

Schultz würde schweigen. Fragen, die sich nicht stellten.

«Womit haben Sie die vergangenen Wochen verbracht, Herr Bürgermeister?», erkundigte sich Albrecht.

Lungenzug.

«Ich habe gelesen.» Ein Griff unter den Tisch, wo der alte Mann seine aktuelle Lektüre verwahrte. Ein Büchlein von eher bescheidenem Umfang. «Boethius», erklärte Schultz. «*Der Trost der Philosophie*. Das Werk ist bekannt?»

Albrecht legte die Stirn in Falten. «Das muss ein halbes Leben her sein ...» Er betrachtete sein Gegenüber. Ein halbes Leben war relativ. «Zumindest einige Jahrzehnte», präzisierte er. «In meiner Schulzeit.»

«Ich hole dieses Buch hin und wieder hervor.» Eine altersfleckige Hand strich über den Umschlag. «Ähnlich wie Marc Aurel – oder andere. Ich empfinde es als hilfreich dabei, die eigene Position zu überdenken. Sie einzuordnen.»

«Inwiefern?»

«Sehen Sie ...» Die Zigarette wanderte gedankenverloren zum Aschenbecher und wurde für einen letzten Zug zurückgezogen, bevor der alte Mann die Glut erstickte. «Dieses Büchlein ist annähernd anderthalb Jahrtausende alt. Boethius stammte aus einer der alten Familien des römischen Adels und hatte es selbst zu beträchtlichem Ansehen gebracht – bis zum großen Bruch in seiner Biographie. Diese Schrift hat er im Gefängnis verfasst, während er auf seine Hinrichtung wartete.»

«Schuldig?»

Albrechts Frage war ein Reflex.

«Die Schuldfrage müssen die Leute beantworten, die sich mit solchen Dingen beschäftigen.» Der alte Mann griff nach seinem Zigarettenpäckchen. «Historiker. Juristen. Dazu kann ich nichts sagen. Ich glaube auch nicht, dass das von Bedeutung ist.»

Der Hauptkommissar hob die Augenbrauen.

Ein Aufflammen des Feuerzeugs.

«Am Ausgangspunkt seiner Überlegungen finden wir Boethius, wie er über sein Schicksal zürnt. Über die Wechselfälle des Glücks.»

«Nicht ganz zu Unrecht – in seiner Situation», bemerkte Albrecht.

Die Hand mit der Zigarette wurde gehoben. «Ich sage nicht, dass er nicht einen gewissen Anlass hat, seine Situation zu beklagen. Was ich sage, ist, dass es in der Natur des Glücks liegt, nicht beständig zu sein.

Das ist im Übrigen auch die Einschätzung der Philosophie, die Boethius in Gestalt einer Frau in seiner Kerkerzelle aufsucht, um ihn – wie der Name der Schrift es sagt – zu trösten.

Wer von seinem Glück profitiert, solange es ihm gewogen ist, darf sich umgekehrt nicht beklagen, sobald es ihn im Stich lässt.»

Jörg Albrecht würde jetzt nicht an die Bewohner eines Bauernhauses in Ohlstedt denken.

«Wobei die Philosophie an dieser Stelle aufzeigt, dass es sich bei vielem, was wir für Glück halten, lediglich um ein scheinbares Glück handelt: Reichtum, Macht, allgemeine Wertschätzung. Je mehr wir von diesen Dingen besitzen, desto mehr wächst unsere Angst, sie zu verlieren – und das macht uns unglücklich. Wenn wir sie dann aber verloren haben, sind wir erst

recht unglücklich. Und wir werden sie verlieren ...» Lungenzug.
«Wenn wir tot sind, sowieso.»

Jörg Albrecht betrachtete sein Weinglas. Wenn man sich zwischen Boethius und Marc Aurel – und Heiner Schultz – bewegte, konnten die Dinge gewöhnungsbedürftige Formen annehmen.

«Demnach wäre es am besten, überhaupt nicht glücklich gewesen zu sein?», hakte Albrecht ein.

«Ja. Nach der Definition der Philosophie, die dem Gefangenen rät, sich von allem freizumachen, was er nicht kontrollieren kann. Von der Jagd nach dem Glück, von Leidenschaften wie Freude, Angst, Hoffnung, Schmerz, die den Blick auf das Wesentliche verstellen.»

Nämlich?

Albrecht verbot sich, die Frage zu stellen.

Auch jetzt, nach all den Jahren, kam er sich zuweilen vor wie der Anführer der Spinnenbande in kurzen Hosen und Sandalen, wenn er dem alten Mann gegenübersaß.

«Das Wesentliche», murmelte er. «Das Wesentliche sind wir selbst.»

Lungenzug. Kein Wort.

«Die Art und Weise, in der wir die Dinge sehen ...» Jörg Albrecht sah die gedämpfte Beleuchtung, die sich in seinem Weinglas spiegelte, dahinter, in Rauch gehüllt, die Gestalt des alten Mannes. «Nein», murmelte er. «Die Art und Weise, in der wir *uns selbst* sehen. Wenn wir kein wahres Bild von uns selbst haben, wie können wir dann ein wahres Bild von den Dingen haben, so ... So, wie sie in Wahrheit sind?»

«Sehen Sie?» Die Zigarettenglut glomm auf.

Jörg Albrecht nickte stumm.

Er hatte sich dem Weidenast anvertraut, und David Martenberg war gestorben.

Um ein Haar hätte eine der bedeutendsten Ermittlungen seiner Laufbahn in einem beispiellosen Fiasko geendet, weil ein lächerlicher alter Mann der Täterin sein Vertrauen geschenkt hatte.

Hannah Friedrichs hatte ihn und die Ermittlung gerettet.

Das alles war die Wahrheit.

Seine Schuld war eine Wahrheit, *doch auch tausend andere Dinge mehr.*

Er hatte sich dem Weidenast anvertraut. Es war seine Entscheidung gewesen. Seine Wahl.

Ebenso wie David Martenberg eine Wahl getroffen hatte, als er seinem Boss zu Hilfe gekommen war, und Ole Hartung an der Tür des *Fleurs du Mal.*

Und Maja Werden.

Seine Schuld war ein Teil des Ganzen, wie sie ein Teil von ihm war.

Doch sie war nicht alles. Sie war nicht mehr als einer der Gegenstände – einer der Gegenstände im Raum.

Das Wesentliche, dachte Jörg Albrecht. Die Wahrheit.

Die Wahrheit ist alles zusammen.

Jörg Albrecht würde lernen.

Lernen, mit der Wahrheit zu leben.

Er betrachtete die Phalanx der Schachfiguren.

Das Spiel beginnt immer wieder von vorn.

Schultz drückte seine Zigarette aus, griff übergangslos nach seiner Schnupftabakdose und nahm eine Prise.

«Spielen wir eine Partie?», fragte der alte Mann. «Wir haben *ein halbes Leben* nicht gespielt.»

Jörg Albrecht hob eine Augenbraue. «Haben Sie heimlich geübt? – Aber gut.»

Er lehnte sich in seinem Sessel zurück.

«Weiß beginnt. Ich vertraue Ihnen.»

# nachspiel

*Davos, Schweiz*

Die Züge eines alten Mannes blicken aus dem Spiegel zurück.

Die Narben eines halben Lebens auf der Flucht zeichnen Horst Wolframs Gesicht. Er zweifelt daran, dass sie jemals wieder vollständig verheilen werden.

Doch sie werden verblassen in den Jahren, die ihm noch bleiben.

Es sind vor allem die Augen, die sich verändert haben, seitdem er sich zum letzten Mal im Spiegel betrachtet hat, damals, im funzelartigen Licht hinter den fadenscheinigen Vorhängen des Wohnmobils.

Augen, aus denen die Angst niemals weichen wollte, vierundzwanzig Jahre lang.

Nun ist sie fort. Wenige Wochen erst, doch er beginnt bereits zu vergessen, wie sie sich angefühlt hat.

Eine tiefe Ruhe und Zufriedenheit liegt in seinem Blick.

Die Bilder, die ihn all die Jahre verfolgt haben, sind verschwunden.

Seine eigene Hand hat sie ausgelöscht. Seine Hand um den Abzug der Pistole.

Das Mädchen ist tot. Er hat weder Schmerz noch Freude dabei empfunden, sie zu töten.

Lediglich ein Gefühl der Genugtuung.

Er ist sich nicht sicher, ob auch nur Albrecht die Gründe seines Handelns vollständig verstanden hat, doch das spielt kaum eine Rolle.

Gerechtigkeit.

Nur darauf kommt es an.

Die Gerechtigkeit ist wiederhergestellt.

Und das Leben kann wieder beginnen.

Die Klinikärzte sind ausgesprochen zufrieden mit seinen Fortschritten. Die abschließende Untersuchung noch durch den medizinischen Leiter, und er wird in jeder Beziehung ein freier Mann sein.

Frei, das Sanatorium zu verlassen, mit Irmtraud, die sich für diesen Abend angekündigt hat.

Ein neues Leben.

Ein Klopfen von der Zimmertür.

Wolfram wirft einen letzten Blick in den Spiegel.

Nein, am Ausgang der Untersuchung kann es keinen Zweifel geben.

«Ja, bitte.»

Die Tür öffnet sich.

Ein hochgewachsener Mann in einem Ärztekittel, kaum jünger als er selbst, graue Schläfen, sorgfältig zurückgekämmtes Haar.

Lächelnd nickt Maximilian Freiligrath dem grauen Mann zu, bevor er die Tür sorgfältig hinter sich schließt.

Wolfram starrt ihn an, sekundenlang, zu keiner Bewegung fähig.

Dann kommt die Angst.

# im Nachhinein

Romane sagen nie die Wahrheit.

Es ist nicht ihre Aufgabe, von den Dingen zu berichten, so, wie sie in Wahrheit sind.

Stattdessen entführen sie in eine Welt, die der Welt, in der wir leben, ähnlich ist, gefiltert aber durch das Bewusstsein des Autors.

Wer sich also auf die Suche macht, wird sämtliche aus der Handlung vertrauten Örtlichkeiten in der Realität wiederfinden, von jenem vorhöllenhaften Winkel am Rande Hamburg-Harburgs über den schlaglochübersäten Parkplatz am Garten der Schmetterlinge bis zum Landeskrankenhaus Königslutter bei Braunschweig. Hin und wieder aber werden bestimmte Details der Realität von dem in der Geschichte Erzählten abweichen. (Vielleicht auch umgekehrt. Das ist eine Frage der Perspektive.)

Ein willkürliches Beispiel: An der Tankstelle in Königslutter-Ochsendorf existiert keine großformatige Schautafel mit dem niedersächsischen Autobahnnetz (sie sei an dieser Stelle aber angeregt). Überhaupt ist anzumerken, dass die Station 62 des Landeskrankenhauses Königslutter keine geschlossene Abteilung beherbergt. Was die Kellergewölbe dieses Gebäudes anbetrifft, lässt sich von außen lediglich feststellen, dass die Lutter mit dumpfem Rauschen im «Generatorenhaus» verschwindet, um zwanzig, dreißig Meter entfernt (und mehrere Meter tiefer) im Dompark wieder aufzutauchen. Wie sich die Dinge zwischen diesen beiden Punkten verhalten, mögen die Psychologen ergründen oder wer auch immer sich berufen fühlt, Dinge, die dem Blick vielleicht aus gutem Grund verborgen sind, ans Licht zu zerren.

Ich bin mir meiner Vermessenheit bewusst, wenn ich es

wage, als Nichthanseat einen Hamburg-Roman abzuliefern, habe mich aber nach bestem Wissen und Gewissen bemüht, den Dingen auf den Grund zu gehen. Unter meinen Betalesern ist hier insbesondere Bigi Boerker (die Stimme Hamburgs) hervorzuheben, die sich nach Kräften bemüht hat, das Schlimmste zu verhindern, ebenso meine Gammaleserin Kristina Schmidt-Orgass, die obendrein mit einigen naiven Vorstellungen meinerseits in Sachen Polizeiarbeit und Juristerei aufgeräumt hat. An den Stellen, an denen es doch noch danebengeht, trage einzig ich die persönliche Verantwortung.

Matthias Fedrowitz hat den Text bei mindestens zwei Gelegenheiten schlechterdings gerettet, als mir die Fäden im Raum der Ermittlung aus den Fingern zu rutschen drohten. Anja Meinecke möchte ich besonders für die Hartnäckigkeit danken, mit der sie mich aufgefordert hat, mich einmal ernsthaft in eine junge Frau hineinzuversetzen (nicht leicht; ich war nie eine). Anja Köster hat mich mit einer Reihe von Impulsen mehr als einmal zum Nachdenken gebracht, ebenso Diana Sanz und – natürlich – Clarion Zelenka.

Marja und Lena: Die Inspiration nimmt sonderbare Wege.

Ein großes Dankeschön gilt wie immer meiner Familie, die sich in einzigartiger Weise in den Entstehungsprozess dieses Romans eingebracht hat, wobei meine Frau Katja wie üblich am meisten gelitten hat (ohne die Hoffnung für diesen Roman und seinen Autor aufzugeben). Meine Mutter Waltraud Rother hat Entwürfe in der Größenordnung einer kompletten Laserkartusche verschlungen. Mein Bruder Michael Rother hat mir wiederholt logische Schwächen aufzeigen können, vor allem aber niemals gezögert, das gesamte Knowhow von CSTx Software Engineering für mein Projekt einzusetzen.

Frau Dr. med. Ulrike Böhm und Frau Dr. rer. vet. Birgit «Mabuse» Jansen danke ich für erschreckende medizinische Details.

Mein Freund und Agent Thomas Montasser hat sich bei der Anbahnung dieses Projektes selbst übertroffen. Lieber Thomas, du bist einzigartig: ein wandelnder Synergieeffekt.

Kommen wir nun zu meiner neuen rororo-Familie.

Das Wissen, nicht der Einzige zu sein, der sich mitten in der Nacht den perfidesten Ängsten zu stellen hatte, war mehr als ein enormer Trost für mich. Der Ideenreichtum, die selbstverachtende Tapferkeit, mit der meine Lektorin Grusche Juncker diesen Text bis in die Niederungen des Bauarbeiterdekolletés begleitet hat, gehen über alles hinaus, was ich bisher in dieser Hinsicht erlebt habe. Jennifer Jones, auf deren Hilfe ich zähle, um in Zukunft auf mehr als einem halben Dutzend elektronischer Wege den Kontakt zur Leserschaft zu halten, hat sich schon jetzt um dieses Buch verdient gemacht.

Die Bereitschaft, mit der man sich an sämtlichen Stellen, von der Werbung über den Vertrieb und die Presse bis zur Herstellung, auf dieses grauenerregende Werk gestürzt hat, macht mich mit vielen, vielen Worten sprachlos.

Stephan M. Rother

Am Rande des Wahnsinns und der Lüneburger Heide im November 2011

# Ein Fallanalytiker und das 1x1 des Grauens.

Eine Dunstglocke liegt über der Stadt.
Die Hitze ist unerträglich. Und dann dieser Geruch!
Der Picknickausflug von Familie Lerch nimmt ein grausiges Ende, als sie im Wald auf das neueste Opfer des «Metzgers» stoßen. Martin Abel, bester Fallanalytiker des LKA, wird nach Köln beordert. Abel glaubt an Schrecklichem schon alles gesehen zu haben. Doch das hier ist eine neue Dimension.

rororo 25727